Preußisches
Baupolizeirecht.

Mit Kommentar der Baupolizeiverordnung
für die Vororte von Berlin
vom 28. Mai 1907

von

Gemeinde-Baurat Carl Saß,
Königlicher Regierungsbaumeister a D.

Berlin 1909.
J. Guttentag, Verlagsbuchhandlung,
G. m b. H.

Inhaltsverzeichnis.

Erster Teil.

Zweiter Teil.

Dritter Teil.

Abkürzungen.

ALR.	=	Allgemeines Landrecht.
Amtsbl.	=	Amtsblatt der Königlichen Regierung in Potsdam.
AusAnw.	=	Ausführungsanweisung.
BGB.	=	Bürgerliches Gesetzbuch
EG.	=	Einführungsgesetz.
E	=	Entscheidungen, herausgegeben von den Mitgliedern des Reichsgerichts
Erl.	=	Erlaß.
GS.	=	Gesetzsammlung
HMBl.	=	Ministerialblatt der Handels- und Gewerbeverwaltung.
Johow	=	Jahrbuch für Entscheidungen des Kammergerichts, herausgegeben von Johow und Ring
KG.	=	Kammergericht
LVG.	=	Landesverwaltungsgesetz.
MBl.	=	Ministerialblatt der inneren Verwaltung.
M. d. J.	=	Minister des Innern
M d. ö. A.	=	Minister der öffentlichen Arbeiten.
M f. H. u. G.	=	Minister für Handel und Gewerbe.
ME.	=	Ministerialerlaß.
OTr.	=	Preußisches Obertribunal
OVG.	=	Oberverwaltungsgericht.
PVBl	=	Preußisches Verwaltungsblatt.
R.	=	Rechtsprechung des Reichsgerichts in Strafsachen, herausgegeben von den Mitgliedern der Reichsanwaltschaft.
RG.	=	Reichsgericht.
RGBl.	=	Reichsgesetzblatt
RGO.	=	Reichsgewerbeordnung.
Runderl.	=	Runderlaß.
Selbstverw.	=	Selbstverwaltung
StGB.	=	Strafgesetzbuch.
Straff.	=	Straffenat.
ZG	=	Zuständigkeitsgesetz

Literatur.

v Arnstedt, O., Das Preußische Polizeirecht (1907).

Baltz, C, Dr. jur., Preußisches Baupolizeirecht (1905)

Baukunde des Architekten, der Auf- und Ausbau der Gebäude (1903).

Baupolizeiverordnung für die Stadt Düsseldorf (1907)

v Bitter, Dr., Handwörterbuch der Preußischen Verwaltung (1906).

Born, A., Das preußische Baupolizeirecht (1902).

v. Brauchitsch, M., Die neuen preußischen Verwaltungsgesetze (1906).

Dalcke, A., Dr, Strafrecht und Strafprozeß (1905).

Englert, F., Die bayerische Bauordnung (1906).

Entscheidungen des Oberverwaltungsgerichts Bd. 1—51

Friedel, C., Die polizeiliche Strafverfügung (1905).

Friedrichs, R., Gesetz betr. die Anlegung von Straßen und Plätzen in Städten und ländlichen Ortschaften, fortgeführt von Dr. v. Strauß und Torney (1905).

Germershausen, A., Das Wegerecht und die Wegeverwaltung in Preußen (1907).

v. Hippel, Dr. jur., Handbuch der Polizeiverwaltung (1905)

Hoffmann, Reichsgewerbeordnung.

v. Kamptz-Delius, Die Rechtsprechung des Reichs- und Kammergerichts (1906).

Köhne, M., Zulässigkeit des Rechtsweges in Beziehung auf polizeiliche Verfügungen (1895)

Kunze u. Kautz, Die Rechtsgrundsätze des Königlich Preußischen Oberverwaltungsgerichts (1906).

Landmann, Reichsgewerbeordnung (1907).

Lezius, H., Das Recht der Denkmalspflege in Preußen (1908).

Menzen, Dr., Deutsches Bürgerbuch (1904).

Müller, W., Deutsches Bau- und Nachbarrecht (1903).

Münchgesang, F., Dr. jur., Das Bauwesen (1904).

Neumann, Bürgerliches Gesetzbuch (1905).

Petersen, M., Gesetz betr. die Gründung neuer Ansiedlungen (1905).

Plathner, Dr., Baupolizeiliche Mitteilungen.

Preußisches Verwaltungsblatt 1—30.

Rehbein, H, u. Reincke, O., Allgemeines Landrecht für die Preußischen Staaten (1882).

Rosin, H., Dr., Das Polizeiverordnungsrecht in Preußen.

Rumpelt, A., Dr., Allgemeines Baugesetz für das Königreich Sachsen (1904).

Siebert, O., Bautechnische Regeln und Grundsätze (1903).

Spangenberg-Wilhelmi, Reichsgewerbeordnung.

Stier-Somlo, Dr., Jahrbuch des Verwaltungsrechts (1907).

Zentralblatt der Bauverwaltung.

Erster Teil.

1. Bürgerliches Gesetzbuch.

(Auszug.)

§ 93. Bestandteile[1]) einer Sache, die voneinander nicht getrennt werden können, ohne daß der eine oder der andere zerstört oder in seinem Wesen verändert wird (wesentliche Bestandteile[2])), können nicht Gegenstand besonderer Rechte sein.

§ 94. Zu den wesentlichen Bestandteilen eines Grundstücks gehören die mit dem Grund und Boden fest verbundenen Sachen, insbesondere Gebäude, sowie die Erzeugnisse des Grundstücks, solange sie mit dem Boden zusammenhängen[3]). Samen wird mit

---

[1]) Kabel sind Bestandteile des Hauses, welche von ihm nicht getrennt werden können, ohne daß dieses oder jene in ihrem Wesen verändert werden. Eine elektrische Leitung, die in einem Hause einmal vorhanden ist, kann ebensowenig wie eine Wasserleitung entfernt werden, ohne daß die Anlage oder das Haus in Mitleidenschaft gezogen wird. OVG. 45 62.

Tapeten werden durch Befestigung mittelst Klebstoffes Bestandteile des Gebäudes; sie lassen sich, ohne daß sie zerstört werden, von den Wänden nicht trennen und haben die Bestimmung, letzteren dauernd das Ansehen der Wohnanständigkeit zu geben, sind also nicht nur zu vorübergehendem Zwecke dem Gebäude angefügt. OVG. 42 189.

Eine Waschküche ist als Bestandteil des Gebäudes anzusehen, in welchem sie sich befindet. Ihre Eigenschaft als Teil einer Wohnung bestimmt sich danach, ob sie dem Wohnungsberechtigten vom Eigentümer des Gebäudes zum Gebrauch überlassen worden ist. OVG. 43 190.

Badeeinrichtungen als wesentliche Bestandteile eines herrschaftlichen Mietshauses weil sie nicht ohne Veränderung dieses Wesens des Hauses weggenommen werden können. Gruchots Beitr. 45 1006, Neumann 1 81.

Obligatorische Rechtsgeschäfte sind auch bezüglich wesentlicher Bestandteile zulässig, z. B. Miete von Wohnungen. Neumann 1 81.

[2]) Die Unterscheidung zwischen wesentlichen und nichtwesentlichen Bestandteilen beruht auf wirtschaftlichen Rücksichten. Menzen S. 30.

[3]) Eigentum an einzelnen Teilen eines Gebäudes (Stockwerkseigentum) kann für die Folgezeit nicht mehr errichtet werden. Insoweit es zur Zeit besteht bleibt es auch nach dem Inkrafttreten des BGB. in

dem Aussäen, eine Pflanze wird mit dem Einpflanzen wesentlicher Bestandteil des Grundstücks.

Zu den wesentlichen Bestandteilen eines Gebäudes gehören die zur Herstellung des Gebäudes eingefügten Sachen.

§ 95. Zu den Bestandteilen[4]) eines Grundstücks gehören solche Sachen nicht, die nur zu einem vorübergehenden Zwecke mit dem Grund und Boden verbunden sind[5]). Das Gleiche gilt von einem Gebäude oder anderen Werke, das in Ausübung eines Rechtes an einem fremden Grundstücke von dem Berechtigten mit dem Grundstücke verbunden worden ist[6]).

Sachen, die nur zu einem vorübergehenden Zwecke in ein Gebäude eingefügt sind, gehören nicht zu den Bestandteilen des Gebäudes.

§ 96. Rechte[7]), die mit dem Eigentum an einem Grundstücke verbunden sind, gelten als Bestandteile des Grundstücks.

§ 226. Die Ausübung eines Rechtes ist unzulässig, wenn sie nur den Zweck haben kann, einem Anderen Schaden zuzufügen[8]).

Gemäßheit des Art. 182 des EGBGB in Kraft. Ebenso verhält es sich nach Art. 181 daselbst bezüglich des Sondereigentums an stehenden Erzeugnissen eines Grundstücks, insbesondere an Bäumen. Menzen S. 30.

Röhren und elektrische Leitungen, die von einer Zentrale ausgehen, sind auch, soweit sie über oder unter fremden Grund und Boden in Ausübung eines Rechts geführt sind, Bestandteile des Zentralgrundstücks, vgl. RG. 39^{205}, 48^{267}.

[4]) Kochherd und Oefen sind Bestandteile oder Zubehör der Wohnungen. Abgesehen in den Fällen, in denen Koch- und Heizvorrichtungen regelmäßig von dem jedesmaligen Wohnungsinhaber beschafft werden. OVG. 39^{166}.

[5]) Z. B. die aus Anlaß eines Volksfestes errichteten Gebäude.

[6]) Es sind solche in Ausübung eines Rechts, z. B. eines Miets- oder Pachtrechtes vom Mieter oder Pächter auf fremdem Grundstück errichteten Gebäude oder anderen Werke (Gas-, Wasserleitungs-, Telephonanlagen) selbst dann nicht Bestandteil des Grundstücks, wenn sie zu dauerndem Zweck errichtet sind. Menzen S. 31.

[7]) Grunddienstbarkeiten gelten als Grundstücksbestandteile Apothekenberechtigungen, welche mit dem Eigentum an einem Grundstück verbunden sind, sind rechtlich als Bestandteile des Grundstücks zu betrachten, wenn auch nicht als wesentliche und daher nach § 93 des BGB. nicht als untrennbare Bestandteile. Sie gehen mit dem Grundstück zugleich auf den Erwerber über und verbleiben ihm dauernd. OVG. 43^{53}.

[8]) Arglistige Umgehung der polizeilichen Ueberwachung ist als Schikane gegen die Abgeordneten der Ortspolizeibehörde — im Sinne des § 226 BGB. — anzusehen. OVG. 43^{444}.

§ 823. Wer vorsätzlich oder fahrlässig das Leben, den Körper, die Gesundheit, die Freiheit, das Eigentum oder ein sonstiges Recht[9]) eines anderen widerrechtlich verletzt, ist dem anderen zum Ersatze des daraus entstehenden Schadens verpflichtet.

Die gleiche Verpflichtung trifft denjenigen, welcher gegen ein den Schutz eines anderen bezweckendes Gesetz verstößt. Ist nach dem Inhalte des Gesetzes ein Verstoß gegen dieses auch ohne Verschulden möglich, so tritt die Ersatzpflicht nur im Falle des Verschuldens ein.

§ 836. Wird durch den Einsturz eines Gebäudes oder eines anderen mit einem Grundstücke verbundenen Werkes[10]) oder durch die Ablösung von Teilen des Gebäudes oder des Werkes ein Mensch getötet, der Körper oder die Gesundheit eines Menschen verletzt oder eine Sache beschädigt, so ist der Besitzer des Grundstücks, sofern der Einsturz oder die Ablösung die Folge fehlerhafter Errichtung oder mangelhafter Unterhaltung ist, verpflichtet, dem Verletzten den daraus entstehenden Schaden zu ersetzen. Die Ersatzpflicht tritt nicht ein, wenn der Besitzer zum Zwecke der Abwendung der Gefahr die im Verkehr erforderliche Sorgfalt beobachtet hat.

Ein früherer Besitzer des Grundstücks ist für den Schaden verantwortlich, wenn der Einsturz oder die Ablösung innerhalb eines Jahres nach der Beendigung seines Besitzes eintritt, es sei denn, daß er während seines Besitzes die im Verkehr erforderliche Sorgfalt beobachtet hat oder ein späterer Besitzer durch Beobachtung dieser Sorgfalt die Gefahr hätte abwenden können.

Besitzer im Sinne dieser Vorschriften ist der Eigenbesitzer.

§ 837. Besitzt jemand auf einem fremden Grundstück in Ausübung eines Rechtes ein Gebäude oder ein anderes Werk, so trifft ihn an Stelle des Besitzers des Grundstücks die im § 836 bestimmte Verantwortlichkeit.

§ 838. Wer die Unterhaltung eines Gebäudes oder eines mit einem Grundstücke verbundenen Werkes für den Besitzer übernimmt oder das Gebäude oder das Werk vermöge eines ihm zustehenden Nutzungsrechts zu unterhalten[11]) hat, ist für den durch den Einsturz oder die Ablösung von Teilen verursachten Schaden in gleicher Weise verantwortlich wie der Besitzer.

---

[9]) Z. B. Patentrecht, Musterschutzrecht.

[10]) Z. B. einer Mauer, Herunterfallen der Fensterladen.

[11]) Z. B Hausverwalter, Pächter.

§ 839. Verletzt ein Beamter vorsätzlich oder fahrlässig die ihm einem Dritten gegenüber obliegende Amtspflicht, so hat er dem Dritten den daraus entstehenden Schaden zu ersetzen. Fällt dem Beamten nur Fahrlässigkeit zur Last, so kann er nur dann in Anspruch genommen werden, wenn der Verletzte nicht auf andere Weise Ersatz zu erlangen vermag.

Verletzt ein Beamter bei dem Urteil in einer Rechtssache seine Amtspflicht, so ist er für den daraus entstehenden Schaden nur dann verantwortlich, wenn die Pflichtverletzung mit einer im Wege des gerichtlichen Strafverfahrens zu verhängenden öffentlichen Strafe bedroht ist. Auf eine pflichtwidrige Verweigerung oder Verzögerung der Ausübung des Amtes findet diese Vorschrift keine Anwendung.

Die Ersatzpflicht tritt nicht ein, wenn der Verletzte vorsätzlich oder fahrlässig unterlassen hat, den Schaden durch Gebrauch eines Rechtsmittels abzuwenden.

§ 875 Abs. 1. Zur Aufhebung eines Rechtes an einem Grundstück ist, soweit nicht das Gesetz ein anderes vorschreibt, die Erklärung des Berechtigten, daß er das Recht aufgebe, und die Löschung des Rechtes im Grundbuch erforderlich. Die Erklärung ist dem Grundbuchamt oder demjenigen gegenüber abzugeben, zu dessen Gunsten sie erfolgt.

§ 876. Ist ein Recht an einem Grundstücke mit dem Rechte eines Dritten belastet, so ist zur Aufhebung des belasteten Rechtes die Zustimmung des Dritten erforderlich. Steht das aufzuhebende Recht dem jeweiligen Eigentümer eines anderen Grundstücks zu, so ist, wenn dieses Grundstück mit dem Rechte eines Dritten belastet ist, die Zustimmung des Dritten erforderlich[12]), es sei denn, daß dessen Recht durch die Aufhebung nicht berührt wird. Die Zustimmung ist dem Grundbuchamt oder demjenigen gegenüber zu erklären, zu dessen Gunsten sie erfolgt; sie ist unwiderruflich.

§ 879. Das Rangverhältnis unter mehreren Rechten, mit denen ein Grundstück belastet ist, bestimmt sich, wenn die Rechte in derselben Abteilung des Grundbuchs eingetragen sind, nach der Reihenfolge der Eintragungen. Sind die Rechte in verschiedenen

---

12) Es ist z. B. bei der Aufhebung einer Grunddienstbarkeit außer der Einwilligung des berechtigten Grundstückseigentümers auch die Einwilligung des Eigentümers einer etwaigen auf dem berechtigten Grundstück eingetragenen Hypothek erforderlich. Menzen S. 268.

Abteilungen eingetragen, so hat das unter Angabe eines früheren Tages eingetragene Recht den Vorrang; Rechte, die unter Angabe desselben Tages eingetragen sind, haben gleichen Rang.

Die Eintragung ist für das Rangverhältnis auch dann maßgebend, wenn die nach § 873 zum Erwerbe des Rechtes erforderliche Einigung erst nach der Eintragung zustande gekommen ist.

Eine abweichende Bestimmung des Rangverhältnisses bedarf der Eintragung in das Grundbuch.

§ 903[13]**.** Der Eigentümer[14]) einer Sache kann, soweit nicht das Gesetz[15]) oder Rechte Dritter[16]) entgegenstehen, mit der Sache nach Belieben verfahren und andere von jeder Einwirkung ausschließen.

§ 904. Der Eigentümer einer Sache ist nicht berechtigt, die Einwirkung eines anderen auf die Sache zu verbieten, wenn die Einwirkung zur Abwendung einer gegenwärtigen Gefahr notwendig und der drohende Schaden gegenüber dem aus der Einwirkung dem Eigentümer entstehenden Schaden unverhältnismäßig groß ist. Der Eigentümer kann Ersatz des ihm entstehenden Schadens verlangen.

§ 905. Das Recht des Eigentümers eines Grundstücks erstreckt sich auf den Raum über der Oberfläche und auf den Erdkörper unter der Oberfläche. Der Eigentümer kann jedoch

---

13) Das Recht der Baufreiheit gründet sich auf diesen Paragraph und auf den § 65 I 8 ALR. „In der Regel ist jeder Eigentümer seinen Grund und Boden mit Gebäuden zu besetzen oder sein Gebäude zu verändern, wohl befugt."

14) Die Befugnis des Eigentümers mit seiner Sache nach Belieben zu verfahren, wird durch die vom Gesetz gezogenen Grenzen eingeschränkt und muß, da „Gesetz", im Sinne des BGB. und des EBGB. dazu; „jede Rechtsnorm" bedeutet überall da zurücktreten, wo die nach den Landesgesetzen zulässigen Polizeiverordnungen eine einzelne Art der Benutzung des Eigentums verbieten. Art. 2 des EBGB. OVG. 39[411].

Nach dem bestehenden Rechte ist der Eigentümer eines Grundstücks als solcher der Polizeibehörde gegenüber verpflichtet, das Grundstück in einem polizeigemäßen Zustande jederzeit zu erhalten. Dies ist eine dem Eigentum an einem Grundstück anhaftende öffentlich-rechtliche Pflicht, und niemand, der nach dem Gesetz Eigentümer eines Grundstücks werden kann, vermag ein Grundstück zu Eigentum zu erwerben, ohne gleichzeitig damit jene öffentlich-rechtliche Pflicht zu überkommen. OVG. 48[364].

15) Gültige Baupolizeiverordnungen sind ein Teil „des Gesetzes". OVG. 45[404].

16) Z. B. Erbbaurecht, Dienstbarkeiten usw.

Einwirkungen nicht verbieten, die in solcher Höhe oder Tiefe vorgenommen werden[17]), daß er an der Ausschließung kein Interesse hat.

§ 906. Der Eigentümer eines Grundstücks kann die Zuführung von Gasen, Dämpfen, Gerüchen, Rauch, Ruß, Wärme, Geräusch, Erschütterungen und ähnliche von einem anderen Grundstück ausgehende Einwirkungen insoweit nicht verbieten[18]), als die Einwirkung die Benutzung seines Grundstücks nicht oder nur unwesentlich beeinträchtigt oder durch eine Benutzung des anderen Grundstücks herbeigeführt wird, die nach den örtlichen Verhältnissen bei Grundstücken dieser Lage gewöhnlich ist. Die Zuführung durch eine besondere Leitung ist unzulässig.

§ 907[19]). Der Eigentümer eines Grundstücks kann verlangen, daß auf den Nachbargrundstücken[20]) nicht Anlagen hergestellt oder gehalten werden, von denen mit Sicherheit vorauszusehen ist, daß ihr Bestand oder ihre Benutzung eine unzulässige Einwirkung auf sein Grundstück zur Folge hat. Genügt eine Anlage den landesgesetzlichen Vorschriften, die einen bestimmten Abstand von der Grenze oder sonstige Schutzmaßregeln vorschreiben, so kann die Beseitigung der Anlage erst verlangt werden, wenn die unzulässige Einwirkung tatsächlich hervortritt.

Bäume und Sträucher gehören nicht zu den Anlagen im Sinne dieser Vorschriften.

§ 908. Droht einem Grundstücke die Gefahr, daß es durch den Einsturz eines Gebäudes oder eines anderen Werkes,

---

[17]) Das Eigentum schließt die Befugnis in sich, Bäume bis zu unbegrenzter Höhe und Dichtigkeit über der Oberfläche des Grundstücks zu haben. Gegenüber den in das Nachbargrundstück eingedrungenen Baumwurzeln und den hinüberragenden Zweigen ist, sofern hierdurch die Benutzung des Grundstücks beeinträchtigt wird, das Recht des Abschneidens gegeben. OLG. 39 398.

Z. B. ist zu berücksichtigen, daß der freie Ausblick zum Himmel durch elektrische Kabelleitungen nicht verkümmert werde. RG. 59 116.

[18]) Die Einwirkung muß indessen dauernd oder zum mindesten periodisch wiederkehren und nach den örtlichen Verhältnissen ungewöhnlich sein. (Gruchot 32 933.) Bitter 2 127.

[19]) Vgl. Art. 124 des EBGB. und für die preußische Rheinprovinz Art. 23, 24 des PAG.

Hierdurch wird dem Eigentümer sowohl ein vorbeugender Schutz gegen unzulässige Einwirkungen zugestanden, als auch der unverjährbare Anspruch auf Beseitigung derselben.

[20]) Plathner will dazu auch die öffentlichen Verkehrsräume rechnen. Münchgesang S. 249.

das mit einem Nachbargrundstücke verbunden ist, oder durch die Ablösung von Teilen des Gebäudes oder des Werkes beschädigt wird, so kann der Eigentümer von demjenigen, welcher nach dem § 836 Abs. 1 oder den §§ 837, 838 für den eintretenden Schaden verantwortlich sein würde, verlangen, daß er die zur Abwendung der Gefahr erforderliche Vorkehrung trifft.

§ 909. Ein Grundstück darf nicht in der Weise vertieft werden, daß der Boden des Nachbargrundstücks die erforderliche Stütze verliert, es sei denn, daß für eine genügende anderweitige Befestigung gesorgt ist[21]).

§ 912[22]). Hat der Eigentümer eines Grundstücks bei der Errichtung eines Gebäudes über die Grenze gebaut, ohne daß ihm Vorsatz oder grobe Fahrlässigkeit zur Last fällt, so hat der Nachbar den Überbau zu dulden, es sei denn, daß er vor oder sofort nach der Grenzüberschreitung Widerspruch erhoben hat.

Der Nachbar ist durch eine Geldrente zu entschädigen. Für die Höhe der Rente ist die Zeit der Grenzüberschreitung maßgebend.

§ 913. Die Rente für den Überbau ist dem jeweiligen Eigentümer des Nachbargrundstücks von dem jeweiligen Eigentümer des anderen Grundstücks zu entrichten.

Die Rente ist jährlich im voraus zu entrichten.

§ 914. Das Recht auf die Rente geht allen Rechten an dem belasteten Grundstück, auch den älteren, vor. Es erlischt mit der Beseitigung des Überbaues.

Das Recht wird nicht in das Grundbuch eingetragen. Zum Verzicht auf das Recht sowie zur Feststellung der Höhe der Rente durch Vertrag ist die Eintragung erforderlich.

---

21) Z. B. Ausschachten von Gräben, Brunnen usw.

22) Der Paragraph findet auch auf den Ueberbau in öffentliche Verkehrsräume Anwendung. Der Eigentümer eines solchen — der Regel nach die Gemeinde — kann Widerspruch erheben, auch wenn die Bauordnung (im Hinblick auf das öffentliche Interesse) den Ueberbau nicht verbietet oder ausdrücklich zuläßt oder wenn keine Fluchtlinie, deren Verletzung unzulässig wäre, vorhanden ist. Der Widerspruch wird oft gegen eine bestimmte Gebühr, welche alsdann keine öffentliche Abgabe ist, sondern privatrechtlichen Charakter hat, aufgegeben. (Plathner.) Münchgesang S. 250.

Den Schutz des Paragraphen genießen nur Gebäude, nicht etwa Mauern

Vorsatz und Fahrlässigkeit liegen nicht vor, wenn der Bauende glaubte berechtigt zu sein über die Grenze bauen zu dürfen. RG. 52[15].

Im übrigen finden die Vorschriften Anwendung, die für eine zugunsten des jeweiligen Eigentümers eines Grundstücks bestehende Reallast gelten.

§ 915. Der Rentenberechtigte kann jederzeit verlangen, daß der Rentenpflichtige ihm gegen Übertragung des Eigentums an dem überbauten Teile des Grundstücks den Wert ersetzt, den dieser Teil zur Zeit der Grenzüberschreitung gehabt hat. Macht er von dieser Befugnis Gebrauch, so bestimmen sich die Rechte und Verpflichtungen beider Teile nach den Vorschriften über den Kauf.

Für die Zeit bis zur Übertragung des Eigentums ist die Rente fortzuentrichten.

§ 916. Wird durch den Überbau ein Erbbaurecht oder eine Dienstbarkeit an dem Nachbargrundstücke beeinträchtigt, so finden zugunsten des Berechtigten die Vorschriften der §§ 912 bis 914 entsprechende Anwendung.

§ 917. Fehlt einem Grundstücke die zur ordnungsmäßigen Benutzung notwendige Verbindung mit einem öffentlichen Wege[23]), so kann der Eigentümer von den Nachbarn verlangen, daß sie bis zur Hebung des Mangels die Benutzung ihrer Grundstücke zur Herstellung der erforderlichen Verbindung dulden. Die Richtung des Notwegs und der Umfang des Benutzungsrechts werden erforderlichenfalls durch Urteil bestimmt.

Die Nachbarn, über deren Grundstücke der Notweg führt, sind durch eine Geldrente zu entschädigen. Die Vorschriften des § 912 Abs. 2 Satz 2 und der §§ 913, 914, 916 finden entsprechende Anwendung.

§ 918. Die Verpflichtung zur Duldung des Notwegs tritt nicht ein, wenn die bisherige Verbindung des Grundstücks mit dem öffentlichen Wege durch eine willkürliche Handlung[24]) des Eigentümers aufgehoben wird.

Wird infolge der Veräußerung eines Teiles des Grundstücks der veräußerte oder der zurückbehaltene Teil von der Verbindung mit dem öffentlichen Wege abgeschnitten, so hat der Eigentümer desjenigen Teiles, über welchen die Verbindung bisher statt-

---

[23]) Die vorhandene Verbindung mit einem Privatwege genügt nicht. Münchgesang S. 251.

Ordnungsmäßige Benutzung braucht nicht die bisherige zu sein. Neumann 1 613.

[24]) Z. B. Abbruch einer Zugangsbrücke.

gefunden hat, den Notweg zu dulden. Der Veräußerung eines Teiles steht die Veräußerung eines von mehreren demselben Eigentümer gehörenden Grundstücken gleich.

§ 919. Der Eigentümer eines Grundstücks kann von dem Eigentümer eines Nachbargrundstücks verlangen, daß dieser zur Errichtung fester Grenzzeichen und, wenn ein Grenzzeichen verrückt oder unkenntlich geworden ist, zur Wiederherstellung mitwirkt.

Die Art der Abmarkung und das Verfahren bestimmen sich nach den Landesgesetzen; enthalten diese keine Vorschriften, so entscheidet die Ortsüblichkeit.

Die Kosten der Abmarkung sind von den Beteiligten zu gleichen Teilen zu tragen, sofern nicht aus einem zwischen ihnen bestehenden Rechtsverhältnisse sich ein anderes ergibt.

§ 920. Läßt sich im Falle einer Grenzverwirrung die richtige Grenze nicht ermitteln, so ist für die Abgrenzung der Besitzstand maßgebend. Kann der Besitzstand nicht festgestellt werden, so ist jedem der Grundstücke ein gleich großes Stück der streitigen Fläche zuzuteilen.

Soweit eine diesen Vorschriften entsprechende Bestimmung der Grenze zu einem Ergebnisse führt, das mit den ermittelten Umständen, insbesondere mit der feststehenden Größe der Grundstücke, nicht übereinstimmt, ist die Grenze so zu ziehen, wie es unter Berücksichtigung dieser Umstände der Billigkeit entspricht[25]).

§ 921. Werden zwei Grundstücke durch einen Zwischenraum, Rain, Winkel, einen Graben, eine Mauer, Hecke, Planke oder eine andere Einrichtung, die zum Vorteile beider Grundstücke dient, voneinander geschieden, so wird vermutet, daß die Eigentümer der Grundstücke zur Benutzung der Einrichtung gemeinschaftlich berechtigt seien, sofern nicht äußere Merkmale darauf hinweisen, daß die Einrichtung einem der Nachbarn allein gehört.

§ 922[26]). Sind die Nachbarn zur Benutzung einer der im § 921 bezeichneten Einrichtungen gemeinschaftlich berechtigt, so

---

[25]) Verläßt ein Fluß sein Bett gänzlich, so bildet die Mitte des verlassenen Flußbettes die Grenze des Privateigentums und gegebenenfalls auch des kommunalen Bezirks. OVG. 40 [221].

[26]) § 741 BGB.: „Steht ein Recht mehreren gemeinschaftlich zu, so finden, sofern sich nicht aus dem Gesetz ein anderes ergibt, die Vorschriften der §§ 742—758 Anwendung (gemeinschaftlich nach Bruchteilen)."

kann jeder sie zu dem Zwecke, der sich aus ihrer Beschaffenheit ergibt, insoweit benutzen, als nicht die Mitbenutzung des anderen beeinträchtigt wird. Die Unterhaltungskosten sind von den Nachbarn zu gleichen Teilen zu tragen. Solange einer der Nachbarn an dem Fortbestande der Einrichtung ein Interesse hat, darf sie nicht ohne seine Zustimmung beseitigt oder geändert werden. Im übrigen bestimmt sich das Rechtsverhältnis zwischen den Nachbarn nach den Vorschriften über die Gemeinschaft.

§ 923. Steht auf der Grenze ein Baum, so gebühren die Früchte und, wenn der Baum gefällt wird, auch der Baum den Nachbarn zu gleichen Teilen.

Jeder der Nachbarn kann die Beseitigung des Baumes verlangen. Die Kosten der Beseitigung fallen den Nachbarn zu gleichen Teilen zur Last. Der Nachbar, der die Beseitigung verlangt hat jedoch die Kosten allein zu tragen, wenn der andere auf sein Recht an dem Baume verzichtet; er erwirbt in diesem Falle mit der Trennung das Alleineigentum. Der Anspruch auf die Beseitigung ist ausgeschlossen, wenn der Baum als Grenzzeichen dient und den Umständen nach nicht durch ein anderes zweckmäßiges Grenzzeichen ersetzt werden kann.

Diese Vorschriften gelten auch für einen auf der Grenze stehenden Strauch.

§ 924. Die Ansprüche, die sich aus den §§ 907 bis 909, 915, dem § 917 Abs. 1, dem § 918 Abs. 2, den §§ 919, 920 und dem § 923 Abs. 2 ergeben, unterliegen nicht der Verjährung.

§ 946. Wird eine bewegliche Sache mit einem Grundstücke dergestalt verbunden, daß sie wesentlicher[27]) Bestandteil des Grundstücks wird, so erstreckt sich das Eigentum an dem Grundstück auf diese Sache.

§ 951. Wer infolge der Vorschriften der §§ 946 bis 950 einen Rechtsverlust erleidet, kann von demjenigen, zu dessen Gunsten die Rechtsänderung eintritt, Vergütung in Geld nach den Vorschriften über die Herausgabe einer ungerechtfertigten Bereicherung fordern. Die Wiederherstellung des früheren Zustandes kann nicht verlangt werden.

Die Vorschriften über die Verpflichtung zum Schadensersatze wegen unerlaubter Handlungen sowie die Vorschriften über den

---

27) Die Verbindung muß eine feste sein gemäß § 94.

Ersatz von Verwendungen und über das Recht zur Wegnahme einer Einrichtung bleiben unberührt. In den Fällen der §§ 946, 947 ist die Wegnahme nach den für das Wegnahmerecht des Besitzers gegenüber dem Eigentümer geltenden Vorschriften auch dann zulässig, wenn die Verbindung nicht von dem Besitzer der Hauptsache bewirkt worden ist.

§ 1012[28]). Ein Grundstück kann in der Weise belastet werden, daß demjenigen, zu dessen Gunsten die Belastung erfolgt, das veräußerliche und vererbliche Recht zusteht, auf oder unter der Oberfläche des Grundstücks ein Bauwerk[29]) zu haben (Erbbaurecht).

§ 1013. Das Erbbaurecht kann auf die Benutzung eines für das Bauwerk nicht erforderlichen Teiles des Grundstücks erstreckt werden, wenn sie für die Benutzung des Bauwerkes Vorteil bietet[30]).

§ 1014. Die Beschränkung des Erbbaurechts auf einen Teil eines Gebäudes, insbesondere ein Stockwerk, ist unzulässig.

§ 1015. Die zur Bestellung des Erbbaurechts nach § 873 erforderliche Einigung des Eigentümers und des Erwerbers muß bei gleichzeitiger Anwesenheit beider Teile vor dem Grundbuchamt erklärt werden.

§ 1016. Das Erbbaurecht erlischt nicht dadurch, daß das Bauwerk untergeht.

§ 1017[31]). Für das Erbbaurecht gelten die sich auf Grundstücke beziehenden Vorschriften.

Die für den Erwerb des Eigentums und die Ansprüche aus dem Eigentume geltenden Vorschriften finden auf das Erbbaurecht entsprechende Anwendung.

§ 1018[32]). Ein Grundstück kann zugunsten des jeweiligen Eigentümers eines anderen Grundstücks in der Weise belastet

---

[28]) Es ist nicht ausgeschlossen, daß durch ein Erbbaurecht im Sinne der §§ 1012ff. BGB. die Eigenschaft als Angesessener begründet wird. OVG. 47 [109], 49 [106].

[29]) Als Bauwerke kommen nicht nur Gebäude, sondern auch Brücken, Rohrleitungen, Denkmäler usw., in Betracht. Ein Erbbaurecht kann begründet werden, auch wenn das Grundstück bereits bebaut ist.

[30]) Z. B. bei einem Lagerplatz, Garten, Hofraum, Einfahrt.

[31]) Die Aufhebung des Erbbaurechts erfolgt durch Verzichtserklärung in Gemäßheit der §§ 875, 876 BGB. Menzen S. 302.

[32]) Nach Urteil des Reichsgerichts gehört zum Wesen der Grund=

werden, daß dieser das Grundstück in einzelnen Beziehungen benutzen darf[33]) oder daß auf dem Grundstücke gewisse Handlungen nicht vorgenommen werden dürfen[34]) oder daß die Ausübung eines Rechtes ausgeschlossen ist, das sich aus dem Eigentum an dem belasteten Grundstücke dem anderen Grundstücke gegenüber ergibt[35]) (Grunddienstbarkeit).

§ 1019. Eine Grunddienstbarkeit kann nur in einer Belastung bestehen, die für die Benutzung des Grundstücks des Berechtigten Vorteil bietet. Über das sich hieraus ergebende Maß hinaus kann der Inhalt der Dienstbarkeit nicht erstreckt werden

§ 1020[36]). Bei der Ausübung einer Grunddienstbarkeit hat der Berechtigte das Interesse des Eigentümers des belasteten Grundstücks tunlichst zu schonen. Hält er zur Ausübung der Dienstbarkeit auf dem belasteten Grundstück eine Anlage[37]), so

---

dienstbarkeit ein wirtschaftlicher Vorteil, der sich den Beteiligten bietet oder bieten kann. Dr. Karl Friedrichs. PVBl. 27²²⁷.

Nach Urteil des Reichsgerichts vom 26. Januar 1901 kann der Eigentümer zweier Grundstücke an dem einen zugunsten des anderen keine Grunddienstbarkeit eintragen lassen. Eine Umgehung ist möglich, wenn das eine Grundstück stempel- und umsatzsteuerfrei an Ehefrauen oder Deszendenten aufgelassen wird oder zu einem verschwindenden Bruchteil ein Miteigentümer eingetragen wird. Jetzt ist die Eintragung nach § 1009 möglich und bleibt bestehen, auch wenn Rückauflassung erfolgt. Dr. Brandi, PVBl. 27⁸⁸⁷.

Niemand kann an seinem eigenen Grundstück eine Grunddienstbarkeit erwerben. Solange die Baustelle, für welche die Bauerlaubnis nachgesucht wird, aus der Gesamtfläche des Grundstücks nicht ausgeschieden ist, ist die grundbuchliche Sicherung des erforderlichen Ueberrestes zugunsten derselben ausgeschlossen. Wird sie jedoch als Trennstück ausgeschieden auf ein eignes Grundbuchblatt übertragen, ohne ihren Besitzer zu wechseln, so steht der Grundsatz im BGB. § 181 gleichfalls der Eintragung einer Grunddienstbarkeit entgegen, weil derselbe zum Ausdruck bringt, daß niemand mit sich selbst im eigenen Namen oder als Vertreter eines Dritten ein Rechtsgeschäft verlautbaren darf. (Dr Hilse, Selbstverwaltung 1901, S. 737.)

33) Z. B. ein Gebäude hat eine über ein Nachbargrundstück führende Zufahrt oder es darf Regenwasser, ungewöhnlicher Rauch usw. auf dasselbe geleitet werden.

34) Z. B. darf das belastete Grundstück mit Aussicht auf das andere Grundstück keine Fenster anbringen, Fabrikanlagen errichten.

35) Z. B. auf dem belasteten Grundstück dürfen ein lärmendes oder überhaupt gewisse Gewerbe nicht ausgeführt werden.

36) Vgl. EBGB. Art. 184.

37) Z. B. eine unter der Oberfläche des belasteten Grundstücks befindliche Entwässerungsanlage.

hat er sie in ordnungsmäßigem Zustande zu erhalten, soweit das Interesse des Eigentümers es erfordert.

§ 1021. Gehört zur Ausübung einer Grunddienstbarkeit eine Anlage auf dem belasteten Grundstücke, so kann bestimmt werden, daß der Eigentümer dieses Grundstücks die Anlage zu unterhalten hat, soweit das Interesse des Berechtigten es erfordert. Steht dem Eigentümer das Recht zur Mitbenutzung der Anlage zu, so kann bestimmt werden, daß der Berechtigte die Anlage zu unterhalten hat, soweit es für das Benutzungsrecht des Eigentümers erforderlich ist.

Auf eine solche Unterhaltungspflicht finden die Vorschriften über die Reallasten entsprechende Anwendung.

§ 1022. Besteht die Grunddienstbarkeit in dem Rechte, auf einer baulichen Anlage des belasteten Grundstücks eine bauliche Anlage zu halten[38]), so hat, wenn nicht ein anderes bestimmt ist, der Eigentümer des belasteten Grundstücks seine Anlage zu unterhalten, soweit das Interesse des Berechtigten es erfordert. Die Vorschrift des § 1021 Abs. 2 gilt auch für diese Unterhaltungspflicht.

§ 1025. Wird das Grundstück des Berechtigten geteilt, so besteht die Grunddienstbarkeit für die einzelnen Teile fort; die Ausübung ist jedoch im Zweifel nur in der Weise zulässig, daß sie für den Eigentümer des belasteten Grundstücks nicht beschwerlicher wird. Gereicht die Dienstbarkeit nur einem der Teile zum Vorteile, so erlischt sie für die übrigen Teile.

§ 1026[39]). Wird das belastete Grundstück geteilt, so werden, wenn die Ausübung der Grunddienstbarkeit auf einen bestimmten Teil des belasteten Grundstücks beschränkt ist, die Teile, welche außerhalb des Bereichs der Ausübung liegen, von der Dienstbarkeit frei.

§ 1028. Ist auf dem belasteten Grundstück eine Anlage, durch welche die Grunddienstbarkeit beeinträchtigt wird, errichtet

---

[38]) Z. B. das belastete Grundstück ist gehalten, auf einer baulichen Anlage das Aufruhen eines Balkens zu dulden.

[39]) Wird ein Teil des mit der Grunddienstbarkeit belasteten Grundstückes abgeschrieben, so ist die Grunddienstbarkeit auf diesen Teil nicht mit zu übertragen, wenn feststeht, daß er außerhalb des Bereiches der Dienstbarkeit liegt. Uebrigens kann von vornherein die Belastung mit einer Dienstbarkeit auf einen Teil des Grundstücks beschränkt werden, ohne daß es der Abschreibung bedarf. Neumann 1 707.

worden, so unterliegt der Anspruch des Berechtigten auf Beseitigung der Beeinträchtigung der Verjährung, auch wenn die Dienstbarkeit im Grundbuch eingetragen ist. Mit der Verjährung des Anspruchs erlischt die Dienstbarkeit, soweit der Bestand der Anlage mit ihr in Widerspruch steht.

Die Vorschriften des § 892 finden keine Anwendung.

Einführungsgesetz zum Bürgerlichen Gesetzbuche.

Art. 111. Unberührt bleiben die landesgesetzlichen Vorschriften, welche im öffentlichen Interesse das Eigentum in Ansehung tatsächlicher Verfügungen beschränken.

Art. 124. Unberührt bleiben die landesgesetzlichen Vorschriften, welche das Eigentum an Grundstücken zugunsten der Nachbarn noch anderen als den im Bürgerlichen Gesetzbuche bestimmten Beschränkungen unterwerfen. Dies gilt insbesondere auch von den Vorschriften, nach welchen Anlagen sowie Bäume und Sträucher nur in einem bestimmten Abstande von der Grenze gehalten werden dürfen.

2. Reichs-Strafgesetzbuch.

(Auszug.)

§ 222. Wer durch Fahrlässigkeit[1]) den Tod eines Menschen verursacht, wird mit Gefängnis bis zu drei Jahren bestraft.

Wenn der Täter zu der Aufmerksamkeit, welche er aus den Augen setzte, vermöge seines Amtes, Berufes oder Gewerbes besonders verpflichtet war, so kann die Strafe bis auf fünf Jahre Gefängnis erhöht werden.

[1]) Fahrlässigkeit liegt vor, wenn der Tater bei Aufwendung gehöriger Aufmerksamkeit und Vorsicht den Tod als erfahrungsmäßige mögliche Folge voraussehen konnte. RG. Straff. 18. Januar 1887, R. 9[63]. Verursachung durch Fahrlässigkeit liegt nicht vor, wenn bei Anwendung der gebotenen Aufmerksamkeit die eine oder die andere der hinzugetretenen Zwischenursachen nicht vorhersehbar war. RG. Straff. 11. Januar 1901, E. 34[91]. Eine Fahrlässigkeit kann auch in einer Unterlassung gefunden werden, wenn zugleich eine rechtliche Verpflichtung zum Handeln vorlag. RG. Straff. 21. März 1888, E. 17[26]), Dalcke S 376.

§ 230. Wer durch Fahrlässigkeit die Körperverletzung eines Anderen verursacht, wird mit Geldstrafe bis zu neunhundert Mark oder mit Gefängnis bis zu zwei Jahren bestraft.

War der Täter zu der Aufmerksamkeit, welche er aus den Augen setzte, vermöge seines Amtes, Berufes oder Gewerbes besonders verpflichtet, so kann die Strafe auf drei Jahre Gefängnis erhöht werden.

§ 274. (Auszug.) Mit Gefängnis, neben welchem auf Geldstrafe bis zu dreitausend Mark erkannt werden kann, wird bestraft, wer

2. einen Grenzstein[2]) oder ein anderes zur Bezeichnung einer Grenze[3]) oder eines Wasserstandes bestimmtes Merkmal in der Absicht, einem anderen Nachteil zuzufügen, wegnimmt, vernichtet, unkenntlich macht, verrückt oder fälschlich setzt.

§ 305. Wer vorsätzlich und rechtswidrig ein Gebäude[4]), ein Schiff, eine Brücke, einen Damm, eine gebaute Straße, eine Eisenbahn oder ein anderes Bauwerk, welche fremdes Eigentum sind, ganz oder teilweise zerstört, wird mit Gefängnis nicht unter einem Monat bestraft.

Der Versuch ist strafbar.

§ 317. Wer vorsätzlich und rechtswidrig den Betrieb einer zu öffentlichen Zwecken dienenden Telegraphenanlage dadurch verhindert oder gefährdet, daß er Teile oder Zubehörungen derselben beschädigt oder Veränderungen daran vornimmt, wird mit Gefängnis von einem Monat bis zu drei Jahren bestraft.

§ 330. Wer bei der Leitung[5]) oder Ausführung eines

---

[2]) Auch Grenzhügel.

[3]) Hierzu gehören nur solche Grenzzeichen, welche von alters her bestehen oder solche, welche von Interessenten anerkannt oder von der zuständigen Behörde festgestellt sind. RG. Straff. 25. Januar 1884, R. 6[49].

[4]) Ein auf einem Balkenfundament ruhender Abtritt gilt als solches. RG. Straff. 28. März 1887, R. 9[198].

[5]) Bauleiter, die mit der Leitung des Baues vertraute Person, im Sinne des § 330 StGB.; Baumeister im Sinne des § 367 Nr. 15 StGB. ist nicht der Unternehmer, d. h. diejenige physische oder juristische Person, welche auf Grund eines Vertrages mit dem Bauherrn die Herstellung eines Baues übernommen hat, sondern derjenige, welcher, mag er gleichzeitig der Bauunternehmer selbst sein, oder auf Grund eines Auftrages einer dieser Personen oder als Geschäftsführer ohne Auftrag handeln, tatsächlich die Errichtung des Bauwerks leitet nach dessen Anweisungen die Herstellung des Bauwerks durch die

Baues[6]) wider die allgemein anerkannten Regeln der Baukunst[7]) dergestalt handelt[8]), daß hieraus für andere[9]) Gefahr ent-

Bauhandwerker und Arbeiter erfolgt, der nicht nur einzelne für den Bau nebensächliche Arbeiten, sondern die Ausführung des Bauwerks als Ganzes unmittelbar und in wesentlichen Beziehungen anordnet. Dieser tatsächliche Leiter des Baues ist derjenige, welcher die Interessen der Sicherheit der auf dem Baue beschäftigten Arbeiter und der Vorübergehenden, endlich die Interessen der später in dem Gebaude sich aufhaltenden Personen wahrzunehmen hat. Als ein solcher Bauleiter kann z. B. ein Bahnmeister nicht angesehen werden, denn dieser ist nur der Vertreter der Bahnverwaltung gegenüber dem Unternehmer und hat diejenigen Anordnungen zu treffen, welche erforderlich waren, um die fiskalischen und eisenbahntechnischen Interessen gegenüber dem Unternehmer wahrzunehmen und die Befolgung des Vertrages zu überwachen. KG. Straff. 16. Februar 1902.

Der Paragraph trifft nicht bloß Baumeister und Bauhandwerker sondern jeden, welcher sich mit der Leitung oder Ausführung eines Baues befaßt, also auch den Bauherrn, wenn er auch in der Bautechnik Laie ist. RG. I. Straff. 9. Oktober 1890.

Die strafrechtliche Haftung des Bauherrn bei vorzeitiger Ausführung von Putzarbeiten wird durch die Übertragung der Bauausführung an einen bauleitenden Unternehmer nicht beseitigt. KG. 30. April 1891. Auf den Rechtsgrund, aus welchem jemand eine Bauleitung übernommen, kommt es nicht an, entscheidend ist die tatsächliche Leitung. RG. 7. Mai 1897, Goltdammers Archiv 45 263.

[6]) Der Ausdruck Bau ist im weitesten Umfange gebraucht und beschränkt sich nicht auf Hochbau. Es fallen hierunter z. B. Wasser, Straßenbauten, Erdarbeiten zur Ausschachtung der Fundamente, Baugerüste.

Fällt das Baugerüst unter den Begriff des Baues, so hat ein Gleiches zu gelten von einer Leiter, welche regelmäßig zum Besteigen eines Gerüstes und zum Transport der bei dem Bau erforderlichen Materialien auf das Gerüst benutzt wird. RG. III. Straff. 31. Januar 1907. Abbruch eines Gebäudes kommt nicht in Betracht, wohl aber Reparaturbauten. RG. 4. November 1890, E. 21 142. Nach späterer Entscheidung fällt auch der Abbruch eines Gebäudes hierunter. Dalcke S. 476.

[7]) Ob gegen die allgemein anerkannten Regeln der Baukunst verstoßen wurde, ist eine tatsächliche Frage. Bei der Beurteilung sind nicht allein die Bestimmungen der Bauordnung zugrunde zu legen.

Die Regeln der Baukunst müssen im Kreise der Fachwelt anerkannt sein. RG. 3. u. 26. April 1891, Goltdammers Archiv 39 208.

[8]) Sowohl vorsätzliches wie fahrlässiges Handeln unterliegt der Strafe.

[9]) Z. B. die beim Bau beschäftigten Arbeiter. Gefährdung von Eigentum ist nicht strafbar.

steht[10]), wird mit Geldstrafe bis zu neunhundert Mark oder mit Gefängnis bis zu einem Jahre bestraft.

§ 366. (Auszug.) Mit Geldstrafe bis zu sechzig Mark oder mit Haft bis zu vierzehn Tagen wird bestraft:

8. wer nach einer öffentlichen Straße oder Wasserstraße, oder nach Orten hinaus, wo Menschen zu verkehren pflegen, Sachen, durch deren Umstürzen oder Herabfallen jemand beschädigt werden kann, ohne gehörige Befestigung aufstellt oder aufhängt, oder Sachen auf eine Weise ausgießt oder auswirft, daß dadurch jemand beschädigt oder verunreinigt werden kann;
9. wer auf öffentlichen Wegen, Straßen, Plätzen oder Wasserstraßen Gegenstände, durch welche der freie Verkehr gehindert wird, aufstellt, hinlegt oder liegen läßt.

§ 367. (Auszug.) Mit Geldstrafe bis zu einhundertfünfzig Mark oder mit Haft wird bestraft:

12. wer auf öffentlichen Straßen, Wegen oder Plätzen, auf Höfen, in Häusern und überhaupt an Orten, an welchen Menschen verkehren[11]), Brunnen, Keller, Gruben, Öffnungen[12]) oder Abhänge dergestalt unverdeckt oder unverwahrt läßt, daß daraus Gefahr[13]) für andere entstehen kann;

---

[10]) Wenn z. B. ein Nachbargebäude in gefahrbringenden Zustand versetzt wird, durch Unterlassen der Errichtung einer Brandmauer.

Eine schuldhafte Verursachung von Schwammbildung ist hierher zu rechnen. RG. 28. September 1895, E. 27 388.

Der Eintritt des Unglücksfalles, welcher durch die Errichtung des gefahrdrohenden Bauwerks entsteht, ist für den Tatbestand des Vergehens nicht erforderlich.

Die Bestimmung des Paragraphen findet keine Anwendung, wenn die Gefahr noch nicht durch das Bauwerk, soweit es fertiggestellt ist, droht, sondern erst eintreten würde, wenn die inzwischen polizeilich inhibierte Bauausführung fortgesetzt würde. RG. II. Straff. 22. November 1881.

[11]) „Verkehren“ ist gleichbedeutend mit „zu verkehren pflegen“. Englert S. 140.

[12]) Z. B. das Fehlen einer Sprosse im Geländer. RG. IV. Straff. 20. September 1892.

[13]) Für die Nichtanwendung des Gesetzes genügt es, wenn der Zustand ein solcher ist, bei welchem nach vernünftigem Ermessen und den gewöhnlichen Verhältnissen eine Gefahr für Menschen nicht zu erwarten — es werden nicht Vorrichtungen verlangt, durch welche die absolute Unmöglichkeit einer Gefahr hergestellt wird. RG. V. ZS. 10. Dezember 1881.

13. wer trotz der polizeilichen Aufforderung es unterläßt, Gebäude[14]), welche dem Einsturz drohen, auszubessern oder niederzureißen;
14. wer Bauten[15]) oder Ausbesserungen von Gebäuden, Brunnen, Brücken, Schleusen oder anderen Bauwerken[16]) vornimmt, ohne die von der Polizei angeordneten[17]) oder sonst erforderlichen Sicherungsmaßregeln zu treffen[18]);
15. wer als Bauherr[19]), Baumeister[20]) oder Bauhandwerker[21])

---

[14]) Der Ausdruck Gebäude ist im weitesten Umfange zu verstehen, hierunter fällt jedes Bauwerk, z. B. eine Mauer. Urt. des OLG. München, Entscheidung desselben Bd. 1 S. 271.

[15]) Der Ausdruck Bau ist im weitesten Umfange gebraucht und umfaßt jede durch Veränderung des Grund und Bodens oder in Verbindung mit diesem entstehende Anlage. von Kamptz und Delius S. 431. Dazu gehören auch Wasserleitungen. RG. VI. ZS. 27. November 1890, Tonrohrleitungen. RG VI. ZS. 16. März 1893.

[16]) Z. B. Sand- und Lehmgruben. Strieth. Arch. 60[76].

[17]) Die Anordnung kann durch Bedingung im Bauschein getroffen sein. Baltz S. 27.

[18]) Jeder Bauherr ist verpflichtet, bei den von ihm vorgenommenen Bauten die polizeilich angeordneten oder sonst erforderlichen Sicherungsmaßregeln zu treffen. Von dieser durch das Gesetz dem Bauherrn auferlegten Verpflichtung kann sich derselbe dadurch allein nicht befreien, daß er den von ihm vorgenommenen Bau einem Sachverständigen in Entreprise überträgt. RG. VI. ZS. 13. Mai 1886.

[19]) Unter Bauherr ist derjenige zu verstehen, welcher einen Bau für sich ausführen läßt, um darüber wie ein Berechtigter — Eigentümer — zu verfügen. Steht das Gebäude im Eigentum einer Gesellschaftsfirma, so trifft die Verantwortung diejenige physische Person, welche die Gesellschaft gegebenenfalls vertreten und den Auftrag zur Herstellung des Neubaues erteilt hat. Urt. des bayerischen Obersten Landesger. vom 5. Juli 1902, Bd. 3 S. 13. Englert S. 141.

Nur derjenige Grundbesitzer ist als Bauherr zu betrachten, welcher für seine Rechnung und auf seine Verantwortung den Bau aufführt oder aufführen läßt. Ebenda Bd. 4 S. 355.

Verwalter fremden Vermögens, welche Bauführungen für den Eigentümer unternehmen, sind dem Bauherrn gleich zu achten. Ebenda Bd. 2 S. 406.

[20]) Bei der Frage, ob jemand als „Baumeister“ zu erachten ist, kommt es — ebenso wie bei dem Begriff des „Bauleiters“ — auf die tatsächliche Entfaltung einer Tätigkeit an, welche als geistige Urheberschaft die mechanischen Kräfte für die Gestaltung des Baues als eines Ganzen in Bewegung setzt. Ebenda Bd. 2 S. 141.

[21]) Unter „Bauhandwerker“ sind Gewerbetreibende zu verstehen, welche einzelne Bauarbeiten zur Ausführung selbständig übernehmen. Ebenda Bd. 3 S. 69.

Der unselbständig arbeitende Geselle kommt als Uebertreter nicht in Betracht.

einen Bau oder eine Ausbesserung, wozu die polizeiliche Genehmigung erforderlich ist, ohne diese Genehmigung oder mit eigenmächtiger Abweichung von dem durch die Behörde genehmigten Bauplane ausführt oder ausführen läßt[22]).

§ 368. (Auszug.) Mit Geldstrafe bis zu sechzig Mark oder mit Haft bis zu vierzehn Tagen wird bestraft:

3. wer ohne polizeiliche Erlaubnis eine neue Feuerstätte[23]) errichtet oder eine bereits vorhandene an einen anderen Ort verlegt;
4. wer es unterläßt[24]), dafür zu sorgen, daß die Feuerstätten[23]) in seinem Hause in baulichem und brandsicherem[25]) Zustande unterhalten, oder daß die Schornsteine zur rechten Zeit gereinigt werden[26]).

§ 370. (Auszug.) Mit Geldstrafe bis zu einhundertfünfzig Mark oder mit Haft wird bestraft:

1. wer unbefugt ein fremdes Grundstück, einen öffentlichen oder Privatweg oder einen Grenzrain durch Abgraben oder Abpflügen verringert.

---

[22]) Die Verjährung bezüglich Uebertretungen der §§ 367[15], 368[3] StrGB. beginnt nach herrschender wissenschaftlicher Ansicht sofort mit dem endgültigen Abbruch der nicht genehmigten Bautätigkeit. Stier-Somlo I. Jahrgang S. 444.

Der Tatbestand einer Uebertretung aus § 367[15] ist zwar mit dem Beginne einer ordnungswidrigen Bauführung begründet, „begonnen" ist aber die Uebertretung mit dem Abschluß der Ausführung des Baues. Von hier an rechnet die dreimonatige Verjährung der Strafverfolgung. RG. I. Straff. 15. Febrnar 1904.

Der höchste sächsische Gerichtshof und seit 1882 das OLG. München nehmen den Standpunkt ein, der Grund der Strafbarkeit der genehmigungslos unternommenen Bauausführung liege nicht in der Eigenmacht der Bautätigkeit, sondern in der Schaffung eines gesetzwidrigen Zustandes, die Verjährung beginne daher erst von der Beseitigung dieses Zustandes ab zu laufen. Durch Urt. vom 19. Januar 1905 hat das OLG. Dresden seine jahrzehntelang aufrechterhaltene Ansicht aufgegeben. Stier-Somlo I. Jahrgang S. 444. May-Fischers Z. 28 S. 255 und 29 S. 24.

Die Polizei ist natürlich trotz Verjährung jederzeit berechtigt einzuschreiten.

[23]) Unter Feuerstätten sind auch Kamine, Rauchrohre zu verstehen.

[24]) Rechtswidriger Vorsatz ist nicht erforderlich. Urt. OLG. München 7. September 1887 Bd. 4 S. 488.

[25]) Brandsicher ist eine Feuerstätte dann nicht, wenn durch die Feuerung sei es unmittelbar, sei es mittelbar, durch fliegende Funken oder die Wirkung der Hitze die Entstehung eines Brandes ermöglicht wird. Urt. des bayerischen Obersten Landesger. 15. Oktober 1904. Bd. 5 S. 76.

[26]) Hauseigentümer, resp. sein Stellvertreter.

3. Reichs-Gewerbeordnung.

Vom 26. Juli 1900 (RGBl. S. 871).

(Auszug.)

Anlagen, welche einer besonderen Genehmigung bedürfen.

§ 16. Zur Errichtung[1]) von Anlagen[2]), welche durch die örtliche Lage oder die Beschaffenheit der Betriebsstätte für die Besitzer oder Bewohner der benachbarten Grundstücke oder für das Publikum überhaupt erhebliche Nachteile, Gefahren oder Belästigungen herbeiführen können, ist die Genehmigung der nach den Landesgesetzen zuständigen Behörde erforderlich[3]).

---

[1]) Wenn die §§ 16—28 sich der Ausdrücke „Errichtung" oder „Errichten" gewerblicher Anlagen bedienen und den mit obrigkeitlicher Genehmigung „errichteten" Anlagen einen besonderen Schutz gewähren (§§ 25, 26), so kann diese Ausdrucksweise sich im allgemeinen nur auf den Fall der Neuherstellung bisher nicht vorhanden gewesener, genehmigter Anlagen beziehen, nicht auch auf den Fall der Rekonstruktion solcher Anlagen, welche, nach der Errichtung durch höhere Gewalt zerstört, ohne Aenderung der Betriebsstätte usw. in den Grenzen der früher erteilten Genehmigung wieder hergestellt werden. OVG. 10[284].

[2]) Die auf Grund des § 16 genehmigten Anlagen können weiteren Beschränkungen, als in der Genehmigungsurkunde enthalten sind, nicht unterworfen werden. Für diese Anlagen ist das Maß der zu erfüllenden Verpflichtungen und demnach die Grenze des polizeilichen Einschreitens durch die Genehmigungsurkunde geregelt. Sie sind durch den § 51 so weit geschützt, als ihre fernere Benutzung nur von dem Bezirksausschuß und nur gegen Entschädigung untersagt werden darf, wenn den mit dem Betriebe verbundenen Nachteilen und Gefahren für das Gemeinwohl unter Einhaltung der dem polizeilichen Einschreiten gezogenen Grenzen nicht begegnet werden kann. OVG. 5[289], 10[261], 22[303].

Die §§ 1 und 16 der Gewerbeordnung verhindern zwar nicht die Anwendung allgemeiner baupolizeilicher oder sicherheitspolizeilicher Bestimmungen auf gewerbliche Anlagen, die an sich der Gewerbeordnung unterstehen. Ein Gewerbebetrieb, nachdem sein Beginn für zulässig erkannt, ist nun keineswegs von den örtlichen und allgemeinen, sich als Folge der Handhabung der allgemeinen Bau-, Feuer-, Straßen- und gesundheitspolizeilichen Vorschriften darstellenden Beschränkungen der Ausführung befreit, wenn die Vorschriften für alle gelten, sie mögen Gewerbe treiben oder nicht. Verbote und Beschränkungen gewerblicher Anlagen, die unter den § 16 fallen, dürfen nur im Rahmen der RGO. erlassen werden. Eine polizeiliche Verordnung, nach welcher in einem bestimmten Bezirke keine gewerblichen Anlagen hergestellt oder betrieben werden dürfen, ist daher ungültig. OVG. 41[322]. PVBl. 30[25].

[3]) Für die im gesperrten Druck hervorgehobenen Anlagen ist der Bezirksausschuß, für die übrigen der Kreisausschuß (Stadtausschuß) und in den zu einem Landkreise gehörenden Städten mit mehr als 10000 Ein-

Es gehören dahin:

Schießpulverfabriken, Anlagen zur Feuerwerkerei und zur Bereitung von Zündstoffen aller Art, Gasbereitungs- und Gasbewahrungsanstalten[4]), Anstalten zur Destillation von Erdöl, Anlagen zur Bereitung von Braunkohlenteer, Steinkohlenteer und Koks, sofern sie außerhalb der Gewinnungsorte des Materials errichtet werden, Glas- und Rußhütten, Kalk-, Ziegel- und Gipsöfen, Anlagen zur Gewinnung roher Metalle, Röstöfen, Metallgießereien, sofern sie nicht bloße Tiegelgießereien sind, Hammerwerke, chemische Fabriken aller Art, Schnellbleichen, Firnissiedereien, Stärkefabriken, mit Ausnahme der Fabriken zur Bereitung von Kartoffelstärke, Stärkesirupsfabriken, Wachstuch-, Darmsaiten-, Dachpappen- und Dachfilzfabriken, Leim-, Tran- und Seifensiedereien, Knochenbrennereien, Knochendarren, Knochenkochereien und Knochenbleichen, Zubereitungsanstalten für Tierhaare, Talgschmelzen, Schlächtereien[5]), Gerbereien, Abdeckereien, Poudretten- und Düngepulverfabriken, Stauanlagen[6]) für Wasser-

---

wohnern der Magistrat zuständig. ZG. §§ 109, 110, 161. Beschwerdeinstanz ist der Handelsminister. Kommen Landeskulturinteressen bei Stauanlagen in Frage, ist der Minister für Landwirtschaft, Domänen und Forsten zuzuziehen. ZG. § 113.

Ausländischen Korporationen und juristischen Personen des Auslandes darf die baupolizeiliche Genehmigung zu gewerblichen Betrieben nicht eher erteilt werden, bis die zum Erwerbe von Grundbesitz erforderliche landesherrliche Genehmigung auf Grund des Gesetzes vom 4. Mai 1846 bzw. die auf Grund des Allerh. Erl. vom 14. Februar 1882 oder die nach § 18 der GO. vom 17. Januar 1845 in der Fassung des Gesetzes vom 22. Juni 1861 notwendige ministerielle Erlaubnis zum Geschäftsbetriebe in Preußen ausgesprochen ist. Runderl. vom 7. Februar 1897.

[4]) Rohrnetz gehört nicht dazu.

[5]) Zu den Schlächtereien gehören alle Schlachtstätten ohne Unterschied. Nach einer Entscheidung des Oberlandesgerichts Karlsruhe vom 17. Juli 1883 (PVBl. 5[307]) ist eine Schlächterei im Sinne des § 16 jede Lokalität, in welcher gewerbsmäßig geschlachtet wird, ohne Rücksicht darauf, ob das betreffende Lokal von einem oder von mehreren Gewerbetreibenden benutzt wird und ob das Fleisch in rohem oder verarbeitetem Zustande weiter veräußert wird. Hoffmann S. 45.

Unter Schlächterei ist ebensowenig eine Fischschlächterei wie eine Federviehschlächterei zu verstehen. OVG. 32[285].

[6]) Ueber die Abgrenzung dessen, was zu einer Stauanlage für ein Wassertriebwerk gehört, bestehen verschiedene Meinungen. Von den einen werden in enger Begrenzung alle Bestandteile des Triebwerkes aus-

triebwerke (§ 23), Hopfen-Schwefeldörren, Asphaltkochereien und Pechsiedereien, soweit sie außerhalb der Gewinnungsorte des Materials errichtet werden, Strohpapierstoffabriken, Darmzubereitungsanstalten, Fabriken, in welchen Dampfkessel oder andere Blechgefäße durch Vernieten hergestellt werden, Kalifabriken und Anstalten zum Imprägnieren von Holz mit erhitzten Teerölen, Kunstwollefabriken, Anlagen zur Herstellung von Celluloid und Dégrasfabriken, die Fabriken, in welchen Röhren aus Blech durch Vernieten hergestellt werden, sowie die Anlagen zur Erbauung eiserner Schiffe, zur Herstellung eiserner Brücken oder sonstiger eiserner Baukonstruktionen, die Anlagen zur Destillation oder zur Verarbeitung von Teer und von Teerwasser, die Anlagen, in welchen aus Holz oder ähnlichem Fasermaterial auf chemischem Wege Papierstoff hergestellt wird (Cellulosefabriken), die Anlagen, in welchen Albuminpapier hergestellt wird, die Anstalten zum Trocknen und Einsalzen ungegerbter Tierfelle sowie die Verbleiungs-, Verzinnungs- und Verzinkungs-Anstalten, die Anlagen zur Herstellung von Gußstahlkugeln mittelst Kugelschrotmühlen (Kugelfräsmaschinen), die Anlagen zur Herstellung von Zündschnüren und von elektrischen Zündern.

Das vorstehende Verzeichnis kann, je nach Eintritt oder Wegfall der im Eingange gedachten Voraussetzung, durch Beschluß des Bundesrats, vorbehaltlich der Genehmigung des nächstfolgenden Reichstags, abgeändert werden.

§ 17. Dem Antrag auf die Genehmigung einer solchen Anlage müssen die zur Erläuterung erforderlichen Zeichnungen und Beschreibungen beigefügt werden[7]).

Ist gegen die Vollständigkeit dieser Vorlagen nichts zu erinnern, so wird das Unternehmen mittelst einmaliger Einrückung in das zu den amtlichen Bekanntmachungen der Behörde (§ 16)

---

geschieden und damit der Gebundenheit durch die Konzession entzogen (§ 25), insbesondere die Turbinen. Von den anderen werden auch Einrichtungen des Wassertriebwerkes selbst zur Stauanlage gerechnet, soweit diese durch sie beeinflußt wird. Vgl. PAusfAnw. vom 1. Mai 1904 Ziff. 13, wo zu den Vorrichtungen der Stauanlage auch die Wasserräder (Turbinen) gezählt werden. Landmann S. 160. Vgl. OVG. 43[265].

[7]) Siehe 4 AusfAnw. Ziff. 11—14, 16.

bestimmte Blatt zur öffentlichen Kenntnis gebracht, mit der Aufforderung, etwaige Einwendungen gegen die neue Anlage binnen 14 Tagen anzubringen. Die Frist nimmt ihren Anfang mit Ablauf des Tages, an welchem das die Bekanntmachung enthaltende Blatt ausgegeben worden, und ist für alle Einwendungen, welche nicht auf privatrechtlichen Titeln beruhen, präklusivisch.

§ 18. Werden keine Einwendungen angebracht, so hat die Behörde zu prüfen, ob die Anlage erhebliche Gefahren, Nachteile oder Belästigungen für das Publikum herbeiführen könne. Auf Grund dieser Prüfung, welche sich zugleich auf die Beachtung der bestehenden bau-, feuer- und gesundheitspolizeilichen Vorschriften[8]) erstreckt, ist die Genehmigung zu versagen, oder, unter Festsetzung der sich als nötig ergebenden Bedingungen, zu erteilen. Zu den letzteren gehören auch diejenigen Anordnungen, welche zum Schutze der Arbeiter gegen Gefahr für Gesundheit und Leben notwendig sind. Der Bescheid ist schriftlich auszufertigen und muß die festgesetzten Bedingungen enthalten; er muß mit Gründen versehen sein, wenn die Genehmigung versagt oder nur unter Bedingungen erteilt wird.

§ 19. Einwendungen, welche auf besonderen privatrechtlichen Titeln beruhen, sind zur richterlichen Entscheidung zu verweisen, ohne daß von der Erledigung derselben die Genehmigung der Anlage abhängig gemacht wird.

Andere Einwendungen dagegen sind mit den Parteien vollständig zu erörtern. Nach Abschluß dieser Erörterung erfolgt die Prüfung und Entscheidung nach den im § 18 enthaltenen Vorschriften. Der Bescheid ist sowohl dem Unternehmer als dem Widersprechenden zu eröffnen.

§ 19a. In dem Bescheide kann dem Unternehmer auf seine Gefahr, unbeschadet des Rekursverfahrens (§ 20), die un-

---

[8]) Die Prüfung hat sich zugleich auf die Beachtung der baupolizeilichen Vorschriften zu erstrecken. Die Polizeibehörden haben sich nicht selbständig mit der Prüfung von Bauerlaubnisgesuchen für derartige Gebäude zu befassen, sich vielmehr nur gutachtlich auf Ersuchen der Beschlußbehörde zu äußern. Etwa bei der Polizeibehörde eingehende Anträge auf Erteilung der Bauerlaubnis für solche Gebäude, sind auf den durch §§ 16 ff. der GO. vorgeschriebenen Weg zu verweisen. Verf. des Kgl. RegPräs. in Potsdam vom 6. April 1894.

Ist zur Herstellung der Baulichkeiten ein Dispens von den baupolizeilichen Vorschriften erforderlich, so hat die zur Erteilung der gewerbepolizeilichen Genehmigung berufene Behörde auch über den Dispens zu befinden. Erl. vom 22. Februar 1906. Hoffmann S. 49, Baltz S. 33.

verzügliche Ausführung der baulichen Anlagen gestattet werden, wenn er dies vor Schluß der Erörterung beantragt. Die Gestattung kann von einer Sicherheitsleistung abhängig gemacht werden.

§ 20. Gegen den Bescheid ist Rekurs an die nächstvorgesetzte Behörde[9]) zulässig, welcher bei Verlust desselben binnen 14 Tagen, vom Tage der Eröffnung des Bescheids an gerechnet, gerechtfertigt werden muß.

Der Rekursbescheid ist den Parteien schriftlich zu eröffnen und muß mit Gründen versehen sein.

§ 23. Bei den Stauanlagen für Wassertriebwerke[10]) sind außer den Bestimmungen der §§ 17—22 die dafür bestehenden landesgesetzlichen Vorschriften anzuwenden.

Der Landesgesetzgebung bleibt vorbehalten, die fernere Benutzung bestehender und die Anlage neuer Privatschlächtereien in solchen Orten, für welche öffentliche Schlachthäuser in genügendem Umfange vorhanden sind oder errichtet werden, zu untersagen.

Soweit durch landesrechtliche Vorschriften Bestimmungen getroffen werden, wonach gewisse Anlagen oder gewisse Arten von Anlagen in einzelnen Ortsteilen gar nicht oder nur unter besonderen Beschränkungen zugelassen sind, finden diese Bestimmungen auch auf Anlagen der im § 16 erwähnten Art Anwendung.

§ 24. Zur Anlegung von Dampfkesseln[11]), dieselben mögen zum Maschinenbetriebe bestimmt sein oder nicht, ist die Genehmigung der nach den Landesgesetzen zuständigen Behörde erforderlich. Dem Gesuche sind die zur Erläuterung erforderlichen Zeichnungen und Beschreibungen beizufügen.

Die Behörde hat die Zulässigkeit der Anlage nach den bestehenden bau-, feuer- und gesundheitspolizeilichen Vorschriften sowie nach denjenigen allgemeinen polizeilichen Bestimmungen zu prüfen, welche von dem Bundesrat über die Anlegung von Dampf-

---

[9]) Auch die Polizeibehörde ist berechtigt, Rekurs zu erheben.

[10]) Der Inhaber eines durch Wasserkraft bewegten Triebwerkes oder einer Stauanlage kann zur Wiederherstellung eines abgängig gewordenen Merkpfahles polizeilich angehalten werden, wenn der Merkpfahl nach den bei der Konzession gestellten Bedingungen als Teil der Anlage anzusehen ist. OVG. 23[230].

[11]) Dampfkochgefäße, Dampfüberhitzer, Dampfbehälter und Dampfkochkessel sind keine Dampfkessel. Kleinkessel zum Reinigen von Bierleitungen sind bewegliche Kessel und genehmigungspflichtig. Erl. vom 27. August 1896. (MBl. S. 182.)

kesseln erlassen werden. Sie hat nach dem Befunde die Genehmigung entweder zu versagen oder unbedingt zu erteilen, oder endlich bei Erteilung derselben die erforderlichen Vorkehrungen und Einrichtungen vorzuschreiben.

Bevor der Kessel in Betrieb genommen wird, ist zu untersuchen, ob die Ausführung den Bestimmungen der erteilten Genehmigung entspricht. Wer vor dem Empfange der hierüber auszufertigenden Bescheinigung den Betrieb beginnt, hat die im § 147 angedrohte Strafe verwirkt.

Die vorstehenden Bestimmungen gelten auch für bewegliche Dampfkessel.

Für den Rekurs und das Verfahren über denselben gelten die Vorschriften der §§ 20 und 21.

§ 25. Die Genehmigung zu einer der in den §§ 16 und 24 bezeichneten Anlagen bleibt so lange in Kraft, als keine Änderung[12]) in der Lage oder Beschaffenheit der Betriebsstätte vorgenommen wird, und bedarf unter dieser Voraussetzung auch dann, wenn die Anlage an einen neuen Erwerber übergeht, einer Erneuerung nicht. Sobald aber eine Veränderung der Betriebsstätte vorgenommen wird, ist dazu die Genehmigung der zuständigen Behörde nach Maßgabe der §§ 17—23 einschließlich beziehungsweise des § 24 notwendig. Eine gleiche Genehmigung ist erforderlich bei wesentlichen Veränderungen in dem Betrieb einer der im § 16 genannten Anlagen. Die zuständige Behörde kann jedoch auf Antrag des Unternehmers von der Bekanntmachung (§ 17) Abstand nehmen, wenn sie die Überzeugung gewinnt, daß die beabsichtigte Veränderung für die Besitzer oder Bewohner benachbarter Grundstücke oder das Publikum überhaupt neue oder größere Nachteile, Gefahren oder Belästigungen, als mit der vorhandenen Anlage verbunden sind, nicht herbeiführen werde.

Diese Bestimmungen finden auch auf gewerbliche Anlagen (§§ 16 und 24) Anwendung, welche bereits vor Erlaß dieses Gesetzes bestanden haben.

§ 26. Soweit die bestehenden Rechte[13]) zur Abwehr be-

---

12) Die Aenderung muß eine wesentliche sein. OVG. 10 [277], 24 [317]. Die Ersetzung eines hölzernen Stauwerks durch ein steinernes ist nicht als eine wesentliche Veränderung der Stauanlage anzusehen. PVBl. 23 [793].

13) BGB. §§ 906 ff.

nachteiligender Einwirkungen, welche von einem Grundstück aus auf ein benachbartes Grundstück geübt werden, dem Eigentümer oder Besitzer des letzteren eine Privatklage gewähren, kann diese Klage einer mit obrigkeitlicher Genehmigung errichteten gewerblichen Anlage gegenüber niemals auf Einstellung des Gewerbebetriebs, sondern nur auf Herstellung von Einrichtungen, welche die benachteiligende Einwirkung ausschließen, oder, wo solche Einrichtungen untunlich oder mit einem gehörigen Betriebe des Gewerbes unvereinbar sind, auf Schadloshaltung gerichtet werden.

§ 28. Die höheren Verwaltungsbehörden[14]) sind befugt, über die Entfernung, welche bei Errichtung von durch Wind bewegten Triebwerken von benachbarten fremden Grundstücken und von öffentlichen Wegen innezuhalten ist, durch Polizeiverordnungen Bestimmung zu treffen.

§ 30. Unternehmer[15]) von Privatkranken-[16]), Privatentbindungs- und Privatirrenanstalten[17]) bedürfen einer Konzession der höheren Verwaltungsbehörde[18]). Die Konzession ist nur dann zu versagen:

---

[14]) ObPräs. u. RegPräs. Siehe 4 AusfAnw. vom 1. Mai 1904. Ziff. 2.

[15]) An juristische Personen kann Konzession nicht verliehen werden. OVG. 9[286]. Nach Landmann S. 236 ist es jedoch streitig.

Ein Arzt wird zum Gewerbetreibenden, wenn und soweit er eine Privatkrankenanstalt einrichtet und unterhält. OVG. 24[322].

Der Paragraph findet nur auf solche Anstalten Anwendung, die zum Zwecke des Erwerbes errichtet sind. Hoffmann S. 69.

[16]) Eine konzessionspflichtige Privatkrankenanstalt ist nur dann anzunehmen, wenn Betten für die darin zu behandelnden Kranken vorhanden sind. OVG. 31[286]. Dagegen hat das RG. ausgesprochen, es genüge, wenn die Räume der Anstalt den örtlichen Mittelpunkt bilden, zu dem die Kranken stetig zurückkehren. Landmann S. 236, RG. Straff. 7. Juli 1899. 32[255].

[17]) Bei der Prüfung eines derartigen Gesuches ist auch die für die Anstalt gewählte örtliche Lage zu berücksichtigen. Zu den erheblichen Nachteilen für die Besitzer der benachbarten Grundstücke, wegen deren eine solche Erlaubnis zu versagen ist, können die Vermögensverluste gehören, welche den Nachbarn durch Verminderung des Wertes ihrer Grundstücke und ihrer Unternehmungen auf diesen deshalb entstehen würden, weil nach der allgemeinen Auffassung der Betrieb der Irrenanstalt den Wert der benachbarten Grundstücke herabdrückt. OVG. 40[307].

[18]) Ueber Anträge entscheidet der Bezirksausschuß. Im Landespolizeibezirk Berlin der Polizeipräsident.

a) wenn Tatsachen vorliegen, welche die Unzuverlässigkeit des Unternehmers in Beziehung auf die Leitung oder Verwaltung der Anstalt dartun,

b) wenn nach den von dem Unternehmer einzureichenden Beschreibungen und Plänen die baulichen und die sonstigen technischen Einrichtungen der Anstalt den gesundheitspolizeilichen Anforderungen nicht entsprechen,

c) wenn die Anstalt nur in einem Teile eines auch von anderen Personen bewohnten Gebäudes untergebracht werden soll und durch ihren Betrieb für die Mitbewohner dieses Gebäudes erhebliche Nachteile oder Gefahren hervorrufen kann,

d) wenn die Anstalt zur Aufnahme von Personen mit ansteckenden Krankheiten oder von Geisteskranken bestimmt ist und durch ihre örtliche Lage für die Besitzer oder Bewohner der benachbarten Grundstücke erhebliche Nachteile oder Gefahren hervorrufen kann.

Vor Erteilung der Konzession sind über die Fragen zu c und d die Ortspolizei- und die Gemeindebehörden zu hören.

§ 33. (Auszug.) Wer Gastwirtschaft, Schankwirtschaft oder Kleinhandel mit Branntwein oder Spiritus betreiben will, bedarf dazu der Erlaubnis[19]).

Die Landesregierungen sind befugt, außerdem zu bestimmen, daß

a) die Erlaubnis zum Ausschänken von Branntwein oder zum Kleinhandel mit Branntwein oder Spiritus allgemein,

b) die Erlaubnis zum Betriebe der Gastwirtschaft oder zum Ausschänken von Wein, Bier oder anderen, nicht unter a fallenden, geistigen Getränken in Ortschaften mit weniger als 15000 Einwohnern, sowie in solchen Ortschaften mit einer größeren Einwohnerzahl, für welche dies durch Ortsstatut (§ 142) festgesetzt wird,

von dem Nachweis eines vorhandenen Bedürfnisses abhängig sein solle.

Vor Erteilung der Erlaubnis ist die Ortspolizei- und die Gemeindebehörde gutachtlich zu hören.

§ 35. (Auszug.) 5. Der Betrieb des Gewerbes als Bauunternehmer und Bauleiter, sowie der Betrieb einzelner Zweige des

---

19) Zuständig ist der Kreis-(Stadt-)Ausschuß, in den zu einem Landkreise gehörigen Städten mit mehr als 10000 Einwohnern der Magistrat.

Baugewerbes ist zu untersagen, wenn Tatsachen vorliegen, welche die Unzuverlässigkeit des Gewerbetreibenden in bezug auf diesen Gewerbebetrieb dartun[20]). Der Untersagung muß nach näherer Bestimmung der Landeszentralbehörde die Anhörung von Sachverständigen vorangehen, welche zur Abgabe von Gutachten dieser Art nach Bedarf im voraus von der höheren Verwaltungsbehörde ernannt sind. Soweit es sich um die Begutachtung für handwerksmäßige Gewerbebetriebe handelt, erfolgt die Ernennung nach Anhörung der Handwerkskammer (§ 103) des Bezirkes.

Ist die Untersagung erfolgt, so kann die Landeszentralbehörde oder eine andere von ihr zu bestimmende Behörde die Wiederaufnahme des Gewerbebetriebs gestatten, sofern seit der Untersagung mindestens ein Jahr verflossen ist.

§ 35a. Mangel an theoretischer Vorbildung kann als Tatsache im Sinne des § 35 Abs. 5 gegenüber Bauunternehmern, Bauleitern oder Personen, die einzelne Zweige des Baugewerbes betreiben, nicht geltend gemacht werden, wenn sie das Zeugnis über die Ablegung einer Prüfung für den höheren oder mittleren bautechnischen Staatsdienst oder das Prüfungs- oder Reifezeugnis einer staatlichen oder von der zuständigen Landesbehörde gleichgestellten baugewerklichen Fachschule besitzen oder wenn sie Diplomingenieure sind.

Mangel an theoretischer oder praktischer Vorbildung kann als eine Tatsache im Sinne des § 35 Abs. 5 nicht geltend gemacht werden gegenüber Bauunternehmern und Bauleitern, wenn sie gemäß § 133 die Meisterprüfung im Maurer-, Zimmerer- oder Steinmetzgewerbe bestanden haben, sowie gegenüber Personen, die einzelne Zweige des Baugewerbes betreiben, wenn sie gemäß § 133 die Meisterprüfung in dem von ihnen ausgeübten Gewerbe bestanden haben.

Die Landeszentralbehörden sind befugt, zu bestimmen, welche Prüfungen und Zeugnisse den im Abs. 1 bezeichneten gleichzustellen sind.

§ 49. Bei Erteilung der Genehmigung zu einer Anlage der in den §§ 16 und 24 bezeichneten Arten, imgleichen zur Anlegung von Privatkranken-, Privatentbindungs- und Privatirrenanstalten, zu Schauspielunternehmungen sowie zum Betriebe der

---

[20]) Die Beurteilung hat sich auf die berufliche und moralische Seite zu erstrecken.

im § 33 gedachten Gewerbe kann von der genehmigenden Behörde den Umständen nach eine Frist festgesetzt werden, binnen welcher die Anlage oder das Unternehmen bei Vermeidung des Erlöschens der Genehmigung begonnen und ausgeführt und der Gewerbebetrieb angefangen werden muß. Ist eine solche Frist nicht bestimmt, so erlischt die erteilte Genehmigung, wenn der Inhaber nach Empfang derselben ein ganzes Jahr verstreichen läßt, ohne davon Gebrauch zu machen.

Eine Verlängerung der Frist kann von der Behörde bewilligt werden, sobald erhebliche Gründe nicht entgegenstehen.

Hat der Inhaber einer solchen Genehmigung seinen Gewerbebetrieb während eines Zeitraums von drei Jahren eingestellt, ohne eine Fristung nachgesucht und erhalten zu haben, so erlischt dieselbe.

Für die im § 16 aufgeführten Anlagen darf die nachgesuchte Fristung solange nicht versagt werden, als wegen einer durch Erbfall oder Konkurserklärung entstandenen Ungewißheit über das Eigentum an einer Anlage oder, infolge höherer Gewalt, der Betrieb entweder gar nicht oder nur mit erheblichem Nachteile für den Inhaber oder Eigentümer der Anlage stattfinden kann.

Das Verfahren für die Fristung ist dasselbe wie für die Genehmigung neuer Anlagen.

§ 51[21]). Wegen überwiegender Nachteile und Gefahren für das Gemeinwohl kann die fernere Benutzung einer jeden gewerblichen Anlage durch die höhere Verwaltungsbehörde[22]) zu jeder Zeit untersagt werden. Doch muß dem Besitzer alsdann für den erweislichen Schaden Ersatz geleistet werden.

Gegen die untersagende Verfügung ist der Rekurs zulässig; wegen der Entschädigung steht der Rechtsweg offen.

§ 52. Die Bestimmung des § 51 findet auch auf die zur Zeit der Verkündigung des gegenwärtigen Gesetzes bereits vorhandenen gewerblichen Anlagen Anwendung; doch entspringt aus der Untersagung der ferneren Benutzung kein Anspruch auf Ent-

---

21) Findet nur Anwendung auf gewerbliche Anlagen, zu deren Betrieb der Unternehmer durch die erteilte Genehmigung ein Recht erlangt hat und auf solche der Genehmigung nicht bedürfende Anlagen, deren Betrieb, wenn er auch mit Nachteil für das Gemeinwohl verbunden ist, sich doch innerhalb der gesetzlichen polizeilichen Vorschriften bewegt. Hoffmann S. 147.

22) Bezirksausschuß auch für den Stadtkreis Berlin.

schädigung, wenn bei der früher erteilten Genehmigung ausdrücklich vorbehalten worden ist, dieselbe ohne Entschädigung zu widerrufen.

§ 53a. Die unteren Verwaltungsbehörden können bei solchen Bauten, zu deren sachgemäßer Ausführung nach dem Ermessen der Behörde ein höherer Grad praktischer Erfahrung oder technischer Vorbildung erforderlich ist, im Einzelfalle die Ausführung oder Leitung des Baues durch bestimmte Personen untersagen, wenn Tatsachen vorliegen, aus denen sich ergibt, daß diese Personen wegen Unzuverlässigkeit zur Ausführung oder Leitung des beabsichtigten Baues ungeeignet sind.

Landesrechtliche Vorschriften, welche den Baupolizeibehörden weitergehende Befugnisse einräumen, bleiben unberührt.

§ 54. Wegen des Verfahrens und der Behörden, welche in bezug auf die untersagte Benutzung einer gewerblichen Anlage (§ 51), auf die Untersagung eines Gewerbebetriebs (§ 35), und die Zurücknahme einer Approbation, Genehmigung oder Bestallung (§§ 33a, 53) maßgebend sind, gelten die Vorschriften der §§ 20 und 21.

Gegen die Untersagung der Ausführung oder Leitung eines Baues (§ 53a) findet innerhalb einer Frist von zwei Wochen nach der Zustellung der Einspruch bei der unteren Verwaltungsbehörde statt, dessen Erhebung keine aufschiebende Wirkung hat. Die Erteilung des Bescheids auf den Einspruch, welcher die Anhörung von Sachverständigen gemäß § 35 Abs. 5 vorangehen muß, soll spätestens innerhalb drei Wochen nach der Erhebung des Einspruchs erfolgen. Der Bescheid, der die Untersagung der Ausführung oder Leitung eines Baues gegenüber dem erhobenen Einspruch aufrecht erhält, kann im Wege des Rekurses gemäß §§ 20, 21 angefochten werden. Die Landesregierungen können bestimmen, daß die Anfechtung im Verwaltungsstreitverfahren zu erfolgen hat. Die Einlegung von Rechtsmitteln hat keine aufschiebende Wirkung.

§ 120a. (Auszug.) Die Gewerbeunternehmer sind verpflichtet, die Arbeitsräume[23]), Betriebsvorrichtungen, Maschinen und Gerätschaften so einzurichten und zu unterhalten und den Betrieb so zu regeln, daß die Arbeiter gegen Gefahren für Leben und Gesundheit so weit geschützt sind, wie es die Natur des Betriebs gestattet.

---

[23]) Zu diesen können auch Schlafräume gehören.

Ebenso sind diejenigen Vorrichtungen herzustellen, welche zum Schutze der Arbeiter gegen gefährliche Berührungen mit Maschinen oder Maschinenteilen oder gegen andere in der Natur der Betriebsstätte oder des Betriebs liegende Gefahren, namentlich auch gegen die Gefahren, welche aus Fabrikbränden erwachsen können, erforderlich sind.

§ 120b. (Auszug.) In Anlagen, deren Betrieb es mit sich bringt, daß die Arbeiter sich umkleiden und nach der Arbeit sich reinigen, müssen ausreichende, nach Geschlechtern getrennte Ankleide- und Waschräume vorhanden sein.

Die Bedürfnisanstalten müssen so eingerichtet sein, daß sie für die Zahl der Arbeiter ausreichen, daß den Anforderungen der Gesundheitspflege entsprochen wird und daß ihre Benutzung ohne Verletzung von Sitte und Anstand erfolgen kann.

§ 120d. (Auszug.) Die zuständigen Polizeibehörden sind befugt, im Wege der Verfügung für einzelne Anlagen die Ausführung derjenigen Maßnahmen anzuordnen, welche zur Durchführung der in §§ 120a bis 120c enthaltenen Grundsätze erforderlich und nach der Beschaffenheit der Anlage ausführbar erscheinen.

Soweit die angeordneten Maßregeln nicht die Beseitigung einer dringenden, das Leben oder die Gesundheit bedrohenden Gefahr bezwecken, muß für die Ausführung eine angemessene Frist gelassen werden.

Den bei Erlaß dieses Gesetzes bereits bestehenden Anlagen gegenüber können, solange nicht eine Erweiterung oder ein Umbau eintritt, nur Anforderungen gestellt werden, welche zur Beseitigung erheblicher, das Leben, die Gesundheit oder die Sittlichkeit der Arbeiter gefährdender Mißstände erforderlich oder ohne unverhältnismäßige Aufwendungen ausführbar erscheinen.

Gegen die Verfügung der Polizeibehörde steht dem Gewerbeunternehmer binnen zwei Wochen die Beschwerde an die höhere Verwaltungsbehörde zu. Gegen die Entscheidung der höheren Verwaltungsbehörde ist binnen vier Wochen die Beschwerde an die Zentralbehörde zulässig; diese entscheidet endgültig. Widerspricht die Verfügung den von der zuständigen Berufsgenossenschaft erlassenen Vorschriften zur Verhütung von Unfällen, so ist zur Einlegung der vorstehend bezeichneten Rechtsmittel binnen der dem Gewerbeunternehmer zustehenden Frist auch der Vorstand der Berufsgenossenschaft befugt.

§ 147. (Auszug.) Mit Geldstrafe bis zu dreihundert Mark und im Unvermögensfalle mit Haft wird bestraft:

1. wer den selbständigen Betrieb eines stehenden Gewerbes, zu dessen Beginn eine besondere polizeiliche Genehmigung (Konzession, Approbation, Bestallung) erforderlich ist, ohne die vorschriftsmäßige Genehmigung unternimmt oder fortsetzt, oder von den in der Genehmigung festgesetzten Bedingungen abweicht;
2. wer eine gewerbliche Anlage, zu der mit Rücksicht auf die Lage oder Beschaffenheit der Betriebsstätte oder des Lokals eine besondere Genehmigung erforderlich ist (§§ 16 und 24), ohne diese Genehmigung errichtet, oder die wesentlichen Bedingungen, unter welchen die Genehmigung erteilt worden, nicht innehält, oder ohne neue Genehmigung eine wesentliche Veränderung der Betriebsstätte oder eine Verlegung des Lokals oder eine wesentliche Veränderung in dem Betriebe der Anlage vornimmt[24]).

---

4. Ausführungsanweisung zur Gewerbeordnung.

Vom 1. Mai 1904 (HMBl. S. 123).

(Auszug.)

Verfahren bei Errichtung oder Veränderung genehmigungspflichtiger Anlagen. (§§ 16 ff.)

11. Anträge auf Erteilung der Genehmigung zur Errichtung der im § 16 bezeichneten Anlagen und zu ihrer Veränderung (§ 25) und alle sich darauf beziehenden Eingänge sind als schleunige Angelegenheiten zu behandeln und im Geschäftsgang als solche zu bezeichnen.

Der Antrag ist anzubringen:

a) wenn die Anlage innerhalb eines Landgemeindebezirkes oder selbständigen Gutsbezirkes errichtet werden soll, bei dem Landrat;

---

[24]) Das vormalige OTr. hat angenommen, daß ein Verstoß gegen den § 16 der RGO. sich als ein Dauerdelikt darstelle, daß die dreimonatige Verjährungsfrist so lange nicht laufe, wie die konzessionspflichtige Anlage ohne Genehmigung betrieben werde. Der Straff. des KG. entscheidet in seinem Urt. vom 21. September 1903 dahin, daß die Verjährung bereits mit der rechtswidrigen Errichtung der Anlage, nicht erst mit dem Aufhören des gesetzwidrigen Zustandes beginne. Selbstverw. 1904 S. 8.

b) wenn die Anlage innerhalb eines Stadtbezirkes errichtet werden soll und die Beschlußfassung dem Stadtausschuß oder dem Magistrate zusteht, bei dieser Behörde, andernfalls bei der Polizeibehörde des Stadtbezirks.

Handelt es sich um die Genehmigung einer Stauanlage für ein zum Betrieb auf Bergwerken oder Aufbereitungsanstalten bestimmtes Wassertriebwerk, so ist der Antrag bei dem Revierbeamten anzubringen.

Soll eine unter den § 109 ZG. fallende Anlage von einer Stadtgemeinde über 10000 Einwohner oder von einem Landkreis in ihren Bezirken errichtet werden, so ist der Antrag bei dem Regierungspräsidenten (im Stadtkreise Berlin bei dem Oberpräsidenten) anzubringen. Dieser bezeichnet auf Grund des § 59 LVG. die Beschlußbehörde und gibt an diese den Antrag mit dem Auftrag ab, mit der Leitung des Vorverfahrens einen geeigneten Beamten zu beauftragen.

12. Aus dem Antrage müssen der vollständige Name, der Stand und der Wohnort des Unternehmers ersichtlich sein.

Dem Antrage sind in drei Exemplaren eine Beschreibung, eine Situationszeichnung und der Bauplan der Anlage beizufügen.

Aus diesen Vorlagen müssen hervorgehen:

a) die Größe des Grundstückes, auf dem die Betriebsstätte errichtet werden soll, seine Bezeichnung im Grundbuch oder im Kataster und der etwaige besondere Name;

b) die gleichartige Bezeichnung der umliegenden Grundstücke und die Namen ihrer Eigentümer;

c) die Entfernung, in der die zum Betriebe bestimmten Gebäude oder Einrichtungen von den Grenzen der benachbarten Grundstücke und den darauf befindlichen Gebäuden, sowie von den nächsten öffentlichen Wegen liegen sollen;

d) die Höhe und Bauart der benachbarten Gebäude, sofern zu der Betriebsstätte Feuerungsanlagen gehören;

e) die Lage, Ausdehnung und Bauart der Betriebsstätte, die Bestimmung der einzelnen Räume und ihre Einrichtung im allgemeinen;

f) der Gegenstand des Betriebs, die Grundzüge des Verfahrens und der anzuwendenden Apparate, die ungefähre Ausdehnung des Betriebs, die Arten der sich entwickelnden Gase und die Vorkehrungen, durch die das Entweichen der Gase verhindert werden soll, die Beschaffenheit der festen und flüssigen Abfallprodukte, sowie die Art ihrer Beseitigung, insbesondere wenn diese durch Ableitung in Wasserläufe erfolgen soll.

Bei Schießpulver- und Sprengstoffabriken sowie bei Anlagen zur Feuerwerkerei und zur Bereitung von Zündstoffen aller Art sind genaue Angaben über die Bestimmung und Einrichtung der einzelnen Räume, sowie über den Hergang der Fabrikation erforderlich. Auch ist für jeden einzelnen Raum das Maximum der darin zu verarbeitenden oder zu lagernden Stoffe anzugeben.

Stauanlagen.

13. Bei Stauanlagen ist eine Zeichnung aller Stauvorrichtungen einschließlich der Gerinne und Wasserräder (Turbinen) beizubringen. Außerdem ist ein Nivellement erforderlich, in dem dargestellt sein muß

a) das Längenprofil des zum Betriebe bestimmten Wasserlaufes und des Mutterbaches,
b) eine Anzahl von Querprofilen beider,
c) eine Anzahl Talquerprofile

und das so weit auszudehnen ist, als die Wirkungen der anzulegenden Stauwerke bei Hochwasser reichen; auch müssen die Wirkungen der übrigen Wasserführungen erkennbar gemacht werden. Die Profile sind auf eine und dieselbe Horizontale zu beziehen; diese ist an einen unverrückbaren Festpunkt anzuschließen.

Es bedarf ferner einer Angabe der Höhe des gewöhnlichen, des niedrigsten und des höchsten Wasserstands, sowie der Wassermengen, die der Wasserlauf bei den verschiedenen Wasserständen führt, und einer Mitteilung darüber, welche Stauwerke sich unmittelbar ober- und unterhalb der projektierten Anlage befinden.

In dem Situationsplane sind die Grundstücke, die an den Wasserlauf stoßen, soweit der Rückstau reicht, mit der Nummer, die sie im Grundbuch oder Kataster führen, und mit dem Namen des Eigentümers zu bezeichnen.

Zeichnungen.

14. Für die erforderlichen Zeichnungen ist ein Maßstab zu wählen, der eine deutliche Anschauung gewährt; der Maßstab ist stets auf den Zeichnungen einzutragen, auch sind die Himmelsrichtungen anzugeben. Für die Zeichnungen ist haltbares, auf Leinwand aufgezogenes Zeichenpapier oder durchsichtige Zeichenleinwand zu verwenden.

Nivellements und die dazu gehörigen Situationspläne sind von vereideten Feldmessern oder von Baubeamten anzufertigen. Alle anderen Aufmessungen und Zeichnungen können von den mit der Ausführung betrauten Technikern und Werkmeistern angefertigt werden.

Beschreibungen, Zeichnungen und Nivellements sind von demjenigen, welcher sie angefertigt hat, und von dem Unternehmer zu unterschreiben.

Bekanntmachung (§ 17 Abs. 2).

18. Die Bekanntmachung des Unternehmens und die Erörterung der erhobenen Einwendungen erfolgen durch die Behörde, bei der der Antrag angebracht ist, in den Fällen der Ziffer 11 Abs. 4 durch den mit der Leitung des Vorverfahrens beauftragten Beamten. Der Landrat ist befugt, beide Geschäfte der Ortspolizeibehörde oder einer anderen geeigneten Unterbehörde zu übertragen. Will die Ortspolizeibehörde eines Stadtbezirkes im öffentlichen Interesse gegen das Unternehmen Einspruch erheben, so hat die Beschlußbehörde einen anderen Beamten mit der Leitung des Vorverfahrens zu beauftragen.

Das gleiche gilt, wenn der Bürgermeister die Ortspolizei verwaltet und entweder die Gemeindeverwaltung gegen das Unternehmen Einwendungen erheben will, oder — abgesehen von den Fällen der Ziffer 11 Abs. 4 — das gewerbliche Unternehmen von einer Stadtgemeinde in ihrem Bezirk ausgeführt werden soll.

19. Die Bekanntmachung des Unternehmens muß enthalten:

a) Namen, Stand und Wohnort des Unternehmers, den Gegenstand des Unternehmens, die Bezeichnung des Grundstückes, auf dem die Anlage aufgeführt werden soll, sowie eine Bezeichnung der Wasserläufe, in die die Abwässer abgeleitet werden sollen;

b) die Aufforderung, etwaige Einwendungen binnen 14 Tagen bei der unterzeichneten Behörde schriftlich in zwei Exemplaren oder zu Protokoll anzubringen;

c) die Verwarnung, daß nach Ablauf der Frist Einwendungen in dem Verfahren nicht mehr angebracht werden können;

d) die Angabe, wo die Beschreibungen, Zeichnungen und Pläne zur Einsicht ausliegen;

e) die Anberaumung eines (nicht über 10 Tage nach dem Ablaufe der 14tägigen Widerspruchsfrist anzusetzenden) Termins zur mündlichen Erörterung der rechtzeitig erhobenen Einwendungen vor dem die Bekanntmachung erlassenden Beamten, sofern aber die Bekanntmachung von dem Stadtausschuß oder Magistrat erlassen wird, vor einem namhaft zu machenden Kommissar dieser Behörde;

f) die Eröffnung, daß im Falle des Ausbleibens des Unternehmers oder der Widersprechenden gleichwohl mit der Erörterung der Einwendungen werde vorgegangen werden.

20. Die Bekanntmachung ist nur einmal, und zwar durch das Publikationsorgan der zuständigen Beschlußbehörde zu veröffentlichen. In den Fällen der Ziffer 11 Abs. 4 hat die Bekanntmachung in dem amtlichen Publikationsorgane desjenigen

Magistrats-, Kreis- oder Stadtausschusses zu erfolgen, in dessen Bezirke die gewerbliche Anlage errichtet werden soll. Dafür, daß von den Vorlagen bis zum Ablaufe der Frist innerhalb der Dienststunden an geeigneter Stelle Einsicht genommen werden kann, hat die Behörde Sorge zu tragen.

Ein Belagblatt der Bekanntmachung ist zu den Akten zu bringen.

Eine Bekanntmachung in anderen Blättern darf nicht auf Kosten des Unternehmers erfolgen. Um das beabsichtigte Unternehmen in den beteiligten Kreisen genügend bekannt zu machen, empfiehlt es sich jedoch, namentlich bei bedeutenderen Anlagen, den Redaktionen der Kreisblätter und anderer geeigneter Zeitungen eine kurze Notiz über den wesentlichen Inhalt der Bekanntmachung mit dem Ersuchen um unentgeltliche Aufnahme zu übersenden.

Beschreibungen, Zeichnungen und Pläne, die vom Antragsteller als „Betriebsgeheimnis" (Ziffer 15) bezeichnet sind, dürfen nicht zur Einsicht ausgelegt werden.

Einwendungen (§ 19).

21. Ausführliche Einwendungen sind dem Unternehmer noch vor dem Erörterungstermine durch Uebersendung des beigefügten Duplikats oder einer Abschrift mitzuteilen.

Sind innerhalb der Widerspruchsfrist Einwendungen nicht erhoben, so wird der Unternehmer hiervon, sowie von dem Wegfalle des Erörterungstermins in Kenntnis gesetzt und mit Vorlegung der Akten an die Beschlußbehörde nach Ziffer 24 verfahren.

22. Erscheinen im Erörterungstermine beide Teile, so ist zunächst eine gütliche Einigung zu versuchen. Gelingt der Versuch nicht, so werden die Erklärungen über die beiderseitigen Behauptungen zu Protokoll genommen.

Nur solche Nachteile, Gefahren oder Belästigungen, welche in der *physischen* Einwirkung der Anlage auf ihre Umgebung ihren Grund haben, können den Gegenstand von Einwendungen im Genehmigungsverfahren bilden. Diese Einwendungen sind jedoch in allen Fällen und auch dann zu prüfen, wenn der Widerspruch nur durch Hinweis auf wirtschaftliche Folgen begründet wird. Die nur auf die Besorgnis nachteiliger Folgen anderer, z. B. wirtschaftlicher Art gestützten Einwendungen sind ebensowenig zur Erörterung zu ziehen, wie Einwendungen, welche auf besonderen privatrechtlichen Titeln (wie Vertrag, Verjährung, Privilegium, letztwillige Verfügung) beruhen.

Hat der Unternehmer vor Schluß der Erörterung den Antrag gestellt, daß ihm die unverzügliche Ausführung der baulichen Anlagen gestattet werde, so sind die Widersprechenden darüber zu hören, ob sie gegen diesen Antrag Einwendungen geltend zu machen haben. Ihre Erklärungen und die Entgegnungen des Unternehmers sind in das Protokoll aufzunehmen.

Macht der Verlauf der Verhandlungen die Ansetzung weiterer Termine nötig, so sind diese unverzüglich anzuberaumen und den Parteien mündlich bekannt zu machen.

Bevollmächtigter.

23. Sind mehrere Widersprechende vorhanden, welche ein gleiches Interesse haben, so ist zur Vereinfachung des Verfahrens darauf Bedacht zu nehmen, daß sie zu ihrer Vertretung bei den weiteren Verhandlungen einen gemeinschaftlichen Bevollmächtigten bestellen. Soll er zur Empfangnahme der Bescheide, zur Einlegung des Rekurses oder zur vergleichsweisen Einigung mit dem Unternehmer nicht befugt sein, so ist dies ausdrücklich zu erklären.

Genehmigungsurkunde.

31. Sind gegen die Anlage Einwendungen nicht erhoben oder die etwa erhobenen Einwendungen zurückgezogen worden, und soll die Genehmigung zur Ausführung ohne weitere Bedingungen nach dem Antrage des Unternehmers oder unter solchen Bedingungen erteilt werden, mit denen der Unternehmer sich einverstanden erklärt hat (Ziffer 26), so fertigt die Beschlußbehörde alsbald die Genehmigungsurkunde aus. In allen anderen Fällenerfolgt die Ausfertigung nach Abschluß des Verfahrens, sobald der Beschluß erster Instanz rechtskräftig geworden oder der Rekursbescheid ergangen ist. Zu Stauanlagen für ein zum Betrieb auf Bergwerken und Aufbereitungsanstalten bestimmtes Wassertriebwerk wird die Genehmigungsurkunde von dem Bezirksausschuß und dem Oberbergamte gemeinschaftlich ausgefertigt.

In der Urkunde sind alle Bedingungen, unter welchen die Anlage genehmigt worden ist, aufzuführen und die von dem Unternehmer eingereichten, dem Verfahren zugrunde gelegten Beschreibungen, Zeichnungen und Pläne ausführlich zu bezeichnen, auch, soweit angängig, durch Schnur und Siegel damit zu verbinden. Auf Karten und Zeichnungen, die in dieser Art mit der Urkunde nicht verbunden werden können, ist die Zugehörigkeit zu vermerken. Dabei ist darauf zu achten, daß die verschiedenen Exemplare der Beschreibungen, Zeichnungen und Pläne miteinander übereinstimmen, und daß die auf einzelnen Exemplaren vorgenommenen Berichtigungen und Ergänzungen (Ziffer 16 Abs. 3) auf die übrigen Exemplare übertragen werden.

Bei Stauanlagen ist die Setzung und dauernde Unterhaltung eines Merkzeichens (Merk-, Pegel-, Spiegel-, Meß-, Eichpfahl, Eichmarke), an dem die zulässigen Stauhöhen deutlich bezeichnet sein müssen, dem Unternehmer zur Pflicht zu machen.

Die Genehmigungsurkunde ist dem Unternehmer zuzusenden. Je eine weitere Ausfertigung der Genehmigungsurkunde mit ihren Anlagen erhält der Gewerbeaufsichtsbeamte (bei Stauanlagen der Meliorationsbeamte) und die Ortspolizeibehörde. Diese beiden Ausfertigungen sind stempelfrei.

Vor Erteilung der Genehmigungsurkunde ist die Ausführung der Anlage nicht zulässig, sofern sie nicht etwa auf Grund des § 19a ausdrücklich gestattet ist.

Soweit durch die bestehenden Baupolizeivorschriften Rohbau- oder Gebrauchsabnahmen und dergl. für Neu- oder Umbauten vorgeschrieben sind, gelten diese Vorschriften auch für die Bauten der auf Grund der §§ 16 ff. genehmigten Anlagen.

Von der Inbetriebsetzung einer jeden genehmigten Anlage hat die Ortspolizeibehörde dem zuständigen Gewerbeaufsichtsbeamten (bei Stauanlagen dem zuständigen Meliorationsbaubeamten) sofort eine Benachrichtigung zugehen zu lassen.

Dampfkesselanlagen (§ 24).

34. Für Dampfkesselanlagen behält es bei den Vorschriften der zur Ausführung der §§ 24, 25 und auf Grund des § 3 des Gesetzes vom 3. Mai 1872 (GS. S. 515) erlassenen Anweisung, betreffend die Genehmigung und Untersuchung der Dampfkessel, vom 9. März 1900 (MBl. d. i. V. S. 139), sowie bei den Bestimmungen der Erlasse vom 9., 12., 22. März 1900 (MBl. S. 139, 181) und vom 28. November 1897 (MBl. d. i. V. S. 277) sein Bewenden.

Geräuschvolle Anlagen (§ 27).

35. Bei der Errichtung oder Verlegung von Anlagen, deren Betrieb mit ungewöhnlichem Geräusch verbunden ist (§ 27), ist eine Ausfertigung des Beschlusses der Ortspolizeibehörde, dem Unternehmer und dem Vertreter des Gebäudes oder dem Vorsteher der Anstalt, zu deren Schutze der Beschluß gefaßt worden ist, gegen Zustellungsurkunde zu übersenden.

In dem Beschluß ist die Bemerkung aufzunehmen, daß den Vorbezeichneten innerhalb zwei Wochen die Beschwerde an den Minister für Handel und Gewerbe zusteht (§ 113 ZG., § 121 LVG.) und daß dem Unternehmer erst mit der Rechtskraft des Beschlusses die Befugnis zur Ausführung der Anlage und zu ihrer Inbetriebsetzung zusteht.

Auf das Beschwerdeverfahren finden die Vorschriften der Ziffer 30 sinngemäße Anwendung.

Privatkranken- usw. Anstalten (§ 30).

36. Vor der Beschlußfassung über die Anträge auf Erteilung der Konzession zu Privatkranken-, Entbindungs- und Irrenanstalten (§ 30 Abs. 1) ist durch gutachtliche Aeußerung des zuständigen Medizinalbeamten festzustellen, ob die von dem Unternehmer eingereichten Beschreibungen, Pläne usw. den im § 115 ZG. erwähnten gesundheitspolizeilichen Anordnungen entsprechen. In die Konzessionsurkunde ist eine Bestimmung aufzunehmen, daß der Betriebsunternehmer verpflichtet ist, die von den zuständigen Medizinalaufsichtsbehörden über den Betrieb erlassenen Vorschriften zu befolgen.

5. Gewerbliche Anlagen.

1. Technische Anleitung zur Wahrnehmung der den Kreis- (Stadt-) Ausschüssen (Magistraten) durch § 109 des Gesetzes über die Zuständigkeit der Verwaltungs- und Verwaltungsgerichtsbehörden vom 1. August 1883 hinsichtlich der Genehmigung gewerblicher Anlagen übertragenen Zuständigkeiten v. 15. Mai 1895 (MBl. S. 196), abgeändert durch Erl. v. 9. Januar 1896 (MBl. S. 9), v. 16. März und v. 1. Juli 1898 (MBl. S. 98, 187). (Auszug.)

Einzelne Anlagen.

1. Gasbereitungs- und Gasbewahrungsanstalten.

Es handelt sich hierbei um solche Anlagen, in denen durch trockene Destillation organischer Stoffe, insbesondere von Steinkohlen, Braunkohlen, Holz usw., Leuchtgas dargestellt, gereinigt und zur Verwendung angesammelt wird. Sie erfordern verhältnismäßig umfangreiche Betriebsstätten und sind in gewerbepolizeilicher Hinsicht insofern von besonderer Wichtigkeit, als sie meistens in oder in unmittelbarer Nähe von Städten und bewohnten Orten, in denen das erzeugte Gas Verwendung findet, betrieben werden.

Die Belästigungen und Nachteile, die den Anwohnern durch den Betrieb dieser Anlagen erwachsen können, sind hauptsächlich folgende:

1. Belästigungen durch den Rauch der Retortenfeuerungen. Zur Verhütung solcher Belästigungen ist Bestimmung nach Maßgabe der aufgestellten allgemeinen Gesichtspunkte zu treffen.

2. Uebelstände, verursacht durch Reinigung der das Gas aus den Retorten abführenden Steigeröhren vermittelst Ausbrennens. In Anbetracht der Schwierigkeit, die Steigeröhren durch Ausbohren, Auskratzen und ähnliche mechanische Mittel genügend zu reinigen, empfiehlt es sich nicht, das Ausbrennen gänzlich zu untersagen. Es wird jedoch darauf hinzuweisen sein, daß diese Arbeit mit der erforderlichen Vorsicht ausgeführt werden muß.
3. Belästigungen durch übelriechende Dünste, die sich beim Ablöschen der aus den Retorten gezogenen glühenden Kokse mehr oder weniger entwickeln.

   Es kann hierin ein Anlaß liegen, das Ablöschen der glühenden Kokse im Freien zu untersagen, insbesondere, wenn sich in der Nähe der Ablöschstelle bewohnte Gebäude befinden, denen durch den vorherrschenden Wind dieser Dunst und Dampf zugeführt wird.
4. Verunreinigung des Erdreichs und der Gewässer durch das bei der Destillation der Kohlen und bei dem Gasreinigungsverfahren erzeugte Gaswasser.

   Nach dem Abkühlen des Gases in den Kondensationsvorrichtungen erfolgt dessen Reinigung teils durch Kalk, teils durch ein Gemenge von Eisenoxyd mit Sägespänen oder ähnlichen lockeren Stoffen (Laningsche Masse). Das Gaswasser enthält Ammoniak, auch Schwefel- und Zyanverbindungen, die, wenn jenes in das Erdreich versenkt wird, auf weite Entfernungen hin die Brunnen verseuchen, auch den Pflanzenwuchs schädigen können. Es ist daher geboten, das Versenken des Gaswassers in das Erdreich unbedingt zu untersagen und dagegen die Bedingung zu stellen, alle diese überdies mehr oder weniger widrig riechenden Flüssigkeiten und Abwässer in wasserdichten, bedeckt gehaltenen Behältern anzusammeln. Es empfiehlt sich dabei, die Beseitigung dieser Flüssigkeiten von dem Grundstücke der Gasanstalt unter Aufsicht zu stellen.

   Wegen der Anlagen zur Verarbeitung von Gas- oder Teerwasser vergleiche Nr. 36, II.
5. Feuer- und Explosionsgefahr, insbesondere bezüglich der Gasbehälter, der sogenannten Gasometer. Die Gasometer werden teils im Freien, teils, um sie gegen die Einwirkungen des Sturmes und des Frostes zu schützen, in besonderen Gebäuden aufgestellt, die zu anderen Zwecken gleichzeitig nicht benutzt werden dürfen. Im ersteren Falle ist ihre Entfernung von nachbarlichen Gebäuden so zu bemessen, daß sie möglichst geschützt sind und von herabstürzenden Hölzern nicht

getroffen werden können. Auch muß ringsum ein zur Aufstellung und Handhabung von fahrbaren Löschvorrichtungen genügender Raum bleiben.

Das Auftauen der Gasometerzisternen darf nur durch Dampf und heißes Wasser erfolgen.

Dieselben Vorsichtsmaßregeln gelten für die Gasometergebäude. Die Oeffnungen zur Entfernung des in den Gasometergebäuden etwa angesammelten Gases müssen so angeordnet sein, daß ihr vollständiges Schließen unmöglich ist. Die Anlage von Feuerungen im Gasometergebäude ist unbedingt zu untersagen. Alle Räume, in denen die Gefahr von Gasausströmungen vorliegt, müssen ihre regelmäßige Beleuchtung von außen erhalten; nur, wo eine solche nicht anzubringen ist, kann das Betreten mit zuverlässigen Sicherheitslampen gestattet werden.

2. Anlagen zur Bereitung von Steinkohlenteer, sofern er außerhalb des Gewinnungsortes des Materials errichtet wird.

a) Anlagen zur Bereitung von Steinkohlenteer und Gewinnung von Ammoniak, Benzol und dergl. Destillationsergebnissen der Steinkohle und zur Verarbeitung des Teers.

Bei der Genehmigung von Benzol- (einschließlich Toluol-, Xylol- usw.) Gewinnungsanlagen empfiehlt sich die Vorschrift folgender Bedingungen:

Die Beleuchtung der Räume darf nur durch elektrisches Glühlicht, nach Maßgabe der Vorschriften des Verbandes Deutscher Elektrotechniker, oder von außerhalb erfolgen; jedoch ist das Betreten der Räume mit Sicherheitslampen gestattet. Diese müssen in gutem Zustande erhalten werden.

Die Heizung der Räume darf nur durch Wasser oder Dampf erfolgen. Arbeiten, bei denen Funken entstehen können, sind zu vermeiden.

Die Gebäude sind während des Betriebes immer in wirksamer Weise zu lüften, so daß austretende Benzoldämpfe mit Sicherheit entfernt werden, bevor sie mit der Luft größere Mengen explosiver Gemenge bilden.

Jede unnötige Ansammlung von Erzeugnissen in den Arbeitsräumen ist zu vermeiden.

Dem guten Zustande der Apparate und der Dichtigkeit der Verbindungsstellen ist besondere Aufmerksamkeit zu widmen.

Die Destillierblasen und Rektifizierapparate müssen Sicherheitsvorrichtungen mit Belastung von nicht mehr als 0,2 Atmosphären haben.

Sammelbehälter, aus denen die Destillate durch Druck weiterbefördert werden, oder andere Apparate, welche auf höheren Druck eingerichtet sind, müssen vor Benutzung einer Wasserdruckprobe unterworfen werden, bei der der $1\frac{1}{2}$fache Arbeitsdruck, mindestens aber 1 Atmosphäre mehr als der Arbeitsdruck angewendet wird.

An den Röhrenleitungen aller Einrichtungen sind Vorkehrungen zu treffen, die eintretende Verstopfungen erkennen und beseitigen lassen.

Die ganze Anlage muß in dauerhafter Weise eingezäunt werden.

Teer- und Ammoniakgewinnungsanlagen müssen ebenso wie Benzolanlagen in feuersicheren Gebäuden untergebracht werden. Gute Abdichtung der einzelnen Apparate, dichte und wohlgesicherte Sammelbehälter für das Arbeitserzeugnis, richtige Wahl der Beleuchtung sind im übrigen die Haupterfordernisse.

Hinsichtlich der Röhrenleitungen gilt das vorher Gesagte.

Asphaltkochereien sind als feuergefährliche Betriebe zu betrachten.

Belästigungen können sich ergeben durch die aus dem heißen Asphalt sich entbindenden Dämpfe. Der heiße flüssige Asphalt muß daher in geräumige bedeckte Zisternen abgeleitet werden, wo die Dämpfe zur Abkühlung und Verdichtung gelangen.

6. Kalk- (Zement-) Oefen.

Kalk- und Zementbrennöfen können durch Rauch, Gase und Staub schädlich wirken.

Die beste Rauchverbrennung wird durch beständig arbeitende Ring- oder durch gegenseitig arbeitende Doppelöfen erzielt. Liegen andere Ofenarten in der Nähe von bewohnten Gebäuden, so empfiehlt es sich, als Brennstoff Koks vorzuschreiben.

In neuerer Zeit werden „Kalkringöfen" gebaut, die den „Ringöfen" der Ziegeleien in Bauart und Betrieb völlig gleichen, und in denen zuweilen abwechselnd Kalk und Ziegel, zuweilen sogar beide gleichzeitig gebrannt werden. Wird ein solcher Betrieb beabsichtigt, so muß die Genehmigung für den Betrieb von Kalk- und Ziegelöfen zugleich nachgesucht werden.

Zur Sicherung der Arbeiter gegen die nicht selten vorkommenden Vergiftungen oder gegen die Gefahr, durch Kohlenoxyd-, Kohlensäure-, schweflige Gase und dergl., die oft aus den Oefen ausströmen, erstickt zu werden, sowie gegen die gleichfalls häufiger beobachteten lebensgefährlichen Verbrennungen schlafender oder halb betäubter Personen empfehlen sich folgende Vorschriften:

a) die Herstellung von nächtlicher Schlafgelegenheit über den Oefen und in ihrer nächsten Nähe ist unbedingt zu verbieten;
b) desgleichen ist die Anbringung von Ruheplätzen auch ohne besondere Schlafeinrichtung an diesen Stellen zu untersagen;
c) unter allen Umständen ist bei überdachten Oefen der genannten Art reichlichste seitliche und Dachlüftung vorzuschreiben, ebenso
d) die vollkommene Dichtung der Gasleitungen und Gasverschlüsse bei solchen Oefen, die gewöhnlich mit gedeckter Gicht und Gasabzügen arbeiten.

Bei Kalk- und Zementschachtöfen sind Einrichtungen zu treffen, die das Herabfallen der Arbeiter von der Gichtebene nach außen und in die Gicht hinein verhindern, sowie Vorkehrungen, die das Umherschleudern der in den Ofen geschütteten zerspringenden Materialien verhindern.

Auch empfiehlt es sich, die etwa den Nachbargrundstücken oder den öffentlichen Wegen zugekehrten Beschickungsöffnungen mit Türen zu versehen, und auch Vorrichtungen, durch die der Verbreitung von Kalkstaub vorgebeugt wird, z. B. Vorbauten vor den Auszugsöffnungen, anzubringen.

Damit die in den Mahlwerken (Roh- und Zementmühle) beschäftigten Arbeiter nicht durch den bei der Zerkleinerung und Fortbewegung der Materialien entstehenden Staub belästigt und geschädigt werden, sind alle stauberregenden Apparate in den Teilen, an denen der Staub entsteht, mit dichten Hüllen zu umgeben, die tunlichst aus Eisen herzustellen sind. Nach Möglichkeit sind Kugelmühlen anzuwenden. Die Apparate dürfen das Mahlgut im Verlaufe des Arbeitshergangs nicht in die Arbeitsräume frei ausschütten und sind, falls sie nicht vollständig abgedichtet sind, mit Exhaustoren so in Verbindung zu bringen, daß eine angemessene, das Staubaustreten verhindernde Depression innerhalb der Umkleidungen hervorgerufen wird. Die durch Exhaustoren abgesogene Staubluft muß in Staubsammlern gereinigt und darf nur staubfrei ausgeblasen werden.

Die Verpackung des Zements muß mittelst solcher Einrichtungen geschehen, die die beteiligten Arbeiter vor jeder Staubbelästigung schützen.

Für die Verpackung empfehlen sich unter anderen folgende Vorschriften:

Das Zementmagazin ist in mehrere staubdichte Räume zu teilen, die durch dichtschließende Türen zugänglich zu machen sind.

Der Zement muß durch geschlossene Fortschaffungsvorrichtungen in die einzelnen Abteilungen gefördert werden, welche die Arbeiter zur Füllung der Fässer nur betreten dürfen, nachdem das Einschütten aufgehört und der Zementstaub sich völlig abgesetzt hat.

Das Zuschlagen der Fässer und deren Vorbereitung für den Versand hat in einem an das Magazin grenzenden luftigen staubfreien Raume zu erfolgen.

Im übrigen ist das Bestreben darauf zu richten, für die Aufspeicherung und Verpackung des Zementes Siloanlagen einzuführen, bei denen alle Arbeitsvorgänge, ohne Staubbelästigung hervorzurufen, vorgenommen werden können.

Gebrannter Kalk und gemahlener Zement dürfen nur in staubdicht schließenden Wagen, oder in ebensolche Kisten, Tonnen oder Säcke verpackt, abgefahren werden.

7. Ziegelöfen.

Diese zerfallen in zwei Hauptklassen: in die kontinuierlichen, in denen die Feuerung ununterbrochen unterhalten wird, und in die periodischen, bei denen der Betrieb mit Unterbrechungen stattfindet.

Man unterscheidet:

I. Unterbrochen betriebene Oefen:

A. Meiler- oder Feldöfen.
Diese sind nicht genehmigungspflichtig.

B. Flammöfen:

1. Oefen mit horizontalem Flammenzug (liegend Töpfer-, Kasseler Oefen);
2. Oefen mit vertikalem Flammenzug (stehende Oefen),
   a) offene Oefen,
   b) geschlossene Oefen;
3. Oefen mit rückschlagender Flamme.
4. Oefen mit auf- und abwärtssteigender Flamme.

C. Muffelöfen,
die meist nur für Pfeifenbrand, Einbrennen von Farben usw. zur Anwendung kommen.

II. Beständig betriebene Oefen.

Hierhin gehören die verschiedenen Arten der Ringöfen und Oefen mit mehreren zusammenwirkenden Kammern.

Bei dem Betriebe der Ziegelöfen können Belästigungen durch Rauch stattfinden. Dieser Uebelstand kann durch gute Konstruktion der Feuerungen und durch die Anlage eines Schornsteins von geeigneter Höhe wesentlich abgemindert werden. Bei Ringöfen ist eine Belästigung durch Rauch aus der Esse nicht zu fürchten. Dagegen kann durch die Entlassung des Rauchs durch die Oeffnungen in den Kammergewölben eine starke Belästigung entstehen. Aus diesem Grunde ist bei Ringöfen, die in der Nähe (weniger als 500 m) von bewohnten Gebäuden liegen, vorzuschreiben, daß die Verbrennungsgase lediglich durch die Esse entweichen dürfen.

Für unterbrochen brennende Oefen ist die Höhe der Esse so zu wählen, daß ihre Mündung die Giebel der umliegenden Häuser in einem Kreise von etwa 300 m um mindestens 5 m überragt.

Die Erfahrung hat gelehrt, daß die kontinuierlichen ringförmigen Oefen den Rauch besser verzehren, als die periodisch betriebenen einfachen Oefen.

Wegen des Verbots von Schlafstellen und Ruheplätzen auf oder über den Oefen und in ihrer nächsten Nähe gelten die bei Kalköfen (Nr. 6) angegebenen Vorschriften.

8. Gipsöfen.

Durch den Betrieb dieser Oefen werden weniger leicht als durch den Betrieb der Kalk- und Zementöfen Uebelstände durch Rauch, Ruß usw. herbeigeführt, weil zum Brennen von Gips ein erheblich geringerer Wärmegrad als zum Brande von Kalk erforderlich ist, und infolgedessen die Feuerungen der Regel nach weniger umfangreich sind.

Da es sich hier lediglich um die Beseitigung des Rauches handelt, so kommt insbesondere die hierauf sich beziehende, unter den allgemeinen Gesichtspunkten erwähnte Bestimmung in Betracht.

9. Metallgießereien, sofern sie nicht bloße Tiegelgießereien sind.

Metallgießereien bezwecken das Umschmelzen von Metallen oder Legierungen, um diese in bestimmte Formen zu bringen, sowie auch die Darstellung von Legierungen. Das Schmelzen kann sowohl in Tiegeln als auch in Oefen geschehen.

Die Anstalten, in denen das Schmelzen lediglich in Tiegeln stattfindet, sind nicht genehmigungspflichtig. Unter Tiegelgießereien sind solche Anstalten zu verstehen, in denen Metalle oder Legierungen in beweglichen oder unbeweglichen, von außen durch Flammen- oder Glühkörper erhitzten Gefäßen (Tiegeln oder Kesseln) umgeschmolzen oder Legierungen aus den einzelnen Metallen zusammengeschmolzen werden und eine Ausleerung des flüssigen Inhalts der Gefäße durch Ausgießen oder Ausschöpfen in Formen irgendwelcher Art stattfindet. Dagegen findet bei Metallgießereien, die nicht Tiegelgießereien sind, das Schmelzen des Metalls oder der Legierungen in einem nicht mit besonderen Schmelzgefäßen versehenen Apparate in unmittelbarer Berührung mit dem Brennstoffe statt.

Die Schmelzräume müssen feuersicher und von bewohnten Nachbargrundstücken so weit entfernt sein, daß nicht Belästigungen durch Auswurf von Funken oder glühenden Stoffen aus den Schornsteinen der Oefen und durch Dünste stattfinden.

Gegen den Auswurf von Funken schützen Funkenfänger oder Funkenkammern oder Ablöschung der Funken durch Dampf- oder Wasserstrahlen. Funkenfänger dürfen nur dann in Drahtnetzen bestehen, wenn diese vor dem Durchbrennen geschützt sind.

Bei Anwendung von Ventilatoren sind Konstruktionen zu wählen, die möglichst wenig Lärm verursachen. Eine Vermeidung des Geräusches von Ventilatoren kann durch ihren besonderen Einbau in doppelwandige Kammern erzielt werden. Dampfstrahlgebläse mit ausreichend weiten Ausblaserohren vermeiden am sichersten sowohl Lärm wie Funken und können daher auch in dicht bebauten Gegenden zugelassen werden.

10. Hammerwerke.

Der Betrieb von Hammerwerken, zu denen auch die Poch-, Stampf- und Fallwerke zu rechnen sind, verursacht Lärm und Erschütterungen, wodurch Belästigungen der Nachbarschaft und Beschädigungen an nahe liegenden Gebäuden entstehen können. Zu den Hammerwerken sind solche Anlagen nicht zu zählen, in denen Fallgewichte unmittelbar durch die Armkraft eines Arbeiters gehoben werden.

Die schädigenden und belästigenden Erschütterungen werden in der Regel hinlänglich abgeschwächt, wenn dafür Sorge getragen wird:

1. daß das Fundament durch eine mindestens 10 cm starke Luftschicht seitlich von dem Erdboden getrennt ist, wobei die Trennungsräume der Besichtigung zugänglich zu machen sind, und daß das Fundament tiefer hinabgeführt ist als die Fundamente der Nachbargebäude, und
2. daß der Amboßstock, wenn Sandboden vorhanden ist, mindestens die zwanzigfache, bei Steinboden die dreißigfache Schwere des Fallgewichts hat und an passender Stelle eine Holzunterlage erhält. Unter dem Gewichte des Amboßstockes wird die Summe des Gewichts des eigentlichen Amboßes und des Gewichts der darunter liegenden Eisen- und Holzteile verstanden. Nicht eingerechnet werden dagegen Mauerwerksteile, auch wenn sie vom übrigen Erdboden abgesondert sind.

Um den belästigenden Lärm abzuschwächen, ist auf eine hinreichende Entfernung der Betriebsstätte von bewohnten Gebäuden Bedacht zu nehmen und, wenn irgend tunlich, das Hammer-, Stampf- oder Fallwerk in einem Gebäude aufzustellen, das keine Oeffnungen nach bewohnten Gebäuden der Nachbarn hin besitzt. Doppelte Wände, Türen, Fenster, ja Dächer, sowie das Verbot, Türen und Fenster während des Betriebes offen zu halten, können in vielen Fällen Nutzen bringen.

17. Dachpappen- und Dachfilzfabriken.

Die sogenannten Dachpappen und Dachfilze werden durch Tränken von Pappen oder Filzen in heißem Teer hergestellt. Hierbei entstehen übelriechende Dünste, und zwar namentlich dann, wenn die mit Teer getränkten Stoffe zur Austrocknung ins Freie gebracht werden, wodurch erhebliche Belästigungen der Umwohner und des Publikums herbeigeführt werden können.

Da der Teer beim Erhitzen über freiem Feuer sich entzünden kann, auch die frisch getränkten Stoffe mehr oder weniger leicht entzündlich sind, so ist dieser Betrieb auch feuergefährlich.

Obgleich die in der Verbreitung unangenehm riechender Dünste beruhenden Uebelstände erheblich geringer sind, wenn, wie es jetzt vielfach geschieht, die geteerten Pappen sofort besandet, zusammengepackt oder zusammengerollt werden, so können trotzdem Belästigungen eintreten. Die Genehmigung solcher Anstalten in unmittelbarer Nähe von Wohnhäusern ist daher nicht ratsam. Aus Rücksichten der Feuersicherheit ist es geboten, daß die Arbeitsräume feuerfest hergestellt und die Feuerungen der Schmelzkessel vom Schmelz- und Eintauchraume durch eine öffnungslose metallene oder steinerne Wand getrennt werden.

Die Teerzisternen müssen wasserdicht und bedeckt sein und stets bedeckt gehalten werden.

Wenn mit solchen Anlagen Einrichtungen zur Gewinnung von Benzol verbunden werden sollen, so bedürfen diese einer besonderen Genehmigung durch den Kreis- (Stadt-) Ausschuß (Magistrat).

25. Schlächtereien.

Die Schlächtereien können namentlich dadurch zu Uebelständen führen, daß infolge mangelhafter Reinigung und schlechten Abflusses die tierischen Abfälle (Blut, Fleischteile usw.) in Fäulnis geraten.

Die Hauptbedingungen sind:

eine genügende Größe des Grundstückes sowie des Schlachtraumes und das Vorhandensein der zur Reinhaltung der Räume und der Gerätschaften nötigen Wassermenge.

Allgemeine Vorschriften über die Größe des Hof- und des Schlachtraumes lassen sich nicht geben, weil die örtliche Lage eine sehr erhebliche Rolle spielt, es auch wesentlich in Betracht kommt, ob das Grundstück von Nachbargebäuden umschlossen ist, welche Höhe diese haben und dergleichen, auch ob unterirdische Kanäle zur Ableitung des Straßenwassers vorhanden sind.

Die Höhe des Schlachtraumes soll wenigstens 3 m betragen und muß durch genügend große, womöglich an zwei gegenüberstehenden Wänden befindliche Fenster Licht und Luft erhalten. Wenn nur von einer Seite Licht und Luft in den Raum gelangen, so ist, sofern nicht die freie Lage des Raumes einen genügenden Luftwechsel sichert, durch Einrichtung eines oder mehrerer Luftschachte für Luftzug Sorge zu tragen. Die Wände des Schlachtraumes sind in Zement zu verputzen und mindestens auf 2 m Höhe mit heller, nicht roter, Oelfarbe zu streichen. Der Fußboden ist wasserdicht herzustellen und darf nicht gedielt sein. Für die flüssigen Abgänge und die Blutwässer ist, sofern sie nicht in die allgemeinen städtischen Entwässerungsanla en gelangen dürfen, eine wasserdichte, dicht verschließbare, möglichst nahe am Schlachtraume belegene und mit ihm durch eine Rinne verbundene, nicht zu große „Sammelgrube" einzurichten, in die durch natürliches Gefälle alle Abwässer von selbst fließen müssen. Die Sammelgrube ist bei Schlachtanlagen in bewohnten Gegenden im Sommer nach jedesmaligem Schlachten, im Winter zweimal wöchentlich zu reinigen und zu desinfizieren.

Die festen Schlachtabgänge sind entweder sofort nach dem Schlachten zu entfernen oder in einer besonderen wasserdichten Grube zu sammeln und bis zur Abfuhr mit Kalkmilch zu übergießen.

Das Schlachthaus ist so einzurichten, daß ein Einblick von der Straße aus unmöglich ist. Das Schlachten im Hofe ist in der Regel zu untersagen.

Sofern nicht auf andere Weise die Versorgung mit reinem Wasser gesichert wird, ist die Bedingung zu stellen, daß im Hofe des Grundstücks ein Brunnen oder im Schlachtraume eine Wasserleitung vorhanden sein muß. Der Abfluß der Spülwässer regelt sich nach dem in den Allgemeinen Gesichtspunkten Gesagten.

Hinsichtlich der Anlage von Schlachthöfen im Zusammenhange mit Einrichtungen zur Abhaltung von Schlachtviehmärkten wird auf den Erlaß des Herrn Ministers für Landwirtschaft, Domänen und Forsten vom 19. Februar 1894 — I 4312 — verwiesen.

29. Asphaltkochereien und Pechsiedereien, soweit sie außerhalb der Gewinnungsorte des Materials errichtet werden.

Die möglichen Uebelstände sind Entwickelung dampfförmiger, brennbarer, übelriechender Produkte aus dem Rohstoffe sowie Rauchbelästigung durch die Feuerungsanlage.

Ueber letztere vergleiche die Allgemeinen Gesichtspunkte.

Die sich entwickelnden Gase sind so vollständig, wie möglich, durch Leiten in die Feuerung zu verbrennen, wobei jedoch Vorkehrungen zu treffen sind, daß ein Zurückschlagen der Flamme nicht erfolgen kann, z. B. durch Einschaltung engmaschiger Drahtsiebe und starken Zug.

Da ein häufiges Umrühren der Masse stattfinden muß und deshalb ein dichter Schluß der Kochgefäße schwer zu erreichen ist, so wird die Genehmigung zur Errichtung von Asphaltkochereien nur dann erteilt werden können, wenn die Anlage mindestens 600 m von bewohnten Grundstücken entfernt liegt.

31. Fabriken, in welchen Dampfkessel oder andere Blechgefäße durch Vernietung hergestellt werden.

Der Betrieb dieser Werke kann durch den Lärm, der mit der Verarbeitung der Metallbleche, Platten, Stangen usw., insbesondere mit dem Auf- und Abladen, Abhauen, Geraderichten, Vernieten und Verstemmen verbunden zu sein pflegt, die Umwohner erheblich belästigen und, namentlich wenn solche Anlagen in dicht bebauten Orten liegen, selbst gesundheitsgefährlich werden.

In der Nähe von Kirchen, Schulen oder anderen öffentlichen Gebäuden, Krankenhäusern oder Heilanstalten (vgl. § 27 der Gewerbeordnung) ist daher ihre Anlegung in der Regel nicht zuzulassen und nur dann ausnahmsweise zu gestatten, wenn der Unternehmer nachzuweisen imstande ist, daß ein solcher ruhestörender Lärm in seinem Betriebe nicht stattfinden werde.

Im übrigen kann die Belästigung der Umwohner durch das Geräusch jener Arbeiten namentlich in kleineren Anlagen erheblich vermindert werden, wenn bei Erteilung der Genehmigung die Ausführung solcher Arbeiten im Freien verboten und für die Gebäude, in denen diese Arbeiten ausgeführt werden, die bei Nr. 10 „Hammerwerke" angegebenen schalldämpfenden Einrichtungen und Vorschriften angeordnet werden.

Das Vernieten mittelst hydraulischer Pressen oder anderer geräuschlos arbeitender Nietmaschinen kann gleich anderen geräuschlosen Arbeiten auch im Freien gestattet werden.

Lassen sich aber andere Vernietungs-, Verstemmungs- und sonstige bedeutenden Lärm verursachende Arbeiten ohne erhebliche Belästigung und Störung des Betriebes nur im Freien ausführen, so ist auf ausreichende Entfernung solcher Anlagen von bewohnten Gebäuden Bedacht zu nehmen.

35. Fabriken, in welchen Röhren aus Blech durch Vernieten hergestellt werden, sowie die Anlagen zur Erbauung eiserner Schiffe, zur Herstellung eiserner Brücken oder sonstiger eiserner Baukonstruktionen.

Hinsichtlich dieser Anlagen gelten die Ausführungen zu Nr. 31 (Fabriken, in welchen Dampfkessel oder andere Blechgefäße durch Vernietung hergestellt werden).

Als Mindestabstände von bebauten und bewohnten Grundstücken sind etwa 100 m und von Straßen etwa 30 m festzuhalten.

Zu diesen Anlagen gehören auch die fabrikartigen Betriebsstätten, in denen eiserne Bauträger durch Abhauen auf Maß gebracht werden. Solche Betriebsstätten sind zwar den äußeren Verhältnissen nach mehr Handelsmagazine als Fabriken. Sie sind aber in der Regel mit Vorrichtungen zum Verkürzen oder überhaupt Zurechtmachen der eisernen Bauträger versehen, um den Kunden die Stücke im gebrauchsfähigen Zustande abliefern zu können. Gerade das Abhauen der Träger, für das oft eine nicht unbedeutende Zahl von Arbeitern gehalten wird, verursacht einen Lärm, der für die Nachbarschaft außerordentlich störend, nervenangreifend und selbst nervenzerrüttend sein kann.

36. Anlagen zur Destillation oder zur Verarbeitung von Teer und Teerwasser.

I. Anlagen zur Destillation oder zur Verarbeitung von Teer.

In diesen Anstalten wird der rohe, meist den Gasanstalten oder Kokereien entstammende Steinkohlenteer oder aber der aus Braunkohlen, seltener aus Torf oder bituminösen Schiefern durch Schwelerei gewonnene Teer einer Trennung in seine verschiedenen Bestandteile mittelst fraktionierter Destillation zerlegt. Zuweilen werden solche Bestandteile auch durch Anwendung von Säuren (Schwefelsäure) und Alkalien (Natronlauge) weiter zerlegt oder gereinigt (raffiniert). Uebelstände können bei solchen Anlagen besonders aus einer unvollständigen Kondensation übelriechender Dämpfe und Gase, dem Eintritt von Oelen, Teerwasser oder Abwässern in die Erde oder in Wasserläufe und infolge der leichten Entzündlichkeit vieler Destillationsprodukte, die Feuers- und Explosionsgefahr mit sich bringt, entstehen.

Es ist daher anzuordnen:

1. daß die Behälter für Teer, Teerwasser usw. wasserdicht hergestellt und bedeckt gehalten werden müssen. Nur abgekühltes (Ziffer 4) Pech oder Asphalt darf auch in offenen gemauerten Gruben gelagert werden;
2. daß die Räume, in denen destilliert oder kondensiert wird, nur von außen oder mit elektrischen Glühlampen oder mit Sicherheitslampen erleuchtet werden dürfen;
3. daß die Feuerungsräume der Destillierkessel feuersicher und so eingerichtet werden müssen, daß bei etwaigem Lecken der letzteren das Feuer sofort von außen gelöscht werden kann, und daß den Arbeitern ein schnelles Verlassen der Arbeitsräume jederzeit möglich ist;
4. daß die Abkühlung der Destillationsprodukte und Rückstände, sofern und solange sie giftige oder starkriechende oder feuergefährliche Dämpfe entwickeln, in metallenen oder gemauerten, gut verschlossenen Behältern erfolgen muß;
5. daß die Destillierkessel geeignete Sicherheitsvorrichtungen gegen Explosionsgefahren besitzen, und daß insbesondere genügende Vorkehrungen gegen diejenigen Gefahren getroffen sein müssen, die durch Verstopfen der Röhren usw. entstehen können;
6. daß die Lagerung, das Abfüllen und die Fortschaffung der feuergefährlichen Destillationsprodukte unter geeigneten Vorsichtsmaßregeln gegen Feuer- und Explosionsgefahr, zu geschehen hat;

   (Die näheren Anordnungen werden am besten in tunlichster Uebereinstimmung mit den Bezirkspolizeiverordnungen über die Lagerung und den Transport von Mineralölen zu treffen sein.)

7. daß für eine genügende Anzahl guter Blitzableiter zu sorgen ist;
8. daß in allen Räumen, in denen sich leicht entzündliche Stoffe befinden oder in denen die Bildung explosiver Gasgemische möglich ist, das Rauchen zu untersagen ist;
9. für die Anlegung solcher Räume in der Nähe von Eisenbahnen sind zunächst die polizeilichen Vorschriften über die Errichtung von Gebäuden in der Nähe von Eisenbahnen zu beachten. Solche Räume sind tunlichst nicht unmittelbar an öffentlichen Wegen oder Bahngeleisen anzulegen und dürfen, falls dies ausnahmsweise aus örtlichen Gründen nicht zu umgehen sein sollte, jedenfalls nach diesen Wegen oder Bahngeleisen hin weder Fenster noch Türen haben;

10. falls mit der Destillation des Teers auch die eingangs erwähnte chemische Reinigung und Trennung verbunden werden soll, so ist der unschädlichen Beseitigung der meist sehr bedenklichen Abwässer besondere Beachtung zu schenken. Auch ist in diesem Falle zu erwägen, ob nicht die der chemischen Reinigung und Trennung dienende Anlage nach Maßgabe der näheren Umstände als eine chemische Fabrik anzusehen ist, für die eine besondere Genehmigung des Bezirksausschusses notwendig ist.

II. Anlagen zur Destillation oder zur Verarbeitung von Teerwasser.

Das Teerwasser wird meist in Gasanstalten oder Kokereien als Nebenprodukt gewonnen. Bei seiner Verarbeitnng zur Gewinnung von Ammoniak oder Ammoniaksalzen wird es unter Zusatz von Kalk erhitzt und destilliert. Das hierbei gasförmig entweichende Ammoniak, kohlensaure und Schwefel-Ammonium wird, nachdem es verschiedene Reinigungsapparate durchlaufen hat, entweder in Wasser aufgefangen oder in Säuren (meist Schwefelsäure) geleitet.

Um Explosionen an den Destillationsapparaten infolge von Rohrverstopfungen usw. zu vermeiden, sind diese Apparate mit zuverlässigen Sicherheitsvorrichtungen zu versehen. Die Abwässer enthalten u. a. Schwefel- und Zyanverbindungen und können daher, wenn sie in den Boden oder in Wasserläufe gelangen, erhebliche Uebelstände hervorrufen. Es ist deshalb auf unschädliche Beseitigung oder genügende Verdünnung der Abwässer Bedacht zu nehmen.

Ebenso ist der entstehende Kalkschlamm so unterzubringen, daß schädliche Einwirkungen ausgeschlossen bleiben.

6. Ministerialanweisung vom 26. August 1886.

(Minist.-Bl. f. d. i. V. von 1886 S. 182.)

Anforderungen, welche in baulicher und gesundheitlicher Beziehung an die Gast- und Schankwirtschaften zu stellen sind.

§ 1. Gast- und Schankwirtschaften dürfen sowohl in den Städten wie auch auf dem platten Lande nur auf solchen Grundstücken errichtet werden, welche an öffentlichen Wegen belegen sind und einen Zugang zu den letzteren haben. In Städten ist die Errichtung von Gast- und Schankwirtschaften an unbefestigten und unbeleuchteten Straßen oder Straßenteilen nicht zu gestatten. Die Errichtung von Gast- und Schankwirtschaften ist ferner ausgeschlossen:

in Häusern, welche Schlupfwinkel gewerbsmäßiger Unzucht sind, beziehungsweise in welchen der gewerbsmäßigen Unzucht ergebene Frauenspersonen wohnen oder verkehren,

in Räumlichkeiten, welche dem Besitzer oder dritten Personen zu Wohn- oder Wirtschaftszwecken dienen, oder in welchen noch andere fremdartige Gewerbe betrieben werden,

in unmittelbarer Nähe von Kirchen, Pfarrhäusern, Unterrichts- und Krankenanstalten.

§ 2. Die Gebäude, in welchen Gast- und Schankwirtschaften eingerichtet werden sollen, müssen feuersichere Bedachung haben. Der Zugang zu den für dieselben bestimmten Räumen muß ein gefahrloser und bequemer sein, insbesondere ist darauf zu achten, daß etwaige Treppen genügend breit, nicht zu steil, mit einem festen Geländer versehen, und daß die Zugänge zu den Treppen von außen her nicht schmaler sind, als die Treppenläufe selbst.

Die Türen zu den Gast- und Schanklokalen müssen eine entsprechende Breite haben und nach außen aufschlagen.

§ 3. In Gast- und Schankwirtschaften müssen die Gastzimmer, in ersteren auch die Schlafräume durchaus trocken, mit gedielten Fußböden sowie mit verschließbaren Türen und mit gut schließenden, zum Oeffnen eingerichteten Fenstern, welche einen hinreichenden Zutritt von Luft und Licht unmittelbar von der Straße oder vom Hofe aus gestatten und, soweit nötig, mit sonstigen zur Herstellung eines genügenden Luftwechsels erforderlichen Einrichtungen versehen und überhaupt ihrer ganzen Anlage nach so beschaffen sein, daß sie die menschliche Gesundheit in keiner Weise gefährden.

An den in diesen Zimmern vorhandenen Oefen dürfen Verschlußvorrichtungen, welche den Abzug des Rauches nach dem Schornsteine zu verhindern geeignet sind, als Klappen, Schieber oder dergleichen nicht vorhanden sein.

Sämtliche Räumlichkeiten sind mit den erforderlichen Ausstattungsgegenständen zu versehen.

Kellergeschosse dürfen als Schlafräume für Gäste überhaupt nicht, als Schanklokale aber nur unter den Bedingungen benutzt werden, daß die Fußböden nicht tiefer als einen Meter unter der Oberkante der vorbeiführenden Straße belegen und daß die bezüglichen Räume gegen das Eindringen und Aufsteigen der Erdfeuchtigkeit geschützt sind.

Die Gast- und Fremdenzimmer müssen ferner allen Anforderungen entsprechen, welche durch die an den betreffenden Orten geltenden baupolizeilichen Vorschriften an solche Räume gestellt werden.

§ 4. In jeder Gast- und Schankwirtschaft muß sich ein Zimmer von mindestens 25 qm Bodenfläche zum gemeinschaftlichen Aufenthalte der Gäste befinden, und es müssen ferner in jeder Gastwirtschaft mindestens drei wohleingerichtete Schlafzimmer für Fremde vorhanden sein.

Für sämtliche Gast- und Schlafzimmer wird eine lichte Höhe von mindestens 2,80 m erfordert.

Für die Schlafzimmer sind mindestens drei Quadratmeter Bodenfläche und 12 cbm Luftraum auf jeden einzelnen Gast zu rechnen.

Gast- und Schankwirtschaften dürfen nur auf solchen Grundstücken errichtet werden, welche entweder an eine öffentliche Wasserleitung angeschlossen sind, oder einen eigenen Brunnen mit völlig ausreichender Wassermenge haben.

§ 5. Bei jeder Gast- und Schankwirtschaft muß die nötige Anzahl mit den erforderlichen Einrichtungen für Abfluß und Luftreinigung versehener Pissoirs und Abtritte vorhanden sein, zu welchen der Zugang nicht durch Wohn- oder Wirtschaftsräume, noch über die Straße führen und niemals behindert sein darf.

Diese Bedürfnisanstalten dürfen keinen unmittelbaren Zugang zu den Schlafräumen haben und ihre Einrichtung muß eine derartige sein, daß eine Verunreinigung der Luft in den Gastzimmern ausgeschlossen ist. Im übrigen kommen hinsichtlich der Entleerung, Reinhaltung usw. derselben die in dieser Beziehung an dem betreffenden Orte bestehenden polizeilichen Vorschriften zur Anwendung.

---

7. Allgemeine Anordnung über Anlage, Bau und Einrichtung von Privatkranken-, Entbindungs- und Irrenanstalten.

Unter Bezugnahme auf die Bekanntmachungen im Stück 49 des Amtsblattes von 1900, Seite 549 und 550, betreffend die gesundheitspolizeilichen Anforderungen, welche an die baulichen und sonstigen technischen Einrichtungen der der Genehmigung des

Bezirksausschusses unterliegenden Privatkranken-, Entbindungs- und Irrenanstalten zu stellen sind, bringe ich nachfolgende allgemeine Anordnungen erneut zur öffentlichen Kenntnis:

Im Sinne dieser Anordnungen werden die in der Ueberschrift genannten Anstalten unterschieden:

als große Anstalten mit mehr als 150 Betten,
mittlere mit 150 bis 50 Betten,
kleine mit weniger als 50 Betten.

Für die Anlage, den Bau und die Einrichtung von öffentlichen und Privatkranken-, Entbindungs- und Irrenanstalten, sowie für den Umbau und die Erweiterung bestehender Anstalten dieser Art gelten folgende allgemeine Bestimmungen:

I. Anlage und Bau.

§ 1. 1. Die Krankenanstalt muß tunlichst frei und entfernt von Betrieben liegen, welche geeignet sind, den Zweck der Anstalt zu beeinträchtigen. Der Baugrund muß in gesundheitlicher Beziehung einwandfrei sein.

2. Die Frontwände der Krankengebäude müssen untereinander mindestens 20 m und von anderen Gebäuden mindestens 10 m entfernt bleiben.

3. Vor den Fenstern der Krankenzimmer muß mindestens ein solcher Freiraum verbleiben, daß die Umfassungswände und Dächer gegenüberliegender Gebäude nicht über eine Luftlinie hinausgehen, welche in der Fußbodenhöhe der Krankenzimmer von der Frontwand aus unter einem Neigungswinkel von 45 Grad gegen die Horizontale gezogen wird.

Wenn diese Fenster benachbarten, nicht zur Anstalt gehörigen Grundstücken gegenüberliegen, so sind an der Grenze dieser Grundstücke Gebäude von der größten, nach den örtlichen Bauordnungen zulässigen Höhe auch dann als vorhanden anzunehmen, wenn die Grenzen unbebaut oder nicht bis zur zulässigen Höhe bebaut sind.

4. Wenn für große und mittlere Anstalten die geschlossene Bauweise — nicht das Pavillonsystem — gewählt wird, müssen die Höfe, auch soweit eine etwaige Bebauung an der Nachbargrenze in Frage kommt, mindestens nach einer Seite offen bleiben.

5. Bei kleinen Anstalten dürfen keine Krankenräume an ringsumbaute Höfe gelegt werden.

§ 2. Flure und Gänge müssen mindestens 1,80 m breit sein, die Gänge in der Regel einseitig angelegt werden. Mittelgänge sind nur unter der Bedingung zulässig, daß sie reichliches

Licht unmittelbar von außen erhalten, mindestens 2,50 m breit und gut lüftbar sind.

In Privatkranken- usw. Anstalten mit nicht mehr als 30 Betten genügt eine Breite von 2 m für die Mittelgänge.

§ 3. 1. Die für die Aufnahme von Kranken bestimmten Räume müssen mindestens 1 m über dem höchsten bekannten Grundwasserstande liegen und in der ganzen Grundfläche gegen das Eindringen von Bodenfeuchtigkeit gesichert sein.

2. Räume, deren Fußboden unter der anschließenden Erdoberfläche liegt, dürfen mit Kranken nicht belegt werden.

3. Krankenzimmer, welche das Tageslicht nur von einer Seite erhalten, dürfen nicht nach Norden liegen.

4. Die Wände in Operations- und Entbindungszimmern (siehe § 17), sowie in solchen Räumen, in welchen Personen mit ansteckenden Krankheiten untergebracht werden, sind zur Erleichterung der Desinfektion glatt und bis zu einer Höhe von mindestens 2 m abwaschbar herzustellen.

§ 4. 1. Die Treppen sollen mindestens 1,30 m breit sein, die Stufen mindestens 28 cm Auftrittsbreite und höchstens 18 cm Steigung haben. In großen und mittleren Anstalten müssen die Treppen feuersicher hergestellt werden. Die Treppenhäuser müssen Licht und Luft unmittelbar von außen erhalten.

2. Die Fußböden aller von Kranken benutzten Räume sind möglichst wasserdicht herzustellen.

§ 5. Die Krankenzimmer, alle von den Kranken benutzten Nebenräume, Flure, Gänge und Treppen müssen mit Fenstern versehen werden; die Fensterfläche soll in Krankenzimmern mindestens ein Siebentel der Bodenfläche betragen.

§ 6. 1. Die Höhe der Zimmer soll in der Regel wenigstens 3,5 m betragen.

2. In Zimmern für mehrere Kranken ist für jedes Bett

a) eines Erwachsenen ein Luftraum von mindestens 30 cbm,
b) eines Kindes ein Luftraum von mindestens 25 cbm

zu fordern.

In Einzelzimmern muß der Luftraum mindestens 40 cbm betragen.

In gemeinsamen Krankenzimmern von 4 m Höhe und mehr müssen wenigstens 7,5 qm, in Einzelzimmern von dieser Höhe mindestens 10 qm Bodenfläche auf jedes Bett (Lagerstelle) entfallen.

3. Mehr als 30 Betten (Lagerstellen) dürfen in einem Krankenzimmer nicht aufgestellt werden.

II. Innere Einrichtung.

§ 7. 1. In jeder Krankenanstalt muß für jede Abteilung oder für jedes Geschoß mindestens ein geeigneter Tageraum für zeitweise nicht bettlägerige, in gemeinsamer Pflege befindliche Kranke eingerichtet werden, dessen Größe auf mindestens 2 qm für das Krankenbett zu bemessen ist.

2. Außerdem muß in großen und mittleren Anstalten ein mit Gartenanlagen versehener Erholungsplatz von mindestens 10 qm Fläche für jedes Krankenbett vorgesehen werden.

§ 8. Für Irrenanstalten gilt anstatt der Bestimmungen in dem § 6 Nr. 1 und 2 und § 7 folgendes:

1. In Anstalten mit mehr als 10 Betten müssen ausnahmslos Tageräume und Erholungsplätze vorgesehen werden.

2. Bei Anstalten, welche Tageräume haben, darf die Größe des Luftraumes in den Schlafzimmern für den Kopf nicht unter 20 cbm bei 3—4,50 m lichter Höhe betragen; außerdem müssen in den Tageräumen bei gleicher Höhe mindestens 4 qm Grundfläche für den Kopf vorhanden sein.

Bei Kranken unter 14 Jahren genügen für den Kopf in den Schlafzimmern 15 cbm Luftraum, in den Tageräumen 3 qm Grundfläche.

3. Anstalten, welche keine Tageräume haben, müssen für jeden Kranken mindestens 30 cbm Luftraum bei Personen unter 14 Jahren mindestens je 25 cbm Luftraum darbieten.

4. Bettlägerigen Kranken (welche bei Berechnung des Bedarfs an Tageraum in Wegfall kommen können) ist im Schlafzimmer mindestens 30 cbm Luftraum zu gewähren. Für jeden lauten, sich vernachlässigenden oder nicht sauberen Kranken müssen

a) wenn er bettlägerig ist, in den Schlafzimmern mindestens 30 cbm Luftraum,

b) wenn er nicht bettlägerig ist, mindestens 5 qm Grundfläche in den Tageräumen vorhanden sein.

Bei Kranken solcher Art unter 14 Jahren genügen für den Kopf in den Schlafzimmern 25 cbm Luftraum und für jeden nicht Bettlägerigen in den Tageräumen 4 qm Grundfläche.

5. Zur Absonderung störender Kranker muß mindestens ein Einzelraum vorhanden sein, dessen Luftraum nicht unter 40 cbm betragen darf.

6. Auf dem Erholungsplatz (§ 7 Ziffer 2), welcher mindestens 30 qm Fläche für den Kopf enthalten muß, ist für schattige Plätze Sorge zu tragen.

§ 9. Allen Krankenzimmern muß während der Heizperiode frische Luft in einer die Kranken nicht belästigenden Weise zugeführt werden. Die verbrauchte Luft muß in geeigneter Weise abgeführt werden.

§ 10. Die Fenster der Krankenzimmer, der von den Kranken benutzten Nebenräume, der Flure, Gänge und Treppen müssen leicht zu öffnen sein und mit Lüftungseinrichtungen versehen werden.

§ 11. Für alle Krankenzimmer, von Kranken benutzten Nebenräume, Flure und Gänge muß eine genügende Erwärmung und Lufterneuerung vorgesehen werden. Hierbei ist der Belästigung durch strahlende Wärme, jeder Ueberhitzung der Luft an den Heizflächen und jeder Beimengung von Rauchgasen vorzubeugen, sowie die Staubentwickelung bei der Bedienung der Heizeinrichtung möglichst zu verhüten.

§ 12. 1. Für jedes Krankenbett müssen mindestens 200 Liter gesundheitlich einwandfreies Wasser täglich geliefert werden können.

2. Die Wasserbezugsquelle, sowie die dazu gehörige Leitung sind nach Lage und Fassung gegen jede Verunreinigung durch Krankheits- oder Abfallstoffe zu sichern.

§ 13. 1. Die Entwässerung und die Entfernung der Abfallstoffe muß in gesundheitlich unschädlicher Weise erfolgen.

2. Die Fäkalien sind entweder mittelst Abfuhr oder mittelst Schwemmung unter Wahrung der Reinheit der Luft in den Gebäuden und unter Verhütung der Bodenverunreinigung zu beseitigen.

3. Abtrittsgruben, sofern deren Anlage nach den Vorschriften der jeweiligen bestehenden Baupolizeiverordnungen überhaupt gestattet ist, sind nur für kleine Anstalten in einem Abstande von wenigstens 5 m von dem Krankengebäude und wenigstens 10 m von jedem Brunnen unter der Bedingung zulässig, daß ihre Sohle und ihre Umfassungswände aus Klinkern mit Zementmörtel gemauert, sowie mit einer Schicht fetten Tones in einer Stärke von wenigstens 25 cm umgeben werden, oder daß gußeiserne Tanks in die Abtrittsgrube eingelassen sind.

4. Trockene Abfälle und Kehricht sind in dichten verschließbaren Gruben oder Behältern zu sammeln und so oft abzufahren, daß keine Ueberfüllung der Behälter eintritt.

5. Ansteckungsverdächtige Auswurfstoffe müssen sofort unschädlich beseitigt werden.

§ 14. Die Aborte sind von den etwa anstoßenden Krankenzimmern durch Doppeltüren oder durch einen Vorraum zu trennen, welcher, wie der Abort selbst, hell, lüftbar und heizbar sein muß.

In Privatkranken- usw. Anstalten mit nicht mehr als 30 Betten ist die Heizbarkeit des Abortes und seines Vorraumes nicht erforderlich.

§ 15. In jeder Krankenanstalt ist bei einer Belegzahl bis zu 30 Betten mindestens ein Baderaum für ein Vollbad, bei einer größeren Belegzahl für mindestens je 30 Betten ein Baderaum zu beschaffen.

§ 16. 1. In Krankenanstalten, in welchen chirurgische Operationen ausgeführt zu werden pflegen, ist bei einer Belegzahl von mehr als 50 Betten mindestens ein besonderes Operationszimmer einzurichten.

2. Ein solches kann auch bei kleineren Anstalten nach Lage der Verhältnisse verlangt werden.

§ 17. In Entbindungsanstalten mit mehr als 4 Betten ist ein besonderes Entbindungszimmer einzurichten.

III. Nebengebäude.

§ 18. Für große und mittlere Anstalten sind die Wirtschaftsräume in einem besonderen Gebäude unterzubringen.

§ 19. 1. Jede Krankenanstalt muß eine eigene, ausschließlich für deren Insassen bestimmte Waschküche haben.

2. Infizierte Wäsche darf ohne vorherige Desinfektion nicht außerhalb der Anstalt gereinigt werden.

§ 20. Für große und mittlere Anstalten ist eine geeignete Desinfektionseinrichtung vorzusehen, sofern nicht am Orte oder in dessen Nachbarschaft eine öffentliche Desinfektionsanstalt zur Verfügung steht.

§ 21. 1. Zur Unterbringung von Leichen ist in allen Anstalten ein besonderer Raum herzustellen, welcher lediglich diesem Zweck dient und dem Anblick der Kranken möglichst entzogen ist.

2. Für große und mittlere Anstalten ist ein besonderes Leichenhaus mit Sektionszimmer erforderlich.

IV. Unterbringung der Kranken.

§ 22. In allen Anstalten müssen männliche und weibliche Kranke, abgesehen von Kindern bis zu 10 Jahren, in getrennten Räumen, in großen und mittleren Anstalten in getrennten Abteilungen untergebracht werden.

§ 23. 1. Für Kranke, welche an ansteckenden, insbesondere akuten Krankheiten leiden, sind in großen und mittleren Krankenanstalten ein oder mehrere Absonderungshäuser, in kleinen Anstalten, soweit in diese solche Kranke aufgenommen werden, mindestens abgesonderte Räume, wenn möglich in besonderen Stockwerken, vorzusehen.

2. In Irrenanstalten muß mindestens ein Zimmer für ansteckende Erkrankungen zu Gebote stehen.

§ 24. In öffentlichen, sowie in großen und mittleren Privatkrankenanstalten muß für die vorübergehende Unterbringung eines Geisteskranken ein geeigneter Raum mit der erforderlichen Einrichtung vorhanden sein.

§ 25. Zur Feststellung von ansteckenden Krankheiten ist in großen und mittleren öffentlichen Anstalten eine eigene Beobachtungsstation einzurichten.

§ 26. Auf bestehende Anlagen erstrecken sich die Bestimmungen dieser Verordnung nicht, sie sollen auch bei einem Umbau oder einer Erweiterung bestehender Anlagen auf vorhandene Teile, welche vom Umbau nicht berührt werden, keine Anwendung finden. Ein Umbau oder Erweiterungsbau ist unzulässig, wenn dadurch in den vorhandenen Teilen die den vorstehenden Bestimmungen nicht entsprechenden Zustände verschlechtert werden.

§ 27. Von den Bestimmungen des § 1 Ziffer 1—5, der §§ 2, 3 Ziffer 3, §§ 4, 7, 12 Ziffer 1, §§ 16, 18, 19 Ziffer 1, des § 21 Ziffer 2, sowie des § 6 Ziffer 2 kann der Bezirksausschuß in besonderen Fällen Ausnahmen zulassen.

Potsdam, den 26. Juni 1908.

Der Regierungspräsident.

8. Verfügung d. M. f. H. u. G., d. M. d. J. u. d. M. d. ö. A. vom 26. Februar 1907, betr. die Abänderung der Gewerbeordnung in bezug auf den Betrieb des Gewerbes als Bauunternehmer und Bauleiter, sowie der Betrieb einzelner Zweige des Baugewerbes.

Zur Ausführung des Reichsgesetzes, betr. die Abänderung der Gewerbeordnung vom 7. Januar 1907 (Reichsgesetzbl. S 3) bestimmen wir folgendes:

I. Nach Art. 1 des Reichsgesetzes vom 7. Januar 1907 ist der Betrieb des Gewerbes als Bauunternehmer und Bauleiter, sowie der Betrieb einzelner Zweige des Baugewerbes zu untersagen, wenn Tatsachen vorliegen, welche die Unzuverlässigkeit des Gewerbetreibenden in bezug auf diesen Gewerbebetrieb dartun. Ein Einschreiten auf Grund dieser Bestimmung ist nicht nur gegen Einzelpersonen, sondern auch gegen Personenvereinigungen, juristische Personen und dgl. zulässig. Voraussetzung ist jedoch stets der

Betrieb eines Gewerbes, also eine gewerbliche Tätigkeit auf eigene Rechnung. (Vgl. die Motive zum Reichsgesetz vom 7. Januar 1907, Drucks. des Reichstags 1905/06 Nr. 101, S. 7.) Die „Tatsachen, welche die Unzuverlässigkeit des Gewerbetreibenden in bezug auf seinen Gewerbebetrieb dartun", können sowohl auf dem Gebiete der beruflichen Sachkunde, als auch auf moralischem oder wirtschaftlichem Gebiete liegen. (Motive S. 6/7.) Ein Mangel an beruflicher Sachkunde kann auf fehlender — theoretischer oder praktischer — beruflicher Vorbildung oder auf sonstigen Tatsachen beruhen. Nach Art. 2 des Gesetzes darf jedoch ein Mangel an theoretischer beruflicher Vorbildung gegenüber den in § 35a Abs. 1 Gewerbeordnung aufgeführten, ein Mangel an theoretischer oder praktischer Vorbildung gegenüber den in § 35a Abs. 2 Gewerbeordnung genannten Personen nicht geltend gemacht werden. Dagegen ist auch bei diesen Personen das Entziehungsverfahren gemäß Art. 1 zulässig, wenn die Behauptung ihrer Unzulänglichkeit oder sonstigen Unzuverlässigkeit in beruflicher Hinsicht auf andere Gründe gestützt wird, als lediglich auf eine mangelhafte technische Vorbildung.

Im übrigen ist die Bestimmung in Art. 2 nicht etwa dahin aufzufassen, daß nunmehr bei allen nicht im Besitze der daselbst erwähnten Prüfungszeugnisse usw. befindlichen Baugewerbetreibenden ein Mangel an entsprechender Vorbildung anzunehmen sei, vielmehr wird auch gegen diese Personen nur dann vorzugehen sein, wenn besondere tatsächliche Umstände dafür sprechen, daß bei ihnen die Voraussetzungen des Art. 1 gegeben sind.

Die Untersagung des Gewerbebetriebs gemäß Art. 1 erfolgt auf Klage der Ortspolizeibehörde des Ortes, an dem das Gewerbe betrieben wird, durch den Kreisausschuß, in Stadtkreisen und in den zu einem Landkreise gehörigen Städten mit mehr als 10000 Einwohnern durch den Bezirksausschuß (§ 119 des Zuständigkeitsgesetzes). Der Erhebung der Klage hat die Anhörung von Sachverständigen voranzugehen. Die Sachverständigen werden nach Bedarf von dem Regierungspräsidenten, im Landespolizeibezirke Berlin von dem Polizeipräsidenten, ernannt. Ob und für welche Zweige des Baugewerbes hiernach Sachverständige zu bestellen sind, bleibt, ebenso wie die Frage der Abgrenzung der Sachverständigenbezirke, dem pflichtmäßigen Ermessen der Anstellungsbehörde überlassen. Soweit es sich um die Begutachtung für handwerksmäßige Gewerbebetriebe handelt, ist vor der Ernennung der Sachverständigen die Handwerkskammer zu hören.

Die Bestellung der Sachverständigen ist alsbald, und zwar spätestens bis zu dem am 1. April d. J. erfolgenden Inkrafttreten des Reichsgesetzes vom 1. Januar 1907 zu veranlassen.

II. Während es sich bei Art. 1, 2 um die Untersagung des gesamten Gewerbebetriebs handelt, regeln die Art. 3, 4 die Befugnisse der Behörden zum Einschreiten in Einzelfällen bei umfangreicheren oder schwierigeren Bauten (Motive S. 7). Hier kann die Untersagung abweichend von Art. 1 gegen Bauausführende oder -Leitende ausgesprochen werden, auch wenn die Bauausführung oder -Leitung auf fremde Rechnung stattfindet (Vgl. Motive S. 9). Die Frage der „Unzuverlässigkeit" (s. oben) ist in diesem Falle lediglich mit Rücksicht auf den betreffenden Einzelbau zu prüfen. Zuständig zum Erlaß der Untersagungsverfügungen gemäß Art. 3 sowie zur Entgegennahme und Entscheidung des Einspruchs gemäß Art. 4 sind in Stadtkreisen, sowie in den zu einem Landkreise gehörigen Städten mit mehr als 10000 Einwohnern (in der Provinz Hannover in den Städten, auf die die revidierte Städteordnung vom 24. Juni 1858 Anwendung findet, mit Ausnahme der im § 27 Abs. 2 der Hannoverschen Kreisordnung vom 6. Mai 1884 benannten Städte), die Ortspolizeibehörden, im übrigen die Landräte (in den Hohenzollernschen Landen die Oberamtmänner). Vor der Untersagung sind tunlichst die gemäß Art. 1 bestellten Sachverständigen zu hören; vor der Erteilung des Bescheides auf den Einspruch (Art. 4) muß die Anhörung der Sachverständigen erfolgen. Gegen den den Einspruch zurückweisenden Bescheid findet binnen 2 Wochen die Klage bei dem Bezirksausschuß statt. (§ 1 der Allerhöchsten Verordnung vom 4. Februar 1907, GS. S. 27.)

III. Soweit vorstehend unter I und II nichts anderes bestimmt ist, finden die Vorschriften der Ziffern 7 Abs. 2 und 3, 10, 59—62 der Ausführungsanweisung zur Gewerbeordnung vom 1. Mai 1904 (HMBl. S. 125) entsprechende Anwendung.

Zur Durchführung der auf Grund der Art. 3/4 erlassenen Untersagungsverfügungen haben sich die zuständigen Behörden nötigenfalls der Zwangsmittel des § 132 des Landesverwaltungsgesetzes zu bedienen.

---

9. Bekanntmachung betr. die Einrichtung und den Betrieb der Buchdruckereien und Schriftgießereien.

Vom 31. Juli 1897 (RGBl. S. 614).

(Auszug.)

Auf Grund des § 120e der Gewerbeordnung hat der Bundesrat folgende Vorschriften über die Einrichtung und den Betrieb der Buchdruckereien und Schriftgießereien erlassen.

I. Auf Räume, in welchen Personen mit dem Setzen von Lettern oder mit der Herstellung von Lettern oder Stereotypplatten beschäftigt werden, finden folgende Vorschriften Anwendung:

1. Der Fußboden der Arbeitsräume darf nicht tiefer als einen halben Meter unter dem ihn umgebenden Erdboden liegen. Ausnahmen dürfen durch die höhere Verwaltungsbehörde zugelassen werden, wenn durch zweckmäßige Isolierung des Bodens und ausreichende Licht- und Luftzufuhr den gesundheitlichen Anforderungen entsprochen ist.

   Unter dem Dache liegende Räume dürfen als Arbeitsräume nur dann benutzt werden, wenn das Dach mit gerohrter und verputzter Verschalung versehen ist.

2. In Arbeitsräumen, in welchen die Herstellung von Lettern und Stereotypplatten erfolgt, muß die Zahl der darin beschäftigten Personen so bemessen sein, daß auf jede mindestens 15 cbm Luftraum entfallen. In Räumen, in welchen Personen nur mit anderen Arbeiten beschäftigt werden, müssen auf jede Person mindestens 12 cbm Luftraum entfallen.

   In Fällen vorübergehenden außerordentlichen Bedarfs kann die höhere Verwaltungsbehörde auf Antrag des Unternehmers eine dichtere Belegung der Arbeitsräume für höchstens dreißig Tage im Jahre insoweit gestatten, daß mindestens 10 cbm Luftraum auf die Person entfallen.

3. Die Räume müssen, wenn auf eine Person wenigstens 15 cbm Luftraum kommen, mindestens 2,60 m andernfalls mindestens 3 m hoch sein.

   Die Räume müssen mit Fenstern versehen sein, welche nach Zahl und Größe genügen, um für alle Arbeitsstellen ausreichendes Licht zu gewähren. Die Fenster müssen so eingerichtet sein, daß sie zum Zwecke der Lüftung ausreichend geöffnet werden können.

   Arbeitsräume mit schräg laufender Decke dürfen im Durchschnitt keine geringere als die im Abs. 1 bezeichnete Höhe haben.

4. Die Räume müssen mit einem dichten und festen Fußboden versehen sein, der eine leichte Beseitigung des Staubes auf feuchtem Wege gestattet. Hölzerne Fußböden müssen glatt gehobelt und gegen das Eindringen der Nässe geschützt sein.

   Die Wände und Decken müssen, soweit sie nicht mit einer glatten abwaschbaren Bekleidung oder mit einem Oelfarbenanstrich versehen sind, mindestens einmal jährlich mit Kalk frisch angestrichen werden. Die Bekleidung und der

Oelfarbenanstrich müssen jährlich einmal abgewaschen und der Oelfarbenanstrich, wenn er lackiert ist, mindestens alle 10 Jahre, wenn er nicht lackiert ist, alle 5 Jahre erneuert werden.

5. Die Arbeitsräume sind täglich mindestens einmal gründlich zu lüften. Ferner ist dafür Sorge zu tragen, daß in ihnen ein ausreichender Luftwechsel während der Arbeitszeit stattfindet.

6. Die Schmelzkessel für das Lettern- und Stereotypenmetall sind mit gut ziehenden, ins Freie oder in einen Schornstein mündenden Abzugsvorrichtungen (Fangtrichtern) für entstehende Dämpfe zu überdecken.

Das Legieren des Metalls und das Ausschmelzen der sogenannten Krätze darf nur in besonderen Arbeitsräumen, in anderen nur nach Entfernung der mit diesen Verrichtungen nicht beschäftigten Arbeiter erfolgen.

12. Alle mit erheblicher Wärmeentwickelung verbundenen Beleuchtungseinrichtungen sind derart anzuordnen oder mit solchen Schutzvorkehrungen zu versehen, daß eine belästigende Wärmeausstrahlung nach den Arbeitsstellen vermieden wird.

---

10. Gesetz, betreffend die Beschränkungen des Grundeigentums in der Umgebung von Festungen.

Vom 21. Dezember 1871 (RGBl. S. 459).

(Auszug.)

§ 1. Die Benutzung des Grundeigentums in der nächsten Umgebung der bereits vorhandenen, sowie der in Zukunft anzulegenden permanenten Befestigungen unterliegt nach Maßgabe dieses Gesetzes dauernden Beschränkungen.

§ 2. Behufs Feststellung dieser Beschränkungen wird die nächste Umgebung der Festungen in Rayons geteilt, und je nach der Entfernung von der äußersten Verteidigungslinie ab als erster, zweiter, dritter Rayon bezeichnet.

Wenn bei Festungen mehrere zusammenhängende Befestigungslinien voreinander liegen, so bildet der Raum zwischen denselben die Zwischenrayons.

Bei Festungen mit einer Zitadelle heißt der Rayonbezirk vor den stadtwärts gewendeten Werken derselben Esplanade.

§ 3. Die Abmessung der Rayons erfolgt von den ausspringenden Winkeln des bedeckten Weges, und zwar von dem oberen Rande des Glacis oder in Ermangelung eines Glacis von dem äußeren Grabenrande, oder wenn auch ein Graben nicht vorhanden ist, von der Feuerlinie der Wallbrustwehren, beziehungsweise der äußeren Mauerflucht der krenelierten Mauern.

§ 4. Der erste Rayon umfaßt bei allen Festungen und neu zu erbauenden detachierten Forts das im Umkreise derselben von 600 Metern belegene Terrain, außerdem bei Festungen, welche an Gewässern belegen sind und besondere Kehlbefestigungen haben, das Terrain zwischen diesen und dem Ufer.

§ 5. Der zweite Rayon begreift das Terrain zwischen der äußeren Grenze des ersten Rayons und einer von dieser im Abstande von 375 Metern gezogenen Linie.

Detachierte Forts haben keinen zweiten Rayon; bei diesen unterliegt jedoch das Terrain von der Grenze des ersten Rayons bis zu einer Entfernung von 1650 Metern den für den dritten Rayon gegebenen Beschränkungen.

§ 6. Der dritte Rayon umfaßt bei allen Festungen das Terrain von der äußeren Grenze des zweiten Rayons bis zu einer Entfernung von 1275 Metern.

§ 7. Die Zischenrayons zerfallen in strenge und einfache. Die ersteren enthalten das Terrain in einem Abstande von 75 Metern von der zurückliegenden oder inneren Befestigungslinie; darüber hinaus liegt der einfache Zwischenrayon.

§ 13[1]**.** Innerhalb sämtlicher Rayons sind nicht ohne Genehmigung der Kommandantur zuläßig, vorbehaltlich der Bestimmung in § 30:

1. jede dauernde Veränderung der Höhe der Terrainoberfläche, insbesondere die Anlage und der Betrieb von Lehm- und Sandgruben, Stein- und Kalkbrüchen, die Anlage von Plätzen zur Ablagerung von Ballast, sowie eine jede solche Ablagerung an nicht dazu bestimmten Plätzen;
2. alle Neuanlagen oder Veränderungen von Dämmen, Deichen, Gräben, sowie in den Vorflutverhältnissen, Ent- und Bewässerungsanlagen und sonstigen Wasserbauten; desgleichen

---

[1]) Solange ein Fort noch nicht durch einen Willensakt der zuständigen Stelle seines Charakters als Festungswerk entkleidet ist, besteht das fragliche Terrain vor demselben auch als Glacis. OVG. 29[233].

alle Neuanlagen oder Veränderungen von Chausseen, Wegen[2]) und Eisenbahnen;

3. die Anlage von größeren Parkanlagen, Baumschulen und Waldungen;
4. die Errichtung und Veränderung von Kirch- und Glockentürmen, sowie alle turmartigen Konstruktionen.

Die Genehmigung darf nicht versagt werden, wenn durch die bezeichneten Neuanlagen, beziehungsweise Veränderungen keine nachteilige Deckung gegen die rasante Bestreichung der Werke, kein nachteiliger Einfluß auf das Wasserspiel der Festungsgräben, auf Inundation des Vorterrains und auf die Tiefe der mit den Festungsanlagen in Beziehung stehenden Flußläufe entsteht, und keine vermehrte Einsicht in die Werke des Platzes gewonnen wird.

§ 14. Im dritten Rayon ist bei etwaiger Feststellung von Bebauungsplänen rücksichtlich der Breite und Richtung der Straßen die Genehmigung der Reichsrayonkommission (§ 31) erforderlich.

§ 15. Innerhalb des zweiten Rayons sind:

A. unzulässig:

1. alle Massivkonstruktionen von Gebäuden oder Gebäudeteilen mit Ausnahme massiver Feuerungsanlagen und solcher massiver Fundamente, die das umliegende Terrain nicht über 30 cm überragen;
2. jede Art von Gewölbebauten, sowie Eindeckungen von Kelleranlagen mit steinerner und eiserner Konstruktion;
3. die Anlage von bleibenden Ziegel- und Kalköfen, sowie überhaupt massiver zu Fabrik- und sonstigen gewerblichen Zwecken bestimmter Öfen von größeren Abmessungen;

B. nicht ohne Genehmigung der Kommandantur zulässig:

1. die Anlage von Beerdigungsplätzen;
2. die Errichtung von Grabhügeln von mehr als 50 cm Höhe, sowie von Denkmälern aus Stein oder Eisen, welche in den mehr als 50 cm über der Erdoberfläche liegenden Teilen eine größere Stärke haben, als 15 cm für Stein, bezüglich 2 cm für Eisen;
3. die Errichtung von Gebäuden, welche nicht schon nach den Bestimmungen von A unzulässig sind;

die Genehmigung darf bei Einhaltung nachstehender Bestimmungen nicht versagt werden:

---

[2]) Oeffentliche Wege können auf Festungsterrain entstehen. OVG. 29[238].

a) die Gebäude dürfen nur von Holz, oder einer nach dem Urteile der Militärbehörde leicht zerstörbaren Eisenkonstruktion, oder in ausgemauertem Fachwerk von nicht mehr als 15 cm Stärke erbaut sein; doch dürfen sie eine Ziegelbedachung, massive Feuerungsanlagen, soweit solche nicht nach A Nr. 3 unzulässig sind, und massive Fundamente haben, welche das umliegende Terrain nicht über 30 cm überragen;

b) die Höhe des Gebäudes bis zur Dachfirst darf 13 m nicht übersteigen;

c) Keller dürfen nur hölzerne oder leichte eiserne Balken, mit gewöhnlichem Balkenzwischenraum und hölzernem Fußboden darüber, haben;

4. die Anlage massiver Dampfschornsteine; die Genehmigung darf nicht versagt werden, wenn die Höhe 20 m nicht übersteigt.

§ 16. Für den einfachen Zwischenrayon gelten die in § 15 für den zweiten Rayon gegebenen Vorschriften, jedoch mit folgenden Abweichungen:

Zu A. Unter besonderen Verhältnissen kann die Herstellung massiver Bauten und gewölbter Anlagen gestattet werden.

Zu B 3b. Die Höhe des Gebäudes bis zur Dachfirst darf 8 m nicht übersteigen.

§ 17. Im ersten Rayon ist

A. unzulässig:

1. Alles, was im zweiten Rayon unzulässig ist; massive Fundamente dürfen jedoch das umliegende Terrain nicht über 15 cm überragen;
2. Wohngebäude jeder Art;
3. Baulichkeiten von anderen Materialien, als von Holz oder einer nach dem Urteil der Militärbehörde leicht zerstörbaren Eisenkonstruktion; Keller — oder mit dem Grund und Boden fest zusammenhängende Feuerungsanlagen; Baulichkeiten von größerer Höhe, als 7 m bis zur Dachfirst; andere Bedachungsmaterialien, als Holz, Stroh, Rohr, Dachpappe, Dachfilz, Zink oder Schiefer;
4. Die Aufstellung von Lokomobilen in fester Verbindung mit Baulichkeiten, oder auf Terrain, aus welchem dieselben nicht sofort entfernt werden können;
5. Denkmäler von Stein oder Eisen, welche in den mehr als

50 cm über der Erdoberfläche liegenden Teilen eine größere Breite haben, als 30 cm;

6. Einhegungen durch Neuanlage von lebendigen Hecken;

B. nicht ohne Genehmigung der Kommandantur zulässig:

1. die Anlage von Beerdigungsplätzen;
2. die Errichtung von Grabhügeln von mehr als 50 cm Höhe, sowie von Denkmälern aus Stein oder Eisen, welche in den mehr als 50 cm über der Erdoberfläche liegenden Teilen eine größere Stärke haben, als 15 cm für Stein, bezüglich 2 cm für Eisen;
3. die Anlage hölzerner Windmühlen;

   die Genehmigung darf nicht versagt werden, wenn die Entfernung von den Festungswerken 300 m oder mehr beträgt;
4. alle vorstehend nicht als unzulässig bezeichneten Baulichkeiten; bewegliche Feuerungsanlagen; hölzerne und eiserne Einfriedigungen, letztere, wenn sie ohne Schwierigkeit beseitigt werden können; Brunnen.

Die Genehmigung darf nur versagt werden, wenn es sich um wohnliche Einrichtungen irgendeiner Art handelt. Jedoch darf bei nachgewiesener Notwendigkeit der Anwesenheit eines Wächters die Aufstellung einer mit einem transportabeln eisernen Ofen versehenen Wächterhütte auf je einem Grundstück nicht verweigert werden, sofern dieselbe im Grundflächenmaß 20 qm nicht überschreitet, mit anderen Baulichkeiten nicht in Verbindung gesetzt ist, und der Ofen mit blecherner Rauchröhre versehen ist.

§ 18. Das Alignement der im ersten und zweiten Rayon und einfachen Zwischenrayon zu errichtenden Gebäude in Beziehung auf die Festungswerke, insofern dasselbe nicht von der Richtung vorhandener öffentlicher Wege oder Straßen abhängig ist, unterliegt der Genehmigung der Kommandantur.

§ 19. Innerhalb des strengen Zwischenrayons sind alle baulichen Anlagen unzulässig.

Auf Esplanaden sind nur solche Anlagen gestattet, welche nach dem Urteil der Militärbehörde zur Verteidigung dienen können.

Die Anlage von Hecken ist im strengen Zwischenrayon, wie auf Esplanaden unzulässig.

§ 21. Bei vorübergehenden Veränderungen der Höhe der Terrainoberfläche, wie der Auflagerung von Baumaterialien während der Ausführung eines genehmigten Baues, der Benutzung der Grabenränder zur Auflagerung der bei der Grabenräumung ausgeworfenen Erde und dergleichen ähnlichen Benutzungen bedarf es im ersten und zweiten Rayon und einfachen Zwischenrayon nur einer vorgängigen Anzeige an die Kommandantur. Jedoch steht es derselben zu, die Zeit der Wiederbeseitigung der vorübergehenden Erhöhung des Terrains zu bestimmen.

Zur Anlage von Komposthaufen ist die Genehmigung der Kommandantur erforderlich.

§ 22. Die einmal vorhandenen Baulichkeiten und Anlagen, auf denen nicht die besondere Bedingung des Eingehens durch Verfall, oder der künftigen Reduktion auf eine leichtere Bauart schon haftet, sollen, unbeschadet der Bestimmung des § 43, erhalten bleiben, auch wenn sie den Vorschriften dieses Gesetzes nicht entsprechen. Dieselben können, wenn sie ganz oder teilweise zerstört oder baufällig geworden sind, nach vorgängiger Anzeige bei der Kommandantur in den alten Abmessungen und der bisherigen Bauart wieder hergestellt werden.

Überschreiten Wiederherstellungsbauten das vorbestimmte Maß, so bedarf es der Genehmigung der Kommandantur.

§ 23. Ob und inwieweit aus örtlichen Rücksichten Einschränkung der räumlichen Ausdehnung der Rayons oder Ermäßigungen der gesetzlichen Beschränkungen zulässig seien, bestimmt die Reichsrayonkommission.

§ 24. Die bisherigen von diesen Bestimmungen abweichenden Rayons bestehender Befestigungen, insbesondere die der vorhandenen detachierten Forts, verbleiben bis zur Ausführung eines Neu- oder Verstärkungsbaues unverändert.

Die vorhandenen Esplanaden bleiben in ihrer bisherigen Ausdehnung unverändert; bei Neubau einer Zitadelle wird über den Umfang der Esplanade in jedem Falle besondere Bestimmung durch die Reichsrayonkommission getroffen.

Ebenso verbleiben alle übrigen zurzeit vorhandenen besonderen Rayons, wie die von verschanzten Lägern, Städtebefestigungen, inneren Abschnitten in und bei Festungen unverändert.

§ 25. (Auszug.) Bei den bestehenden Festungen bleibt die Anlegung eines Rayonplanes und Rayonkatasters der Kommandantur überlassen.

§ 26. Zu jeder Anlage, jeder Veränderung und Benutzung, die nach den §§ 13 ff. nicht ohne Genehmigung der Kommandantur zulässig ist, muß vor dem Beginn der Ausführung diese Genehmigung nachgesucht werden.

§ 27. Das Gesuch ist nebst zwei Exemplaren der etwa nötigen Bauzeichnungen an die Ortspolizeibehörde zu richten. Findet diese gegen die Zulässigkeit nichts zu erinnern, so übersendet sie das Gesuch der Kommandantur, welche ihre Entscheidung, nebst einem Exemplar der Zeichnung, in welchem die im Festungsinteresse notwendigen Abänderungen einzutragen sind, an die Ortspolizeibehörde behufs Mitteilung an den Antragsteller zurückgelangen läßt.

§ 28. Die von der Kommandantur auszufertigende Genehmigung muß alle für den betreffenden Fall nach Maßgabe dieses Gesetzes festzustellenden speziellen Beschränkungen genau bestimmen, denen der Grundbesitzer, sowie alle Besitznachfolger bezüglich des Baues, der Niederlage von Materialien, der Anlage oder des Gewerbebetriebes sich zu unterwerfen haben. Insoweit nach Maßgabe dieses Gesetzes die Genehmigung nicht zu versagen ist, darf dieselbe auch nicht an Bedingungen geknüpft werden.

Sind seit der Aushändigung der Genehmigung zwei Jahre verflossen, ohne daß davon Gebrauch gemacht worden ist, so wird sie als erloschen betrachtet.

Wird die Genehmigung ganz oder teilweise versagt, so sind die Gründe der Ablehnung anzugeben.

§ 29. Gegen die Entscheidung der Kommandantur, wie gegen alle Anordnungen derselben, ist in Rayonangelegenheiten binnen einer vierwöchentlichen Präklusivfrist, von der Zustellung ab, der Rekurs zulässig. Die Entscheidung auf den Rekurs erfolgt endgültig durch die Reichsrayonkommission.

Nach Ablauf der Frist, eintretendenfalls nach der höheren Entscheidung, sind die Anordnungen vollstreckbar.

Ist durch eine Anordnung der Kommandantur eine Anlage untersagt, so darf diese erst dann begonnen oder fortgesetzt werden, wenn die Anordnung in der höheren Instanz aufgehoben ist.

§ 30. Die Projekte größerer Anlagen (Chausseen, Deiche, Eisenbahnen usw.) in den Rayons der Festungen und festen Plätze werden durch eine gemischte Kommission erörtert, deren Mitglieder von dem zuständigen Kriegsministerium im Verein mit den betreffenden höheren Verwaltungsbehörden berufen werden, und in welcher auch die von der Anlage betroffenen Gemeinden durch Deputierte vertreten werden.

Das hierüber aufzunehmende Protokoll wird der Reichsrayonkommission übersandt, welche in Gemeinschaft mit der betreffenden Zentralverwaltungsbehörde die Entscheidung trifft oder erforderlichenfalls herbeiführt.

§ 31. Die Reichsrayonkommission ist eine durch den Kaiser zu berufende ständige Militärkommission, in welcher die Staaten, in deren Gebieten Festungen liegen, vertreten sind.

Zweiter Teil.

11. Allgemeines Landrecht für die Preußischen Staaten.

Erster Teil. Achter Titel.

Vom Eigentume. (Auszug.)

Bei Gebäuden. Pflichten des Eigentümers wegen deren Unterhaltung und Wiederherstellung.

§ 35. Statuen und Denkmäler[1]), die auf öffentlichen Plätzen errichtet worden, darf niemand, wer er auch sei, be-

[1]) In Fragen der Denkmalspflege ist der Kultusminister die höchste Behörde. (Allerh. KO. vom 7. März 1835.)

In den Provinzen sind die Organe der allgemeinen Landesverwaltung in Denkmalsangelegenheiten zuständig.

Als Sachverständige fungieren der Konservator der Kunstdenkmäler vom Kultusministerium, in den Provinzen die Provinzialkonservatoren, in Hessen-Nassau ein Bezirkskonservator, in Hohenzollern ein Landeskonservator.

Runderl. des Min. d. g. U. M. u. d. ö. A. vom 6. Mai 1904, betreffend das Verfahren und die Zuständigkeit der Staatsbeamten in Angelegenheiten der Denkmalspflege.

Runderl. vom 17. Juni 1905, betreffend die Vorbereitung von Anträgen an die Zentralinstanz in Angelegenheiten der Denkmalspflege.

Runderl. des Min. d. ö. A., des Min. d. J. u. des Min. d. g. U. M. vom 23. Oktober 1907, betreffend Anhörung des Provinzialkonservators bei Fluchtlinienveränderungen.

schädigen, oder ohne obrigkeitliche Erlaubnis wegnehmen oder einreißen.

§ 36. Noch weniger dürfen, ohne dergleichen Erlaubnis, Gebäude in den Städten, die an Straßen oder öffentliche Plätze stoßen, zerstört oder vernichtet werden.

§ 37. Dergleichen Gebäude muß der Eigentümer[2]) soweit es zur Erhaltung der Substanz und Verhütung alles Schadens und Nachteils für das Publikum notwendig ist, in baulichem Stande unterhalten.

Einschränkungen des Eigentümers bei dem Bauen.

§ 65[3]). In der Regel ist jeder Eigentümer[4]) seinen Grund und Boden mit Gebäuden zu besetzen, oder sein Gebäude zu verändern, wohl befugt.

§ 66[5]). Doch soll zum Schaden oder zur Unsicherheit des

---

[2]) Für jeden Eigentümer besteht die Pflicht, sein Grundstück in einem derartigen Zustande zu erhalten bzw. so umzugestalten, daß die polizeilich zu schützenden Interessen des Gemeinwohls, insbesondere Leben und Gesundheit der Menschen, nicht gefährdet werden. Wenngleich der Satz in dieser allgemeinen Fassung eine ausdrückliche Bestätigung durch die Gesetzgebung nicht gefunden hat, so ergibt sich jedoch ohne weiteres aus der Erwägung, daß ohne ihn eine geordnete menschliche Gemeinschaft nicht bestehen kann; er liegt übrigens auch unverkennbar einer Reihe von positiv gesetzlichen Vorschriften zugrunde, z. B. den §§ 37ff. und 66ff. I 8 ALR., welche gerade in baupolizeilicher Beziehung den Eigentümer sehr erheblichen Beschränkungen hinsichtlich der Verfügung über sein Grundeigentum im öffentlichen Interesse unterwerfen. OVG. 8 [330].

Der Hauseigentümer kann unter Umständen auch verantwortlich sein für die Mieter und deren Wirtschaftsgenossen. OVG. 16 [394].

Die Polizeibehörde kann sich auch an den halten, welcher einen polizeiwidrigen Zustand verursacht, also auch an den Mieter, auch wenn sie die Erfüllung vom Eigentümer verlangen konnte. OVG. 5. Juli 1904 (VIII 997), PVBl. 26 [138] Die Polizeibehörde ist befugt, die Abstellung der Baufälligkeit eines Gebäudes wahlweise von dem zu verlangen, der den gefahrdrohenden Zustand verursacht oder von dem Eigentümer des Grundstücks. OVG. 36 [400].

[3]) Beschränkungen enthalten u. a. das Reichs-Rayongesetz vom 21. Dezember 1871, das Ansiedelungsgesetz vom 10. August 1904, das Gesetz vom 2. Juli 1875 (Fluchtliniengesetz), das Gesetz über Deichwesen vom 28. Januar 1848, das Feld- und Forstpolizeigesetz vom 1. April 1880.

[4]) Es ist nicht ausnahmslos erforderlich, daß der Antragsteller Eigentümer des zu bebauenden Grundstückes ist. OVG. 41 [374].

[5]) Hierauf beruht das auch im § 6f und g des Gesetzes über die Polizeiverwaltung vom 11. März 1850 anerkannte und näher umschriebene Recht der Polizeibehörden, allgemein geltenden Einschränkungen

gemeinen Wesens[6]) oder zur Verunstaltung[7]) der Städte und öffentlichen Plätze, kein Bau und keine Veränderung vorgenommen werden.

---

des Eigentümers bei dem Bauen vermittelst Polizeiverordnung einzuführen. OVG. 24 [356].

[6]) Hierbei ist vorausgesetzt, daß Schaden oder Gefahr des Publikums die notwendige Folge des Baues, seiner Art und Konstruktion ist, daß der Bau als solcher gemeinschädlich oder gemeingefährlich ist. OVG. 9 [377]. PVBl. 14 [430].

Die Beurteilung des Begriffs der Verunstaltung hat erhöhte Bedeutung erlangt nach Einführung des Gesetzes vom 15. Juli 1907 gegen die Verunstaltung von Ortschaften und landschaftlich hervorragenden Gegenden.

[7]) Weshalb im § 66 nicht derselbe Ausdruck gebraucht ist wie im § 71, erhellt zwar nicht. Der Gedanke, beiden Ausdrücken zwei verschiedene Bedeutungen zuzusprechen, scheitert aber schon an der im IX. Bd. der Entsch. des OVG. S. 380 dargelegten Erwägung, daß derjenige, welcher das bestehende Recht achtet und nach Maßgabe desselben die zu einem Bau erforderliche Genehmigung nachsucht, gewiß nicht schlechter hingestellt werden soll als der, welcher dieses nicht tut und einen Bau ohne die erforderliche polizeiliche Genehmigung, also rechtswidrig, ausführt. Es würde das in seiner Wirkung einer Belohnung von Uebertretungen gleichkommen. OVG. 33 [406].

Die für Wernigerode erlassene Polizeiverordnung vom 24. Januar 1894 und Straßenpolizeiverordnung vom 18. April 1895 bestimmt, daß die an einer öffentlichen Straße gelegenen Gebäude, soweit sie von ihr aus sichtbar, stets in reinlichem und baulichem Zustande zu halten sind. Daraufhin wurde einem Besitzer eines Fachwerkgebäudes aufgegeben, den lückenhaften Putz zu erneuern und das Holzwerk mit einem Oelanstrich zu versehen. Das Oberverwaltungsgericht entschied, die Polizeibehörde habe hier nicht lediglich in Aktion zu treten, um Gefahren vom Publikum abzuwenden. Zu den Aufgaben der Polizei gehöre es gemäß § 6 des Gesetzes vom 11. März 1850 auch, für die Leichtigkeit und die Sicherheit des Verkehrs auf der Straße zu sorgen. Die Polizeibehörde habe ferner nach § 66 I 8 ALR. ästhetische Interessen wenigstens insoweit zu wahren, als sie die Städte vor groben Verunstaltungen durch Bauten zu schützen habe. Von allen diesen drei Gesichtspunkten aus erscheine das Vorgehen der Polizeibehörde insoweit gerechtfertigt, als es sich um die Erneuerung des Putzes an dem klägerischen Gebäude handele. Es lasse sich jedoch nicht anerkennen, daß allgemein ein Oelanstrich bei Fachwerksbauten notwendig sei. OVG. IV, S. 8, Dezember 1902. Selbstverw. 1903, S. 97.

Die Polizeiverwaltungen sind nicht berufen, ästhetische Interessen zu wahren. Soweit der Polizei diese Aufgabe nicht durch ausdrückliche gesetzliche Vorschriften überwiesen ist, steht ihr ein Verordnungsrecht in dieser Materie nicht zu. Ihre Aufgabe ist vielmehr nach § 10 II 17 ALR., welche Vorschrift nicht bloß im Gebiet des ALR. gilt, sondern allgemeines preußisches Landesrecht ist, OVG. 7 [391], 15 [474], die nötigen Anstalten zur Erhaltung der öffentlichen Ruhe, Sicherheit und Ordnung und zur Abwendung der dem Publikum oder einzelnen Mitgliedern desselben bevorstehenden Gefahr zu treffen. Das Gesetz vom 11. März 1850 hat die Befugnisse der Polizei nicht erweitert, sondern nur die bestehenden zusammenfassen wollen. Deswegen darf es nur im Rahmen des § 10 II 17 verstanden werden. KG. Straff. vom 4. Februar 1901.

Das sogenannte Verunstaltungsgesetz vom 15. Juli 1907 steht nicht entgegen der Fürsorge der Polizei, daß zur Verunstaltung der Städte und der öffentlichen Plätze kein Bau und keine baulichen Veränderungen vorgenommen werden.

Zum Begriff der Verunstaltung im gesetzlichen Sinne ist die Herbeiführung eines positiv häßlichen, jedes offene Auge verletzenden Zustandes unerläßlich. OVG. 25. Juni 1888 (II 699).

Verlangt die Polizei, daß die Gebäude mit einem das Blenden der Augen verhütenden Anstrich versehen werden müssen, so muß sich ihre Anordnung auf § 10 II 17 gründen, bzw. dem § 6 des Gesetzes vom 11. März 1850, indem sie eine gesundheitsdrohende Gefahr abwenden will. PVBl. 12 [601].

Das Königliche Polizeipräsidium in Berlin hatte zum Schutz des Kreuzbergdenkmals eine Polizeiverordnung erlassen, nach welcher im umgebenden Bauviertel nur Gebäude von solcher Höhe errichtet werden durften, daß die Aussicht vom Fuße des Denkmals auf die Stadt nicht behindert und die Ansicht des Denkmals nicht beeinträchtigt werde. Das Oberverwaltungsgericht entschied: Unter Hinblick auf § 71 ALR. ist unter dem Begriff Verunstaltung nur eine „grobe" Verunstaltung zu verstehen. Eine solche Verunstaltung liegt nicht schon dann vor, wenn nur eine vorhandene Formschönheit verhindert wird oder auch ganz verloren geht. Die künstlerische Anlage einer Straße oder eines Platzes kann auf das Niveau des Gewöhnlichen herabgedrückt werden. Das ist noch keine Verunstaltung, geschweige denn eine grobe. Auch nicht schon jede Störung der architektonischen Harmonie fällt unter jenen Begriff Unerläßlich ist vielmehr der Begriff der Verunstaltung im Sinne der in Frage stehenden gesetzlichen Bestimmungen die Herbeiführung eines positiv häßlichen, jedes offene Auge verletzenden Zustandes. OVG. II, S. 14, Juni 1882.

Die Verunstaltung einer Stadt kann darin nicht gefunden werden, wenn die Aussicht von einem in dem städtischen Gebiete belegenen höheren Punkte oder die Aussicht auf ein im Gebiete der Stadt befindliches Denkmal von den entfernteren Straßen und Gegenden aus beschränkt wird. Ebensowenig läßt sich eine Verunstaltung des Platzes, auf welchem das Denkmal steht, nur deswegen annehmen, weil dem Platze die freie Aussicht mehr oder weniger verloren geht. Schon nach dem gewöhnlichen Sprachgebrauch kann man unter „verunstalten" nur verstehen: „Eine Sache in hohem Grade entstellen" oder derselben „ein zu auffallender Unzierde gereichendes Aussehen" geben. Daß der Gesetzgeber den Ausdruck wirklich gebraucht hat, ist mit Sicherheit aus dem § 71 zu entnehmen. Denn derselbe stellt als Erfordernis für das Einschreiten der Polizei eine „grobe" Verunstaltung hin. — Wollte man dem begrifflich allerdings nicht scharf abzugrenzenden Ausdrucke: „Schaden des gemeinen Wesens und Verunstaltung der Städte oder öffentlichen Plätze" eine möglichst weite Deutung geben, so würden auch die willkürlichsten Eingriffe in die Privatrechte der Eigentümer keinen gerichtlichen Schutz mehr finden. OVG. 10. Juni 1880. PVBl. 1 [403].

Aus dem Zurücktreten der Bauanlage aus der Reihe der Nachbarhäuser kann eine Verunstaltung der Straße nicht gefolgert werden. — Es steht nicht außer Zweifel, daß § 66 I 8 ALR. sich auf Landgemeinden bezieht. OVG. vom 11. September 1891. (IV 819.) PVBl. 13 [165].

Daß Teiche und Seen allgemein und ohne Unterschied unter den Begriff „Plätze" im Sinne des § 71 I 8 ALR. fallen, ist rechtsirrig. Private Besitzungen, von denen der Eigentümer als solcher gegen Dritten jederzeit auszuschließen berechtigt ist, gehören zweifellos nicht zu den „öffentlichen" Plätzen. PVBl. 7 [207].

Auf Veranlassung des Polizeipräsidiums zu Berlin war an einem Gebäude, am Mühlendamm belegen, schadhafter Putz entfernt worden. Durch polizeiliche Verfügung, die sich auf § 66 I 8 ALR. stützte, wurde die Besitzerin aufgefordert, den Putz erneuern zu lassen. Das Oberverwaltungsgericht bestätigte die Verfügung, es trage kein Bedenken, anzunehmen, daß das Fehlen des Putzes die Straße am Mühlendamm verunstalte. OVG. vom 12. Oktober 1882. PVBl. 4 [22].

Wegen Verunstaltung wurde die Genehmigung zu einem projektierten kolossalen Steinbau wegen des unmittelbar angrenzenden Pfarrhauses zu St. Bartholomä sowie des benachbarten Missionshauses und der Kirche vom Polizeipräsidium versagt, da der Neubau erdrückend wirken und zum großen Teil die genannten Bauten den Blicken des Publikums entzogen würden. Das Oberverwaltungsgericht erkannte, es unterliegt keinem Zweifel, daß der beabsichtigte Bau der Schönheit des Anblicks erheblichen Eintrag tun wird, das genügt jedoch nicht, um die Verweigerung des Baukonsenses zu begründen, dazu würde es vielmehr gemäß § 66 I 8 ALR. des Nachweises einer „groben Verunstaltung" der Straße bedürfen. Eine solche aber kann nicht schon in jeder wenn auch erheblichen Störung der architektonischen Harmonie, nicht schon darin gefunden werden, wenn eine bisher vorhandene Formschönheit vermindert wird oder auch ganz verloren geht. Es ist vielmehr zur Erfüllung des Begriffs der Verunstaltung erforderlich, daß ein positiv häßlicher, jedes offene Auge verletzender Zustand geschaffen wird.

Nackte Giebelwände und schlitzartige Höfe stellen keine Verunstaltung dar. OVG. vom 26. Juni 1888 (II 699). PVBl. 10 [96].

In Beziehung auf einen nach Umfang und Höhe beträchtlichen, zum Teil eingestürzten, zerklüfteten, aus dem Lot gewichenen, neueingedeckten, in dieser Verfassung schon über drei Jahre liegenden Rohbau ist ohne weiteres anzunehmen, daß er der Stadt zur Verunstaltung gereiche. OVG. 6 [322].

Es unterliegt keinem Zweifel, daß der im Zuge der Königgrätzer Straße nach dem Tiergarten sich öffnende Platz vor dem Brandenburger Tore wie auch der Pariser Platz durch Errichtung der geplanten Mietskasernen auf das gröblichste verunstaltet wird. Denn dieses Gebäude würde mit seiner Fronthöhe das von ihm nur durch das schmale Militärwachtgebäude getrennte Brandenburger Tor — ein Monumentalwerk, das großen, vaterländischen Erinnerungen geweiht ist — überragen; ja es würde selbst bei Außerachtlassung jeglichen Dachaufbaues die Höhe der das Tor krönenden Viktoria mit dem Siegeswagen nahezu erreichen. Die Herstellung eines derartigen Bauzustandes an einem Brennpunkt des haupt- und weltstädtischen Verkehrs von Berlin müßte geradezu ein öffentliches Aergernis erregen. OVG. 45 [402].

Der bauliche Zustand kann an einer Stelle eine grobe Verunstaltung darstellen, an einer anderen nicht, es kommt auf die Umgebung an und auf die Beziehung, in welcher die streitige Baulichkeit dazu steht. OVG. 33 [407].

Es ist nicht unbedingt ausgeschlossen, daß die Anbringung eines Drahtes über eine städtische Straße eine grobe Verunstaltung der Straße zur Folge hat und daß hieraus für die Polizei die auf § 78 I 8 ALR. beruhende Befugnis zur Abstellung der Einrichtung erwachsen könnte. OVG. 36 [246].

Die Polizeibehörde kann nicht verlangen, daß verunstaltende Hintergebäude durch Errichtung eines Wohnhauses zu verdecken sind, sondern es genügt hierzu die Anlegung einer Mauer oder eines festen, dichten Zaunes. OVG. 4 [378].

Der § 66 I 8 gibt der Polizeibehörde die Befugnis, über das der Polizei im § 10 II 17 ALR. und dem § 6 des Gesetzes über die Polizeiverwaltung vom 11. März 1850 im allgemeinen anvertraute Gebiet hinausgehende Maßregeln zur Abwehr grober Verunstaltungen der Straßen zu treffen. — Hierunter kann unter Umständen auch eine Anordnung bezüglich des Verputzens der Gebäude an der Straße fallen. Diese Anordnung würde nur gelten, soweit das allgemeine Landrecht Geltung hat. OVG. 20 [399].

Zulässig ist es, das Abputzen der Gebäude nicht nur für die Wände an der Straßenfront, sondern für alle Wände, soweit sie von der Straße aus sichtbar, zu fordern; denn diese Ausdehnung hält sich im Rahmen der §§ 66, 71 ALR., da die Straße nicht bloß durch die unmittelbar an der Straße belegenen, sondern durch alle von ihr sichtbaren Wände in gröblichster Weise verunstaltet werden kann. OVG. 40 [393].

Vorschriften über das Ausfugen und Abputzen der Wände können im Gebiet des ALR. auf Grund der §§ 66, 71 I 8 rechtswirksam von der Polizeibehörde erlassen werden. OVG. 40 [393].

Das für den größten Teil der Rheinprovinz noch heute, soweit es nicht abgeändert ist, geltende französische Recht hat die Aufgabe der Polizei in gleicher Weise umschrieben wie das ALR. und das Gesetz vom 11. März 1850. Der art 16 des Code des délits et des peines lautet: „la Police est instituée pour maintenir l'ordre public, la liberté, la proprieté, la sûreté individuelle.“ In derselben Weise drückt sich das rheinische Ressortreglement vom 20. Juli 1818 aus. Entscheidend für die nähere Umgrenzung der Befugnisse der Lokalpolizei ist — auch nach der feststehenden französischen Rechtsübung — die Bestimmung des art. 3 tit. XI des Décret sur l'organisation judiciaire du 16 août 1790, in welchem vorgeschrieben ist:

Les objects de police confiés à la vigilance et à l'autorité des corps municipaux sont:

1. Tout ce qui intéresse la sûreté et la commodité du passage dans les rues, quais, places et voies publiques; ce qui comprend le nettoiement, l'illumination, l'enlèvement des encombremens, la démolition ou la réparation des bâtimens, menaçant ruine, l'interdiction de rien exposer aux fenêtres ou autres parties des bâtimens qui puisse nuire par sa chûte, et celle de rien jeter qui puisse blesser ou endommager les passans, ou causer des exhalaisons nuisibles.

5. Le soin de prévenir par les précautions convenables, et celui de faire cesser par la distribution des secours nécessaires, les accidens et fléaux calamiteux, tels que les incendies, les épidémies, les épizooties, en provoquant aussi, dans ces deux derniers cas, l'autorité des administrations de département et de district.

Diese die Befugnisse der Polizei erschöpfend regelnden Bestimmungen beschränken die Polizei auf ihre eigentliche Aufgabe, auf die Abwendung von bevorstehenden Gefahren, auf die Sicherung des Lebens und der Gesundheit und bei den Straßen noch darüber hinaus auf die commodité du passage. Hieraus die Möglichkeit einer Einwirkung der Polizeibehörde z. B. auf die dem ästhetischen Gebiete angehörende Gestaltung der Frontmauern der Gebäude ableiten zu wollen, ist nicht tunlich. Daß die Fürsorge für die äußere Gestaltung der Häuserfronten, das Verputzen und Anstreichen nach der Auffassung des französischen Rechts nicht zu den allgemeinen Aufgaben der Polizei gehört, geht auch daraus hervor, daß, wo die Notwendigkeit erkannt wurde, diese Frage der Verschönerung der Städte zu regeln, dieses durch besondere mit Gesetzeskraft versehene Verordnungen erfolgte, so für die Stadt Paris durch Décret vom 26. März 1852 — durch welches angeordnet wurde, daß die Vorderseite der Häuser stets im guten Zustande erhalten und auf Anordnung der städtischen Behörden wenigstens einmal alle zehn Jahre abgekratzt, angestrichen oder getüncht werden muß —, ferner für die Städte Mühlhausen, Metz und Straßburg durch die Décrets vom 21. Januar, 2. Juni 1853 und 22. Juni 1854 und für das Großherzogtum Berg durch Décret vom 16. Juli 1807. OVG. 20 [395]. In demselben heißt es unter 3: „Sie — die Baupolizeikommission — hat nicht nur für das Gute, Solide und Bequeme der Baulichkeit zu wachen, sondern auch überhaupt für Symmetrie und Baugeschmack. Sie muß daher auch alles entfernen, was den öffentlichen Anstand beleidigt, worunter z. B. die geschmackwidrig angestrichenen oder auch unausgebauten Häuser gezählt werden usw. Auch müssen die das Auge beleidigenden Anstriche unter Genehmigung der Baukommission nach und nach verändert und rauhe Mauern entweder mit einer geschmackvollen Bekleidung versehen oder doch anständig gestrichen werden; soweit überhaupt in Zukunft kein Bauplan ohne angemessene Bekleidung zu genehmigen ist." Das Oberverwaltungsgericht kommt in seinem Urteil vom 27. September

1892 (Nr. IV 908) zu dem Ergebnis, daß diese Bestimmung sich mit der Vorschrift des § 66 I ALR. im wesentlichen deckt und aus dem Wortlaut nicht herzuleiten ist eine Fürsorge der Polizei auf ästhetischem Gebiete für die äußere Gestaltung der Gebäude und für die Verschönerung der Straßen. PVBl. 14 [164]. Bei der Auflösung des Großherzogtums Berg blieb der code mit der übrigen Großherzoglich Bergischen Gesetzgebung in dem Herzogtum Berg den ehemals kurkölnischen Enklaven und den Herrschaften Gimborn—Neustadt, Homburg an der Mark und Wildenburg bestehen; in den nördlichen Teilen des Großherzogtums, die schon früher zu Preußen gehört hatten (es waren dieses der rechtsrheinische Teil von Cleve, sowie die Stifte Essen, Werden und Elten), wurde durch Patent vom 9. September 1814 das ALR. wieder eingeführt. PVBl. 23 [51]. Für das Gebiet des ehemaligen Herzogtums Nassau gehört zu den Aufgaben der Polizei nach der Verwaltungsordnung vom 5. Juni 1816: „Die Aufsicht auf die Erbauung neuer Häuser, insbesondere die Sorge für möglichste Anständigkeit im Aeußern." Diese Vorschrift in Verbindung mit dem Edikt vom 10. April 1816 und der Verordnung vom 27. September 1816, in welchen Näheres gesagt ist über Errichtung der neuen Gebäude, Verengung und Verunstaltung von Hauptstraßen und Chausseen durch Gebäude ist die Befugnis der Polizei begründet, der Verunstaltung der Straßen durch Gebäude entgegenzutreten. Z. B. war in einer Polizeiverordnung der Stadt H. bestimmt: „Nebengebäude, wie Ställe, Waschküchen u. dgl. müssen in der Regel in den Hintergrund gesetzt werden. Ausnahmen können von dem Landrat unter der Bedingung gestattet werden, daß den von der Straße sichtbaren Seiten solcher Gebäude eine angemessene architektonische Ausbildung gegeben wird." Auf Grund dessen hatte die Polizeibehörde angeordnet, daß ein an einer städtischen Straße errichtetes Gebäude von untergeordneter Bedeutung niederzulegen sei (nach Angabe des Besitzers handelte es sich um ein transportables Holzgerippe mit Dach). Das Oberverwaltungsgericht wies die Klage ab auf Grund der oben mitgeteilten Verordnung ff. OVG. 35 [387].

Die Polizeibehörde in Frankfurt a. M. forderte einen Hauseigentümer auf, eine freistehende Brandmauer zu verputzen und mit Farbenanstrich zu versehen. Das Oberverwaltungsgericht entschied dahin, daß diese polizeiliche Fürsorge zur Wahrung ästhetischer Interessen nur dann als zweckverbindlich erachtet werden könne, wenn das für Frankfurt a. M. maßgebende materielle Recht eine entsprechende Ausdehnung der polizeilichen Zuständigkeit begründete. Dieses anzuerkennen nach gemeinem Recht sei nicht unzweifelhaft. Bei Prüfung des Partikularrechts der vormals freien Städte ff. sei jedoch jene Voraussetzung als erfüllt anzusehen. Es wird u. a. Bezug genommen auf eine Bestimmung aus dem Jahre 1611: „Wer auch eines ziemlichen Vermögens ist, der solle auffs wenigst den understen Stock, zu der gemeinen Strassen, oder Gassen zu, mit gehauwenen Stein und Mauerwerk aufbauwen lassen." OVG. 40 [405]. Interessant ist hier, zu sehen, daß die Forderung der Wahrung ästhetischer Interessen abhängig gemacht wird von der Vermögenslage des Betroffenen.

§ 67[8]). Wer also einen neuen Bau[9]) in Städten[10]) anlegen will, muß davon zuvor der Obrigkeit[11]) zur Beurteilung Anzeige machen[12]).

§ 68. Bei der anzustellenden Prüfung muß die Obrigkeit zugleich dahin sehen, daß durch eine richtige und vollständige Beschreibung des abzutragenden Gebäudes, nach seiner Lage, Grenzen und übrigen Beschaffenheit, künftigen Streitigkeiten bei dem Wiederaufbaue, in Ansehung des Winkelrechts, und sonst möglichst vorgebeugt werde[13]).

§ 69. Vorzüglich ist eine besondere obrigkeitliche Erlaubnis notwendig, wenn, es sei in Städten oder auf dem Lande, eine neue Feuerstelle[14]) errichtet, oder eine alte an einen anderen Ort verlegt werden soll.

§ 71. In allen Fällen, wo sich findet, daß ein ohne vorhergegangene Anzeige unternommener Bau schädlich oder ge-

---

[8]) Hierauf beruht die Befugnis der Polizei, Bauvorlagen zu verlangen.

[9]) Vgl. 39 Baupolizeiverordnung § 1 [2 u. 3].

[10]) Durch Polizeiverordnung allgemein auf das platte Land ausgedehnt. Baltz S. 98.

[11]) Ortspolizeibehörde.

[12]) D. h. die Genehmigung der eingereichten Bauvorlagen zu beantragen.

[13]) Der Paragraph bestimmt zwar, die Obrigkeit solle dahin sehen, daß durch eine richtige und vollständige Beschreibung eines abzutragenden Gebäudes nach seiner Lage, den Grenzen und der übrigen Beschaffenheit künftigen Streitigkeiten bei dem Wiederaufbau in Ansehung des Winkelrechts und sonst möglichst vorgebeugt werde und es ist aus dieser Vorschrift schon in dem Reskript des Ministers des Innern und der Polizei vom 6. April 1835 (Annalen Bd. 19, S. 497 — von Rönne, Baupolizei, 3. Ausgabe, S. 643) die Verpflichtung der Polizeibehörden geleitet worden, bei Beurteilung der Baugesuche die nachbarlichen Verhältnisse nicht unberücksichtigt zu lassen. Dagegen erscheint es nicht zulässig, bis zur endgültigen Erledigung des vor dem Zivilrichter schwebenden Eigentumstreites die Anträge des Klägers ohne weiteres als unstatthaft zurückzuweisen oder etwa das Befinden darüber, zumal ohne einen dementsprechenden Antrag des Klägers, bis zu jenem Zeitpunkt auszusetzen. Entsteht während des bei den Zivilgerichten anhängig gemachten Verfahrens vor den Verwaltungsgerichten ein Streit, dessen Entscheidung davon abhängt, ob der Kläger oder ein Dritter Eigentümer der fraglichen Landfläche ist, so ist es unerläßlich, sich nach Lage des Falles für einen der Prätendenten auszusprechen und die sich daraus ergebenden rechtlichen Folgerungen eintreten zu lassen, vorbehaltlich des Rechtes des Unterliegenden, auf der Grundlage einer etwaigen anderweiten ihm günstigeren endgültigen Feststellung seine Anträge zu erneuern. OVG. 6 [304].

[14]) Feld- und Forstpolizeigesetz, § 47 ff., Strafgesetzbuch, § 368 [3].

fährlich für das Publikum sei, oder zur groben Verunstaltung einer Straße oder eines Platzes gereiche[15]), muß derselbe nach der Anweisung der Obrigkeit geändert werden.

§ 74. Niemand darf in Gegenden, die zum Ab- und Zugang des Publikums bestimmt sind, vor seinen Fenstern oder an seinem Hause etwas aufstellen oder aufhängen, durch dessen Herabsturz jemand beschädigt werden könnte.

§ 75. Der Übertreter muß das Aufgestellte oder Aufgehängte sofort wegzuschaffen angehalten werden; und hat überdies eine Polizeistrafe von zwei bis fünf Talern verwirkt[16]).

§ 78. Die Straßen und öffentlichen Plätze dürfen nicht verengt[17]), verunreinigt oder sonst verunstaltet werden.

§ 79. Besonders darf niemand, ohne ausdrückliche Bewilligung der Obrigkeit, einen Kellerhals oder anderes dergleichen Nebengebäude auf die Straße zu anlegen.

§ 80. Auch die Einrichtung von Keller- und Ladentüren, welche auf die Straße gehen, die Anlegung neuer oder Wiederherstellung eingegangener Erker, Löben und auf die Straße hinaus gießender Dachrinnen[18]), die Aufsetzung von Wetterdächern und in die Straße hinein sich erstreckenden Schildern, sowie die Errichtung von Blitzableitern, darf nur unter Erlaubnis der Polizeiobrigkeit, und nach den von dieser zu erteilenden Anweisungen vorgenommen werden.

§ 81. Übrigens aber kann jeder Hauseigentümer den so-

---

[15]) Vgl. Anm. 6 u. 7.

[16]) Ersetzt durch Strafgesetzbuch, § 366 $^{8\text{ u. }9}$.

[17]) Der Paragraph stellt freilich den Grundsatz voran, daß Straßen, öffentliche Plätze nicht verengt werden dürfen. Wie wenig aber darin ein unbedingtes Verbot, die Fluchtlinie zu überschreiten, liegt, ergeben die unmittelbar folgenden §§ 79 bis 82. Das Gesetz gestattet also ausdrücklich eine ganze Reihe von Bauwerken, welche nicht bloß in den Luftraum der Straße vorspringen, sondern sogar auf der Straße selbst stehen. Nähere Bestimmungen hierüber werden den besonderen Polizeigesetzen jeden Orts vorbehalten. PVBl. 7 ^{356}. OVG. vom 21. Juni 1886 (Nr. II, 677).

[18]) Die Polizeibehörde ist berechtigt, auf Grund des § 6 des Gesetzes vom 11. März 1850 und des § 10, II, 17 ALR. sowie nach § 80 I 8 ALR. befugt, Einrichtungen zu verlangen, welche einen ordnungsmäßigen Gebrauch des Bürgersteiges ermöglichen. Sie braucht nicht zu dulden, daß das Regenwasser durch ein Abfallrohr nur bis auf den Bürgersteig geleitet und von hier aus wild über den Bürgersteig herüber in den Rinnstein läuft. OVG. 31 ^{359}.

genannten Bürgersteig, soweit er das Steinpflaster zu unterhalten hat, unter den § 78 bestimmten Einschränkungen nutzen[19]).

§ 82. Nähere Bestimmungen über die §§ 78 bis 81 berührten Gegenstände bleiben den besonderen Polizeigesetzen[20]) eines jeden Orts vorbehalten.

Von Schweineställen, Kloaken usw.

§ 125. Schweineställe, Kloaken[21]), Dünger- und Lohgruben und andere den Gebäuden schädliche Anlagen[22]) müssen wenigstens drei Fuß rheinländisch von den benachbarten Gebäuden, Mauern[23]) und Scheunen entfernt bleiben.

§ 126. Auch müssen dergleichen Gruben und Behältnisse von Grund aus aufgemauert werden.

Vom Brunnen.

§ 131. Doch darf innerhalb dreier Werkschuhe von des Nachbars Grenze kein neuer Brunnen angelegt werden.

Vom Gebrauche einer gemeinschaftlichen Mauer.

§ 133. Back-, Brenn- oder Schmelzöfen und Feuerherde können an der gemeinschaftlichen oder dem Nachbar gehörenden Scheidewand, ohne desselben Bewilligung nicht angelegt werden.

Vom Licht und von der Aussicht.

§ 137. Um Licht in sein Gebäude zu bringen, kann ein Jeder Öffnungen und Fenster in seine eigene Wand oder Mauer machen, wenn dieselben gleich eine Aussicht über die benachbarten Gründe gewähren.

§ 138. Sollen jedoch die Öffnungen[24]) in einer unmittelbar an des Nachbars Hof oder Garten[25]) stoßenden Wand oder

---

19) Der Polizeibehörde bleibt es unbenommen, jeder zweckwidrigen Benutzung des Bürgersteiges entgegenzutreten. OVG. vom 22. März 1889 (II 295). PVBl. 10 470.

20) Polizeiverordnungen.

21) Unklar, was gemeint ist. Nach Koch sind darunter zu verstehen sowohl Gruben zur Ansammlung von Unreinigkeiten als auch verdeckte Kanäle zu deren Ableitung aus den Häusern. Müller S. 50.

22) Z. B. Misthaufen.

23) Nicht anwendbar auf gemeinschaftliche Mauern. Müller S. 52

24) Einrichtungen für Zuführung von Luft, Licht und Aussicht.

25) Unter Hof wird nach dem Sprachgebrauch der zu einem Hause bzw. zu Gebäuden gehörige, eingeschlossene, nach oben offene Platz — Hofraum verstanden, weshalb auch hier der Hof dem Garten gleichgestellt ist. RG. II, Hilfsf 10. Juni 1880.

Mauer gemacht werden, so müssen dieselben, wo es die Umstände gestatten, sechs Fuß von dem Boden des Zimmers oder Behältnisses erhöht; in allen Fällen aber mit eisernen, nur zwei Zoll voneinander stehenden Stäben oder mit einem Drahtgitter verwahrt sein.

§ 139. Neu errichtete Gebäude müssen von älteren, schon vorhandenen Gebäuden des angrenzenden Nachbars, wenn nicht besondere Polizeigesetze ein anderes vorschreiben, wenigstens drei Werkschuhe zurücktreten.

§ 140. Stößt aber das neue Gebäude auf einen unbebauten Platz des Nachbars, so ist ein Abstand von anderthalb Werkschuhen hinreichend.

§ 142. Sind jedoch die Fenster des Nachbars, vor denen gebaut werden soll, schon seit zehn Jahren oder länger vorhanden, und die Behältnisse[26]), wo sie sich befinden, haben nur von dieser Seite her Licht, so muß der neue Bau so weit zurücktreten, daß der Nachbar noch aus den ungeöffneten Fenstern des unteren Stockwerks den Himmel erblicken könne[27]).

§ 143. Hat in diesem Falle das Gebäude des Nachbars, in welchem die Fenster sich befinden, noch von einer anderen Seite Licht, so ist genug, wenn der neue Bau nur so weit zurücktritt, daß der Nachbar aus den ungeöffneten Fenstern des zweiten Stockwerks den Himmel sehen könne.

§ 144. Sind aber die Fenster des Nachbars, vor welchen gebaut werden soll, noch nicht seit zehn Jahren vorhanden, so ist der Bauende bloß an die § 139 bestimmte Entfernung gebunden.

§ 146. Wo eine solche Grundgerechtigkeit obwaltet, da findet im Mangel ausdrücklich verabredeter, die gesetzliche Bestimmung des § 142 Anwendung.

§ 147. In allen § 139, 140, 142, 143, 146 bestimmten Fällen bleibt der unbebaute Zwischenraum nach wie vor seinem bisherigen Eigentümer, und kann von demselben zu jedem in den Gesetzen nicht verbotenen Gebrauche angewendet werden.

---

[26]) Hierunter sind nicht nur Wohnräume, sondern alle Räumlichkeiten, z. B. Treppenhäuser, Hausflure und Bodenräume zu verstehen. Müller S. 69.

[27]) Der neue Bau hat nur so weit zurückzutreten, daß irgendeine Person zur Erblickung des Himmels imstande ist. RG. V ZS. 19. September 1883.

12. Rheinisches Recht.

(Auszug.)

Art. 676. Der Eigentümer einer nicht gemeinschaftlichen Mauer, die unmittelbar an das Grundstück eines anderen grenzt, darf in dieser Mauer Lichtlöcher oder Fenster anbringen, die mit einem eisernen Gitter[1]) versehen sind und nicht geöffnet werden können. — Diese Fenster müssen mit einem eisernen Gitter, dessen Stäbe höchstens einen Dezimeter (ungefähr drei Zoll und acht Linien) voneinander entfernt sind und mit einem Rahmen versehen sein, der nicht geöffnet werden kann.

Art. 677. Diese Fenster oder Lichtlöcher dürfen nicht anders angebracht werden, als sechsundzwanzig Dezimeter (acht Fuß) über dem Fußboden des Zimmers, welchem man Licht verschaffen will, wenn es auf ebener Erde ist, und neunzehn Dezimeter (sechs Fuß) über dem Fußboden der höheren Stockwerke.

Art. 678[2]). Man darf keine Aussicht in gerader Richtung, kein Fenster, das zur Aussicht dient, keinen Balkon und keine anderen ähnlichen Vorsprünge nach dem eingeschlossenen oder nicht eingeschlossenen Grundstücke seines Nachbars haben, wenn die Mauer, in welcher man sie anbringt, von dem erwähnten Grundstücke nicht neunzehn Dezimeter (sechs Fuß) entfernt ist.

Art. 679. Man darf eine Aussicht von der Seite oder in schräger Richtung auf eben dieses Grundstück nur in einer Entfernung von sechs Dezimeter (zwei Fuß) haben.

Art. 680. Die Entfernung, von welcher in den beiden vorhergehenden Artikeln die Rede ist, rechnet man von der äußeren Seite der Mauer, in welcher die Öffnung angebracht wird, und, wenn es sich um einen Balkon oder einen anderen ähnlichen Vorsprung handelt, von dessen äußerster Linie bis zu der Scheidungslinie des beiderseitigen Eigentumes.

4. Von der Dachtraufe.

Art. 681. Jeder Eigentümer muß seine Dächer so einrichten, daß das Regenwasser auf seinen eigenen Grund und Boden oder auf die öffentliche Straße fällt; er darf es nicht auf das Grundstück seines Nachbarn abfließen lassen.

---

1) Darf nicht durch Draht ersetzt werden.

2) Art. 678, 679 sind nicht anwendbar bei solchen Fenstern, welche auf eine öffentliche Straße hinausgehen, ebenso wenn zwischen dem betreffenden Haus und dem Nachbargrundstück eine nicht sechs Fuß breite Gasse sich befindet. Müller 39.

13. Gesetz, betreffend die Anlegung und Veränderung von Straßen und Plätzen in Städten und ländlichen Ortschaften.

Vom 2. Juli 1875[1]). (GS. S. 561.)

§ 1. Für die Anlegung oder Veränderung von Straßen[2]) und Plätzen[2]) in Städten und ländlichen[3]) Ortschaften sind die Straßen- und Baufluchtlinien vom Gemeindevorstande im Einverständnisse mit der Gemeinde, bezüglich deren Vertretung, dem öffentlichen Bedürfnisse entsprechend unter Zustimmung der Ortspolizeibehörde[4]) festzusetzen[5]).

Die Ortspolizeibehörde kann die Festsetzung von Fluchtlinien

---

[1]) Gilt nicht für die Insel Helgoland.

[2]) Nach der Entstehungsgeschichte, dem Zwecke und dem gesamten Inhalt des Gesetzes können mit Ausdruck „Straßen" nur die für den Verkehr innerhalb der Ortschaften und in erster Linie zugleich für den Anbau bestimmten Wege gemeint sein. Darunter fallen in Berlin z. B. sowenig die Spree wie der Landwehrkanal, wenn sich auf ihnen auch ein Verkehr mit Wasserfahrzeugen bewegt; dieser Verkehr läßt sich dem städtischen straßenmäßigen Verkehr nicht gleichstellen. Damit verbietet sich von selbst, einen in Verbindung mit dem Landwehrkanal stehenden Hafen als einen öffentlichen Platz im Sinne des Gesetzes zu charakterisieren. OVG. 23[365].

[3]) Auf Gutsbezirke kann das Gesetz nach seinem Wortlaut keine Anwendung finden, da das Einverständnis des Gemeindevorstandes mit der Gemeinde bezüglich deren Vertretung ausdrücklich vorgeschrieben ist. Friedrichs S. 24. Dagegen Münchgesang S. 277. Danach tritt der Gutsvorsteher an die Stelle des Gemeindevorstandes und das Erfordernis des Einverständnisses der Gemeinde mit der Fluchtlinienfestsetzung fällt fort. Meines Erachtens ist eine Judikatur, die sich auf letzteren Standpunkt stellt, unter Umständen sehr zweckmäßig, eine Stütze findet sie jedoch in dem klaren Wortlaut des Gesetzes nicht.

[4]) Der Ortspolizeibehörde, sind hiernach nicht besondere Berechtigungen verliehen. Meines Erachtens ist dieselbe nicht berechtigt, über den Rahmen allgemeiner Befugnisse (vgl. § 3 Ziff. 1) in die Gestaltung des Planes einzugreifen, z. B. im ästhetischen Sinne wirken zu wollen. Wird diese Auffassung nicht festgehalten, so ist es unvermeidlich, daß die Rechte der Gemeinde in die Hand der Polizei tatsächlich übergehen, mindestens aber außerordentlich geschmälert werden.

[5]) Mit der Festsetzung des Planes erlangt die Ortspolizeibehörde die Befugnis auf Grund des § 11 Neu-, Um- und Ausbauten über die Fluchtlinie hinaus zu versagen.

verlangen, wenn die von ihr wahrzunehmenden polizeilichen Rücksichten die Festsetzung fordern[6]).

Zu einer Straße im Sinne dieses Gesetzes gehört der Straßendamm und der Bürgersteig.

Die Straßenfluchtlinien bilden regelmäßig zugleich die Baufluchtlinien, das heißt die Grenzen, über welche hinaus die Bebauung ausgeschlossen ist[7]). Aus besonderen Gründen kann aber eine von der Straßenfluchtlinie verschiedene, jedoch in der Regel höchstens drei Meter von dieser zurückweichende Baufluchtlinie festgesetzt werden[8]).

§ 2. Die Festsetzung von Fluchtlinien (§ 1) kann für einzelne Straßen und Straßenteile[9]) oder, nach dem voraussichtlichen Bedürfnisse der näheren Zukunft, durch Aufstellung von Bebauungsplänen[10]) für größere Grundflächen erfolgen.

Handelt es sich infolge von umfassenden Zerstörungen durch Brand oder andere Ereignisse um die Wiederbebauung ganzer Ortsteile, so ist die Gemeinde verpflichtet, schleunigst darüber zu beschließen, ob und inwiefern für den betreffenden Ortsteil ein neuer Bebauungsplan aufzustellen ist und eintretendenfalls die unverzügliche Feststellung des neuen Bebauungsplanes zu bewirken.

---

[6]) Hiernach kann die Ortspolizeibehörde selbst die Initiative zur Festsetzung eines Planes ergreifen. Bedingung hierfür ist, daß die von ihr wahrzunehmenden polizeilichen Rücksichten die Festsetzung fordern.

[7]) Siehe § 11.

[8]) Auf Grund dieser Bestimmung kann ein polizeilicher Zwang auf Anlegung der Vorgärten ausgeübt werden, sobald die Straße fertiggestellt und das Grundstück bebaut ist. Die polizeiliche Fürsorge erstreckt sich auch auf die Umwährungen, da sie Bestandteile des Vorgartens bilden. Nicht zu verwechseln ist die Anlegung dieser Vorgärten mit solchen, die nur vorläufig angelegt werden, aber tatsächlich bebauungsplanmäßig Bestandteile der Straße bilden oder solche, welche entstehen, wenn die Gebäude einen gewissen Abstand von der Straßenfluchtlinie halten. Bezüglich der Ausgestaltung dieser Art Vorgärten kann die Polizeibehörde auf Grund des § 1 des Baufluchtengesetzes keine Anordnungen treffen.

[9]) Auch für ein einzelnes Gebäude kann eine Fluchtlinie festgesetzt werden.

[10]) Es kann nur dringend empfohlen werden, möglichst frühzeitig den gesamten Bebauungsplan für einen Gemeindebezirk aufzustellen und sich nicht auf einzelne Straßenzüge zu beschränken, da jede einzelne Straße ein Glied in dem ganzen Straßennetz darstellt.

§ 3. Bei Festsetzung der Fluchtlinien ist auf Förderung des Verkehrs, der Feuersicherheit und der öffentlichen Gesundheit Bedacht zu nehmen, auch darauf zu halten, daß eine Verunstaltung der Straßen[11]) und Plätze nicht eintritt.

Es ist deshalb für die Herstellung einer genügenden Breite[12]) der Straßen und einer guten Verbindung der neuen Bauanlagen mit den bereits bestehenden Sorge zu tragen.

§ 4. Jede Festsetzung von Fluchtlinien (§ 1) muß eine genaue Bezeichnung der davon betroffenen Grundstücke und Grundstücksteile und eine Bestimmung der Höhenlage, sowie der beabsichtigten Entwässerung der betreffenden Straßen und Plätze enthalten[13]).

§ 5. Die Zustimmung der Ortspolizeibehörde (§ 1) darf nur versagt werden, wenn die von derselben wahrzunehmenden polizeilichen Rücksichten die Versagung fordern.

---

[11]) Vgl. Anm. zu § 66 I ALR. S. 72f.

[12]) Durch ME. vom 20 Dezember 1906 ist darauf hingewiesen, daß es praktisch ist, in Wohnvierteln vorerst Straßen von geringer Breite anzulegen, dafür Vorgärten von größerer Tiefe, um diese in Zukunft zur Verbreiterung der Straße ziehen zu können. Diese Anregung hat dazu geführt, daß eine Reihe von Bebauungsplänen aufgestellt sind mit ganz geringen Straßenbreiten, denn hierzu sind die Interessenten ja immer bereit. Diese ministerielle Anregung wird Nachteile zeitigen. Wird nämlich der Vorgarten zur Straße gezogen, so verliert das angrenzende Grundstück an Fläche und dementsprechend ändert sich auch die Bebauung, so daß auf einem Umwege die Bestimmungen einer weitsichtigen Bauordnung illusorisch gemacht werden. Hat z. B. das Grundstück eine Tiefe von 30 m mit einem Gebäude von 15 m Tiefe, davor 6 m Vorgarten — demnach eine Bebauung von $^5/_{10}$ der Grundfläche, so stellt sich die Bebauung nach Abtretung des Vorgartens zur Straße nicht mehr auf $^5/_{10}$ sondern auf $^{6,25}/_{10}$. Meines Erachtens ist es ein Fehler, wenn man bei Bebauungsplänen Arbeiterviertel, Villen-, Industriebezirke usw. nur bezüglich ihrer Eigenart betrachtet und nur diese im Bebauungsplan berücksichtigt. Der Charakter eines derartigen Viertels ändert sich im Laufe der Zeit, ist abhängig von Preisbildung des Bodens, Verkehrsgelegenheiten usw., außerdem ist zu berücksichtigen, daß ein angelegter Stadtteil nach Anlegung der Straßen für Jahrhunderte, ja vielleicht für Jahrtausende festgelegt ist. Aus diesen Gründen ist es wichtig, sich bei der Projektierung von Straßen nicht von dem beeinflussen zu lassen, was gerade modern ist. Daher sehe man in erster Linie auf breite Straßenzüge. Die Bestimmungen der Bauordnungen, daß z. B. die Gebäude an der Straße so hoch sein dürfen wie die Straße breit, bedarf meines Erachtens einer Aenderung; die Straße muß breiter sein als die Häuser hoch sind.

[13]) Der Fluchtlinienplan muß mit der Oertlichkeit übereinstimmen.

Will sich der Gemeindevorstand bei der Versagung nicht beruhigen, so beschließt auf sein Ansuchen der Kreisausschuß.

Derselbe beschließt auf Ansuchen der Ortspolizeibehörde über die Bedürfnisfrage, wenn der Gemeindevorstand die von der Ortspolizeibehörde verlangte Festsetzung (§ 1 Alinea 2) ablehnt.

An Stelle des Kreisausschusses tritt in Stadtkreisen und den einem Landkreise angehörigen Städten von mehr als 10000 Einwohnern der Bezirksausschuß, in Berlin der Minister der öffentlichen Arbeiten[14]).

§ 6. Betrifft der Plan der beabsichtigten Festsetzungen (§ 4) eine Festung, oder fallen in denselben öffentliche Flüsse, Chausseen, Eisenbahnen oder Bahnhöfe, so hat die Ortspolizeibehörde dafür zu sorgen, daß den beteiligten Behörden rechtzeitig zur Wahrung ihrer Interessen Gelegenheit gegeben wird[15]).

§ 7. Nach erfolgter Zustimmung der Ortspolizeibehörde bezüglich des Kreisausschusses (§ 5) hat der Gemeindevorstand den Plan zu jedermanns Einsicht offen zu legen. Wie letzteres geschehen soll, wird in der ortsüblichen Art mit dem Bemerken bekannt gemacht, daß Einwendungen gegen den Plan innerhalb einer bestimmt zu bezeichnenden präklusivischen Frist von mindestens vier Wochen bei dem Gemeindevorstande anzubringen sind.

Handelt es sich um Festsetzungen, welche nur einzelne Grundstücke betreffen, so genügt statt der Offenlegung und Bekanntmachung eine Mitteilung an die beteiligten Grundeigentümer.

§ 8. Über die erhobenen Einwendungen (§ 7) hat, soweit dieselben nicht durch Verhandlung zwischen dem Gemeindevorstande und den Beschwerdeführern zur Erledigung gekommen, der Kreisausschuß zu beschließen. An Stelle des Kreisausschusses tritt in Stadtkreisen und den einem Landkreise angehörigen Städten von mehr als 10000 Einwohnern der Bezirksausschuß, in Berlin der Minister der öffentlichen Arbeiten. Sind Einwendungen nicht erhoben oder ist über dieselben endgültig (§ 16) beschlossen, so hat der Gemeindevorstand den Plan förmlich festzustellen, zu jedermanns Einsicht offen zu legen und, wie dies geschehen soll, ortsüblich bekannt zu machen[16]).

---

14) ZG. § 146 Abs. 2.

15) Wird die Benachrichtigung unterlassen, ist jedoch anzunehmen, daß ein sonst rechtsgültig festgestellter Fluchtlinienplan hierdurch nicht rechtsunwirksam wird. Siehe Friedrichs v. Strauß S. 49.

16) Zweckmäßig nicht notwendig ist es, auf den Plan die dies-

§ 9. Sind bei Festsetzung von Fluchtlinien mehrere Ortschaften beteiligt, so hat eine Verhandlung darüber zwischen den betreffenden Gemeindevorständen stattzufinden.

Über die Punkte, hinsichtlich deren eine Einigung nicht zu erzielen ist, beschließt der Kreisausschuß. An Stelle des Kreisausschusses tritt in Stadtkreisen und den einem Landkreise angehörigen Städten von mehr als 10000 Einwohnern der Bezirksausschuß, in Berlin der Minister der öffentlichen Arbeiten[17]).

§ 10. Jede sowohl vor als nach Erlaß dieses Gesetzes getroffene Festsetzung von Fluchtlinien kann nur nach Maßgabe der vorstehenden Bestimmungen aufgehoben oder abgeändert werden[18]).

Zur Festsetzung neuer oder Abänderung schon bestehender Bebauungspläne in den Städten Berlin, Potsdam, Charlottenburg und deren nächster Umgebung bedarf es königlicher Genehmigung[19]).

§ 11. Mit dem Tage, an welchem die im § 8 vorgeschriebene Offenlegung beginnt, tritt die Beschränkung des Grundeigentümers, daß Neubauten, Um- und Ausbauten über die Fluchtlinie hinaus versagt werden können, endgültig[20]) ein. Gleich-

---

bezüglichen Bescheinigungen zu setzen, aus denen hervorgeht, wie weit das Festsetzungsverfahren gediehen ist. Die nur rein aktenmäßige Behandlung führt häufig zu Irrtümern.

[17]) ZG. § 146 Abs. 2.

[18]) Die Neufestsetzung von Fluchtlinien geschieht haufig, ohne daß die bisher bestehenden aufgehoben werden, so daß tatsächlich nebeneinander zwei verschiedene Fluchtlinien festgesetzt sind. Zweckmäßig ist es, wenn man auf den neu festzusetzenden Plan den bestehenden und den neuen Zustand bringt, die älteren Fluchtlinien durchstreicht, so daß sich die entsprechend weitere Behandlung auf Grund des Planes bei einiger Aufmerksamkeit von selbst ergibt.

[19]) Die Forderung der Königlichen Genehmigung hat zur Folge, daß das gesamte Fluchtlinienverfahren außerordentlich verlangsamt ist. Die Folge hiervon ist, daß häufig Aenderungen von Fluchtlinien, auch wenn sie noch so zweckmäßig sind, unterbleiben müssen, weil es an Zeit fehlt den Plan zu Ende zu führen. So wünschenswert die königliche Genehmigung in vielen Fällen ist, ist es im Interesse, z. B. der Berliner Vororte, in hohem Grade wünschenswert, daß diejenigen Umänderungen, welche auf den allgemeinen Zustand des Straßennetzes nur geringen Einfluß haben, der königlichen Genehmigung nicht unterliegen, um nicht öffentliche und private Interessen dauernd zu verletzen.

[20]) Auch bereits vorher, sobald die Gemeinde und Polizeibehörde sich über bestimmte Fluchtlinienfestsetzung geeinigt haben.

zeitig[21]) erhält die Gemeinde das Recht, die durch die festgesetzten Straßenfluchtlinien für Straßen und Plätze bestimmte Grundfläche dem Eigentümer zu entziehen[22]).

§ 12. Durch Ortsstatut[23]) kann festgestellt werden, daß an Straßen[24]) oder Straßenteilen, welche noch nicht gemäß der baupolizeilichen Bestimmungen des Orts für den öffentlichen Verkehr und den Anbau fertig hergestellt sind, Wohngebäude[25]), die nach diesen Straßen einen Ausgang[26]) haben, nicht errichtet werden dürfen.

Das Ortsstatut hat die näheren Bestimmungen innerhalb der Grenze vorstehender Vorschrift festzusetzen und bedarf der Bestätigung des (Bezirksrates) Bezirksausschusses, in Berlin des Ministers des Innern. Gegen den Beschluß des (Bezirksrates) Bezirksausschusses ist innerhalb einer Präklusivfrist von (einundzwanzig Tagen) zwei Wochen die Beschwerde bei dem Provinzialrate zulässig.

Nach erfolgter Bestätigung ist das Statut in ortsüblicher Art bekannt zu machen.

§ 13. Eine Entschädigung kann wegen der nach den Bestimmungen des § 12 eintretenden Beschränkung der Baufreiheit überhaupt nicht, und wegen Entziehung oder Beschränkung des

---

21) Die Gemeinde kann hiernach zur Enteignung schreiten, ohne besondere Verleihung eines Enteignungsrechts durch königliche Verordnung.

22) Voraussetzung ist, daß der Plan förmlich festgestellt ist.

23) Die Wirksamkeit des Ortsstatuts setzt voraus, daß baupolizeiliche Bestimmungen getroffen sind darüber, wann eine Straße für den öffentlichen Verkehr und Anbau als fertiggestellt anzusehen ist.

24) Hierunter sind auch projektierte Straßen zu verstehen.

25) Als Wohngebäude sind nicht zu betrachten Schulen, Fabriken, Werkstätten, Restaurants usw., in denen es an Wohnräumen, d. h. zum Bewohnen bestimmter oder benutzter Raume, gänzlich fehlt. OVG. 8[315].

26) Wird ein Eckgebäude an der Kreuzung einer fertigen und projektierten Straße errichtet, und ist vor letzterer ein Vorgarten vorgesehen, ist meines Erachtens die Gemeinde nicht berechtigt, den Ausgang nach diesem zukünftigen Vorgarten zu untersagen, denn das Verbot spricht sich nur dahin aus, daß der Zugang nach der Straße, also nach der Fläche die von den projektierten Straßenfluchtlinien eingeschlossen ist, untersagt wird. In solchen Fällen wird nun allerdings der Vorgarten als Durchgang nach der fertigen Straße hin benutzt. Die Polizeibehörde ist jedoch nicht berechtigt, diese Benutzung desselben auf Grund des § 1 des Baufluchtengesetzes zu hindern, da die Vorbedingung der Fertigstellung der Straße noch nicht gegeben ist.

von der Festsetzung neuer Fluchtlinien betroffenen Grundeigentums nur in folgenden Fällen gefordert werden:

1. wenn die zu Straßen und Plätzen bestimmten Grundflächen auf Verlangen der Gemeinde für den öffentlichen Verkehr abgetreten werden;
2. wenn die Straßen- oder Baufluchtlinie vorhandene Gebäude trifft und das Grundstück bis zur neuen Fluchtlinie von Gebäuden freigelegt wird[27]);
3. wenn die Straßenfluchtlinie einer neu anzulegenden Straße ein unbebautes, aber zur Bebauung geeignetes Grundstück trifft, welches zur Zeit der Feststellung dieser Fluchtlinie an einer bereits bestehenden und für den öffentlichen Verkehr und den Anbau fertig gestellten anderen Straße belegen ist, und die Bebauung in der Fluchtlinie der neuen Straße erfolgt.

Die Entschädigung wird in allen Fällen wegen der zu Straßen und Plätzen bestimmten Grundfläche für Entziehung des Grundeigentums gewährt. Außerdem wird in denjenigen Fällen der Nr. 2, in welchen es sich um eine Beschränkung des Grundeigentums infolge der Festsetzung einer von der Straßenfluchtlinie verschiedenen Baufluchtlinie handelt, für die Beschränkung des bebaut gewesenen Teiles des Grundeigentums (§ 12 des Gesetzes über Enteignung von Grundeigentum vom 11. Juni 1874) Entschädigung gewährt.

In allen oben gedachten Fällen kann der Eigentümer die Übernahme des ganzen Grundstücks verlangen, wenn dasselbe durch die Fluchtlinie entweder ganz oder so weit in Anspruch genommen wird, daß das Restgrundstück nach den baupolizeilichen Vorschriften des Ortes nicht mehr zur Bebauung geeignet ist.

Bei den Vorschriften dieses Paragraphen ist unter der Bezeichnung Grundstück jeder im Zusammenhang stehende Grundbesitz des nämlichen Eigentümers begriffen.

§ 14. Für die Feststellung der nach § 13 zu gewährenden Entschädigungen und die Vollziehung der Enteignung kommen die §§ 24 ff. des Gesetzes über Enteignung von Grundeigentum vom 11. Juni 1874 zur Anwendung.

Streitigkeiten über Fälligkeit des Anspruchs auf Entschädigung gehören zur gerichtlichen Entscheidung.

---

[27]) Voraussetzung ist die vorausgegangene Niederlegung der Gebäude. v. Brauchitsch S. 470.

Die Entschädigungen sind, soweit nicht ein aus besonderen Rechtstiteln Verpflichteter dafür aufzukommen hat, von der Gemeinde aufzubringen, innerhalb deren Bezirk das betreffende Grundstück belegen ist.

§ 15. Durch Ortsstatut kann festgesetzt werden, daß bei der Anlegung einer neuen[28]) oder bei der Verlängerung einer schon bestehenden Straße, wenn solche zur Bebauung bestimmt ist, sowie bei dem Anbau an schon vorhandenen bisher unbebauten[29]) Straßen und Straßenteilen von dem Unternehmer der neuen Anlage oder von den angrenzenden Eigentümern — von letzteren sobald sie Gebäude[30]) an der neuen Straße errichten[31]) — die Freilegung[32]), erste Einrichtung[33]), Entwässerung[34]) und

---

[28]) Als neue Straße ist eine solche anzusehen, welche beim Erlaß des Ortsstatuts noch nicht bestand, deren Anlegung vielmehr erst später angefangen worden ist. OVG. 24⁷⁷.

[29]) Es kann nicht anerkannt werden, daß erst ein „vollendetes" Gebäude einer Straße die Eigenschaft einer unbebauten nehme, es genügt vielmehr hierfür ein Gebäude, welches in den Umfassungswänden schon hergestellt, auch wenn es noch nicht unter Dach gebracht. OVG. 27⁵⁸.

[30]) Es kommen hier nicht nur Wohngebäude in Frage im Gegensatz zu § 12.

[31]) Bestanden die Gebäude bereits vor Anlegung der Straße, so kann eine Heranziehung nicht erfolgen. Zu beachten ist jedoch, daß die Anlegung der Straße mit der Festsetzung der Fluchtlinie beginnt. Wird z. B. ein Gebäude nach Festsetzung der Fluchtlinie errichtet, so kann die Heranziehung erfolgen, auch wenn die Straße erst viel später hergestellt wird. Hieraus geht hervor, daß die Heranziehung bei Errichtung von Gebäuden an derartigen Straßen vor Erteilung des Baukonsenses in Form von Kautionen, welche dazu dienen sollen, den späteren Straßenausbau zu decken, in normalen Verhältnissen gar keinen Wert hat, da die diesbezüglichen Besitzer nach Fertigstellung der Straßen die Straßenbaukosten zu entrichten haben — diese sind dingliche Lasten, welche am Grundstück haften und bei der Zwangsversteigerung vorgehen.

[32]) Hierzu gehört der Erwerb des Straßenlandes.

[33]) Gemäß Ortsstatut.

[34]) Den Maßstab für die Kosten zu finden, welche auf die Entwässerung entfallen, ist schwierig. Ist z. B. ein Ortsteil mit unterirdischer Regenwasserkanalisation versehen, so ist es nicht angängig, die Kosten zugrunde zu legen, welche durch die Kanäle vor dem Grundstück entstanden sind, sondern man muß die Gesamtkosten durch die Zahl der in Frage kommenden Baufrontlängen dividieren und den erhaltenen Einheitspreis als Grundlage wählen. Da nun die Kanalisation nicht nur der Straßen, sondern auch der Grundstücksentwässerung dient, sind diejenigen Kosten, welche auf die Entwässerung der Straßenfläche, zu scheiden von denjenigen, die auf die Entwässerung der anliegenden Grund-

Beleuchtungsvorrichtung der Straße in der dem Bedürfnisse entsprechenden Weise beschafft, sowie deren zeitweise, höchstens jedoch fünfjährige Unterhaltung, beziehungsweise ein verhältnismäßiger Beitrag oder der Ersatz der zu allen diesen Maßnahmen erforderlichen Kosten geleistet werde[35]). Zu diesen Verpflichtungen können die angrenzenden Eigentümer nicht für mehr als die Hälfte der Straßenbreite, und wenn die Straße breiter als 26 m ist, nicht für mehr als 13 m der Straßenbreite herangezogen werden.

Bei Berechnung der Kosten sind die Kosten[36]) der gesamten Straßenanlage und beziehungsweise deren Unterhaltung zusammenzurechnen und den Eigentümern nach Verhältnis der Länge ihrer die Straße berührenden Grenze[37]) zur Last zu legen.

---

stücke entfallen. Der Anteil der Straßenentwässerung wird sich sehr verschieden gestalten, je nach der Größe der Straßenfläche, nach der Art der Befestigung der Straße, nach der zulässigen Bebauung usw. Wollte man alle diese Faktoren bis ins Kleinste berücksichtigen, so würde man zu einem einheitlichen Maßstabe nicht kommen können. Meines Erachtens muß man diejenigen Gebiete zusammenfassen, welche eine gleichmäßige Bauordnung haben und nun unter Zugrundelegung der Abflußkoeffizienten für harte und unbebaute Flächen usw. den Anteil ermitteln, der auf die Entwässerung der Straße entfällt. Beträgt z. B. der gefundene Einheitssatz 40 Mark auf ein laufendes Meter Baufront und entfallen 15 Mark auf die Entwässerung der Straße, 25 auf die der anliegenden Grundstücke, so können die ersteren auf Grund des § 15 erhoben werden. Die Erhebung der letzteren ist nur zum Teil möglich auf Grund des § 9 des Kommunalabgabengesetzes unter der Voraussetzung, daß der Nachweis geführt werden kann, daß es sich um eine Veranstaltung usw. im Sinne des § 9 handelt.

35) Die Vorschriften des § 15 finden keine Anwendung bei Unternehmerstraßen. Die Gemeinde ist berechtigt, an Unternehmer über das Ortsstatut hinausgehende Forderungen zu stellen.

36) Hierzu gehören auch unter Umständen die Kosten der Anschlüsse von Nebenstraßen.

37) Beitragspflichtig sind auch die Grundstückslängen, welche innerhalb projektierter einmündender Straßen liegen. OVG. 41[143]. Dieses Verfahren führt meines Erachtens zu einer nicht gerechtfertigten Belastung der Grundstücke, welche an einer fertigen und einer projektierten Straße liegen. Nimmt man z. B. an, es handele sich um eine Frontlänge von 1000 m einschließlich 100 m projektierte Straßeneinmündungen, so würde auf ein laufendes Meter unter der Voraussetzung, daß die Gesamtkosten 100000 Mark betragen, $\frac{100000}{1000} = 100$ Mark entfallen, nach Abzug der projektierten Straßenlänge $\frac{100000}{900} = 111$ Mark. Der Besitzer eines Eckgrundstückes, dessen Grundstück 30 m Front hat, wozu

Das Ortsstatut hat die näheren Bestimmungen innerhalb der Grenze oder einem anderen Maßstabe, insbesondere auch nach der bebauungsfähigen Fläche, vorstehender Vorschrift festzusetzen. Bezüglich seiner Bestätigung, Anfechtbarkeit und Bekanntmachung gelten die im § 12 gegebenen Vorschriften.

(Für die Haupt- und Residenzstadt Berlin bewendet es bis zu dem Zustandekommen eines solchen Statuts bei den Bestimmungen des Regulativs vom 31. Dezember 1838.)

§§ 16, 17 und 18 gelten nicht mehr.

§ 19. Alle den Bestimmungen dieses Gesetzes entgegenstehenden allgemeinen und besonderen gesetzlichen Vorschriften werden hierdurch aufgehoben.

Alle Bestimmungen der im Verwaltungswege erlassenen Bauordnungen, sonstigen polizeilichen Anordnungen und Ortsstatuten, welche mit den Vorschriften dieses Gesetzes in Widerspruch stehen, treten außer Kraft.

§ 20. Der Minister (für Handel) der öffentlichen Arbeiten wird mit der Ausführung dieses Gesetzes beauftragt.

---

14. Gesetz, betreffend die Gründung neuer Ansiedlungen in den Provinzen Ostpreußen, Westpreußen, Brandenburg, Pommern, Posen, Schlesien, Sachsen und Westfalen.

Vom 10. August 1904 (GS. S. 227).

(Auszug.)

Artikel I.

Der Abschnitt II des Gesetzes, betreffend die Verteilung der öffentlichen Lasten bei Grundstücksteilungen und die Gründung

---

noch 20 m für die Breite der einmündenden Straße treten, muß demnach im ersteren Falle 50 · 100 = 5000 Mark zahlen — bleibt die Länge der projektierten Straße außer Ansatz, so würde er nur 30 · 111 = 3330 Mark bezahlen. Hieraus ersieht man, daß der Modus nach der Entscheidung des OVG. für zukünftige Eckgrundstücke ein harter ist.

Die Breite der bestehenden einmündenden Straße wird bei der Berechnung abgezogen. OVG. 41[143]

neuer Ansiedlungen in den Provinzen Preußen, Brandenburg, Pommern, Posen, Schlesien, Sachsen und Westfalen, vom 25. August 1876 — (GS. S. 405) — Gründung neuer Ansiedlungen) erhält unter Berücksichtigung des Ergänzungsgesetzes vom 16. September 1899 (GS. S. 497) nachstehende Fassung:

§ 13[1]). Wer außerhalb einer im Zusammenhange gebauten Ortschaft[2]) ein Wohnhaus errichten oder ein vorhandenes Gebäude zum Wohnhaus einrichten will[3]), bedarf einer vom

---

[1]) Die vorliegende Fassung beseitigt den Unterschied zwischen Einzelansiedlung und Kolonie. Zuständig ist nicht mehr in Landkreisen die Ortspolizeibehörde sondern der Kreisausschuß.

[2]) Unter einer Ortschaft im Sinne des § 13 ist nicht nur eine Stadt oder Dorfgemeinde, sondern auch ein selbständiger Gutsbezirk, ein Häuserkomplex und ein tatsächlicher im Zusammenhang gebauter Teil einer Ortschaft zu verstehen. Es kommt nicht auf einen wirtschaftlichen oder mechanischen, sondern auf einen räumlichen Zusammenhang, die räumliche Nähe an. OVG. 5[402].

Ein Grubengebäude mit den Direktorialgebäuden stellt keine im Zusammenhang gebaute Ortschaft dar. OVG. 51[211].

Für die zusammenhängende Bebauung einer Ortschaft kommen nicht nur die Wohngebäude, sondern auch die Wirtschaftsgebaude in Betracht. Eine ländliche Ortschaft gilt auch dann als im Zusammenhang gebaute, wenn sich zwischen den einzelnen Gebäuden unbebaute, als Höfe und Gärten dienende Flächen befinden, wie dieses regelmäßig bei Dörfern der Fall zu sein pflegt. Durch das Fehlen einer zusammenhängenden Bebauung auf einer Seite der Straße wird die Eigenschaft einer zusammenhängend bebauten Dorfstraße nicht genommen, zumal wenn man erwägt, daß eine solche Straße sich unmittelbar an eine geschlossen gebaute Hauptstraße des Dorfes anschließt. OVG. 48[406].

[3]) Zum Umbau — Ersatz der Giebelwände durch neue — eines alten Wohnhauses, auch wenn es eine Zeitlang unbewohnt geblieben, bedarf es keiner Ansiedlungsgenehmigung. Anders ware die Sachlage zu beurteilen, wenn der Bau in einen so verfallenen Zustand geraten würde, daß er als ein Haus nicht mehr bezeichnet werden könne. OVG. 37[422].

Für Wohngebäude der Bahnwärter ist eine Ansiedlungsgenehmigung erforderlich OVG. 5[392].

Ein Wohnhaus verliert nicht deshalb seine Eigenschaft als solches, weil es einige Zeit des Jahres nicht zum Wohnen benutzt wird. Wird dasselbe von Saisonarbeitern während mehrerer Monate benutzt, so fällt es unter Wohngebäude im Sinne des § 13 dieses Gesetzes. OVG. 51[210].

Ein Bau der lediglich als Ersatz für ein bereits vorhanden gewesenes Wohnhaus dienen soll, stellt nicht die Schaffung einer neuen

Kreisausschuß[4]), in Stadtkreisen von der Ortspolizeibehörde zu erteilenden Ansiedlungsgenehmigung[5]). Vor deren Aus-

---

Wohnstätte dar und kann deshalb nicht als eine neue Ansiedlung angesehen werden. OVG. 37 422, 43 407.

Wirtschaftsgebäude bedürfen keiner Genehmigung. OVG. vom 5. Oktober 1905 IV. S.

Eine Photographierbude stellt ein Wohnhaus im Sinne der Ansiedlungsgenehmigung dar, wenn sie gleichzeitig zur Wohnung des Photographen dient OVG. vom 29. Februar 1904. IV. S.

Bei Beratung des Gesetzes wurde in der Kommission beantragt, eine Bestimmung einzuschalten, nach der eine Ansiedlungsgenehmigung, wenn es sich um die Wiederherstellung eines Wohngebäudes handelt, nicht erforderlich wäre. Der Antrag wurde abgelehnt, nachdem der Vertreter der Staatsregierung erklärte, der Antrag sei bedenklich, da doch mindestens die alten Dimensionen des Wohnhauses gewahrt werden müßten und nicht eine beliebig lange Frist zwischen dem Verschwinden des alten und dem Wiederaufbau des neuen Hauses liegen dürfe. Petersen S. 48.

Eine Ansiedlungsgenehmigung ist erforderlich, wenn an Stelle eines einstöckigen Wohnhauses ein mehrstöckiges Mietshaus gebaut werden soll. OVG. vom 2. April 1906 (IV 513 PVBl. 27 839).

Als Ersatzbau kann nur angesehen werden ein Wohngebäude, welches dem früheren wirtschaftlichen wesentlich gleichsteht. Soll statt eines einfachen Holzbaues, der schon vor langerer Zeit abgebrochen worden ist, an einer anderen Stelle des Grundstücks ein wesentlich anderes massives und größeres Haus errichtet werden, so fehlt es an einem Zusammenhang mit dem früheren Gebäude. OVG. 48 391.

Ein Ersatzbau steht nicht in Frage, wenn statt eines ländlichen Wirtshauskruges, das lediglich eine Wohnung für den Krugwirt enthielt, nach Beseitigung dieses Gebäudes das Grundstück mit einer gewerblichen Betriebsstätte besetzt werden soll, deren Baulichkeiten zahlreiche Wohnungen für die Arbeiter und die Angestellten des Unternehmens enthalten. OVG. 43 407, vgl. 50 229.

[4]) Der Kreisausschuß kann eine Ansiedlungsgenehmigung nicht versagen, wenn ein solcher Antrag gar nicht gestellt worden ist. OVG. vom 28. Februar 1907. IV. S.

[5]) Die durch die Koloniegenehmigungen auf Grund des Gesetzes vom 25. August 1876 bereits erteilten Ansiedlungsgenehmigungen bleiben mangels einer abweichenden Bestimmung des neuen Gesetzes vom 10. August 1904, das den Begriff der Kolonie nicht kennt, in Kraft. Die auf Grund des älteren Gesetzes als Bestandteil einer Kolonie genehmigten Ansiedlungen, mit deren Ausführungen vor Inkrafttreten des neuen Gesetzes noch nicht begonnen ist, bedürfen einer neuen Ansiedlungsgenehmigung nicht. OVG. 51 219.

Auch derjenige ist als ein Ansiedler und deshalb zur Stellung des Antrages berechtigt, welcher das geplante Wohnhaus nicht zum eignen Gebrauch errichten, sondern nach der Errichtung vermieten oder verhändigung darf die polizeiliche Bauerlaubnis[6]) nicht erteilt werden.

Die Ansiedlungsgenehmigung ist nicht erforderlich für Wohnhäuser, die in den Grenzen eines nach dem Gesetze, betreffend die Anlegung und Veränderung von Straßen und Plätzen in Städten und ländlichen Ortschaften, vom 2. Juli 1875 (GS. S. 561) festgestellten Bebauungsplans[7]) oder die auf einem bereits bebauten

---

äußern will; denn auch dabei bleibt immer bestehen, daß er das Haus „errichtet". OVG. 50[224].

Jede Ansiedlung ist für sich lediglich nach der Gestaltung und dem Umfange zu beurteilen, welche der dem Antrage zugrunde liegende Plan darstellt. Was der Antragsteller außerdem noch für die Zukunft in Aussicht genommen, aber noch nicht zum Gegenstande des Antrages gemacht hat, muß außer Betracht bleiben. OVG. 50[222].

Eine Ansiedlungsgenehmigung kann durch das tatsächlich unerlaubte Bewohnen und durch Zeitablauf nicht ersessen werden. OVG. vom 18. Dezember 1895, IV. C 121/95.

Bei veränderter Sachlage kann ein neuer Antrag auf Ansiedlungsgenehmigung eingereicht werden, ohne daß der Einwand der rechtskräftig entschiedenen Sache entgegensteht. OVG. vom 15. Oktober 1879.

Der Antrag auf Ansiedlungsgenehmigung kann wiederholt werden OVG. 8[351].

6) Der Verwaltungsrichter hat in dem Streitverfahren über die Verfügung, welche die Bauerlaubnis ablehnt, trotz jener Versagung selbständig zu prüfen, ob nach dem Gesetz eine Ansiedlungsgenehmigung erforderlich ist. OVG. 49[390].

Aus sicherheitspolizeilichen Rücksichten darf zwar nicht die Ansiedlungsgenehmigung, wohl aber trotzdem diese erteilt worden, der Baukonsens versagt werden. Z. B. in der Nähe eines Pulvermagazins OVG. 38[356].

Ist ein Wohnhaus errichtet ohne oder mit Genehmigung der Polizei und war Ansiedlungsgenehmigung erforderlich, so hat die Polizeibehörde u. a zu verfügen, daß der Unternehmer binnen bestimmter Zeit die Ansiedlungsgenehmigung nachsucht oder das Haus als Wohnhaus beseitigt, jedenfalls es vorläufig nicht als solches zu benutzen habe. OVG 7[335].

Die Polizeibehörde kann nicht verlangen, daß Wohnhäuser, denen die vorgeschriebene Ansiedlungsgenehmigung fehlt, abgebrochen werden, sie kann vielmehr höchstens die Beseitigung der besonderen Einrichtungen zu Wohnzwecken, insbesondere der Feuerstätten verlangen, solange aber ein Verfahren wegen Genehmigung der Ansiedlung schwebt, in der Regel nur die Benutzung der Gebäude zum Wohnen verbieten. OVG. 36[426].

7) Das Ansiedlungsgesetz verlangt einen „festgestellten" Bebauungsplan. OVG. 48[398]. Das Festsetzungsverfahren besteht darin, daß der Gemeindevorstand im Einverständnis mit der Gemeinde, bezüglich deren Vertretung unter Zustimmung der Ortspolizeibehörde den Bebauungsplan festsetzt, darauf derselbe vier Wochen zu jedermanns Einsicht aus-

Grundstück im Zusammenhange mit bewohnten Gebäuden errichtet oder eingerichtet werden sollen[8]).

§ 13a. Die Ansiedlungsgenehmigung ist ferner erforderlich, wenn infolge oder zum Zwecke der Umwandlung eines Landguts[9]) oder eines Teiles eines solchen in mehrere ländliche Stellen innerhalb einer im Zusammenhange gebauten Ortschaft oder in den Fällen des § 13 Abs. 2 ein Wohnhaus errichtet oder ein vorhandenes Gebäude zum Wohnhaus eingerichtet werden soll.

§ 13b. Die Ansiedlungsgenehmigung ist im Geltungsgebiete des Gesetzes, betreffend die Beförderung deutscher Ansiedlungen in den Provinzen Westpreußen und Posen, vom 26. April 1886 (GS. S. 131) zu versagen, solange nicht eine Bescheinigung des Regierungspräsidenten vorliegt, daß die Ansiedlung mit den Zielen des bezeichneten Gesetzes nicht im Widerspruche steht.

In den Provinzen Ostpreußen und Schlesien und den Regierungsbezirken Frankfurt, Stettin und Köslin findet diese Vorschrift sinngemäß Anwendung.

Wird die Bescheinigung versagt, so findet nur die Beschwerde

---

liegt. Das Verfahren wird abgeschlossen, indem der Plan nochmals drei Tage zu jedermanns Einsicht ausgelegt wird. Mit dieser letzteren Form ist das Verfahren beendigt und der Plan „förmlich" festgestellt.

8) Unter „Grundstück" ist nicht jede einzelne im Kataster oder Grundbuch besonders bezeichnete Parzelle gemeint, sondern jedes bebaute Grundstück in seiner wirtschaftlichen Begrenzung als Baugrundstück, also z. B. ein Gehöft. Ein Gut von über 100 ha kann jedoch nicht deshalb als ein bereits bebautes Grundstück angesehen werden, weil darauf das herrschaftliche Wohnhaus und einige andere Gebäude stehen. OVG. 50 [227].

9) Für die Anwendung des Gesetzes kommt es nicht darauf an, ob die „Umwandlung des Landguts" schon vor seiner Geltung erfolgt ist, sondern allein darauf, ob die Errichtung des Wohnhauses, welche die Folge der Umwandlung ist, unter der Herrschaft des Gesetzes stattfinden soll. Es fehlt jeder Anhalt dafür, daß der Gesetzgeber die Wirksamkeit der neuen Vorschrift auf die nach ihrem Inkrafttreten erfolgende „Umwandlung" habe einschränken wollen, vielmehr stehen Wortlaut, Sinn und Zweck der Vorschrift einer solchen Einschränkung klar entgegen. OVG. 49 [386].

Das entscheidende Kennzeichen des „Landguts" ist, daß es sich um eine selbständige Ackernahrung handeln muß, also um einen landwirtschaftlichen Betrieb, der groß genug ist, das wirtschaftliche Leben des Besitzers ganz oder doch zum größten Teil auszufüllen. OVG. 49 [390] Petersen S. 59.

an den Oberpräsidenten statt, der endgültig entscheidet. Falls die Beschwerde für begründet erklärt wird, gilt die Bescheinigung als erteilt.

Vorstehende Vorschriften greifen nicht Platz, wenn es sich um die einmalige Teilung eines Grundstücks zwischen gesetzlichen Erben oder um die einmalige Überlassung eines Grundstücks im Wege der Teilung seitens der Eltern an ihre Kinder handelt.

§ 14. Die Ansiedlungsgenehmigung ist zu versagen, wenn nicht nachgewiesen ist, daß der Platz, auf welchem die Ansiedlung gegründet werden soll, durch einen jederzeit[10]) offenen fahrbaren Weg[11]) zugänglich oder daß die Beschaffung eines solchen Weges gesichert ist. Kann nur der letztere Nachweis erbracht werden, so ist bei Erteilung der Ansiedlungsgenehmigung für die Beschaffung des Weges eine Frist zu bestimmen, nach deren fruchtlosem Ablaufe das polizeiliche Zwangsverfahren eintritt.

---

[10]) Der Zugang muß für die Dauer vorhanden sein, es genügt nicht, daß er nur auf 20 Jahre gesichert ist. OVG. 32[378].

[11]) Ein Weg ist nur dann ein jederzeit offener, wenn dem Ansiedler das Recht der jederzeitigen Benutzung des Weges für alle seine Bedürfnisse zusteht, so daß der Weg nicht ohne Zustimmung des Ansiedlers geschlossen werden kann. OVG. 32[379].

Treidelwege sind für die Benutzung durch die Schiffer und die Interessen der Schiffahrt, aber nicht für den allgemeinen Gebrauch bestimmt. Allerdings können sie zugleich daneben dem öffentlichen Verkehr gewidmet und damit öffentliche Wege im Sinne des Wegerechts geworden sein. OVG. vom 11. Dezember 1902 (IV. 2277). PVBl. 24[470].

Der Nachweis der Zugänglichkeit einer Ansiedlung kann dadurch nicht geführt werden, daß der Ansiedler einen Pachtvertrag vorweist, in dem ihm ein Privatzugangsweg nur für einige Jahre verpachtet wird. OVG. 32[374].

Die zu Bahnwärterhäusern führenden Schutzstreifen an der Bahn haben, wenngleich sie nur Privatwege sind, doch die Eigenschaft von offenen Wegen. OVG. 5[397].

Eine Schiffahrtsstraße kann als jederzeit offener Weg zugelassen werden, wo in einem bestimmten Gebiet die Schiffahrtsstraßen nach der Übung des gewöhnlichen Lebens allgemein als Kommunikationswege angesehen und benutzt werden, so daß auch regelmäßig der im öffentlichen und behördlichen Interesse erforderliche Verkehr diese Straße benutzt. Z. B. im Gebiete des Spreewaldes. OVG. 32[381].

Der Weg braucht nur ein offener nicht ein öffentlicher zu sein. OVG. 17[322].

Das Erfordernis der Fahrbarkeit gründet sich auf feuerpolizeiliche Interessen.

Von der Bedingung der Fahrbarkeit des Weges kann unter besonderen Umständen abgesehen werden[12]).

Auch zur Erhaltung der ununterbrochenen Zugänglichkeit der Ansiedlung ist die Anwendung des polizeilichen Zwangsverfahrens zulässig.

In Moorgegenden ist die Ansiedlungsgenehmigung zu versagen, solange die Entwässerung des Bodens, auf dem die Ansiedlung gegründet werden soll, nicht geregelt ist.

§ 15. Die Ansiedlungsgenehmigung kann[13]) versagt werden, wenn gegen die Ansiedlung von dem Eigentümer, dem Nutzungs- oder Gebrauchsberechtigten oder dem Pächter eines benachbarten Grundstücks oder von dem Vorsteher des Gemeinde- (Guts-) Bezirks, zu welchem das zu besiedelnde Grundstück gehört, oder von einem der Vorsteher derjenigen Gemeinde- (Guts-) Bezirke, an die es grenzt, Einspruch erhoben und der Einspruch durch Tatsachen begründet wird, welche die Annahme rechtfertigen, daß die Ansiedlung den Schutz der Nutzungen benachbarter Grundstücke aus der Land- oder Forstwirtschaft, aus dem Gartenbaue, der Jagd oder der Fischerei gefährden werde.

§ 15a. Die Ansiedlungsgenehmigung kann ferner versagt werden, wenn gegen die Ansiedlung von dem Besitzer eines Bergwerkes, welches unter dem zu besiedelnden Grundstück oder in dessen Nähe belegen ist, Einspruch erhoben und durch Tatsachen begründet wird, welche die Annahme rechtfertigen:

a) daß durch den Betrieb des Bergwerkes in absehbarer Zeit Beschädigungen der Oberfläche des zu besiedelnden Grundstücks eintreten können, denen im Interesse der persönlichen Sicherheit und des öffentlichen Verkehrs durch bergpolizeilich

---

12) Z. B. wenn eine Wasserstraße als offener Weg angesehen wird.

Die Fahrbarkeit des Weges setzt voraus, daß derselbe mit Wagen befahren werden kann.

13) Eine unrichtige Anwendung des § 15 des Ansiedlungsgesetzes vom 25. August 1876 kann darin nicht erblickt werden, daß bei der Beurteilung in Betracht gezogen wird, daß Antragsteller eine teilweise Vermietung des Wohnhauses beabsichtigt — insofern als die Möglichkeit nicht ausgeschlossen ist, daß die in dem Hause zu erwartenden Mietsleute den Schutz der Nutzungen der benachbarten Grundstücke in höherem Grade gefährden als der Eigentümer des Hauses oder ein einzelner von letzteren in das Haus gesetzter Wirt. OVG. vom 5. Februar 1879.

anzuordnendes Stehenlassen von Sicherheitspfeilern vorzubeugen sein würde;

b) daß die wirtschaftliche Bedeutung des uneingeschränkten Abbaues der Mineralien die der Ansiedlung überwiegt[14]).

§ 16. Vor Erteilung der Ansiedlungsgenehmigung sind die beteiligten Gemeinde- (Guts-) Vorsteher (§ 15) von dem Antrag in Kenntnis zu setzen. Diese haben zu prüfen, ob für sie Anlaß vorliegt, Einspruch gemäß § 15 zu erheben, wofür die im nächsten Satze vorgesehene Ausschlußfrist gilt. Sie haben ferner den Antrag alsbald innerhalb ihrer Gemeinden (Gutsbezirke) auf ortsübliche Art mit dem Bemerken bekannt zu machen[15]), daß gegen den Antrag von den Eigentümern, Nutzungs-, Gebrauchsberechtigten und Pächtern der benachbarten Grundstücke innerhalb einer Ausschlußfrist von einundzwanzig Tagen bei der besonders zu bezeichnenden Genehmigungsbehörde Einspruch erhoben werden könne, wenn der Einspruch sich durch Tatsachen der im § 15 bezeichneten Art begründen lasse.

Geht Bergbau unter dem zu besiedelnden Grundstück oder in dessen Nähe um, so ist von dem Antrag auch der zuständige Bergrevierbeamte in Kenntnis zu setzen. Dieser hat den beteiligten Bergwerksbesitzern eine Mitteilung von dem Antrage zuzustellen, unter Hinweis auf die Befugnis, innerhalb einer Frist von einundzwanzig Tagen vom Tage der Zustellung ab Einspruch auf Grund des § 15a bei der besonders zu bezeichnenden Genehmigungsbehörde zu erheben.

Die Einsprüche sind von der Genehmigungsbehörde, geeignetenfalls nach Anhörung des Antragstellers und derjenigen, welche Einspruch erhoben haben, sowie nach Aufnahme des Beweises zu prüfen.

Wenn der Einspruch auf Grund des § 15a erhoben wird, so ist die Genehmigungsbehörde zur Einholung einer gutachtlichen Äußerung der zuständigen Bergpolizeibehörde verpflichtet.

---

14) Es kommt auf die Abwägung der wirtschaftlichen Interessen an. OVG. 50 [235].

15) Die Bekanntmachung soll den Einspruchsberechtigten nicht nur von der Lage, der Art und dem Umfang der geplanten Ansiedlung Kenntnis verschaffen, sondern auch von der Person des Ansiedlers; denn auch seine persönlichen Verhältnisse können ihnen Anlaß zum Einspruch gegen die Ansiedlung geben. OVG. 50 [223].

§ 17. Ist anzunehmen, daß infolge der Ansiedlung eine Änderung oder Neuordnung der Gemeinde-, Kirchen- oder Schulverhältnisse erforderlich wird, so sind die beteiligten Gemeinde- (Guts-) Vorsteher und die Vorstände der beteiligten Kirchen- und Schulgemeinden (Schulverbände, Schulsozietäten usw.) von dem Antrage mit dem Eröffnen in Kenntnis zu setzen, daß sie binnen einer Ausschlußfrist von einundzwanzig Tagen bei der Genehmigungsbehörde die Festsetzung besonderer Leistungen des Antragstellers für den Zweck dieser Änderung oder Neuordnung beantragen können.

Erachtet die Genehmigungsbehörde eine solche Leistung für erforderlich, so hat sie diese in dem Bescheide festzusetzen oder ihre Festsetzung einem weiteren Bescheide vorzubehalten[16]. Sie ist hierbei an die etwa gestellten Anträge nicht gebunden.

Die Ansiedlungsgenehmigung kann von dem Nachweise, daß die Leistung erfüllt ist oder von der Bestellung einer Sicherheit, die für die Erfüllung haftet, abhängig gemacht werden.

Macht der Antragsteller von der Ansiedlungsgenehmigung Gebrauch, so ist er zu den Leistungen verpflichtet.

§ 20. Wer vor Erteilung der Ansiedlungsgenehmigung mit einer Ansiedlung beginnt, wird mit Geldstrafe bis 150 Mk. oder Haft bestraft. Auch kann die Ortspolizeibehörde die Weiterführung der Ansiedlung verhindern und die Wegschaffung der errichteten Anlagen anordnen.

Artikel II.

Der zweite Absatz des § 52 des Feld- und Forstpolizeigesetzes vom 1. April 1880 (GS. S. 230) wird aufgehoben.

---

[16]) Gegen die Festsetzung findet nur die Beschwerde an den Bezirksausschuß und die weitere Beschwerde an den Provinzialrat statt. Eine Nachprüfung der Festsetzung im Verwaltungsstreitverfahren ist ausdrücklich ausgeschlossen. (Siehe § 18.) OVG. 48[396].

15. Gesetz, betr. die Verteilung der öffentlichen Lasten bei Grundstücksteilungen und die Gründung neuer Ansiedlungen in der Provinz Hannover.

Vom 4. Juli 1887 (GS. S. 324). (Auszug.)

II. Gründung neuer Ansiedlungen.

§ 14. Wer außerhalb einer im Zusammenhange gebauten Ortschaft ein Wohnhaus errichten oder ein schon vorhandenes Gebäude zum Wohnhause einrichten will, bedarf einer von der Ortspolizeibehörde zu erteilenden Ansiedlungsgenehmigung. Vor deren Aushändigung darf die polizeiliche Bauerlaubnis nicht erteilt werden.

Die Ansiedlungsgenehmigung ist nicht erforderlich für Wohnhäuser, welche in den Grenzen eines nach dem Gesetz vom 2. Juli 1875 festgestellten Bebauungsplans, oder welche auf einem bereits bebauten Grundstücke im Zusammenhange mit bewohnten Gebäuden errichtet oder eingerichtet werden sollen.

Zu den Wohnhäusern im Sinne dieses Paragraphen gehören auch die aus Holz, Torf, Stroh, Soden oder anderen geringen Baumaterialien angefertigten Unterkunftsstätten, sofern dieselben nicht nur vorübergehend, z. B. für die Dauer einer bestimmten Arbeit, zum Aufenthalte, sondern dauernd zu einer Wohnung für Menschen dienen sollen.

§ 15. Die Ansiedlungsgenehmigung ist zu versagen, wenn nicht nachgewiesen ist, daß der Platz, auf welchem die Ansiedlung gegründet werden soll, durch einen fahrbaren, jederzeit offenen Weg (bzw. durch eine Schiffahrtsstraße)[1]) zugänglich, oder daß die Beschaffung eines solchen Weges gesichert ist. Wenn nur der letztere Nachweis erbracht werden kann, so ist bei Erteilung der Ansiedlungsgenehmigung für die Beschaffung des Weges eine Frist zu bestimmen, nach deren fruchtlosem Ablaufe das polizeiliche Zwangsverfahren gegen den Ansiedler eintritt. Auch zur Erhaltung der ununterbrochenen Zugänglichkeit der Ansiedlung ist die Anwendung des polizeilichen Zwangsverfahrens zulässig.

Von der Bedingung der Zugänglichkeit durch einen fahrbaren Weg kann unter besonderen Umständen abgesehen werden.

---

[1]) Im Gegensatz zum Ansiedlungsgesetz vom 10. August 1904 ist hier die Schiffahrtstraße als solche zugelassen.

Die Ansiedlungsgenehmigung ist ferner zu versagen, wenn und solange die Gemeinde-, Kirchen- und Schulverhältnisse der Ansiedlung nicht in einer dem öffentlichen Interesse und den örtlichen Verhältnissen entsprechenden Weise geordnet sind.

In den Moordistrikten ist die Genehmigung außerdem zu versagen, solange die Entwässerung des Terrains, auf welchem die Ansiedlung stattfinden soll, nicht geregelt ist.

§ 16. Die Ansiedlungsgenehmigung kann versagt werden, wenn gegen die Ansiedlung von dem Eigentümer, dem Nutzungs- oder Gebrauchsberechtigten oder dem Pächter eines benachbarten Grundstücks oder von dem Vorsteher des Gemeinde- (Guts-) Bezirks, zu welchem das zu besiedelnde Grundstück gehört, oder von einem der Vorsteher derjenigen Gemeinde- (Guts-) Bezirke, an welche dasselbe grenzt, Einspruch erhoben und der Einspruch durch Tatsachen begründet wird, welche die Annahme rechtfertigen, daß die Ansiedlung den Schutz der Nutzungen benachbarter Grundstücke aus dem Feld- oder Gartenbau, aus der Forstwirtschaft, der Jagd oder der Fischerei gefährden werde[2]).

§ 17. Vor Erteilung der Ansiedlungsgenehmigung sind die beteiligten Gemeinde- (Guts-) Vorsteher (§ 16) von dem Antrage in Kenntnis zu setzen. Diese haben den Antrag innerhalb ihrer Gemeinden (Gutsbezirke) auf ortsübliche Art mit dem Bemerken bekannt zu machen, daß gegen den Antrag von den Eigentümern, Nutzungs-, Gebrauchsberechtigten und Pächtern der benachbarten Grundstücke innerhalb einer Präklusivfrist von zwei Wochen bei der Ortspolizeibehörde Einspruch erhoben werden

---

[2]) Ob in das neue Haus ländliche Arbeiter zur Bewirtschaftung des Grundbesitzes des Besitzers oder Fabrikarbeiter aufgenommen werden, kann einen wesentlichen Unterschied nicht begründen, denn die Befürchtung, daß die Bewohner des Hauses und das von ihnen gehaltene Vieh den benachbarten Ländereien Schaden zufügen können, mag nicht ganz ohne Grund sein. Eine derartige Besorgnis genügt aber allein zur Versagung der Ansiedlungsgenehmigung nicht. OVG. 19[412].

Wie dieses Gesetz gegen den durch ein nachbarliches Wirtschaftsgebäude oder durch das Anpflanzen von Bäumen verursachten Schatten keinen Schutz hat gewähren wollen, so kann auch der durch ein benachbartes Wohngebäude herbeigeführte Schatten und die etwa hierdurch veranlaßte Ertragsverminderung nicht zu den Tatsachen gerechnet werden, die im Sinne dieses Paragraphen den Schutz der Nutzungen gefährden. In dieser Beziehung kommt eben nur eine solche Gefährdung in Betracht, welche dadurch veranlaßt wird, daß Gebäude von Menschen bewohnt werden und hiermit eine Ansiedlung entsteht. OVG. 32[386].

könne, wenn der Einspruch sich durch Tatsachen der im § 16 bezeichneten Art begründen lasse.

Die erhobenen Einsprüche sind von der Ortspolizeibehörde, geeignetenfalls nach Anhörung des Antragstellers und derjenigen, welche Einspruch erhoben haben, sowie nach Aufnahme des Beweises zu prüfen.

§ 18. Die Versagung der Genehmigung auf Grund des § 15 oder auf Grund erhobener Einsprüche (§ 16), sowie die Zurückweisung der gegen die Ansiedlungsgenehmigung erhobenen Einsprüche erfolgt durch einen Bescheid der Ortspolizeibehörde, welcher mit Gründen zu versehen und dem Antragsteller, sowie denjenigen, welche Einspruch erhoben haben, zu eröffnen ist.

Gegen den Bescheid steht dem Antragsteller, sowie denjenigen, welche Einspruch erhoben haben, innerhalb zwei Wochen die Klage im Verwaltungsstreitverfahren offen.

Zuständig ist der Bezirksausschuß.

§ 19. Wer außerhalb einer im Zusammenhange gebauten Ortschaft eine Kolonie anlegen will, hat dazu die Genehmigung des Kreisausschusses, in Stadtkreisen der Ortspolizeibehörde, zu beantragen.

Mit dem Antrage ist ein Plan vorzulegen, in welchem, unter Beifügung einer Situationszeichnung, die im öffentlichen Interesse für die Kolonie erforderlichen Anlagen nach Umfang und Art ihrer Ausführung darzulegen sind, die künftige Unterhaltungspflicht für diese Anlagen festzustellen und endlich nachzuweisen ist, daß die nötigen Mittel zur ordnungsmäßigen Ausführung und dauernden Unterhaltung derselben vorhanden sind.

Soweit zur Herstellung dieser Anlagen die anderweite Genehmigung einer Staatsbehörde gesetzlich erforderlich ist, ist gleichzeitig die Erteilung dieser Genehmigung nachzuweisen.

§ 20. Hinsichtlich der Genehmigung zur Anlegung einer Kolonie finden die Bestimmungen der §§ 15—17 entsprechende Anwendung.

Die Genehmigung ist auch dann zu versagen, wenn der mit dem Antrage vorzulegende Plan nicht den Anforderungen des § 19 Abs. 2 und 3 entspricht. Zur Ausführung und dauernden Unterhaltung der im öffentlichen Interesse für die Kolonie erforderlichen Anlagen ist nach erteilter Genehmigung die Anwendung des polizeilichen Zwangsverfahrens zulässig.

Gegen den, die Erteilung oder Versagung der Genehmigung betreffenden Bescheid, welcher mit Gründen zu versehen und dem Antragsteller, sowie denjenigen, welche Einspruch erhoben haben, zu eröffnen ist, steht letzteren, sowie dem Antragsteller

bei Bescheiden des Kreisausschusses der Antrag auf mündliche Verhandlung im Verwaltungsstreitverfahren,

bei Bescheiden der Ortspolizeibehörde eines Stadtkreises die Klage bei dem Bezirksausschusse innerhalb zwei Wochen offen.

§ 21. Wer vor Erteilung der vorgeschriebenen Genehmigung mit einer neuen Ansiedlung oder der Anlegung einer Kolonie beginnt, wird mit Geldstrafe bis 150 Mk. oder Haft bestraft. Auch kann die Ortspolizeibehörde die Weiterführung der Ansiedlung oder Kolonie verhindern und die Wegschaffung der errichteten Anlagen anordnen.

---

16. Gesetz, betr. die Verteilung der öffentlichen Lasten bei Grundstücksteilungen und die Gründung neuer Ansiedlungen in der Provinz Schleswig-Holstein.

Vom 13. Juni 1888 (GS. S. 243). (Auszug.)

II. Gründung neuer Ansiedlungen.

§ 13. Wer außerhalb einer im Zusammenhange gebauten Ortschaft ein Wohnhaus errichten, oder ein schon vorhandenes Gebäude zum Wohnhause einrichten will, bedarf einer von der Ortspolizeibehörde zu erteilenden Ansiedlungsgenehmigung. Vor deren Aushändigung darf die polizeiliche Bauerlaubnis nicht erteilt werden.

Die Ansiedlungsgenehmigung ist nicht erforderlich für Wohnhäuser, welche in den Grenzen eines nach dem Gesetze vom 2. Juli 1875 festgestellten Bebauungsplanes, oder welche auf einem bereits bebauten Grundstücke im Zusammenhange mit bewohnten Gebäuden errichtet oder eingerichtet werden sollen.

Zu den Wohnhäusern im Sinne dieses Paragraphen gehören auch die aus Holz, Torf, Stroh, Soden oder anderen geringen

Baumaterialien angefertigten Unterkunftsstätten, sofern dieselben nicht nur vorübergehend, z. B. für die Dauer einer bestimmten Arbeit, zum Aufenthalte, sondern dauernd zu einer Wohnung für Menschen dienen sollen.

§ 14. Die Ansiedlungsgenehmigung ist zu versagen, wenn nicht nachgewiesen ist, daß der Platz, auf welchem die Ansiedlung gegründet werden soll, durch einen fahrbaren, jederzeit offenen Weg (bzw. durch eine Schiffahrtsstraße) zugänglich, oder daß die Beschaffung eines solchen Weges gesichert ist. Wenn nur der letztere Nachweis erbracht werden kann, so ist bei Erteilung der Ansiedlungsgenehmigung für die Beschaffung des Weges eine Frist zu bestimmen, nach deren fruchtlosem Ablaufe das polizeiliche Zwangsverfahren gegen den Ansiedler eintritt. Auch zur Erhaltung der ununterbrochenen Zugänglichkeit der Ansiedlung ist die Anwendung des polizeilichen Zwangsverfahrens zulässig.

Von der Bedingung der Zugänglichkeit durch einen fahrbaren Weg kann unter besonderen Umständen abgesehen werden.

Die Ansiedlungsgenehmigung ist ferner zu versagen, wenn und solange die Gemeinde-, Kirchen- und Schulverhältnisse der Ansiedlung nicht in einer dem öffentlichen Interesse und den örtlichen Verhältnissen entsprechenden Weise geordnet sind.

In den Moordistrikten ist die Genehmigung außerdem zu versagen, solange die Entwässerung des Terrains, auf welchem die Ansiedlung stattfinden soll, nicht geregelt ist.

§ 15. Die Ansiedlungsgenehmigung kann versagt werden, wenn gegen die Ansiedlung von dem Eigentümer, dem Nutzungs- oder Gebrauchsberechtigten oder dem Pächter eines benachbarten Grundstücks oder von dem Vorsteher des Gemeinde- (Guts-) Bezirks, zu welchem das zu besiedelnde Grundstück gehört, oder von einem der Vorsteher derjenigen Gemeinde- (Guts-) Bezirke, an welche dasselbe grenzt, Einspruch erhoben und der Einspruch durch Tatsachen begründet wird, welche die Annahme rechtfertigen, daß die Ansiedlung den Schutz der Nutzungen benachbarter Grundstücke aus dem Feld- oder Gartenbau, aus der Forstwirtschaft, der Jagd oder der Fischerei gefährden werde.

§ 16. Vor Erteilung der Ansiedlungsgenehmigung sind die beteiligten Gemeinde- (Guts-) Vorsteher (§ 15) von dem Antrage in Kenntnis zu setzen. Diese haben den Antrag innerhalb ihrer Gemeinden (Gutsbezirke) auf ortsübliche Art mit dem

Bemerken bekannt zu machen, daß gegen den Antrag von den Eigentümern, Nutzungs-, Gebrauchsberechtigten und Pächtern der benachbarten Grundstücke innerhalb einer Präklusivfrist von zwei Wochen bei der Ortspolizeibehörde Einspruch erhoben werden könne, wenn der Einspruch sich durch Tatsachen der im § 15 bezeichneten Art begründen lasse.

Die erhobenen Einsprüche sind von der Ortspolizeibehörde, geeignetenfalls nach Anhörung des Antragstellers und derjenigen, welche Einspruch erhoben haben, sowie nach Aufnahme des Beweises zu prüfen.

§ 17. Die Versagung der Genehmigung auf Grund des § 14 oder auf Grund erhobener Einsprüche (§ 15), sowie die Zurückweisung der gegen die Ansiedlungsgenehmigung erhobenen Einsprüche erfolgt durch einen Bescheid der Ortspolizeibehörde, welcher mit Gründen zu versehen und dem Antragsteller, sowie denjenigen, welche Einspruch erhoben haben, zu eröffnen ist.

Gegen den Bescheid steht dem Antragsteller, sowie denjenigen, welche Einspruch erhoben haben, innerhalb zwei Wochen die Klage im Verwaltungsstreitverfahren offen. Zuständig ist der Kreisausschuß, in Stadtkreisen der Bezirksausschuß.

§ 18. Wer außerhalb einer im Zusammenhange gebauten Ortschaft eine Kolonie anlegen will, hat dazu die Genehmigung des Kreisausschusses, in Stadtkreisen der Ortspolizeibehörde zu beantragen.

Mit dem Antrage ist ein Plan vorzulegen, in welchem, unter Beifügung einer Situationszeichnung, die im öffentlichen Interesse für die Kolonie erforderlichen Anlagen nach Umfang und Art ihrer Ausführung darzulegen sind, die künftige Unterhaltungspflicht für diese Anlagen festzustellen und endlich nachzuweisen ist, daß die nötigen Mittel zur ordnungsmäßigen Ausführung und dauernden Unterhaltung derselben vorhanden sind.

Soweit zur Herstellung dieser Anlagen die anderweite Genehmigung einer Staatsbehörde gesetzlich erforderlich ist, ist gleichzeitig die Erteilung dieser Genehmigung nachzuweisen.

§ 19. Hinsichtlich der Genehmigung zur Anlegung einer Kolonie finden die Bestimmungen der §§ 14—16 entsprechende Anwendung.

Die Genehmigung ist auch dann zu versagen, wenn der mit dem Antrage vorzulegende Plan nicht den Anforderungen des § 18 Abs. 2 und 3 entspricht. Zur Ausführung und dauernden

Unterhaltung der im öffentlichen Interesse für die Kolonie erforderlichen Anlagen ist nach erteilter Genehmigung die Anwendung des polizeilichen Zwangsverfahrens zulässig.

Gegen den, die Erteilung oder Versagung der Genehmigung betreffenden Bescheid, welcher mit Gründen zu versehen und dem Antragsteller, sowie denjenigen, welche Einspruch erhoben haben, zu eröffnen ist, steht letzteren, sowie dem Antragsteller

bei Bescheiden des Kreisausschusses der Antrag auf mündliche Verhandlung im Verwaltungsstreitverfahren,

bei Bescheiden der Ortspolizeibehörde eines Stadtkreises die Klage bei dem Bezirksausschusse

innerhalb zwei Wochen offen.

§ 20. Wer vor Erteilung der vorgeschriebenen Genehmigung mit einer neuen Ansiedlung oder der Anlegung einer Kolonie beginnt, wird mit Geldstrafe bis 150 Mk. oder Haft bestraft. Auch kann die Ortspolizeibehörde die Weiterführung der Ansiedlung oder Kolonie verhindern und die Wegschaffung der errichteten Anlagen anordnen.

---

17. Gesetz, betr. Gründung neuer Ansiedlungen in der Provinz Hessen-Nassau.

Vom 11. Juni 1890 (GS. S. 173). (Auszug.)

§ 1. Wer außerhalb einer im Zusammenhange gebauten Ortschaft ein Wohnhaus[1]) errichten oder ein schon vorhandenes Gebäude zum Wohnhause einrichten will, bedarf einer von dem Landrat — in Stadtkreisen von der Ortspolizeibehörde — zu erteilenden Ansiedlungsgenehmigung. Vor deren Aushändigung darf die polizeiliche Bauerlaubnis nicht erteilt werden.

Die Ansiedlungsgenehmigung ist nicht erforderlich für Wohnhäuser, welche in den Grenzen eines nach dem Gesetze vom 2. Juli 1875 festgestellten Bebauungsplans, oder welche auf einem bereits bebauten Grundstücke im Zusammenhange mit bewohnten Gebäuden errichtet oder eingerichtet werden sollen.

---

[1]) Ein Gebäude, welches während der ganzen Dauer des Gärtnereibetriebes dem Gärtner zur Wohnung dienen soll, auch wenn keine Feuerstelle vorgesehen ist, bedarf der Ansiedlungsgenehmigung. OVG. 27[407].

Zu den Wohnhäusern im Sinne dieses Paragraphen gehören auch die aus Holz, Torf, Stroh, Soden oder anderen geringen Baumaterialien angefertigten Unterkunftsstätten, sofern dieselben nicht nur vorübergehend, z. B. für die Dauer einer bestimmten Arbeit zum Aufenthalte, sondern dauernd zu einer Wohnung für Menschen dienen sollen.

§ 2. Die Ansiedlungsgenehmigung ist zu versagen, wenn nicht nachgewiesen ist, daß der Platz, auf welchem die Ansiedlung gegründet werden soll, durch einen fahrbaren, jederzeit offenen Weg[2]) zugänglich, oder daß die Beschaffung eines solchen Weges gesichert ist. Wenn nur der letztere Nachweis erbracht werden kann, so ist bei Erteilung der Ansiedlungsgenehmigung für die Beschaffung des Weges eine Frist zu bestimmen, nach deren fruchtlosem Ablaufe das polizeiliche Zwangsverfahren gegen den Ansiedler eintritt. Auch zur Erhaltung der ununterbrochenen Zugänglichkeit der Ansiedlung ist die Anwendung des polizeilichen Zwangsverfahrens zulässig.

Von der Bedingung der Zugänglichkeit durch einen fahrbaren Weg kann unter besonderen Umständen abgesehen werden.

Die Ansiedlungsgenehmigung ist ferner zu versagen, wenn und solange die Gemeinde-, Kirchen- und Schulverhältnisse der Ansiedlung nicht in einer dem öffentlichen Interesse und

---

[2]) Für die Bestimmung der Ansiedlungsgesetze und zwar in dem Gesetz vom 25. August 1876, daß die Ansiedlung durch einen jederzeit offenen Weg zugänglich sein soll, wozu in dem Gesetz vom 11. Juni 1890 für Hessen-Nassau die Bestimmung hinzugetreten ist, daß der Weg in der Regel ein fahrbarer sein soll, ist wesentlich die Rücksicht maßgebend gewesen, die Zugänglichkeit zu der neuen Ansiedlung im ordnungs- und sicherheitspolizeilichen Interesse derart zu sichern, daß letztere lediglich für den Verkehr mit den Ansiedlern sowie zu Zwecken polizeilicher Kontrolle usw. und für den Fall der Feuersgefahr usw. erreichbar ist. Das wegepolizeiliche Interesse kommt dabei nicht entscheidend in Betracht. OVG. 31[408].

Der Weg muß regelmäßig als Fahrweg passierbar sein. OVG. 31[407].

Es muß die rechtliche Möglichkeit vorliegen, daß der Weg für jede Art von Verkehr, wie er für menschliche Wohnstätten in Betracht kommt, benutzt werden kann. Ein solcher Verkehr ist ein anderer, als der landwirtschaftlichen Zwecken und auch für den Gärtnereibetrieb dienende. OVG. 27[408].

den örtlichen Verhältnissen entsprechenden Weise geordnet sind[3]).

§ 3. Die Ansiedlungsgenehmigung kann versagt werden, wenn gegen die Ansiedlung von dem Eigentümer, dem Nutzungs- oder Gebrauchsberechtigten oder dem Pächter eines benachbarten Grundstücks, von dem Vorstande des Gemeinde- (Guts-) Bezirks (Magistrat, Gemeinderat usw.), zu welchem das zu besiedelnde Grundstück gehört, oder von dem Vorstande eines derjenigen Gemeinde- (Guts-) Bezirke, an welche dasselbe grenzt, Einspruch erhoben und der Einspruch durch Tatsachen begründet wird, welche die Annahme rechtfertigen, daß die Ansiedlung das Gemeindeinteresse[4]) oder den Schutz der Nutzungen benachbarter Grundstücke aus dem Feld- oder Gartenbau, aus der Forstwirtschaft, der Jagd oder der Fischerei gefährden werde.

§ 4. Vor der Erteilung der Ansiedlungsgenehmigung sind die beteiligten Gemeinde- (Guts-) Vorstände (§ 3) von dem Antrage in Kenntnis zu setzen. Diese haben den Antrag innerhalb ihrer Gemeinden (Gutsbezirke) auf ortsübliche Art mit dem Bemerken bekannt zu machen, daß gegen den Antrag von den Eigentümern, Nutzungs-, Gebrauchsberechtigten und Pächtern der benachbarten Grundstücke innerhalb einer Präklusivfrist von zwei Wochen bei dem Landrate, in Stadtkreisen bei der Ortspolizeibehörde, Einspruch erhoben werden könne, wenn der Einspruch sich durch Tatsachen der im § 3 bezeichneten Art begründen lasse.

---

[3]) Der Gesichtspunkt schwieriger polizeilicher Überwachung berührt sich mit dem der Gefährdung des Gemeindeinteresses überhaupt nicht. Dieser kann vielmehr in dem auf einen Ansiedlungsantrag eingeleiteten Verfahren nur insofern Beachtung finden, als sich vielleicht daraus in Verbindung mit anderen Tatsachen die Annahme rechtfertigt, daß die Ansiedlung den Schutz der Nutzungen benachbarter Grundstücke aus dem Feld- oder Gartenbau, aus der Forstwirtschaft, der Jagd oder der Fischerei gefährden werde. OVG. 37[419].

Ob die Polizei eine Gefährdung des Gemeindeinteresses oder der Grundstücksnutzungen für gegeben erachtet, ist so lange unerheblich, als die Beteiligten keinen Einspruch erheben. OVG. 38[392].

Die Beschaffung billiger und gesunder Arbeiterwohnungen in der Nähe einer Betriebsstätte ist von sozialpolitischer Bedeutung; es stellt dieses ein wichtiges Interesse dar, welches von dem Verwaltungsrichter gleichfalls in Betracht zu ziehen ist. OVG. 32[383].

[4]) Eine Gefährdung liegt nicht vor, wenn der Ruß aus dem Ansiedlerhause die Wäsche auf einem der Gemeinde gehörigen Bleichplatze beschmutzen würde. OVG. 40[416].

Die erhobenen Einsprüche sind von dem Landrate, in Stadtkreisen von der Ortspolizeibehörde, geeignetenfalls nach Anhörung des Antragstellers und derjenigen, welche Einspruch erhoben haben, sowie nach Aufnahme des Beweises zu prüfen.

§ 5. Die Versagung der Genehmigung auf Grund des § 2 oder auf Grund erhobener Einsprüche (§ 3), sowie die Zurückweisung der gegen die Ansiedlungsgenehmigung erhobenen Einsprüche erfolgt durch einen Bescheid des Landrats, in Stadtkreisen der Ortspolizeibehörde, welcher mit Gründen zu versehen und dem Antragsteller sowie denjenigen, welche Einspruch erhoben haben, zu eröffnen ist.

Gegen den Bescheid steht dem Antragsteller, sowie denjenigen, welche Einspruch erhoben haben, innerhalb zwei Wochen die Klage im Verwaltungsstreitverfahren offen.

Zuständig ist der Bezirksausschuß.

§ 6. Wer außerhalb einer im Zusammenhange gebauten Ortschaft eine Kolonie anlegen will, hat dazu die Genehmigung des Kreisausschusses, in Stadtkreisen der Ortspolizeibehörde, zu beantragen.

Mit dem Antrage ist ein Plan vorzulegen, in welchem unter Beifügung einer Situationszeichnung, die im öffentlichen Interesse für die Kolonie erforderlichen Anlagen nach Umfang und Art ihrer Ausführung darzulegen sind, die künftige Unterhaltungspflicht für diese Anlagen festzustellen und endlich nachzuweisen ist, daß die nötigen Mittel zur ordnungsmäßigen Ausführung und dauernden Unterhaltung derselben vorhanden sind.

Soweit zur Herstellung dieser Anlagen die anderweite Genehmigung einer Staatsbehörde gesetzlich erforderlich ist, ist gleichzeitig die Erteilung dieser Genehmigung nachzuweisen.

§ 7. Hinsichtlich der Genehmigung zur Anlegung einer Kolonie finden die Bestimmungen der §§ 2—4 entsprechende Anwendung.

Die Genehmigung ist auch dann zu versagen, wenn der mit dem Antrage vorzulegende Plan nicht den Anforderungen des § 6 Abs. 2 und 3 entspricht. Zur Ausführung und dauernden Unterhaltung der im öffentlichen Interesse für die Kolonie erforderlichen Anlagen ist nach erteilter Genehmigung die Anwendung des polizeilichen Zwangsverfahrens zulässig.

Gegen den die Erteilung oder Versagung der Genehmigung betreffenden Bescheid, welcher mit Gründen zu versehen und dem Antragsteller, sowie denjenigen, welche Einspruch erhoben haben, zu eröffnen ist, steht letzteren sowie dem Antragsteller

bei Bescheiden des Kreisausschusses der Antrag auf mündliche Verhandlung im Verwaltungsstreitverfahren,

bei Bescheiden der Ortspolizeibehörde eines Stadtkreises die Klage bei dem Bezirksausschusse

innerhalb zwei Wochen offen.

§ 8. Wer vor Erteilung der vorgeschriebenen Genehmigung mit einer neuen Ansiedlung oder der Anlegung einer Kolonie beginnt, wird mit Geldstrafe bis 150 Mk. oder Haft bestraft.

Auch kann der Landrat, in Stadtkreisen die Ortspolizeibehörde, die Weiterführung der Ansiedlung oder Kolonie verhindern und die Wegschaffung der errichteten Anlagen anordnen.

---

18. Gesetz über die Ergänzung des Gesetzes,

betr. die Verteilung der öffentlichen Lasten bei Grundstücksteilungen und die Gründung neuer Ansiedlungen in den Provinzen Preußen, Brandenburg, Pommern, Posen, Schlesien, Sachsen und Westfalen, vom 25. August 1876, des Gesetzes, betr. die Verteilung der öffentlichen Lasten bei Grundstücksteilungen und die Gründung neuer Ansiedlungen in der Provinz Hannover, vom 4. Juli 1887, des Gesetzes, betr. die Verteilung der öffentlichen Lasten bei Grundstücksteilungen und die Gründung neuer Ansiedlungen in der Provinz Schleswig-Holstein, vom 13. Juni 1888, und des Gesetzes, betr. die Gründung neuer Ansiedlungen in der Provinz Hessen-Nassau, vom 11. Juni 1890.

Vom 16. September 1899 (GS. S. 497).

Artikel I.

Das Gesetz, betr. die Verteilung der öffentlichen Lasten bei Grundstücksteilungen und die Gründung neuer Ansiedlungen in den Provinzen Preußen, Brandenburg, Pommern, Posen, Schlesien, Sachsen und Westfalen, vom 25. August 1876, GS. S. 405, erhält folgende Zusätze und Abänderungen:

1. Nach § 15 wird eingeschaltet:

§ 15a. Die Ansiedlungsgenehmigung kann ferner versagt werden, wenn gegen die Ansiedlung von dem Besitzer eines Bergwerks, welches unter dem zu besiedelnden Grundstück oder in dessen Nähe belegen ist, Einspruch erhoben und durch Tatsachen begründet wird, welche die Annahme rechtfertigen,

a) daß durch den Betrieb des Bergwerks in absehbarer Zeit Beschädigungen der Oberfläche des zu besiedelnden Grundstückes eintreten können, denen im Interesse der persönlichen Sicherheit und des öffentlichen Verkehrs durch bergpolizeilich anzuordnendes Stehenlassen von Sicherheitspfeilern vorzubeugen sein würde;

b) daß die wirtschaftliche Bedeutung des uneingeschränkten Abbaues der Mineralien die der Ansiedlung überwiegt.

2. In § 16 wird als Abs. 2 eingeschaltet:

Geht Bergbau unter dem zu besiedelnden Grundstücke oder in dessen Nähe um, so ist von dem Antrage auch der zuständige Bergrevierbeamte in Kenntnis zu setzen. Dieser hat den beteiligten Bergwerksbesitzern den Antrag unter Hinweis auf die Befugnis, innerhalb der im vorstehenden Absatz bestimmten Frist Einspruch auf Grund des § 15a bei der Ortspolizeibehörde zu erheben, bekannt zu machen.

3. Dem § 16 wird als Abs. 4 hinzugefügt:

Wenn der Einspruch auf Grund des § 15a erhoben wird, so ist die Ortspolizeibehörde zur Einholung einer gutachtlichen Äußerung der zuständigen Bergpolizeibehörde verpflichtet.

4. Der Eingang des § 17 erhält folgende Fassung:

Die Versagung der Genehmigung auf Grund des § 14 oder auf Grund erhobener Einsprüche (§§ 15, 15a) usw.

5. Dem § 17 wird als Abs. 4 hinzugefügt:

Erfolgt die Zurückweisung des Einspruchs im Falle des § 15a aus dem Grunde, weil die Bergpolizeibehörde das Stehenlassen von Sicherheitspfeilern nicht für notwendig erachtet, so unterliegt der Bescheid der Ortspolizeibehörde keiner weiteren Anfechtung.

6. Nach § 17 wird eingeschaltet:

§ 17a. Auf den dem Grundeigentum durch die Versagung der Ansiedlungsgenehmigung zugefügten Schaden finden, sofern sich diese Versagung auf einen Einspruch aus § 15a dieses Gesetzes stützt, die Bestimmungen der §§ 148—151 des Allgemeinen Berggesetzes vom 24. Juni 1865, GS. S. 705, Anwendung.

Die Verjährung des Anspruchs auf Schadensersatz beginnt mit Ablauf des Tages, an welchem der Versagungsbescheid endgültig oder rechtskräftig wird.

Der Grundstückseigentümer ist verpflichtet, auf Verlangen des Bergwerksbesitzers die Eintragung eines Vermerkes in das Grundbuch dahin zu bewilligen:

daß und für welche Grundfläche die Ansiedlungsgenehmigung auf Einspruch des Bergwerksbesitzers versagt und welche Entschädigung gezahlt worden ist.

7. Im § 19 erhält der Eingang des zweiten Satzes folgende Fassung:

Im übrigen finden die Bestimmungen der §§ 14 bis 17a usw.

Artikel II.

Die im Artikel I bestimmten Zusätze und Abänderungen werden

1. in das Gesetz, betr. die Verteilung der öffentlichen Lasten bei Grundstücksteilungen und die Gründung neuer Ansiedlungen in der Provinz Hannover, vom 4. Juli 1887, GS. S. 324,
2. in das Gesetz, betr. die Verteilung der öffentlichen Lasten bei Grundstücksteilungen und die Gründung neuer Ansiedlungen in der Provinz Schleswig-Holstein, vom 13. Juni 1888, GS. S. 243,
3. in das Gesetz, betr. die Gründung neuer Ansiedlungen in der Provinz Hessen-Nassau, vom 11. Juni 1890, GS. S. 173,

an den entsprechenden Stellen in sinngemäßer Fassung aufgenommen.

In dem zu 3 aufgeführten Gesetze werden im Abs. 2 des § 4 vor „der Ortspolizeibehörde“ die Worte „dem Landrat, in Städten“ und im Abs. 4 daselbst vor „die Ortspolizeibehörde“ die Worte „der Landrat, in Städten“ eingeschaltet.

Artikel III.

Mit der Ausführung dieses Gesetzes sind der Minister des Innern, der Minister der öffentlichen Arbeiten, der Minister für Landwirtschaft, Domänen und Forsten und der Minister für Handel und Gewerbe beauftragt.

---

19. Gesetz über das Deichwesen.

Vom 28. Januar 1848 (GS. S. 54). (Auszug.)

§ 1. Deiche[1]) oder ähnliche Erhöhungen der Erdoberfläche, welche die Ausbreitung der zeitweise aus ihren Ufern tretenden Gewässer beschränken, dürfen in der ganzen Breite, welche das Wasser bei der höchsten Überschwemmung einnimmt (Inundationsgebiet), nicht anders als mit ausdrücklicher Genehmigung der Regierung neu angelegt, verlegt, erhöht, sowie ganz oder teilweise zerstört werden.

Wer diesem Verbote zuwider handelt, soll polizeilich nicht nur mit einer Geldbuße bis zu fünfzig Talern bestraft, sondern auch, wenn es erforderlich ist, zur Wiederherstellung des früheren Zustandes angehalten werden.

Auf Schutzmaßregeln, welche in Notfällen für die Dauer der Gefahr getroffen werden, finden diese Vorschriften keine Anwendung.

§ 2. Vor Erteilung der Genehmigung (§ 1) hat die Regierung nach ihrem Ermessen in erheblicheren Fällen die Beteiligten zu hören.

---

[1]) Deiche sind künstliche Schutzdämme gegen die Fluten, ebensowohl des Meeres wie der Flüsse.

Der Unterschied zwischen Deichen und deichähnlichen Erhöhungen der Erdoberfläche besteht darin, daß erstere zum Schutz der Ländereien benachbarter Besitzer, wenn auch nicht notwendig ausschließlich zu diesem Zwecke bestimmt sein müssen, während unter letzteren, abgesehen von natürlichen Erhöhungen der Erdoberfläche, z. B. Dünen, solche Anlagen zu verstehen sind, die zwar zu einem anderen Zwecke bestimmt sind, allein ähnlich wie die Deiche auf das Ueberschwemmungsgebiet einwirken. OVG. 50[300].

Ist es ungewiß, welche Personen als beteiligt zu betrachten sind, so kann die Regierung eine öffentliche Aufforderung mit der Verwarnung erlassen, daß diejenigen, welche sich binnen der zu bezeichnenden Frist nicht gemeldet haben, mit späteren Einwendungen nicht mehr gehört werden sollen.

Eine solche Aufforderung ist zweimal in die Amtsblätter des Regierungsbezirks einzurücken, und in den betreffenden Gemeinden auf die ortsübliche Weise bekannt zu machen.

§ 3. Die Genehmigung zu einer Anlage, Verlegung oder Erhöhung (§ 1) ist zu versagen, wenn, nach dem Urteile der Regierung, das notwendige Abflußprofil des Hochwassers dadurch beschränkt werden würde.

§ 4[2]). Ist ein schon vorhandener, zum Schutz der Ländereien mehrerer Besitzer dienender Deich ganz oder teilweise verfallen, oder durch Naturgewalt zerstört, so kann die Regierung fordern, daß derselbe, nach ihrer Anweisung, bis zu derjenigen Höhe und Stärke wieder hergestellt werde, welche er früher gehabt hat.

Auch ist die Regierung berechtigt, in Ansehung der Deiche dieser Art diejenigen Maßregeln vorzuschreiben, welche erforderlich sind, um deren Erhaltung in ihrem bisherigen Umfange und Zustande zu sichern.

§ 5. Die Regierung ist ermächtigt, diejenigen, welche den Deich zu erhalten oder wiederherzustellen verpflichtet sind, hierzu durch Exekution anzuhalten.

§ 24[3]). Die Regierung ist befugt, eine solche Benutzung der Deiche, welche deren Widerstandsfähigkeit zu schwächen ge-

---

[2]) Nur auf Deiche, nicht auf deichähnliche Erhöhungen der Erdoberfläche bezieht sich die vorgesehene Befugnis des Bezirksausschusses, die Wiederherstellung bis zu der früheren Höhe und Stärke zu fordern, wogegen die Wegepolizeibehörde zuständig ist, die Wiederherstellung eines Wegedammes, der eine deichähnliche Erhöhung darstellt, in den bisherigen Abmessungen anzuordnen. OVG. 50[296].

[3]) Versagt der Regierungspräsident die deichpolizeiliche Genehmigung zur Errichtung eines Wohnhauses auf dem Deiche und ordnet die Entfernung desselben an, so übt er Befugnisse aus, welche nach dem geltenden Recht der örtlichen Deichpolizei zustehen. Denn die Errichtung eines Gebäudes gehört nicht zu einer nach dem gemeinen Rechte ohne weiteres erlaubten Benutzung eines Deiches, und sie zu verhindern oder nach Maßgabe der bestehenden Vorschriften zu genehmigen ist Sache der örtlichen Polizei. OVG. 45[334].

eignet ist, zu beschränken oder ganz zu untersagen. Werden hierdurch wohlerworbene Rechte eingeschränkt oder aufgehoben, so hat der zur Unterhaltung des Deichs Verpflichtete den Berechtigten zu entschädigen.

---

20. Gesetz zur Verhütung von Hochwassergefahren.

Vom 16. August 1905 (GS. S. 342). (Auszug.)

§ 1. Für die bei Hochwasser gefahrbringenden Wasserläufe[1]) wird das nicht hochwasserfrei eingedeichte Überschwemmungsgebiet, welches den Bestimmungen dieses Gesetzes unterliegen soll, festgestellt.

In diesem Gebiete dürfen nicht ohne Genehmigung

1. Erhöhungen der Erdoberfläche und über die Erdoberfläche hinausragende Anlagen (Deiche, Dämme, Gebäude, Mauern und sonstige bauliche Anlagen, Feldziegeleien, Einfriedigungen, Baum- und Strauchpflanzungen und ähnliche Anlagen) neu ausgeführt, erweitert, verlegt;
2. Deiche, deichähnliche Erhöhungen und Dämme ganz oder teilweise beseitigt werden.

Schutzmaßregeln, die in Notfällen für die Dauer der Gefahr getroffen werden, bedürfen keiner Genehmigung im Sinne dieses Gesetzes.

§ 3. Zuständig für die Genehmigung (§ 1) ist bei schiffbaren und besonders hochwassergefährlichen Wasserläufen der Bezirksausschuß, im übrigen der Kreis- (Stadt-) Ausschuß.

Vor der Beschlußfassung hat die Genehmigungsbehörde den Meliorationsbaubeamten und, wenn es sich um Unternehmungen im Überschwemmungsgebiete schiffbarer Wasserläufe handelt, die Strombauverwaltungsbehörde sowie in erheblicheren Fällen die Beteiligten, im übrigen, wenn dem Antrage Bedenken entgegenstehen, jedenfalls den Antragsteller zu hören.

Zu diesem Zwecke kann die Genehmigungsbehörde eine öffentliche Aufforderung mit der Verwarnung erlassen, daß die-

---

[1]) Nur solche, welche bei Hochwasser über die Ufer treten, Leben und Eigentum im Ueberschwemmungsgebiet gefährden. ME. vom 30. Juni 1906.

jenigen, welche sich binnen einer zu bezeichnenden Frist nicht gemeldet haben, mit späteren Einwendungen nicht mehr gehört werden sollen.

Die Aufforderung ist in die Kreisblätter einzurücken und in den betreffenden Gemeinden und Gutsbezirken auf ortsübliche Weise bekannt zu machen.

§ 4. Die Genehmigung darf nur aus Rücksichten des Hochwasserschutzes versagt oder an Auflagen und Einschränkungen geknüpft werden.

Die Genehmigung darf auch dann nicht versagt werden, wenn:

1. die zu errichtenden Anlagen an die Stelle von vorhandenen treten und durch den neuen Zustand der Abfluß des Hochwassers nicht mehr wie bisher erschwert wird;
2. die durch die Errichtung genehmigungspflichtiger Anlagen hervorgerufenen Einengungen des Hochwasserprofils durch eine auf Kosten der Antragsteller vorzunehmende anderweitige Regulierung wieder ausgeglichen werden.

§ 5. Anordnungen, welche erforderlich sind, um die Durchführung der im § 1 gegebenen Vorschriften zu sichern, trifft bei schiffbaren und besonders hochwassergefährlichen Wasserläufen der Regierungspräsident, bei anderen Wasserläufen der Landrat, in Stadtkreisen die Ortspolizeibehörde.

§ 13. Die Vorschriften dieses Gesetzes finden keine Anwendung

1. auf die Herzogtümer Bremen und Verden, soweit die Deichordnung vom 29. Juli 1743 Anwendung findet;
2. auf das Land Hadeln;
3. auf das Fürstentum Ostfriesland;
4. auf den zum Herzogtum Arenberg-Meppen gehörenden Bezirk der Stadt Papenburg;
5. auf die Schleswig-Holsteinschen Marschdistrikte, insoweit das Patent vom 29. Januar 1800 und das allgemeine Deichreglement vom 6. April 1803 Platz greifen.

21. Feld- und Forstpolizeigesetz.

Vom 1. April 1880 (GS. S. 230). (Auszug.)

§ 47. Wer in der Umgebung einer Waldung, welche mehr als einhundert Hektare in räumlichem Zusammenhange umfaßt, innerhalb einer Entfernung von fünfundsiebzig Metern[1]) eine Feuerstelle[2]) errichten will, bedarf einer Genehmigung derjenigen Behörde, welche für die Erteilung der Genehmigung zur Errichtung von Feuerstellen zuständig ist[3]). Vor der Aushändigung der Genehmigung darf die polizeiliche Bauerlaubnis nicht erteilt werden.

§ 48. Die Genehmigung der Behörde (§ 47) darf versagt oder an Bedingungen[4]), welche die Verhütung von Feuersgefahr bezwecken, geknüpft werden, wenn aus der Errichtung der Feuerstelle eine Feuersgefahr[5]) für die Waldung zu besorgen ist.

Die Genehmigung darf nicht versagt werden, wenn die Feuerstelle innerhalb einer im Zusammenhange gebauten Ortschaft, oder vom Waldeigentümer, oder in der Ausführung eines Enteignungsrechts errichtet werden soll; jedoch darf die Genehmigung an Bedingungen geknüpft werden, welche die Verhütung von Feuersgefahr bezwecken.

---

[1]) Die Umwallung eines Waldes bildet einen Teil der Waldung im Sinne vorstehender Bestimmung. Ein solcher Grenzwall, mag er mit Bäumen besetzt oder nur mit Heidekraut bewachsen sein, ist weder rechtlich noch wirtschaftlich von dem Wald, den er umgibt, verschieden, sondern ein Teil des Waldes, durch dessen Anlage der Eigentümer die 75 m breite gesetzliche Schutzzone nicht einengt. OVG. 28[386].

[2]) Unter Feuerstelle ist die gesamte, mit einer Feuerstelle versehene bauliche Anlage, das Haus als Einheit zu verstehen. OVG. 28[386].

[3]) In den östlichen Provinzen die Ortspolizeibehörde.

[4]) Die Bedingung, nach der dem Forstschutzpersonal jederzeit gestattet sein soll, das Grundstück zur Kontrolle der vorgeschriebenen Vorsichtsmaßregeln zu betreten, ist unzulässig. OVG. 44[412].

Die Auffassung, daß die Errichtung einer Feuerstelle nicht untersagt werden dürfe, weil das Haus in den Grenzen eines nach dem Gesetz vom 2. Juli 1875 festgestellten Bebauungsplanes erbaut werden solle, ist unzutreffend. OVG. 28[384].

[5]) Bei der Feuersgefahr handelt es sich um eine solche, die aus der Errichtung der Feuerstelle entsteht, durch das Brennen von Feuer in der geplanten Ansiedlung hervorgerufen wird, nicht um unvorsichtige Handlungen von Personen außerhalb des Wohnplatzes, die diesen vorher besucht haben oder besuchen wollen und ohne Errichtung des Hauses vielleicht nicht in die Gegend gekommen wären. OVG. 29[422].

§ 49. Der Antrag auf Erteilung der Genehmigung ist dem Waldeigentümer, falls dieser nicht der Bauherr ist, mit dem Bemerken bekannt zu machen, daß er innerhalb einer Frist von einundzwanzig Tagen bei der Behörde (§ 47) Einspruch erheben könne.

Der erhobene Einspruch ist von der Behörde (§ 47), geeignetenfalls nach Anhörung des Antragstellers und des Waldeigentümers, sowie nach Aufnahme des Beweises zu prüfen.

§ 50. Die Versagung der Genehmigung, die Erteilung der Genehmigung unter Bedingungen, sowie die Zurückweisung des erhobenen Einspruchs erfolgt durch einen Bescheid der Behörde, welcher mit Gründen zu versehen und dem Antragsteller, sowie dem Waldeigentümer zu eröffnen ist.

Gegen den Bescheid steht dem Antragsteller, sowie dem Waldeigentümer innerhalb einer Frist von [zehn Tagen] zwei Wochen[6]) die Klage im Verwaltungsstreitverfahren offen. Zuständig ist

a) der Kreisausschuß, wenn der Bescheid von der Ortspolizeibehörde eines Landkreises [oder in der Provinz Hessen-Nassau von dem Amtmann] erteilt worden ist;

b) [das Verwaltungsgericht] der Bezirksausschuß, wenn der Bescheid vom Landrat ([Amtshauptmann] Oberamtmann) oder von der Ortspolizeibehörde eines Stadtkreises, in der Provinz Hannover von der Polizeibehörde einer selbständigen Stadt erteilt worden ist.

§ 51. Wer vor Erteilung der vorgeschriebenen Genehmigung mit der Errichtung einer Feuerstelle beginnt, wird mit Geldstrafe bis zu einhundertundfünfzig Mark oder mit Haft bestraft. Auch kann die Behörde (§ 47) die Weiterführung der Anlage verhindern und die Wegschaffung der errichteten Anlage anordnen.

§ 52. Die Bestimmungen des Gesetzes vom 25. August 1876, betreffend die Verteilung der öffentlichen Lasten bei Grundstücksteilungen und die Gründung neuer Ansiedlungen usw. (GS. S. 405) werden durch das gegenwärtige Gesetz nicht berührt.

[Ist zu der Errichtung der Feuerstelle (§ 47) eine Ansiedlungsgenehmigung erforderlich, so ist in dem Geltungsbereiche des vorstehend genannten Gesetzes das Verfahren nach den §§ 48

---

6) LVG. § 51.

bis 50 des gegenwärtigen Gesetzes mit dem Verfahren nach den §§ 13 bis 17 des Gesetzes vom 25. August 1876 zu verbinden] [7]).

---

22. Gesetz gegen die Verunstaltung landschaftlich hervorragender Gegenden.

Vom 2. Juni 1902 (GS. S. 159).

Die Landespolizeibehörden sind befugt, zur Verhinderung der Verunstaltung landschaftlich hervorragender Gegenden solche Reklameschilder und sonstige Aufschriften und Abbildungen, welche das Landschaftsbild verunzieren, außerhalb der geschlossenen Ortschaften durch Polizeiverordnung auf Grund des Gesetzes über die allgemeine Landesverwaltung vom 30. Juli 1883 (GS. S. 195) zu verbieten und zwar auch für einzelne Kreise oder Teile derselben.

---

23. Verfügung des Ministers des Innern vom 16. Juni 1902, betr. die Verunstaltung landschaftlich hervorragender Gegenden.

(MBl. i. V. S. 132.)

Durch das Gesetz gegen die Verunstaltung landschaftlich hervorragender Gegenden vom 2. Juni d. J. (GS. S. 159) sind die Landespolizeibehörden für befugt erklärt worden, zur Verhinderung der Verunstaltung landschaftlich hervorragender Gegenden solche Reklameschilder und sonstige Aufschriften und Abbildungen, welche das Landschaftsbild verunzieren, außerhalb der geschlossenen Ortschaften durch Polizeiverordnung auf Grund des Gesetzes über die allgemeine Landesverwaltung vom 30. Juli 1883 zu verbieten und zwar auch für einzelne Kreise oder Teile derselben.

---

[7]) Wenn auch mit Aufhebung des § 2 Abs. 2 die Notwendigkeit weggefallen ist, das in den §§ 47 ff. dieses Gesetzes vorgesehene Verfahren mit dem Ansiedlungsverfahren zu verbinden, so wird doch dadurch die Zulässigkeit einer solchen Verbindung für das Anwendungsgebiet des Ansiedlungsgesetzes vom $\frac{\text{25. August 1876}}{\text{10. August 1904}}$ nicht ausgeschlossen, wie dieses schon vor dem im Geltungsbereiche der anderen provinziellen Ansiedlungsgesetze nicht der Fall war. OVG. 47 [403].

Ich bemerke hierzu folgendes:

1. Das Gesetz bricht auf einem wichtigen Gebiet mit dem Grundsatz, daß der Schutz ästhetischer Interessen nicht Aufgabe der Polizeibehörden ist, und unterstellt den Schutz landschaftlich hervorragender Gegenden gegen bestimmte Verunstaltungen der polizeilichen Obhut. Es begründet eine Befugnis lediglich für die Landes-, nicht für die Ortspolizeibehörden. . . .
2. Das Gesetz ermächtigt die Landespolizeibehörden zum Erlasse des angegebenen Verbots im Wege der Polizeiverordnung. Ohne eine solche ist ein Vorgehen gegen die einzelnen, das Landschaftsbild verunzierenden Aufschriften usw. unzulässig. Auf die zu erlassenden Polizeiverordnungen finden die Bestimmungen des Landesverwaltungsgesetzes über das Polizeiverordnungsrecht des Regierungspräsidenten Anwendung. . . .
4. Ob eine Aufschrift usw. dem Verbote der Polizeiverordnung unterliegt, läßt sich nur im einzelnen Falle beurteilen. Entscheidend ist, ob die Aufschrift, insbesondere durch ihre Größe und die Art ihrer Ausführung, eine Verunstaltung des Landschaftsbildes enthält. Eine Beschränkung auf Aufschriften usw. bestimmten Inhalts enthält das Gesetz nicht, indessen ist bei Aufschriften, die als Reklameschilder nicht angesehen werden können, besonders sorgfältig zu prüfen, ob sie durch ihre Ausführung usw. die Landschaft verunzieren. In dieser Hinsicht scheinen nach den Verhandlungen im Abgeordnetenhause früher Mißgriffe vorgekommen zu sein. Mit besonderer Vorsicht sind die Anzeigen zu behandeln, mit welchen Ortseingesessene ihre Interessen publizieren; derartige Aufschriften werden in der Regel keine Verunstaltung des Landschaftsbildes darstellen.

---

24. Gesetz gegen die Verunstaltung von Ortschaften und landschaftlich hervorragenden Gegenden.

Vom 15. Juli 1907[1]) (GS. S. 260).

§ 1. Die baupolizeiliche Genehmigung zur Ausführung von Bauten und baulichen Änderungen ist zu versagen, wenn

[1]) Hierzu Anweisung zur Ausführung des Gesetzes gegen die Verunstaltung von Ortschaften und landschaftlich hervorragenden Gegenden vom 15. Juli 1907. — Maßnahmen gegen bauliche Verunstaltungen in Stadt und Land vom 10. Januar 1908. Dieses Gesetz bedeutet einen

dadurch Straßen oder Plätze der Ortschaft oder das Ortsbild gröblich verunstaltet werden würden[2]).

§ 2. Durch Ortsstatut[3]) kann für bestimmte Straßen und Plätze von geschichtlicher oder künstlerischer Bedeutung vorgeschrieben werden, daß die baupolizeiliche Genehmigung zur Ausführung von Bauten und baulichen Änderungen zu versagen ist, wenn dadurch die Eigenart des Orts- oder Straßenbildes beeinträchtigt werden würde. Ferner kann durch Ortsstatut vorgeschrieben werden, daß die baupolizeiliche Genehmigung zur Ausführung baulicher Änderungen an einzelnen Bauwerken von geschichtlicher oder künstlerischer Bedeutung und zur Ausführung von Bauten und baulichen Änderungen in der Umgebung solcher Bauwerke zu versagen ist, wenn ihre Eigenart oder der Eindruck, den sie hervorrufen, durch die Bauausführung beeinträchtigt werden würde.

Wenn die Bauausführung nach dem Bauentwurfe dem Gepräge der Umgebung der Baustelle im wesentlichen entsprechen würde und die Kosten der trotzdem auf Grund des Ortsstatuts geforderten Änderungen in keinem angemessenen Verhältnisse zu den dem Bauherrn zur Last fallenden Kosten der Bauausführung stehen würden, so ist von der Anwendung des Ortsstatuts abzusehen.

§ 3. Durch Ortsstatut kann vorgeschrieben werden, daß die Anbringung von Reklameschildern, Schaukästen, Aufschriften und Abbildungen der Genehmigung der Baupolizeibehörde bedarf. Die Genehmigung ist unter den gleichen Voraussetzungen zu ver-

---

ungemein scharfen Eingriff in das Privateigentum; man muß meines Erachtens bei Anwendung desselben mit großer Vorsicht zu Werke gehen. Ich halte es für bedenklich, daß die Initiative in die Hand der Gemeindebehörde und Ortspolizei gelegt ist.

[2]) Der Begriff der Verunstaltung ist derselbe wie in §§ 66, 71 I 8 ALR., nur gilt jetzt die Bestimmung für die ganze Monarchie. Neu eingeführt ist der Begriff der Verunstaltung des „Ortsbildes". Entscheidend für den Begriff der Verunstaltung werden die ergangenen Entscheidungen des Oberverwaltungsgerichts bleiben, auch wenn hier nicht der Ausdruck „grobe" Verunstaltung, sondern „gröbliche" Verunstaltung gewählt ist. Vgl. ALR. 11 Anm. 7.

[3]) Der Gemeindebehörde ist hiermit ein sehr weitgehendes Recht verliehen worden. Der Begriff der „Eigenart des Orts- und Straßenbildes" kann in weitgehendster Weise interpretiert werden. Meines Erachtens werden sich unhaltbare Zustände aus einer derartigen, fast uneingeschränkten Berechtigung ergeben müssen.

sagen, unter denen nach den §§ 1 und 2 die Genehmigung zu Bauausführungen zu versagen ist.

§ 4. Durch Ortsstatut können für die Bebauung bestimmter Flächen, wie Landhausviertel, Badeorte, Prachtstraßen, besondere, über das sonst baupolizeilich zulässige Maß hinausgehende Anforderungen gestellt werden.

§ 5. Der Beschlußfassung über das Ortsstatut hat in den Fällen der §§ 2 und 4 eine Anhörung Sachverständiger vorauszugehen.

§ 6. Sofern in dem auf Grund des § 2 erlassenen Ortsstatute keine anderen Bestimmungen getroffen werden, sind vor Erteilung oder Versagung der Genehmigung Sachverständige und der Gemeindevorstand zu hören. Will die Baupolizeibehörde die Genehmigung gegen den Antrag des Gemeindevorstandes erteilen, so hat sie ihm dieses durch Bescheid mitzuteilen. Gegen den Bescheid steht dem Gemeindevorstand innerhalb zwei Wochen die Beschwerde an die Aufsichtsbehörde zu.

In Gemeinden, in denen der Gemeindevorstand nicht aus einer Mehrheit von Personen besteht und der Gemeindevorsteher (Bürgermeister) zugleich Ortspolizeiverwalter ist, tritt an die Stelle des Gemeindevorstandes, sofern nicht in dem Ortsstatut etwas anderes bestimmt wird, der Gemeindebeamte, welcher den Gemeindevorsteher in Behinderungsfällen zu vertreten hat.

§ 7. Für selbständige Gutsbezirke können die dem Ortsstatute vorbehaltenen Vorschriften nach Anhörung des Gutsvorstehers von dem Kreisausschuß erlassen werden. Der Beschluß des Kreisausschusses bedarf der Bestätigung des Bezirksausschusses. Die Bestimmungen des § 2 Abs. 2, § 5 und § 6 finden sinngemäß Anwendung.

§ 8. Der Regierungspräsident ist befugt, mit Zustimmung des Bezirksausschusses für landschaftlich hervorragende Teile des Regierungsbezirkes vorzuschreiben, daß die baupolizeiliche Genehmigung zur Ausführung von Bauten und baulichen Änderungen außerhalb der Ortschaften versagt werden kann, wenn dadurch das Landschaftsbild gröblich verunstaltet werden würde und dies durch die Wahl eines anderen Bauplatzes oder eine andere Baugestaltung oder die Verwendung anderen Baumaterials vermieden werden kann.

Vor Versagung der Genehmigung sind Sachverständige und der Gemeindevorstand zu hören. In Gemeinden, in denen der Gemeindevorstand nicht aus einer Mehrheit von Personen besteht und der Gemeindevorsteher (Bürgermeister) zugleich Ortspolizeiverwalter ist, tritt an die Stelle des Gemeindevorstandes, sofern nicht durch Ortsstatut etwas anderes bestimmt wird, der Gemeindebeamte, welcher den Gemeindevorsteher in Behinderungsfällen zu vertreten hat.

25. Verfügung des M. d. ö. A. vom 14. August 1908, betreffend die Eindeckung der Dächer von Wohn- und Wirtschaftsgebäuden städtischer und ländlicher Ortschaften mit Zementplatten.

(MBl. i. V. 1908 S. 187.)

In Städten wie ländlichen Ortschaften werden neuerdings zur Eindeckung der Dächer von Wohn- und Wirtschaftsgebäuden vielfach Zementplatten verwendet und aus diesen durch verschiedene Farben allerlei Figuren, Jahreszahlen und Buchstaben großen Maßstabes gebildet. Derartige Dächer gewähren durch ihre bunten und unruhigen Flächen in den meisten Fällen einen geradezu häßlichen Anblick. Die Tatsache, daß besonders auf dem platten Lande diese Dacheindeckungen immer gebräuchlicher werden, veranlaßt mich, darauf hinzuweisen, daß § 1 des Gesetzes gegen die Verunstaltung von Ortschaften usw. vom 15. Juli v. J. (GS. S. 260) mir geeignete Handhabe bietet, um derartigen Bauausführungen entgegen zu treten, wenn sie die Straßen der Ortschaft oder das Ortsbild gröblich verunstalten. Ew. Tit. ersuche ich, die Ortspolizeibehörden gefälligst mit entsprechender Anweisung zu versehen, soweit dies noch erforderlich sein sollte. Ich mache noch besonders darauf aufmerksam, daß es sich für die Polizeibehörden empfiehlt, die Frage der Dacheindeckung bereits bei der Erteilung der Bauerlaubnis zu prüfen, um zu vermeiden, daß ein Verbot zur Benutzung von Zementplatten in der oben beschriebenen Art erst nach der Beschaffung des Materials durch den Bauenden erlassen wird.

26. Gesetz über die Zuständigkeit der Verwaltungs- und Verwaltungsgerichtsbehörden.

Vom 1. August 1883 (GS. S. 237). (Auszug.)

Baupolizei.

§ 143. Der Bezirksausschuß beschließt über die Anwendung der in den Städten geltenden feuer- und baupolizeilichen Vorschriften bei Gebäuden auf solchen zum platten Lande gehörigen Grundstücken, welche innerhalb der Städte oder im Gemenge mit städtischen bebauten Grundstücken liegen, gemäß den Vorschriften der Verordnung vom 17. Juli 1846 (GS. S. 399).

§ 144. Über die Anwendung der Bestimmungen der Verordnung vom 21. Dezember 1846, betreffend die bei dem Bau von Eisenbahnen beschäftigten Handarbeiter (GS. 1847 S. 21), auf andere öffentliche Bauausführungen (Kanal- und Chausseebauten usw.) gemäß § 26 der gedachten Verordnung beschließt:

1. insoweit es sich um Bauten der Kreise, Amts-, Wegeverbände oder Gemeinden handelt, der Regierungspräsident unter Zustimmung des Bezirksausschusses;
2. insoweit es sich um Bauten des Provinzialverbandes handelt, der Oberpräsident unter Zustimmung des Provinzialrats;
3. für den Stadtkreis Berlin der Oberpräsident.

§ 145. Über Dispense von Bestimmungen der Baupolizeiordnungen beschließt nach Maßgabe dieser Ordnungen der Kreisausschuß, in Stadtkreisen und in den zu einem Landkreise gehörigen Städten von mehr als 10000 Einwohnern der Bezirksausschuß, soweit die Angelegenheit nicht nach diesen Ordnungen zur Zuständigkeit anderer Organe gehört. Verfügungen der letzteren unterliegen der Anfechtung nur im Wege der Beschwerde an die Aufsichtsbehörde.

Der Bezirksausschuß tritt in betreff der Zuständigkeit zur Erteilung von Dispensen in allen Fällen an die Stelle der Bezirksregierung.

Zur Einlegung der Beschwerde gegen den Beschluß ist auch die zur Erteilung der Bauerlaubnis zuständige Behörde befugt, welcher der Beschluß zuzustellen ist.

Gegen den Beschluß des Bezirksausschusses in erster Instanz findet die Beschwerde an den Minister der öffentlichen Arbeiten statt.

§ 146. Die §§ 17 und 18 des Gesetzes, betreffend die Anlegung und Veränderung von Straßen und Plätzen in Städten und ländlichen Ortschaften, vom 2. Juli 1875 (GS. S. 561) werden aufgehoben.

Die Wahrnehmung der in den §§ 5, 8, 9 a. a. O. dem Kreisausschusse beigelegten Funktionen liegt für den Stadtkreis Berlin dem Minister der öffentlichen Arbeiten, für die übrigen Stadtkreise, sowie für die zu einem Landkreise gehörigen Städte mit mehr als 10000 Einwohnern dem Bezirksausschusse ob. Die Bestätigung der Statuten nach den §§ 12 und 15 a. a. O. erfolgt für den Stadtkreis Berlin durch den Minister des Innern.

Dritter Teil.

27. Revidierte Unfallverhütungsvorschriften für die Nordöstliche Baugewerks-Berufsgenossenschaft.

(Beschlossen von der Genossenschaftsversammlung zu Stettin am 23. Juni 1898, in der Fassung des Nachtrages vom 21. Juni 1901.) (Auszug.)

A. Unfallverhütungsvorschriften für Betriebsinhaber, Regiebauunternehmer und Selbstversicherer.

b) Abbrucharbeiten.

§ 6. Beim Abbruch alter Gebäude darf ein Umwerfen ganzer Wände, Schornsteine usw. nur unter gewissenhafter fachmännischer Aufsicht und mit Beobachtung aller Vorsichtsmaßregeln stattfinden.

Bemerkung.

Abbrucharbeiten auf Brandstellen bedürfen besonderer Vorsicht.

§ 7. Das Umreißen von Pfeilern, Wänden, Schornsteinen usw. durch Taue ist verboten, und darf das Umwerfen solcher Gebäudeteile niemals nach innen auf Balkenlagen und Einschubdecken bewirkt werden.

§ 7a. Freigelegte Wände der Nachbargrundstücke sind in genügender Weise abzusteifen oder die beiderseitigen Nachbargrundstücke durch Verspreizungen zu sichern.

§ 8. Hervorstehende Nägel in jedem Holzwerk sind möglichst vor dem Transport, unter allen Umständen aber vor der weiteren Benutzung des Holzwerks, zu beseitigen oder umzuschlagen.

§ 9. Bei Benutzung der Steinrutsche muß diese geschlossen sein, und darf das Material aus derselben während des Betriebes nicht mit der Hand entfernt werden.

c) Erdausschachtungen.

§ 10. Gräben und Baugruben müssen genügend schräge Böschung haben oder gut abgesteift sein.

§ 11. Neben vorhandenen Gebäuden sind der Bodenaushub und die Aufmauerung der neuen Fundamente erst nach Anbringung der erforderlichen Absteifung vorzunehmen.

§ 12. Sollen die neuen Fundamente tiefer geführt werden, als die nachbarlichen sind, so ist das Ausschachten und die Herstellung des neuen Fundaments stückweise zu bewirken und das nachbarliche Gebäude in sachgemäßer Weise zu sichern.

d) Feststehende Rüstungen.

§ 13. Rüstungen, sowohl stehende wie hängende oder auch auf sogenannten Auslegern befindliche, müssen nach fachmännischen Grundsätzen und dem jedesmaligen Zweck entsprechend in genügender Festigkeit hergerichtet werden, wobei nur gutes, gesundes Material verwendet werden darf, welches von dem aufsichtführenden Polier (Gesellen) vor dem Aufbau des Hauses zu prüfen ist.

§ 14. Die Gerüststangen müssen mit Neigung nach der zu berüstenden Front in die Erde eingegraben oder in anderer Weise so befestigt werden, daß sie unten nicht ausweichen können.

Sobald diese Stangen durch Pfropfstangen verlängert werden, sind dieselben auch noch anderweitig zu befestigen — etwa an im Mauerwerk festhaftende Anbinderinge oder durch Strebstangen. Ferner müssen die Gerüste, wenn die bezüglichen Stockwerkshöhen nicht ein geringeres Maß bedingen, mindestens von fünf zu fünf Metern mit (horizontalen) Streichstangen versehen werden, und letztere bei besonders schwerer Belastung (Aufmauerung der Frontwände) außer der Befestigung mit Hanfseilen oder Gerüstdraht bzw. Würgen noch durch untergenagelte Knaggen, Eisenklammern oder Steifhölzer usw. unterstützt werden. Gegen Längen- bzw. Seitenverschiebung der Gerüste müssen genügend starke Verschwertungen (Diagonalverstrebungen) angebracht werden.

§ 15. Zum Anbinden von Rüstzeug an eiserne Säulen dürfen nur Hanfstricke verwandt werden, Rüstdraht ist hierzu in keiner Form zu verwenden.

Das bei Aufstellung von Gerüsten zu verwendende Bindezeug darf nicht durch öfteren Gebrauch oder Witterungseinflüsse schadhaft geworden sein; dasselbe muß bei länger stehenden Gerüsten hierauf und zwar mindestens alle drei Monate durch den aufsichtführenden Polier (Gesellen) untersucht werden.

Eine solche Untersuchung hat auch stets vor Neubenutzung des Gerüstes stattzufinden, wenn solches längere Zeit außer Gebrauch war.

§ 16. Die Gerüstbretter müssen eine der Belastung entsprechende Stärke besitzen und sind so zu verlegen, daß sogenannte Wippen vermieden werden und ein Herunterfallen von Materialien usw. verhindert wird.

Leere Zementtonnen sind zu Stellagen oder Bockgerüsten nicht zu verwenden.

§ 17. Bei Benutzung von nicht vollständig belegten Rüstungen in Räumen müssen, wenn mehrere Arbeiter auf denselben beschäftigt sind, die Bretter so gelegt werden, daß die Arbeiter sich ausweichen können.

§ 18. Bei Rüstungen zur Aufmauerung von Wänden, Putzen von Außenwänden usw. müssen diejenigen Rüstbeläge, auf welchen gearbeitet wird, und die darunter liegenden voll belegt sein, an der Außenseite der ersteren muß ein Brett hochkantig auf dem Belag befestigt und darüber in 70—80 cm Höhe ein Brett als Brüstung angebracht werden.

e) Transportable Rüstungen.

§ 19. Hänge- (Rahmen-) Gerüste, soweit sie überhaupt behördlich gestattet sind, sowie Leitergerüste sind nur bei Anstreicherarbeiten und kleineren Reparaturarbeiten zulässig. Die Hängegerüste müssen in gesunden, genügend starken Seilen oder Ketten hängen, welche mit dem Gerüst und den Flaschenzügen sicher verbunden sind, so daß ein Aushängen, Ausgleiten, Abspringen der Seile oder Ketten ausgeschlossen ist. Das untere Seil- oder Kettenende, falls es nicht an einer Welle mit Hemmung befestigt ist, muß besonders sorgfältig befestigt werden.

Auf Hänge- und Leitergerüsten müssen leicht kippende Gefäße, z. B. Farben- und Wassergefäße und dgl., gegen Umkippen und Herabfallen geschützt werden.

§ 20. Auf Hänge- und Leitergerüsten sind über dem Zwischenboden derselben, auf welchem gearbeitet wird, nach außen ein hochkantig angebrachtes Schutzbrett und nach innen eine Schutzlatte in Höhe von 90 cm anzubringen.

f) Leitern, Leitergänge usw.

§ 21. Die Leitern (Bäume wie Sprossen) müssen aus gesundem, nicht überspähnigem Holze ohne größere Aeste bestehen und nach ihrer Aufstellung so befestigt werden, daß sie weder unten abrutschen noch oben überschlagen können.

Ferner müssen die Leitern — senkrecht gemessen — mindestens 80 cm über den Austritt hervorragen, was durch eine an einen der Leiterbäume anzunagelnde Latte bewirkt werden kann; wo erforderlich, sind die Leitern gegen das Durchbiegen und seitliches Schwanken fest abzusteifen.

§ 22. Wenn Leitern einzeln nicht ausreichen, so müssen dieselben stets derartig verbunden werden, daß die obere Leiter mit ihrem breiten Ende (in genügender Länge) mit gutem und fehlerfreiem Bindematerial an die untere Leiter befestigt wird.

§ 23. Leitergänge dürfen, wo irgend möglich, nicht so übereinander liegen, daß herunterfallende Gegenstände die unteren Leitergänge treffen können.

g)*) Abdeckungen und Arbeiten auf Balkenlagen usw. und Arbeiten in der Nähe von Maschinen usw.

§ 24. Bis zur Aufstellung der Treppen sind die Oeffnungen, bzw. ihre Zugänge und sonstige Oeffnungen, wie Lichtschächte, Aufzüge usw., in den Balkenlagen bzw. Gewölbedecken sicher mit Brettern abzudecken oder aber mit hinreichend festem Brustgeländer einzufriedigen. In gleicher Weise müssen Kalkgruben und andere Vertiefungen (Kellereingänge usw.) gegen Hineinstürzen gesichert werden.

§ 25. Jede Balkenlage ist nach ihrer Verlegung sofort auszustaken oder abzudecken. Vorgestreckte Schichten des Mauerwerks in Höhe der Geschoßgleiche sind erst nach Verlegen der Balken bzw. Trägerlagen auszuführen. Während der Aufbringung der Balkenlage oder der Dachverbandhölzer hat in der Regel jede

---

*) Hier ist auch zu erinnern an den Beschluß des Vorstandes der Sektion I der N. B. B. vom 17 Januar 1906: Bei allen Massivdecken mit und ohne Eiseneinlagen ist die Einschalung so herzustellen, daß die Entfernung der Einschalung nicht durch Wegschlagen der Stützen geschieht, weil dadurch eine Hebelwirkung eintritt. Die Einschalung ist vielmehr im ganzen Umfange der Decke gleichmäßig und sach- und fachgemäß zu lösen.

Beschäftigung unter dem zunächst darunter liegenden Stockwerk zu ruhen.

§ 26. Das Abbinden von Balkenlagen und Dachstühlen darf nicht am Orte der Verwendung, sondern nur auf ebener Erde geschehen.

§ 27. Treppenläufe dürfen nicht mit Bau- oder Rüstmaterial belegt werden.

§ 28. Vor Ausführung von Bauarbeiten in der Nähe von im Gange befindlichen Triebwerken (Maschinen, Rädern, Wellenleitungen) sind die letzteren mit Schutzvorrichtungen zu verkleiden.

h) Rammarbeiten.

§ 29. Bei Rammarbeiten ist der Platz vor der Ramme für Arbeiter möglichst freizuhalten.

i) Für Bauklempner, Dachdecker, Bauglaser und Baumaler.

§ 30. Bei steilen — eingeschalten oder schon eingedeckten — Dächern ist darauf zu achten, daß die darauf arbeitenden Gesellen oder Arbeiter usw., sofern sie ohne Rüstung arbeiten, stets durch ein Tau usw. vor dem Herabfallen geschützt sind. Dasselbe muß auch geschehen bei Dächern, deren Neigung bis zu 25° heruntergeht, wenn bei Verlegung oder Reparatur der Dachrinne ein Herantreten bis dicht an die Traufkante erforderlich wird und ebenso bei ganz flachen Dächern, wenn das abzudeckende Hauptgesims bei der sogenannten Attika tiefer liegt, als die Oberkante der Frontwand.

§ 31. Neueindeckungen von Glasdächern dürfen nur ausgeführt werden, wenn sich unter denselben Gerüste befinden, welche mit Brettern fest abgedeckt sind.

Reparaturen von Glasdächern dürfen nur von sicher befestigten Leitern aus vorgenommen werden, und müssen die damit beschäftigten Arbeiter in jedem Falle durch ein um den Leib befestigtes Tau gegen Hinabfallen gesichert sein.

§ 32. Vorstehende §§ 30 und 31 werden außer Kraft gesetzt (soweit sie sich auf Dächer mit einem Neigungswinkel von mehr als 25° beziehen), wenn Arbeiten an solchen Dächern ausgeführt werden, welche

a) mit haltbaren Schutzgittern (Schneefängen aus Eisen oder genügend starken Brettern) von mindestens 25 cm Höhe versehen sind,

b) in der Nähe der Schornsteine zum Begehen des Daches Laufbohlen haben und

c) bei über 35^0 Neigungswinkel in genügender Anzahl mit Leiterhaken versehen sind.

§ 33. Zum Auftauen von Rohrleitungen usw. sind Einrichtungen zu treffen, welche eine Explosionsgefahr nach Möglichkeit ausschließen.

k) Für Steinsprenger, Steinschläger usw.

§ 34. Beim Sprengen von Steinen ist die Verwendung eiserner Ladestöcke verboten; das Laden hat mittelst bronzener oder kupferner Stöcke zu erfolgen.

Arbeiter, welche mit Steinsprengen nicht vertraut sind, besonders jugendliche Arbeiter sind dazu nicht zu verwenden.

l) Für Brunnenbauer.

§ 35. Beseitigung der schlechten Luft.

Vor dem Einfahren oder Einsteigen in jeden Brunnen, ohne Rücksicht auf seine geringere oder größere Tiefe, muß festgestellt werden, daß sich in ihm keine schlechte Luft befindet. Dieses geschieht am einfachsten durch langsames Hinablassen einer gewöhnlichen Laterne mit brennendem Licht; in schlechter Luft geht das Licht aus.

Um die schlechte Luft im Brunnen zu verdrängen, sind Luftpumpen oder Ventilatoren zu verwenden. Fehlen derartige Einrichtungen, so hat die Verdrängung der schlechten Luft durch Eingießen, am besten heißes Wasser, oder durch Hinablassen eines Eimers mit ungelöschtem Kalk, der kurz zuvor mit kaltem Wasser zu begießen ist, zu geschehen.

§ 36. Ausschachtung neuer Brunnenkessel.

Brunnenkessel mit quadratischem Querschnitt müssen unter allen Umständen ausgeschalt werden. Ob und wie weit ein Brunnen mit rundem Querschnitt in festem Boden ohne Schalung ausgeschachtet werden kann, muß der Beurteilung des betreffenden Brunnenbauers überlassen bleiben; es ist daher unbedingt erforderlich, daß in Abwesenheit desselben die Arbeiten im Brunnenkessel von einem fachmännisch ausgebildeten Gehilfen ausgeführt bzw. beaufsichtigt werden.

§ 37. Zurückbau der Verschalung.

Beim Schurzschacht darf nach dem Aufmauern des Brunnenkessels jedesmal nur ein Ring des Schurzholzes und zwar erst dann fortgenommen werden, wenn das Mauerwerk bis an die Unterkante des Ringes fest hinterfüllt ist.

Wenn bei sehr losem Boden, Gerölle usw. die Wegnahme auch nur eines Schurzringes gefährlich werden kann, so darf die Brunnenschalung auf die Höhe dieser Bodenschicht nicht entfernt, sondern muß verschüttet werden. Beim Getriebsschacht muß die Hinterfüllung eines Feldes bis an den nächsten horizontal liegenden Rahmen hergestellt werden, ehe die vertikal stehende Brunnenschalung beseitigt wird. (Die Bretter der letzteren lassen sich einzeln bequem nach der Hinterfüllung herausziehen.) In jedem Falle muß aber der hinterfüllte Boden festgestampft werden.

§ 38. Windevorrichtung und Werkzeuge.

Die zu Boden- usw. und Materialförderung dienenden Leitseile müssen mit Karabiner- oder einem anderen Sicherheitshaken und die Winden mit Sperrvorrichtungen versehen sein.

Auf- und Abklettern an Tauen, Leinen, Ketten usw. ist ohne Erlaubnis des Betriebsunternehmers oder seines Stellvertreters untersagt.

Materialienaufzüge dürfen nicht zur Beförderung von Menschen benutzt werden.

m) Maschinenbetriebe.

§ 39. Mit der Wartung und Bedienung von Kraftmaschinen und Arbeitsmaschinen, als Dampframmen, Winden, Pumpen und Mörtelmaschinen usw., dürfen nur bestimmte und eingeübte Arbeiter beschäftigt werden. Anderen Arbeitern ist die Benutzung und der Zutritt zu den Maschinen ohne Aufsicht und Erlaubnis des Betriebsunternehmers oder seines Stellvertreters untersagt. Die Maschinenteile, welche zu Unfällen Veranlassung geben können, als Zahnräder usw., sind mit genügenden Schutzmitteln zu versehen.

p) Strafbestimmungen.

§ 42. Die Genossenschaftsmitglieder und Selbstversicherten, welche den Unfallverhütungsvorschriften zuwiderhandeln, können mit einer Geldstrafe bis zu eintausend Mark belegt oder mit ihren Betrieben in eine höhere Gefahrenklasse eingeschätzt oder, falls sich ihre Betriebe bereits in der höchsten Gefahrenklasse befinden, mit Zuschlägen bis zum doppelten Betrage ihrer Beiträge belegt werden. (§ 112 Absatz 1 Ziffer 1 und § 116 des Gewerbe-Unfallversicherungsgesetzes vom 30. Juni 1900.)

Die Unternehmer von Bauarbeiten, welche nicht Mitglieder der Genossenschaft sind, aber im Bezirke derselben Bauarbeiten ausführen (Regiebauunternehmer), können im gleichen Falle nach

§ 40 des Bau-Unfallversicherungsgesetzes vom 30. Juni 1900 mit Zuschlägen bis zum doppelten Betrage ihrer Prämien, oder, sofern es sich um Bauarbeiten von nicht mehr als 6tägiger Dauer handelt, mit Geldstrafen bis zu einhundert Mark belegt werden.

---

28. Grundzüge für Polizeiverordnungen, betr. die Arbeiterfürsorge auf Bauten.

(Auszug.)

1. Die Bestimmungen unter Ziffer 2 bis 6 finden Anwendung

a) bei Hochbauten, wenn einschließlich der Poliere und Lehrlinge mehr als 10*) Personen zur Zeit der Rohbauausführung gleichzeitig auf dem Bau beschäftigt sind; während der Rohbauausführung vorübergehend beschäftigte Arbeiter, wie Zimmerleute und Staker, werden nicht in diese Zahl eingerechnet;

b) bei Tiefbauten, welche von Unternehmern ausgeführt werden, wenn an einer bestimmten Stelle des Baues mehr als 10*) Personen länger als 1 Woche gleichzeitig beschäftigt sind.

2. Zur Benutzung während der Arbeitspausen und bei ungünstiger Witterung, sowie zur Aufbewahrung von Kleidern, Lebensmitteln und Eßgeschirr muß für die an Bauten beschäftigten Arbeiter ein allseitig dicht umschlossener, mit Fenstern genügend versehener, lüftbarer Unterkunftsraum geschaffen werden, der im Mittel mindestens 2,20 m im Lichten hoch sein muß und dessen Grundfläche derart zu bemessen ist, daß auf jeden am Bau dauernd beschäftigten Arbeiter (Ziffer 1) eine Fläche von mindestens 0,75 qm entfällt.

Der Unterkunftsraum muß mit festem Dielenfußboden versehen und in der kälteren Jahreszeit heizbar sein. Für die dauernd auf dem Bau beschäftigten Arbeiter sind in den Unterkunftsräumen Sitzplätze zur Verfügung zu stellen. Auch muß ihnen auf der Baustelle die Möglichkeit gegeben sein, Speisen und Getränke zu erwärmen.

Baumaterialien irgendwelcher Art dürfen in den Unterkunftsräumen nicht gelagert werden.

---

*) Nach Lage der örtlichen Verhältnisse kann auch bereits für weniger als 10 dauernd beschäftigte Personen die Herstellung von Unterkunftsräumen und Aborten gefordert werden.

Bei Tiefbauten müssen diese Räume so belegen sein, daß der Beschäftigungsort eines jeden Arbeiters von der Unterkunftsstätte der Regel nach höchstens 750 m entfernt ist.

Für schwimmende Unterkunftsräume findet die Vorschrift über die notwendige lichte Höhe keine Anwendung.

3. Bei Bauausführungen (vgl. Ziffer 1) müssen für die Arbeiter Aborte in solcher Anzahl vorhanden sein, daß ein Sitz (Brille) für höchstens 25 Personen dient.

Zwischen mehreren Sitzen sind Scheidewände anzubringen.

Für am Bau beschäftigte Frauen sind besondere Bedürfnisanstalten zu errichten.

Die Aborte müssen möglichst entlegen von den Unterkunftsräumen (Ziffer 2), der Regel nach mindestens 6 m davon entfernt, aufgestellt werden, sie müssen genügend hell und derart eingerichtet sein, daß von außen nicht hineingesehen werden kann. Erforderlichenfalls sind vor den Türen Blenden anzubringen. Die Aborte dürfen keine durchlässigen Gruben erhalten. Sie sind entweder an eine öffentliche Entwässerungsanlage vorschriftsmäßig anzuschließen oder es müssen wasserdichte Tonnen, welche nach Bedarf fortzuschaffen und durch leere, mittelst Kalkanstrichs desinfizierte Tonnen zu ersetzen sind, aufgestellt werden. Die Tonnen sind durch Sitz- und Stoßbretter zu verdecken.

Bei freier, von Wohngebäuden entfernter Lage der Baustellen kann die Herstellung einer Erdgrube gestattet werden.

4. Bei den für die Arbeiter bestimmten Aborten ist ein Pissoir anzulegen. Außerdem ist in jedem Geschosse der Bauausführung ein Urineimer aufzustellen.

5. Die Unterkunftsräume und die Aborte sind stets in reinlichem Zustande zu erhalten.

Die Urineimer und Behälter für die Pissoirs sind nach Bedarf, mindestens täglich zu entleeren. Die Aborte und Pissoirs sind nach Erfordernis zu desinfizieren.

6. Auf jeder Baustelle ist gutes Trinkwasser bereitzuhalten.

7. Vom 1. November bis 1. April*) dürfen Stuckateur-, Maler-, Putzer- und Töpferarbeiten in Neubauten nur dann ausgeführt werden, wenn die Räume, in denen gearbeitet wird, durch Türen und Fenster verschlossen sind.

Die nur vorläufige Anbringung derartiger Verschlüsse ist für genügend zu erachten.

8. In Räumen, in denen offene Koksfeuer ohne Ableitung der entstehenden Gase brennen, darf nicht gearbeitet werden.

---

*) In einzelnen Teilen der Monarchie mit strengeren Temperaturverhältnissen kann der angegebene Zeitraum noch weiter ausgedehnt werden.

Solche Räume sind gegen andere, in denen gearbeitet wird, dicht abzuschließen. Sie dürfen nur vorübergehend von den die Kokskörbe beaufsichtigenden Personen betreten werden. Runderl. betr. Grundzüge für Polizeiverordnungen über die Arbeiterfürsorge auf Bauten vom 17. Juli 1907.

29. Polizeiverordnung über die Unterbringung der in gewerblichen oder landwirtschaftlichen Betrieben, beim Bergbau oder bei Bauten beschäftigten Arbeiter.

(Auszug.)

§ 4. Die Wohn- und Schlafräume müssen mit gutschließenden Türen versehen sein und eine ausreichende Zahl öffnungsfähiger, gutschließender, unmittelbar ins Freie führende Fenster haben. Die Türen der Schlafräume müssen durch Schloß und Riegel verschließbar sein. Die Haustüren und bei Neubauten auch die Türen der größeren, zur Aufnahme von 10 oder mehr Personen bestimmten Schlafräume müssen nach außen aufschlagen.

Die Fenster der Schlafräume müssen eine lichtgebende Fläche von nicht weniger als $1/_{12}$ der Fußbodenfläche und auf je 30 cbm Luftraum mindestens 1 qm öffnungsfähige Fläche besitzen.

Der Fußboden der Wohn- und Schlafräume muß gut und dauerhaft gedielt oder mit einem anderweiten zweckmäßigen Belage (Estrich, Plattenbelag, Zement usw.) versehen sein.

Die Wohn- und Schlafräume müssen in bestehenden Gebäuden mindestens 2,5 m hoch sein (bei schrägen Decken muß die mittlere Höhe dieses Maß erreichen) und in neu hergestellten Gebäuden den baupolizeilichen Anforderungen hinsichtlich der Höhe entsprechen.

§ 6. (Auszug.) In angemessener Entfernung von den Wohn- und Schlafräumen und in mindestens 10 m Entfernung von Brunnen müssen Aborte in ausreichender Zahl, für die Geschlechter getrennt, mit besonderen Zugängen und Aufschriften, sowie für die Männer ein Pissoir vorhanden sein. In der Regel ist für je 15 Arbeiter und für je 10 Arbeiterinnen ein Abort erforderlich.

Die Aborte sind stets reinlich zu halten und in der Zeit vom 1. Juni bis 1. Oktober wenigstens allwöchentlich einmal zu desinfizieren.

§ 9. (Auszug.) Bei Massenwohnungen auf Ziegeleien, Zuckerfabriken und bei größeren Ernte- und Kulturarbeiten, wo über 30 einzelstehende Arbeiter beschäftigt werden, muß mindestens ein Krankenzimmer und wo Personen beiderlei Geschlechts beschäftigt werden, deren zwei vorhanden sein. Die Krankenzimmer müssen zementierte oder gedielte Fußböden, Heizvorrichtungen, jedes mindestens 2 ordentliche Betten nebst Wäsche und auf je 1 Bett wenigstens 6 qm Flächenraum und 20 cbm Luftraum haben. Die Krankenzimmer sollen ausschließlich Krankenzwecken dienen, sie müssen jederzeit zur Aufnahme von Kranken bereitstehen und dürfen nicht als Vorratsraum oder dergleichen benutzt werden.

§ 10. Auf Betriebe, in denen weniger als 15 Arbeiter beschäftigt werden, finden die §§ 5d und 6 Abs. 1, keine Anwendung.

Landwirtschaftliche Betriebe, welche nur aushilfsweise, z. B. in der Korn- oder Hackfruchternte, Wanderarbeiter auf weniger als sechs Wochen (in einem ununterbrochenen Zeitraum) beschäftigten, unterliegen den Bestimmungen dieser Verordnung nicht.

§ 12. Die Verordnung tritt, soweit bauliche Aenderungen bei bestehenden Anlagen nötig sind, mit dem 1. April 1909, im übrigen mit dem 1. Juni 1908 in Kraft. Mit dem bezeichneten Zeitpunkt werden die mit der neuen Polizeiverordnung in Widerspruch stehenden Bestimmungen der Polizeiverordnung vom $\frac{\text{20. Dezember 1891, Amtsblatt 1892 S. 35}}{\text{9. März 1893, Amtsblatt 1893 S. 98}}$ aufgehoben.

Potsdam, den 11. April 1908.

Der Regierungspräsident.

30. Polizeiverordnung*) über die Einrichtung und den Betrieb von Bäckereien und solchen Konditoreien, in denen neben den Konditorwaren auch Bäckerwaren hergestellt werden.

(Auszug.)

§ 1. Der Fußboden der Arbeitsräume darf nicht tiefer als ein halbes Meter unter dem ihn umgebenden Erdboden liegen.

*) Der Entwurf ist durch Erlaß vom 10. Oktober 1906 den Oberpräsidenten zugegangen und sind demgemäß gleichlautende Polizeiverordnungen erlassen

Das Maß von 0,50 m kann auf 1 m erhöht werden, wenn an der zugehörigen Außenwand ein durchgehender Licht- und Lüftungsgraben hergestellt wird. Der Graben muß mindestens 1 m breit sein und mit seiner gut zu entwässernden Sohle mindestens 0,15 m tiefer als der Fußboden der anstoßenden Räume liegen.

Durch den Regierungspräsidenten (in Berlin den Polizeipräsidenten) können auf Antrag Ausnahmen zugelassen werden, wenn auf andere Weise durch zweckmäßige Isolierung des Bodens und ausreichende Licht- und Luftzufuhr den gesundheitlichen Anforderungen entsprochen ist.

§ 2. Die Arbeitsräume müssen mindestens 3 m hoch und mit Fenstern versehen sein, welche nach Zahl und Größe genügen, um für alle Teile der Räume Luft und Licht in ausreichendem Maße zu gewähren. Die Fenster müssen unmittelbar ins Freie führen und so eingerichtet sein, daß sie zum Zwecke der Lüftung ausreichend geöffnet werden können.

Der Regierungspräsident (in Berlin der Polizeipräsident) kann auf Antrag, abweichend von den vorstehenden Vorschriften, ausnahmsweise die Benutzung von Arbeitsräumen bis zu einer Mindesthöhe von 2,50 m gestatten, soweit nicht das örtliche Baurecht an Räume, die zum dauernden Aufenthalte von Menschen bestimmt sind, höhere Anforderungen stellt.

§ 3. Die Räume müssen mit einem dichten und festen Fußboden versehen und gegen das Eindringen von Erdfeuchtigkeit hinreichend geschützt sein.

Die Wände und Decken müssen, soweit sie nicht mit einer glatten, abwaschbaren Bekleidung oder mit einem wasserdichten Anstriche versehen sind, jährlich mindestens einmal mit Kalk frisch angestrichen werden. Der wasserdichte Anstrich muß mindestens alle fünf Jahre erneuert werden

§ 4. Die Arbeitsräume dürfen nicht in unmittelbarer Verbindung mit den Bedürfnisanstalten stehen.

Die Abfallröhren der Ausgüsse und Klosetts dürfen nicht durch die Arbeitsräume geführt werden.

§ 5. In Arbeitsräumen, in denen die Herstellung von Backwaren erfolgt, muß die Zahl der darin beschäftigten Personen so bemessen sein, daß auf jede wenigstens 15 cbm Luftraum entfallen. Zur Befriedigung eines bei Festen oder sonstigen besonderen Gelegenheiten hervortretenden Bedürfnisses ist eine dichtere Belegung der Arbeitsräume gestattet, jedoch mit der Maßgabe, daß wenigstens 10 cbm Luftraum auf die Person entfallen müssen.

§ 6. Den Arbeitern muß Gelegenheit geboten werden, ihre Kleider sauber zu verwahren und sich an einem ausreichend erwärmten Ort zu waschen und umzukleiden.

§ 7. Vor dem Zurichten und Teigmachen haben die dabei beschäftigten Personen Hände und Arme mit reinem Wasser gründlich zu reinigen.

Zu diesem Zwecke sind ausreichende und mit Seife ausgestattete Wascheinrichtungen zur Verfügung zu stellen; für jeden Arbeiter ist mindestens wöchentlich ein reines Handtuch zu liefern.

Soweit nicht Wascheinrichtungen mit fließendem Wasser vorhanden sind, muß für höchstens je fünf Arbeiter eine Waschgelegenheit eingerichtet werden. Es muß ferner dafür gesorgt werden, daß bei der Wascheinrichtung stets reines Wasser in ausreichender Menge vorhanden ist und das gebrauchte Wasser an Ort und Stelle oder von einem Nebenraum aus abgeleitet werden kann.

§ 8. Die Mehlvorräte sind an trockenen, vor Verunreinigungen geschützten Orten aufzubewahren usw.

31. Bekanntmachung für den Stadtkreis Berlin vom 28. April 1887, betr. Einrichtung von Holzbearbeitungswerkstätten.

1. Die Werkstätten müssen massive Umfassungswände haben.
2. Die Decken der Werkstätten sind, wenn sich oberhalb derselben Wohnungen befinden, feuerfest herzustellen; an hölzernen Decken ist alles Holzwerk zu berohren und zu beputzen; zur Erhaltung des Deckenputzes ist derselbe zweckmäßig mit gewelltem Eisenblech zu bekleiden.
3. Zur Erwärmung der Werkstätten bei Winterzeit oder zum Trocknen dürfen keinerlei Metallöfen oder metallene Röhrenleitungen benutzt werden. Die Oefen sind aus Stein oder Kacheln herzustellen und so einzurichten, daß sie nur von außen oder von einem feuerfest hergestellten Vorgelege von mindestens 1,50 m Höhe und 0,50 m Tiefe aus geheizt werden können. Etwa vorhandene eiserne Abdeckungsplatten an den Oefen müssen mindestens mit zwei im Verband in Lehmmörtel gelegten Dachsteinschichten bedeckt werden. Zur Abführung des Rauches von den Oefen zum Schornstein sind gemauerte Kanäle anzuwenden.

Für die vorgedachten Werkstätten, welche in einem oder mehreren miteinander verbundenen Räumen mehr als 30 qm Grundfläche aufweisen, gelten außerdem folgende Vorschriften:

a) In Wohngebäuden dürfen Holzbearbeitungswerkstätten sowie die dazu gehörigen Lagerräume nur dann eingerichtet werden, wenn sämtliche oberhalb derselben belegene Wohnungen mindestens einen mit den Werkstätten und Lagerräumen gänzlich außer Berührung stehenden Treppenaufgang haben und durch feuerfeste Decken von denselben getrennt sind.

b) Die zu den Werkstätten gehörenden Treppen müssen feuerfest, die von diesen zu den Werkstätten führenden Türen von Eisen, selbsttätig schließend und nach außen aufschlagend hergestellt werden. Die Türen dürfen nicht an hölzernen Zargen oder Dübeln befestigt werden.

c) Für jede Werkstatt ist eine besondere Leimküche einzurichten, welche mit massiven Umfassungswänden zu versehen und zu überwölben ist; unter der Leimküche ist die Decke einschließlich des Fußbodens durchweg aus unverbrennlichem Material herzustellen. Die Leimküche ist von der Werkstatt durch eine eiserne Tür abzuschließen. Zwischen der Tür und dem Herde der Leimküche muß ein Abstand von mindestens 0,50 m vorhanden sein.

Sogenannte Leimkamine sind unstatthaft.

d) Jede Werkstatt muß ein abgesondertes Spänegelaß haben, welches im Keller oder zur ebenen Erde gelegen, durch massive Wände von allen übrigen Räumen geschieden und überwölbt sein muß. Dasselbe muß vom Hofe aus einen besonderen Zugang haben, der durch eine eiserne oder mit Eisen beschlagene Tür verschließbar ist.

Berlin, den 28. April 1887.

Der Königliche Polizeipräsident.

---

32. Polizeiverordnung, betr. Verhütung des Rücktritts unreiner Flüssigkeiten in die Reinwasserleitung.

Auf Grund des § 137 des Gesetzes über die allgemeine Landesverwaltung vom 30. Juli 1883 (GS. S. 195) und der §§ 6, 11 und 12 des Gesetzes über die Polizeiverwaltung vom 11. März 1850 wird für den Regierungsbezirk Potsdam, unter

Ausschluß der Stadtkreise Charlottenburg, Schöneberg und Rixdorf, unter Zustimmung des Bezirksausschusses nachstehende Polizeiverordnung erlassen:

§ 1. Spülabtritte, Badewannen, Wasch- und Spülbecken und sonstige aus einer Wasserleitung gespülte oder gespeiste Anlagen sowie Grundablässe (Haupthähne mit Entleerung) sind derart einzurichten, daß aus ihnen ein Rückfließen oder Rücksaugen von Flüssigkeiten oder anderen Stoffen in die Reinwasserleitung unter keinen Umständen eintreten kann.

Die zu diesem Behuf gewählte Vorrichtung ist für die Beaufsichtigung zugänglich anzuordnen und muß auch bei längerem Gebrauch ein Zurücktreten irgendwelcher Stoffe in die Leitung sicher verhüten.

Ihre Anbringung bedarf in jedem einzelnen Falle der Genehmigung der überwachenden Behörde.

Der Regierungspräsident wird diejenigen Anlagen, welche obigen Anforderungen genügen, bekannt geben.

§ 2. Anlagen, die den Anforderungen des § 1 nicht genügen, müssen spätestens 6 Wochen nach ergangener Aufforderung entsprechend geändert werden.

§ 3. Uebertretungen der vorstehenden Bestimmungen werden mit einer Geldstrafe bis 60 Mark oder im Unvermögensfalle mit verhältnismäßiger Haft bestraft.

§ 4. Diese Verordnung tritt sofort in Kraft.

Potsdam, den 3. Oktober 1902.

Der Regierungspräsident.

Bekanntmachung zu der Polizeiverordnung vom 3. Oktober 1902, betr. die Verhütung des Rücktritts unreiner Flüssigkeiten in die Reinwasserleitung.

Der Polizeiverordnung kann bei Spülabtritten, welche nicht durch Spülbehälter, sondern durch direkte Verbindung mit der Wasserleitung gespült werden, durch Unterbrechung der Zuflußleitung zwischen Absperrhahn und Klosett Genüge geleistet werden, so daß beim Schließen des Hahnes oder bei Entleerung der Wasserleitung Luft eintritt.

Die so entstehende Oeffnung in der Zuflußleitung muß gegen Verunreinigung geschützt werden; sie muß mindestens 20 cm über der Oberkante des Klosettbeckens liegen, und zwar auch dann, wenn auf die Oeffnung ein Luftrohr aufgesetzt oder die Oeffnung während des Spülens durch ein Ventil geschlossen wird. Der Gesamtquerschnitt der Luftwege muß mindestens gleich dem Querschnitt der Zuflußleitung zwischen Hahn und Becken sein und darf an keiner Stelle eine geringere Weite als 4 mm haben.

Die Unterbrechung ist durch einen gut und dauerhaft gearbeiteten Apparat herzustellen. Weichmetall, rostendes Metall oder Blech darf weder für den Apparat noch für die Luftröhre oder die Ventile verwandt werden.

Die Konstruktion und Anordnung der Ventile müssen besonders genehmigt sein.

Die Apparate müssen eine genügende Spülung gewährleisten.

Diejenigen Apparate, welche entsprechend der Polizeiverordnung als zulässig bezeichnet sind, sind bei mir zu erfragen.

Potsdam, den 3. Oktober 1902.

Der Regierungspräsident.

Bekanntmachung zu der Polizeiverordnung vom 3. Oktober 1902, betreffend die Verhütung des Rücktritts unreiner Flüssigkeiten in die Reinwasserleitung. (Auszug.)

Die Unterbrechung ist durch einen gut und dauerhaft gearbeiteten Apparat herzustellen. Dieser Apparat darf weder aus Weichmetall, noch Eisen, sofern dieses nicht hinreichend gegen Rosten geschützt ist, hergestellt werden. Die Konstruktion und Anordnung der Ventile müssen besonders genehmigt sein. Bei der Spülvorrichtung ist zu beachten, daß die Spülung ausreichend ist und den bezüglichen Vorschriften entspricht.

Bei Badewannen, Waschbecken, Spülwannen und ähnlichen Anlagen muß der Wassereinlauf mindestens 2 cm über Oberkante der Wanne oder des Beckens liegen. Bei Gläserspülwannen und Fischbehältern kann dagegen der Einlauf unten erfolgen, wenn Rohrunterbrecher (wie für Spülabtritte) eingeschaltet werden. Bei Spülkästen für Aborte darf der Einlauf unter Wasser münden, wenn die Kästen mit Deckel versehen sind.

Die Entleerungsöffnung der Grundablässe (Haupthähne mit Entleerung) muß in Kellern mindestens 10 cm über Kellersohle liegen. Bei vorhandenen, im Keller in Gruben belegenen Hähnen kann die Entleerungsöffnung verschlossen werden und im Wasserleitungsrohr über Kellersohle ein Zapfhahn eingeschaltet werden, wenn dieses namentlich zur Verhütung des Einfrierens erforderlich ist.

Hähne mit Entleerung in Höfen und Gärten, sowie Zapfstellen unter der Erdoberfläche müssen, soweit nicht auf andere einwandsfreie Weise dafür gesorgt ist, daß sie nicht mit verunreinigtem Wasser in Berührung kommen können, in mindestens 25 cm weiten Gruben mit wasserdichten Wänden und dichter Abdeckung untergebracht sein, sie müssen 30 cm über der Sohle liegen.

Verbindungsleitungen ohne Rohrunterbrechung zwischen Wasserleitung und Abflußleitung zur Verhütung des Einfrierens sind unzulässig. Die Unterbrechungsstelle muß eine solche Lage erhalten, daß ihre Berührung mit Schmutzwasser mit Sicherheit ausgeschlossen ist.

Bei Wasserstrahlpumpen zur Hebung unreiner Wässer in die Abflußleitung sind in die Zuflußleitung kombinierte Absperr-rückschlagventile einzubauen. Der Einbau noch eines zweiten Absperrventils zur Betätigung der Wasserstrahlpumpe ist untersagt.

Potsdam, den 22. Mai 1906.

Der Regierungspräsident.

33. Polizeiverordnung, betreffend die Abwendung von Feuersgefahr bei der Errichtung von Gebäuden und der Lagerung von Materialien in der Nähe der dem Gesetze über die Eisenbahnunternehmungen vom 3. November 1838 (GS. S. 505) unterstehenden Eisenbahnen.

§ 1. Gebäude und Gebäudeteile, die weder aus unverbrennlichen Materialien hergestellt, noch durch Rohrputz oder in anderer gleich wirksamer Weise gegen Entzündung durch Funken gesichert sind, müssen von Eisenbahnen eine von der Mitte des nächsten Schienengleises zu berechnende Entfernung von mindestens vier Metern innehalten. Dasselbe gilt von allen Oeffnungen in Gebäuden, die nicht durch mindestens 1 cm starkes, nach allen Seiten hin fest eingemauertes Glas abgeschlossen sind.

Für Gebäude, Gebäudeteile und Oeffnungen, die unterhalb der Oberkante der Schienen liegen, tritt an Stelle der Entfernung von 4 m eine solche von 5 m.

Gebäude, Gebäudeteile und Oeffnungen, die mehr als 7 m oberhalb der Oberkante der Schienen liegen, sind den vorstehenden Bestimmungen nicht unterworfen, während für Gebäude mit nicht feuersicheren Dächern und für Oeffnungen in Gebäuden zur

Lagerung leicht entzündlicher Gegenstände die weitergehenden Bestimmungen der §§ 2 und 3 zur Anwendung gelangen.

§ 2. Gebäude mit weichen, nicht feuersicheren Dächern, sowie Gebäude, bei denen die Dachpfannen mit Strohdecken eingedeckt sind, müssen von Eisenbahnen eine von der Mitte des nächsten Schienengleises zu berechnende Entfernung von mindestens 25 m innehalten.

Liegt die Eisenbahn auf einem Damme, so tritt zu der Entfernung von 25 m noch die anderthalbfache Höhe des Dammes, so daß beispielsweise, wenn die Höhe des Dammes 10 m beträgt, für die im ersten Absatze bezeichneten Gebäude eine Entfernung von mindestens 25 + 15 = 40 m innegehalten werden muß.

§ 3. Die Bestimmungen des § 2 finden entsprechende Anwendung auf jede nicht durch mindestens 1 cm starkes, nach allen Seiten hin fest eingemauertes Glas abgeschlossene Oeffnung in den der Eisenbahn zugekehrten Wänden aller Gebäude, die zur Lagerung leicht entzündlicher Gegenstände dienen. Bei solchen Gebäuden werden den der Eisenbahn zugekehrten Wänden diejenigen ihr nicht ganz abgekehrten Wände gleich geachtet, deren Richtungslinie mit der Bahnachse einen Winkel von höchstens 60 Grad bildet.

§ 4. Leicht entzündliche Gegenstände, die nicht durch feuerfeste Bedachungen oder durch sonstige Schutzvorrichtungen gegen das Eindringen von Funken und glühenden Kohlen gesichert sind, dürfen bei Eisenbahnen nur in einer Entfernung von mindestens 38 m von der Mitte des nächsten Schienengleises gelagert werden.

Liegt die Eisenbahn auf einem Damme, so tritt zu der Entfernung von 38 m noch die anderthalbfache Höhe des Dammes (vgl. § 2 Abs. 2).

§ 5. Dispense von den Bestimmungen der §§ 1 bis 4 sind statthaft, wenn nach Lage der Verhältnisse auch bei geringerer Entfernung von der Mitte des nächsten Schienengleises die Feuersgefahr ausgeschlossen erscheint.

Ueber die Erteilung der Dispense beschließt der Kreisausschuß, in Stadtkreisen und in den zu einem Landkreise gehörigen Städten von mehr als 10000 Einwohnern der Bezirksausschuß.

§ 6. Hinsichtlich derjenigen Gebäude und leicht entzündlichen Gegenstände, die bei der Anlage einer Eisenbahn innerhalb der in den §§ 1 bis 4 festgesetzten Entfernungen bereits vorhanden, beziehungsweise gelagert sind, hat der Regierungspräsident zu bestimmen, ob und welche Vorkehrungen zum Schutze gegen die durch die Nähe der Eisenbahn bedingte Feuersgefahr getroffen werden müssen.

§ 7. Uebertretungen dieser Polizeiverordnung werden, soweit nicht sonstige weitergehende Strafbestimmungen, insbesondere § 367, Ziffer 6 und 15 des Reichsstrafgesetzbuches Platz greifen, mit einer Geldstrafe bis zu sechzig Mark oder im Unvermögensfalle mit entsprechender Haft geahndet.

§ 8. Auf die zum Betriebe der Eisenbahn erforderlichen Gebäude und Materialien findet diese Polizeiverordnung keine Anwendung.

§ 9. Die Polizeiverordnung vom 26. Februar 1875 (Amtsbl. S. 105), betreffend die Abwendung der Feuersgefahr bei den in der Nähe von Eisenbahnen befindlichen Gebäuden und lagernden Materialien, wird hiermit aufgehoben.

Potsdam, den 19. September 1892.

Der Regierungspräsident.
J. V.: Lucanus.

---

34. Sonderanforderungen an Warenhäuser und an solche anderen Geschäftshäuser, in welchen größere Mengen brennbarer Stoffe feilgehalten werden.

(Vom 2. November 1907.)

Die nachstehenden Bestimmungen gelten für Gebäude, in denen in mehr Geschossen als im Erdgeschoß und in dem darüber liegenden Stockwerk größere Mengen brennbarer Stoffe feilgehalten werden. Sogenannte Engros- (Musterlager-) Geschäfte sind als Warenhäuser usw. im Sinne dieser Bestimmungen nicht anzusehen.

An solche Waren- und Geschäftshäuser sind unbeschadet der allgemeinen örtlichen, baupolizeilichen Vorschriften polizeilicherseits folgende Sonderanforderungen zu stellen. MinBl. f. d. i. Verw. 1908[22].

I. Kellergeschoß.

1. Das Kellergeschoß ist vom Erdgeschoß und dessen Schaufenstern feuerfest*) abzutrennen. Oeffnungen zwischen beiden Ge-

*) Als feuerfeste Konstruktionen gelten zurzeit neben den massiven.
a) Decken aus unverbrennlichen Baustoffen, wozu auch Köhnensche

schossen für Treppen und Warenaufzüge zur ausschließlichen Verbindung dieser Geschosse sind mit der Maßgabe gestattet, daß sie nach beiden Geschossen hin durch feuerfeste Wände mit feuersicheren*) Türen abzuschließen sind. Nach Lagerräumen im Keller sind Oeffnungen für Treppen aber nur dann zulässig, wenn die Lagerräume in der Grundfläche nicht größer als 50 qm und von den übrigen Kellerräumen durch feuerfeste Wände ohne Oeffnungen abgeschlossen sind. Bis zum Keller hinabreichende Schaufenster sind zulässig, falls sie gegen die Innenräume des Kellergeschosses feuerfest abgeschlossen sind.

Kellertreppen dürfen nirgends in unmittelbarer Verbindung mit anderen Treppen des Gebäudes stehen.

2. Kellergeschosse von mehr als 500 qm Grundfläche sind durch massive Brandmauern von wenigstens 0,25 m Stärke in Abteilungen zu teilen, die in der Regel nicht mehr als 500 qm Grundfläche haben dürfen. Ausnahmsweise darf die Teilung durch andere feuerfeste Wände bewirkt werden. Keller und Kellerabteilungen von mehr als 200 qm Grundfläche müssen zwei tunlichst weit von einander anzulegende Zugänge haben, die entweder unmittelbar oder durch einen von Brandmauern umgebenen

---

Voutenplatten, Kleinesche Decken und ähnliche Konstruktionen zu rechnen sind;

b) Wände aus Beton oder Kalkmörtel, ohne Eiseneinlagen hergestellte fugenlose Wände, Monierwände, Streckmetallwände und dgl.

Decken nnd Wände, deren Eisenteile nicht glutsicher (s. Anmerk. 3) umhüllt sind, gelten nicht als feuerfest. Siehe auch Anmerk. 2 vorletzten Absatz.

*) Als feuersicher gelten zurzeit außer den oben angegebenen folgende Konstruktionen:

a) Decken: ausgestakte, mit unverbrennlichen Baustoffen ausgefüllte und unterhalb durchweg mit Kalk- oder Zementmörtel verputzte oder mit einer in gleichem Maße feuersicheren Bekleidung versehene Holzbalkendecken, ferner solche Decken, die zwar aus unverbrennlichen Baustoffen bestehen, aber nicht umhüllte Eisenteile aufweisen.

b) Wände: beiderseits verputzte Brett- oder ausgemauerte Fachwerkwände, Rabitzwände, Drahtziegelwände, Wände aus Asbestschiefer, aus Gips- oder Kunststeinplatten und dgl.

Drahtglas, Elektroglas und ähnliche aus Glas hergestellte Stoffe dürfen in „feuerfesten" und „feuersicheren" Wänden zum Abschluß von Tür- und Fensteröffnungen nur dann verwendet werden, wenn ihre Größe $^1/_{10}$ der Wandfläche, in der sie angebracht sind, nicht übersteigt.

c) Türen: aus doppelten, 1 mm starken Eisenblechplatten und mindestens 6 mm starken Asbest- oder Korkeinlagen hergestellte Türen, die selbsttätig zufallen, in 5 cm breite Falzen aus unverbrennlichem Baustoff schlagen und dicht schließen.

Kellerflur nach nicht überdeckten Höfen oder nach der Straße ausmünden. Die nach diesem Flur führenden Oeffnungen sind durch Drahtglas oder rauch- und feuersichere Türen zu schließen; die Türflügel müssen nach außen derartig aufschlagen, daß der Verkehr im Flur und in den Treppenräumen nicht beeinträchtigt wird.

In Kellerabteilungen sind genügend breite Gänge einzurichten, welche durch die Abteilung in voller Ausdehnung führen, tunlichst in gerader Richtung auf die Ausgänge münden und stets freizuhalten sind.

Kellerabteilungen müssen Vorrichtungen für eine wirksame Entlüftung, am zweckmäßigsten durch Fenster, erhalten.

3. Maschinen- und Heizräume im Keller sind durch feuerfeste Wände von den übrigen Kellerräumen zu trennen, etwaige Oeffnungen sind rauch- und feuersicher abzuschließen.

II. Viertes Stockwerk und Dachgeschoß.

4. Wohnräume im vierten Stockwerk und im Dachgeschosse sind verboten.

5. Das Dachgeschoß darf keinerlei unmittelbare Verbindung mit den Geschäftsräumen der unteren Geschosse erhalten. Es ist von den Treppenhäusern durch massive Wände zu trennen; etwaige Oeffnungen in diesen Wänden sind feuer- und rauchsicher abzuschließen.

III. Bauliche Anordnungen.

6. Eiserne Konstruktionsteile (Säulen, Unterzüge, Deckenträger usw.) sind glutsicher*) einzuhüllen. Eine Umhüllung der an den Außenflächen der Gebäude gelegenen Teile ist nicht erforderlich.

7. Decken unmittelbar über Geschäftsräumen sind aus feuerfesten Baustoffen herzustellen. Deckendurchbrechungen zum Zwecke der Vereinigung von Räumen verschiedener Geschosse zu einem einheitlichen Raum sind nur mit einer Mindestgröße von 100 qm zulässig. Es sind jedoch Entlüftungsvorrichtungen in der oberen Decke oder deren nächsten Nähe einzurichten; diese Vorrichtungen müssen von einer außerhalb der Verkaufsräume gelegenen gesicherten Stelle des Erdgeschosses aus gehandhabt werden können.

8. Größere Lagerräume müssen in der Regel feuer- und rauchsicher von den Geschäftsräumen getrennt sein.

---

*) Zur glutsicheren Ummantelung von Eisenkonstruktionen sind schlechte Wärmeleiter zu verwenden, welche geeignet sind, die Uebertragung hoher Wärmegrade auf die Eisenteile und die Verringerung ihrer Tragfähigkeit zu verhindern.

9. Ueber Fenstern, welche zur Ausstellung von Waren dienen (Schaufenster), muß die Frontwand in einer Höhe von 1,0 m feuerfest geschlossen bleiben; dabei muß der Sturz der Schaufensteröffnung 0,30 m unter den Deckenabschluß herabreichen. Eine Verminderung dieser Maße ist zulässig, wenn das Schaufenster gegen den Innenraum feuersicher abgeschlossen wird (vgl Ziffer 30 Abs. 2).

10. In größeren Geschäftsräumen darf behufs Einschränkung eines Feuers die Anbringung fester, unverbrennlicher, etwa 1,0 m von der Decke herabreichender Trennungsstreifen an geeigneten Stellen gefordert werden.

11. Fenstervorbauten sind oben feuersicher abzudecken.

Behufs tunlicher Verhütung der Uebertragung eines Feuers in obere Wohnungen, Arbeitsstätten oder andere, zur Vereinigung einer größeren Zahl von Menschen bestimmte Räume sind an den Fronten unter den Fenstern dieser Räume stärker ausladende unverbrennliche Gesimse oder Ueberdachungen anzubringen.

Um Unfällen durch Herabfallen großer Scheiben vorzubeugen, sind die Fenster der oberen Geschosse durch Sprossen in Felder von höchstens 2 qm Fläche zu teilen oder besonders zu sichern.

IV. Treppen, Türen und Vorkehrungen zur Entleerung.

12. Zahl und Lage der Ausgänge von den Verkaufsräumen im Erdgeschoß ins Freie sind so zu bemessen, daß von jedem Punkte des Erdgeschosses aus ein Ausgang auf höchstens 25 m Entfernung erreichbar ist.

Die Gesamtbreite aller Ausgänge muß auf je 100 qm im Erdgeschoß bebauter oder mit Glasdächern überdeckter Grundfläche mindestens 0,3 m betragen. Kein Ausgang darf aber weniger als 1 m breit sein.

Ausgänge, die durch Treppenhäuser hindurchführen, gelten nicht als notwendige Ausgänge im Sinne der vorstehenden Anforderungen.

Ausgänge, die auf Höfe führen, werden als notwendige nur dann angerechnet, wenn die Höfe nicht weiter als 25 m von der Straße entfernt sind und mit ihr durch feuerfest umschlossene Durchfahrten in Verbindung stehen, die ihrerseits mindestens der halben Gesamtbreite der auf die Höfe führenden Ausgänge entsprechen, keinenfalls aber weniger als 3 m breit sein dürfen.

Für Grundstücke, bei denen wegen geringer Tiefe Durchfahrten nach den baupolizeilichen Bestimmungen nicht erforderlich sind, genügt ein Durchgang von der halben Breite der auf die Höfe führenden notwendigen Ausgänge; doch muß er mindestens eine Breite von 1,50 m haben.

13. Von jedem Punkte des I., II. und III. Stockwerks aus muß eine Treppe von mindestens 1,50 m und höchstens 1,80 m Laufbreite auf höchstens 25 m Entfernung erreichbar sein. Diese notwendigen Treppen müssen von den Geschäftsräumen getrennte feuersichere Verbindungen mit der Straße haben.

In Wänden, welche Durchgänge oder Durchfahrten nach der Straße von Geschäftsräumen trennen, dürfen feuersichere Türen, nicht aber Schaufensteröffnungen hergestellt werden.

Verkaufsräume im Dachgeschoß müssen neben etwaigen den Verkehr mit anderen Geschossen vermittelnden Treppen (vgl. Ziffer 5) noch besondere, unmittelbar auf die Straße oder einen Hof führende, von jedem Punkte des Geschosses auf höchstens 25 m Entfernung erreichbare Treppen von mindestens 1,50 m und höchstens 1,80 m Laufbreite haben. Ein Anschluß der sonstigen Räume des Dachgeschosses an diese Treppen soll nicht ausgeschlossen sein.

Treppenhäuser sind mit Vorrichtungen zu versehen, welche eine wirksame Entlüftung sicherstellen und vom Erdgeschoß aus bedient werden können.

Verschläge, gleichviel welcher Art, sind unter Treppen nicht zulässig.

14. Freitreppen im Innenraum an größeren Deckendurchbrechungen (vgl. Ziffer 7) bedürfen keines Abschlusses, werden aber bei Bemessung der notwendigen Treppen nicht in Anrechnung gebracht.

Zwischentreppen müssen feuersicher abgeschlossen werden, sind aber nach dem Dachgeschoß überhaupt nicht, nach dem Keller nur mit den in Ziffer 1 vorgesehenen Maßgaben zulässig.

15. Haben die zu Verkaufszwecken benutzten Geschosse größeren Umfang und liegen über oder neben ihnen Wohnungen oder solche Arbeitsräume und Kontore, die nicht im Verkehrsbereich des Publikums liegen, so müssen diese Wohnungen und Räume, abgesehen von den gemäß Ziffer 13 anzulegenden notwendigen Treppen, noch besondere, mit Verkaufs- oder Lagerräumen nicht in Verbindung stehende, ins Freie führende Treppen haben. Außerdem bleibt dem pflichtmäßigen Ermessen der Polizeibehörde überlassen, zu fordern, daß derartige Wohnungen und Räume durch feuerfeste Wände und Decken von den dem Verkehr des Publikums dienenden Räumen zu trennen sind.

16. Die für die Entleerung in Betracht kommenden Türen müssen nach außen aufschlagen und leicht beweglich eingerichtet sein. Kanten- und Schubriegel sind unzulässig; der Verschluß muß von innen leicht zu öffnen sein.

17. Vorhänge an den nach Treppen und Ausgängen führenden

Türen sind unzulässig. Zur Verhinderung von Zug dürfen daselbst Windfänge angebracht werden. Durch Türflügel in geöffnetem Zustande darf der Verkehr in Korridoren, Treppenräumen usw. nicht behindert, auch dürfen die Treppenhäuser nicht über die freie Treppenlaufbreite hinaus beschränkt werden.

18. Türen und ihre Verschlüsse müssen stets leicht gangbar sein.

19. Ausgänge sind als solche mit großer, leicht lesbarer Schrift kenntlich zu machen. Die nächsten Wege zu ihnen und die Breiten dieser Wege sind polizeilich festzulegen; diese Wege sind dauernd offen zu halten und durch in die Augen fallende Richtungspfeile zu bezeichnen.

20. Hinter durchbrochenen Brüstungen von Galerien von Lichthöfen muß zur Verhütung der Uebertragung von Feuer von einem Geschoß zum andern ein vou der größten Ausladung des Brüstungsgesimses ab gerechnet mindestens 1,0 m breiter durchgehender Raum von allen Gegenständen frei bleiben; im I. Stockwerk dürfen brennbare Gegenstände — abgesehen von stark verglasten Kästen und hölzernen Auslage- oder Geschäftstischen — innerhalb 2,0 m Abstand von durchbrochenen Brüstungen oder von der größten Ausladung der Brüstungsgesimse nicht aufgestellt werden. Falls die Durchbrechungen von Brüstungen feuersicher (durch Drahtglas, Eisenblech usw. geschlossen werden, dürfen diese Maße auf 0,5 bzw. 1,5 m eingeschränkt werden.

Leicht brennbare Gegenstände dürfen an den Brüstungen sowie an Säulen oder Treppenwänden nicht derartig aufgehängt oder hinabgeführt werden, daß sie eine Uebertragung von Feuer ermöglichen.

V. Beleuchtung.

a) Durch Petroleum, Spiritus, Gas.

21. Petroleum darf in Verkaufsräumen überhaupt nicht verwendet werden, in Betriebs- und Lagerräumen nur von 40° Abel-Test an (Kaiseröl, Salonöl). In Räumen mit besonders leicht entzündlichen Gegenständen ist nur die Benutzung von schweren Mineralölen von über 100° Abel-Test statthaft.

Spiritus darf nur in Kontorräumen verwendet werden.

22. Stehlampen müssen einen breiten und standsicheren Fuß haben, dürfen aber in Verkaufsräumen nicht benutzt werden.

Petroleum- und Spirituslampen dürfen nicht Bassins aus zerbrechlichem Stoff haben.

Hängelampen sind sicher zu befestigen und von brennbaren Gegenständen oberhalb mindestens 1 m, unterhalb und seitlich mindestens 0,25 m entfernt zu halten. Eine geringere Entfernung von Gegenständen oberhalb von Hängelampen darf zugelassen werden, wenn über letzteren Blaker in Größe von etwa 0,15 m im Durchmesser feuersicher angebracht werden.

23. Gasmesser dürfen nicht unter Treppen aufgestellt werden.

Für größere Warenhäuser darf gefordert werden, daß für Gasmesser besondere, feuerfest umschlossene, Licht und Luft von außen erhaltende Räume eingerichtet werden. Die Gasleitung muß auch außerhalb des Gebäudes leicht abstellbar sein.

24. Bewegliche Gasarme sind nicht zulässig.

25. Die Beleuchtungskörper müssen tunlichst über den Verkehrswegen angeordnet und gegen Berührung mit brennbaren Gegenständen gesichert werden.

Verkaufs- und Dekorationsgegenstände an Beleuchtungskörpern aufzuhängen, ist verboten.

b) Durch elektrische Anlagen.

26. Für elektrische Einrichtungen sind die vom Verbande deutscher Elektrotechniker aufgestellten Vorschriften für die Errichtung elektrischer Starkstromanlagen maßgebend.

Außerdem sind folgende Sonderanforderungen zu stellen:

27. Elektrische Beleuchtungskörper sind tunlichst über den Verkehrswegen anzuordnen. Sie dürfen sich nicht in unmittelbarer Nähe leicht brennbarer Stoffe befinden, auch nicht von solchen Stoffen umhüllt werden.

Glühlampen in der Nähe von entzündlichen Stoffen müssen mit Vorrichtungen (Ueberglocken oder dgl.) versehen sein, welche die Berührung der Lampen mit den entzündlichen Stoffen verhindern.

28. Festverlegte Leitungen müssen, soweit sie mit leicht entzündlichen Stoffen in Berührung kommen können, bis in die Lampenträger oder in die Anschlußdosen vollständig durch Rohre geschützt sein.

Beleuchtungskörper und andere Stromverbraucher, welche ihren Standort welchseln, sind

entweder mit metallumhüllter Leitung

oder mittelst besonders geschützter Leitung ohne Metallmantel anzuschließen.

Im ersten Falle ist das eine Ende der Metallumhüllung mit dem Metallmantel der Fassung leitend zu verbinden, das andere Ende ist an eine geerdete Leitung anzuschließen.

Im zweiten Falle ist nur biegsame Leitung mit wasserdichter Isolierhülle zulässig, die zum Schutz gegen mechanische Beschädigung mit einem Ueberzug aus widerstandsfähigem Material (z. B. Segeltuch, Leder, Hanfschnurumklöppelung) versehen ist.

Sämtliche Schalter, Anschlußdosen und Sicherungen müssen mit widerstandsfähigen Schutzkästen umgeben und an solchen Plätzen fest angebracht sein, wo eine Berührung mit leicht entzündlichen Stoffen ausgeschlossen ist.

29. Bogenlampen müssen mindestens 0,10 m im Durchmesser große Teller erhalten, die das Herabfallen glühender Kohlenteilchen sicher verhüten; gläserne Aschenteller sind unzulässig. Bei Bogenlampen mit eingeschlossenem Lichtbogen (Dauerbrandlampen) sind besondere Aschenteller nicht erforderlich.

c) Beleuchtung der Schaufenster.

30. Schaufenster dürfen nur von der Straße her oder in der Art beleuchtet werden, daß zwischen dem zur Auslegung von Waren bestimmten Teile des Schaufensters und den Beleuchtungskörpern nebst Leitungen eine starke Glasscheibe sich befindet.

Ausnahmen können bei Schaufenstern, welche feuersicher gegen die Innenräume abgeschlossen sind, für elektrische Glühlampen und deren Leitungen zugelassen werden; die Glühlampen müssen jedoch eine besondere Schutzglocke erhalten und die Leitungen in Rohren verlegt werden; bewegliche elektrische Leitungen innerhalb des Auslageraumes sind nicht zulässig.

d) Notbeleuchtung.

31. Alle Geschäfts-, Lager- und Arbeitsräume, sowie alle Treppen und Flure müssen mit einer Notbeleuchtung versehen sein, welche vom Eintritt der Dunkelheit an in Betrieb sein muß. Zur Notbeleuchtung sind Kerzen, Pflanzenöllampen oder solche elektrische Lampen, welche durch eine oder mehrere räumlich und elektrisch von der Hauptanlage unabhängige Stromquellen gespeist werden, zu verwenden. Auch auf die elektrische Notbeleuchtung finden die vorstehend unter Ziff. 26 erwähnten Sicherheitsvorschriften sinngemäß Anwendung. Die von der Polizeibehörde für die Notlampen vorzuschreibenden Plätze sind an Ort und Stelle durch besondere Marken in roter Farbe und mit fortlaufenden Nummern kenntlich zu machen. Außer der Notbeleuchtung müssen alle zur Entleerung des Hauses bestimmten Türen und Ausgänge mit roter Beleuchtung, die ebenfalls vom Eintritt der Dunkelheit ab in Betrieb sein muß, versehen sein.

VI. Heizung.

32. Kachel- oder Ziegelsteinöfen müssen in der Regel von außen oder von wenigstens 0,50 m tiefen, mit feuersicheren Türen geschlossenen Vorgelegen aus geheizt werden. Die Abführung

des Rauches von den Oefen zu den Schornsteinen darf nur durch gemauerte Kanäle erfolgen.

33. Eiserne Oefen sind nur ausnahmsweise zulässig und müssen alsdann mit starken, unverrückbar befestigten Ofenschirmen versehen sein.

34. Gasöfen bedürfen, wie andere Feuerstätten, baupolizeilicher Genehmigung; sie müssen durch unbewegliche feste Rohre mit der Gasleitung verbunden sein; Schlauchverbindungen sind unzulässig.

35. Gaskocher, Gasplätteinrichtungen usw. müssen tunlichst durch feste Rohre mit der Leitung verbunden sein.

36. Kanäle für Leitung heißer Luft sind durchweg mit feuersicherem Stoff zu umschließen und so anzulegen, daß sie von Staub gereinigt werden können.

In Verkaufs-, Betriebs- und Lagerräumen für besonders leicht entzündliche Gegenstände sind Heizkörper und Heizrohre gegen Berührung sicherzustellen.

37. Feuerungsanlagen sind alljährlich vor Beginn der Heizperiode instand zu setzen.

VII. Sicherheits-, Lösch- und Rettungsvorschriften.

38. Treppen, Treppenpodeste, Flure, Seiten- und Zwischengänge müssen dauernd von allen Verkehrshindernissen und brennbaren Gegenständen freigehalten werden.

Die für das Publikum bestimmten Gänge des Innenraumes müssen eine rasche Entleerung der einzelnen Geschosse ermöglichen und tunlichst in gerader Richtung auf die Ausgänge führen.

An den unmittelbar zu Ausgängen führenden Verkehrswegen dürfen leicht entzündliche Stoffe nicht ausliegen.

Vor Türen und Ausgängen dürfen Verkaufstische oder sonstige, die rasche Entleerung beeinträchtigende Gegenstände nicht aufgestellt werden.

Saisonartikel, d. h. Gegenstände, die zu bestimmten Zeiten einen besonders großen Andrang des Publikums herbeizuführen pflegen, sind tunlichst in den unteren Geschossen unterzubringen.

39. Es sind Pläne in doppelter Ausfertigung zur baupolizeilichen Genehmigung einzureichen, in welche die Verkehrswege und deren Breiten (vgl. Ziffer 19) einzutragen sind. Die Breite der für die Entleerung wichtigeren Verkehrswege wird nach der Höchstzahl der zu erwartenden Besucher einschließlich der in Betracht kommenden Angestellten bemessen und darf in der Regel nicht geringer als 2,0 m sein.

40. Verkäufliche Beleuchtungsgegenstände, Kocheinrichtungen,

Spielwaren mit Spiritusmotoren u. dgl. dürfen brennend nur in besonderen, allein dafür bestimmten Räumen vorgeführt werden.

41. Rauchen ist in den Verkaufs- und Lagerräumen, sowie in den Betriebsstätten verboten. Das Rauchverbot ist durch Anschläge in ausreichender Zahl und Größe und mit deutlicher Aufschrift bekanntzugeben.

42. Leicht verbrennliche Abfälle, Packmaterial, Kisten u. dgl. dürfen in Verkaufsräumen, Betriebsstätten, Treppenhäusern und auf Fluren und Durchgängen zur Aufbewahrung nicht angehäuft werden.

43. Die Feuerlöscheinrichtungen und die besonderen Angriffs- und Rettungswege sind nach näherer Anweisung der Polizeibehörde auszuführen und dauernd betriebsfähig zu erhalten; auch ist auf polizeiliches Erfordern ein Feuermelder anzulegen. Wird die Anlegung eines solchen nicht gefordert, so sind Hinweise auf den nächstbelegenen Feuermelder an geeigneten Stellen anzubringen.

44. Auf Erfordern ist in größeren Warenhäusern usw. eine geeignete Alarmvorrichtung herzustellen.

Jeder Angestellte muß über das, was er beim Ausbruch eines Feuers oder einer Panik sowie beim Ertönen der Alarmvorrichtung im Interesse der Sicherheit zu tun hat, genau unterrichtet gehalten werden.

Auf Verlangen der Polizeibehörde ist der Unternehmer verpflichtet, für Zeiten besonderen Andranges des Publikums eine ausreichende, geschulte und ausschließlich dem Sicherheitsdienste gewidmete Feuerwache zu halten*).

45. Es ist Vorsorge zu treffen, daß eine Ueberfüllung der Verkaufsräume nicht stattfindet.

VIII. Schlußbestimmungen.

46. Die gegenwärtigen Bestimmungen finden Anwendung auf alle neu zu errichtenden oder in bestehenden Gebäuden neu einzurichtenden Warenhäuser usw. ohne jede Einschränkung.

47. Ob und inwieweit diese Bestimmungen auch auf solche Gebäude anzuwenden sind, in denen nur im Erdgeschoß oder auch noch in dem darüber liegenden Stockwerk größere Mengen brennbarer Stoffe freigehalten werden, bleibt dem pflichtmäßigen Ermessen der Polizeibehörde vorbehalten.

---

*) Der Unternehmer soll hierdurch nicht gehindert werden, sich, statt selbst eine Feuerwache zu halten, Mannschaften der Ortsfeuerwehr gegen Bezahlung zu erbitten.

48. Auf bestehende Warenhäuser usw. sind von den gegenwärtigen Bestimmungen anzuwenden:

a) vorbehaltlos:

Die sämtlichen Bestimmungen der Abschnitte V, VI und VII, ferner aus den Abschnitten I—IV die Bestimmungen unter Ziffer 1 Absatz 1, den Ziffern 2—6, den Ziffern 8, 10 und 11 und den Ziffern 17—20; doch dürfen bis auf weiteres als „feuersicher" solche Türen angesehen werden, welche

aus 25 mm starken, gespundeten Brettern von hartem Holz mit allseitiger Bekleidung von 0,5 mm starkem Eisenblech hergestellt sind, selbsttätig zufallen, in 5 cm breite Falze aus unverbrennlichem Baustoff schlagen und dicht schließen. Der Eisenblechbelag muß mittelst durchgehender Niete oder Nägel befestigt sein;

b) mit Einschränkungen:

Die Bestimmungen unter den Ziffern 7, 9 und 12—15, und zwar:

α) Ziffer 7 mit der Maßgabe, daß feuerfeste Decken nur unter Wohnungen gefordert, daß aber auch hier feuersichere Decken zugelassen werden sollen, wenn diese durch darunter angebrachte besondere Schutzdecken entsprechend gesichert werden;

β) die Ziffern 9 und 12—15 mit der Maßgabe, daß Ausnahmen zugelassen werden dürfen, und zwar:

zu den Ziffern 9 und 12 schlechthin,
zu Ziffer 13 bezüglich der Anforderungen in Absatz 1,
zu Ziffer 14 bezüglich der Anforderung in Absatz 2,
zu Ziffer 15 dahin, daß die dort geforderten Treppen unter besonderen Umständen durch einen anderen geeigneten Rückzugsweg mit feuersicherem Ausgang ins Freie ersetzt werden können.

35. Die bauliche Anlage und innere Einrichtung von Theatern, Zirkusgebäuden und öffentlichen Versammlungsräumen*).

Polizeiverordnung vom 31. Oktober 1889 bzw. 18. März 1891 für Berlin. (Auszug.)

I. Vorschriften für Neubauten und Umbauten.

§ 1. Die Aufführung neuer und der Umbau bestehender Theater und Zirkusgebäude, sowie die Herstellung von öffentlichen Versammlungsräumen in Neubauten und Umbauten unterliegen nebst allen zu solchen Anlagen gehörigen Betriebseinrichtungen polizeilicher Genehmigung nach folgenden besonderen Vorschriften.

Die Bestimmungen der bestehenden allgemeinen Bauordnungen bleiben hinsichtlich der im ersten Absatz bezeichneten Anlagen insoweit in Kraft, als sie nicht im Widerspruch mit dieser Verordnung stehen.

A. Theater.

§ 2. Theater im Sinne dieser Verordnung sind diejenigen Gebäude, welche nach Zweck und Gesamtanlage dauernd zu Schauspielen oder zur Schaustellung von Personen bestimmt sind.

Große Theater sind solche, welche nach den Bestimmungen dieser Verordnung auf Sitz- und Stehplätzen mehr als 800 Zuschauer aufzunehmen vermögen.

Alle übrigen Theater gelten als kleine.

1. Große Theater.

Lage und Verbindung mit der Straße.

§ 3. Die Theatergebäude müssen mit ihrer die Haupt-ein- und ausgänge enthaltenden Front in der Baufluchtlinie einer öffentlichen durchgehenden Straße oder in einem Abstand von derselben liegen, welcher eine Bebauung der zwischenliegenden Fläche ausschließt. Der Abstand der vorerwähnten Front des Theatergebäudes von der gegenüberliegenden Straßenbegrenzung soll in der Regel mindestens 20 m betragen.

Dieser Abstand darf ausnahmsweise bis auf 15 m ermäßigt werden, wenn das Theatergebäude ringsum frei oder auf einem Eckgrundstück liegt oder, wenn eingebaut, mit einer zweiten öffentlichen Straße durch eine mindestens 3 m breite Durchfahrt in Verbindung gesetzt wird.

---

*) Im Laufe des Jahres erscheint voraussichtlich eine neue Verordnung.

Bei Aufführung eines Theatergebäudes zwischen nachbarlichen Brandmauern sind zu beiden Seiten des Zuschauerhauses von der Trennungswand zwischen Bühnenhaus und Zuschauerhaus bis zur Eintrittshalle offene Höfe von mindestens 6 m Breite anzulegen und mit der öffentlichen Straße mittelst Durchfahrten von wenigstens 3 m lichter Breite und 3,5 m lichter Höhe zu verbinden.

In den Umfassungswänden des Bühnenhauses dürfen Tür- oder Fensteröffnungen nur da angelegt werden, wo der Abstand einer solchen Oeffnung von der Nachbargrenze oder von anderen Bauten auf demselben Grundstück, falls dieselben eine größere Höhe als 10 m bis zum Dachfirst haben, mindestens 9 m beträgt. Bei Schuppen und kleineren Bauten muß dieser Abstand mindestens 6 m betragen.

In den Umfassungswänden des Zuschauerhauses dürfen Tür- oder Fensteröffnungen nur da angelegt werden, wo der Abstand einer solchen Oeffnung von der Nachbargrenze oder von anderen Bauten auf demselben Grundstück mindestens 6 m beträgt.

Bauart.

§ 4. Die Umfassungswände eines Theatergebäudes, die Trennungswand zwischen Bühnenhaus und Zuschauerhaus, sowie die Wände, welche Treppen umschließen, sind aus Steinen, die inneren Scheidewände mit Ausnahme von Trennungswänden zwischen Logen entweder ebenso oder aus anderem unverbrennlichen Material herzustellen. Die Dachstühle sind aus Eisen herzustellen. Das äußere Deckmaterial muß gegen Uebertragung eines Feuers von außen her sicheren Schutz gewähren.

Das bei Eindeckung der Dächer etwa verwendete Holz (Schalbretter, Latten und dergleichen) ist durch Berohren und Verputzen, durch Behobeln oder auf andere geeignete Weise gegen schnelles Entflammen zu sichern.

Die Unterstützung, sowie der etwaige Belag des Schnürbodens über dem Bühnenraum müssen zum Schutz der eisernen Dachkonstruktion feuersicher ausgeführt werden.

Luftabzugsöffnungen und Oberlichter sind zwischen Decken und Dächern mit unverbrennlichen, 50 cm hoch über die Dachfläche hinausgeführten Einfassungen zu versehen. Ebenso müssen die Umfassungswände von Lichthöfen in feuersicherer Konstruktion 50 cm über die Dachfläche geführt werden. Lichthoffenster dürfen nicht aus Holz hergestellt werden. Unterhalb der äußeren Oberlichter sind Drahtnetze anzubringen.

Die Fußböden der Flure, Vorsäle und Korridore sind aus unverbrennlichem Material herzustellen. Ein hölzerner Fußbodenbelag ist nur statthaft, wenn er unter Vermeidung von Hohlräumen dichtschließend auf unverbrennlicher Unterlage liegt.

Die Decken der Durchfahrten, Flure, Korridore und Treppenräume sind aus unverbrennlichem Material herzustellen.

Das Kellergeschoß ist mit Ausnahme der unter der Bühne liegenden Teile zu wölben und darf, soweit in demselben Magazin- und Lagerräume angelegt werden, nicht in unmittelbarer Verbindung mit Korridoren und Treppenräumen stehen.

Alle Korridore und Treppenräume müssen unmittelbar von außen beleuchtet werden. Für Korridore sind Oberlichter ausgeschlossen.

§ 5. Freitragende Treppen sind verboten.

Bei Treppen mit geraden Läufen dürfen Wendelstufen nicht angeordnet werden. Die Podeste derselben dürfen nicht schmaler sein als die Treppenläufe.

Die Treppenstufen müssen einen Auftritt von wenigstens 26 cm haben; ihre Steigung darf höchstens 18 cm betragen.

Geschwungene Treppen müssen an den schmalsten Stellen mindestens 23 cm Auftritt erhalten.

Die Treppen sind auf beiden Seiten mit Geländern oder Handläufern zu versehen, welche keine freien Enden haben dürfen.

Verschläge unter Treppen sind verboten.

Bei hölzernen Treppen, soweit solche in dieser Verordnung nicht verboten sind (§§ 6, 15, 21 und 22), müssen die Unteransichten mit Mörtel verputzt werden.

Bei Feststellung der vorschriftsmäßigen Abmessung einer Treppe soll die Weite zwischen den Geländern gemessen maßgebend sein.

§ 6. Wohnräume dürfen im Bühnenhause nicht höher als zur ebenen Erde angelegt werden; sie müssen Decken aus unverbrennlichem Material erhalten, durch massive Wände ohne Oeffnungen von den übrigen Gebäudeteilen abgeschlossen und lediglich von außen her zugänglich gemacht werden.

Im Zuschauerhause ist die Anlage von Wohnräumen unter der Bedingung gestattet, daß ihr Fußboden nicht höher als 10 m über der Straße liegt und daß sie mit einer aus unverbrennlichem Material hergestellten, von den Kellerräumen abgeschlossenen und unmittelbar ins Freie führenden Treppe in Verbindung gebracht werden.

Die Anlage vermietbarer Geschäftsräume, sowie allgemein zugänglicher Restaurationen und Konditoreien darf in einem Theatergebäude nur im Keller- oder Erdgeschoß und nur unter der Bedingung zugelassen werden, daß solche Räume Decken aus unverbrennlichem Material erhalten, durch massive Wände ohne

Oeffnungen von den für den Theaterbetrieb benutzten Gebäudeteilen abgeschlossen und lediglich von außen her zugänglich gemacht werden.

Werden für das Theaterpublikum besondere Restaurationsräume vorgesehen, so dürfen dieselben, falls ihre Gesamtgrundfläche mehr als 50 qm beträgt, nicht höher als im Erdgeschoß liegen und müssen unmittelbare Ausgänge nach der öffentlichen Straße erhalten.

Diese Vorschrift findet auf Räume mit Verkaufstischen zur Verabreichung von Erfrischungen während der Vorstellungen keine Anwendung.

Die Anlage von Magazinräumen ist im Zuschauerhause, im Bühnenraum, auf dem Schnürboden und in den Bühnenkellern verboten.

Werden Magazinräume im Bühnenhause angelegt, so dürfen sie nicht in unmittelbarer Verbindung mit den für den Verkehr im Bühnenhause erforderlichen Gängen und Treppen stehen.

§ 7. Die Zugänge zum Dachgeschoß, deren mindestens zwei anzulegen sind, müssen mit feuer- und rauchsicheren, selbsttätig zufallenden, unverschließbaren Türen versehen werden. Sind zur Herstellung dieser Zugänge Einbauten in den Dachraum erforderlich, so müssen dieselben aus unverbrennlichem Material ausgeführt werden.

Soweit ein Dachraum vorhanden ist, muß der Fußboden desselben durchweg feuersicher abgedeckt werden.

§ 8. Alle Theatergebäude sind mit Blitzableitern zu versehen.

An den Außenfronten und in den Höfen sind nach näherer Bestimmung der Polizeibehörde eiserne, in einer Höhe von 3 bis 4 m über dem Erdboden beginnende Leitern für die Feuerwehr anzulegen.

Zuschauerhaus.

§ 9. Ueber dem Parkett dürfen höchstens 4 Ränge angelegt werden.

Die Decke des obersten Ranges muß überall mindestens 2,5 m über dem Fußboden der höchsten Plätze liegen.

Im Parkett und auf den nicht zu Logen eingerichteten Rangteilen müssen die Sitzreihen unverrückbar auf dem Fußboden befestigt werden. Es dürfen nur Klappsitze, welche selbsttätig aufschlagen, oder Bänke verwendet werden.

§ 10. Die im Zuschauerraum zulässige höchste Personenzahl ist von der Polizeibehörde nach folgenden Bestimmungen festzustellen:

Die Breite der Sitze muß mindestens 50 cm und der Abstand der Reihen voneinander mindestens 80 cm betragen.

Verrückbare Sitze sind nur in Logen und zwar bis zur Zahl von 10 in jeder Loge zulässig.

Die Zahl der Sitze in ununterbrochener Reihe neben einem Seiten- oder Zwischengang darf im Parkett und im ersten Rang 14, auf den übrigen Rängen 12 nicht übersteigen.

Für Stehplätze dürfen höchstens 3 Personen auf 1 qm Grundfläche gerechnet werden.

Auf Bänken sind die einzelnen Sitze durch Leisten voneinander zu trennen.

§ 11. Die Breite der Gänge im Zuschauerraum, sowie die Anzahl und Breite der auf die Korridore führenden Türen ist für das Parkett und für die nicht zu Logen eingerichteten Rangteile nach dem Verhältnis von 1 m für 70 Personen zu bemessen. Die Gänge und Türen dürfen nicht unter 90 cm breit sein; es kann jedoch bei der ersten Sitzreihe des Parketts und der Ränge die Gangbreite bis auf 65 cm verringert werden.

§ 12. In den Gängen des Zuschauerraums dürfen Klappsitze nicht angebracht und Stühle nicht aufgestellt werden.

Stufen in den Gängen innerhalb des Parkettraumes sind unzulässig.

§ 13. Für das Parkett und die Ränge müssen Korridore angelegt werden, welche in der Regel ununterbrochen um den Zuschauerraum herumzuführen sind. Einbauten von Rangteilen, welche die Korridore in der Mitte unterbrechen, können ausnahmsweise gestattet werden, sofern dabei für eine genügende anderweite Verbindung der beiden Korridorhälften Sorge getragen ist.

Stufen in den Korridoren sind nur ausnahmsweise zulässig.

Die Breite der Korridore muß in allen Fällen mindestens 3 m betragen, im übrigen jedoch nach dem Verhältnis von 1 m für 80 Personen bemessen werden.

§ 14. Für jeden Rang sind zwei besondere Treppen anzulegen, welche nur einen Zugang zu dem betreffenden Rang haben dürfen und einen unmittelbar auf die Straße führenden Ausgang erhalten müssen, wobei Freitreppen nur bis zu einer Höhe von 2 m über der Straße zulässig sind.

Für Parkett und 1. Rang sind gemeinschaftliche Treppen zulässig, falls das Parkett im Erdgeschoß liegt.

Es müssen vorhanden sein:

für das Parkett: bis zu 300 Personen 2 Treppen von je 1,50 m Breite; bei mehr als 300 Personen soll die

Breite nach dem Verhältnis von 1 m für 100 Personen berechnet werden;

für die Ränge: bis zu 270 Personen 2 Treppen von je 1,50 m; bei mehr als 270 Personen soll die Breite nach dem Verhältnis von 1 m für 90 Personen berechnet werden.

Werden für Parkett und ersten Rang gemeinschaftliche Treppen angelegt, so sollen ihre Breiten nach der Summe der Plätze im Parkett und ersten Rang, und zwar nach den für die Ränge geltenden Verhältniszahlen, ermittelt werden.

§ 15. Wenn Theater zwischen nachbarliche Brandmauern eingebaut werden, so muß außer den vorgeschriebenen Treppen auf jeder Ranghöhe in den offenen Höfen (§ 3) je ein eiserner Laufgang von mindestens 1,25 m lichter Breite angelegt und durch wenigstens zwei Türen mit den um die Ränge herumgeführten Korridoren in Verbindung gebracht werden. Von diesen Laufgängen sollen eiserne Treppen in gleicher Breite in den Hof hinabführen.

§ 16. Alle Ausgänge sind als solche mit großer Schrift kenntlich zu machen und ständig dem Publikum zur Benutzung zu überlassen. Die nächsten Wege zu den Ausgängen sind durch Richtungspfeile an den Wänden zu bezeichnen. Die Türen und Treppen sind derart anzuordnen, daß die Mehrzahl der Besucher sich von der Bühne abwenden muß, um die Ausgänge zu erreichen.

Treppenpodeste, Flure und Korridore müssen von jeder Behinderung des Verkehrs frei gehalten werden. Tische und Bortbretter dürfen auf Korridoren nur in Wandnischen angebracht werden. Sitze für Logenschließer müssen selbsttätig aufklappen.

§ 17. Alle Türen sind nach außen aufschlagend derart anzuordnen, daß die geöffneten Flügel nicht in die Korridore und Treppenräume vortreten. Ist diese Forderung nicht zu erfüllen, so müssen die Türflügel vollständig herumschlagen und an den Wänden durch selbsttätige Federn festgehalten werden. In solchen Fällen ist aber die vorgeschriebene Mindestbreite der Korridore (§ 13) um die Türflügelbreite zu vergrößern. Die Anbringung von Schiebetüren ist verboten. Die Verschlüsse der Türen müssen so eingerichtet sein, daß sie durch einen einzigen Griff in Höhe von etwa 1,20 m über dem Fußboden von innen leicht zu öffnen sind.

Die Anbringung von Vorhängen an Türen, in Fluren und Korridoren bedarf besonderer Genehmigung. Derartige Vorhänge müssen an verschiebbaren Ringen aufgehängt werden.

§ 18. Alle Fenster müssen bewegliche, von innen leicht zu öffnende Flügel erhalten. Gitter vor den Fenstern sind nicht zulässig.

§ 19. Die Garderoben für die Zuschauer müssen in besonderen Räumen mit reichlich bemessenem freien Platz vor den Ausgabetischen eingerichtet werden. Wenn für die Garderobenräume Korridorerweiterungen benutzt werden, so muß das für den Korridor an sich vorgeschriebene Maß (§ 13) in ganzer Länge vor den Ausgabetischen angemessen vergrößert werden.

Bühnenhaus.

§ 20. Der Schnürboden über dem Bühnenraum muß mindestens 3 m höher liegen, als die Decke des Zuschauerraumes.

Der Bühnenraum ist von allen übrigen Teilen des Bühnenhauses sowie vom Zuschauerhause durch massive Wände, welche mindestens 50 cm über die Dachfläche geführt werden müssen, zu trennen. Alle Türöffnungen in diesen Wänden sind mit feuer- und rauchsicheren, nach außen aufschlagenden Türen zu versehen, welche selbsttätig zufallend konstruiert werden müssen und während einer Vorstellung nicht verschlossen werden dürfen. Türverbindungen zwischen dem Bühnenhause und dem Zuschauerhause sowie zwischen dem Bühnenraum und den übrigen Räumen des Bühnenhauses sind nur im Keller und in Bühnenhöhe gestattet.

Die Bühnenöffnung muß gegen den Zuschauerraum durch einen Schutzvorhang oder durch leicht und sicher bewegliche Schiebetüren feuer- und rauchsicher abgeschlossen werden. Das Material solcher Schutzvorhänge und Schiebetüren muß unverbrennlich sein und an den schwächsten Stellen mindestens die Festigkeit von 1 mm starkem glatten Eisenblech besitzen. Ihre Konstruktion muß im ganzen einen Ueberdruck von 90 kg auf 1 qm Fläche aushalten können, ohne daß bleibende Durchbiegungen eintreten. Die Bewegungsvorrichtungen für die Schutzvorhänge und Schiebetüren sind so anzuordnen, daß auf mindestens zwei Stellen, deren eine auch bei einem Brande auf der Bühne noch sicher erreichbar sein muß, der Verschluß der Bühnenöffnung durch einen einzigen Griff bewirkt werden kann.

Die Anbringung einer kleinen Tür im Schutzvorhang ist zulässig, jedoch muß diese selbsttätig schließend hergestellt sein.

§ 21. Sämtliche Räume des Bühnenhauses müssen unmittelbar zugänglich an Korridoren von wenigstens 2 m lichter Breite liegen und durch mindestens zwei Treppen von je 1,30 m Breite Ausgänge ins Freie erhalten. Die Umfassungswände der

Korridore und Treppenhäuser müssen massiv, ihre Decken und die Treppen selbst aus unverbrennlichem Material hergestellt werden.

Ist der zwischen den massiven Umfassungswänden gemessene Flächeninhalt einer Bühne (jedoch mit Ausschluß einer etwaigen Hinterbühne) größer als 300 qm, so muß für je 50 qm Bühnenfläche mehr die Breite der Korridore um je 10 cm und die Breite der Treppen um je 20 cm vergrößert oder die Anzahl der letzteren entsprechend vermehrt werden.

Vom Bühnenraum müssen mindestens auf zwei Seiten Türen von wenigstens 1,5 m Breite auf einen Korridor oder unmittelbar ins Freie führen.

§ 22. Für die im Bühnenraum beschäftigten Arbeiter sind mindestens zwei aus unverbrennlichem Material hergestellte, mit Geländern versehene Treppen von mindestens 90 cm lichter Breite anzulegen, welche vom untersten Bühnenkeller bis auf das Dach zu führen, mit Wänden aus unverbrennlichem Material zu umschließen sind und in der Straßenhöhe mit einem Ausgang ins Freie verbunden sein müssen. Wendelstufen sind bei diesen Treppen unter der Bedingung zulässig, daß auch an der Spindel ein Geländer angebracht wird.

Unmittelbare Beleuchtung soll für diese Treppen nicht gefordert werden.

§ 23. Für den inneren Ausbau des Bühnenhauses sind tragende Konstruktionsteile aus verbrennlichem Material herzustellen, im übrigen sind tunlichst unverbrennliche Stoffe zu verwenden. Alles Holzwerk ist, soweit es freiliegt, zu hobeln oder auf andere geeignete Weise gegen schnelles Entflammen zu sichern.

Vorhänge, Kulissen, Soffiten, Hinterhänge, Versatz- und sonstige Dekorationsstücke sind tunlichst aus unverbrennlichen oder schwer entflammenden Stoffen herzustellen.

Die Zugvorrichtungen für die szenischen Verwandlungen sind, soweit als irgend möglich, aus Drahtseilen herzustellen.

Es ist durch geeignete Vorkehrungen zu verhüten, daß Personen in die Bahn der Gegengewichte und Fahrstühle treten können.

§ 24. Treppenpodeste, Flure und Korridore müssen von jeder Behinderung des Verkehrs frei gehalten werden.

Die sofortige Alarmierung des gesamten Personals bei Entstehung einer Gefahr muß durch Signaleinrichtungen sichergestellt sein.

2. Kleine Theater.

§ 40. Auf kleine Theater finden die Bestimmungen in den §§ 3 bis 39 mit folgenden Abänderungen Anwendungen:

Zu § 3. Der Abstand der die Haupt-, Ein- und Ausgänge enthaltenden Front des Theatergebäudes von der gegenüberliegenden Straßenbegrenzung soll in der Regel mindestens 15 m betragen.

Bei besonderen örtlichen Verhältnissen kann im Wege des Dispenses ein geringer Abstand zugelassen, auch von der Forderung, daß das Theater an einer öffentlichen Straße liegen muß, Abstand genommen werden.

Zu § 4. Die Dachstühle dürfen aus Holz konstruiert werden. Das äußere Deckmaterial muß gegen Uebertragung eines Feuers von außen her sicheren Schutz gewähren.

Die Treppenräume müssen Decken aus unverbrennlichem Material erhalten, im übrigen können die Decken durchweg, auch über Fluren und Korridoren, als Balkendecken konstruiert werden: es müssen dabei aber die Unteransichten mit Mörtel verputzt und die Fußböden dichtschließend unter Vermeidung von Hohlräumen verlegt werden.

§ 41. Die Beleuchtung durch Gas ist in kleinen Theatern unter folgenden Bedingungen zulässig:

Die Gasleitungen für das Zuschauerhaus, den Zuschauerraum und die übrigen Teile des Zuschauerhauses sowie für den Bühnenraum und die übrigen Teile des Bühnenhauses sind in getrennten Gruppen anzulegen und die Absperrvorrichtungen so anzuordnen, daß sie von Unbefugten nicht erreicht werden können. Die Verwendung von Bleiröhren ist unzulässig. Die Leitungen sind derart zu verlegen, daß sie gegen jede zufällige Beschädigung geschützt, aber für Untersuchung und Ausbesserung leicht zugänglich sind. Ueberall, auch in den Ankleideräumen für das Personal, sind nur unbewegliche Gasarme zuläßig.

Die Entfernung zwischen Gasflammen und brennbaren Stoffen muß in senkrechter Richtung nach oben gemessen mindestens 1 m und in seitlicher Richtung mindestens 60 cm betragen. Falls diese Entfernungen nicht innegehalten werden können, müssen Schutzbleche angebracht werden; dieselben dürfen jedoch niemals auf verbrennlicher Unterlage befestigt werden.

Deckenkronleuchter müssen doppelte Befestigung erhalten.

Die im Zuschauerraum sowie auf Gängen und Treppen befindlichen Beleuchtungskörper müssen mit ihrer Unterkante mindestens 2 m über dem Fußboden liegen.

Die Gasflammen auf Gängen, in Treppenhäusern und in Aborten dürfen nur Hähne mit losem Schlüssel erhalten.

Die Gasflammen im Zuschauerhause sind mit Glocken oder Schalen zu versehen. Ausgenommen von dieser Vorschrift sind nur die Flammen an Deckenkronleuchtern.

Alle zur Beleuchtung des Bühnenhauses dienenden Gasflammen sind mit Drahtkörben oder ähnlichen Schutzvorkehrungen zu versehen.

Die Soffitenlampen müssen außer einem Drahtnetz doppelte Schutzbleche mit Luftzwischenraum erhalten und zum Herablassen eingerichtet werden, so daß sie vom Bühnenfußboden aus angezündet werden können.

Zum Anzünden von Gasflammen dürfen nur elektrische Zünder verwendet werden.

Die Verwendung gewöhnlicher Gummischläuche zur Zuleitung von Gas, auch für kurze Entfernungen, ist verboten; es dürfen nur undurchlässige, auf die Rohre mit Gewinden aufzuschraubende Spiralschläuche gebraucht werden.

Die Gasmesser müssen in einem von massiven Wänden und unverbrennlichen Decken umschlossenen Raume, welcher unmittelbar von außen Luft und Licht erhält, aufgestellt werden.

Die Verwendung von Gas zu szenischen Zwecken bedarf besonderer Genehmigung.

Die Gasleitungen sind mindestens vierteljährlich einmal sorgfältig auf ihre Dichtigkeit sowie auf die ordnungsmäßige Beschaffenheit der Brenner zu untersuchen. Insbesondere ist darauf zu achten, daß bei Verminderung des Gaszustromes und Druckes behufs Verdunkelung einzelne Brenner nicht versagen.

§ 42. Wenn Gasbeleuchtung eingerichtet wird, treten in bezug auf die Bestimmungen in den §§ 9—14 folgende Erschwerungen ein:

Zu § 9. Ueber dem Parkett dürfen nicht mehr als 2 Ränge angelegt werden.

Zu § 10. Die Zahl der Sitze in ununterbrochener Reihe neben einem Seiten- oder Zwischengang darf im Parkett 12, auf den Rängen 10 nicht übersteigen.

Zu § 11. Die Breite der Gänge im Zuschauerraum sowie die Anzahl und Breite der auf die Korridore führenden Türen muß nach dem Verhältnis von 1 m für 60 Personen bemessen werden.

Zu § 13. Die Breite der Korridore muß mindestens 3 m betragen, im übrigen jedoch nach dem Verhältnis von 1 m für 70 Personen bemessen werden.

Zu § 14. Es müssen vorhanden sein:

für das Parkett einschließlich seiner Logen:

bis zu 270 Personen 2 Treppen zu je 1,50 m. Bei mehr als 270 Personen ist die Breite nach dem Verhältnis von 1 m für 90 Personen zu berechnen:

für die Ränge:

bis zu 240 Personen 2 Treppen zu je 1,50 m. Bei mehr als 240 Personen ist die Breite nach dem Verhältnis von 1 m für 80 Personen zu berechnen.

3. Zeitweilige Baulichkeiten.

§ 43. Auf zeitweilige für Theatervorstellungen bestimmte Baulichkeiten sollen die im vorstehenden für kleine Theater in bezug auf eine schnelle und gefahrlose Entleerung abzielenden Vorschriften sinngemäße Anwendung finden.

Im übrigen bleiben die Forderungen in bezug auf Bauart, innere Einrichtung und Betrieb solcher zeitweiligen Baulichkeiten je nach örtlichen Verhältnissen und je nach dem Umfang des Betriebes dem Ermessen der Polizeibehörde überlassen.

B. Zirkusanlagen

§ 44. Zirkusgebäude dürfen der Regel nach nur auf freien Plätzen unter Beobachtung eines Abstandes von mindestens 15 m von jeder Nachbargrenze errichtet werden.

Ausnahmsweise darf ein Zirkus auf einem Eckgrundstück aufgeführt oder zwischen nachbarlichen Brandmauern eingebaut werden unter der Bedingung, daß auf zwei Seiten getrennte, in ihrer Gesamtbreite nach dem Verhältnis von 1 m für 150 Personen bemessene Verbindungen mit zwei öffentlichen durchgehenden Straßen für die Zirkusbesucher vorgesehen werden und außerdem eine besondere wenigstens 4 m im Lichten breite Zufahrt zu den Stallungen angelegt wird.

§ 45. Für die Herstellung der äußeren und inneren Wände ist außer Massivbau und Konstruktionen aus unverbrennlichem Material auch ausgemauertes Fachwerk zulässig.

Balkendecken müssen mit Mörtel verputzt werden.

Zur Herstellung der Decke oder des Daches über dem Zuschauerraum sind hölzerne Unterstützungen zulässig.

Die Dachkonstruktionen dürfen sichtbar bleiben.

Das äußere Deckmaterial der Dächer muß gegen Uebertragung eines Feuers von außen her sicheren Schutz gewähren.

Freiliegendes Holzwerk an Stützen, Decken und Dächern muß in den Ansichtsflächen gehobelt werden.

Der Unterbau zur Unterstützung der Sitzreihen des Zuschauerraumes ist aus unverbrennlichem Material herzustellen.

§ 46. Stallungen und Tierkäfige sowie Räume für das Personal und die Aufbewahrung von Dekorationen, Requisiten und Futterbeständen müssen vom Zuschauerraum durch unverbrennliche Wände und Decken getrennt werden. Die Türen in diesen Wänden sind feuer- und rauchsicher herzustellen.

§ 47. Die Räume unter den Sitzreihen des Zuschauerraumes dürfen als Garderoben für das Personal sowie zur Aufbewahrung von Dekorationen, Requisiten und Futterbeständen nur dann benutzt werden, wenn sie von massiven Wänden und Decken umschlossen sind und mit feuer- und rauchsicheren Türen versehen werden.

§ 48. Für die Anlage von Treppen gelten die im § 5 gegebenen Bestimmungen mit der Abänderung, daß bei Treppen innerhalb des Zuschauerraumes Geländer nicht gefordert werden.

§ 49. Auf jedem Zirkusgebäude sind Blitzableiter anzubringen.

§ 50. Vermietbare Räume und Wohnungen dürfen in einem Zirkusgebäude nur im Keller- oder im Erdgeschoß und nur unter der Bedingung eingerichtet werden, daß sie durch massive Wände ohne Oeffnungen und unverbrennliche Decken von den zum Zirkusbetrieb gehörigen Räumlichkeiten abgeschlossen und nur von außen zugänglich gemacht werden.

§ 51. Die im Zuschauerraum zulässige höchste Personenzahl ist von der Polizeibehörde nach folgenden Bestimmungen festzustellen:

Die Sitze müssen mindestens 50 cm breit sein und die Abstände der Sitzreihen wenigstens 80 cm betragen, sofern nicht mehr als 14 Plätze in ununterbrochener Reihe neben einem Seiten- oder Zwischengang angeordnet werden. Wird die Zahl 14 überschritten, so muß der Abstand der Sitzreihen auf 1 m vergrößert werden. Hierbei dürfen indessen höchstens 25 Sitze in ununterbrochener Reihe neben einem Seiten- oder Zwischengang angenommen werden.

Auf allen Bänken müssen die einzelnen Plätze durch Leisten abgegrenzt werden.

Für Stehplätze dürfen höchstens 3 Personen auf 1 qm Grundfläche gerechnet werden.

§ 52. Die Anzahl und Breite der Gänge, Treppen und Türen im Zuschauerraum ist nach dem Verhältnis von 1 m für 120 Personen zu bemessen, wobei die geringste Breite eines Ganges, einer Treppe oder einer Tür nicht unter 90 cm sein darf.

§ 53. Korridore und Flure müssen mindestens 2 m breit sein, im übrigen ist ihre Breite, sowie die Breite der außerhalb des Zuschauerraumes belegenen Treppen und der Ausgänge nach dem Verhältnis von

1 m für 120 Personen bei einer Anzahl bis zu 900 Personen,

1 m für 135 Personen bei einer Anzahl von 900 bis 1500 Personen,

1 m für 150 Personen bei einer Anzahl von mehr als 1500 Personen

zu bemessen.

§ 54. In bezug auf die Bezeichnung der Ausgänge, das Aufschlagen der Türen und die Einrichtung der Türverschlüsse finden die Bestimmungen der §§ 16 und 17 Anwendung.

§ 59. Die Anlage eines zeitweilig aufzustellenden Zirkus darf nur auf einem freien Platze unter Beobachtung eines Abstandes von wenigstens 15 m von jeder Nachbargrenze gestattet werden.

Stallungen müssen vom Zuschauerraum getrennt derart angelegt werden, daß die Aus- und Eingänge für das Publikum möglichst entfernt von den Haupttüren der Stallungen liegen.

Für die zulässige Anzahl von Sitz- und Stehplätzen, für die Anordnung der Gänge und Türen im Zuschauerraum, für die Breite der Korridore, Treppen, Flure und Ausgänge sind die Bestimmungen der §§ 51, 52, 53 und 54 maßgebend.

Im übrigen soll die Polizeibehörde je nach den örtlichen Verhältnissen und nach dem Umfang des Betriebes entscheiden, wie weit sonst die für Zirkusgebäude erlassenen Vorschriften in bezug auf Bauart, innere Einrichtung und Betrieb auch bei Anlage eines zeitweilig aufzustellenden Zirkus und für den Fall, daß ein Zirkus vorübergehend in einem sonst zu anderen Zwecken benutzten Gebäude eingerichtet wird, zu befolgen sind.

C. Oeffentliche Versammlungsräume.

§ 60. Als öffentliche Versammlungsräume im Sinne dieser Verordnung gelten alle baulichen Anlagen, welche zur gleichzeitigen Aufnahme einer größeren Anzahl von Personen zu öffentlichen Lustbarkeiten, öffentlichen Versammlungen oder zu ähnlichen Zwecken dienen sollen.

Baulichkeiten, welche ausschließlich für Gottesdienst oder Unterrichtszwecke bestimmt sind, werden von dieser Verordnung nicht betroffen.

§ 61. Wird für öffentliche Versammlungsräume ein selbständiges Gebäude hergestellt, so muß der Abstand der die Haupt-, Ein- und Ausgänge enthaltenden Front von der gegenüberliegenden Straßenbegrenzung mindestens 10 m betragen.

Das Gebäude darf gegen die Nachbargrenzen nur an denjenigen Teilen der Umfassungswände Tür- oder Fensteröffnungen erhalten, welche von der Nachbargrenze oder von anderen Bauten auf demselben Grundstück mindestens 6 m entfernt bleiben.

§ 62. Für Versammlungsräume, welche Teile eines im übrigen für anderweite Zwecke bestimmten Gebäudes bilden, kann die Anlage besonderer Flure oder Durchfahrten vorgeschrieben werden, welche mit der Straße in Verbindung stehen und von anderen Teilen desselben Gebäudes durch massive Wände getrennt werden müssen.

§ 63. Versammlungsräume, welche mehr als 2000 Personen aufzunehmen vermögen, müssen nach verschiedenen Straßenzügen hin Ausgänge erhalten. Von dieser Forderung kann jedoch Abstand genommen werden, wenn zwischen den Hauptausgängen aus den Versammlungsräumen und einer öffentlichen Straße Vorplätze, Gärten oder Höfe von solchen Abmessungen liegen, daß sie die gesamte Personenzahl bei Annahme von 4 Personen auf 1 qm Grundfläche aufzunehmen vermögen.

§ 64. Die Umfassungswände und die inneren Wände, soweit sie Durchfahrten, Flure, Treppen und Versammlungssäle umschließen, sind in der Regel massiv oder unverbrennlich herzustellen. Hölzerne Fachwerkskonstruktionen sind zulässig, falls die Gefache ausgemauert werden.

Das äußere Deckmaterial der Dächer muß gegen Uebertragung eines Feuers von außen her sicheren Schutz gewähren.

Die vorgeschriebenen Treppen (§ 71) müssen in besonderen Treppenräumen liegen und letztere Decken aus unverbrennlichem Material erhalten.

Etwaige die Decken der Säle durchbrechende Lüftungsöffnungen oder Oberlichter müssen mit unverbrennlichen, über die Dachfläche hinausgeführten Einfassungen versehen werden. Unterhalb der äußeren Oberlichter sind Drahtnetze anzubringen.

§ 65. Die Einrichtung von Lagerräumen für feuergefährliche Stoffe, von Fabriken oder Werkstätten für feuergefährliche Betriebe über oder unter Versammlungsräumen ist verboten. Auch dürfen derartige Räume nicht mit den für die Versammlungsräume dienenden Korridoren, Treppen, Fluren oder Durchfahrten in Verbindung stehen.

§ 66. Der Fußboden eines Versammlungsraumes darf nicht höher als 12 m über der Straße liegen.

Ueber einem Saalparkett sind höchstens 2 Galerien übereinander zulässig.

§ 67. Wird in einem Versammlungsraum die dauernde Einrichtung von Sitzen beabsichtigt, so muß die Breite eines Sitzes mindestens 50 cm und der Abstand der Sitzreihen wenigstens 90 cm betragen.

Bei Anordnung von Klappsitzen und bei befestigten Bänken kann der Abstand der Reihen auf 80 cm ermäßigt werden.

Die Zahl der Sitze in ununterbrochener Reihe neben einem Seiten- oder Zwischengang darf im Saalparkett **14**, auf Galerien **12** nicht übersteigen.

Für Stehplätze dürfen höchstens 3 Personen auf 1 qm Grundfläche gerechnet werden.

Die Breite der Gänge innerhalb des Saalparketts und auf Galerien muß mindestens 90 cm betragen und ist im übrigen nach dem Verhältnis von 1 m für 120 Personen zu bemessen.

Die nach vorstehenden Bestimmungen zulässige höchste Besucherzahl ist durch die Polizeibehörde festzustellen.

§ 68. Für Versammlungsräume ohne feste Sitzreihen soll die Personenzahl, nach welcher die Breite der Türen, Korridore, Treppen, Flure und Ausgänge zu bestimmen ist, so ermittelt werden, daß in der Regel auf 1 qm Grundfläche des Saalparketts 2 Personen und auf 1 qm Grundfläche der Galerien 3 Personen gerechnet werden. In einzelnen Fällen können jedoch ausnahmsweise mit Rücksicht auf die Lage und Benutzungsart der Versammlungsräume auf je 10 qm Grundfläche für das Saalparkett 15, für die Galerien 20 Personen gerechnet werden.

Wenn mehrere Versammlungsräume in einem Geschoß oder in verschiedenen Stockwerken gemeinschaftliche Korridore, Treppen, Flure oder Ausgänge haben, so sollen die erforderlichen Breiten derselben der Regel nach in der Weise ermittelt werden, daß die Personenzahl des größten Raumes ganz und die Personenzahl der übrigen Räume zur Hälfte der Berechnung zugrunde gelegt wird. Es kann jedoch in einzelnen Fällen ausnahmsweise mit Rücksicht auf die Benutzungsart der Versammlungsräume eine geringere Gesamtziffer für die Berechnung zugelassen werden.

§ 69. Die Anzahl und Breite der Türen ist nach dem Verhältnis von

1 m	für	120 Pers.	bei einer Anzahl	bis zu	600 Pers.,
1 m	„	135 „	„ „ „	von 600 bis	900 „
1 m	„	150 „	„ „ „	über	900 „

zu bestimmen.

Wenn die zulässige Zahl der Besucher mehr als 600 Personen beträgt, muß der Versammlungsraum auf mindestens 2 Wandseiten Türen erhalten.

Ausgangstüren müssen nach außen aufschlagend derart angeordnet werden, daß die geöffneten Flügel nicht in die Korridore und in die Treppenräume vortreten. Ist diese Forderung nicht zu erfüllen, so müssen die Türflügel vollständig herumgeschlagen und an den Wänden durch selbsttätige Federn festgehalten werden. In solchen Fällen ist aber die vorgeschriebene Mindestbreite der Korridore (§ 70) um die Türflügelbreite zu vergrößern. Die Türverschlüsse müssen so eingerichtet sein, daß sie durch einen einzigen Griff in Höhe von etwa 1,20 m über dem Fußboden von innen leicht zu öffnen sind.

Die Ausgangstüren sind als solche mit großer Schrift kenntlich zu machen und dürfen während der Benutzung eines Versammlungsraumes nicht verschlossen werden.

§ 70. Die für die Entleerung eines Versammlungsraumes in Betracht kommenden Korridore und Flure müssen mindestens 2 m breit sein. Im übrigen gelten für ihre Breiten sowie auch für die Breiten der Ausgänge die im § 69 für die Türen angegebenen Verhältniszahlen.

Flure oder Durchfahrten, welche zu Versammlungsräumen führen, müssen mindestens 3 m breit sein und im übrigen nach dem Verhältnis von 1 m für 200 Personen bemessen werden.

Wenn die Ausgänge aus Versammlungsräumen in einem Seiten- oder Hintergebäude auf einen Hof von solchen Abmessungen führen, daß er die gesamte Personenzahl bei Annahme von 4 Personen auf 1 qm Grundfläche aufzunehmen vermag, so kann die Breite der Flure oder Durchfahrten, welche diesen Hof mit der Straße verbinden, ausnahmsweise dem vorgeschriebenen Verhältnis von 1 m für 200 Personen gegenüber unter der Bedingung ermäßigt werden, daß der Hof in seiner ganzen Fläche lediglich für den Personenverkehr frei gehalten wird. Als äußerst zulässige Grenze soll dabei jedoch das Verhältnis von 1 m für 300 Personen gelten.

§ 71. Für Versammlungsräume, welche nicht mehr als 300 Personen im ganzen fassen, soll eine Treppe ausreichend sein, welche aus unverbrennlichem Material hergestellt werden, mindestens 1,5 m breit sein und im übrigen nach dem Verhältnis von 1 m für 120 Personen bemessen werden muß.

Für mehr als 300 Personen müssen mindestens zwei Treppen angelegt werden. Die gesamte Treppenbreite ist dann bis zur Anzahl von 900 Personen nach dem Verhältnis von 1 m für 150 und bei mehr als 900 Personen nach dem Verhältnis von 1 m für 200 Personen zu bestimmen.

Galerietreppen dürfen niemals unmittelbar in den Saal ausmünden. Es sind vielmehr für solche Treppen stets besondere Flure oder Vorräume anzulegen und deren Ausgänge nach Lage und Entfernung voneinander derart anzuordnen, daß bei gleichzeitiger Entleerung von Saal und Galerien Gegenströmungen nicht entstehen können.

Bei Galerien von höchstens 30 qm Grundfläche kann die Breite der Treppe bis auf 1 m ermäßigt werden.

Die Räume, in welchen die vorgeschriebenen Treppen liegen, dürfen mit Kellerräumen nicht in unmittelbarer Verbindung stehen.

Im übrigen gelten für die Anlage der Treppen im einzelnen die Bestimmungen des § 5.

§ 72. Für den Fall, daß ein Versammlungsraum vorübergehend mit Bänken, Stühlen oder Tischen besetzt werden soll, sind die im § 67 für feste Sitzreihen vorgeschriebenen Gänge freizuhalten und fest abzugrenzen. Reihenweise gestellte Stühle oder Bänke sind mit Innehaltung eines Abstandes von mindestens 90 cm derart miteinander zu verbinden, daß sie einzeln nicht verschoben werden können.

§ 73. Versammlungsräume, welche eine ständige, mit verbrennlichen Kulissen, Soffiten, Hinterhängen oder Versatzstücken ausgestattete Bühne erhalten, — gleichviel ob die auf derselben veranstalteten Vorstellungen dem Publikum allgemein zugänglich sind oder nicht — sollen, sowohl wenn sie für sich ein selbständiges Gebäude, als auch, wenn sie nur einen Teil eines im übrigen anderweit benutzten Bauwerks bilden, nicht nach den in diesem Abschnitt, sondern nach den für kleine Theater gegebenen Vorschriften behandelt werden.

Es kann jedoch dabei, falls die Bühne elektrisch beleuchtet und mit einer Regenvorrichtung versehen wird, von der Forderung, daß der Zuschauerraum rings von einem Korridor umgeben sein muß, abgesehen werden.

Die höchste in einem derartigen mit ständiger Bühne ausgestatteten Versammlungsraum, und zwar im Saalparkett und auf Galerien im ganzen zulässige Personenzahl darf 800 nicht überschreiten.

§ 74. Solche Versammlungsräume dagegen, welche nur ein mit unverbrennlichen Kulissen, Soffiten, Hinterhängen oder Versatzstücken, sowie mit einem Vorhang aus schwer entflammbarem Stoff ausgestattetes Podium ohne Versenkung, Schnürboden und Schnürgalerien erhalten, sollen nach den in diesem Abschnitt gegebenen Vorschriften, jedoch mit der Maßgabe behandelt werden, daß die Lage und Breite der Gänge und Türen im Zuschauerraum nach dem Verhältnis von 1 m für 90 Personen und die Breite von Korridoren, Treppen, Fluren und Ausgängen nach dem Verhältnis von 1 m für 120 Personen festgestellt werden.

§ 78. Bei Baulichkeiten, welche nur für vorübergehende Benutzung errichtet werden, finden von vorstehenden Bestimmungen die auf eine schnelle und gefahrlose Entleerung, sowie auf die Einrichtung und Unterhaltung einer Notbeleuchtung abzielenden Vorschriften Anwendung, während die Festsetzung der sonstigen baulichen und Betriebsforderungen in jedem einzelnen Falle dem Ermessen der Polizeibehörde anheimgegeben bleibt.

II. Vorschriften für bestehende Anlagen.

A. Theater.

§ 79. Für bestehende Theater gelten folgende Mindestforderungen:

1. Die Trennungswand zwischen Zuschauerhaus und Bühnenhaus muß in Stein oder in einem anderen feuersicheren Material hergestellt sein. Die Bühnenöffnung muß durch einen Schutzvorhang oder durch sicher und leichtbewegliche Schiebetore, entsprechend den im § 20 Absatz 3 bis 5 gegebenen Vorschriften, feuer- und rauchsicher abgeschlossen werden können; von der Forderung des § 20 Absatz 4 kann ausnahmsweise abgesehen werden.
2. Im Bühnen- und Zuschauerhause müssen hölzerne Fachwerks- und Bretterwände mit Ausnahme von Trennungswänden innerhalb des Zuschauerraumes, sowie von Trennungswänden zwischen Zuschauerraum und Korridoren oder anderen Vorräumen — auf beiden Seiten, dagegen Balkendecken und hölzerne Treppen an den Unteransichten mit Mörtel verputzt sein.

   Ausnahmsweise kann bei dekorierten Balkendecken von einer Verputzung der Unteransichten abgesehen werden, wenn oberhalb der Decken ein feuersicherer Belag hergestellt ist.

   Die Verputzung der Unteransichten hölzerner Treppen ist entbehrlich, wenn der Raum darunter durch feuersichere, weder mit Türen noch sonstigen Oeffnungen versehene Verschläge abgeschlossen ist. Im übrigen sind Verschläge unter hölzernen Treppen unzulässig.
3. Treppenräume und Korridore müssen mit genügenden Vorkehrungen zum Abzuge des Rauches versehen sein.
4. Alle Treppen müssen Geländer oder Handläufer haben, welche auf beiden Seiten an den Treppen entlang führen und an den Enden jeden Laufes mit einer den Verkehr nicht hindernden Krümmung abschließen.

5. Ueber der Bühne und über dem Zuschauerraume müssen leicht und sicher zu handhabende Rauchabzüge vorhanden sein.

6 Rauchabzüge und Oberlichter müssen zwischen Decken und Dächern feuersichere Wandungen haben. Unterhalb der äußeren Oberlichte müssen Drahtnetze vorhanden sein.

7. Alle Ausgänge müssen als solche kenntlich gemacht sein und stets für die ungehinderte Benutzung bereitgehalten werden.

Die nächsten Wege zu den Ausgängen ins Freie müssen durch Richtungspfeile an den Wänden bezeichnet sein.

Alle Türen müssen nach außen aufschlagend derart angeordnet sein, daß durch die geöffneten Flügel der Verkehr in den Korridoren und Treppenräumen nicht behindert wird. Die Türen im Parkett wie in den Rängen dürfen sich nicht gegen die Richtung der das Theater von dort verlassenden Menschenströme öffnen, müssen so weit als tunlich herumschlagen und an den Wänden durch selbsttätig wirkende Federn festgehalten werden.

Die Beibehaltung von Türen, welche den vorstehenden Anforderungen nicht entsprechen, ist ausnahmsweise zulässig, sofern sie nur von wenigen Personen benutzt werden oder durch ihre Abänderung eine Verbesserung des bestehenden Zustandes nicht zu erreichen ist.

Die Verschlüsse der Türen müssen so eingerichtet sein, daß sie durch einen in Höhe von etwa 1,20 m über dem Fußboden angebrachten Griff von innen leicht zu öffnen sind. Bei zweiflügligen Türen kann ausnahmsweise zugelassen werden, daß jeder Flügel besonders in dieser Weise zu öffnen ist. Kanten- und Schubriegel sind ausgeschlossen.

8. Als die geringste zulässige Breite eines Sitzes soll das Maß von 45 cm, und als der kleinste zulässige Abstand der Sitzreihen das Maß von 80 cm, bei selbsttätig aufschlagenden Klappsitzen das Maß von 70 cm gelten.

Die Zahl der Sitze in unterbrochener Reihe neben einem Seiten- oder Zwischengange darf im Parkett und ersten Range 15, in den übrigen Rängen 12 nicht übersteigen.

Bei sonst günstigen Entleerungsverhältnissen sind Ausnahmen zulässig, wenn vorstehende Forderungen nur mit weitgehenden Aenderungen erfüllt werden können. Insbesondere kann in den Rängen, falls hier eine Verbesserung der Entleerungsverhältnisse durch Anlage von Zwischengängen nicht zu erreichen ist — je nachdem der Abstand der Sitzreihen das Maß von 80 cm, bei Klappsitzen von 70 cm übersteigt — eine verhältnismäßig größere Anzahl, jedoch höchstens von 20 Sitzen in ununterbrochener Reihe neben einem Gange zugelassen werden.

Für Stehplätze dürfen höchstens 3 Personen auf 1 qm Grundfläche gerechnet werden.

9. Treppenpodeste, Flure, Korridore, sowie Seiten- und Zwischengänge sind von allen Verkehrshindernissen freizuhalten.

10. Die Lage und Breite der Gänge im Zuschauerraum, sowie die Anzahl, Lage und Breite der aus dem Zuschauerraum auf die Korridore oder Vorräume führenden Türen, muß der Forderung entsprechen, daß für 70 Personen 1 m lichte Breite vorhanden ist.

Ausnahmen hiervon können in einzelnen Fällen bis zur Grenze von 1 m für 100 Personen zugelassen werden.

11. Die außerhalb des Zuschauerraumes belegenen Vorräume, Korridore, Treppen, Flure und Ausgänge müssen der Forderung entsprechen, daß für 120 Personen 1 m lichte Breite vorhanden ist.

Ausnahmen sind für die Parkettkorridore zulässig, falls dort den Türen des Zuschauerraums gegenüber Ausgänge von entsprechender Breite unmittelbar ins Freie führen.

Wenn es nach der Anlage des Theaters ohne erhebliche Aenderung der Substanz des Gebäudes nicht möglich ist, die dem Verhältnis von 1 m für 120 Personen entsprechenden Breiten herzustellen, kann ausnahmsweise bei sonst günstigen Entleerungsverhältnissen das Verhältnis von 1 m für 150 Personen und als äußerste Grenze das Verhältnis von 1 m für 200 Personen zugelassen werden.

Wenn die Ausgänge aus Theatern in Höfe oder Gärten von der im § 70 bezeichneten Größe führen, so kann die Breite der Durchfahrten, welche diese Höfe oder Gärten mit der Straße verbinden, ausnahmsweise nach dem Verhältnis von 1 m für 300 Personen bemessen werden.

12. Das Bühnenhaus muß mindestens einen besonderen, auf kurzem Wege ins Freie führenden Ausgang besitzen. Mit diesem Ausgange müssen die Bühne und die Garderoben für das Personal derart in Verbindung stehen, daß der Weg aus den Garderoben nicht über die Bühne führt.

Für das Personal müssen zwei Treppen, welche mit dem Ausgange aus dem Bühnenhause in Verbindung stehen, vorhanden sein. Ausnahmsweise soll nur eine Treppe genügen, falls sie ausreichend breit ist und das Personal auf ihr den Ausgang ins Freie schnell und sicher zu gewinnen vermag.

14. Theater, welche mehr als 1200 Zuschauerplätze enthalten,

müssen unter Beobachtung der im § 25 gegebenen Vorschriften elektrisch beleuchtet sein.

Gasleitungen in solchen Theatern sind nach Einführung der elektrischen Beleuchtung mit Genehmigung der Polizeibehörde nur insoweit zulässig, als dies zur Erwärmung von Bügeleisen, Brennscheren, sowie zu besonderen szenischen Effekten unbedingt notwendig ist. Werden außerdem noch Gasröhren im Gebäude belassen, so dürfen sie mit benutzten Gasleitungen weder im Gebäude noch auf der Straße in Verbindung stehen.

Ausnahmsweise kann von der elektrischen Beleuchtung auch bei Theatern mit mehr als 1200 Zuschauerplätzen abgesehen werden, wenn die Entleerungsverhältnisse günstige sind.

17. Die Erwärmung des Zuschauerraumes und der Bühne mit ihren Nebenräumen, einschließlich der Garderoben und Ankleideräume, soll durch Zentralheizungen erfolgen, für welche nachstehende Bestimmungen gelten:

a) Die Heizkammern müssen von außen her zugänglich sein; jedoch kann hiervon abgesehen werden, wenn sie rings von massiven Wänden, Fußböden und Decken umschlossen, sowie von den angrenzenden Räumen durch massive Vorgelege mit selbsttätig zufallenden, feuersicheren Türen oder durch sonstige Sicherheitsvorkehrungen getrennt sind.

b) Kanäle für die Leitung heißer Luft, sowie Hohlräume zur Unterbringung von Dampf- oder Wasserheizröhren müssen durchweg von Wänden aus feuersicherem Material umschlossen und so angelegt sein, daß sie von Staub gereinigt werden können.

c) Brennbare Stoffe müssen von Austrittsöffnungen für heiße Luft, sowie von Metallröhren zur Leitung von Dampf oder heißem Wasser entweder 25 cm nach jeder Richtung entfernt oder — sofern dies mit Schwierigkeiten verknüpft ist — in anderer Weise durch Schutzbekleidung aus Drahtputz oder dgl. gegen Erhitzung ausreichend gesichert sein.

In einzelnen nicht unmittelbar mit der Bühne oder dem Zuschauerraume zusammenhängenden Räumen kann die Verwendung von Kachelöfen unter besonderer Vorsicht bei Anlage der Rauchrohre, der Feuerung und des Aschenfalles gestattet werden.

Die Anbringung von Heizvorrichtungen in den Magazinräumen ist überhaupt verboten.

18. In bezug auf Wasserversorgung und Feuerlöscheinrichtungen sind die Vorschriften des § 29 maßgebend.

Von der Vorschrift, daß das Theatergebäude mit einer Regenvorrichtung versehen sein muß, kann Abstand genommen werden.

19. Für den Betrieb gilt folgendes:

a) Die Aufbewahrung von Dekorationen, Requisiten u. dgl. ist im Zuschauerhause, sowie in den von der Bühne nicht feuersicher abgeschlossenen Räumen verboten und auf und unter der Bühne nur insoweit gestattet, als jene Gegenstände für die unmittelbar bevorstehenden Proben und Vorstellungen gebraucht werden. Ausnahmen sind unter Anordnung der erforderlichen Sicherheitsmaßregeln zulässig.

Ein Werkstättenbetrieb von Tischlern, Klempnern, Schlossern und Schmieden ist im Zuschauerhause nur in solchen Räumen des Kellergeschosses zulässig, welche überwölbt und lediglich von außen zugänglich sind; im Bühnenhause nur in solchen Räumen, welche mit der Bühne, der Unterbühne und den Bühnenkellern oder mit den Räumen für das Personal keine unmittelbare Verbindung haben.

Werkstätten von anderen Handwerkern, Malern, Schneidern usw., sind im Zuschauer- und im Bühnenhause unter Anordnung der erforderlichen Sicherheitsmaßregeln, insbesondere für etwaige Feuerungseinrichtungen, statthaft.

Alle Werkstätten müssen gegen die benachbarten Räume durch rauch- und feuersichere Türen abgeschlossen sein.

c) Die Verwendung von unverwahrtem Feuer oder Licht, von beweglichen Beleuchtungskörpern und von Feuereffekten im Bühnenraum ist nur soweit, als es die Vorstellungen nötig machen, mit besonderer Erlaubnis zulässig, welche für bestimmte Stücke ein für allemal erteilt werden kann.

Im übrigen ist das Betreten der Garderoben, Magazinräume und des Zuschauerhauses mit unverwahrtem Feuer oder Licht verboten.

Die Verwendung von Feuerwerk ist unzulässig.

Für Schüsse dürfen nur Pfropfen aus ungefährlichem Material, z. B. Kälberhaar oder Asbestwolle, verwendet werden.

B. Zirkusanlagen.

§ 80. Für bestehende Zirkusanlagen gelten folgende Mindestforderungen:

1. Der Zuschauerraum muß von den Stallungen, Lager- und Magazinräumen, sowie von den Räumen für Garderobe, Requisiten und Dekorationen feuer- und rauchsicher abgeschlossen sein.
2. Als die geringste zulässige Breite eines Sitzes soll das Maß von 45 cm und als der kleinste zulässige Abstand der Sitzreihen das Maß von 70 cm gelten, sofern nicht mehr als 15 Plätze in ununterbrochener Reihe neben einem Seiten- oder Zwischengange vorhanden sind. Im übrigen müssen in bezug auf die Anordnung der Sitz- und Stehplätze die Vorschriften im § 51 erfüllt sein.

   Bei sonst günstigen Entleerungsverhältnissen sind Ausnahmen zulässig, wenn vorstehende Forderungen nur mit weitgehenden Aenderungen erfüllt werden können. Insbesondere kann, falls eine Verbesserung der Entleerungsverhältnisse durch Anlage von Zwischengängen nicht zu erreichen ist — je nachdem der Abstand der Sitzreihen das Maß von 70 cm übersteigt —, eine verhältnismäßig größere Anzahl, jedoch höchstens von 25 Sitzen in ununterbrochener Reihe neben einem Gange, zugelassen werden.

   In bezug auf die Lage und Breite der Zwischengänge, Treppen und Türen innerhalb des Zuschauerraumes gelten die Vorschriften des § 52 — und in bezug auf die Breite der außerhalb des Zuschauerraumes belegenen Korridore, Flure, Treppen und Ausgänge sinngemäß die Vorschriften des § 79 Nr. 11.
3. Auf die Bezeichnung der Ausgänge, das Aufschlagen der Türen und die Anbringung der Türverschlüsse finden die Bestimmungen des § 79 Nr. 7 sinngemäße Anwendung.

C. Oeffentliche Versammlungsräume.

§ 81. Für bestehende Versammlungsräume gelten folgende Mindestforderungen:

1. In Versammlungsräumen mit festen Sitzreihen darf die Breite eines Sitzes nicht weniger als 45 cm und der Abstand der Sitzreihen nicht weniger als 70 cm betragen, sofern die Zahl der Sitze in ununterbrochener Reihe neben einem Seiten- oder Zwischengange im Saalparkett 15, auf den Galerien 12 nicht übersteigt. Im übrigen müssen die Vorschriften des § 67 erfüllt sein.

Bei sonst günstigen Entleerungsverhältnissen sind Ausnahmen zulässig, wenn vorstehende Forderungen nur mit weitgehenden Aenderungen erfüllt werden können. Insbesondere kann auf den Galerien, falls hier eine Verbesserung der Entleerungsverhältnisse durch Anlage von Zwischengängen nicht zu erreichen ist — je nachdem der Abstand der Sitzreihen das Maß von 70 cm übersteigt —, eine verhältnismäßig größere Anzahl, jedoch höchstens von 20 Sitzen in ununterbrochener Reihe neben einem Gange, zugelassen werden.

2. Für Versammlungsräume ohne feste Sitzreihen sind in bezug auf die Berechnung der Personenanzahl die im § 68 gegebenen Bestimmungen maßgebend.

Bei vorübergehender Aufstellung von Bänken, Stühlen oder Tischen sind die im vorletzten Absatze des § 67 für feste Sitzreihen vorgeschriebenen Gänge freizuhalten und reihenweise aufgestellte Stühle oder Bänke mit Innehaltung eines Abstandes von mindestens 80 cm derart miteinander zu verbinden, daß sie einzeln nicht verschoben werden können. Von der letzteren Forderung kann abgesehen werden, falls die Stühle oder Bänke wegen einer unmittelbar nachfolgenden anderen Benutzung des Versammlungsraumes rasch fortgeräumt werden müssen.

3. In bezug auf die Anzahl und Breite der Türen müssen die Vorschriften des § 69 — und in bezug auf das Aufschlagen der Türen, sowie auf die Türverschlüsse und die Bezeichnung der Ausgänge die Vorschriften des § 79 Nr. 7 sinngemäß erfüllt sein.

4. Die Breite der Korridore, Flure, Treppen und Ausgänge darf in keinem Falle geringer sein, als die Berechnung nach dem Verhältnis von 1 m für 250 Personen ergibt. Die Breite von Durchfahrten muß mindestens dem Verhältnis von 1 m für 300 Personen entsprechen.

5. Bei Versammlungsräumen, welche eine ständige, mit verbrennlichen Kulissen, Soffiten, Hinterhängen oder Versatzstücken ausgestattete Bühne besitzen, sollen in bezug auf die Breite der Gänge und Türen innerhalb des Saalparketts und auf Galerien, sowie auf die Breite der Korridore, Flure, Treppen und Ausgänge in der Regel die für den Neubau kleiner Theater gegebenen Vorschriften zur Durchführung gelangen. Ausnahmsweise können in einzelnen Fällen Ermäßigungen zugelassen werden, deren äußerste Grenze durch folgende Verhältniszahlen bestimmt wird:

für die Breite der Gänge innerhalb des Saales und

auf Galerien, sowie für die Breite der Ausgangstüren daselbst durch das Verhältnis von 1 m für 100 Personen,

für die Breite der Korridore, Flure, Treppen und Ausgänge durch das Verhältnis von 1 m für 150 Personen,

für die Breite von Durchfahrten durch das Verhältnis von 1 m für 200 Personen,

und wenn die Durchfahrt mit einem Hofe oder Garten von der im § 70 bezeichneten Größe in Verbindung steht, durch das Verhältnis von 1 m für 300 Personen.

6. Für Versammlungsräume, welche nur ein Podium der im § 74 beschriebenen Art besitzen, gelten folgende Verhältniszahlen als die äußerst zulässigen:

für die Breite der Gänge innerhalb des Saales und auf Galerien, sowie für die Breite der Ausgangstüren daselbst das Verhältnis von 1 m für 120 Personen,

für die Breite der Korridore, Flure, Treppen und Ausgänge das Verhältnis von 1 m für 200 Personen,

für die Breite von Durchfahrten das Verhältnis von 1 m für 250 Personen,

und wenn die Durchfahrt mit einem Hofe oder Garten von der im § 70 bezeichneten Größe in Verbindung steht, das Verhältnis von 1 m für 300 Personen.

D. Gemeinsame Vorschriften.

§ 82. Für bestehende Theater, Zirkusanlagen und öffentliche Versammlungsräume hat die Polizeibehörde die höchste in einer derartigen Anlage künftig zulässige Personenzahl, vorstehenden Bestimmungen entsprechend, nach den vorhandenen Abmessungen festzustellen.

§ 82a. Bei Umbauten finden die im Abschnitt I für Neubauten gegebenen Bestimmungen Anwendung, doch können ausnahmsweise die im Abschnitt II für bestehende Anlagen festgesetzten Bestimmungen zugrunde gelegt werden.

Als Umbauten im Sinne dieses Paragraphen sind bauliche Veränderungen, welche zur Erfüllung der Mindestforderungen der §§ 79 bis 81 dienen, nicht anzusehen.

36. Polizeiverordnung, betreffend die Einrichtung und den Betrieb von Aufzügen (Fahrstühlen)*).

Titel I. Geltungsbereich der Polizeiverordnung.

§ 1. I. Den Bestimmungen dieser Polizeiverordnung sind alle Aufzugseinrichtungen unterworfen, deren Fahrkörbe, Kammern oder Plattformen zwischen festen Führungen bewegt werden, sofern ihre Hubhöhe zwei Meter übersteigt.

II. Ausgenommen sind Aufzüge in den der Aufsicht der Bergbehörden unterstehenden Betrieben, Versenkvorrichtungen in Theatern, Paternosterwerke für Lasten und Schiffshebewerke.

Titel II. Einteilung der Aufzüge.

§ 2. I. Die Aufzüge werden eingeteilt in:

1. Personenaufzüge,
2. Lastenaufzüge.

II. Zu ersteren gehören auch diejenigen Lastenaufzüge, auf denen Führer mitfahren dürfen.

Titel III. Allgemeine Bestimmungen für Aufzüge.

§ 3. Aufstellung der Fahrstühle.

Aufzüge sollen, soweit der Betrieb der Anlage es zuläßt, im Freien oder an der Außenseite der Gebäude oder in Treppenhäusern, die von feuerfesten Wänden umgeben sind, oder in Lichthöfen angelegt werden; im letzteren Falle darf durch sie die vorgeschriebene Mindestgrundfläche der Lichthöfe nicht beschränkt werden.

§ 4. Fahrschächte.

I. Die Fahrbahn der Aufzüge ist in ihrer ganzen Ausdehnung nach Maßgabe der für den Aufstellungsort geltenden Baupolizeiverordnung oder, falls in dieser besondere Bestimmungen über Fahrschächte nicht enthalten sind, nach dem Ermessen der Baupolizeibehörde mit feuerfesten oder mindestens dichten feuersicheren Wänden zu umschließen.

II Von der Vorschrift feuerfester und feuersicherer Schachtwände sind ausgenommen:

---

*) Nach dem Ministerialerlasse vom 17. März 1908 soll von Aenderungen des Normalentwurfes abgesehen werden, um die Einheitlichkeit der technischen Bestimmungen zu wahren. Die Polizeiverordnung wird daher in allen preußischen Provinzen den gleichen Wortlaut haben.

1. Aufzüge, die dem § 3 entsprechend in Treppenhäusern freistehend oder an der Außenseite von Gebäuden oder in Lichthöfen angelegt werden;
2. Aufzüge, die im Innern von Gebäuden übereinander gelegene Galerien verbinden;
3. Aufzüge, die nur zwei unmittelbar aufeinander folgende Geschosse oder nur Kellergeschosse mit dem Erdgeschoß verbinden, wenn in den durch den Fahrstuhl verbundenen Geschossen keine feuergefährlichen Gegenstände lagern;
4. Gichtaufzüge in allen Arten von Betrieben;
5. Aufzüge in Gebäuden mit ungeschalten und unverputzten Zwischendecken, die an und für sich der Uebertragung eines Feuers keinen Widerstand leisten.

III. Kleine Aufzüge, d. h. Lastenaufzüge, die nicht betretbar sind (für Speisen, Akten, kleine Erzeugnisse der Industrie u. dgl.), von höchstens 100 kg Tragfähigkeit und nicht mehr als 0,7 qm Schachtquerdurchschnitt bedürfen, soweit sie nicht nach vorstehenden Bestimmungen von der Vorschrift feuerfester oder feuersicherer Wände ganz ausgenommen sind, nur feuersicherer Schachtwände.

§ 5. Abdeckung der Fahrschächte.

I. Von feuerfesten oder feuersicheren Wänden umschlossene Fahrschächte, in denen die Förderung bis zum Dachgeschosse geht, sind an ihrem oberen Ende mit einer festen, feuersicheren Abdeckung zu versehen. Von der feuersicheren Beschaffenheit kann nur abgesehen werden, wenn in den durch den Fahrstuhl verbundenen Geschossen keine feuergefährlichen Gegenstände lagern und die Schachtwände, sowie ein in der Abdeckung anzubringendes Entlüftungsrohr, mindestens 0,2 m über Dach geführt werden. Glasabdeckungen sind mittelst Drahtgitter zu unterfangen.

II. Von feuerfesten oder feuersicheren Wänden umschlossene Fahrschächte, in denen die Förderung nicht bis zum Dachgeschosse geht, sind an ihrem oberen Ende stets feuersicher abzuschließen.

III. Fahrschächte, deren obere Mündung im Freien oder an Orten liegt, die von Menschen betreten werden, sind mit Deckel- oder Klappenverschlüssen, die vom Fahrkorbe gehoben werden, zu versehen, sofern nicht nach Abs. I oder II feuersichere Verschlüsse erforderlich sind oder § 4 II 1 und 2 zutreffen.

IV. Ueber der Decke des Fahrkorbes in seinem höchsten normalen Stande muß eine freie Höhe von mindestens 1,00 m vorhanden sein. Bremsfahrstühle in kleinen Getreidemühlen sind von dieser Vorschrift ausgenommen. Muß der Fahrschacht der vorgeschriebenen freien Höhe halber über die Dachfläche hinausgeführt werden, so wird dieses Maß auf die zulässige Gebäudehöhe nicht angerechnet.

§ 6. Umwehrungen der Fahrbahn.

I. Aufzüge, deren Fahrbahn nicht durch feuerfeste oder dichte feuersichere Wände abzuschließen ist, müssen allseitig derart umwehrt sein, daß Menschen durch den Betrieb des Aufzugs nicht zu Schaden kommen können. Der Fahrschacht darf nur durch Türen oder Schranken zugänglich sein. Aufzüge an der Außenseite von Gebäuden oder im Freien bedürfen der Umwehrung nur dort, wo Menschen an die Fahrbahn herangelangen können.

II. Die Umwehrungen müssen dauerhaft hergestellt, mindestens 1,8 m hoch sein und aus einem nicht brennbaren Material hergestellt werden; von der Erfüllung letzterer Vorschrift kann abgesehen werden in Gebäuden, deren Zwischendecken an und für sich der Uebertragung eines Feuers keinen Widerstand leisten (§ 4 II 5). Die Umwehrungen müssen so beschaffen sein, daß ein Hindurchgreifen in den vom Fahrkorbe bestrichenen Raum verhindert wird. Bestehen sie aus Drahtgeflecht, so darf die Maschenweite höchstens 2 cm betragen.

III. Fahrschächte mit Deckel- oder Klappenverschlüssen an ihrer oberen Mündung (§ 5 III) sind unfallsicher zu umwehren, so daß die Abdeckung nicht betreten werden kann.

§ 7. Fahrschachttüren.

I. Zugangstüren (Fahrschachttüren) zu Fahrschächten mit feuerfesten oder feuersicheren Wänden müssen feuersicher sein. Fahrschachttüren und Hubgitter, die zu Fahrschächten führen, die nicht mit feuerfesten oder dichten feuersicheren Wänden zu umgeben sind, müssen mindestens den Anforderungen entsprechen, die an die Umwehrung zu stellen sind (§ 6 II).

II. Fahrschachttüren oder -schranken dürfen nicht in die Fahrbahn hineinschlagen. Türen in Fahrkörben dürfen nicht aus der Fahrbahn herausschlagen.

§ 8. Lichtöffnungen in Fahrschächten.

I. Lichtöffnungen sind, soweit nicht Brandmauern in Frage kommen, in den Wandungen auch solcher Fahrschächte zulässig, welche feuerfest oder feuersicher umschlossen sein müssen.

II. Lichtöffnungen in Außenmauern müssen durch Fenster verschlossen werden. Sind letztere zum Oeffnen eingerichtet, so dürfen sie nicht nach innen schlagen und von Unbefugten nicht geöffnet werden können. Lichtöffnungen in Wänden oder Zugangstüren, die den Fahrschacht gegen Innenräume begrenzen, müssen durch Drahtglas von mindestens 10 mm Stärke oder ein gleich widerstandsfähiges Glas dicht abgeschlossen werden; sie dürfen die Gesamtgröße von $^1/_{10}$ der Wandfläche der Zugangsseite zum Fahrschacht in keinem Geschoß übersteigen.

§ 9. Gegengewichte.

I. Gegengewichte der Fahrkörbe müssen geführt und so angeordnet werden, daß sie ihre Führungen am oberen und unteren Ende nicht verlassen können. Endigt die Gegengewichtsbahn nicht auf gewachsenem Boden, so ist dafür zu sorgen, daß sich das Gegengewicht beim Bruche des Tragseils auf festes Mauerwerk aufsetzt.

II. Die Bewegungsbahnen von Gegengewichten, Lastseilen und Lastketten müssen, wenn sie außerhalb des Fahrschachts liegen und zu Durchbrechungen der Decken in größerer Ausdehnung als 100 qcm nötigen, wie die zugehörigen Aufzugsschächte umschlossen, bei geringerer Ausdehnung aber mindestens unfallsicher eingefriedigt und feuersicher durch die Decken geführt werden.

III. Die Tragorgane der Gegengewichte dürfen nicht höher beansprucht werden als die des Fahrstuhls (§§ 13 und 22).

§ 10. Fang- und Bremsvorrichtungen.

I. Die Fahrkörbe der Aufzüge sind mit einer zuverlässigen Fang- oder Geschwindigkeitsbremsvorrichtung (selbsttätige Senkbremse) zu versehen. Von dieser Vorschrift sind ausgenommen:

1. Fahrkörbe mit unmittelbar tragendem hydraulischen Stempel, sofern dicht am Treibzylinder eine Vorrichtung angebracht wird, die verhindert, daß der Fahrkorb im Falle eines Bruches der Zuleitung mit größerer Geschwindigkeit als 1,5 m in der Sekunde niedergeht; das gleiche gilt für Spindelaufzüge oder Zahnstangenantriebe in Verbindung mit Schneckengetrieben, wenn der Antrieb der Spindeln oder Schnecken entsprechende Sicherheit schafft;
2. Lastenfahrstühle, sofern der Fahrkorb beim Be- und Entladen infolge seiner Bauart oder der Art des Betriebs und des Beladens ordnungsmäßig nicht betreten werden kann;
3. Lastenfahrstühle, die nur zwei Förderstellen miteinander verbinden, sofern an den Ladestellen zuverlässige Aufsatz- oder ähnliche Stützvorrichtungen angebracht werden, die so beschaffen sind, daß sie zur Wirkung kommen, bevor der Fahrkorb betreten werden kann;

4. Bremsfahrstühle in kleinen Getreidemühlen sowie Ablaßvorrichtungen, die durch das Gewicht der Last nach unten bewegt werden, sofern an der Windevorrichtung eine Bremse vorhanden ist, welche die Last in jeder Höhenlage festzuhalten imstande ist; bei Ablaßvorrichtungen sind außerdem Auffatz- oder ähnliche Stützvorrichtungen anzubringen, die den Anforderungen unter Ziffer 3 entsprechen.

II. Die Fang- und Bremsvorrichtungen müssen so geschützt sein, daß sie keinesfalls durch Ladegut und möglichst auch durch unbefugte Eingriffe in ihrer Wirkung nicht behindert werden können.

§ 11. Zulässige Geschwindigkeit.

I. Das Triebwerk der Aufzüge muß so beschaffen oder mit solchen Einrichtungen versehen sein, daß eine im voraus für die Anlage bestimmte größte Fördergeschwindigkeit nicht überschritten werden kann. Geschwindigkeiten von mehr als **1,5** m in der Sekunde sind nur mit besonderer Genehmigung des Regierungspräsidenten zulässig.

II. Fahrstühle mit Geschwindigkeitsbremse dürfen nach Loslösung oder Bruch der Tragorgane höchstens mit einer Geschwindigkeit von 1,5 m in der Sekunde niedergehen; solche mit Fangvorrichtung müssen sich festklemmen, nachdem sie höchstens 0,25 m tief gefallen sind.

III. Auf Bremsfahrstühle und Ablaßvorrichtungen, die durch das Gewicht der Last nach unten bewegt werden (§ 10 I 4), finden diese Vorschriften keine Anwendung.

§ 12. Beleuchtung und anderes.

I. Die Vorräume der Aufzüge und die Fahrkörbe von Personenaufzügen müssen, solange die Aufzüge benutzt werden können, dauernd durch Tageslicht oder künstlich ausreichend beleuchtet werden. Von der dauernden Beleuchtung der Fahrkörbe kann nur dann abgesehen werden, wenn die Beleuchtungseinrichtung so beschaffen ist, daß sie mit dem Oeffnen der Fahrschachttür in Tätigkeit gesetzt wird. Für Beleuchtungseinrichtungen im Innern der Fahrkörbe ist die Verwendung von Mineralölen, Spiritus oder ähnlichen leicht entzündlichen Flüssigkeiten unzulässig.

II. Der Fahrschacht darf nicht zur Lagerung von Gegenständen benutzt werden.

III. Der Raum für die Antriebsmaschine muß hinreichend geräumig, im Mittel mindestens 1,8 m hoch und gut umwehrt sein.

Titel IV. Besondere Bestimmungen über die Einrichtung der Aufzüge.

A. Personenaufzüge einschließlich derjenigen Lastenaufzüge, auf denen Führer mitfahren dürfen.

§ 13. Zulässige Beanspruchung der Tragorgane.

I. Aufzüge, die nicht durch Stempel, Spindeln oder dgl. unterstützt werden, müssen mindestens an zwei Seilen, Gurten oder Ketten aufgehängt werden, die derartig mit einer Fangvorrichtung zu verbinden sind, daß letztere bereits bei gefahrdrohender Dehnung eines der Tragorgane in Tätigkeit tritt. Die Führungsschienen solcher Aufzüge müssen einen Belag von Hartholz erhalten.

II. Ketten dürfen nicht über $1/_5$, Gurte nicht über $1/_8$ ihrer Bruchfestigkeit in Anspruch genommen werden. Seile sind so zu berechnen, daß die auf jedes Seil entfallende Zug- und Biegungsspannung zusammen nicht mehr als $1/_6$ seiner Bruchfestigkeit beträgt. Die Biegungsspannung ist am Berührungspunkte von Seil und Rolle zu berechnen.

§ 14. Türverriegelung.

I. Alle Zugangsöffnungen zum Fahrschacht müssen durch Türen (Fahrschachttüren) verschließbar sein, die bündig mit der inneren Schachtebene anzubringen sind.

II. Die Fahrschachttüren müssen durch die Steuerung unter selbsttätigem Verschluß gehalten werden, solange der Fahrkorb in Bewegung ist, und dürfen sich nur öffnen lassen, wenn der Fahrkorb in gleicher Höhe mit ihnen steht und zur Ruhe gebracht ist. Die Einleitung der Bewegung des Fahrkorbes muß so lange behindert sein, als nicht alle Fahrschachttüren fest geschlossen sind.

§ 15. Anordnung der Steuerung.

I. Die Steuerungsvorrichtung muß innerhalb des Fahrkorbes so angeordnet werden, daß sie nicht von außen her betätigt werden kann.

II. Bei Aufzügen, die ohne Führerbegleitung benutzt werden dürfen (§ 32 III Satz 1), ist eine Betätigung der Steuerung von außen und innen zulässig, wenn die Außen- und Innensteuerung derart in Abhängigkeit voneinander gebracht werden, daß jeweilig entweder nur mit Innen- oder nur mit Außensteuerung gefahren werden kann, je nachdem die Bewegung von der einen oder der anderen Seite aus eingeleitet worden ist. Die Umschaltung darf nur in der Ruhestellung des Fahrkorbes bei fest geschlossenen Türen und entlastetem Fahrkorbe möglich sein. Bei Aufzügen dieser Art muß jede Schachttür mit zwei zuverlässigen Turverriegelungen versehen werden, von denen die eine selbsttätig sein muß. Das Türschloß darf sich nur mittelst besonders geformten Sicherheitsschlüssels öffnen lassen.

§ 16. Ausrückvorrichtungen.

Die Aufzüge sind zum selbsttätigen Anhalten in ihren Endstellungen mit zwei Einrichtungen zu versehen, die unabhängig voneinander in Wirksamkeit treten und gleichzeitig die Uebertragung der Betriebskraft aufheben. Eine dieser beiden Vorrichtungen muß unabhängig von der Steuerungsvorrichtung in Tätigkeit treten.

§ 17. Windevorrichtung.

Aufzüge mit Fördertrommeln müssen an der Aufzugmaschine eine Vorrichtung haben, die das Sinken des Fahrkorbes nach dem Ausrücken der Steuerung verhindert, und mit einer Schutzvorrichtung gegen Hängeseil versehen sein. Die Fördertrommeln sind mit schraubenförmigen Rillen zur Aufnahme der Seile zu versehen.

§ 18. Fahrkorb.

I. Die Fahrkorbdecke muß so beschaffen sein, daß sie den im Fahrkorbe befindlichen Personen Schutz gegen etwa herabfallende Teile des Triebwerkes oder andere Gegenstände gewährt. Wo dies nicht der Fall ist, muß dicht unterhalb der Triebwerksteile ein sicheres Fangnetz aus Drahtgeflecht angebracht werden.

II. Der Fahrkorb muß an denjenigen Seiten, welche keine Zugangsöffnungen enthalten, von dichten Wänden oder mit Drahtgitter von höchstens 2 cm Maschenweite umgeben sein.

III. Verschlußtüren an Fahrkörben sind nicht erforderlich, wenn die Schachtwände an den Zugangsseiten des Fahrkorbes in voller Geschoßhöhe durchgeführt, völlig glatt und nicht mehr als 4 cm vom Fahrkorb entfernt sind. Drahtwände von nicht mehr als 2 cm Maschenweite gelten als glatte Wände.

§ 19. Alarmvorrichtung.

In jedem Fahrkorbe muß eine außerhalb des Schachtes hörbare Signalvorrichtung vorhanden sein, die so angebracht ist, daß sie von den Mitfahrenden betätigt werden kann. Im Innern des Fahrkorbes ist ein deutlicher Hinweis auf diese Einrichtung anzuschlagen.

§ 20. Bezeichnung des Fahrstuhls.

An der Außenseite jeder Fahrschachttür und im Innern des Fahrkorbes muß sich ein Schild befinden, das in deutlich lesbarer Schrift das Wort „Personenaufzug“ sowie die zulässige Belastung einschließlich des Führers in Kilogrammen, die Zahl der Personen, die gleichzeitig befördert werden dürfen, und die Vorschrift, daß der Fahrstuhl nur in Begleitung eines Führers benutzt werden darf, enthält (vgl. Ausnahme in § 32 III). Als Gewicht einer Person sind 75 kg anzunehmen.

§ 21. Ausnahmen.

Bremsfahrstühle in kleinen Getreidemühlen können auch dann, wenn auf ihnen ein Führer mitfahren darf, wie Lastenfahrstühle eingerichtet werden mit der Maßgabe, daß mindestens die Verschlüsse der beiden Endladestellen von der Fahrkorbbewegung abhängig sein müssen. In Zwischengeschossen sind Ladeöffnungen wenigstens mit Schranken und mit Warnungstafeln zu versehen, die das Oeffnen der Schranken verbieten, wenn nicht der Fahrkorb vor der Ladeöffnung hält.

B. Lastenaufzüge.

§ 22. Zulässige Beanspruchung der Tragorgane.

Für die Berechnung der Seile, Gurte oder Ketten gelten die Vorschriften in § 13 II mit der Maßgabe, daß bei Verwendung nur eines Seiles die aus Zug- und Biegungsspannung zusammengesetzte Beanspruchung nicht mehr als ein Viertel der Bruchfestigkeit betragen darf.

§ 23. Türverriegelung.

I. Alle Ladeöffnungen des Fahrschachts sind mit Türen oder Schranken zu versehen, die so beschaffen sein müssen, daß Menschen nicht zu Schaden kommen können.

II. Die Türverschlüsse müssen so beschaffen sein, daß die Fahrschachttüren oder -schranken nur dann geöffnet werden können, wenn der Förderkorb an der Ladeöffnung angelangt ist, und daß sämtliche Türen geschlossen sein müssen, bevor der Förderkorb in Bewegung gesetzt werden kann.

III. Von der Verriegelung der Türen oder Schranken kann abgesehen werden

1. bei Bau- und solchen Aufzügen, bei welchen der Förderkorb beim Be- und Entladen infolge seiner Bauart oder der Art des Betriebs und des Beladens ordnungsmäßig nicht betreten werden kann, sofern die jeweilige Stellung des Förder-

korbes außerhalb der Fahrbahn sichtbar ist und die Ladeöffnung derart umwehrt oder fest abgesperrt wird, daß Menschen nicht zu Schaden kommen können, und an der Ladeöffnung feste Handhaben zum Festhalten angebracht sind;

2. bei Aufzügen mit Hubgittern, sofern die Geschwindigkeit des Förderkorbes 0,25 m in der Sekunde nicht übersteigt, und mindestens die Verschlüsse der beiden Entladestellen von der Fahrkorbbewegung abhängig sind;
3. bei kleinen Aufzügen (§ 4 III).

§ 24. Anordnung der Steuerung.

Steuerungsvorrichtungen der Aufzüge müssen außerhalb des Fahrschachts derart angebracht werden, daß sie nicht vom Förderkorb aus betätigt werden können. Von dieser Vorschrift sind Bremsfahrstühle in kleinen Getreidemühlen (§ 21) ausgenommen, sofern auf ihnen ein Führer mitfahren darf.

§ 25. Ausrückvorrichtungen.

Jeder Aufzug ist mit mindestens einer Vorrichtung zu versehen, die ihn in seinen Endstellungen selbsttätig zum Stillstande bringt. Für Aufzüge, die durch Menschenkraft bewegt werden, genügt hierfür eine Hubbewegung in der Führung des Förderkorbes.

Bei Bremsfahrstühlen in kleinen Getreidemühlen kann von der selbsttätigen Ausrückung in der unteren Stellung des Fahrkorbes abgesehen werden, wenn beim Eintritt in das unterste Stockwerk vom Fahrkorb ein Signal in Tätigkeit gesetzt wird.

§ 26. Windevorrichtung.

Handwinden sind mit Lastdruckbremsen und stillstehenden Kurbeln zu versehen.

§ 27. Zeigervorrichtung.

Jeder Aufzug, dessen jeweilige Stellung nicht außerhalb der Fahrbahn sichtbar ist, muß in allen Fördergeschossen mit einer Zeigervorrichtung versehen werden. Ausgenommen sind kleine Aufzüge (§ 4 III).

§ 28. Förderkorb.

Der Förderkorb muß derart umwehrt sein, daß das Ladegut nicht über den vom Förderkorbe bestrichenen Raum hinausragen oder aus dem Korbe herausfallen kann.

Bei der Beladung mit Förderwagen muß eine Feststellvorrichtung für diese angebracht werden.

§ 29. Bezeichnung des Fahrstuhls.

An jeder Ladeöffnung muß sich ein Schild befinden, das in deutlich lesbarer Schrift die Worte: Vorsicht!, Aufzug!, sowie das Verbot des Mitfahrens von Personen und die zulässige Belastung in Kilogrammen enthält.

Titel V. Betrieb der Aufzüge.

§ 30. Verantwortlichkeit für den Betrieb.

I. Die Betriebsunternehmer von Aufzügen oder die an ihrer Stelle mit der Leitung des Betriebs beauftragten Stellvertreter, sowie die mit der Bedienung der Aufzüge betrauten Personen haben dafür Sorge zu tragen, daß Aufzüge, die sich nicht in gefahrlosem Zustande befinden, nicht im Betrieb erhalten werden.

II. Die mit der Bedienung der Aufzüge betrauten Personen sind verpflichtet, während des Betriebs die Sicherheitsvorrichtungen bestimmungsgemäß zu benutzen und von hervorgetretenen Mängeln des Aufzugs dem Unternehmer oder dessen Stellvertreter ungesäumt Anzeige zu erstatten.

III. Das Schmieren der Führungen und der Führungsteile muß bei bestehenden Anlagen vom Innern des Fahrkorbes aus erfolgen, wenn die im § 5IV vorgeschriebene freie Höhe nicht vorhanden ist. Fehlt diese freie Höhe, so darf auch das Schmieren der Triebwerksteile nicht von der Decke des Fahrkorbes aus erfolgen.

§ 31. Benutzung der Fahrstühle.

Personenaufzüge und Lastenaufzüge mit Türverriegelung dürfen erst in Bewegung gesetzt werden, wenn die sämtlichen Fahrschachttüren und etwa vorhandene Fahrkorbtüren fest geschlossen sind. Letztere dürfen erst dann geöffnet werden, wenn der Fahrkorb an einer Förderstelle zur Ruhe gelangt ist.

§ 32. Führer.

I. Personenaufzüge mit mechanischem Steuerungsantrieb dürfen nur in Begleitung besonderer Führer benutzt werden. Diese müssen mit den Einrichtungen und dem Betriebe des Aufzugs und der dafür erlassenen Vorschriften vertraut sein. Der hierüber durch einen von einem zuständigen Sachverständigen (§ 37) schriftlich ausgestellte Befähigungsnachweis ist in das Revisionsbuch (§ 35) aufzunehmen. Die Führer dürfen nicht unter 18 Jahren alt sein und müssen in das Revisionsbuch die schriftliche Erklärung eintragen, daß sie die Bedienung des Aufzugs verantwortlich übernommen haben.

II. Personenaufzüge mit elektrischer Innensteuerung können mit Genehmigung der Ortspolizeibehörde in Begleitung von Führern, die das 15. Lebensjahr erreicht haben und mit der Bedienung und den Betriebsvorschriften vertraut sind, benutzt werden, wenn für die Beaufsichtigung der maschinellen Einrichtungen des Fahrstuhls ein verantwortlicher, geprüfter Aufzugswärter vorhanden ist, der während des Betriebs des Aufzugs stets anwesend oder leicht erreichbar sein muß.

III. Bei Personenaufzügen mit Innen- und Außensteuerung (§ 15 II) kann mit Genehmigung der Ortspolizeibehörde von der Begleitung durch den Führer abgesehen und diese durch die bloße Aufsicht eines verantwortlichen geprüften Aufzugwärters, der während des Betriebs des Aufzugs stets anwesend oder leicht erreichbar sein muß, ersetzt werden, wenn die Benutzung eines Personenfahrstuhls ausschließlich von bestimmten, der Polizei genannten Personen erfolgt oder nur zwei Geschosse miteinander verbunden werden. Bei Paternosterwerken genügt in gleicher Weise die Aufsicht eines verantwortlichen, geprüften Aufzugswärters.

IV. Führern, die sich wiederholt der Übertretung von Bestimmungen dieser Polizeiverordnung schuldig gemacht haben oder als unzuverlässig erweisen, ist von der Ortspolizeibehörde der Befähigungsnachweis zu entziehen.

Titel VI. Inbetriebsetzung und Überwachung der Aufzüge.

§. 33. Bauliche Genehmigung und Anmeldung.]

I. Für die bauliche Anlage der Aufzüge (Herstellung des Schachtes, Durchbrechung von Decken, bauliche Einrichtungen in Treppenhäusern, Lichthöfen und an Außenfronten) bedarf es der Genehmigung der Baupolizeibehörde.

II. Von der beabsichtigten Einrichtung des maschinellen Teiles der Aufzüge ist dem zuständigen Sachverständigen (§ 37) von dem Unternehmer der Fahrstuhlanlage Anzeige zu erstatten. Mit der Anzeige sind zwei Beschreibungen nach dem dieser Polizeiverordnung beigefügten Muster und zwei maßstäbliche Zeichnungen des Aufzugs vorzulegen. Aus diesen muß die Bauart des Fahrstuhls und der Aufzugsvorrichtung, das Schema der Steuerung und der Fahrschachtabschlüsse, — bei elektrisch betriebenen Aufzügen auch das Schaltungsschema — sowie die Aufstellung und alle zur rechnerischen Prüfung des Aufzugs erforderlichen Angaben zu ersehen sein. Blaulichtpausen sind unzulässig. Bei Aufzügen in Staats- und Reichsbetrieben bedarf es nur einer

Beschreibung und Zeichnung. Der Sachverständige hat die Vorlagen gemäß den Bestimmungen dieser Polizeiverordnung zu prüfen und mit dem Prüfungsvermerk zu versehen.

§. 34. Prüfungen.

Die Besitzer der Aufzüge sind verpflichtet, eine erstmalige Prüfung (Abnahme neu angelegter Fahrstühle vor ihrer Inbetriebnahme sowie regelmäßige amtliche Prüfungen der Anlage nach Maßgabe dieser Polizeiverordnung durch Sachverständige zu veranlassen, die hierzu nötigen Arbeitskräfte und Vorrichtungen bereitzustellen und die Kosten der Prüfungen nach Maßgabe der anliegenden, vom Minister für Handel und Gewerbe auf Grund des Gesetzes vom 8. Juli 1905 (GS. S. 317) genehmigten Gebührenordnung zu tragen. Die Kosten können im Verwaltungszwangsverfahren beigetrieben werden.

§ 35. Abnahme.

I. Bei der Abnahme sind durch Fahrproben mit der höchsten zulässigen Belastung alle vorgeschriebenen Sicherheitsvorrichtungen und insbesondere die Verschlüsse in jedem Geschosse zu prüfen. Die Zuverlässigkeit der Fang- oder Bremseinrichtungen ist außerdem bei leerem Fahrkorbe zu erproben. Bei dieser Probe müssen entweder die Tragorgane vom Fahrkorbe losgelöst oder es muß mindestens eins derselben bei der Abwärtsfahrt mit normaler Geschwindigkeit so weit gelockert werden, wie es erforderlich ist, um die Fangvorrichtung in Tätigkeit zu setzen. Ueber den Befund der Prüfung ist von dem Sachverständigen nach dem dieser Polizeiverordnung beigefügten Muster eine schriftliche Bescheinigung auszustellen. Diese ist von dem Sachverständigen mit einem Exemplare der Zeichnung und Beschreibung zu verbinden und bei den der regelmäßigen Prüfung unterliegenden Aufzügen (§ 36) einem von dem Besitzer auf seine Kosten zu beschaffenden Revisionsbuch anzuheften. Das letztere muß dem dieser Polizeiverordnung beigefügten Muster entsprechen und einen Abdruck dieser Polizeiverordnung enthalten.

II. Der Sachverständige hat diese Papiere der Ortspolizeibehörde zur Einsichtnahme zu übersenden, welche, wenn auch die baupolizeiliche Abnahme der Anlage zu keinen Bedenken Anlaß gegeben hat, dem Unternehmer der Fahrstuhlanlage unter Beifügung der Fahrstuhlpapiere die Betriebserlaubnis erteilt. Aufzüge in Staats- und Reichsbetrieben unterliegen den Bestimmungen dieses Absatzes nicht.

III. Die Fahrstuhlpapiere sind von dem Unternehmer des Aufzugs zur Einsichtnahme für die Aufsichtsbeamten und Sachverständigen am Betriebsorte bereitzuhalten.

§ 36. Regelmäßige Prüfungen.

I. Personenaufzüge sind in längstens zweijährigen Fristen, Lastenaufzüge mit Ausnahme von kleinen Aufzügen (§ 4, III), von Bremsfahrstühlen in kleinen Getreidemühlen (§ 21), vom Bauaufzügen und ähnlichen, vorübergehenden Zwecken dienenden Aufzügen, in vierjährigen Fristen durch den zuständigen Sachverständigen einer wiederkehrenden Untersuchung zu unterwerfen. Bei diesen ist die Anlage in derselben Weise wie bei der Abnahme zu prüfen. Ablaßvorrichtungen, die durch das Gewicht der Last nach unten bewegt werden (§ 10, I, 4), sind alle sechs Jahre erneut zu prüfen. Den Befund der Untersuchung hat der Sachverständige in das Revisionsbuch einzutragen. — Durch die regelmäßigen Prüfungen wird das Recht der Polizeibehörde, im Bedarfsfall außerordentliche Untersuchungen mangelhafter Fahrstuhlanlagen anzuordnen, nicht berührt.

II. Vorgefundene Mängel sind von dem Unternehmer innerhalb einer von dem Sachverständigen zu stellenden Frist zu beseitigen, nach derem fruchtlosem Verlaufe der Sachverständige der Ortspolizeibehörde — bei Fahrstühlen in Staats- und Reichsbetrieben der vorgesetzten Dienstbehörde — Anzeige zu erstatten hat.

III. Findet der Sachverständige oder ein anderer zur Aufsicht über den Betrieb zuständiger Beamter den Aufzug in einem Zustande, der eine unmittelbare Gefahr einschließt, so hat er — gebotenenfalls durch Vermittelung der Ortspolizeibehörde — oder bei Aufzügen in Reichs- und Staatsbetrieben der vorgesetzten Dienstbehörde die sofortige Einstellung des Betriebs zu veranlassen, sowie, daß dies geschehen, in das Revisionsbuch einzutragen.

§. 37. Sachverständige.

I. Die auf Grund dieser Polizeiverordnung auszuführenden Prüfungen erfolgen:

1. in Anlagen des Staates und Reiches durch die von den vorgesetzten Dienstbehörden hierzu bestimmten Sachverständigen;
2. sofern Berufsgenossenschaften die Überwachung auf ihren Antrag übertragen wird, durch die hierfür anzuerkennenden Sachverständigen;
3. im übrigen durch staatlicherseits hierzu ermächtigte Ingenieure der Dampfkesselüberwachungsvereine in den durch den Minister

für Handel und Gewerbe festgesetzten Vereinsgebieten im staatlichen Auftrage.

II. Die Anerkennung und Ermächtigung der nach Abs. I Ziffer 2 und 3 mit der Vornahme der vorgeschriebenen Prüfungen beauftragten Sachverständigen erfolgt durch den Regierungspräsidenten auf Widerruf. Er nimmt ihnen gegenüber die Rechte der Aufsichtsbehörde wahr.

Titel VII. Schluß- und Übergangsbestimmungen.

§ 38. Beschränkungen der Baupolizeiordnungen.

Die dieser Verordnung etwa entgegenstehenden Bestimmungen von Baupolizeiordnungen treten außer Kraft.

§. 39. Übergangsbestimmungen.

I. Bei Aufzügen, die bisher schon der Prüfung durch Sachverständige auf Grund bestehender Polizeiverordnungen unterlagen und letzteren entsprechen, können, solange nicht eine wesentliche Änderung der Fahrstuhlanlage oder der Bauten, in denen sie aufgestellt ist, eintritt, nur Anforderungen gestellt werden, welche zur Beseitigung erheblicher, das Leben und die Gesundheit der mit der Fahrstuhlanlage in Berührung kommenden Personen erforderlich oder ohne unverhältnismäßige Aufwendungen ausführbar erscheinen.

II. Bei Aufzügen, die bisher noch keiner Prüfung unterzogen sind, müssen die Bestimmungen dieser Verordnung, bis auf die in den §§ 3 und 4 enthaltenen, innerhalb Jahresfrist nach Erlaß dieser Polizeiverordnung durchgeführt werden.

§ 40. Ausnahmen.

I. Die höheren Verwaltungsbehörden oder die etwa von ihnen ermächtigten Polizeibehörden sind befugt, Ausnahmen von den Bestimmungen dieser Polizeiverodnungen, insbesondere auch den bei Erlaß dieser Polizeiverordnung in der Ausführung begriffenen Aufzügen, zu gewähren. Genehmigungen dieser Art sind den Fahrstuhlpapieren beizufügen. Diese Befugnis erstreckt sich nicht auf zwingende Vorschriften von Baupolizeiverordnungen, soweit deren Aufhebung nicht durch diese Verordnung bereits erfolgt ist.

II. Bei Aufzügen für Bauten und ähnliche vorübergehend benutzte Anlagen ist die Ortspolizeibehörde nach Anhörung des zuständigen Sachverständigen (§ 37) befugt, von einzelnen Bestimmungen abzusehen.

§ 41. Strafbedingungen.

Übertretungen dieser Polizeiverordnung werden, soweit nicht nach den Strafgesetzen eine höhere Strafe eintritt, mit Geldbuße bis zum Betrage von 60 Mk. oder im Unvermögensfalle mit entsprechender Haft bestraft.

§ 42. Inkrafttreten der Polizeiverordnung.

Die Polizeiverordnung tritt am . . . . . . [1]) in Kraft. Gleichzeitig wird die frühere, den gleichen Gegenstand betreffende Verordnung aufgehoben.

Ausführungsanweisung zur Polizeiverordnung, betr. die Einrichtung und den Betrieb von Aufzügen (Fahrstühlen).

Zu **§ 1.** Als feste Führungen gelten u. a. auch gespannte Drähte.

Schrägaufzüge, die nicht zwischen festen Führungen, sondern auf Führungen laufen, fallen nicht unter die Bestimmungen der Verordnung. Die für sie etwa nötigen Anordnungen sind im Wege der polizeilichen Verfügung durchzuführen. Paternosterwerke für Personenbeförderung können wegen der Notwendigkeit ihrer zu Lasten der Unternehmer auszuführenden Abnahme und regelmäßigen Untersuchung von dem Geltungsbereich der Polizeiverordnung nicht ausgenommen werden. Bei ihrer Zulassung sind Ausnahmen auf Grund des § 40 zu gestatten, wobei in der Regel folgende Bedingungen zu stellen sind:

1. Die Fahrkörbe der Paternosterwerke für Personenbeförderung dürfen höchstens zur Aufnahme von je zwei Personen eingerichtet werden: sie dürfen nur an der Zugangsseite offen sein; sie sind an den übrigen drei Seiten mit dichten Wandungen zu umgeben. Die Decke der Fahrkörbe ist entweder nach der Zugangsseite hin soweit als möglich auszuschneiden, um das Betreten der Decke an Stelle der Plattform (des Fußbodens) zu verhindern, oder es sind Schutzwände für die Räume zwischen zwei aufeinander folgenden Zellen anzubringen. Im letzteren Falle muß die Decke so eingerichtet werden, daß das Schmieren der Führungen vom Fahrkorb aus möglich ist.
2. Die lichte Höhe eines Korbes darf nicht unter 2,0 m, die Grundfläche für jede zuzulassende Person nicht unter 0,75 × 0,75 m betragen. Die Breite der Zugänge muß der der Fahrkörbe entsprechen.

---

[1]) Hier ist für jede Provinz der Tag des Erlasses durch den Oberpräsidenten einzusetzen.

3. Die Geschwindigkeit der Fahrkörbe darf 0,25 m in der Sekunde nicht überschreiten. Am Triebwerke muß eine Vorrichtung vorhanden sein, die eine Steigerung der Geschwindigkeit über dieses Maß verhindert.
4. Im vorderen Teile des Fußbodens jedes Fahrkorbes und im Fußboden der einzelnen Zugangsöffnungen an der Auffahrtsseite sind in ganzer Breite des Fahrkorbes Schutzklappen (nach oben bewegliche Klappen) von etwa 20 cm Tiefe anzubringen, deren Abstand voneinander höchstens 4 cm betragen darf. Zwischen der Vorderkante des Fahrkorbes und der Schachtwand darf ein Abstand von höchstens 25 cm eingehalten werden. Die Schachtwände müssen an den Zugangsseiten glatt und ohne vorspringende Teile ausgeführt werden. Drahtwände von nicht mehr als 2 cm Maschenweite gelten als glatte Wände.
5. Im höchsten und tiefsten Punkte, wo der Wechsel der Bewegungsrichtung stattfindet, ist der Schachtraum an der offenen Seite der Fahrkörbe durch Schutzwände nach Möglichkeit abzuschließen. Diese sind derart mit einer Sicherheitsvorrichtung zu verbinden, daß das Paternosterwerk bei einem Drucke gegen die Schutzwände selbsttätig stillgesetzt wird.
6. In jedem Geschoß muß sich eine Einrichtung zum Anhalten des Fahrstuhls befinden (Druckknopf, Ausrücker), auf deren Anwendung durch ein Schild hinzuweisen ist. Die Einrichtung zur Wiederinbetriebsetzung darf den Benutzern des Fahrstuhls nicht zugänglich sein.
7. Die Ketten müssen in Führungen laufen, die verhindern, daß zerrissene Kettenteile auf die Fahrkörbe fallen. Die Abmessungen der Ketten müssen den Bestimmungen des § 13 Abs. II mit der Maßgabe entsprechen, daß beim Reißen einer Kette die andere nicht höher als mit $^1/_5$ ihrer Tragfähigkeit beansprucht wird.
8. Der Fahrschacht muß so tief herabgeführt werden, daß zwischen dem Schachtboden und den Führungsteilen eines in tiefster Stellung befindlichen Fahrkorbes ein Zwischenraum von mindestens 50 cm verbleibt.
9. An den Zugangsöffnungen jedes Geschosses und in jedem Fahrkorbe sind beiderseits lange Handgriffe anzubringen. Der Fußboden der Fahrkörbe und der Zugangsöffnungen darf nicht glatt sein.
10. Der offenen Seite der Fahrkörbe gegenüber sind an geeigneten Stellen deutlich sichtbare Geschoßbezeichnungen anzubringen.

11. Die Fahrkörbe, die Zugangsöffnungen zum Fahrschacht und die Umsatzstellen der Fahrkörbe sind durch Tageslicht oder künstlich während des Betriebs des Fahrstuhls hell zu beleuchten. Solange der Fahrstuhl außer Betrieb ist, sind die einzelnen Zugangsöffnungen abzusperren.

12. An den Zugangsöffnungen und in jedem Fahrkorbe sind deutlich lesbare Aufschriften anzubringen, welche enthalten müssen:
    a) die Höchstzahl der Personen, die einen Fahrkorb gleichzeitig benutzen dürfen;
    b) einen Hinweis, daß die Fahrt über den höchsten und tiefsten Punkt der Fahrstuhlbewegung mit Gefahren nicht verbunden ist;
    c) die Art der Einrichtungen zum Anhalten des Fahrstuhls;
    d) eine Warnung vor der Benutzung durch gebrechliche Personen und Kinder.

    Andere Schilder und Aufschriften, insbesondere zur Reklame, sind daneben nicht statthaft.

13. Der Aufzug ist der Aufsicht eines verantwortlichen, geprüften Aufzugswärters zu unterstellen, der während des Betriebs des Aufzugs stets anwesend oder leicht erreichbar sein muß.

Zu **§ 3.** „Soweit der Betrieb der Anlage es zuläßt", sollen Aufzüge wegen der Gefahr der Uebertragung von Bränden durch die Fahrschächte nicht innerhalb der Gebäude, mit Ausnahme der Aufstellung in feuerfesten Treppenhäusern, angeordnet werden. Dabei sind die Ausdehnung der Anlage, die Art der baulichen Ausführung des Gebäudes, des Betriebs und der Zweck des Aufzugs zu berücksichtigen. Bei räumlich sehr ausgedehnten Anlagen würde namentlich dann, wenn der Aufzug nur für einzelne von der Außenseite des Gebäudes entfernte Betriebsabteilungen benutzt wird, die strenge Durchführung des angegebenen Gesichtspunktes unnötige Schwierigkeiten bereiten. Ebenso hat die Aufstellung an der Außenseite der Gebäude keine Bedeutung, wenn die Bauart des Gebäudes an und für sich nicht feuersicher ist, oder wenn die Zwischengeschosse galerieartig um eine offene Halle angeordnet sind, oder wenn der Betrieb so beschaffen ist, daß die Entstehung eines Brandes nicht wahrscheinlich ist. Endlich wird der Zweck des Aufzugs, z. B. Transport empfindlicher, durch Feuchtigkeit leicht zu beschädigender Güter, Verbindung bestimmter, innerhalb des Gebäudes liegender Räume, die Beförderung von Personen in Privatgebäuden u. dgl., in vielen Fällen dazu nötigen, den Aufzug im Gebäude selbst aufzustellen. Diesen Bedürfnissen soll durch die gewählte Fassung „soweit der Betrieb der Anlage es zuläßt", Rechnung getragen werden.

Die Aufstellung in feuerfesten Treppenhäusern bedingt nicht, daß der Aufzug frei in der Mitte stehend angeordnet wird. Das Treppenhaus kann auch durch einen feuersicher ausgeführten Fahrschacht erweitert werden. In solchen Fällen empfiehlt es sich, die nach dem Treppenhause zu liegende Schachtwand in Glas oder Drahtgewebe auszuführen, damit der Schacht möglichst viel Tageslicht erhält und die Stellung des Fahrkorbes von außen erkennbar ist.

Zu **§ 4.** Als „feuerfeste" Wände gelten zurzeit neben massiven Wänden aus Beton oder Kalkmörtel ohne Eiseneinlage hergestellte fugenlose Wände, Monierwände, Streckmetallwände und dergleichen. Wände, deren Eisenteile nicht glutsicher umhüllt sind, sind nicht als feuerfest anzusehen.

Als „feuersichere" Wände gelten zurzeit außer den vorangegebenen feuerfesten Konstruktionen: beiderseits verputzte Brett- oder ausgemauerte Fachwerkwände, Rabitzwände, Drahtziegelwände, Wände aus Asbestschiefer, aus Gips- oder Kunststeinplatten oder Gips- oder Kunststeindielen u. dgl. Bei Anwendung von Rabitz-, Gips- oder Kunststeinwänden ist darauf zu achten, daß die Türrahmen durch dauerhafte Verbände so gesichert werden, daß sie sich im Betriebe nicht lockern und damit die Zuverlässigkeit der Verriegelungen und Kontakte in Frage gestellt wird.

Die Vorschrift, daß die Fahrbahn „in ihrer ganzen Ausdehnung" von Wänden umschlossen sein muß, bedingt, daß die letzte Förderstelle noch von Schachtwänden umschlossen werden muß, sofern nicht die Mündung des feuerfesten oder feuersicheren Schachtes im Freien liegt (z. B. Bierkelleraufzüge, Gepäckaufzüge auf Bahnhöfen, Gichtaufzüge).

Als „Gichtaufzüge" sind nicht nur solche in Hochofenanlagen, sondern allgemein solche für Ofenanlagen zu verstehen, deren Beschickung von einer oberen Gicht aus erfolgt (z. B. Kalk- und Zementbrennöfen, Kupolöfen u. dgl.).

Bei den kleinen Aufzügen, die nicht betretbar sein dürfen (§ **4** III), muß diese Forderung durch die Bauart des Fahrkorbes oder die Höhe der Ladestelle über dem Fußboden sicher erfüllt werden.

Zu **§ 5.** Als feuersichere Abdeckungen gelten zurzeit außer feuerfesten Konstruktionen (massive Decken oder solche aus unverbrennlichen Stoffen, wozu auch Köhnesche Voutenplatten, Kleinesche Decken und ähnliche zu rechnen sind) ausgestakte, mit unverbrennlichen Baustoffen ausgefüllte und unterhalb durchweg mit Kalk- oder Zementmörtel verputzte oder mit einer in gleichem Maße feuersicheren Bekleidung versehene Holzbalkendecken, sowie solche Decken, welche zwar aus unverbrennlichen Stoffen bestehen, aber nicht umhüllte Eisenteile aufweisen.

Die Vorschrift, daß die Unterkante des Tragrollengerüstes für den Fahrkorb oder die unter diesem etwa angeordnete Schutzdecke so hoch über der Fahrkorbdecke angeordnet werden müsse, daß zwischen beiden in der höchsten Stelle des Fahrkorbes, d. h. an der obersten Förderstelle, noch eine Entfernung von mindestens 1 m verbleibt (Ueberfahrhöhe), hat den Zweck, beim Schmieren der Führungsschienen des Fahrstuhls von der Fahrkorbdecke aus die Gefährdung der damit betrauten Personen möglichst auszuschließen. Es hat sich herausgestellt, daß das bisher bestehende Verbot der Ausführung dieser Arbeiten von der Decke aus von den Führern nicht beachtet wurde, weil die Arbeiten vom Innern des Fahrkorbes aus tatsächlich nur unvollkommen ausgeführt werden konnten.

Zu **§ 6.** Bei der Forderung, daß der Fahrschacht derart umwehrt sein muß, „daß Menschen nicht zu Schaden kommen können", wird zu berücksichtigen sein, daß die Schranken usw. so hoch sind, daß sich Personen nicht in die vom Fahrkorbe bestrichene Bahn hineinbeugen können und daß der Fahrkorb nicht Personen beschädigt, die beim Tragen langer Stangen, Bretter oder dergleichen unachtsamerweise mit diesen in die Fahrbahn gelangen.

Zu **§ 7.** Als „feuersichere" Türen gelten zurzeit Türen aus doppelten, mindestens 1 mm starken Eisenblechplatten mit Asbesteinlage (beispielsweise nach den Systemen von Berner, von König und Kücken und von Schwarze), die selbsttätig zufallen, in 5 cm breite Falze aus unverbrennlichem Baustoffe schlagen und dicht schließen, oder, unbeschadet der anderen Forderungen, Türen aus 25 mm starken, gespundeten Holzbrettern mit allseitiger Bekleidung von 1 mm starkem Eisenblech, die mittelst durchgehender Niete oder Nägel befestigt ist.

In Warenhäusern und solchen Geschäftshäusern, in welchen größere Mengen brennbarer Stoffe feilgehalten werden, können zwar für vorhandene Fahrstühle die letztbeschriebenen Türen als „feuersicher" angesehen werden, jedoch muß in neuen Warenhäusern usw. und für neue Fahrstuhlanlagen in bestehenden Warenhäusern usw. an der Forderung eiserner Türen mit Asbesteinlage in Uebereinstimmung mit den für solche Warenhäuser usw. gültigen „Sonderanforderungen" festgehalten werden.

Schranken und Türen dürfen, namentlich bei freistehenden Aufzügen, nicht so beschaffen oder eingehängt sein daß sie von überragenden Teilen der Ladung ausgehoben werden können.

Zu **§ 8.** Drahtglas, das „dicht" schließend eingesetzt werden soll, darf nicht mit Kitt allein gedichtet werden. Sofern es nicht fest eingemauert wird, sind Metallfalze zu verwenden.

Zu **§ 9.** Das Abfangen abstürzender Gegengewichte wird nach vorliegenden Erfahrungen in solchen Fällen, in welchen der Fahrstuhl nicht vom Keller, sondern von Zwischengeschossen ausgeht, durch Zwischendecken nicht immer mit Sicherheit erreicht. Es ist daher bei derartigen Fahrstühlen dafür zu sorgen, daß das Gewicht nicht durch die Deckenkonstruktion, sondern durch massiv aufgeführtes Mauerwerk abgefangen wird. Ebenso ist am unteren Ende der Gegengewichtsführung stets ein kräftiges Schutzgeländer um die Bahn des Gewichts anzubringen, da die Gewichte beim Absturz häufig ihre Führung derart verbiegen, daß sie die Führungen beim Aufschlagen verlassen.

Die Ummehrung an Steuerseilen oder gestängen, die außerhalb des Fahrschachts liegen, ist bei der geringen Bewegung dieser Teile in der Regel nicht zu fordern, dagegen müssen sie feuersicher durch die Decken geführt werden, d. h. sie sind unterhalb der Decke mit einem Eisenrohr von etwa 0,5 bis 1 m Länge zu umschließen.

Zu **§ 10.** Die Voraussetzung des Abs. I Ziffer 2 wird nur dann als vorliegend zu erachten sein, wenn die zu befördernden Güter in besonderen Transportwagen, wie es z. B. in Mälzereien, Ziegeleien usw. üblich ist, auf den Fahrkorb gebracht werden, und wenn diese Wagen den Fahrkorb namentlich in seinen Breitenabmessungen derart ausfüllen, daß Personen behindert werden, gleichzeitig die Plattform zu betreten, oder wenn die Abmessungen des Fahrkorbes, wie z. B. bei den kleinen Aufzügen, derart beschränkt werden, daß dadurch das Betreten verhindert wird, oder wenn endlich die Ladestelle wesentlich höher als der Fußboden liegt.

Die Anbringung von Aufstützvorrichtungen nach Ziffer 3 des ersten Absatzes schließt die gleichzeitige Verwendung von Fangvorrichtungen aus, da letztere bei der Entlastung des Förderkorbes durch die Stützen regelmäßig in Tätigkeit treten würden. Die Forderung, daß die Stützen vor dem Betreten des Fahrkorbes in Tätigkeit treten müssen, bedingt nicht die Anbringung „selbsttätig" bewegter Aufstützvorrichtungen. Es genügt z. B., wenn die Aufstützvorrichtung so angeordnet wird, daß die Zugangstür zum Fahrschachte durch die Hebel der Aufstützvorrichtung gesperrt wird. Stützvorrichtungen in Zwischengeschossen anzuordnen, ist bedenklich, weil die Vorrichtungen infolge Verschleißes leicht in die Fahrbahn ragen und zum Festklemmen des Stuhles bei der Aufwärtsbewegung oder zum Aufsetzen des Korbes bei der Abwärtsbewegung führen. Löst sich dann der Fahrkorb, so reißt gewöhnlich das schlaff gewordene Seil.

Als „Ablaßvorrichtung" gelten nur solche einfach gebauten, doppelschaligen Fahrstühle, bei welchen die beladene Schale unter dem Einfluß der Last nach unten geht, während die leere als Gegengewicht nach oben gezogen wird.

Liegen wesentliche Teile der Fangvorrichtungen unterhalb des Fußbodens des Fahrkorbes, so muß dafür gesorgt werden, daß deren Zugänglichkeit zwecks Revision und Nachstellung gesichert ist.

Zu **§ 11.** Die im ersten Satze dieses Paragraphen enthaltene Forderung bedingt nicht ausnahmslos die Anwendung sogenannter Regulatorvorrichtungen. Letztere sind vielmehr bei Lastenaufzügen entbehrlich, wenn der Antrieb des Aufzugs die Ueberschreitung der vorgeschriebenen Höchstgeschwindigkeit verhindert, und bei Personenaufzügen dann nicht zu fordern, wenn der Zweck des Regulators durch andere Mittel erreicht wird (vgl. Erläuterungen zu § 13 Abs. I).

Zu **§ 12.** Sofern die Beleuchtungseinrichtung des Fahrkorbes von Personenaufzügen erst mit dem Oeffnen der Fahrschachttür betätigt wird, muß das Abhängigkeitsverhältnis so beschaffen sein, daß schon der geringste Türspalt genügt, um die Beleuchtung in Gang zu setzen.

Zu **§ 13.** Die Vorschrift des ersten Absatzes bedingt bei hängenden Fahrkörben die Anwendung von Fangvorrichtungen, die auf die Dehnung der Seile Rücksicht nimmt, derart, daß alle Seile zum gleichmäßigen Tragen eingestellt werden müssen und daß z. B. bei zweiseiligen Fahrstühlen durch den Bruch eines Seiles die Fangkeile durch das andere Seil unabhängig von Gewichten oder Federn unmittelbar gegen die Führungen gepreßt werden. Bei den nach diesem Grundsatze gebauten Fangvorrichtungen hat jedoch der gleichzeitige Bruch der Seile oder der Bruch von Triebwerksteilen (z. B. der Kuppelung, der Ableit- oder Tragrollen, Abscheren der Trommelkeile) nicht ohne weiteres den Eingriff der Fangvorrichtung zur Folge, es bedarf vielmehr einer Hilfsvorrichtung, als welche meist ein Regulator benutzt wird, der bei Ueberschreitung der zulässigen Höchstgeschwindigkeit durch Klemmung eines Steuerseils die Auslösung der Fangkeile bewirkt. Die Anwendung des Regulators wird indessen nicht vorzuschreiben sein, wenn in anderer Weise erreicht wird, daß beim Bruche der vorerwähnten Teile der Eingriff der Fangkeile erfolgt.

Bei der Prüfung der Fangvorrichtung ist zu beachten, daß beim Bruche oder gefahrdrohender Dehnung eines Seiles das andere bei dem Versuch, den Fahrkorb mit einem Seile hochzuziehen, der Gefahr gewaltsamer Zerreißung ausgesetzt ist, weil außer der Last die starke Pressung der Fangkeile zu überwinden ist, die beim Anziehen, obwohl die Keile nur für die Abwärtsbewegung eingreifend hergestellt werden, zunächst noch wächst. Fangvorrichtungen, die es zulassen, den Fahrkorb nach dem Fangen ohne Ueberanstrengung des Seiles hochzuziehen, sind daher besonders empfehlenswert, auch mit Rücksicht darauf, daß die Passagiere anderenfalls nur mit besonderen Schwierigkeiten aus dem Fahrkorbe herausgeholt werden können.

Bei der Berechnung der Biegungsspannung von Drahtseilen ist der Elastizitätsmodul zu 20000 kg/qmm anzunehmen. Flußstahlseile über 50 kg/qmm sowie Tiegelstahlseile über 120 kg/qmm Bruchfestigkeit dürfen ohne Nachweis der Festigkeit nicht zugelassen werden. Tiegelstahl über 180 kg/qmm Bruchfestigkeit darf nicht verwendet werden. Diese Bestimmungen gelten auch für Seile an Lastenfahrstühlen.

Zu **§ 15.** Bei der Prüfung der Druckknopfsteuerungen ist insbesondere darauf zu achten, daß die Kontaktwirkung nicht schon bei losem Anlehnen der Tür erfolgt und daß die Anwendung unlauterer Hilfsmittel zur Herstellung des Kontakts bei offenen Türen, wie Federn, Hilfsbrücken u. dgl., erschwert wird. Als „zuverlässige" Türverriegelungen gelten daher bei elektrischen Kontakten nur solche, bei welchen der Kontakt erst bei voller Verschlußstellung des Riegels oder der Falte wirksam wird. Die Steuerung des Fahrkorbes darf unter keinen Umständen früher möglich sein, als bis alle Schachttüren fest geschlossen und ihre Verschlußriegel sicher zum Eingriff gebracht sind.

Zu **§ 17.** Zur Verhinderung des Sinkens des Fahrkorbes nach dem Ausrücken der Steuerung ist in der Regel eine Bremse erforderlich, es sei denn, daß der Forderung durch andere geeignete Mittel, z. B. selbsthemmende Schneckengetriebe, entsprochen wird.

Zu **§ 18.** Sofern die Fangvorrichtung es nicht gestattet (vgl. Erläuterungen zu § 13), den Fahrkorb nach dem Fangen ohne gefahrdrohende Beanspruchung der verbleibenden Tragseile hochzuziehen, muß der Fahrkorb mit Einrichtungen versehen werden, die es ermöglichen, die Passagiere aus ihrer Lage zu befreien. Dabei ist bei elektrisch angetriebenen Fahrstühlen zu beachten, daß auch das Durchbrennen von Sicherungen, ohne daß die Fangvorrichtung in Tätigkeit zu treten braucht, zum unfreiwilligen Anhalten des Fahrkorbes führt. Das Aufsichtspersonal des Fahrstuhls ist daher besonders darauf hinzuweisen, daß die Steuerung vor Benutzung der Einrichtungen zur Befreiung eingeschlossener Personen unter allen Umständen in Haltstellung zu bringen ist.

Zu **§ 21.** Als „kleine Getreidemühlen" sind in der Regel neben Windmühlen insbesondere nur solche durch Wasserkraft betriebene Mühlen anzusehen, bei welchen die tägliche Verarbeitung an Getreide 5000 kg nicht übersteigt. Werden Bremsfahrstühle in Getreidemühlen mit größerer Leistungsfähigkeit oder in anderen Betrieben benutzt, so müssen darauf die Vorschriften für Lasten- oder Personenfahrstühle, je nach dem Zwecke des Fahrstuhls, voll angewendet werden. Der mißbräuchlichen Benutzung von Lastenbremsfahrstühlen zur Personenbeförderung ist in solchen Fällen durch Verlegung des Steuerseils in genügende Entfernung außerhalb des Fahrschachts vorzubeugen.

In kle nen Mühlen wird die Fahrbahn im Erdgeschoß häufig durch ein Podest, das etwa bis Schulterhöhe reicht, begrenzt, so daß das Abtragen von Säcken dadurch erleichtert wird. In solchen Fällen kann überall von dem Endverschluß sowie von Schranken, die den Zugang zum Fahrstuhl abschließen, abgesehen werden, oder der Schachtverschluß ist so einzurichten, daß er bei einer Haltestellung, die etwa Schulterhöhe entspricht, geöffnet werden kann.

Zu **§ 23.** Die Ausnahme in Abs. III Ziffer 1 ist von denselben Voraussetzungen abhängig, welche in den Erläuterungen zu § 10 Abs. I Ziffer 2 erörtert sind.

Bei der Verwendung von Hubgittern sind die Erläuterungen zu § 6 zu berücksichtigen. Ferner ist der Sicherheit der Aufhängungen (Seile, Ketten) von Hubgittern besondere Beachtung zu schenken, da diese durch Stöße stark beansprucht werden. Das Gewicht und die Bauart der Gitter soll endlich nicht derart sein, daß dadurch Menschen beim Bruche der Tragorgane verletzt werden können.

Zu **§ 32.** Als „mechanische" Steuerungsantriebe gelten alle Seil-, Gestänge- und Kurbelsteuerungen im Gegensatz zu den elektrischen Knopfsteuerungen.

Die Prüfung der Führer hat mit der größten Strenge zu erfolgen. Führer, die mit der Einrichtung der Türverschlüsse und der Fangvorrichtung, insbesondere auch deren Einstellung und Lösung, nicht völlig vertraut sind, dürfen unter keinen Umständen das Befähigungszeugnis erhalten. Führer, denen der Befähigungsnachweis entzogen ist, dürfen nur mit Genehmigung der Ortspolizeibehörde, die das Zeugnis aberkannt hat, erneut zur Prüfung zugelassen werden. In den Fällen der Absätze II und III hat der verantwortliche Aufzugswärter die Erklärung in dem Revisionsbuch abzugeben.

Der nach dem dritten Absatz des Paragraphen mit Genehmigung der Polizeibehörde zulässige Nachlaß der Führerbegleitung ist für Hotels, Warenhäuser, Fabriken und öffentliche Gebäude nicht zu gewähren, für Mietshäuser nur erwachsenen Personen, die zum Hausstande der Mieter gehören.

Anträge der nach Abs. II und III gedachten Art sind vor ihrer Genehmigung dem zuständigen Sachverständigen zur gutachtlichen Aeußerung zu übersenden oder durch dessen Vermittelung zu stellen.

Zu **§ 33.** Der Begriff „des Unternehmers" der Fahrstuhlanlage ist hier der gleiche wie in Artikel 105 des Einführungsgesetzes zum Bürgerlichen Gesetzbuch, d. h. es ist derjenige als Unternehmer anzusehen, für dessen Rechnung und Gefahr der Aufzug betrieben wird. In den meisten Fällen wird der Eigentümer gleichzeitig der Betriebsunternehmer sein. Im übrigen sind die Tatumstände für die Entscheidung der Frage, wer als Unternehmer zu gelten hat, maßgebend.

Der rechnerische Nachweis genügender Sicherheit des Aufzugs kann in der Regel auf die Berechnung der Tragseile, Ketten u. dgl. für den Fahrkorb und die Gegengewichte, des Rollengerüstes und der beim Bruch der Tragorgane durch die Fangvorrichtung auf Zerknicken in Anspruch genommenen Teile beschränkt werden. Bei freistehenden Gerüsten ist darüber hinaus die Beanspruchung der wesentlichen Gerüstteile nachzuweisen.

Soweit die zulässigen Beanspruchungen der Materialien nicht auf Grund der Baupolizeiverordnungen behördlich festgelegt sind, darf Flußeisen mit 8,75 kg/qmm beansprucht werden. Bei großen Fördergeschwindigkeiten, und zwar über 0,8 m/Sek., ist bei der Berechnung der Rollengerüste auf die Erschütterungen durch Massenbeschleunigung und -verzögerung Rücksicht zu nehmen, indem für die Nutzlast ein Zuschlag von 50% einzusetzen ist. Ergibt die Rechnung ein Trägerprofil, dessen Höhe kleiner als $^1/_{25}$ der Spannweite ist, so muß die elastische Durchbiegung berechnet werden, die nicht größer als $^1/_{600}$ der Spannung sein darf. — Bei der Rechnung auf Knickfestigkeit muß mindestens 5fache Sicherheit vorhanden sein. Des Zuschlags zur Nutzlast bedarf es dabei jedoch nicht.

Bei kleinen Aufzügen genügen in der Regel statt besonderer Zeichnungen Maßskizzen in den Beschreibungen.

Zu **§ 34.** Die Kosten der Aufzugsprüfungen sind in der Regel durch Vermittelung des Regierungspräsidenten von den Zahlungspflichtigen einzuziehen. Hiervon kann insoweit abgesehen werden, als die Zahlungspflichtigen Mitglieder von Dampfkesselüberwachungsvereinen sind, denen gleichzeitig die Ueberwachung der Fahrstuhlanlagen im staatlichen Auftrag übertragen ist.

Die Gebühren sind bei den Regierungshauptkassen als Asservate zu verrechnen.

Zu § 35. Soweit von den Unternehmern der Aufzüge Zeichnungen und Beschreibung in zweifacher Ausfertigung vorzulegen sind, haben die Sachverständigen die Duplikate mit der Urschrift der Abnahmebescheinigung, den Duplikaten aller Bescheinigungen über die regelmäßigen Untersuchungen und dem Schriftwechsel über den Aufzug zu einem Aktenstück zu vereinigen und sorgfältig aufzubewahren. Außerdem haben die Sachverständigen eine Liste der ihrer Überwachung unterstehenden Fahrstühle zu führen, aus der der Zeitpunkt der Abnahme und der ausgeführten sonstigen Untersuchungen zu ersehen ist.

Von der Abnahme solcher Fahrstühle, die in den der Gewerbeaufsicht unterstehenden Betrieben angelegt sind, ist dem zuständigen Gewerbeinspektor von den Sachverständigen Anzeige zu erstatten.

Bei Bauaufzügen, die nach jeder Neuaufstellung der Abnahme unterliegen, bedarf es der wiederholten Vorlegung neuer Fahrpapiere (§ 32) nicht, wenn die Aufstellung in dem Bezirke desjenigen Sachverständigen erfolgt, der die erste Abnahme bewirkt hat. Bei der Benutzung in anderen Bezirken genügt gleichfalls die Vorlegung der älteren Papiere. Die Sachverständigen sind in solchen Fällen verpflichtet, die Akten gegenseitig abzugeben, solange der Aufzug im Bezirke verbleibt.

Die Ausfertigung der Abnahmebescheinigungen und Übersendung der Fahrstuhlpapiere an die Ortspolizeibehörde zwecks Erteilung der Betriebserlaubnis hat durch die Sachverständigen spätestens innerhalb einer Woche nach der Abnahme zu erfolgen.

Durch die maschinentechnische Abnahme des Aufzugs wird die von der Baupolizeibehörde vorzunehmende baupolizeiliche Prüfung der baulichen Teile der Anlage (Schacht, Abdeckung usw.) nicht entbehrlich.

Zu § 36. Außerordentliche Untersuchungen sind von den Sachverständigen bei der Ortspolizeibehörde stets dann zu beantragen, wenn bei einer regelmäßigen Untersuchung erhebliche Unregelmäßigkeiten im Betriebe des Aufzugs ermittelt worden sind oder wenn der Besitzer die festgestellten Mängel in der vorzuschreibenden Frist nicht abstellt.

Zu § 39. Die Vorschriften dieser Polizeiverordnung sind gegenüber den Bestimmungen der §§ 120a ff. der Gewerbeordnung als Grenze der in der Regel zu stellenden Anforderungen zu betrachten. Sollten ausnahmsweise Fälle vorliegen, in denen weitergehende Maßnahmen erforderlich erscheinen, so sind diese nur mit Zustimmung des Regierungspräsidenten durchzuführen.

37. Berechnung der Standfestigkeit von Schornsteinen.

Es wird hierdurch zur allgemeinen Kenntnis gebracht, daß bei der Prüfung der Gesuche um die polizeiliche Genehmigung hoher Schornsteinanlagen fortan nach folgenden Grundsätzen verfahren werden wird:

I. Als maßgebender Winddruck — W — gegen eine zur Windrichtung senkrechte ebene Fläche sollen bei Schornsteinen in der Regel 125 kg auf 1 qm in Rechnung gestellt werden. Etwaiger Einfluß der Saugwirkung auf der Leeseite ist in diesem Werte enthalten. Der durch benachbarte oder umschließende Gebäude gewährte Schutz des Schornsteines gegen Winddruck soll in der Regel unberücksichtigt bleiben. Als Angriffspunkt des gegen eine Schornsteinsäule ausgeübten Winddruckes ist der Schwerpunkt des lotrechten Schnittes dieser Säule anzusehen. Bedeutet F den Flächeninhalt dieses Schnittes, bei eckigen Schornsteinen rechtwinklig zu zwei gegenüberliegenden Flächen gemessen, so ist die Größe des Winddruckes anzunehmen:

bei runden Schornsteinen	zu	0,67	W F
„ achteckigen „	„	0,71	W F
„ rechteckigen „	„	1	W F

Diese Werte des Winddruckes gelten auch dann, wenn der Wind über Eck weht. Letztere Windrichtung ist maßgebend für die Bestimmung der größten Kantenpressung bei eckigen Schornsteinen.

II. Die Druckspannungen im Mauerwerk sind sowohl für den Winddruck von 125 kg/qm als auch für einen solchen von 150 kg/qm zu berechnen, in beiden Fällen unter Vernachlässigung der Zugspannungen. Die Querschnitte sind außerdem so zu bemessen, daß auf der Windseite die Fugen sich bei dem Winddrucke von 125 kg/qm nicht weiter als höchstens bis zur Schwerpunktsachse öffnen.

Bei der Berechnung der Standfestigkeit muß das Gewicht des Schornsteines nach dem wirklichen Einheitsgewicht des zu verwendenden Mauerwerks ermittelt werden.

III. Der Unternehmer der baulichen Ausführung eines Schornsteines hat die volle Verantwortung dafür zu übernehmen, daß die in die Berechnung der Standfestigkeit eingesetzten Gewichte mit der Wirklichkeit übereinstimmen, sowie dafür, daß die von ihm verwendeten Baustoffe (Steine, Mörtel usw.)

bezüglich ihrer Güte und Festigkeit seinen Angaben entsprechen und technisch richtig verwendet werden. Der Aufsichtsbehörde bleibt es überlassen, den Nachweis der Richtigkeit des eingesetzten Einheitsgewichtes und der übrigen Angaben zu verlangen oder selbst die Richtigkeit zu prüfen.

IV. Die zulässige Beanspruchung der Baustoffe und des Baugrundes wird wie folgt festgesetzt.

Unter der Voraussetzung kunstgerechter und sorgfältiger Ausführung sowie ausreichender Erhärtung des Mörtels ist als Druckbeanspruchung zu rechnen:

a) für gewöhnliches Ziegelmauerwerk in Kalkmörtel mit dem Mischungsverhältnis von 1 Raumteil Kalk und 3 Raumteilen Sand bis zu 7 kg auf 1 qcm;

b) für Mauerwerk aus Hartbrandsteinen in Kalk-Zement-Mörtel: 12 bis 15 kg für 1 qcm.

Unter Hartbrandsteinen sind dabei Ziegel verstanden, die eine nachgewiesene Druckfestigkeit von mindestens 250 kg auf 1 qcm besitzen, und unter Kalk-Zement-Mörtel wird verstanden eine Mischung von 1 Raumteil Zement, 2 Raumteilen Kalk und 6 bis 8 Raumteilen Sand. Wenn die Verwendung von festeren Steinen und zementreicheren Mörteln nachgewiesen wird, können auf Grund einwandfreier Festigkeitsprüfungen an ganzen Mauerkörpern auch höhere Beanspruchungen zugelassen werden. Dabei ist aber mindestens mit einer zehnfachen Sicherheit und auf keinen Fall mit mehr als 25 kg auf 1 qcm bei Annahme des Winddruckes von 150 kg auf 1 qm zu rechnen.

c) Falls für die Fundamente Schütt- oder Stampfbeton verwendet wird, sind:

für geschütteten Beton 6 bis 8 kg } auf 1 qcm Druckbean-
„ gestampften „ 10 „ 15 kg } spruchung zulässig.

Schüttungsweisen, bei denen der vorausgesetzte Zusammenhang der ganzen Fundamentplatte nicht sicher steht, sind mit Rücksicht auf die entstehenden Biegungsspannungen unzulässig.

d) Guter Baugrund darf bei Annahme des Winddruckes von 125 bis 150 kg auf 1 qm in der Regel bis zu 3 kg, in Ausnahmefällen bis zu 4 kg auf 1 qcm beansprucht werden.

Berlin, den 20. Mai 1902.

Der Polizeipräsident.

38. Baumaterialien usw.

Auf Grund des § 21 Ziffer 3 der Baupolizeiverordnung für die Vororte von Berlin vom 21. April 1903 wird hierdurch folgendes bekanntgemacht.

Bei der baupolizeilichen Prüfung von Bauplänen und statischen Berechnungen sind in bezug auf die Belastung des Baugrundes und der Baukonstruktionsteile sowie auf die Beanspruchung der zur Verwendung kommenden Baumaterialien die nachstehend aufgeführten Ansätze anzuwenden:

1. Eigengewichte der Baumaterialien.

Erde und Lehm pro cbm	1600	kg
Ziegelmauerwerk aus vollen Steinen	1600	„
Desgl. aus porösen Steinen	300	„
Desgl. aus porösen Lochsteinen	100	„
Sandsteinmauerwerk	400	„
Granit und Marmor	700	„
Kiefernholz	650	„
Eichenholz	800	„
Eisen	500	„
Beton	000	„

2. Eigengewichte und Belastung von Bauteilen.

Balkenlage in Wohngebäuden pro qm	250	„
Desgl. einschließlich der Belastung	500	„
Balkenlage in Fabrik- und Lagergebäuden	250	„
Desgl. einschließlich Belastung	750	„
Balkenlage in Getreidespeichern einschließlich der Belastung zum Nachweis	850—1000	„
Gewölbte Decke aus porösen Steinen in Wohngebäuden	350	„
Desgl. einschließlich der Belastung	600	„
Gewölbte Decke in Fabrikgebäuden einschließlich der Belastung pro qm	1000	„
Gewölbte Decke unter Durchfahrten und befahrbaren Höfen einschließlich der Belastung	1250	„
Wellblechdecken einschließlich der Belastung zum Nachweis	500—1000	„
Gewölbte Treppen	500	„
Desgl. einschließlich der Belastung	1000	„
Dachflächen in der Horizontalprojektion gemessen, einschließlich Schnee- und Winddruck bei Metall- oder Glasdeckung gemäß der Neigung pro qm	125—150	„

Desgl. bei Schieferdeckung		200—240 kg
Desgl. bei Ziegeldeckung		250—300 „
Desgl. bei Holzzementdeckung		350 „
Steile Mansardendächer		400 „

3. Zulässige Beanspruchung der Baumaterialien.

Flußeisen pro qcm auf	Zug	875 „
Desgl. pro qcm auf	Druck	875 „

Bei den Gliedern genau berechneter zusammengesetzter Konstruktionssysteme dürfen diese Zahlen auf 1000 erhöht werden.

Abscherung 700 kg bzw. 800 kg.

Schmiedeeisen pro qcm auf	Zug	750 „
Desgl. „ „ „	Druck	750 „
Desgl. „ „ „	Abscherung	600 „
Gußeisen „ „ „	Zug	250 „
Desgl. „ „ „	Druck	500 „
Desgl. „ „ „	Abscherung	200 „
Bombiertes Eisenwellblech pro qcm auf	Zug	500 „
Desgl. „ „ „	Druck	500 „
Eisendraht „ „ „	Zug	1200 „
Eichen- und Buchenholz „ „ „	Zug	100 „
Desgl. „ „ „	Druck	80 „
Kiefernholz „ „ „	Zug	100 „
Desgl. „ „ „	Druck	60 „
Granit „ „ „	Druck	45 „
Sandstein je nach der Härte desgl.		15—30 „
Rüdersdorfer Kalksteine in Quadern desgl.		25 „
Kalksteinmauerwerk in Kalkmörtel		5 „
Gewöhnliches Ziegelmauerwerk desgl.		7 „
Ziegelmauerwerk in Zementmörtel		11 „
Klinkermauerwerk desgl.		12—14 „
Mauerwerk aus porösen Steinen		3—6 „
Guter Baugrund		2,5 „

Potsdam, den 25. April 1903.

Amtsbl. 1903[197]. Der Regierungspräsident.

Vierter Teil.

39. Baupolizeiverordnung[1]) für die Vororte[2]) von Berlin.

Auf Grund der §§ 6, 12 und 15 des Gesetzes über die Polizeiverwaltung vom 11. März 1850[3]) (GS. S. 265) und des § 137 des Gesetzes über die allgemeine Landesverwaltung vom 30. Juli 1883 (GS. S. 195) wird hiermit unter Zustimmung des Bezirksausschusses zu Potsdam für die in der Anlage bezeichneten Gebiete nachstehende Polizeiverordnung erlassen.

Erster Abschnitt. Bauerlaubnis, Prüfung und Abnahme der Bauten.

§ 1. Bauerlaubnis.

1. Zuständig zur Erteilung der baupolizeilichen Erlaubnis — Bauerlaubnis[4]) — ist die Ortspolizeibehörde[5]).

2. Der Bauerlaubnis bedürfen:

a) alle neu zn errichtenden baulichen Anlagen[6]);

b) bei bestehenden baulichen Anlagen die Herstellung oder Veränderung von massiven Wänden, Fachwerkswänden, Decken, Eisenkonstruktionen, über die Umfassungswände vortretenden Bauteilen, Treppenanlagen, Licht-, Lüftungs- und Aufzugsschachten, Feuerstätten und Schornsteine[7]);

c) erhebliche Veränderungen der von der Straße aus sichtbaren äußeren Umfassungswände[8]) (Fassaden)[9]).

3. Zu den baulichen Anlagen gehören auch die Einfriedigungen[10]) von Grundstücken an der Straße sowie Bootshäuser, Badehäuser und Steganlagen in Wasserläufen, sofern sie mit dem Baugrundstücke in Verbindung stehen.

4. Nicht zuständig ist die Ortspolizeibehörde für die Erteilung der Bauerlaubnis zur Errichtung der in den §§ 16 und 24 der Reichsgewerbeordnung bezeichneten Anlagen[11]).

5. Bei Gründung neuer Ansiedelungen — § 13 bis 20 des Gesetzes vom 10. August 1904, GS. S. 227 — darf die Bauerlaubnis zur Errichtung eines Wohnhauses oder zur Errichtung

eines vorhandenen Gebäudes zum Wohnhaus [12]) nicht vor Aushändigung der Ansiedelungs- oder Koloniegenehmigung [13]) erteilt werden.

§ 2. Bauvorlagen.

1. Mit dem Antrage auf Erteilung der Bauerlaubnis ist vorzulegen:

a) ein Lageplan, welcher im Maßstabe von 1 : 500 — auf Anfordern in größerem Maßstabe — die Lage des Grundstückes zu den angrenzenden Straßen und den Nachbargrundstücken unter Einzeichnung der etwa festgesetzten Fluchtlinien sowie die Entfernung des Baues von anderen baulichen Anlagen desselben Grundstückes, von Straßen, Nachbargrenzen und den Gebäuden auf Nachbargrundstücken erkennen läßt [15]). Auf dem Lageplan ist die Übereinstimmung der eingetragenen Fluchtlinien mit dem Bebauungsplan vom Gemeindevorstand zu bescheinigen [16]). Auf Verlangen der Polizeibehörde ist der Lageplan durch einen vereideten Landmesser oder Feldmesser zu beglaubigen [17]).

Der Einreichung eines Lageplanes bedarf es nicht bei Veränderungsbauten, wenn die Lage der äußeren Umfassungswände nicht verändert wird.

b) ein Bauplan. Im Bauplane sind bei Gebäuden darzustellen die Grundrisse sämtlicher Geschosse [18]), die erforderlichen Querschnitte [19]), die Ansichten der von der Straße aus sichtbaren Umfassungswände (Fassaden) [20]), Konstruktion [21]) und Abmessungen des Baues im ganzen sowie in seinen Teilen mit Angabe der Art und Stärke der zu verwendenden Baustoffe [22]), die Benutzungsart der einzelnen Räume [23]), endlich die Höhenlage des Baues gegenüber der Oberfläche des Bürgersteiges [24]) und der Hoffläche [25]).

Soweit es zur baupolizeilichen Prüfung erforderlich ist, sind einzelne Teile des Bauplanes durch Sonderzeichnungen [26]) zu erläutern und die Tragfähigkeit der Konstruktionen rechnungsmäßig nachzuweisen [27]).

Baupläne sind im Maßstabe von 1 : 100, Sonderzeichnungen im Maßstabe von 1 : 20 zu fertigen.

2. Das Grundstück, auf welchem gebaut werden soll, ist nach Haus-, Grundbuch- und Grundsteuerkatasternummer zu bezeichnen [28]).

3. Für Neubauten ist anzugeben, wie die Entwässerung stattfinden soll [29]).

4. Die Pläne sind zur Erleichterung der Übersicht farbig anzulegen und auf dauerhaftem Papier oder auf Pausleinewand anzufertigen.

5. Sämtliche Bauvorlagen sind in je zwei Stücken — auf Erfordern in drei Stücken — von dem Bauherrn und von dem verantwortlichen Bauleiter (Bauunternehmer) unterschrieben einzureichen.

§ 3. Bauscheine.

1. Über die Bauerlaubnis wird ein Bauschein erteilt. Zugleich mit dem Bauscheine[30]) ist dem Bauherrn je ein Stück der Bauvorlagen zurückzugeben. Die dem Bauscheine beigefügten einzelnen Bauvorlagen sind mit dem Vermerk: Gehört zum Bauscheine vom (Datum), der Geschäftsnummer, der Bezeichnung der Ortspolizeibehörde und dem Siegel derselben zu versehen.

2. Die Erteilung des Bauscheines erfolgt unbeschadet der Privatrechte anderer[31]).

3. Der Bauschein verliert seine Gültigkeit, wenn nicht innerhalb Jahresfrist nach seiner Behändigung mit dem Bau begonnen wird[32]). Er erlischt ferner, wenn der begonnene Bau länger als ein Jahr liegen bleibt[33]).

4. Vor Behändigung des Bauscheines darf mit dem Bau nicht begonnen werden[34]).

Die Herstellung von Ausschachtungen[35]), Bau- und Kalkgruben kann vor Behändigung des Bauscheines gestattet werden[36]).

5. Der Tag, an welchem mit dem Bau begonnen werden soll, ist von dem Bauherrn[37]) vorher der Polizeibehörde unter Angabe des Datums und der Geschäftsnummer des Bauscheines anzuzeigen. Zugleich ist anzugeben, wer für die Bauausführung verantwortlich — Bauleiter (Bauunternehmer)[38]) — ist. Tritt während der Bauausführung ein Wechsel in der Person des Bauleiters (Bauunternehmers) ein, so ist der Polizeibehörde davon durch den Bauherrn binnen 3 Tagen Anzeige zu erstatten.

6. Zur Abweichung von den mit dem Bauscheine zurückgegebenen Plänen (Zeichnungen) ist besondere Bauerlaubnis erforderlich. Hierzu sind neue Pläne (Zeichnungen) einzureichen, welche die beabsichtigten Änderungen darstellen. Bei gering-

fügigen Änderungen kann von der Einforderung neuer Pläne (Zeichnungen) abgesehen werden.

7. Bauscheine und Bauvorlagen sind auf der Baustelle bereitzuhalten[39]).

§ 4. Rohbauabnahme.

1. Der Rohbauabnahme[40]) bedürfen Gebäude[41]) und selbständige Schornsteinanlagen[42]).

2. Vor der Rohbauabnahme darf der Bau nicht fertiggestellt werden.

3. Die Rohbauabnahme ist bei der Polizeibehörde schriftlich zu beantragen, sobald der Bau in seinen Mauern, Gewölben und Eisenkonstruktionen (einschließlich der notwendigen Treppen)[43]) sowie in Dacheindeckung und Balkenlage vollendet ist.

4. Zur Rohbauabnahme muß der Bauherr auf Vorladung erscheinen oder einen geeigneten Vertreter entsenden.

5. Bei der Rohbauabnahme[44]) müssen alle Teile des Baues sicher zugänglich sein und die Balkenverankerungen im Innern durchweg, Eisenkonstruktionen aber so weit offen liegen, daß die Abmessungen und Auflagerplatten geprüft werden können.

6. Ergeben sich Mängel, so sind diese nach Anordnung der Polizeibehörde abzustellen.

7. Ergeben sich keine oder nur geringe, alsbald abstellbare Mängel, so wird eine Bescheinigung hierüber — Rohbauabnahmeschein — erteilt.

8. Die Polizeibehörde kann die Rohbauabnahme auch nur einzelner Bauarbeiten und Bauteile vornehmen[45]).

9. Der Rohbauabnahmeschein ist dem Bauherrn zu behändigen.

10. Im Rohbauabnahmeschein wird der Zeitpunkt bestimmt, an welchem mit den inneren und äußeren Putzarbeiten[46]) begonnen werden darf. Der Zeitpunkt darf für Gebäude, welche ganz oder teilweise zu dauerndem Aufenthalt von Menschen[47]) bestimmt sind, nicht früher als 6 Wochen nach Vollendung des Rohbaues festgesetzt werden.

Bei Um- und Ausbauten kann die Frist bei günstigen Witterungsverhältnissen oder künstlicher Austrocknung bis auf die Hälfte herabgesetzt werden[48]).

§ 5. Gebrauchsabnahme.

1. Der Gebrauchsabnahme[49]) unterliegen Gebäude, welche zum dauernden Aufenthalt von Menschen bestimmte Räume enthalten.

2. Die Gebrauchsabnahme darf nicht früher als sechs Monate nach Behändigung des Rohbauabnahmescheines[50]) stattfinden. Eine frühere Festsetzung des Termins ist nur zulässig wenn der Nachweis[51]) erbracht ist, daß der Bau völlig ausgetrocknet ist.

3. Nach vorschriftsmäßigem Befunde wird über die Gebrauchsabnahme dem Bauherrn eine Bescheinigung — Gebrauchsabnahmeschein — behändigt. Zuvor hat sich die Polizeibehörde durch Einfordern einer Bescheinigung des Bezirksschornsteinfegermeisters[52]) die Überzeugung von der Benutzbarkeit der Schornsteine und Feuerungsanlagen zu verschaffen.

4. Vor Behändigung des Gebrauchsabnahmescheines darf das Gebäude nicht in Benutzung[53]) genommen werden. Doch kann, wenn sich im Termine zur Gebrauchsabnahme nur geringe Mängel ergeben, die Benutzung des Gebäudes auch vor Behändigung des Gebrauchsabnahmescheines unter der Bedingung alsbaldiger, bestimmt befristeter Abstellung der Mängel gestattet werden.

5. Die Vorschriften in § 4 Ziffer 4 und 6 finden auch auf die Gebrauchsabnahme entsprechende Anwendung.

§ 6. Geringfügige bauliche Anlagen.

1. Von der Beobachtung der in den §§ 2—5 enthaltenen Vorschriften kann[54]) die Polizeibehörde bei geringfügigen baulichen Anlagen, insbesondere den in § 31 erwähnten Schuppen, Buden usw., Anlagen von Abort- und Sammelgruben, Grenzmauern, Zäunen, absehen[55]). Doch sind auf Anfordern der Polizeibehörde dem Antrage auf Bauerlaubnis die zur Verdeutlichung des Bauvorhabens nötigen Vorlagen beizufügen[56]).

2. Baubuden bedürfen nicht der baupolizeilichen Genehmigung.

Zweiter Abschnitt. Schutzmaßregeln bei der Bauausführung.

§ 7. Baugerüste und Bauzäune.

1. Zur Errichtung und Benutzung von Baugerüsten[57]) und Bauzäunen[58]) bedarf es schriftlich zu beantragender Genehmi-

gung. Ihre Herstellung kann auch ohne Antrag angeordnet werden.

2. Das Vortreten von Baugerüsten und Bauzäunen auf Bürgersteige ist nur statthaft, insoweit es mit den Verkehrsrücksichten vereinbar ist, und solange die Bauausführung es notwendig macht[59]).

3. Auf der Baustelle dürfen Baustoffe nicht in solcher Weise gelagert werden, daß sie den Bauzaun berühren. Auch sind die Bretter des Bauzaunes so glatt und sauber zu halten, daß Beschädigungen und Verunreinigungen Vorübergehender ausgeschlossen sind[60]).

§ 8. Sicherung bei Bauarbeiten.

1. Im Innern von Neubauten sind hölzerne Balkenlagen eines jeden Geschosses alsbald nach ihrer Verlegung auszustaken. Eiserne Balkenlagen, Treppenöffnungen[61]) und sonstige Öffnungen sind entweder sicher zu überdecken oder zu umfriedigen oder in anderer Weise unzugänglich zu machen.

2. Die Baustellen sind, soweit es zur Verhütung von Unglücksfällen erforderlich ist, während der Dunkelheit zu beleuchten[58]).

3. Bei Ausführung von Bauten in der Nähe vorhandener Gebäude sind die zur Sicherheit der letzteren notwendigen Vorkehrungen (Ausführung der Grundmauern in kurzen Strecken, Absteifen oder Unterfahren der Mauern anstoßender Gebäude und dgl.) zu treffen.

§ 9. Abbruch von Gebäuden[62]).

1. Auf den Abbruch von Gebäuden finden die in §§ 7 und 8 gegebenen Sicherheitsvorschriften sinngemäß Anwendung[63]).

2. Mit Abbrucharbeiten darf erst nach schriftlicher Anzeige begonnen werden.

Dritter Abschnitt. Bauvorschriften.

I. Allgemeine Vorschriften.

§ 10. Bebaubarkeit der Grundstücke. Baufluchtlinien.

1. Unbeschadet eines auf Grund des § 12[64]) des Gesetzes betreffend die Anlegung und Veränderung von Straßen[65]) und Plätzen in Städten und ländlichen Ortschaften vom 2. Juli 1875

erlassenen ortsstatutarischen Bauverbotes dürfen nur[66]) Grundstücke, welche unmittelbar an einen öffentlichen Fahrweg (Fahrstraße)[67]) grenzen, mit Gebäuden besetzt werden. Auf anderen Grundstücken kann[68]) die Errichtung von Gebäuden gestattet werden, wenn die Grundstücke mit einem öffentlichen Fahrweg (Fahrstraße)[67]) durch einen der Bestimmung der Gebäude entsprechenden, für die Dauer gesicherten Zufahrtsweg verbunden sind, welcher nach seiner Beschaffenheit, besonders in Ansehung der Breite, den öffentlichen Interessen genügt[69]).

2. Wo Baufluchtlinien vorgesehen sind, müssen[70]) diese bei Neubauten, An- und Umbauten[71]) eingehalten werden.

Doch kann das Zurücktreten von Bauten hinter die Baufluchtlinie parallel mit dieser gestattet werden[72]), wenn hierdurch keine gröbliche Verunstaltung des Straßenbildes[73]) herbeigeführt wird.

In der Bauklasse C, mit Ausnahme der Fälle, in denen in geschlossener Bauweise nach Maßgabe der Vorschriften in § 54 Ziffer 12 gebaut wird, sowie in den Bauklassen D und E kann von der Stellung der Gebäude parallel zur Baufluchtlinie abgesehen werden.

Bestehen keine Fluchtlinien, so haben die Gebäude einen Abstand von mindestens 4 m von der Straßengrenze zu halten[74]).

§ 11. Einfriedigung der Grundstücke. Vorgärten. Veränderung der Höhenlage der Grundstücke.

1. Alle bebauten Grundstücke sind auf der Straßenfluchtlinie — wo eine solche nicht besteht, auf der Straßengrenze —, soweit diese nicht mit Gebäuden besetzt sind, sowie auf den seitlichen, zwischen der Straßenfluchtlinie oder Straßengrenze und der Gebäudevorderseite liegenden Grundstücksgrenzen mit einer Einfriedigung zu versehen.

2. Von der Anforderung der Einfriedigung kann im Gebiete der geschlossenen Bauweise abgesehen werden, wenn die Gebäude einen Abstand von höchstens 3 m von der Straßenfluchtlinie oder Straßengrenze halten.

3. Vorschriften über die Art, Höhe und Beschaffenheit der Einfriedigungen[75]) können durch Ortspolizeiverordnungen erlassen werden.

Wo eine solche Polizeiverordnung nicht erlassen wird, sind die Einfriedigungen an der Straße mindestens auf die Hälfte ihrer Länge an jeder der von ihnen berührten Straßen durchsichtig[76]) herzustellen; die Sockel[77]) der Einfriedigung dürfen nicht höher als 0,50 m sein. Ausnahmen von den Vorschriften dieses Absatzes können zugelassen werden.

4. Wo in den Bebauungsplänen Vorgärten[78]) vorgesehen sind, sind diese in gleicher Höhenlage mit den Bürgersteigen anzulegen. Ein zur Herstellung der Entwässerung der Vorgärten erforderliches Quergefälle von höchstens 1 : 30 nach dem Bürgersteige zu ist zulässig.

Doch darf der Vorgarten, wenn die Baustelle höher oder tiefer als der Bürgersteig liegt, höher oder tiefer als der Bürgersteig angelegt werden. Der Bürgersteig ist, wenn der Vorgarten höher liegt, durch eine Futtermauer oder in sonst ausreichender Weise gegen Nachrutschen des Erdreichs zu schützen. Liegt der Vorgarten tiefer, so sind die Gebäude gegen Wasserandrang zu sichern.

5. Vorgärten sind in ihrer ganzen Ausdehnung als Ziergärten anzulegen und zu unterhalten. Unterbrechungen der Gartenanlagen sind nur zulässig, soweit sie zur Herstellung von Haus- und Ladeneingängen notwendig sind.

6. Die Benutzung der Vorgärten zu anderen Zwecken[79]) als zur Einrichtung von Ziergärten kann vorübergehend und für bestimmte Nutzungszwecke gestattet werden.

7. Unbebaute Grundstücke sind mit einer angemessenen Einfriedigung zu versehen, wenn die Interessen der öffentlichen Sicherheit, Ordnung und Sittlichkeit es erfordern[80]).

8. Auf Einfriedigungen, welche nur für die Dauer der Bauausführung genehmigt werden, finden die Vorschriften unter Ziffer 1—3 keine Anwendung.

9. Eine Beseitigung der in Bebauungsplänen festgesetzten Vorgärten darf nur in dem durch das Gesetz, betreffend die Anlegung und Veränderung von Straßen und Plätzen in Städten und ländlichen Ortschaften vom 2. Juli 1875, vorgeschriebenen Verfahren erfolgen.

10. Die Ortspolizeibehörde darf in den Fällen, in welchen neben Straßenfluchtlinien Baufluchtlinien bestehen, zur Änderung der Fluchtlinien ihre Zustimmung nur mit Genehmigung des Regierungspräsidenten erteilen[81]).

11. Aufschüttungen und Abgrabungen an und gegen Nachbargrenzen sind nicht gestattet[82]), können indessen zugelassen werden, sofern und soweit es die Bebauung erfordert.

§ 12. Zulässige Bebauung der Grundstücke.

1. Für die Ermittelung der Grundstücksfläche, welche nach den Vorschriften im vierten, fünften und sechsten Abschnitte zu einem Bruchteile oder mit einer bestimmten Baumasse bebaut werden darf[83]) — das Baugrundstück[84]) — kommt der hinter der Straßenfluchtlinie oder, wo eine solche nicht vorhanden ist, der hinter der Straßengrenze liegende Teil des Grundstückes in Betracht[85]).

2. Bei Berechnung des Flächeninhaltes der Baulichkeiten werden alle[86]) über die Umfassungswände vortretenden Bauteile und solche baulichen Anlagen[87]) in Rechnung gestellt, welche eine Höhe von mehr als 1 m über Erdoberfläche haben oder in einer Höhe von mehr als 1 m über Erdoberfläche[88]) errichtet sind, nicht jedoch Grenzmauern und Grenzzäune aus Holz oder Eisen, deren Höhe das Maß von 1,80 m nicht überschreitet und deren Stärke sich innerhalb der durch ihre Zweckbestimmung gegebenen Grenze hält.

Nicht eingerechnet werden Gesimse, ferner Freitreppen[89]) sowie offene Veranden[89]) und Terrassen[89]) von nicht mehr als 5 m Länge und höchstens 2 m Tiefe, sofern diese nur bis zum Fußboden des Erdgeschosses reichen, Balkone von höchstens 2,50 m Länge und mit höchstens 1,25 m Ausladung[90]), endlich Türvorbauten und Schutzdächer über Eingängen[91]).

3. Bei Berechnung des Flächeninhaltes der Baulichkeiten kommen Lichthöfe (Lichtschachte) als bebaute Fläche[92]) in Betracht[93]).

§ 13. Abstand der Baulichkeiten von den Nachbargrenzen und untereinander[94]).

1. Im Gebiete der geschlossenen Bauweise sind alle Gebäude[95]) entweder unmittelbar an der seitlichen Nachbargrenze oder in einem Abstande von mindestens 6 m[96]) von dieser zu errichten. Nebenanlagen (§ 17) dürfen jeden Falles unmittelbar an der seitlichen Nachbargrenze errichtet werden.

2. Im Gebiete der offenen Bauweise müssen alle Gebäude, unbeschadet der Vorschriften über den Bau von Doppelhäusern

und Gebäudegruppen sowie den unmittelbaren Anbau an Eckhäuser, in der Bauklasse A einen Bauwich — Abstand von den seitlichen Nachbargrenzen — von mindestens 5 m, in den übrigen Bauklassen (B, C, D und E) einen Bauwich von mindestens 4 m halten.

Nebenanlagen (§ 17), die von der Baufluchtlinie einen Abstand von mindestens 20 m, wo eine solche nicht besteht, von der Straßengrenze einen Abstand von mindestens 24 m halten dürfen unmittelbar an der seitlichen Nachbargrenze errichtet werden.

Der Bauwich ist in ganzer Höhe von Baulichkeiten freizuhalten. Doch sind innerhalb des Bauwiches Schutzdächer über Eingängen, welche an die Seitenfronten der Gebäude angebaut werden, sowie freischwebend überhängende Teile von Hauptdächern zulässig, sofern diese Baulichkeiten nicht mehr als 1,50 m über die Seitenfronten vortreten.

3. Im Gebiete der offenen Bauweise ist, abgesehen von dem Falle des § 54 Ziffer 12 (Baublöcke mit Reihenhäusern)[26a], eine Bebauung ohne Bauwich gestattet, wenn auf beiden Nachbargrundstücken bereits bei Erlaß dieser Polizeiverordnung Vordergebäude unmittelbar an der Grenze vorhanden waren.

War bei Erlaß dieser Polizeiverordnung das eine Nachbargrundstück bereits mit einem Vordergebäude bis an die Grenze bebaut, so darf an diese Grenze unmittelbar herangebaut werden.

Die Vorschriften finden keine Anwendung, wenn die Vordergebäude auf den Nachbargrundstücken in einer Entfernung von 15 m oder mehr von der Straßenfluchtlinie, und, wo eine solche nicht besteht, von der Straßengrenze entfernt errichtet sind, es sei denn, daß das neu zu errichtende Gebäude in demselben oder wesentlich gleichem Abstande von der Straßenfluchtlinie, Straßengrenze, errichtet werden soll.

4. Sofern im Gebiete der offenen Bauweise die Errichtung von Vordergebäuden unmittelbar an der seitlichen Nachbargrenze gestattet ist (vgl. die Vorschriften über die Errichtung von Gebäudegruppen und Doppelhäusern im vierten und fünften Abschnitte), dürfen auch die Hintergebäude — falls ihre Errichtung überhaupt zulässig ist — unmittelbar an die Nachbargrenze, an welcher kein Bauwich gehalten wird, herantreten.

5. Im Gebiete der geschlossenen und offenen Bauweise müssen alle Gebäude von der hinteren Nachbargrenze um die Hälfte ihrer Höhe[97]), mindestens 6 m, Quergebäude mindestens 8 m entfernt bleiben. Auf Eckgrundstücken müssen die Giebel der Seitenflügel[98]), Seitengebäude[99]), Mittelflügel[100]), Mittelgebäude[101]) von der ihnen gegenüberliegenden Nachbargrenze um die Hälfte ihrer Höhe[102]), mindestens 6 m abbleiben.

Auf Nebenanlagen findet diese Vorschrift keine Anwendung. Nebenanlagen auf Eckgrundstücken im Gebiete der offenen Bauweise dürfen ohne Bauwich am Schnittpunkte beider seitlichen Nachbargrenzen errichtet werden, sofern sie wenigstens von der Baufluchtlinie bzw. von der Straßengrenze einer der beiden Straßen einen Mindestabstand von 20 bzw. 24 m halten[103]).

6. Werden außer dem Vordergebäude Seitenflügel[104]), Seitengebäude[105]), Mittelflügel[106]) oder Mittelgebäude[107]) errichtet, so muß sich zwischen dem Vordergebäude, den Hintergebäuden und den Nachbargrenzen ein freier Kreis[108]) eintragen lassen, dessen Durchmesser mindestens gleich 3/4 der größten Höhe der Gebäude ist, jedoch nicht weniger als 12 m betragen darf.

Erstrecken sich die Seitenflügel, Seitengebäude, Mittelflügel, Mittelgebäude nicht tiefer als 30 m, von der Straßenfront[109]) des Vordergebäudes ab gerechnet, so genügt ein freier Kreis von 10 m Durchmesser.

Wird nur ein Vordergebäude errichtet, so muß sich zwischen ihm und den Nachbargrenzen ein freier Kreis[108]) eintragen lassen, dessen Durchmesser mindestens gleich der Hälfte der Höhe des Gebäudes ist, jedoch nicht weniger als 8 m betragen darf[110]).

7. Wird außer dem Vordergebäude, den Seitenflügeln[111]), Seitengebäuden[112]), Mittelflügeln[113]), Mittelgebäuden[114]) noch ein Quergebäude errichtet, so muß sich zwischen dem Vordergebäude, den Hintergebäuden und gegebenen Falles zwischen diesen Gebäuden und den seitlichen Nachbargrenzen ein freier Kreis eintragen lassen, dessen Durchmesser gleich der größten Höhe der Gebäude ist, jedoch nicht weniger als 15 m betragen darf.

Wird außer dem Vordergebäude nur ein Quergebäude, kein anderes Hintergebäude errichtet, so genügt ein freier Kreis von 12 m[115]).

8. Als Quergebäude werden nicht angesehen:

a) Vorsprünge von Seitenflügeln oder Seitengebäuden, sofern die Tiefe jedes Vorsprunges zuzüglich der Tiefe des Seitenflügels, Seitengebäudes, hinter der halben Länge des Vordergebäudes zurückbleibt, keinesfalls aber das Maß von 6 m überschreitet[116]).

b) Vorsprünge von Mittelflügeln oder Mittelgebäuden, sofern die Tiefe jedes Vorsprunges zuzüglich der halben Tiefe des Mittelflügels, Mittelgebäudes, hinter der Hälfte desjenigen Teiles der Frontlänge des Vordergebäudes zurückbleibt, der von der Ecke bis zu der – auf der Straßenfrontlinie des Vordergebäudes senkrecht aufstehenden, bis zu ihr verlängerten – Halbierungslinie der Grundfläche des Mittelflügels, Mittelgebäudes, reicht; keinesfalls darf die Tiefe des Vorsprunges das Maß von 6 m überschreiten[117]).

c) Werden zwei oder mehr solcher Vorsprünge errichtet, so müssen die einander zugekehrten Außenwände der Vorsprünge in allen ihren Teilen voneinander einen Abstand halten, der gleich 3/4 der Höhe des höchsten Vorsprunges ist, jedoch nicht weniger als 10 m betragen darf[118]).

9. Werden hinter dem ersten Quergebäude oder hinter weiteren Quergebäuden noch Seitenflügel oder Seitengebäude, Mittelflügel oder Mittelgebäude oder Quergebäude errichtet, so finden die Vorschriften unter Ziffer 5 bis 8 Anwendung. Das erste Quergebäude und die weiteren Quergebäude gelten dann als Vordergebäude[118 a]).

10. Soweit nicht über den Abstand der Baulichkeiten untereinander durch vorstehende Vorschriften Bestimmung getroffen ist, ist zwischen allen Baulichkeiten auf demselben Grundstücke, sofern sie nicht unmittelbar aneinander gebaut werden, ein Abstand von mindestens 6 m zu halten. Dasselbe gilt für die über die Umfassungswände vortretenden Bauteile an ein und demselben Gebäude oder an unmittelbar aneinander gebauten Gebäuden. Erhalten indessen die einander zugekehrten Umfassungswände solcher vortretender Bauteile keine Öffnungen oder nur in einer Wand Öffnungen, so genügt ein Abstand von 3 m.

11. Der nach den Vorschriften in Ziffer 5 bis 10 durch Einhaltung der dort festgesetzten Abstände der Baulichkeiten von den Nachbargrenzen und untereinander unbebaut zu lassende

Raum darf in der ganzen Bauhöhe durch Vorsprünge nicht beschränkt werden. Gesimsvorsprünge bis zu 0,30 m Ausladung und Balkone von höchstens 2,50 m Länge und mit höchstens 1,25 m Ausladung bleiben jedoch außer Ansatz[104]).

§ 14. Eckgrundstücke.

1. Auf Grundstücke, welche an dem Treffpunkte zweier sich in einem Winkel von nicht mehr als 135[119]) Grad treffenden Straßen[120]) liegen — Eckgrundstücke im Sinne dieser Baupolizeiordnung — finden die Vorschriften in § 13 Ziffer 6 und 7 keine Anwendung.

2. In Höfe[121]) (§ 16) auf Eckgrundstücken, deren Fläche 900 qm oder weniger beträgt, muß sich zwischen den Gebäuden bzw. den Gebäuden und Nachbargrenzen ein freier Kreis eintragen lassen, dessen Durchmesser mindestens gleich $^1/_2$ der größten Höhe des Gebäudes oder der Gebäude auf dem Grundstücke sein muß, jedoch nicht weniger als 8 m betragen darf[122]).

3. In Höfe (§ 16) auf Eckgrundstücken, deren Fläche mehr als 900 qm beträgt, muß sich zwischen den Gebäuden bzw. den Gebäuden und Nachbargrenzen ein freier Kreis von mindestens 10 m Durchmesser eintragen lassen.

4. Der Raum über den Höfen darf in der ganzen Bauhöhe durch Vorsprünge nicht beschränkt werden, Gesimsvorsprünge bis zu 0,30 m und Balkone von höchstens 2,50 m Länge und mit höchstens 1,25 m Ausladung bleiben jedoch außer Ansatz.

5. Die im vierten Abschnitte dieser Polizeiverordnung für Eckgrundstücke gewährten Vergünstigungen finden nur auf solche Eckgrundstücke uneingeschränkte Anwendung, deren Fläche nicht mehr als 1200 qm[123]) einnimmt. Bei größeren Eckgrundstücken wird die Vergünstigung nur für 1200 qm gewährt. Für den dieses Maß überschreitenden Teil der Fläche kommt derjenige Bruchteil in Ansatz, welcher für sonstige Grundstücke der betreffenden Bauklasse maßgebend ist. Liegt das Eckgrundstück im Gebiete zweier oder mehrerer Bauklassen, so finden die Vorschriften in § 49 Ziffer 4 Anwendung.

§ 15. Höhe der Gebäude. Aufbauten

1. Unter Höhe[124]) der Gebäude ist das Maß von der Erdoberfläche des Außengeländes vor den Umfassungswänden bis

zu der Schnittlinie der Umfassungswände mit der Dachfläche[124a]) zu verstehen.

Bei geneigter Oberfläche des Außengeländes in der Längsrichtung der Umfassungswände ist das mittlere Höhenmaß in Rechnung zu stellen.

2. Die Höhe aller Gebäude auf dem Grundstücke darf das Maß der Entfernung zwischen den Baufluchtlinien nicht überschreiten[125]). Bestehen keine Baufluchtlinien, so darf die Höhe der Gebäude nicht über Straßenbreite, d. i. die tatsächliche mittlere Breite des Straßendammes einschließlich des Bürgersteiges, vor dem Gebäude hinausgehen.

Ist der Abstand zwischen den Baufluchtlinien oder den Straßengrenzen ungleich, oder liegt ein Gebäude an mehreren Straßen, so findet Durchschnittsberechnung[126]) statt.

Die Höhe der Gebäude darf in keinem Falle mehr als 18 m[127]) betragen[128]).

3. Bei Pultdächern darf die den Nachbargrenzen zugekehrte Wandhöhe die zulässige Gebäudehöhe um nicht mehr als 2,5 m überschreiten.

4. Wo in dieser Polizeiverordnung der Abstand der Gebäude untereinander und von der hinteren Nachbargrenze zu der Höhe der Umfassungswände ins Verhältnis gesetzt wird, ist unter Höhe das Maß von der Erdoberfläche bis zur Schnittlinie der einander oder der Grenze zugekehrten Umfassungswände mit der Dachfläche zu verstehen.

5. Schornsteine unterliegen bezüglich der Höhe keiner Beschränkung.

6. Oberhalb der zulässigen Höhe dürfen die Dächer über eine in einem Winkel von 45°[129]) zu der Umfassungswand gedachte Luftlinie nicht hinausgehen[130]). Wird der Aufbau von Türmen, Giebeln und dgl. über die zulässige Höhe hinaus beabsichtigt, so findet Durchschnittsberechnung für die Fronthöhe statt.

7. Aufbauten dürfen die Höhe bzw. die Durchschnittshöhe nicht um mehr als ein Fünftel überschreiten.

Unter Aufbauten sind alle oberhalb der Schnittlinie der Umfassungswände mit der Dachfläche oder über Höhe dieser Schnittlinie entweder in der senkrechten Ebene der Umfassungswände liegenden oder über die Dachfläche vortretenden Bauteile mit Ausnahme der Seitengiebel der Hauptdächer zu verstehen.

8. Aufbauten über die zulässige Höhe dürfen nicht mehr als ein Drittel der Frontlänge jeder Umfassungswand unter ihnen einnehmen.

Auf Giebel, die der Straße und dem Hofe zugekehrt sind, findet diese Vorschrift keine Anwendung, doch müssen die Giebelaufbauten sich oberhalb der zulässigen Gebäudehöhe mit ihren Frontflächen innerhalb der Flächengrenzen eines gleichschenkligen Dreieckes halten, dessen Basis auf der in der zulässigen Gebäudehöhe gedachten Horizontalen liegt, und dessen Scheitelpunkt nicht über die zulässige Höhe der Aufbauten (Ziffer 7) hinausgeht.

§ 16. Höfe[131]).

1. Die hinter dem Vordergebäude zwischen diesem und den seitlichen oder hinteren Nachbargrenzen sowie die zwischen dem Vordergebäude, den Seitenflügeln oder Seitengebäuden, Mittelflügeln oder Mittelgebäuden, Quergebäuden und Nachbargrenzen (§ 13 Ziffer 5—9, § 14 Ziffer 2 und 3) unbebaut bleibenden Grundflächen heißen Höfe[132])

2. Die hinter dem Vorderhause liegenden Gebäude[133]) müssen durch eine Zufahrt von mindestens 2,30 m lichter Breite oder durch eine durch die vorliegenden Gebäude führende Durchfahrt[134]) von durchweg 2,80 m lichter Höhe und 2,30 m lichter Breite mit der Straße in Verbindung stehen. Unter der lichten Breite ist die freie Durchfahrtsöffnung zwischen den äußersten Ausladungen aller vortretenden Teile ausschließlich der Radabweiser[135]) zu verstehen.

3. Die Herstellung einer Zufahrt oder Durchfahrt zu Höfen ist nicht erforderlich, wenn das Grundstück nicht tiefer als 30 m von der Baufluchtlinie ab mit Gebäuden besetzt wird.

4. Für Grundstücke, welche nicht unmittelbar an Straßen grenzen oder hinter der Bauflucht mehr als 1 : 20 ansteigen oder auf eine größere Tiefe als 50 m mit Gebäuden besetzt werden sollen, können weitergehende Anforderungen gestellt werden.

5. Durchfahrten, die den einzigen Zugang zu einem Grundstücke oder zu Teilen desselben bilden, müssen in den einschließenden Decken und Wänden feuersicher hergestellt werden[136]).

6. Auf den Höfen ist die Herstellung von — über die Umfassungswände — vortretenden Bauteilen, baulichen Anlagen

unter 1 m Höhe und Gartenanlagen nur insoweit zulässig, als die Zugänglichkeit zu den Gebäuden und Gebäudeteilen sowie die im feuerpolizeilichen Interesse erforderliche Bewegungsfreiheit, insbesondere der Löschgeräte, nicht beeinträchtigt wird[137]).

§ 17. Nebenanlagen.

1. Nebenanlagen sind Gebäude, welche bei einer Höhe von höchstens 6 m bis zur Schnittlinie der Umfassungswände mit der Dachfläche und höchstens 9 m bis zum First, bei Anordnung von Pultdächern von höchstens 6,5 m bis zum First — unbeschadet der Vorschriften in §§ 55 Ziffer 11, 56 Ziffer 10 und 57 Ziffer 2 — keine Wohnungen enthalten und Nebenzwecken dienen, wie Ställe, Schuppen, Waschhäuser, Abortanlagen, Schutzdächer, Verbindungshallen, Kegelbahnen, Gewächshäuser, Werkstätten geringen Umfanges und dgl.

Die Einrichtung von Schlafräumen ist jedoch in Ställen für die zur Beaufsichtigung der Tiere, in Gewächshäusern für die zur Bedienung der Heizanlage notwendigen Personen gestattet.

2. Nebenanlagen sind, soweit anderes nicht ausdrücklich bestimmt ist, denselben Vorschriften wie andere Gebäude, insbesondere auch den Vorschriften in § 13 Ziffer 6, 7, 10 und 11 unterworfen.

§ 18. Dachgeschoß und Kellergeschoß (Nebengeschosse)

1. Als Dachgeschoß[138]) ist ein Geschoß anzusehen, in welches die Konstruktionsteile des Dachverbandes und der geneigten Dachfläche hineinreichen[138]).

2. Ist die Einrichtung von Räumen zum dauernden Aufenthalt von Menschen im Dachgeschosse[139]) nur zu einem Bruchteile zugelassen, oder werden im Dachgeschosse nach Maßgabe der Vorschriften in §§ 50 Ziffer 4 und 51 Ziffer 4 Räume zum dauernden Aufenthalt von Menschen angelegt, so darf der Fußboden solcher Räume höchstens 1,50 m unter der Schnittlinie der Umfassungswände mit der Dachfläche liegen. Diese Vorschrift findet auf Räume in Aufbauten keine Anwendung[140]).

3. Jedes der oberen, durch die Vorschriften dieser Polizeiverordnung zugelassenen Hauptgeschosse — in den Bauklassen I und A das zweite, dritte und vierte, in den Bauklassen II, B

und C das zweite und dritte, in den Bauklassen D und E das zweite Hauptgeschoß — darf ganz oder teilweise als Dachgeschoß ausgebaut und zur Herstellung von Räumen zum dauernden Aufenthalt von Menschen benutzt werden. Die Vorschriften in Ziffer 2 finden alsdann keine Anwendung.

4. Findet das Dachgeschoß nur teilweise zur Einrichtung von Räumen zum dauernden Aufenthalt von Mensgen Verwendung, so ist der Bodenraum vom Treppenhause und den zum dauernden Aufenthalt von Menschen bestimmten Räumen durch feuer- und rauchsichere Wände abzuschließen. Türn gelten als feuer- und rauchsicher, wenn sie aus Holz geferigt, auf beiden Seiten mit Eisenblech beschlagen sind[141]), selbstätig zufallen und in einen Falz einschlagen sowie mit feuersicheren, dichtschließenden Schwellen und Türfuttern versehn sind. Andere gleich feuer- und rauchsichere Türkonstruktionen können zugelassen werden.

5. Als Kellergeschoß ist ein Geschoß anzusehen, desen Fußboden mindestens 0,50 m unter der Erdoberfläche vor den Umfassungswänden des Gebäudes und höchstens 3,30 m unter der Oberkante des Fußbodens des darüber befindlichen Geschosses liegt.

6. Im Kellergeschoß dürfen, auch wenn die Zahl der errichteten Hauptgeschosse hinter der nach den Vorschrifen dieser Polizeiverordnung zugelassenen Höchstzahl zurückbleibt Räume zum dauernden Aufenthalt von Menschen nur in den für die einzelnen Bauklassen gestatteten Umfange eingerichtet werden. Vgl. indessen §§ 47 Ziffer 2, 61 Ziffer 2—4[142]).

7. Findet das Kellergeschoß zur Einrichtung von Räumen, die zum dauernden Aufenthalt von Menschen[143]) bestimmt sind, Verwendung, so darf der Fußboden dieser Räume nicht tiefer als 0,50 m unter der Erdoberfläche vor den Umfassungswänden des Gebäudes liegen[144]).

Die Tieferlegung des Fußbodens bis auf 1 m kann[145]) gestattet werden, wenn an der zugehörigen Umfassungswand ein durchgehender Lichtgraben hergestellt wird. Der Lichtgraben muß mindestens 1 m breit sein und mit seiner gut zu entwässernden Sohle mindestens 0,15 m tiefer als der Fußboden der anstoßenden Räume liegen. Bei günstiger Bodenbeschaffenheit kann von der Herstellung eines Lichtgrabens abgesehen werden, wenn die Unterkante des Fenstersturzes mindestens 1,20 m über Außengelände liegt und vor dem tragenden Mauerwerk der Umfassungswände im Abstande von mindestens 0,05 m nachträglich eine innere Wand von 0,12 m Stärke bis zur Höhe des Außengeländes aufgeführt wird. Die innere Wand darf erst hergestellt werden, wenn das Mauerwerk ausgetrocknet ist. In der vorgemauerten Innenwand sind Öffnungen anzulegen, welche die dahinter liegende senkrechte Luftschicht mit dem Innenraume in Verbindung setzen.

8. In den Fällen, in welchen das Dachgeschoß oder das Kellergeschoß zum dauernden Aufenthalt von Menschen nur zu einem Bruchteile zugelassen wird, ist der Bruchteil von der Fläche zu nehmen, die sich ergibt, wenn von der Grundfläche des Geschosses die Mauerstärken der Umfassungs- und Innenwände sowie die Flächen und Korridore und Treppenflure einschließlich der Öffnung für die Treppe in Abzug[146]) gebracht sind. Das danach zur Einrichtung von Räumen zum dauernden Aufenthalt von Menschen gefundene Flächenmaß ist auf die Lichtmaße der Räume zu verrechnen.

9. Diejenigen Teile des Dachgeschosses oder Kellergeschosses, die nicht zum dauernden Aufenthalt von Menschen benutzt werden dürfen, müssen nach ihrer Lage im Grundriß sowie nach Ausbau und Ausstattung die Ausnutzung zu diesem Zwecke ausschließen, sofern sie nicht offenbar Zubehör einer Wohnung, wie Korridore, Abortanlagen, Badestuben, sind und dem Bedürfnis ihrer Zweckbestimmung entsprechend angelegt werden.

10. Dachräume oberhalb der im Dachgeschosse zum dauernden Aufenthalt von Menschen zugelassenen Räume dürfen zu Lagerzwecken benutzt werden.

11. Die Anlage von Tiefkellern ist erlaubt[147]).

§ 19. Zum dauernden Aufenthalt von Menschen bestimmte Räume[148]).

Als Räume, welche nicht zum dauernden Aufenthalt von Menschen bestimmt sind, gelten insbesondere Flure, Treppen, Korridore, Bodenräume, Abortanlagen, für den Hausbedarf bestimmte Badestuben, ferner Wintergärten, Waschküchen und Rollkammern für den Hausbedarf, Speisekammern und ähnliche Vorratsräume, Räucherkammern, Gewächshäuser, Kegelbahnen,

Heizräume, Kessel- und Maschinenräume, wenn sie nur Heizungs-, Lüftungs-, Beleuchtungs- und Aufzugseinrichtungen dienen, Wein-, Bier- und Branntweinkellereien und Räume, welche zur Lagerung von Waren und zur Aufbewahrung von Gegenständen bestimmt sind, und in denen die mit der Lagerung und Aufbewahrung notwendig verbundenen Arbeiten verrichtet werden. Waschküchen müssen eine durchschnittliche lichte Höhe von 2,50 m erhalten und dürfen nicht im Tiefkeller liegen.

Für alle zum dauernden Aufenthalt von Menschen bestimmten Räume gelten folgende Vorschriften:

1. Sie müssen trocken sein und durch Fenster[149]) von ausreichender Größe und zweckentsprechender Lage unmittelbar Luft und Licht von außen erhalten. Sie dürfen, wenn ihre Lage und Zweckbestimmung eine Beleuchtung unmittelbar von oben bedingt, durch Deckenlicht erhellt werden. Doch müssen Vorkehrungen getroffen werden, welche einen ausreichenden Luftwechsel sicherstellen.

Die Tatsache, daß die Gebäude und Gebäudeteile die vorgeschriebenen Abstände untereinander und von den Nachbargrenzen halten, ist an sich nicht ausreichend, um die Lage der Fenster als zweckentsprechend erscheinen zu lassen.

2. Sie müssen eine — bei ungleicher Höhenlage der Decke oder des Fußbodens im Durchschnitt zu berechnende — lichte Höhe von mindestens 2,80 m haben[150]). Im Dachgeschosse und im Kellergeschosse, in Nebenanlagen sowie in Holzfachwerkbauten, die nach Maßgabe der Vorschriften in § 30 Ziffer 1 errichtet werden, genügt eine lichte Höhe von 2,50 m.

3. Gebäude, welche ganz oder teilweise zum dauernden Aufenthalt von Menschen bestimmt sind, müssen gegen aufsteigende Erdfeuchtigkeit und Bodenluft durch wagerechte Isolierschichten in den Mauern und durch eine undurchlässige massive Sohle geschützt werden. Liegen die Fußböden derartiger Räume tiefer als das Außengelände, so sind ihre mit dem Erdreich in unmittelbare Berührung kommenden Umfassungswände — wenn davor nicht ein Licht- und Lüftungsgraben angelegt ist — zum Schutze gegen seitliches Eindringen von Erdfeuchtigkeit außen mit Zementmörtel 0,02 m stark zu verputzen. Der Fußboden jedes zum dauernden Aufenthalt von Menschen bestimmten

Raumes muß mindestens 0,40 m über dem höchsten Grundwasserstande angelegt werden.

4. Jeder als Wohnung oder sonst zum dauernden Aufenthalt von Menschen gesondert benutzte Gebäudeteil muß, abgesehen von dem zur ebenen Erde belegenen Geschoß, einen jederzeit leicht und sicher erreichbaren, feuersicheren Zugang zu der notwendigen Treppe oder den notwendigen Treppen (§ 35) haben.

5. Kein zum dauernden Aufenthalt von Menschen bestimmter Innenraum des zur ebenen Erde belegenen Geschosses darf von der Straße oder vom Hofe oder von der Zufahrt oder der Durchfahrt, in gerader Linie gemessen, mehr als 25 m entfernt sein.

§ 20. Betriebsstätten, stark besuchte Gebäude, Lagerräume.

1. Besondere, über die Vorschriften dieser Polizeiverordnung hinausgehende baupolizeiliche Anforderungen können für Gebäude und Gebäudeteile gestellt werden:

a) in denen Fabriken oder solche Betriebsstätten eingerichtet werden sollen, welche starke Feuerung erfordern, zur Verarbeitung leicht brennbarer Materialien dienen, eine besonders große Belastung oder Erschütterung, einen starken Abgang unreiner Stoffe oder eine erhebliche Luftverschlechterung bedingen. Es gehören dahin namentlich: Glüh- und Schmelzöfen aller Art, Schmieden, Tiegelgießereien, Ölkochereien, Backöfen, Räucherkammern, Holzbearbeitungswerkstätten[151] (Tischlereien, Drechslereien, Böttchereien, Stellmachereien), Druckereien, Färbereien und dgl.,

b) welche zur Aufbewahrung einer größeren Menge brennbarer Stoffe bestimmt sind (Speicher, Lagerräume und dgl.),

c) welche zur Vereinigung einer größeren Anzahl von Menschen bestimmt sind und nicht unter die Polizeiverordnungen vom 15. November 1889 und vom 21. April 1891 fallen[152]),

d) welche zu Warenhäusern eingerichtet werden[153]).

2. Die an den Bau und die Einrichtungen solcher Gebäude oder Gebäudeteile zu stellenden besonderen Anforderungen betreffen vornehmlich: die Stärke und Feuersicherheit von Wänden, Decken, Dächern, Fußböden, Treppen, Feuerstätten und Schornsteinen, die Zahl und Konstruktion der Brandmauern, die Zahl,

Breite und sonstige Anordnung der Treppen und Ausgänge, die Art der Aufbewahrung und Beseitigung brennbarer Abfälle sowie unreiner Abgänge, die regelmäßige Zuführung frischer Luft, die Unterhaltung von Brunnen und Wasserbehältern. Auch kann die Verwendung eiserner Ofen und freiliegender Rauchrohre untersagt und die Heizung gewisser Räume nur von außen oder innerhalb massiver Vorgelege zugelassen werden.

3. In Wohngebäuden kann die Einrichtung von Tischlereien und anderen gleich feuergefährlichen Arbeitsstätten sowie die Anordnungen von Lagerräumen zur Aufnahme feuergefährlicher Waren davon abhängig gemacht werden, daß sämtliche oberhalb belegene Wohnungen mindestens einen mit den Betriebsstätten außer Berührung stehenden Treppenzugang haben und durch unverbrennliche Decken von den Arbeitsstätten und Lagerräumen getrennt sind[154]).

4. Jede Änderung der inneren baulichen Einrichtung der in Ziffer 1 erwähnten Gebäude und Anlagen bedarf der polizeilichen Genehmigung.

§ 21. Bauausführung, Konstruktion und Baustoffe.

1. Die Gebäude sind in allen Teilen nach den Regeln der Baukunst aus guten, zweckentsprechenden Baustoffen herzustellen.

2. Maurerarbeiten dürfen im Freien bei einer Kälte von mehr als 4° Celsius nicht ausgeführt werden.

3. Die Anforderungen, welche an die Festigkeit der Baumaterialien zu stellen, die Zahlen, welche der Festigkeitsberechnung zugrunde zu legen, die Belastungen, welche für den Baugrund und die einzelnen Gebäudeteile zulässig sind, sowie sonstige Konstruktionsvorschriften werden durch den Regierungspräsidenten bekannt gemacht[155]).

II. Einzelvorschriften.

§ 22. Massive Wände[156]).

1. Die Umfassungswände und die balkentragenden Wände ebenso wie alle Vorbauten[157]) sind, soweit §§ 30, 31 nicht anderes zulassen, massiv[158]) herzustellen.

2. An Stelle massiver Wände können Eisenfachwerk- oder Eisenwellblechwände[159]) zugelassen werden, wenn die örtlichen

Verhältnisse, die Benutzungsart und die Konstruktion der Gebäude es unbedenklich erscheinen lassen.

3. Gebäude, welche unmittelbar an die Nachbargrenze[160]) herantreten, sind mit Brandmauern[161]) abzuschließen, welche durchweg wenigstens 0,25 m stark sein und undurchbrochen durch alle Geschosse mindestens 0,20 m über[162]) das Dach geführt werden müssen.

4. Es kann zugelassen werden, daß Brandmauern zwischen Nachbargrundstücken zum Zwecke und für die Dauer einer bestimmten einheitlichen Benutzung durch Öffnungen durchbrochen werden. Diese sind mit feuer- und rauchsicheren Türen (§ 18 Ziffer 4) zu versehen, welche, wenn eine Verbindung zwischen benachbarten Innenräumen beabsichtigt wird, nicht fest verschließbar sein dürfen.

5. In Brandmauern sind zur Erleuchtung von Innenräumen Öffnungen mit mindestens 0,01 m starkem, fest eingemauertem Glasverschlusse[163]) zuläßig. Die Öffnungen dürfen nicht mehr als 500 qcm Fläche haben und in jedem Geschosse auf einer Wandlänge von 3 m nur einmal vorkommen.

6. Im Innern von Gebäuden muß mindestens auf je 40 m Entfernung eine Brandmauer hergestellt werden. Verbindungsöffnungen in dieser Mauer sind zuläßig, müssen aber in den Dachräumen mit feuer- und rauchsicheren, selbsttätig zufallenden, nicht fest verschließbaren Türen versehen werden. Von der Herstellung solcher Brandmauern kann abgesehen werden, soweit und solange diese mit der besonderen Nutzungsart des Gebäudes unvereinbar sind.

Bei der Abmessung der Entfernung von 40 m ist das Maß durch sämtliche Räume der Gebäude — Vordergebäude, Seitenflügel, Mittelflügel usw. — zu nehmen.

§ 23. Nichtbelastete Scheidewände.

1. Scheidewände[164]) dürfen aus Eisenblech, Drahtputz, Gipsdielen oder ähnlichen Stoffen[165]) hergestellt und unmittelbar auf Balken gesetzt werden.

2. Hölzerne Scheidewände müssen mit Mörtel abgeputzt oder in sonst gleich wirksamer Weise gegen die Übertragung von Feuer gesichert werden. Die Verwendung von Lehmmörtel ist ausgeschlossen.

3. Hohlräume in hölzernen Scheidewänden sind mit unverbrennlichen, für die Gesundheit unschädlichen Stoffen auszufüllen.

4. Scheidewände zur Abgrenzung wirtschaftlicher Nebenräume dürfen aus ungeputztem Holzwerke hergestellt werden.

§ 24. Mauerstärken[166]).

1. Freistehende massive Umfassungswände[167]) müssen unbeschadet der Vorschrift im § 22 Ziffer 3 im Dachgeschosse vor Räumen, die zum dauernden Aufenthalt von Menschen bestimmt sind, und den beiden unter dem Dachgeschosse liegenden Geschossen mindestens 0,38 m, in den Geschossen darunter mindestens 0,51 m stark sein.

2. Balkentragende Scheidewände müssen in dem obersten Geschosse mindestens 0,25 m, in den Geschossen darunter mindestens 0,38 m stark sein.

3. Innere Treppenhauswände sind im Dachgeschosse und den beiden unter dem Dachgeschosse liegenden Geschossen mindestens 0,25 m, in den übrigen Geschossen mindestens 0,38 m stark auszuführen. Bei Anwendung freitragender Steinkonstruktionen müssen die Treppenhauswände auch in den oberen Geschossen mindestens 0,38 m stark sein.

4. Geringere Mauerstärken können für Gebäude mit geringen Tiefen[168]) und Geschoßhöhen sowie häufiger Querverbindung der Mauern zugelassen werden. Die Anordnung größerer Stärken kann bei großen Gebäudetiefen und Geschoßhöhen oder bei der Anlage besonders großer Räume erfolgen.

5. Werden bei Backsteinmauerwerk in den äußeren Umfassungswänden Luftschichten angelegt, so sind die Mauerstärken um die Breite der Luftschicht zu vergrößern[169]).

6. Vor den in den Umfassungswänden — einschließlich der Brandmauern — liegenden Balkenköpfen ist bei Mauerstärken bis zu 0,38 m mindestens 0,12 m, bei größeren Mauerstärken mindestens 0,25 m, vorzumauern.

§ 25. Wände und Stützen aus Eisen[170]) und aus Stein[171]) und Eisen. Eiserne Balken.

1. Wände und Stützen aus Eisen oder Stein und Eisen sind in standfeste Verbindung in sich und mit den Gebäudemauern zu bringen.

2. Eiserne Träger und Stützen sind auf Anfordern in ihren freiliegenden Teilen glutsicher zu umkleiden[172]), wenn über ihnen Räume zum dauernden Aufenthalt von Menschen liegen.

§ 26. Konstruktion und Baustoffe vortretender Bauteile.

1. Bauteile[173]), welche über die Umfassungswände und Dächer vortreten, unterliegen hinsichtlich der Baustoffe den gleichen Vorschriften wie die Umfassungswände und Dächer[174]) selbst. Ausgenommen hiervon sind Freitreppen, wenn sie nicht notwendige Treppen sind, sowie die Vorderflächen von Dach- und Mansardenfenstern, welche mindestens 2 m von der Nachbargrenze entfernt sind.

2. Überhängende Dächer mit Holzkonstruktion sind zulässig.

3. Dachgesimse dürfen in Holzkonstruktion hergestellt werden Hauptgesimse[175]) jedoch nur dann, wenn an den Nachbargrenzen bis auf eine Entfernung von 1 m durchweg feuersicherer Baustoff verwendet wird.

4. Zierteile aus Stuck[176]), Steinpappe, Zementguß und dgl. dürfen an den Außenfronten nicht auf Holz befestigt, sondern müssen vollständig und sicher mit dem Mauerwerke verbunden werden.

§ 27. Vortreten von Bauteilen an der Straße.

1. Vorbauten dürfen[177]) in jedem Geschosse zusammen höchstens zwei Drittel, geschlossene Vorbauten zusammen höchstens ein Drittel der Gebäudelänge[178]) einnehmen.

2. Vorbauten, welche mehr als 0,30 m über die Stirnseite[179]) der Gebäude vortreten, müssen, in der Stirnlinie des Gebäudes gemessen, von Nachbargrundstücken das $1\,^1/_2$fache ihrer weitesten Ausladung, mindestens aber 1 m und voneinander das $1\,^1/_2$fache ihrer weitesten Ausladungen entfernt bleiben[180]). Geschlossene Vorbauten müssen eine Entfernung von mindestens 4 m voneinander innehalten.

3. Geschlossene Vorbauten, welche seitliche Öffnungen erhalten, müssen mindestens 2 m von den Nachbargrenzen entfernt bleiben[181]).

4. In den Luftraum der Bürgersteige dürfen Vorbauten nur in Straßen von mindestens 15 m Breite über die Stirnseite der Gebäude vortreten, wenn unter ihrer Unterkante und

der Oberfläche des Bürgersteiges eine lichte Höhe von mindestens 3 m frei bleibt[182]).

Dasselbe gilt, wenn Gebäude in einem Abstande von den Straßenfluchtlinien, Straßengrenzen[183]) errichtet (§ 10 Ziffer 2, § 11 Ziffer 2) und die Grundstücke gegen die Straße nicht eingefriedigt werden, für den Raum zwischen Straßenfluchtlinie — Straßengrenze — und Stirnseite der Gebäude.

5. Vorbauten, welche nicht von Grund aus aufgeführt werden, dürfen bei Straßenbreiten von 15 m höchstens um $^4/_{100}$, bei Straßenbreiten von mehr als 15 m bis 18 m höchstens um $^5/_{100}$, breiteren Straßen höchstens um $^6/_{100}$, keinesfalls aber mehr als 1,30 m[184]) in den Luftraum der Bürgersteige vortreten. Das Vortreten von Vorbauten, welche von Grund aus aufgeführt werden, in den Bürgersteig ist nur in Straßen von mehr als 15 m Breite und nur bei einer Bürgersteigbreite von mindestens 3 m bis auf das Maß von 0,25 m gestattet.

6. Für Kellerhälse kann ein Vortreten bis zu 0,30 m zugelassen werden, wenn für den Bürgersteig mindestens 3 m verbleiben.

7. Gebäudeplinten dürfen auch bei einer Bürgersteigbreite von weniger als 3 m bis zu 0,13 m einschließlich der Gesimse vortreten[185]).

8. Treppenstufen[186]) dürfen nur bei einer Bürgersteigbreite von mindestens 4 m und zwar bis zu 0,20 m vorspringen[187]).

9. Nach außen aufschlagende Fenster und Fensterläden müssen mit ihrer Unterkante von der Oberfläche des Bürgersteiges mindestens 3 m entfernt bleiben. Türen dürfen nicht in den Bürgersteig aufschlagen.

10. In Vorgärten dürfen über die Vorschriften in Ziffer 5 hinaus Vorbauten, die von Grund aus aufgeführt werden, höchstens 0,80 m, andere Vorbauten höchstens 1,30 m, Freitreppen höchstens 3 m vortreten; doch muß ein freier Vorgartenraum von mindestens 2,50 m, bei der Anlage von Freitreppen ein solcher von 1,50 m Breite verbleiben[188]).

§ 28. Vortreten von Bauteilen an Höfen.

An Höfen müssen alle Vorbauten von den seitlichen Nachbargrenzen um das Doppelte ihres Vorsprunges, mindestens aber 2,50 m entfernt bleiben[189]).

§ 29. Öffnungen vor Gebäuden.

1. Für Kellerräume bestimmte Lichtöffnungen, welche in den Bürgersteig vorspringen[190]), dürfen nur in Bürgersteigen von mehr als 3 m Breite angelegt werden. Sie dürfen höchstens bis 0,30 m in den Bürgersteig vorspringen und sind in dessen Oberfläche mit einer das Ausgleiten verhindernden Abdeckung[191]) zu versehen oder mit einer mindestens 1 m hohen glatten, metallenen Vergitterung[192]) zu umschließen.

An den Gittern dürfen Spitzen und ähnliche Bildungen, an denen Vorübergehende sich leicht verletzen können, nicht niedriger als 1,60 m über dem Bürgersteige angebracht werden.

2. Kellerstufen dürfen in die Bürgersteige nicht einspringen.

3. Öffnungen vor den nicht an Bürgersteigen liegenden Gebäudeteilen sind genügend zu überdecken, zu vergittern oder zu umwehren.

§ 30. Holzfachwerkbau.

1. Solche Gebäude und Anbau'ten an Massivbauten, welche eine Grundfläche von höchstens 120 qm einnehmen, und deren Höhe die für Nebenlagen zulässige Gebäudehöhe nicht überschreitet, dürfen, unbeschadet der Vorschrift in § 22 Ziffer 3, an Stelle massiver Umfassungswände solche von mindestens 0,12 m stark ausgemauertem[193]) Holzfachwerk erhalten.

2. Die inneren Scheidewände solcher Gebäude und Anbauten dürfen, auch wenn sie Balkenlagen tragen, aus ausgemauertem Holzfachwerk hergestellt werden, müssen aber, wenn sie Treppenräume umschließen, an den Treppenseiten mindestens 0,12 m stark massiv verblendet werden.

3. Über die vorstehenden Bestimmungen hinaus können Baulichkeiten aus Holzfachwerk für bestimmte vorübergehende Nutzungszwecke, indessen nur für die Dauer dieser Nutzungszwecke, zugelassen werden.

4. Ohne Rücksicht auf Grundfläche und Höhe der Gebäude, jedoch unter Beachtung der Vorschrift in § 22 Ziffer 3 ist im Gebiete der Bauklassen C, D und E Holzfachwerkbau in ganzer Höhe, im Gebiete der Bauklassen A und B — abgesehen von den in Ziffer 1 und 3 erwähnten Bauten — nur im obersten Hauptgeschosse und im Dachgeschosse gestattet

5. In Holzfachwerk auszuführende Wirtschaftsgebäude auf Grundstücken, welche landwirtschaftlichen oder gärtnerischen Be-

trieben dienen, unterliegen den in Ziffer 1 und 2 getroffenen Einschränkungen nicht. Die Vorschrift in § 22 Ziffer 3 findet auch auf sie Anwendung.

§ 31. Holzbau. Kleine bauliche Anlagen, wie Schuppen, Buden usw.

1. Die Umfassungswände von Schuppen, Buden, Gartenhallen, Veranden, Lauben, Kegelbahnen, Abortanlagen und ähnlichen kleinen Anlagen dürfen aus Holz, Eisenblech, Drahtputz, Gipsdielen oder aus ähnlichen Stoffen hergestellt werden.

2. Diese Anlagen dürfen eine Grundfläche von 25 qm, Kegelbahnen eine Grundfläche von 125 qm, sowie eine Fronthöhe von 3 m nicht überschreiten und müssen von Holzbauten, Nachbargrenzen und öffentlichen Straßen 6 m entfernt bleiben[194]).

Abweichungen von diesen Maßen können nur unter der Voraussetzung zugelassen werden, daß die Baulichkeiten nur vorübergehend für bestimmte Nutzungszwecke errichtet werden und feuerpolizeiliche Bedenken nicht vorliegen.

3. Bei Gebäuden, die im Gebiete der Bauklassen C, D und E errichtet werden, dürfen Vorbauten, soweit es mit der Feuersicherheit nicht unvereinbar ist, aus Holz hergestellt werden[195]).

4. Wirtschaftsgebäude auf Grundstücken, welche landwirtschaftlichen oder gärtnerischen Betrieben dienen, unterliegen nicht den unter Ziffer 2 Absatz 1 getroffenen Beschränkungen der Grundfläche und Fronthöhe.

§ 32. Decken.

1. Holzbalkendecken[196]) in Gebäuden, die Räume zum dauernden Aufenthalt von Menschen enthalten, sind auszustaken[197]), mit unverbrennlichen Stoffen in einer Stärke von mindestens 0,13 m auszufüllen und unterhalb entweder durchweg mit Mörtel — jedoch unter Ausschluß von Lehmmörtel — zu putzen oder mit einer in gleichem Maße feuersicheren Verkleidung zu versehen. An Stelle der Stakung und Ausfüllung kann eine andere gleich wirksame Ausführung zugelassen werden.

2. Die Stoffe zur Verfüllung von Balkendecken und Gewölben dürfen durch keine der Gesundheit schädlichen Bestandteile verunreinigt[198]) sein; namentlich ist die Verwendung von Bauschutt jeder Art ausgeschlossen.

3. Sonstige Deckenkonstruktionen müssen[199]) mindestens ebenso zuverlässig den Anforderungen der Haltbarkeit, Feuersicherheit und Gesundheitspflege entsprechen, wie die unter Ziffer 1 und 2 beschriebenen Holzbalkendecken.

Bezüglich der Grundsätze für die Zulassung, Prüfung, allgemeine Genehmigung und Überwachung massiver Deckenkonstruktionen sind die Polizeibehörden an die Anweisungen des Regierungspräsidenten gebunden.

4. An vorschriftsmäßig ausgeführten Decken ist eine Verkleidung mit Holztäfelung zulässig.

5. Ungeputzte Holzdecken können zugelassen werden:

a) in Gebäuden ohne Feuerungen,

b) in eingeschossigen Gebäuden, in welchen die lichte Höhe des Geschosses mindestens 5 m beträgt, insbesondere in Kirchen, Turn- und Wartehallen, Reitbahnen und Ausstellungsgebäuden,

c) in Speichern zur Aufbewahrung von Getreide, Mehl oder Malz; doch müssen dort befindliche heizbare Räume durch massive Wände und Decken von den übrigen Räumen getrennt werden und besondere Zugänge erhalten,

d) in allen Fällen, wo das Dach zugleich die Decke des Raumes bildet.

Indessen müssen alle sichtbaren Flächen des Holzwerkes glatt gehobelt[200]), die freiliegenden Fußbodenbretter gefalzt oder gespundet werden. Diese Vorschrift findet auf lediglich landwirtschaftlich oder gärtnerisch genutzte Gebäude sowie auf geringfügige bauliche Anlagen, wie Schuppen, Buden und dgl. (§ 31), sofern sie Feuerungen nicht enthalten, keine Anwendung.

§ 33. Dachdeckung.

1. Dächer müssen mit feuersicheren[201]) Stoffen gedeckt und gedichtet werden.

2. Durchbrechungen der Dachflächen (Oberlichter, Dachstuben und dgl.) sowie Öffnungen (Fenster) enthaltende Aufbauten (§ 15 Ziffer 7 Absatz 2) müssen in allen ihren Teilen mindestens 1,50 m von den Nachbargrenzen entfernt bleiben. Auf Lichtschachte findet diese Vorschrift keine Anwendung.

3. Je nach der Beschaffenheit und der Lage der Dächer sind Schutzvorrichtungen gegen das Hinabfallen von Schnee und Eis anzubringen[202]).

4. An den Straßen sind alle Gebäude mit Dachrinnen[203]) und Abfallrohren[204]) zu versehen.

5. Auch für die Hofseiten der Gebäude können Einrichtungen der in Ziffer 4 bezeichneten Art gefordert werden.

6. Bei Dächern von mehr als 45° Neigung sind Leiterhaken aus sicheren Stoffen in genügender Anzahl anzubringen.

§ 34. Schauseiten der Baulichkeiten. Anstrich.

1. Die von der Straße aus sichtbaren Flächen der Baulichkeiten dürfen das Straßenbild durch Form und Ausstattung nicht verunstalten[205]) und sind in dauernd gutem Zustande zu erhalten. Sie sind bei Neubauten spätestens drei Jahre nach Fertigstellung entweder auszufugen oder zu verputzen.

2. Zum Anstriche der Baulichkeiten dürfen den Augen schädliche Farben nicht verwendet werden[206]).

§ 35. Treppen.

1. Jedes nicht zu ebener Erde liegende Geschoß muß mindestens durch eine Treppe zugänglich sein, durch welche der Ausgang nach der Straße oder nach einem Hofe jederzeit gesichert wird (notwendige Treppe). Ausnahmen bezüglich des Dachgeschosses können mit Rücksicht auf die besondere Benutzungsart zugelassen werden. Von jedem Punkte des Gebäudes aus muß eine Treppe auf höchstens 25 m Entfernung erreichbar sein. Dieses Maß ist auch für Kellerräume innezuhalten, soweit sie zum dauernden Aufenthalt von Menschen bestimmt sind; für anderweit benutzte Kellerräume kann ein größeres Maß zugelassen werden.

2. Gebäude, welche über dem Kellergeschosse nicht mehr als zwei zum dauernden Aufenthalt von Menschen bestimmte Geschosse haben, müssen mindestens eine feuersichere Treppe (notwendige Treppe) erhalten. Holztreppen, sofern sie nicht aus Eichenholz hergestellt sind, gelten nur dann als feuersicher, wenn sie in ihren Unterflächen — ausschließlich der Wangen — gerohrt und geputzt oder mit einer gleich feuersicheren Verkleidung versehen sind[207]).

3. Gebäude, welche über dem Kellergeschosse mehr als zwei zum dauernden Aufenthalt von Menschen bestimmte Geschosse haben, müssen mindestens zwei feuersichere Treppen oder eine feuerfeste Treppe (notwendige Treppen) erhalten. Als feuerfest

gilt eine Treppe, wenn ihre tragenden Teile, Wangen und Futterstufen in Stein, Eisenbeton, in unterhalb durch Drahtputz geschütztem Eisen oder aus Eichenholz mit gerohrter und geputzter Unterseite hergestellt sind. Die Trittstufen dürfen einen hölzernen Belag erhalten.

Liegt der Fußboden des obersten zum dauernden Aufenthalt von Menschen bestimmten Geschosses höher als 11 m über der Erdoberfläche vor den Umfassungswänden des Gebäudes, so darf eine Treppe, auch wenn sie feuerfest ist, nur dann zugelassen werden, wenn durch die Herstellung einer zweiten Treppe die bauliche Ausnutzung des Grundstücks erheblich beeinträchtigt werden würde, und wenn die Treppe in den beiden obersten, zum dauernden Aufenthalt von Menschen bestimmten Geschossen den Zugang von nicht mehr als drei selbständigen Wohnungen bildet, deren Gesamtfläche nicht mehr als 250 qm beträgt[208]. Wird nur eine Treppe zugelassen, so ist in anderer geeigneter Weise für die Sicherheit der Bewohner bei Feuersgefahr Sorge zu tragen[209].

4. Notwendige innere Treppen einschließlich der daran liegenden Vorplätze und Flure müssen mit massiven, nur durch die erforderlichen Verbindungs- und Lichtöffnungen unterbrochenen Wänden umschlossen werden. Nebeneinander gelegene Räume für notwendige Treppen dürfen durch keine Öffnungen miteinander in Verbindung stehen. Freitreppen dürfen, wenn sie notwendige Treppen sind, nur in einer Höhe von 2 m hergestellt werden.

An Stelle der massiven Wände kann die Ausführung in Eisenfachwerk, Eisenwellblech, Drahtputz, Gipsdielen und dgl. zugelassen werden, wenn die örtlichen Verhältnisse und die Benutzungsart der Baulichkeiten solche Ausnahmen unbedenklich erscheinen lassen.

An einem Lichthof von weniger als 25 qm Flächeninhalt darf nur eine notwendige Treppe angelegt werden.

5. Jede notwendige Treppe muß mit dem wirtschaftlich gesondert benutzten Gebäudeteile, für welchen sie bestimmt ist, unmittelbare Verbindung haben, in einer freien, durch das Geländer nicht eingeschränkten Breite von mindestens 1 m sicher[210] gangbar sein und in einem vom Tageslichte hinreichend erhellten Raume liegen. Als sicher gangbar gilt eine Treppe, wenn der

Auftritt der Stufen, in der Austragung gemessen, mindestens 0,26 m und die Steigung höchstens 0,18 m, die Kopfhöhe mindestens 2 m beträgt. Für Keller- und Bodentreppen der nach den Bauklassen C, D und E errichteten Gebäude darf der Auftritt auf 0,23 m verringert und die Steigung auf 0,20 m erhöht werden. Wendelstufen dürfen an der schmalsten Stelle, in der Austragung gemessen, nicht unter 0,10 m Auftrittbreite haben.

6. Die Treppenläufe sind, wenn sie zwischen Wänden liegen, mindestens an einer Seite mit Handgriffen, sonst mit Geländer zu versehen, welche ein Hindurchfallen[211]) von Kindern ausschließen. Für Geländer[212]) und Handgriffe können besondere Anordnungen getroffen werden.

7. Jede notwendige Treppe ist bis in das Dachgeschoß zu führen. Sie darf indessen im obersten Geschosse entweder unmittelbar oder in einem in der Nähe belegenen, leicht auffindbaren Raume durch eine feuersicher abgeschlossene Nebentreppe ihre Fortsetzung bis ins Dachgeschoß erhalten. Für diese Nebentreppe genügt, sofern im Dachgeschosse keine Räume zum dauernden Aufenthalt von Menschen eingerichtet werden, eine gerade oder gewendelte Treppe[213]) mit freier Laufbreite von 0,75 m und einem derartigen Auftritte und Steigungsverhältnisse, daß überall eine Kopfhöhe von mindestens 1,80 m verbleibt.

Ausnahmen sind für die nach Bauklasse C, D und E errichteten Gebäude zulässig.

8. Bei freitragenden Steintreppen[214]) sind die Podeste, wenn diese gleichfalls aus Stein hergestellt werden, durch Eisenträger, Mauerbögen oder Gewölbe zu unterstützen.

9. Die Herstellung von Gelassen unter Treppenläufen und Treppenpodesten sowie die Lagerung von brennbaren Stoffen unter Treppen und Treppenpodesten ist unzulässig.

10. Treppenpodeste und Zugänge zu Treppen von außen her müssen mindestens die Breite der Treppenläufe erhalten. Eine Abschrägung der Ecken des Podestes bis zur halbkreisförmigen Abrundung ist nur unter der Bedingung zulässig, daß das Podest an keiner Stelle schmaler als der Treppenlauf ist.

11. Türen, welche Läden und offene Verkaufsräume mit dem Treppenhause oder dem Vorflure verbinden, müssen entweder feuersicher sein (vgl. § 18 Ziffer 4) oder mit eisernen Rolläden

versehen werden. Dasselbe gilt für Türen, welche Arbeitsräume, in denen feuergefährliche Gewerbe betrieben werden, mit dem Treppenhause verbinden

12. Werden Kellerräume zur Lagerung von größeren Mengen leicht brennbarer Stoffe für gewerbliche Zwecke benutzt, so dürfen sie mit Treppenhäusern nicht in unmittelbarer Verbindung stehen, sondern müssen unmittelbare Zugänge von außen erhalten.

13. Geschosse, welche zum dauernden Aufenthalt von Menschen bestimmt sind und über 2 oder mehreren als Warenhaus oder zur Lagerung von größeren Mengen leicht brennbarer Stoffe benutzten Geschossen liegen, sind mit der Straße oder dem Hofe durch mindestens eine feuerfeste, in einem besonderen, durch massive Mauern abgeschlossenen Räume liegende Treppe, welche keine Öffnungen nach den Warenhaus- und Lagerräumen hat, in Verbindung zu bringen.

14. Bei Wirtschaftsgebäuden auf Grundstücken, welche landwirtschaftlichen oder gärtnerischen Betrieben dienen, kann die Polizeibehörde von der Herstellung von Treppen absehen.

15. Für Einfamilienhäuser gelten die Vorschriften in § 64.

§ 36. Lichtschachte, Lüftungsschlote[215]).

1. Lichtschachte (Lichthöfe) müssen eine Grundfläche[216]) von mindestens 10 qm bei einer geringsten Abmessung von 2 m erhalten und durchweg bis zur Dachfläche[217]) mit massiven Wänden[218]) umschlossen werden. Bei einer mittleren Höhe der Schachtwände bis zu 12 m kann eine Verkleinerung der Grundfläche bis auf 6 qm bei einer geringsten Abmessung von 1,50 m zugelassen werden. Am unteren Ende der Lichtschachte sind Vorkehrungen zu treffen, welche ihnen von außen frische Luft dauernd zuführen. Die Luftzuführungskanäle müssen wenigstens 0,30 qm Querschnitt erhalten.

2. Für Lichtschachte, welche einem Raume Licht unmittelbar durch die Decke zuführen, genügt es, wenn sie von dem Raume bis zur Dachfläche mit einem feuersicheren Stoffe ummantelt werden: auch darf die Grundfläche derartiger Lichtschachte kleiner, als zu Ziffer 1 angegeben, bemessen werden.

3. Sind die Lichtschachte oben mit einer Glasdecke oder sonst in geeigneter Art geschlossen, so müssen auch an ihrem oberen

Ende Vorkehrungen getroffen werden, welche einen ausreichenden Luftwechsel sichern.

4. Lüftungsschlote müssen mit massiven Wänden umschlossen oder mit einem feuersicheren Stoffe ummantelt werden.

5. Wenn Lichtschachte oder Lüftungsschlote Öffnungen innerhalb des Dachraumes erhalten, so müssen diese mit feuer- und rauchsicheren, fest verschlossen zu haltenden Türen (§ 18 Ziffer 4) versehen werden.

§ 37. Feuerstätten[219]).

1. Feuerstätten in Gebäuden müssen in allen Teilen aus unverbrennlichem Baustoffe hergestellt werden.

2. Unter Feuerherden sowie unter den zugehörigen, mindestens 0,05 m breit anzuordnenden massiven Umfassungsstreifen müssen die Decken einschließlich des Fußbodens durchweg aus unverbrennlichem Baustoffe hergestellt werden.

3. Feuerherde, welche auf unverbrennlichen Füßen stehen, dürfen auf Holzbalkendecken und Holzfußböden errichtet werden, wenn unter dem Herde ein Luftraum von mindestens 0,15 m und höchstens 0,20 m freigehalten wird. Der Fußboden dort ist durch eine 0,05 m starke Massivschicht auf mindestens 1 mm starker Eisenplatte zu schützen. Die Massivschicht sowie die Eisenplatte müssen 0,05 m über den Rand des Herdes vortreten. Dieselben Vorschriften finden auf Metallbadeöfen Anwendung.

4. Öfen und sonstige nicht unter Ziffer 2 und 3 fallende Feuerstätten sind von dem Fußboden durch eine mindestens 0,05 m starke Massivschicht und darüber durch einen mindestens 0,05 m hohen, den Durchzug der Luft gestattenden Hohlraum mit mindestens zwei Luftöffnungen zu trennen.

5. Vor den Heizöffnungen sämtlicher Feuerstätten ist der Fußboden, wenn er nicht aus unverbrennlichem Stoffe hergestellt ist, in einem Vorsprung von 0,50 m und in einer über die Öffnungen nach beiden Seiten hin vortretenden Breite von 0,30 m feuersicher zu bekleiden. Vor Stubenfeuerungen von gewöhnlichem Umfange und vor offenen Kaminen genügt statt dessen die Verwendung metallener Vorsetzer von ausreichender Größe.

6. Wände, an welchen Feuerherde unmittelbar oder in einer geringeren Entfernung als 0,10 m aufgestellt werden, müssen in der Ausdehnung des Herdes und mindestens 0,20 m rings um ihn aus unverbrennlichem Baustoffe bestehen. Diese Wände

dürfen, soweit sie nicht mindestens 0,25 m stark massiv sind, nicht als Wandungen von Feuerzügen benutzt werden. Eiserne Feuerstätten sind von verputztem oder verblendetem Holzwerke mindestens 0,40 m, von freiem Holzwerke mindestens 0,80 m entfernt zu halten. Bei ummantelten Öfen können geringere Maße zugelassen werden.

7. Für Feuerstätten von erheblichem Umfange und für solche, deren Betrieb dauernd große Hitze fordert, wie große Koch- und Waschküchenherde, große Plättöfen und dgl., können weitergehende Anforderungen bezüglich der Feuersicherheit gestellt werden.

8. Räucherkammern müssen in allen Teilen unverbrennlich entweder mit eisernen oder mit Eisenblech bekleideten Türen hergestellt und entweder massiv unterwölbt oder auf einer vollkommen dichten eisernen Unterlage errichtet werden, deren obere, den Fußboden der Räucherkammer bildende Seite feuersicher abzudecken ist.

§ 38. Rauchrohre[220]).

1. Der Rauch ist von Feuerstätten durch dichte feuersichere Rohre innerhalb des betreffenden Stockwerkes seitlich in Schornsteine zu leiten. In besonderen Fällen kann zugelassen werden, den Rauch unmittelbar ins Freie zu führen.

2. Als Stütze der Rohre darf nur unverbrennlicher Baustoff verwendet werden.

3. Die Rohre sind von geputztem oder verblendetem Holzwerke mindestens 0,40 m, von freiem Holzwerke mindestens 0,80 m entfernt zu halten. Sind die Rohre ummantelt oder sind sonst gleichwirksame Schutzvorrichtungen getroffen, so kann eine Verminderung dieser Entfernungen zugelassen werden.

4. Bei Heizöfen in Räumen, welche zum dauernden Aufenthalte von Menschen bestimmt sind, dürfen in den zur Ableitung der Feuergase dienenden Rohren oder Kanälen keine Verschlußvorrichtungen angebracht werden. Bei offenen Kaminfeuerungen ist jedoch die Anbringung solcher gestattet.

5. Alle Rauchrohre müssen mit Einrichtungen zum Reinigen versehen werden.

§ 39. Schornsteine.

1. Schornsteine sind durchweg dicht, massiv oder aus unverbrennlichem Baustoffe herzustellen. Sie müssen von Grund

auf fundamentiert sein oder unverbrennlich und sicher unterstützt werden.

2. Jeder einzelne Schornstein ist in einem sich gleichbleibenden rechteckigen oder kreisrunden Querschnitte von mindestens 250 qcm im Lichten bis mindestens 0,30 m über die Dachfläche zu führen.

3. Besteigbare Schornsteine müssen einen rechteckigen Querschnitt von mindestens 0,42 zu 0,47 m Weite erhalten. Bei größeren Abmessungen sind Steigeisen anzubringen.

4. Eine andere als die senkrechte Richtung darf den Schornsteinen nur gegeben werden, wenn sie ringsum zwischen massiven Wänden liegen oder durch gemauerte Bögen oder eiserne Träger von entsprechender Stärke unterstützt werden.

5. Gemauerte Schornsteine müssen eine Wangenstärke von mindestens 0,12 m, an Nachbargrenzen von mindestens 0,25 m erhalten.

6. Für Schornsteine von Zentralheizungen oder anderen großen Feuerungsanlagen können stärkere Wangen vorgeschrieben werden.

7. Für unmittelbar aneinander liegende Schornsteinrohre genügt eine gemeinsame Scheidewange der vorgeschriebenen Stärke.

8. Gemauerte Schornsteine müssen auf den Außenseiten unterhalb der Dachflächen in ganzer Ausdehnung, besonders auch innerhalb der Balkenlagen geputzt und auf den Innenseiten glatt ausgestrichen werden.

9. Von Balkenlagen und sonstigem Holzwerke müssen die Außenseiten der Schornsteine, falls die Wangenstärke unter 0,25 m beträgt, überall mindestens 0,065 m entfernt gehalten und durch doppelte, in Verband gelegte Dachsteinschichten getrennt werden. Im Dachverbande muß die Entfernung der freiliegenden Hölzer von 0,12 m starken Schornsteinwangen ohne Isolierung mindestens 0,10 m betragen.

10. Nicht gemauerte Schornsteine sind entweder mit Mauerwerk zu umgeben, für dessen Stärke und Entfernung vom Holzwerke die gleichen Bestimmungen wie für gemauerte Schornsteine gelten, oder unter Freihaltung eines Luftraumes von überall mindestens 0,10 m feuersicher zu ummanteln.

11. Freistehende Schornsteine außerhalb von Gebäuden, sowie Aufsatzrohre zur Erhöhung von Schornsteinen bedürfen

keiner Ummauerung oder Ummantelung. Von einer solchen kann die Polizeibehörde auch bei Schornsteinen innerhalb von Gebäuden, deren Dach gleichzeitig die Decke bildet, bei gehöriger Isolierung von allem Holzwerke der Decke absehen.

12. Alle Schornsteine sind so einzurichten, daß sie ordnungsmäßig gereinigt werden können.

13. Die unteren Mündungen besteigbarer Schornsteine sind mit einer gefalzten eisernen Einsteigetür zu versehen. Unbesteigbare Schornsteine müssen unten und oben, außerdem auch bei Richtungsveränderungen, wenn die Neigung gegen die Wagerechte weniger als 60° beträgt, hinlänglich große Reinigungsöffnungen erhalten. Obere Reinigungsöffnungen sind entbehrlich, wenn die Reinigung bequem vom Dache aus erfolgen kann[221]).

14. Alle seitlichen Reinigungsöffnungen sind mit gefalzten eisernen Türen dicht zu verschließen. Die Anwendung von Schiebern ist nicht gestattet.

15. Aufsätze sind auf Schornsteinen nur zulässig, soweit sie die ordnungsmäßige Reinigung nicht behindern.

16. An ein Schornsteinrohr von 250 qcm lichtem Querschnitt dürfen höchstens drei gewöhnliche Zimmeröfen angeschlossen werden[222]).

Jeder hinzutretende Ofen dieser Art bedingt eine Vergrößerung des Querschnittes um 80 qcm. Für jede Kochherdfeuerung, die nicht an ein besteigbares Schornsteinrohr angeschlossen ist, muß ein besonderes Schornsteinrohr angelegt werden. Münden Rauchrohre aus Feuerstellen von erheblichem Umfange (§ 37 Ziffer 7) ein, so kann eine Vergrößerung des Querschnittes gefordert werden.

17. Die Schornsteine sind so anzulegen und zu benutzen, daß die Gebäude und deren Umgebung durch Funken, Rauch und Ruß nicht gefährdet werden.

18. In Küchen, einschließlich der Waschküchen mit geschlossener Feuerung, ist ein besonderes Rohr zum Abzuge der Wasserdämpfe[223]) einzurichten, welches für eine oder zwei Küchen einen Querschnitt von 250 qcm, für jede hinzutretende Küche eine Vergrößerung von 50 qcm erhalten muß.

19. Mauerkanäle aller Art sind, auch wenn sie nicht zur Ableitung des Rauches von Feuerstätten bestimmt sind, den vorstehenden Bestimmungen entsprechend auszuführen.

§ 40. Behälter für Abfall, Asche, Düngerstätten, Senkgruben.

1. Grundstücke, auf denen sich zum dauernden Aufenthalt von Menschen bestimmte Gebäude befinden, müssen mit Behältern zur vorläufigen Aufnahme von Abgängen aus Hauswirtschaft und Gewerbebetrieb und von Abfallstoffen, sowie mit Behältern für Asche ausreichend versehen sein.

2. Die Behälter sind in den Wänden und im Boden aus undurchlässigen Stoffen herzustellen und dichtschließend zu überdecken.

3. Die Aschbehälter müssen Wände und Decken aus unverbrennlichen Stoffen erhalten.

4. Für Grundstücke, welche landwirtschaftlichen oder gärtnerischen Betrieben dienen, kann die Polizeibehörde von der Herstellung besonderer, den Bestimmungen unter Ziffer 1 und 2 entsprechender Behälter zur Aufnahme von Abgängen und Abfallstoffen absehen.

Offene Düngerstätten auf solchen Grundstücken sind jedoch mit undurchlässiger Bodenbefestigung und undurchlässiger Umfassung und mit einer das Überlaufen der Jauche verhindernden Erhöhung des Randes zu versehen. In gleicher Weise sind Behälter, die zur Aufnahme der sich in den Düngerstätten bildenden Jauche bestimmt sind, herzustellen. Sie sind überdies dichtschließend zu überdecken und mit der Düngerstätte durch wasserdichte Abflußrohre zu verbinden.

5. Feststehende Behälter für Abgänge und Abfallstoffe sowie Düngerstätten und Jauchebehälter müssen von der Straße mindestens 12 m, vom Brunnen desselben Grundstückes oder eines Nachbargrundstückes mindestens 10 m entfernt bleiben.

Das Maß von 10 m kann bis auf 5 m ermäßigt werden, wenn die vorschriftsmäßig ausgeführten Umfassungswände der Brunnen — § 45 Ziffer 3 — noch mit einer mindestens 0,30 m starken, eingestampften Lehm- oder Tonschicht gegen das umgebende Erdreich bis zu einer Tiefe von 4 m gedichtet werden. Bei eisernen Röhrentiefbrunnen kann unter das Maß von 5 m heruntergegangen werden, wenn das Brunnenrohr durchweg durch eine undurchlässige Bodenschicht oder mindestens 10 m tief geführt wird.

6. Der Boden von Behältern für Abgänge und Abfallstoffe,

Düngerstätten und Jauchebehältern darf keine Neigung nach Brunnen erhalten. Auf eiserne Röhrentiefbrunnen, deren Rohr durchweg durch eine undurchlässige Bodenschicht oder mindestens 10 m tief geführt wird, findet diese Vorschrift keine Anwendung.

7. Die Anlage von Sickergruben, welche bestimmt sind, von Abgängen und Abfallstoffen herrührende Flüssigkeiten dem Untergrunde zuzuführen, ist verboten.

§ 41. Badestuben und Abortanlagen.

1. Badestuben und Aborte[224]) müssen Licht und Luft unmittelbar[225]) von außen oder von einem oben offenen Lichtschacht erhalten. Innerhalb und unterhalb solcher Lichtschächte ist die Anlage von Badestuben und Aborten unzulässig. In den vor dem Inkrafttreten dieser Baupolizeiverordnung errichteten Gebäuden können[226]) für neu herzustellende Badestuben und Abortanlagen Ausnahmen hiervon zugelassen werden, wenn Einrichtungen zu wirksamer Entlüftung getroffen werden.

2. Aborte müssen auf jedem Grundstücke, auf welchem sich zum dauernden Aufenthalt von Menschen bestimmte Gebäude befinden, in ausreichender Anzahl vorhanden sein.

Für jede selbständige Wohnung muß mindestens ein gehörig abgeschlossener Abort[227]) vorhanden sein.

3. Aborte müssen eine Grundfläche von mindestens 1 qm bei 0,80 m geringster Abmessung erhalten[228]).

4. Abfallrohre[229]) von Abortanlagen mit oder ohne Wasserspülung, welche innerhalb von Gebäuden liegen, die Räume zum dauernden Aufenthalt von Menschen enthalten, müssen ein in gleicher Weite über die Dachfläche hinausgeführtes Dunstrohr erhalten.

5. Wo Spülklosetts vorhanden sind, müssen die Wasserrohre so angelegt werden, daß ein Einfrieren des Wassers verhindert wird.

6. Wo die Auswurfstoffe durch Wasser abgeschwemmt und in unterirdische Leitungen abgeführt werden, sind für die Einzelheiten der zu diesem Zwecke erforderlichen Anlagen die besonders erlassenen Vorschriften maßgebend[230]).

7. Sind die Aborte an eine Schwemmkanalisation (Ziffer 6) nicht angeschlossen, so müssen die Auswurfstoffe behufs Abfuhr[231]) in regelmäßigen Zeiträumen angesammelt werden. Zu

diesem Zwecke dürfen nur undurchlässige, dicht verschließbare Tonnen[232]) oder Tonnenwagen verwendet werden. Der Tonnenstand muß dicht umschlossen werden und einen undurchlässigen, glatten Fußboden erhalten.

8. Die Anlage von Gruben für Aborte ist verboten.

9 Auf Grundstücke, welche landwirtschaftlichen Betrieben dienen, finden die Vorschriften unter Ziffer 7 und 8 keine Anwendung. Doch müssen die Abortgruben außerhalb der Umfassungswände der Gebäude, in denen sich Räume zum dauernden Aufenthalt von Menschen befinden, liegen.

10. Ausnahmen von den Vorschriften unter Ziffer 7 und 8 können für Grundstücke der Bauklassen II, B, C, D und E unter folgenden Voraussetzungen zugelassen werden:

a) Die Aborte müssen Wasserspülung erhalten.

b) Die Aborte sind durch undurchlässige Rohre — die, soweit sie außerhalb der Umfassungswände der Gebäude liegen, unterirdisch und frostfrei gelegt werden müssen — an eine Grube anzuschließen. Die Grube muß mindestens 0,50 m über dem höchsten bekannten Grundwasserstande liegen, mindestens 1,50 m von Gebäuden, in denen sich Räume zum dauernden Aufenthalt von Menschen befinden, entfernt sein und darf keine Überlaufrohre erhalten.

c) Es muß Gewähr dafür geboten sein, daß der Grubeninhalt durch Pumpen rechtzeitig geruchlos entfernt und in dichtschließenden Tonnenwagen abgeführt wird.

11. Die Abort- und Sammelgruben (Ziffer 9 und 10) sind aus Mauerwerk oder anderen festen Baustoffen wasserdicht herzustellen und dichtschließend zu überdecken[233]).

Sie müssen von der Straße mindestens 12 m, von den Nachbargrenzen mindestens 1,50 m und vom Brunnen desselben Grundstückes oder eines Nachbargrundstückes mindestens 10 m entfernt sein. Das Maß von 10 m kann unter den für die Anlage der Brunnen in § 40 Ziffer 5 gegebenen Bedingungen ermäßigt werden.

§ 42. Viehställe[234]).

1. In Viehställen muß der Fußboden undurchlässig hergestellt werden[235]).

2. Zur Aufnahme der Stallabgänge müssen in den Ställen oder in ihrer nächsten Nähe undurchlässige Gruben angelegt

werden. Diese müssen von Brunnen — abgesehen von eisernen Röhrentiefbrunnen — mindestens 10 m entfernt sein.

3. Nach Straßen hin dürfen Ställe keine Öffnungen erhalten. Ausnahmen sind zulässig.

4. Wenn Stallgebäude mit Gebäuden, in welchen sich Räume zum dauernden Aufenthalt von Menschen befinden, zusammengebaut werden, so dürfen Öffnungen in den Gebäuden nur in einer — nach allen Richtungen gemessenen — Entfernung von mindestens 4 m voneinander angelegt werden.

5. Für die Anlage von Ställen unter Räumen, welche zum dauernden Aufenthalt von Menschen bestimmt sind, können über die Vorschriften dieser Polizeiverordnung hinaus besondere Forderungen in bezug auf die Befestigung des Fußbodens, die Bekleidung der Wände und Decken, die Anordnung von Hohlräumen zwischen der Decke des Stalles und dem Fußboden des darüber befindlichen Geschosses und die Lüftungseinrichtungen[236]) sowie in bezug auf die Entwässerung gestellt werden.

6. Die Anlage von Ställen, deren Fußboden mehr als 0,50 m in den Erdboden eingesenkt werden soll, ist nur in solchen Stallgebäuden gestattet, welche nicht im Zusammenhange mit anderen Gebäuden stehen oder von diesen durch undurchbrochene, massive Wände getrennt sind.

7. Die Anlage von Ställen in Kellern unter Höfen ist nicht zulässig.

8. Die vorstehenden Bestimmungen finden auf Ställe für Federvieh keine Anwendung.

9. Für Grundstücke, welche landwirtschaftlichen Betrieben dienen, kann von der Einhaltung der Vorschriften in Ziffer 1 und in Ziffer 2 — unbeschadet der Bestimmungen in § 40 Ziffer 4 bis 6 — abgesehen werden.

§ 43. Zu- und Ableitungsrohre.

1. Alle Zuleitungs- und Ableitungsrohre in und an Gebäuden sind aus unverbrennlichem Material und undurchlässig herzustellen.

2. Rohre zur Ableitung unreiner Stoffe in Gebäuden, welche zum dauernden Aufenthalt von Menschen bestimmt sind, müssen mit einem bis über dem Dachfirst geführten Dunstrohre aus Metall versehen werden.

3. In Gebäuden, die an eine geregelte unterirdische Ableitung der Abwässer (§ 44 Ziffer 2) und an eine geregelte Wasserzuführung (§ 45 Ziffer 1) angeschlossen sind, muß jede selbständige Wohnung einen eigenen Ausguß und einen eigenen Wasserhahn erhalten.

§ 44. Entwässerung[237]).

1. Das Tagewasser und die flüssigen Wirtschaftsabgänge sind von bebauten Grundstücken durch Rohre mit undurchlässigen Wandungen oder durch befestigte Rinnen in Straßenkanäle oder Straßenrinnsteine[238]) zu leiten. Die Wirtschaftswässer[239]) müssen jedoch, ehe sie in die Straßenrinnsteine abfließen, auf dem Grundstücke durch einen mit eng vergitteter Ausflußöffnung und mit Wasserverschluß versehenen, undurchlässigen Schlammfang geleitet werden. Wo eine Abführung der Abwässer in die Straßenkanäle oder Straßenrinnsteine nicht zugelassen wird, oder wo solche Vorkehrungen nicht vorhanden sind, kann die Anlage undurchlässiger Sammelbehälter vorgeschrieben werden.

2. Wo eine geregelte unterirdische Ableitung der Abwässer und Auswurfstoffe (Schwemmkanalisation) besteht, sind für die Einzelheiten der Entwässerungsanlage die besonders erlassenen Vorschriften maßgebend.

§ 45. Wasserversorgung[240]).

1. Als geregelt ist eine Wasserzuführung nur dann anzusehen, wenn sie auch für das oberste, zu dauerndem Aufenthalt von Menschen bestimmte Geschoß eines Gebäudes ausreichenden Druck aufweist[241]).

2. Grundstücke ohne geregelte Wasserzuführung, auf denen sich Gebäude zum dauernden Aufenthalte von Menschen befinden, müssen mit je einem Brunnen versehen werden, welcher jederzeit reichliches, zum Genuß für Menschen geeignetes Wasser gibt. Der Brunnen muß von feststehenden Behältern für Abgänge und Abfallstoffe, sowie von Düngerstätten und Jauchehältern mindestens 10 m entfernt bleiben. Die Bestimmungen in § 40 Ziffer 5 Absatz 2 und Ziffer 6 finden entsprechende Anwendung. Die Vorschriften dieser Ziffer finden keine Anwendung auf Grundstücke, welche nicht weiter als 60 m von einem öffentlichen Brunnen entfernt liegen.

Auch für nicht bewohnte bebaute Grundstücke ohne geregelte Wasserzuführung kann aus feuerpolizeilichen Gründen die Herstellung von Brunnen angeordnet werden.

3. Die Brunnen — abgesehen von eisernen Röhrentiefbrunnen, deren Rohr durchweg durch eine undurchlässige Bodenschicht oder mindestens 10 m tief geführt wird — sind bis zu der wassergebenden Schicht, jedenfalls aber bis zu einer Tiefe von 2,50 m von der Oberfläche ab massiv und undurchlässig auszumauern und mindestens 0,30 m hoch über das umgebende Erdreich zu führen.

4. Die Umgebung des Brunnens[242]) ist im Umkreis von mindestens 1,50 m abgedacht abzupflastern[243]). Zur Ableitung der Überlaufwässer ist eine undurchlässige Ablaufrinne anzulegen.

5. Offene Brunnen — Dreh-, Zieh- oder Schöpfbrunnen — dürfen nicht errichtet werden. Bereits bestehende Anlagen sind innerhalb eines Jahres nach Inkrafttreten dieser Polizeiverordnung mit fester, mindestens 0,80 m hoher Brüstung, dicht schließender Deckung und fest angebrachtem Schöpfgefäß zu versehen.

§ 46. Gasleitungen[244]).

Wo durch besondere Polizeiverordnungen nicht ein mehreres vorgeschrieben ist oder vorgeschrieben wird, gilt für die Anlage von Gasleitungen folgendes:

1. Zu den Gasleitungen im Innern der Gebäude sind schmiedeeiserne Rohre zu verwenden. Ausnahmen können zugelassen werden. Rohre von Messing oder Kupfer, hart gelötet oder gegossen, sind nur da, wo die Anwendung von Eisen mit besonderen Schwierigkeiten der Biegung wegen verbunden ist, sowie als Zuleitung zu den Brennern zulässig. Kurze Bleirohre sind nur zur Verbindung des Gasmessers mit der Zu- und Ableitung zulässig

2. Alle Gasrohre müssen eine hinreichende Stärke und Dichtigkeit haben und vor der Verwendung auf ihre Dichtigkeit geprüft sein.

Vierter Abschnitt. Sondervorschriften für die einzelnen Bauklassen.

§ 47. Geltungsbereich und Bauklassenverteilung.

1. Der Geltungsbereich dieser Polizeiverordnung sowie die Abgrenzung der Gebiete der geschlossenen Bauweise und der ein-

zelnen, den Bezirk der offenen Bauweise bildenden Bauklassen A, B, C, D und E ergibt sich aus der Anlage.

2. Die Bauweise nach den Vorschriften der Bauklasse E ist auch in den Gebieten aller anderen Bauklassen, die Bauweise nach den Vorschriften der Bauklasse D auch im Gebiete der Bauklassen I, II, A und B, im Gebiete der Bauklasse C nur in denjenigen Gebietsteilen zulässig, in welchen nach ausdrücklicher Bestimmung — in der Anlage — die Bauklasse C oder die Bauklasse D nach Wahl des Bauenden Anwendung findet. Bezüglich der Errichtung von Einfamilienhäusern vergl. den fünften, bezüglich der Fabrikbauten den sechsten Abschnitt.

Wird von dem Rechte, nach den Vorschriften einer anderen Bauklasse zu bauen, Gebrauch gemacht, so wird das Maß des Bauwiches und der Bruchteil, zu welchem das Baugrundstück bebaut werden darf, durch die Vorschriften derjenigen Bauklasse bestimmt, in welcher das Baugrundstück liegt[245]). Im Gebiete der geschlossenen Bauweise braucht Bauwich nicht gehalten zu werden.

§ 48. Gebiete, in denen die Anlage[246]) störender[247]) Betriebe verboten ist[248]).

1. Die Herstellung von Anlagen, welche starken Rauch[249]) oder Ruß[250]), üble Gerüche oder schädliche Ausdünstungen[251]) oder ungewöhnliches Geräusch[252]) verursachen, ist im Gebiete der Bauklassen A, B, D und E sowie in denjenigen Gebieten, in welchen die Bauklasse C oder die Bauklasse D nach Wahl des Bauenden Anwendung findet, ohne weiteres, im Gebiete der geschlossenen Bauweise sowie im Gebiete der Bauklasse C in denjenigen Gebietsteilen verboten, für welche dies in der Anlage ausdrücklich bestimmt ist.

2. Grenzen Gebiete der geschlossenen Bauweise oder Gebiete der Bauklasse C, in denen die Anlage störender Betriebe gestattet ist, an Gebiete der Bauklassen D oder E oder an Gebietsteile, in denen die Bauklasse C oder D nach Wahl des Bauenden Anwendung findet, so dürfen störende Betriebe in ihnen innerhalb eines senkrecht zu den Gebietsgrenzen gemessenen Abstandes von 150 m — Schutzstreifen — nicht errichtet werden.

3. Grundstücke, welche nur mit einem Teile innerhalb des Schutzstreifens belegen sind, unterliegen in ihrer ganzen Ausdehnung der für den Schutzstreifen vorgeschriebenen Beschränkung.

4 Die Vorschriften in Ziffer 2 und 3 über die Ausweisung von Schutzstreifen finden auf das zu beiden Seiten des Teltowkanals liegende Gelände bis zu einem senkrecht zu den Grenzen[258]) des Kanals und seiner Hafenanlagen gemessenen Abstande von 300 m keine Anwendung. Dasselbe gilt für das Gelände zu beiden Seiten der Industriebahn Friedrichsfelde—Tegel und die sich an die Eisenbahn anschließende Hafenanlage am Tegeler See.

§ 49. Fälle, in denen ein und dasselbe Grundstück im Gebiete zweier oder mehrerer Bauklassen liegt.

1. Liegt das Grundstück zum Teil im Geltungsgebiet der einen Bauklasse, zum Teil in dem einer anderen Bauklasse, so ist zunächst für jeden Teil nach den Vorschriften der für ihn maßgebenden Bauklasse die Fläche zu berechnen, welche bebaut werden darf. Aus der Zusammenzählung der so gefundenen Flächenmaße ergibt sich der Gesamtflächeninhalt, welcher bebaut werden darf.

2. Für die Bauweise und Zuweisung zur Bauklasse sind die Vorschriften derjenigen Bauklasse maßgebend, welche für den an der Straße liegenden Grundstücksteil gelten.

3. Liegt ein Grundstück an mehr als einer Straße, so ist für die Bauweise und Zuweisung zur Bauklasse die Bauklasse der Straße, an welcher gebaut werden soll, maßgebend.

4. Für die Bauweise der Eckgrundstücke gilt folgendes:

a) Die Vorschriften der Bauklasse I finden vor denen der Bauklasse II Anwendung.

b) Die Vorschriften der geschlossenen Bauweise finden vor denen der offenen Bauweise mit der Maßgabe Anwendung, daß an der Straße mit offener Bauweise der Bauwich zu halten ist. Der Bauwich ist auch in dem Falle einzuhalten, daß das Gebiet der geschlossenen Bauweise für die eine Straße nach dem Abstande von der Baufluchtlinie bemessen ist.

c) Liegen beide Straßenseiten in verschiedenen Bauklassen der offenen Bauweise, so finden die Vorschriften der nach der Buchstabenbezeichnung im Alphabet vorgehenden Bauklasse Anwendung.

Geschlossene Bauweise, Bauklassen I und II.

§ 50. Bauklasse I.

Im Gebiete der geschlossenen Bauweise finden die Vorschriften der Bauklasse I auf diejenigen Grundstücke Anwendung, welche an Straßen oder Straßenteilen mit geregelter unterirdischer Ableitung der Abwässer und Auswurfstoffe und geregelter Wasserzuführung[254]) (§§ 44 und 45) liegen.

1. Es dürfen höchstens $^{5}/_{10}$, bei Eckgrundstücken (§ 14 Ziffer 5) höchstens $^{6}/_{10}$ der Baugrundstücke (§ 12 Ziffer 1) bebaut werden.

2. Die Höhe der Gebäude darf unbeschadet der Vorschriften in § 15 das Maß von 18 m nicht überschreiten[255]).

3. Bewohnte[256]) Gebäude dürfen, abgesehen vom Dachgeschoß und vom Kellergeschoß — Nebengeschossen —, nicht mehr als vier Geschosse — Hauptgeschosse — erhalten.

4. Werden im obersten (vierten) Hauptgeschosse Räume, die zum dauernden Aufenthalt[257]) von Menschen bestimmt sind, angelegt, so darf das Dachgeschoß zu dem gleichen Zwecke nicht eingerichtet werden. In Gebäuden, die von einer seitlichen Nachbargrenze einen Abstand von mindestens 6 m halten (§ 13 Ziffer 1), darf das Dachgeschoß bis zur Hälfte seiner Grundfläche, in Gebäuden, die von beiden seitlichen Nachbargrenzen je mindestens 6 m abbleiben, das ganze Dachgeschoß zur Einrichtung von Räumen zum dauernden Aufenthalt von Menschen Verwendung finden (Anlegung der Räume und Flächenberechnung nach § 18 Ziffer 2, 8 und 9).

Bezüglich des Ausbaues der nach Ziffer 3 zugelassenen oberen Hauptgeschosse als Dachgeschosse vergleiche § 18 Ziffer 3

5. Im Kellergeschoß der Vordergebäude ist die Anlegung einer selbständigen Wohnung mit höchstens 60 qm Flächeninhalt gestattet. Im übrigen ist die Einrichtung von Räumen zum dauernden Aufenthalt von Menschen in Kellergeschossen verboten.

§ 51. Bauklasse II.

Im Gebiete der geschlossenen Bauweise finden die Vorschrifen der Bauklasse II auf diejenigen Grundstücke Anwendung, welche an Straßen oder Straßenteilen liegen, die keine geregelte unterirdische Abführung der Abwässer und Auswurfstoffe und keine geregelte Wasserzuführung haben.

1. Es dürfen höchstens $^{4}/_{10}$, bei Eckgrundstücken (§ 15 Ziffer 5) höchstens $^{5}/_{10}$ der Baugrundstücke (§ 12 Ziffer 1) bebaut werden.

2. Die Höhe der Gebäude darf, unbeschadet der Vorschriften in § 15, das Maß von 15 m nicht überschreiten[255]).

3. Bewohnte Gebäude dürfen, abgesehen vom Dachgeschoß

und vom Kellergeschoß — Nebengeschossen —, nicht mehr als drei Geschosse — Hauptgeschosse — erhalten.

4. Werden im obersten (dritten) Hauptgeschosse Räume, die zum dauernden Aufenthalt von Menschen bestimmt sind, angelegt, so darf das Dachgeschoß zu dem gleichen Zwecke nicht eingerichtet werden. In Gebäuden, die von einer seitlichen Nachbargrenze einen Abstand von mindestens 6 m halten (§ 13 Ziffer 1), darf das Dachgeschoß bis zur Hälfte seiner Grundfläche, in Gebäuden, die von beiden seitlichen Nachbargrenzen je mindestens 6 m abbleiben, das ganze Dachgeschoß zur Einrichtung von Räumen zum dauernden Aufenthalt von Menschen Verwendung finden (Anlegung der Räume und Flächenberechnung nach § 18 Ziffer 2, 8 und 9).

Bezüglich des Ausbaues der nach Ziffer 3 zugelassenen oberen Hauptgeschosse als Dachgeschosse vergleiche § 18 Ziffer 3.

5. Im Kellergeschoß der Vordergebäude ist die Anlegung e i n e r selbständigen Wohnung mit höchstens 60 qm Flächeninhalt gestattet. Im übrigen ist die Einrichtung von Räumen zum dauernden Aufenthalt von Menschen in Kellergeschossen verboten.

Offene Bauweise[258], Bauklassen A, B, C, D und E.

§ 52. B a u k l a s s e A[259]).

1. Es dürfen höchstens $^{5}/_{10}$, bei Eckgrundstücken (§ 14 Ziffer 5) höchstens $^{6}/_{10}$ der Baugrundstücke (§ 12 Ziffer 1) bebaut werden.

2. Die Höhe der Gebäude darf, unbeschadet der Vorschriften in § 15, das Maß von 18 m nicht überschreiten[255]).

3. Bewohnte Gebäude dürfen, abgesehen vom Dachgeschoß und vom Kellergeschoß — Nebengeschossen —, nicht mehr als vier Geschosse — Hauptgeschosse — erhalten.

4. Werden im obersten (vierten) Hauptgeschosse Räume, die zum dauernden Aufenthalt von Menschen bestimmt sind, angelegt, so darf das Dachgeschoß zu dem gleichen Zwecke nicht eingerichtet werden. Bezüglich des Ausbaues der nach Ziffer 3 zugelassenen oberen Hauptgeschosse als Dachgeschosse vergleiche § 18 Ziffer 3.

5. Im Kellergeschoß der Vordergebäude ist die Anlegung e i n e r selbständigen Wohnung mit höchstens 60 qm Flächeninhalt gestattet. Im übrigen ist die Einrichtung von Räumen zum

dauernden Aufenthalt von Menschen in Kellergeschossen verboten.

6. Die Gebäude müssen einen Bauwich[260] (§ 13 Ziffer 2 Absatz 1) von mindestens 5 m halten. In den Fällen des § 13 Ziffer 2 Absatz 2, Ziffer 3 und 4 braucht der Bauwich nicht eingehalten zu werden.

7. Die Frontlänge der Vordergebäude, bei Eckgrundstücken die Frontlänge der Vordergebäude an jeder Straße, darf das Maß von 30 m nicht überschreiten[261].

8. Auf benachbarten Grundstücken ist der unmittelbare Anbau zweier oder mehrerer Vordergebäude aneinander, sowie der unmittelbare Anbau je eines Vordergebäudes an ein Eckhaus — die Errichtung von Doppelhäusern und Gebäudegruppen — unter folgenden Bedingungen gestattet:

a) Die Frontlänge der aneinander gebauten Gebäude, bei Anbauten an ein Eckhaus die Frontlänge des Eckhauses und der angebauten Gebäude an jeder Straße, darf zusammen nicht mehr als 50 m betragen.

b) Die Doppelhäuser oder die Gebäudegruppen haben im übrigen einen Bauwich von mindestens 5 m zu halten.

c) Die angrenzenden Giebel der aneinander gebauten Gebäude müssen sich im wesentlichen decken.

d) Die Stirnseiten der aneinander gebauten Gebäude müssen in jeder Straße annähernd in derselben senkrechten Ebene liegen.

e) Die beteiligten Grundstückseigentümer müssen sich gegenseitig — und zwar für sich und ihre Rechtsnachfolger — verpflichten, ihre Grundstücke nach den Vorschriften dieser Ziffer zu bebauen, die Vorschriften auch bei späteren Neubauten, Um- und Ausbauten einzuhalten. Die Verpflichtung ist im Grundbuche eines jeden Grundstückes einzutragen und dabei zu vermerken, daß die in der Ziffer gewährten Bauvergünstigungen für sämtliche beteiligten Grundstücke fortfallen, sobald die Eintragung im Grundbuche auch nur eines Grundstückes gelöscht wird[262].

§ 53. Bauklasse B.

1. Es dürfen höchstens $^4/_{10}$, bei Eckgrundstücken (§ 14 Ziffer 5) höchstens $^5/_{10}$ der Baugrundstücke (§ 12 Ziffer 1) bebaut werden.

2. Die Höhe der Gebäude darf, unbeschadet der Vorschriften in § 15, das Maß von 15 m nicht überschreiten[255]).

3. Bewohnte Gebäude dürfen, abgesehen vom Dachgeschoß und vom Kellergeschoß — Nebengeschossen —, nicht mehr als drei Geschosse — Hauptgeschosse — erhalten.

4. Werden im obersten (dritten) Hauptgeschosse Räume, die zum dauernden Aufenthalt von Menschen bestimmt sind, angelegt, so darf das Dachgeschoß zu gleichem Zwecke nicht eingerichtet werden. Bezüglich des Ausbaues der nach Ziffer 3 zugelassenen oberen Hauptgeschosse als Dachgeschosse vergleiche § 18 Ziffer 3.

5. In Kellergeschossen ist die Einrichtung von Räumen zum dauernden Aufenthalt von Menschen verboten.

6. Die Gebäude müssen einen Bauwich (§ 13 Ziffer 2 Absatz 1) von mindestens 4 m halten. In den Fällen des § 13 Ziffer 2 Absatz 2, Ziffer 3 und 4 braucht der Bauwich nicht eingehalten zu werden.

7. Die Frontlänge der Vordergebäude, bei Eckgrundstücken die Frontlänge der Vordergebäude an jeder Straße, darf das Maß von 30 m nicht überschreiten[263]).

8. Auf benachbarten Grundstücken ist der unmittelbare Anbau zwei oder mehrerer Vordergebäude aneinander, sowie der unmittelbare Anbau je eines Vordergebäudes an ein Eckhaus — die Errichtung von Doppelhäusern und Gebäudegruppen — unter folgenden Bedingungen gestattet:

a) Die Frontlänge der aneinander gebauten Gebäude, bei Anbauten an ein Eckhaus die Frontlänge des Eckhauses und der angebauten Gebäude an jeder Straße, darf zusammen nicht mehr als 40 m betragen.

b) Die Doppelhäuser oder die Gebäudegruppen haben im übrigen einen Bauwich von mindestens 4 m zu halten.

c) Die angrenzenden Giebel der aneinander gebauten Gebäude müssen sich im wesentlichen decken.

d) Die Stirnseiten der aneinander gebauten Gebäude müssen in jeder Straße annähernd in derselben senkrechten Ebene liegen.

e) Die beteiligten Grundstückseigentümer müssen sich gegenseitig — und zwar für sich und ihre Rechtsnachfolger — verpflichten, ihre Grundstücke nach den Vorschriften dieser Ziffer zu bebauen, die Vorschriften auch bei späteren Neubauten, Um- und Ausbauten einzuhalten. Die Verpflichtung ist im Grundbuche eines jeden Grundstückes einzutragen und dabei zu vermerken, daß die in der Ziffer gewährten Bauvergünstigungen für sämtliche beteiligten Grundstücke fortfallen, sobald die Eintragung im Grundbuche auch nur eines Grundstückes gelöscht wird[262]).

§ 54. Bauklasse C[264]).

1. Es dürfen höchstens $^3/_{10}$, bei Eckgrundstücken (§ 14 Ziffer 5) höchstens $^4/_{10}$ der Baugrundstücke (§ 12 Ziffer 1) bebaut werden.

2. Die Höhe der Gebäude darf, unbeschadet der Vorschriften in § 15, das Maß von 15 m nicht überschreiten[265]).

3. Bewohnte Gebäude dürfen, abgesehen vom Dachgeschoß und vom Kellergeschoß — Nebengeschossen —, nicht mehr als drei Geschosse — Hauptgeschosse — erhalten.

4. Werden im obersten (dritten) Hauptgeschosse Räume, die zum dauernden Aufenthalt von Menschen bestimmt sind, angelegt, so darf das Dachgeschoß zu gleichem Zwecke nicht eingerichtet werden. Bezüglich des Ausbaues der nach Ziffer 3 zugelassenen oberen Hauptgeschosse als Dachgeschosse vergleiche § 18 Ziffer 3.

5. In Kellergeschossen ist die Einrichtung von Räumen zum dauernden Aufenthalt von Menschen verboten.

6. Die Gebäude müssen einen Bauwich (§ 13 Ziffer 2 Absatz 1) von mindestens 4 m halten. In den Fällen des § 13 Ziffer 2 Absatz 2, Ziffer 3 und 4 braucht der Bauwich nicht eingehalten zu werden.

Innerhalb des Bauwiches dürfen außer den in § 13 Ziffer 2 Absatz 3 zugelassenen Vorbauten an die Giebelwände der Vordergebäude Freitreppen einschließlich ihrer Bedachungen sowie Türvorbauten angebaut werden, sofern zwischen ihnen und der Nachbargrenze ein Abstand von mindestens 2,50 m verbleibt. Auch sind an den Giebelwänden der Vorderhäuser von Grund aus aufgeführte Vorbauten, die höchstens 0,25 m vortreten und nicht mehr als ein Drittel der Giebelwandlänge des Vorderhauses einnehmen, zulässig.

7. Die Frontlänge der Vordergebäude, bei Eckhäusern die

Frontlänge der Vordergebäude an jeder Straße, darf das Maß von 30 m nicht überschreiten[265]).

8. Auf benachbarten Grundstücken ist der unmittelbare Anbau zweier Vordergebäude aneinander sowie der unmittelbare Anbau eines Vordergebäudes an eine Seite eines Eckhauses — die Errichtung von Doppelhäusern — unter folgenden Bedingungen gestattet:

a) Die Frontlänge der aneinander gebauten Gebäude, beim Anbau an ein Eckhaus die Frontlänge des Eckhauses und des angebauten Gebäudes, darf zusammen nicht mehr als 32 m betragen.

b) Die Doppelhäuser haben im übrigen einen Bauwich von mindestens 4 m zu halten.

c) Die angrenzenden Giebel der aneinander gebauten Gebäude müssen sich im wesentlichen decken.

d) Die Stirnseiten der aneinander gebauten Gebäude müssen annähernd in derselben senkrechten Ebene liegen.

e) Seitenflügel und Seitengebäude — abgesehen von Nebenanlagen — dürfen nur an der Seite, an welcher kein Bauwich gehalten wird, errichtet werden.

f) Die beteiligten Grundstückseigentümer müssen sich gegenseitig — und zwar für sich und ihre Rechtsnachfolger — verpflichten, ihre Grundstücke nach den Vorschriften dieser Ziffer zu bebauen, die Vorschriften auch bei späteren Neubauten, Um- und Ausbauten einzuhalten. Die Verpflichtung ist im Grundbuche eines jeden Grundstücks einzutragen und dabei zu vermerken, daß die in der Ziffer gewährten Bauvergünstigungen für sämtliche beteiligten Grundstücke fortfallen, sobald die Eintragung im Grundbuche auch nur eines Grundstückes gelöscht wird[262]).

9. Die Länge von Seitenflügeln und Mittelflügeln, von der hinteren Umfassungswand der Vordergebäude ab gerechnet, sowie die Länge der Seitengebäude und Mittelgebäude darf das Maß von 15 m nicht überschreiten.

10. Seitengebäude und Mittelgebäude müssen in allen ihren Teilen von den Vordergebäuden und, wenn an diese Flügelbauten angebaut werden, von diesen mindestens 10 m entfernt bleiben. Auf Nebenanlagen findet diese Vorschrift keine Anwendung.

11. Quergebäude müssen in allen ihren Teilen von Vordergebäuden, in senkrechtem Abstande von den hinteren Umfassungswänden derselbeu gemessen, mindestens 20 m, von Seitenflügeln und Mittelflügeln sowie von Seitengebäuden und Mittelgebäuden, sofern sie nicht an diese angebaut werden, mindestens 10 m entfernt bleiben. Auf Nebenanlagen findet diese Vorschrift keine Anwendung.

12. Die Polizeibehörde kann die geschlossene Bebauung ganzer, von den Gemeindebehörden für diesen Zweck bezeichneter Baublöcke unter folgenden Bedingungen gestatten[286]):

a) Die Baublöcke sind durch eine zusammenhängende, überall mindestens 20 m breite, bis zu den Straßenfluchtlinien reichende und dauernd unbebaut zu lassende Fläche in zwei möglichst gleichgroße Teile zu zerlegen. Die unbebaute Fläche muß diejenigen beiden gegenüberliegenden Straßenseiten der Baublöcke miteinander verbinden, welche den größeren Tiefenabstand haben, und ist nach den Straßen zu durch eine Einfriedigung abzuschließen. Wird die Einfriedigung auf der mit der Straßenfluchtlinie zusammenfallenden Baufluchtlinie — oder, wo Fluchtlinien nicht bestehen, auf der Straßengrenze — errichtet, so finden die Vorschriften in § 11 Ziffer 3 keine Anwendung[267]).

b) Die Frontlänge der Vordergebäude, bei Eckhäusern die Frontlänge der Vordergebäude an jeder Straße, darf nicht mehr als 14 m betragen.

c) Die beteiligten Grundstückseigentümer müssen sich gegenseitig — und zwar für sich und ihre Rechtsnachfolger — verpflichten, die Vorschriften dieser Ziffer auch bei späteren Neubauten, Um- und Ausbauten einzuhalten. Die Verpflichtung ist im Grundbuche eines jeden Grundstückes einzutragen und dabei zu vermerken, daß die in der Ziffer gewährten Bauvergünstigungen für sämtliche Grundstücke der Baublöcke fortfallen, sobald die Eintragung im Grundbuche auch nur eines Grundstückes gelöscht wird[262]).

In denjenigen Gebieten, in welchen nach der Bauklasse C oder nach der Bauklasse D nach Wahl des Bauenden gebaut werden darf, ist die geschlossene Bauweise ganzer Baublocks nicht gestattet.

13. Gartenhallen, Lauben und offene Schuppen, deren Fronthöhe im einzelnen nicht mehr als 3 m und deren Flächen-

inhalt zusammen nicht mehr als 25 qm beträgt, kommen bei Berechnung des Flächeninhaltes der Baulichkeiten, die nach Ziffer 1 auf dem Baugrundstücke errichtet werden dürfen, nicht in Anrechnung. Sie können auch innerhalb der nach § 13 Ziffer 5 bis 7 und 9 sowie nach Ziffer 12 al. a dieses Paragraphen unbebaut zu lassenden Flächen errichtet werden.

14. Für Wirtschaftsgebäude auf Grundstücken, die landwirtschaftlichen oder gärtnerischen Betrieben dienen, können Ausnahmen von den Vorschriften in Ziffer 1, 9, 10 und 11 zugelassen werden. Jedoch darf der Gesamtflächeninhalt aller errichteten Baulichkeiten zusammen nicht mehr als $^6/_{10}$ der Fläche des Baugrundstückes (§ 12 Ziffer 1) einnehmen.

§ 55. Bauklasse D[268]).

1. Es dürfen höchstens $^3/_{10}$, bei Eckgrundstücken (§ 14 Ziffer 5) höchstens $^4/_{10}$ der Baugrundstücke (§ 12 Ziffer 1) bebaut werden.

2. Bewohnte Gebäude dürfen, abgesehen vom Dachgeschoß und vom Kellergeschoß — Nebengeschossen —, nicht mehr als zwei Geschosse — Hauptgeschosse — erhalten.

3. Werden in beiden Hauptgeschossen Räume, die zum dauernden Aufenthalt von Menschen bestimmt sind, angelegt, so dürfen zu dem gleichen Zwecke die Nebengeschosse der Vordergebäude[269]) je zur Hälfte ihrer Grundflächen eingerichtet werden (Anlegung der Räume und Flächenberechnung nach § 18 Ziffer 2, 7, 8 und 9). Bezüglich des Ausbaues des oberen (zweiten) Hauptgeschosses als Dachgeschoß vergleiche § 18 Ziffer 3[270]).

4. Für die Höhe der Gebäude sind lediglich die Vorschriften in § 15 Ziffer 1 bis 5 maßgebend. Aufbauten (§ 15 Ziffer 7 Absatz 2) unterliegen bezüglich der Höhe keiner Einschränkung.

Aufbauten über dem oberen (zweiten) Hauptgeschosse dürfen nicht mehr als die Hälfte — am Bauwich nicht mehr als ein Drittel — der Frontlänge jeder Umfassungswand unter ihnen einnehmen. Diese Vorschrift findet auf Gebäude, deren Hauptgiebel der Straße und dem Hofe zugekehrt sind, bezüglich der Hauptgiebel keine Anwendung. Doch müssen sich die Giebelaufbauten mit ihren Frontflächen innerhalb der Grenzlinien einer in der senkrechten Ebene der Giebelfronten — gedachten — Fläche halten, welche sich zusammensetzt aus einem Rechteck, dessen Grundlinie die Grundlinie der Giebelfront ist, und dessen

Seiten die auf 12 m Höhe bemessenen Eckkanten der Gebäude bilden, und einem auf der oberen Rechteckseite errichteten gleichschenkligen Dreieck, dessen Höhe gleich einem Drittel der Gebäudefrontlänge ist.

5. Die Gebäude müssen einen Bauwich (§ 13 Ziffer 2 Absatz 1) von mindestens 4 m halten. In den Fällen des § 13 Ziffer 2 Absatz 2, Ziffer 3 und 4 braucht der Bauwich nicht eingehalten zu werden.

Innerhalb des Bauwiches dürfen außer den in § 13 Ziffer 2 Absatz 3 zugelassenen Vorbauten an die Giebelwände der Vordergebäude Freitreppen einschließlich ihrer Bedachungen sowie Türvorbauten angebaut werden, sofern zwischen ihnen und der Nachbargrenze ein Abstand von mindestens 2,50 m verbleibt. Auch sind an den Giebelwänden der Vorderhäuser von Grund aus aufgeführte Vorbauten, die höchstens 0,25 m vortreten und nicht mehr als ein Drittel der Giebelwandlänge der Vorderhäuser einnehmen, zulässig.

6. Die Frontlänge der Vordergebäude, bei Eckhäusern die Frontlänge der Vordergebäude an jeder Straße darf das Maß von 30 m nicht überschreiten.

7. Auf benachbarten Grundstücken ist der unmittelbare Anbau zweier Vordergebäude aneinander sowie der unmittelbare Anbau eines Vordergebäudes an eine Seite eines Eckhauses — die Errichtung von Doppelhäusern — unter folgenden Bedingungen gestattet:

a) Die Frontlänge der aneinander gebauten Gebäude, beim Anbau an ein Eckhaus die Frontlänge des Eckhauses und des angebauten Gebäudes, darf zusammen nicht mehr als 32 m betragen.

b) Die Doppelhäuser haben im übrigen einen Bauwich von mindestens 4 m zu halten.

c) Die angrenzenden Giebel der aneinander gebauten Gebäude müssen sich im wesentlichen decken.

d) Die Stirnseiten der aneinander gebauten Gebäude müssen annähernd in derselben senkrechten Ebene liegen.

e) Seitenflügel und Seitengebäude — abgesehen von Nebenanlagen dürfen nur an der Seite, an welcher kein Bauwich gehalten wird, errichtet werden.

f) Die beteiligten Grundstückseigentümer müssen sich — und

zwar für sich und ihre Rechtsnachfolger — verpflichten, ihre Grundstücke nach den Vorschriften dieser Ziffer zu bebauen, die Vorschriften auch bei späteren Neubauten, Um- und Ausbauten einzuhalten. Die Verpflichtung ist im Grundbuche eines jeden Grundstücks einzutragen und dabei zu vermerken, daß die in der Ziffer gewährten Bauvergünstigungen für sämtliche beteiligten Grundstücke fortfallen, sobald die Eintragung im Grundbuche auch nur eines Grundstückes gelöscht wird[262]).

8. Die Länge von Seitenflügeln und Mittelflügeln, von der hinteren Umfassungswand der Vordergebäude ab gerechnet, sowie die Länge der Seitengebäude und Mittelgebäude darf das Maß von 15 m nicht überschreiten.

9. Seitengebäude und Mittelgebäude müssen in allen ihren Teilen von Vordergebäuden und, wenn an diese Flügelbauten angebaut werden, von diesen mindestens 10 m entfernt bleiben. Auf Nebenanlagen findet diese Vorschrift keine Anwendung.

10. Quergebäude müssen in allen ihren Teilen von den Vordergebäuden, in senkrechtem Abstande von den hinteren Umfassungswänden derselben gemessen, mindestens 20 m, von Seitenflügeln und Mittelgebäuden, sofern sie nicht an diese angebaut werden, mindestens 10 m entfernt bleiben. Auf Nebenanlagen findet diese Vorschrift keine Anwendung.

11. In Nebenanlagen ist die Einrichtung von Räumen zum dauernden Aufenthalt von Menschen mit einem Gesamtflächeninhalt von höchstens 60 qm statthaft.

12. Der Neigungswinkel der Dachfläche zu der wagerecht auf den Umfassungswänden liegend gedachten Ebene darf nicht mehr als 60°, bei Anordnung von Mansardendächern mit Aufschiebling sowie bei Herstellung von Künstlerateliers im Dachgeschosse nicht mehr als 70° betragen. Diese Vorschrift findet keine Anwendung, wenn nur ein Hauptgeschoß errichtet wird.

13. Gartenhallen, Lauben und offene Schuppen, deren Fronthöhe im einzelnen nicht mehr als 3 m und deren Flächeninhalt zusammen nicht mehr als 25 qm beträgt, kommen bei Berechnung des Flächeninhalts der Baulichkeiten, die nach Ziffer 1 auf den Baugrundstücken errichtet werden dürfen, nicht in Anrechnung. Sie können auch innerhalb der nach § 13 Ziffer 5 bis 7 und 9 unbebaut zu lassenden Flächen errichtet werden.

14. In denjenigen Gebieten, in welchen nach der Bauklasse C oder nach der Bauklasse D nach Wahl des Bauenden gebaut werden darf, ist die geschlossenene Bebauung nach § 54 Ziffer 12 nicht gestattet (vgl. daselbst Absatz 2).

§ 56. Bauklasse E[271]).

1. Es dürfen höchstens $^3/_{10}$, bei Eckgrundstücken (§ 14 Ziffer 5) höchstens $^4/_{10}$ der Baugrundstücke (§ 12 Ziffer 1) bebaut werden.

2. Bewohnte Gebäude dürfen, abgesehen vom Dachgeschoß und vom Kellergeschoß — Nebengeschossen —, nicht mehr als zwei Geschosse — Hauptgeschosse — erhalten.

3. Werden in beiden Hauptgeschossen Räume, die zum dauernden Aufenthalt von Menschen bestimmt sind, angelegt, so dürfen zu dem gleichen Zwecke die Nebengeschosse der Vordergebäude je zur Hälfte ihrer Grundflächen eingerichtet werden (Anlegung und Flächenberechnung nach § 18 Ziffer 2, 7, 8 und 9). Jedoch ist im Dachgeschoß die Einrichtung selbständiger Wohnungen, die Herstellung von Küchen sowie die Aufstellung von Feuerherden verboten. Im Kellergeschoß darf nur eine selbständige Wohnung (einschließlich Läden) mit höchstens 60 qm Flächeninhalt untergebracht werden.

Bezüglich des Ausbaues des oberen (zweiten) Hauptgeschosses als Dachgeschoß vgl. § 18 Ziffer 3.

4. Für die Höhe der Gebäude sind lediglich die Vorschriften in § 15 Ziffer 1 bis 5 maßgebend. Aufbauten (§ 15 Ziffer 7 Absatz 2) unterliegen bezüglich der Höhe keiner Einschränkung.

Aufbauten über dem oberen (zweiten) Hauptgeschosse dürfen nicht mehr als die Hälfte, am Bauwich nicht mehr als ein Drittel der Frontlänge jeder Umfassungswand unter ihnen einnehmen. Diese Vorschrift findet auf Gebäude, deren Hauptgiebel der Straße (bzw. dem Hofe) zugekehrt sind, bezüglich der Hauptgiebel keine Anwendung. Doch müssen sich die Giebelaufbauten mit ihren Frontflächen innerhalb der Grenzlinie einer in der senkrechten Ebene der Giebelfronten — gedachten — Fläche halten, welche sich zusammensetzt aus einem Rechteck, dessen Grundlinie die Grundlinie der Giebelfront ist, und dessen Seiten die auf 12 m Höhe bemessenen Eckkanten der Gebäude bilden, und einem auf der oberen Rechteckseite errichteten gleichschenkligen Dreieck, dessen Höhe gleich einem Drittel der Gebäudefrontlänge ist.

5. Die Gebäude müssen einen Bauwich (§ 13 Ziffer 2 Absatz 1) von mindestens 4 m halten. In den Fällen des § 13 Ziffer 2 Absatz 2, Ziffer 3 und 4 braucht der Bauwich nicht eingehalten zu werden.

Innerhalb des Bauwiches dürfen außer den in § 13 Ziffer 2 Absatz 3 zugelassenen Vorbauten an die Giebelwände der Vordergebäude Freitreppen einschließlich ihrer Überdachungen sowie Türvorbauten angebaut werden, sofern zwischen ihnen und der Nachbargrenze ein Abstand von mindestens 2,50 m verbleibt. Auch sind an den Giebelwänden der Vorderhäuser von Grund aus aufgeführte Vorbauten, die höchstens 0,25 m vortreten und nicht mehr als 1/3 der Giebelwandlänge der Vorderhäuser einnehmen, zulässig.

6. Die Frontlänge der Vordergebäude, bei Eckhäusern die Frontlänge der Vordergebäude an jeder Straße, darf das Maß von 30 m nicht überschreiten.

7. Die Länge von Seitenflügeln und Mittelflügeln, von der hinteren Umfassungswand der Vordergebäude ab gerechnet, darf das Maß von 12 m, die Länge der Seitengebäude und Mittelgebäude das Maß von 15 m nicht überschreiten.

8. Seitengebäude und Mittelgebäude müssen in allen ihren Teilen von Vordergebäuden und, wenn an diese Flügelbauten angebaut werden, von diesen mindestens 10 m entfernt bleiben. Auf Nebenanlagen findet diese Vorschrift keine Anwendung.

9. Quergebäude müssen in allen ihren Teilen von den Vordergebäuden, in senkrechtem Abstande von den hinteren Umfassungswänden derselben gemessen, mindestens 20 m, von Seitenflügeln und Mittelgebäuden, sofern sie nicht an diese angebaut werden, mindestens 10 m entfernt bleiben. Auf Nebenanlagen findet diese Vorschrift keine Anwendung.

10. In Nebenanlagen ist die Einrichtung von Räumen zum dauernden Aufenthalt von Menschen mit einem Gesamtflächeninhalt von höchstens 60 qm statthaft.

11. Der Steigungswinkel der Dachfläche zu der wagerecht auf den Umfassungswänden liegend gedachten Ebene darf nicht mehr als 60°, bei Anordnung von Mansardendächern mit Aufschiebling sowie bei Herstellung von Künstlerateliers im Dachgeschosse nicht mehr als 70° betragen. Diese Vorschrift findet keine Anwendung, wenn nur ein Hauptgeschoß errichtet wird.

12. Gartenhallen, Lauben und offene Schuppen, deren Fronthöhe im einzelnen nicht mehr als 3 m und deren Flächeninhalt zusammen nicht mehr als 25 qm beträgt, kommen bei Berechnung der Baulichkeiten, die nach Ziffer 1 auf den Baugrundstücken errichtet werden dürfen, nicht in Anrechnung. Sie können auch innerhalb der nach § 13 Ziffer 5 bis 7 und 9 unbebaut zu lassenden Flächen errichtet werden.

Fünfter Abschnitt. Sondervorschriften für Einfamilienhäuser.

Für die Errichtung von Einfamilienhäusern und den Umbau von bestehenden Gebäuden zu Einfamilienhäusern treten die Vorschriften des § 12 Ziffer 2 und 3, der §§ 13 und 14, 16 bis 18, 19 Ziffer 2, 20, 22—26, 27 Ziffer 1, 30, 31, 35, 36 und 52 bis 56 außer Kraft und werden durch die nachstehenden Bestimmungen ersetzt[272]).

§ 57. Anwendungsgebiet. Begriff des Einfamilienhauses Veränderung seiner Zweckbestimmung.

1. Einfamilienhäuser dürfen im ganzen Geltungsgebiet dieser Polizeiverordnung errichtet werden.

2. Als Einfamilienhaus gilt ein Haus, das für den Aufenthalt einer Familie[273]) bestimmt ist.

Seine Eigenart als Einfamilienhaus erfährt durch die Unterbringung noch einer Wohnung für die Familie eines in diesem Hause Bediensteten keine Änderung. Auch dürfen in Nebenanlagen Wohnungen für die zur Wartung von Tieren und Pflanzen und zur Bedienung von Heizanlagen notwendigen Bediensteten eingerichtet werden.

Nebenanlagen sind Gebäude, welche bei einer Höhe von höchstens 6 m bis zur Schnittlinie der Umfassungswände mit der Dachfläche und höchstens 9 m bis zum First — bei Anordnung von Pultdächern höchstens 6,50 m bis zum First — Nebenzwecken dienen, wie Ställe, Schuppen, Waschhäuser, Schutzdächer, Verbindungshallen, Kegelbahnen, Gewächshäuser u. dgl.

3. Jede Teilvermietung sowie jede Veränderung der Zweckbestimmung, insbesondere die Unterbringung von Pensions- oder Krankenanstalten, beseitigt die Eigenart als Einfamilienhaus und ist nur zulässig, wenn das Haus den allgemein gültigen Vorschriften dieser Polizeiverordnung entsprechend hergestellt ist.

§ 58. Zulässige Bebauung der Grundstücke.

1. Für die Ermittelung der zulässigen Bebauung kommt die hinter der Straßenfluchtlinie und, wo eine solche nicht besteht, die hinter der Straßengrenze liegende Fläche der Grundstücke in Betracht.

2. Für jedes Quadratmeter dieser Fläche werden

in der Bauklasse	I	9,00 cbm
" " "	II	6,00 "
" " "	A	9,00 "
" " "	B	6,00 "
" " "	C	4,50 "
" " "	D	3,60 "
" " "	E	3,60 "

Baumasse zugelassen[274]).

3. Die so ermittelte Baumasse darf durch den Rauminhalt der auf dem Grundstücke zu errichtenden Baulichkeiten nicht überschritten werden. Die Art der Verteilung findet nur durch die Vorschriften dieses Abschnittes Einschränkung.

4. Der Rauminhalt der zu errichtenden Baulichkeiten wird aus den Grundflächen der einzelnen Geschosse und den zugehörigen, von Oberkante bis Oberkante Fußboden berechneten Höhen ermittelt. Das Kellergeschoß kommt nur oberhalb des Außengeländes vor dem Hause, ein auch nur teilweise zu Wohnzwecken ausgebautes Dachgeschoß mit seiner ganzen Grundfläche, aber nur mit einer Höhe von 1,50 m in Anrechnung. Nicht angerechnet werden:

a) alle über die Umfassungswände vortretenden Bauteile und solche bauliche Anlagen, welche über Erdoberfläche nicht mehr als 1 m hoch sind, Grenzmauern und Grenzzäune aus Holz oder Eisen, deren Höhe das Maß von 1,80 m nicht überschreitet, und deren Stärke sich innerhalb der durch ihre Zweckbestimmung gegebenen Grenze hält.

b) Balkone, Gesimse, Freitreppen, die nur bis zum Fußboden des unmittelbar über dem Keller angelegten Geschosses reichen, offene Veranden und Terrassen, Türvorbauten und Schutzdächer über Eingängen, freischwebend überhängende Dachteile, oben offene Lichtschachte sowie Gartenhallen, Lauben und offene Schuppen, deren Fronthöhe im einzelnen nicht mehr als 3 m und deren Flächeninhalt zusammen nicht mehr als 25 qm beträgt.

§ 59. Abstand der Baulichkeiten von den Nachbargrenzen und untereinander.

1. Im Gebiete der geschlossenen Bauweise — Bauklassen I und II sind alle Gebäude entweder unmittelbar an der seitlichen Nachbargrenze oder in einem Abstande von mindestens 6 m von dieser zu errichten. Nebenanlagen dürfen in jedem Falle unmittelbar an der seitlichen Nachbargrenze errichtet werden

2. Im Gebiete der offenen Bauweise — Bauklassen A, B, C, D, E — müssen sämtliche Gebäude einen Bauwich — Abstand von beiden seitlichen Nachbargrenzen — von mindestens 4 m halten.

Nebenanlagen, welche von der Baufluchtlinie einen Abstand von mindestens 20 m, wo eine solche nicht besteht, von der Straßengrenze einen Abstand von mindestens 24 m halten, dürfen auch unmittelbar an der seitlichen Nachbargrenze errichtet werden.

Über die Errichtung von Gebäudegruppen und Doppelhäusern vgl § 66.

3. Der Bauwich sowie der Zwischenraum, der nach Ziffer 1 im Gebiete der geschlossenen Bauweise zwischen den Gebäuden und den Nachbargrenzen gelassen werden kann, sind von Baulichkeiten freizuhalten. Doch ist es gestattet, an der Giebelseite der Vorderhäuser Freitreppen einschließlich ihrer Überdachungen sowie Türvorbauten anzubauen, sofern zwischen ihnen und den Nachbargrenzen ein Abstand von mindestens 2,50 m verbleibt. Auch sind an den Giebelwänden der Vorderhäuser von Grund aus aufgeführte Vorbauten, die höchstens 0,25 m vortreten und nicht mehr als ein Drittel der Giebelwandlänge des Vorderhauses einnehmen, zulässig.

4. Von der hinteren Nachbargrenze müssen alle Gebäude um die Hälfte ihrer Höhe, mindestens aber 6 m entfernt bleiben. Die gleiche Entfernung müssen auf Eckgrundstücken die Giebel der Seitenflügel, Seitengebäude, Mittelflügel und Mittelgebäude von der ihnen gegenüberliegenden Nachbargrenze einhalten.

Auf Nebenanlagen findet diese Vorschrift keine Anwendung.

5. Zwischen allen Baulichkeiten auf demselben Grundstücke ist — sofern sie nicht unmittelbar aneinander gebaut werden — ein Abstand von mindestens 6 m zu halten. Dasselbe gilt für die über die Umfassungswände vortretenden Bauteile an ein und demselben Gebäude oder an unmittelbar aneinander gebauten Gebäuden. Erhalten indessen die einander zugekehrten Umfassungswände solcher vortretenden Bauteile keine Öffnungen oder nur in einer Wand Öffnungen, so genügt ein Abstand von 2,50 m.

Werden indessen auf einem Grundstücke mehrere Einfamilienhäuser errichtet, so ist zwischen den einzelnen Einfamilienhäusern überall ein Abstand zu halten, der mindestens gleich der Höhe des höheren Hauses ist.

§ 60. Aufbauten.

Im Gebiete der Bauklassen D und E unterliegt die Errichtung von Aufbauten keiner Einschränkung.

§ 61. Anzahl der Hauptgeschosse. Benutzung der Nebengeschosse zur Einrichtung von Räumen zum dauernden Aufenthalt von Menschen.

1. Die Höchstzahl der Hauptgeschosse beträgt:

im Gebiete der Bauklasse	I	vier
„ „ „ „	II	drei
„ „ „ „	A	vier
„ „ „ „	B	drei
„ „ „ „	C	drei
„ „ „ „	D	drei
„ „ „ „	E	zwei.

2. Werden in allen hiernach zulässigen Hauptgeschossen Wohnräume angelegt, so darf im Gebiete der Bauklassen I, II und A das Dachgeschoß, im Gebiete der Bauklassen B, C und D das Dachgeschoß und das Kellergeschoß nicht zur Einrichtung von Räumen zum dauernden Aufenthalt von Menschen Verwendung finden; im Kellergeschoß von Vorderhäusern, die im Gebiete der Bauklassen I, II und A liegen, dürfen Räume zum dauernden Aufenthalt von Menschen nur mit einem Gesamtflächeninhalt von höchstens 90 qm hergestellt werden.

3. Im Gebiet der Bauklasse E, in allen anderen Bauklassengebieten, sofern ein Hauptgeschoß weniger angelegt wird, als nach Ziffer 1 zulässig ist, können die Nebengeschosse — das Dachgeschoß und das Kellergeschoß — zur Herstellung von Räumen zum dauernden Aufenthalt von Menschen Verwendung finden, doch darf der Gesamtflächeninhalt aller solcher Räume im Lichten gemessen nicht mehr als die Hälfte des Gesamtflächeninhaltes der Grundflächen des Dachgeschosses und des Kellergeschosses zusammen ausmachen. Die Grundflächen von Oberböden kommen hierbei nicht in Betracht.

4. Sofern im Gebiete der Bauklassen I und A nur zwei Hauptgeschosse oder nur ein Hauptgeschoß, im Gebiete der übrigen Bauklassen nur ein Hauptgeschoß errichtet wird, unterliegt die Einrichtung von Räumen zum dauernden Aufenthalt von Menschen im Dachgeschosse und im Kellergeschosse keinerei Einschränkung.

§ 62. Zum dauernden Aufenthalt von Menschen bestimmte Räume.

1. Alle zum dauernden Aufenthalt von Menschen bestimmte Räume müssen eine lichte Höhe von mindestens 2,50 m[275] haben. Dasselbe Höhenmaß kommt bei ungleichen Höhenlagen der Decke und des Fußbodens in Dachgeschossen und Nebenanlagen als Durchschnittshöhe in Anrechnung.

2. Im teilweise zu Wohnzwecken ausgebauten Dachgeschosse muß, wenn der Fußboden höher als 7 m über Erdbodenoberfläche liegt, der Bodenraum von Treppenhäusern und Wohnräumen rauch- und feuersicher abgeschlossen werden.

§ 63. Brandmauern, Mauerstärken, Scheidewände.

1. Gebäude, welche unmittelbar an die Nachbargrenzen herantreten, sind mit Brandmauern abzuschließen, welche durchweg wenigstens 0,25 m stark sein und ununterbrochen durch alle Geschosse bis mindestens 0,20 m über das Dach geführt werden müssen.

2. In Brandmauern sind zur Erleuchtung von Innenräumen Öffnungen mit mindestens 0,01 m starkem, fest eingemauertem Glasverschlusse zulässig. Die Öffnungen dürfen nicht mehr als

500 qcm Fläche haben und in jedem Geschosse auf einer Wandlänge von 3 m nur einmal vorkommen.

3. Freistehende massive Umfassungswände müssen, unbeschadet der Vorschrift in Ziffer 1, im Dachgeschosse mindestens 0,25 m, in den drei unter dem Dachgeschoß liegenden Geschossen mindestens 0,38 m, in den Geschossen darunter mindestens 0,51 m stark sein.

4. Balkentragende Scheidewände müssen im obersten Hauptgeschosse mindestens 0,25 m, in den Geschossen darunter mindestens 0,38 m stark sein.

5. Geringere Mauerstärken, als die in Ziffer 3 und 4 vorgeschriebenen, können für Gebäude mit geringen Tiefen und Geschoßhöhen sowie bei häufiger Querverbindung der Mauern zugelassen werden.

6. Die inneren Scheidewände von Holzfachwerkbauten und in Holzfachwerk errichteten Anbauten an Massivbauten dürfen, auch wenn sie Balkenlagen tragen, aus ausgemauertem Holzfachwerk hergestellt werden.

§ 64. Treppen.

1. Jedes nicht zur ebenen Erde liegende Geschoß muß mindestens durch eine Treppe zugänglich sein, durch welche der Ausgang ins Freie jederzeit gesichert ist (notwendige Treppe). Von jedem Punkte des Gebäudes aus muß eine notwendige Treppe auf höchstens 25 m Entfernung erreichbar sein.

2. Jede notwendige Treppe muß in einer freien, durch das Geländer nicht eingeschränkten Breite von mindestens 0,90 m sicher gangbar sein und in einem vom Treppenhause hinreichend erhellten Raume liegen.

Als sicher gangbar gilt eine Treppe, wenn der Auftritt der Stufen, in der Austragung gemessen, mindestens 0,26 m und die Steigung höchstens 0,18 m beträgt.

3. Für Keller- und für Bodentreppen darf der Auftritt auf 0,23 m verringert und die Steigung auf 0,20 m erhöht werden.

4. Wendelstufen dürfen an der schmalsten Stelle, in der Austragung gemessen, nicht unter 0,10 m Auftrittbreiten haben.

5. Die Treppenläufe sind, wenn sie zwischen Wänden liegen, mindestens an einer Seite mit Handgriffen, sonst mit Ge-

ländern zu versehen, welche ein Hindurchfallen von Kindern ausschließen.

6. Jede notwendige Treppe ist bis in das oberste unter dem Dachgeschoß liegende Geschoß zu führen. Sie darf ihre Fortsetzung zum Dachgeschoß durch eine in einem leicht auffindbaren, benachbarten Raume liegende Nebentreppe erhalten. Befinden sich im Dachgeschoß keine zum dauernden Aufenthalt von Menschen bestimmte Räume, so finden die Vorschriften in Ziffer 1 bis 5 auf die Nebentreppe keine Anwendung.

§ 65. Lichtschachte. Lüftungsschlote.

1. Lichtschachte (Lichthöfe) müssen durchweg bis zur Dachfläche feuersicher umschlossen werden und

	bis zu einer Höhe von	eine Mindestgrundfläche von	bei einer geringsten Abmessung von
a)	10 m	4 qm	1,50 m
b)	12 „	6 „	1,50 „
c)	15 „	8 „	2 „
d)	mehr als 15 m	10 „	2 „

erhalten.

Am unteren Ende der Lichtschachte sind Vorkehrungen zu treffen, welche ihnen von außen frische Luft dauernd zuführen. Die Luftzuführungskanäle müssen zu a und b wenigstens 0,10 qm, zu c und d wenigstens 0,20 qm Querschnitt erhalten.

2. Für Lüftungsschachte, welche einem Raume Licht unmittelbar durch die Decke zuführen, genügt es, wenn sie von dem Raume bis zur Dachfläche mit einem feuersicheren Stoffe ummantelt werden; auch darf die Grundfläche derartiger Lichtschachte kleiner als die zu Ziffer 1 angegebenen Mindestgrundflächen bemessen werden.

3. Sind die Lichtschachte oben mit einer Glasdecke oder sonst in geeigneter Art geschlossen, so müssen auch an ihrem oberen Ende Vorkehrungen getroffen werden, welche einen ausreichenden Luftwechsel sichern.

4. Lüftungsschlote müssen mit massiven Wänden umschlossen oder mit einem feuersicheren Stoffe ummantelt werden.

5. Wenn Lichtschachte oder Lüftungsschlote Öffnungen innerhalb des Dachraumes erhalten, so müssen diese feuer- und rauchsicher verschlossen sein.

6. Wenn durch einen Dachraum in einen unmittelbar darunter liegenden Raum Oberlicht eingeführt wird, so ist die Herstellung eines Lichtschachtes nicht erforderlich.

§ 66. Doppelhäuser und Gebäudegruppen im Gebiete der offenen Bauweise.

Auf benachbarten Grundstücken ist

im Gebiete der Bauklassen A und B der unmittelbare Anbau zweier oder mehrerer Vordergebäude aneinander sowie der unmittelbare Anbau je eines Vordergebäudes an ein Eckhaus — die Errichtung von Doppelhäusern und Gebäudegruppen —

im Gebiete der Bauklassen C und D der unmittelbare Anbau zweier Vordergebäude aneinander sowie der unmittelbare Anbau eines Vordergebäudes an eine Seite eines Eckhauses — die Errichtung von Doppelhäusern —

im Gebiete der Bauklasse E der unmittelbare Anbau zweier Einfamilienhäuser aneinander sowie der unmittelbare Anbau eines Einfamilienhauses an eine Seite eines Einfamilieneckhauses

unter folgenden Bedingungen gestattet:

a) Die Frontlänge der aneinander gebauten Häuser, beim Anbau an Eckhäuser die Frontlänge der aneinander gebauten Häuser an jeder Straße, darf im Gebiete der Bauklasse A zusammen nicht mehr als 50 m, im Gebiete der Bauklasse B zusammen nicht mehr als 40 m betragen.

b) In den Gebieten der Bauklassen C, D und E darf die Frontlänge der aneinander gebauten Häuser, beim Anbau an ein Eckhaus die Frontlänge des Eckhauses und des angebauten Hauses zusammen nicht mehr als 32 m betragen.

c) Die Häusergruppen und Doppelhäuser haben im übrigen einen Bauwich von mindestens 4 m zu halten.

d) Die angrenzenden Giebel der aneinander gebauten Häuser müssen sich im wesentlichen decken.

e) Die Stirnseiten der aneinander gebauten Gebäude müssen annähernd in derselben senkrechten Ebene liegen.

f) Seitenflügel — abgesehen von Nebenanlagen — dürfen nur an der Seite, an welcher kein Bauwich gehalten wird, errichtet werden.

g) Die beteiligten Grundstückseigentümer müssen sich gegenseitig - und zwar für sich und ihre Rechtsnachfolger — verpflichten, ihre Grundstücke nach den Vorschriften dieses Paragraphen zu bebauen, die Vorschriften auch bei späteren Neubauten, Um- und Ausbauten einzuhalten. Die Verpflichtung ist im Grundbuche eines jeden Grundstückes einzutragen und dabei zu vermerken, daß die in dem Paragraphen gewährten Bauvergünstigungen für sämtliche beteiligten Grundstücke fortfallen, sobald die Eintragung im Grundbuche auch nur eines Grundstückes gelöscht wird.

Sechster Abschnitt. Sondervorschriften für Fabrikbauten.

In denjenigen Gebieten der geschlossenen Bauweise und der Bauklasse C, in welchen die Anlage störender Betriebe nicht verboten ist (§ 48 Ziffer 1) kann die Polizeibehörde auf Grundstücken, die zur Errichtung gewerblicher Betriebsstätten größeren Umfangs (Fabriken) bestimmt sind — sofern die Betriebsweise oder die Fabrikation der herzustellenden Gegenstände es erforderlich erscheinen läßt — eine Bebauung nach Maßgabe der Bestimmungen dieses Abschnittes gestatten[276]):

Die Vorschriften in §§ 12 bis 14, 15 Ziffer 2, 18 und 50 bis 66 treten außer Anwendung; die übrigen Vorschriften dieser Polizeiverordnung bleiben in Kraft, sofern sie nicht durch die Bestimmungen in den §§ 67 bis 72 abgeändert werden.

§ 67. Zulässige Bebauung der Grundstücke.

1. Für die Ermittelung der zulässigen Bebauung kommt die hinter der Straßenfluchtlinie und, wo eine solche nicht besteht, die hinter der Straßengrenze liegende Fläche der Grundstücke in Betracht.

2. Für jeden Quadratmeter dieser Fläche werden

in der Bauklasse	I	9 cbm,
" " "	II	6 "
" " "	C	4,50 "

Baumasse zugelassen[277]).

3. Die so ermittelte Baumasse darf durch den Rauminhalt der auf dem Grundstücke zu errichtenden Baulichkeiten nicht überschritten werden. Die Art der Verteilung findet nur durch die Vorschriften dieses Abschnittes Einschränkung.

4. Der Rauminhalt der zu errichtenden Baulichkeiten wird aus den Grundflächen der einzelnen Geschosse und den zugehörigen, von Oberkante bis Oberkante Fußboden berechneten Höhen ermittelt. Das Kellergeschoß kommt nur oberhalb des Außengeländes vor den Gebäuden, das Dachgeschoß mit der Hälfte seines lichten Kubikinhalts in Anrechnung. Nicht eingerechnet werden über die Umfassungswände vortretende Bauteile und bauliche Anlagen, sofern diese über Erdoberfläche nicht mehr als 1 m hoch sind, Grenzmauern und Grenzzäune aus Holz oder Eisen, deren Höhe das Maß von 1,80 m nicht überschreitet und deren Stärke sich innerhalb der durch ihre Zweckbestimmung gegebenen Grenze hält, Türvorbauten, Schutzdächer über Eingängen und offene Schuppen.

§ 68. Abstand der Baulichkeiten von den Nachbargrenzen und untereinander.

1. Im Gebiete der geschlossenen Bauweise sind alle Gebäude entweder unmittelbar an der seitlichen Nachbargrenze oder in einem Abstande von mindestens 6 m von dieser zu errichten. Nebenanlagen (§ 17) dürfen in jedem Falle unmittelbar an der seitlichen Nachbargrenze errichtet werden.

2. Im Gebiete der Bauklasse C müssen sämtliche Gebäude einen Bauwich von 4 m halten. Nebenanlagen, welche von der Baufluchtlinie einen Abstand von mindestens 20 m, wo eine solche nicht besteht, von der Straßengrenze einen Abstand von mindestens 24 m halten, dürfen unmittelbar an der seitlichen Nachbargrenze errichtet werden.

3. Der Bauwich sowie der Zwischenraum, der nach Ziffer 1 im Gebiete der geschlossenen Bauweise gelassen werden kann, sind in ganzer Höhe von Baulichkeiten freizuhalten.

4. Von der hinteren Nachbargrenze müssen alle Gebäude um die Hälfte ihrer Höhe, mindestens aber 6 m entfernt bleiben. Auf Nebenanlagen findet diese Vorschrift keine Anwendung.

5. Zwischen allen Baulichkeiten auf demselben Grundstücke ist — sofern sie nicht unmittelbar aneinander gebaut werden — ein Abstand zu halten, der mindestens gleich dem arithmetischen Mittel der Höhen der betreffenden Baulichkeiten ist, jedoch nicht

weniger als 6 m betragen darf. Zwischen Gebäuden, deren gegenüberliegende Umfassungswände keine Öffnungen enthalten, die zu Räumen zum dauernden Aufenthalt von Menschen gehören, genügt ein Abstand, der gleich der Hälfte der Höhe des höchsten Gebäudes ist, jedoch nicht weniger als 6 m betragen darf. Zwischen Nebenanlagen und anderen Gebäuden ist ein Abstand von 6 m jedenfalls ausreichend.

Zwischen Wohngebäuden[278]) und anderen Gebäuden können größere Abstände vorgeschrieben werden.

6. Zwischen den über die Umfassungswände vortretenden Bauteilen an ein und demselben Gebäude oder an unmittelbar aneinander gebauten Gebäuden ist ein Abstand von mindestens 6 m einzuhalten. Erhalten indessen die einander zugekehrten Umfassungswände solcher vortretenden Bauteile keine Öffnungen oder nur in einer Wand Öffnungen, so genügt ein Abstand von 3 m.

§ 69. Höhe der Gebäude.

An Straßen errichtete Fabrikgebäude dürfen nicht höher sein als das Maß des Abstandes zwischen ihnen und der gegenüberliegenden Baufluchtlinie, wo eine solche nicht besteht, der gegenüberliegenden Straßengrenze; keinesfalls darf die Höhe der Gebäude das Maß von 22 m überschreiten[279]).

Für Wohngebäude bleibt die Vorschrift in § 15 Ziffer 2 maßgebend.

§ 70. Holzfachwerkbauten. Holzbauten.

Sofern Rücksichten auf die Feuersicherheit nicht entgegenstehen, können Holzfachwerkbauten und Holzbauten auch in größerem Umfange, als es nach §§ 30 und 31 statthaft ist, zugelassen werden.

§ 71. Decken.

Sofern Rücksichten auf die Feuersicherheit nicht entgegenstehen, kann von der Anforderung in § 32 Ziffer 5, daß an ungeputzten Holzdecken alle sichtbaren Teile des Holzwerkes glatt gehobelt werden müssen, abgesehen werden.

§ 72. Rohbau- und Gebrauchsabnahme.

Die in § 4 Ziffer 10 und § 5 Ziffer 2 festgesetzten Fristen können ermäßigt werden, wenn der Fabrikbetrieb die schleunige Herstellung der betreffenden Baulichkeit erheischt.

Siebenter Abschnitt. Schlußbestimmungen.

§ 73. Anwendung der Bestimmungen der Polizeiverordnung auf schon vorhandene Gebäude.

1. Werden vorhandene Gebäude oder Gebäudeteile, welche bisher nicht zum dauernden Aufenthalt von Menschen oder zu Zwecken der in § 20 angegebenen Art benutzt werden durften, hierfür bestimmt, so finden die Vorschriften in §§ 5 und 19 Anwendung.

2. Für bauliche Arbeiten, welche einzeln oder zusammengenommen eine erhebliche Veränderung eines Gebäudes oder Gebäudeteiles darstellen, kann die Bauerlaubnis auch davon abhängig gemacht werden, daß gleichzeitig die durch den Entwurf an sich nicht berührten Gebäude und Gebäudeteile, soweit sie den Vorschriften dieser Polizeiverordnung widersprechen, damit in Übereinstimmung gebracht werden[280]).

3. Außerdem finden die Vorschriften dieser Polizeiverordnung denjenigen Gebäuden und baulichen Anlagen gegenüber, die zur Zeit ihrer Errichtung den damals gültigen baupolizeilichen Bestimmungen entsprachen, nur soweit Anwendung, als polizeiliche Gründe, insbesondere solche der öffentlichen Sicherheit, es notwendig machen.

§ 74. Veränderungen der Grundstücksgrenzen.

Werden durch eintretende Veränderungen der Grenzen bebauter Grundstücke Verhältnisse geschaffen, welche den Vorschriften dieser Polizeiverordnung zuwiderlaufen, so sind die betreffenden Gebäude oder Gebäudeteile entsprechend umzugestalten oder zu beseitigen[281]).

§ 75. Dispense[282]).

1. Durch Dispense können zwingende[283]) Vorschriften dieser Polizeiverordnung, deren Durchführung im einzelnen Baufalle zu einer von der Polizeiverordnung offenbar nicht beabsichtigten

Härte führen würde, außer Kraft gesetzt werden, wenn die Abweichung von den Vorschriften mit dem öffentlichen Interesse nicht unvereinbar ist.

Als zwingende Vorschriften sind diejenigen Vorschriften anzusehen, von denen diese Polizeiverordnung nach dem Wortlaute ihrer Bestimmungen keine Ausnahmen zuläßt.

2. Die Erteilung der Dispense kann von Bedingungen abhängig gemacht werden.

3. Zur Erteilung von Dispensen[284]) ist der Bezirksausschuß zuständig.

§ 76. Veränderung der kommunalen Grenzen.

Werden Teile einer Gemeinde oder eines Gutsbezirks einer anderen Gemeinde oder einem anderen Gutsbezirk zugeschlagen, so tritt hierdurch eine Veränderung der den betreffenden Teilen durch diese Polizeiverordnung zugewiesenen Bauweise (Bauklasse) nicht ein[285]).

§ 77. Übergangsbestimmungen.

1. Diese Polizeiverordnung tritt in Kraft am Tage der amtlichen Veröffentlichung unter gleichzeitiger Aufhebung aller entgegenstehenden Vorschriften, insbesondere der Polizeiverordnung vom 21. April 1903 (Amtsblatt — Sonderbeilage zum 18. Stück). Unberührt bleiben die Polizeiverordnungen:

a) vom 22. Juli 1853, betreffend Pulverhäuser[286]),
b) vom 20. August 1857, betreffend Reinigung der Schornsteine[287]),
c) vom 25. November 1859, betreffend die russischen Schornsteinröhren[288]),
d) vom 23. November 1861, betreffend die Errichtung von Windmühlen[289]),
e) vom 5. Oktober 1877, betreffend die Beseitigung der Wanderställe,
f) vom 20. Juni 1883, betreffend Lagerung und Aufbewahrung von Petroleum und anderen Mineralölen[290]),
g) vom 15. November 1889 und 21. April 1891, betreffend die bauliche Anlage und die innere Einrichtung von Theatern, Zirkusgebäuden und öffentlichen Versammlungsräumen[291]),

h) vom 20. Dezember 1891, betreffend die Wohnungen der Wanderarbeiter in landwirtschaftlichen und industriellen Betrieben[292]),

i) vom 28. Mai 1892, betreffend die Beschaffenheit und Beleuchtung von Räumen, welche zur Lagerung von Spiritus dienen[293]),

k) vom 19. September 1892, betreffend die Abwendung von Feuersgefahr bei Errichtung von Gebäuden usw. in der Nähe von Eisenbahnen[294]),

l) vom 9. Dezember 1892, betreffend die öffentlichen Gaststallungen, Ausspannungen usw.[295]),

m) vom 31. März 1900, betreffend die Arbeiterfürsorge auf Bauten[296]).

2. Die nach den bisher gültigen Polizeiverordnungen bereits erteilten Bauscheine verlieren, unbeschadet der in § 3 enthaltenen Vorschriften, auch dann ihre Gültigkeit, wenn nicht innerhalb von 3 Monaten[297]) vom Tage der Veröffentlichung dieser Verordnung ab die Fundamente gelegt und die Kellermauern bis zur Erdoberfläche hergestellt sind[298]).

§ 78. Strafen[299]).

Übertretungen der vorstehenden Vorschriften werden, soweit nicht sonstige weitergehende Strafbestimmungen, insbesondere der § 367 zu 12 bis 15 und 368 zu 3 und 4 des Reichsstrafgesetzbuches vom 15. Mai 1871 Platz greifen, mit einer Geldstrafe bis zu 60 Mark, im Unvermögensfalle mit entsprechender Haft geahndet. Daneben bleibt die Polizeibehörde befugt, die Herstellung vorschriftsmäßiger Zustände herbeizuführen[300]).

Potsdam, den 28. Mai 1907.

Der Regierungspräsident.

Kommentar.

[1]) Zweckmäßig ist die Bezeichnung Baupolizeiverordnung. Das Kammergericht hat in einer nicht veröffentlichten Entscheidung vom 13. November 1893 die Baupolizeiordnung für das platte Land des Regierungsbezirks Magdeburg vom 2. Februar 1876 für rechtsungültig erklärt, weil sie nicht als polizeiliche Vorschrift, Polizeiverordnung oder Polizeireglement bezeichnet worden ist. Dieser Auffassung haben sich die Minister des Innern und der öffentlichen Arbeiten im Erlaß vom 9. Januar 1894 (MBl. S. 30) angeschlossen; von dieser Entscheidung ist das Kammergericht im Urteil vom 15. Februar 1894 insofern abgewichen, indem es eine Verordnung der Regierung zu Düsseldorf, welche unter der Ueberschrift „Verordnung" im Amtsblatt verkündet, für rechtsgültig erachtet hat, weil die Bestimmungen derselben in den einleitenden Worten der Verordnung als polizeiliche Vorschriften bezeichnet waren. OVG. 27^{420}. Vgl. Rosin S. 265, 266.

Die sämtlichen Baupolizeiverordnungen sind nichts anderes als Ausführungen und Spezialisierungen der allgemeinen Vorschrift des § 10 II 17 ALR. — Die nötigen Anstalten zur Erhaltung der öffentlichen Ruhe, Sicherheit und Ordnung und zur Abwendung der dem Publikum oder einzelnen Mitglieder desselben bevorstehenden Gefahr zu treffen, ist das Amt der Polizei. Es gibt keine Baupolizeiverordnung, die den § 10 erschöpfte, vielmehr wird jede durch § 10 ergänzt. OVG. 7. Oktober 1904. PVBl. 28^{198}.

Eine unmittelbar bevorstehende Gefahr ist nicht die Voraussetzung des polizeilichen Einschreitens. Ueberall da, wo eine Gefahr nach verständigem Ermessen zu befürchten ist, werden das Recht und die Pflicht der Polizei, Maßregeln zur Abwehr zu ergreifen, anerkannt werden müssen. Die Aufgaben der Polizei sind im § 10 II 17 ALR. in dem Sinne umschrieben, daß darüber hinaus, zur Pflege der Wohlfahrtsinteressen, insbesondere auch ästhetischer Rücksichten, eine Zuständigkeit der Polizei nur auf Grundlage besonderer gesetzlicher Bestimmungen besteht. OVG. 44^{391}.

Die mit der Baupolizei betrauten Behörden sind für alle Anordnungen baulicher Art zuständig, welche die Sicherung des Lebens und der Gesundheit gegen Gefahren bezwecken, die aus dem mangelhaften Zustande von Gebäuden erwachsen können.

[2]) Unter dem 10. Oktober 1908 ist die Baupolizeiverordnung für die Vororte von Berlin vom 28. Mai 1907 auf die von der Müggelspree, der Wendischen Spree, dem Kietzgraben und dem Schloßgraben umflossene Altstadt von Köpenick ausgedehnt; jedoch gelten für diesen Bezirk Sondervorschriften. Amtsbl. 1908 Nr. 42^{517}.

[3]) § 6. Zu den Gegenständen der ortspolizeilichen Vorschriften gehören:

a) der Schutz der Personen und des Eigentums;

b) Ordnung, Sicherheit und Leichtigkeit des Verkehrs auf öffentlichen Straßen, Wegen und Plätzen, Brücken, Ufern und Gewässern;
c) der Marktverkehr und das öffentliche Feilhalten von Nahrungsmitteln;
d) Ordnung und Gesetzlichkeit bei dem öffentlichen Zusammensein einer größeren Anzahl von Personen;
e) das öffentliche Interesse in bezug auf die Aufnahme und Beherbergung von Fremden; die Wein-, Bier- und Kaffeewirtschaften und sonstige Einrichtungen zur Verabreichung von Speisen und Getränken;
f) Sorge für Leben und Gesundheit;
g) Fürsorge gegen Feuersgefahr bei Bauausführungen, sowie gegen gemeinschädliche und gemeingefährliche Handlungen, Unternehmungen und Ereignisse überhaupt;
h) Schutz der Felder, Wiesen, Weiden, Wälder, Baumpflanzungen, Weinberge usw.;
i) alles andere, was im besonderen Interesse der Gemeinden und ihrer Angehörigen polizeilich geordnet werden muß.

§ 12. Die Vorschriften der Regierungspräsidenten können sich auf die im § 6 dieses Gesetzes angeführten und alle anderen Gegenstände beziehen, deren polizeiliche Regelung durch die Verhältnisse der Gemeinden oder des Bezirks erfordert wird.

§ 15. Es dürfen in die polizeilichen Vorschriften (§§ 5 und 11) keine Bestimmungen aufgenommen werden, welche mit den Gesetzen oder den Verordnungen einer höheren Instanz im Widerspruch stehen.

Durch den Erlaß des Gesetzes vom 11. März 1850 ist nicht beabsichtigt worden, die Befugnisse der Polizeibehörde über den bisherigen im § 10 II 17 ALR. gegebenen Rahmen hinaus zu erweitern. OVG. 44[391]. Vgl. S. 72.

Durch § 6 lit. i des Gesetzes vom 11. März 1850 haben die Polizeibehörden keine über den Rahmen des § 10 II 17 ALR. hinausgehende sachliche Zuständigkeit zum Erlaß von Polizeiverordnungen erhalten. PVBl. 27[66]. Anders der Rosinsche Standpunkt, der jedoch in der Judikatur keine Stütze findet.

[4]) a) Begriff der Bauerlaubnis.

Die Bauerlaubnis, deren Erteilung stets unbeschadet der Rechte Dritter erfolgt (OVG. 41[374]) ist keine Verfügung, an welche sich ohne weiteres ein Zwangsverfahren anknüpfen kann (OVG. 2[453]), sie ist vielmehr nur eine Erklärung der Baupolizeibehörde, daß dem Baue in dem geltenden öffentlichen Rechte keine Hindernisse entgegenstehen. OVG. 19[385].

Die Baugenehmigung hat nur Gültigkeit, wenn der genehmigte Bau genau an der Stelle errichtet wird, die sich aus den Bauvorlagen ergibt.

Die Bauerlaubnis bezieht sich nicht nur auf Hochbauten, sondern auch auf bauliche Anlagen in weiterem Umfange (OVG. 5[360]), Tiefbauten (KG. 15. Januar 1891). Ob in zweifelhaften Fällen bei Tiefbauten baupolizeiliche Genehmigung erforderlich ist, wird sich vielleicht ergeben in Ansehung der Konstruktion, des Baumaterials usw. Bei der Kanalisation einzelner Stadtteile mittelst Tonrohrleitungen, die das Tages- und Wirtschaftswasser aus den öffentlichen Straßen und den anstoßenden Grundstücken entfernen, steht ein baupolizeiliches Interesse nicht in Frage. Die baupolizeilichen Interessen, welche bei solcher Kanalisation sich auffinden lassen, treten hinter den selbständigen wasser-, straßen-, gesundheitspolizeilichen Interessen weit zurück. OVG. 5 366.

Wenn es sich darum handelt, ob Schaukästen an den Häusern zu dulden, so kommen verkehrspolizeiliche, nicht baupolizeiliche Interessen in Frage. OVG. 8. Juli 1901 (IV 1338).

Ein Gebäude, welches beseitigt worden ist, darf ohne baupolizeiliche Genehmigung nicht wiederhergestellt werden. OVG. 13. Mai 1897 (IV 887).

Der Antrag auf polizeiliche Genehmigung eines Bauvorhabens kann jederzeit wiederholt werden. Die auf den wiederholten Antrag eingehende Verfügung ist immer eine neue selbständig anfechtbare, auch wenn sie nur die früheren Ablehnungsgründe wiederholt. OVG. 45 411.

Ein Zwang für den Unternehmer, nach erteilter Bauerlaubnis bauen zu müssen, liegt nicht vor.

Eine nur mündlich erteilte Genehmigung genügt nicht, wenn durch Polizeiverordnung vorgeschrieben ist, daß der behördliche Baukonsens schriftlich erteilt werden muß. RG. IV. Strafs. 3. April 1891.

Bei der Prüfung eines Baugesuches ist nicht allein das für den einzelnen Bezirk geltende Baurecht zugrunde zu legen, sondern das gesamte öffentliche Recht. Das Gebiet der Baupolizei ist nicht scharf umgrenzt, neben baupolizeilichen Gesichtspunkten in engerem Sinne (bautechnischen) machen sie auch noch anderweite polizeiliche Interessen, namentlich solche der Feuerpolizei und der Gesundheitspflege, geltend, und die Polizeiverordnungen greifen nicht selten aus dem eigentlich engeren baupolizeilichen Gebiete in verwandte polizeiliche Gebiete hinüber. OVG. 5 316.

Falls die Bauordnungen nichts anderes bestimmen, bedürfen auch fiskalische Bauten der Bauerlaubnis usw. Die Ortspolizeibehörde ist befugt, die fiskalischen Bauprojekte nach der Richtung hin zu prüfen, ob dieselben den Vorschriften der örtlichen Baupolizeiordnung entsprechen, und je nach dem Ergebnis ihre Zustimmung zu den Projekten zu versagen. OVG. 5 324.

Durch den Runderlaß vom 15. Dezember 1878 ist im Anschluß an die Rechtsprechung des Oberverwaltungsgerichts grundsätzlich bestimmt worden, daß im Geltungsbereich der Kreisordnung, sofern Gesetz, Verordnung oder Statut für Bauprojekte die Genehmigung der Ortspolizeibehörde erfordern, letzterer die Prüfung über Projekte und die Entschließung über die im ortspolizeilichen Interesse zu stellenden Anforderungen sowie die Abnahme des Rohbaues nicht entzogen werden darf. Hiernach ist die Frage, inwieweit eine Beschränkung der baupolizeilichen Prüfung fiskalischer Bauprojekte als zulässig anzusehen ist, nach dem jeweiligen örtlichen Baupolizeirecht zu beurteilen. Wo die Baupolizeiordnungen, wie es vielfach geschehen ist, bestimmen, daß es bei auf Rechnung des Reichs oder Staats von Staatsbeamten ausgeführten Bauten der Einholung der förmlichen baupolizeilichen Erlaubnis nicht bedarf, es vielmehr genügt, wenn das Bauvorhaben vor der Ausführung der Polizeibehörde zur Erklärung darüber vorgelegt wird, ob und was in baupolizeilicher Hinsicht dagegen zu erinnern sei, oder auch bei solchen Bauten die Abnahme des Rohbaues oder die Schlußabnahme ganz nachlassen, hat es dabei sein Bewenden, andernfalls sind die Vorschriften des örtlichen Baurechts auch für fiskalische Bauten maßgebend

b) Baubedingungen.

Dem Baukonsense können in Form von Bedingungen sich auch „Anordnungen" anschließen in der Art, daß der Unternehmer, wenn anders er überhaupt von dem Konsense Gebrauch macht, hierbei an gewisse — gleichviel, ob seinen Plänen entsprechend oder ihnen zuwiderlaufend — Schranken gebunden ist und daß diese Anordnungen dann aufrecht zu erhalten sind, wenn sie sich mit dem bestehenden Baurechte in Uebereinstimmung befinden. OVG. 23[325].

Es liegt in der Natur der Sache, daß die Polizeiverordnungen, auf Grund deren die Baukonsense erteilt werden, nicht alle möglichen Unzuträglichkeiten speziell berücksichtigen können, die sich aus der Art der Benutzung der konsentierten Räumlichkeiten in der Folge etwa ergeben. In ständiger Rechtsprechung ist daran festgehalten, daß die Polizeibehörde auch bei konsentierten und konsensmäßig ausgeführten Baulichkeiten nachträglich Vorkehrungen fordern darf. Die Polizeibehörde ist berechtigt auf Grund des § 6f des Gesetzes vom 11. März 1850 und des § 10 II 17 ALR., welche ihr den Schutz und die Sorge für Leben und Sicherheit des Publikums ganz allgemein übertragen, bei konsentierten und abgenommenen Gebäuden nachträglich über den Inhalt des Bauscheins hinausgehende Anforderungen zu stellen. OVG. 26. Mai 1905 (VIII 848).

Der Unternehmer darf in vollem Umfange von der Bauerlaubnis nur Gebrauch machen, wenn er sich innerhalb der Schranken hält, die ihm die Bedingungen auferlegen. Allerdings müssen dieselben einen Ausfluß des Polizeirechts darstellen, wenn sie erzwingbar sein sollen. Bedingungen, die nur gestellt werden aus Gründen des Zweckmäßigen und Wünschenswerten, kann die Polizei nicht durchsetzen. Viele Beschwerden und viel Unrecht würde vermieden, wenn die Baupolizeibehörde verpflichtet wäre, äußerlich erkennbar zu machen, welche von den gestellten Bedingungen ihre Grundlage in polizeilichen Befugnissen finden und welche nur gewissermaßen Ratschläge darstellen.

Eine baupolizeiliche Vorschrift, die im Widerspruch steht mit der Verordnung einer höheren Instanz ist rechtsungültig, sie darf deren Vorschriften, weder verschärfen noch abschwächen, auch nicht ergänzen, soweit die Materie durch die Verordnung der höheren Instanz erschöpfend geregelt ist; eine Ergänzung ist nur insoweit gestattet, als die höhere Instanz auf dem in Betracht kommenden Gebiete keine Anordnungen getroffen hat, also eine Lücke entsteht, die durch die Polizeiverordnung der unteren Instanz ausgefüllt wird. OVG. 24[357]. Vgl. Anm. 3.

Sind die Anforderungen bei der Ausführung von Bauten ein für allemal durch spezielle Gesetze oder Polizeiverordnungen geregelt, so bestimmen sich Maß und Umfang der dem Unternehmer und der Baupolizeibehörde zustehenden Rechte und obliegenden Pflichten regelmäßig nicht mehr nach den allgemeinen im § 10 II 17 des ALR hervorgehobenen Gesichtspunkten, sondern nach den Vorschriften des geltenden örtlichen Baurechts, und zwar unbedingt und ohne Rücksicht auf die Lage des einzelnen Falles, sofern nicht etwa die Zulassung von Ausnahmen besonders vorgesehen ist. OVG. 4. Dezember 1895, PVBl. 17[453], OVG. 51[393].

Die Erteilung eines polizeilichen Baukonsenses für ein auf einem Privatgrundstücke zu errichtendes Bethaus einer geduldeten Religionsgesellschaft (Methodistengemeinde) darf von einer vorherigen staatlichen Genehmigung nicht abhängig gemacht werden. OVG. 3. November 1884, PVBl. 6[151].

Die Möglichkeit allein, daß der Unternehmer in naher oder ferner Zukunft polizeiwidrige Einrichtungen treffen werde, berechtigt die Polizeibehörde nicht, demselben Normen vorzuschreiben, nach denen er sich eintretendenfalls richten soll. OVG. 23[328].

Der Nachfolger im Besitz eines Hauses, dessen Bau abweichend von der Bauerlaubnis zur Ausführung gekommen, kann nur zur Abinderung angehalten werden, falls die gestellten und nicht beobachteten Bedingungen ihre rechtliche Basis finden in allgemein gültigen unmittelbar gesetzlichen oder doch denjenigen, den Gesetzen gleichstehenden baupolizeilichen Bestimmungen.

Eine freiwillige Unterwerfung der Beteiligten gegenüber der Baupolizeibehörde unter Beschränkungen, die im öffentlichen Baurecht nicht enthalten sind, haben keine öffentlich-rechtlich maßgebende Bedeutung. OVG. 24[377].

Die Erklärung eines Polizeiverwalters, Baugesuche, die zum Inhalt die Einrichtung eines Gebäudes haben, in dem Restaurationsräume vorgesehen sind, prinzipiell nicht mehr genehmigen zu wollen, stellt eine Ueberschreitung der polizeilichen Befugnisse dar, außerdem einen Eingriff in die Befugnisse der höheren Instanz bezüglich Konzessionierung von Schankwirtschaften.

Die Polizeibehörde ist nicht befugt, in den Fällen des § 15 des Gesetzes vom 2. Juli 1875 die Bedingung zu stellen, daß Unternehmer vor Aushändigung der Bauerlaubnis die auf ihn entfallenden Kosten zahlt. Sie ist nicht berufen zur Wahrnehmung kommunaler Vermögensinteressen bezüglich des § 15 des Gesetzes vom 2. Juli 1875. Wird der Baukonsens von der Sicherstellung einer solchen Leistung abhängig gemacht, so stehendem Betreffenden die in den §§ 127 ff. LVG. erwähnten Rechtsmittel offen. OVG. 23[25].

Es ist teilweise üblich geworden, in der Weise zu verfahren, daß man an die Prüfung der Bauvorlagen erst herantritt, nachdem Unternehmer die auf ihn entfallenden Straßenbaukosten gemäß § 15 des Gesetzes vom 2. Juli 1875 gezahlt hat. Aus der angezogenen Entscheidung geht hervor, daß die Polizeibehörde in den Fällen des § 15 zur Wahrung kommunaler Vermögensinteressen nicht berufen ist. Es kommt jedoch noch hinzu, daß die Beitragspflicht noch nicht einmal entstanden ist; dieselbe entsteht erst, sobald der Unternehmer das Gebäude an einer Straße errichtet; zum Beispiel die Fundamentierung eines Gebäudes stellt sich als Beginn eines Baues dar, wodurch Unternehmer gemäß § 15 Baufluchtengesetzes beitragspflichtig wird. OVG. 25[85].

c) Wer darf bauen?

„In der Regel ist jeder Eigentümer seinen Grund und Boden mit Gebäuden zu besetzen oder sein Gebäude zu verändern wohl befugt.“ (§ 65 I 8 ALR.)

„Der Eigentümer einer Sache kann, soweit nicht das Gesetz oder Rechte Dritter entgegenstehen, mit der Sache nach Belieben verfahren und andere von jeder Einwirkung ausschließen.“ (§ 903 BGB.)

Die Baufreiheit ist jedoch beschränkt im Interesse Dritter und des öffentlichen Rechts, ohne daß der Eigentümer hieraus Entschädigungsansprüche herleiten kann. Eine unbeschränkte Baufreiheit würde Zustände nach sich ziehen, die ein Zusammenwohnen in Ortsteilen unmöglich machen würden.

Jeder Eigentümer ist gehalten, Sorge zu tragen, daß sein Eigentum sich jederzeit und dauernd in einem dem Gemeinwohle verträglichen Zustande befindet, und es nur so zu benutzen, daß polizeilich zu schützende öffentliche Interessen nicht beeinträchtigt oder gefährdet werden. OVG 39[399]. Die Einschränkungen im öffentlichen Interesse sind enthalten in Reichs-, Landesgesetzen, Polizeiverordnungen und Ortsstatuten.

Die Polizei ist nicht befugt, ausnahmlos die Bauerlaubnis abhängig zu machen von dem Nachweis, daß Unternehmer Eigentümer des Grundstückes sei. Dies folgt auch nicht aus § 65 I 8 ALR. In zahlreichen Fällen werden vielmehr die Baugesuche von dem Bauunternehmer für die Grundstückseigentümer eingereicht. Ebenso kommt es vor, daß Nießbraucher, Pächter, Mieter, ja selbst der nur tatsächliche Besitzer eines Grundstückes die Genehmigung zum Bauen nachsuchen, und die Baupolizeibehörde wird dann in der Regel nicht fordern können, daß der Gesuchsteller das Einverständnis des Grundstückseigentümers zu den beabsichtigten Bauten nachweise. Anderseits hat die Polizeibehörde nicht den Beruf, Baukonsense ohne Rücksicht darauf, ob der Bau überhaupt ausgeführt werden kann oder nicht, zu erteilen. Darüber besteht da kein Zweifel, wo dem Bauvorhaben polizeilich zu schützende Interessen hindernd entgegenstehen, beispielsweise der Bau auf einem öffentlichen Platze ausgeführt werden soll. In einem solchen Falle weist die Baupolizeibehörde jede Prüfung des Baugesuches in bautechnischer Beziehung ab, weil der Bau überhaupt nicht zulässig ist. Nicht anders steht es für die Polizeibehörde da, wo die tatsächlichen Verhältnisse des Falles die Annahme rechtfertigen, daß der polizeilichen Genehmigung des Baues dessen Ausführung nicht folgen werde. Es ist sehr wohl denkbar, daß die Polizei um einen Konsens von Personen angegangen wird, die nicht bauen wollen oder können, die aber gleichwohl ein Interesse daran haben, die Möglichkeit des Baues, die Eigenschaften eines Grundstückes als Bauplatz, die Tragweite gewisser baupolizeilicher Bestimmungen usw. mehr festgestellt zu sehen und denen bei Verfolgung solcher Interessen der Vorwurf der Schikane nicht zu machen ist. Gleichwohl ist die Baupolizeibehörde für berechtigt zu erachten, in derartigen Fällen von jeder Prüfung des Bauprojekts abzusehen, und zwar lediglich um deswillen, weil ihre Tätigkeit nur der Ausführung von Bauten zu dienen, nicht aber darüber hinaus sich auch mit der bloßen Möglichkeit von Bauten zu befassen hat. Der Satz, daß die Baugenehmigung unbeschadet der Rechte Dritter erteilt wird, berührt diese Stellung der Polizeibehörde überhaupt nicht. Er darf nicht dahin gedeutet werden, daß die Polizeibehörde sich jeder Prüfung der obwaltenden Eigentumsverhältnisse zu enthalten und auch Baukonsense da zu erteilen habe, wo von einem wirklichen Bauvorhaben nicht mehr die Rede sein kann und die tatsächliche und rechtliche Unmöglichkeit über den Bauplatz zu verfügen von vornherein offenkundig ist. OVG. 41[375]. Vgl. S. 72.

Die Forderung der Polizeibehörde, ausnahmslos von solchen Unternehmen, die ihr nicht bekannt sind, einen Auszug aus dem Grundbuch zu verlangen, damit die Eigentumsverhältnisse klargestellt werden, ehe in die Prüfung der Bauvorlagen eingetreten wird, erscheint demgemäß zu weitgehend.

d) An wen sind baupolizeiliche Verfügungen zu richten.

Die Polizei wird sich wegen Beseitigung eines polizeilich unzulässigen Bauwerks in der Regel zunächst an den Bauenden oder den Eigentümer des Grundstücks als den Inhaber der tatsächlichen rechtlichen Herrschaft über dasselbe zu halten haben. Im Konkursfalle hat der Konkursverwalter das Grundstück der Polizei gegenüber zu vertreten, nicht die Konkursmasse; gegen ersteren kann die Polizei ihre Anordnung durch Anwendung der gesetzlichen Zwangsmittel, insbesondere durch die Androhung der Ausführung durch einen Dritten auf Kosten des Konkursverwalters durchsetzen. Diese Kosten erscheinen als Massekosten, und zwar als Ausgaben für die Verwaltung der Masse im Sinne des § 51 Nr. 2 der Reichskonkursordnung, welche nach § 50 a. a. O. aus der Konkursmasse vorweg zu berichtigen sind. OVG. 13[399]. Eventuell kann die Polizeibehörde sich halten an den bevollmächtigten Vertreter des Eigentümers, an den Zwangsverwalter, an den Ehemann als Nießbraucher, wenn die Ehefrau Eigentümerin, ebenfalls an Miteigentümer, offene Handelsgesellschaft als Firma. Münchgesang S. 258.

Der Eigentümer als solcher ist für die Legalität der Bauten auf seinem Grundstück verantwortlich.

Er wird von dieser Verantwortlichkeit nicht dadurch entlastet, daß illegale Anlagen nicht von ihm, sondern von seinem Vorbesitzer herrühren. OVG. 13. November 1903 (VIII 583). Vgl. Baubedingungen unter b.

e) Versagung der Bauerlaubnis.

Die Polizei darf die Bauerlaubnis versagen, falls Gründe gegen die Erteilung derselben vorliegen.

Gegen Versagung oder einstweilige Versagung finden die Rechtsmittel aus §§ 127ff. LVG. statt. Die Versagung der Bauerlaubnis hindert nicht, den Antrag zu wiederholen.

Einem Grundstückseigentümer kann untersagt werden, sein abgebranntes Fabrikgebäude an derselben Stelle wieder aufzubauen, wenn inzwischen durch Polizeiverordnung verboten ist, den Platz mit derartigen Anlagen zu bebauen. RG. 24. März 1905 (X 326).

Wenn durch ein Naturereignis (Hochwasser) das Flußgebiet eines öffentlichen oder Privatflusses verändert oder dergestalt erweitert wird, daß Teile angrenzender Privatgrundstücke in dasselbe fallen, so ist den Adjazenten eine Wiederherstellung des früheren Zustandes gemäß § 99 I 8 ALR. nur mit Genehmigung der Polizeibehörde gestattet. Von deren Erteilung wird ein Baukonsens mit Recht versagt, wenn die Baufluchtlinie in das so erweiterte Flußbett fällt, selbst wenn vor der Erweiterung das Terrain sich im Privateigentum des Bauenden befand. OVG. 2. Juli 1889.

Die Errichtung von Gebäuden in der Nähe von Pulverhäusern kann von der Polizei gemäß § 10 II 17 ALR. verhindert werden. Vgl. § 77.

Der Unternehmer ist berechtigt, bei der Polizei die Abänderung oder Zurücknahme einer im Bauschein auferlegten Bedingung von neuem zu beantragen, obgleich er den Bauschein zunächst unangefochten gelassen hat. Jeder derartige Antrag hat eine selbständige Bedeutung; seine Ablehnung stellt eine neue polizeiliche Verfügung dar, die mit den zulässigen Rechtsmitteln anfechtbar ist.

Die Bauerlaubnis darf nicht davon abhängig gemacht werden, daß Unternehmer vorher auf Grund des § 15 des Gesetzes vom 2. Juli 1875 usw. der Gemeinde gegenüber seinen Verpflichtungen nachkommt (siehe unter d).

Die geschehene Einleitung des Enteignungsverfahrens gibt der Polizeibehörde nicht die Befugnis, eine beantragte Bauerlaubnis zu versagen. Die Polizeibehörde kann nicht als berechtigt angesehen werden, der Durchführung eines solchen Unternehmens auch ihrerseits mit polizeilichen Mitteln, insbesondere mit einer auf § 66 I 8 ALR. gestützten Verweigerung des Baukonsenses, zu Hilfe zu kommen. OVG. 23[368].

Die Polizeibehörde kann nicht die Errichtung eines Kontorgebäudes in einem bestimmten Bezirke verbieten, weil die Schriftstücke, die dort angefertigt, die Geschäfte, die dort abgeschlossen werden sollen, auf ein mit Gefahr oder Belästigung verknüpftes Gewerbe Bezug haben würden, dessen Betrieb dem Bezirke fernzuhalten die Polizeibehörde nach den maßgebenden Vorschriften befugt ist. OVG. 35[385].

Die Befugnis der Polizeibehörde, einem geplanten Bau in Gemäßheit des § 11 des Gesetzes vom 2. Juli 1875 die Genehmigung zu versagen und seine Ausführung zu verhindern, tritt schon dann ein, wenn sich die Gemeindebehörde und die Polizeibehörde über eine bestimmte Fluchtlinie, welche festgelegt werden soll, geeinigt haben. Vgl. § 10.

Ein Baukonsens darf um deswillen noch nicht versagt werden, weil eine dem Gesetz vom 2. Juli 1875 entsprechende Festsetzung von Fluchtlinien noch nicht stattgefunden hat. OVG. 2[371].

Die Handhabung der Baupolizei beschränkt sich keineswegs auf die Wahrnehmung bautechnischer Anforderungen. Ihre Schranken sind nur diejenigen, welche das Gesetz im § 10 II 17 ALR. der Handhabung der Polizei überhaupt zieht. Es steht ihr also auch der Schutz der öffentlichen Ordnung, Sicherheit und Ruhe zu, oder, wie es im § 66 ALR., eine unzweifelhaft öffentlich-rechtliche Norm des Polizeirechts, ausgedrückt ist und im § 71 daselbst im wesentlichen wiederholt wird, sie hat alles zum Schaden oder zur Unsicherheit des gemeinen Wesens Dienende zu hindern. Der geplante Bau eines neuen Eingangstores für den im Eigentum der Stadt Berlin stehenden Friedhof im Friedrichshain, auf welchem die in den Straßenkämpfen des 18. März 1848 gefallenen Zivilpersonen beerdigt sind, stellt eine Ehrung der Revolution dar, geeignet, durch die Belebung und Stärkung revolutionärer Gesinnung die öffentliche Ordnung, Ruhe und Sicherheit unmittelbar zu gefährden. Daher wurde die Bauerlaubnis versagt. OVG. 36 403, 408.

f) Zurücknahme der Bauerlaubnis.

Ein einmal erteilter Baukonsens kann nach bereits eingetretenem Beginn der Bauausführung nicht bloß deshalb zurückgenommen werden, weil die Baupolizeibehörde nachträglich zu der Ueberzeugung gelangt, daß sie sich bei dem ihr zustehenden freien Ermessen geirrt habe, und daß die Verhältnisse anders als geschehen zu beurteilen seien. Und dasselbe gilt von der Kognition der Aufsichtsbehörde. Die Zurücknahme einer Bauerlaubnis kann vielmehr der Regel nach nur dann erfolgen, wenn die Bauerlaubnis sich mit dem zur Zeit der Erteilung geltenden öffentlichen Polizeirechte in Widerspruch setzt. Ein solcher Widerspruch liegt da klar vor, wo die Bauerlaubnis gegen positiv bindende, das freie Ermessen im Einzelfall ausschließende Vorschriften des materiellen Polizeirechts erteilt ist. Diesen Fällen mögen unter Umständen auch solche gleichzustellen sein, wo beim Mangel konkreter Vorschriften die allgemeinen, dem Ermessen der Polizeibehörde als Richtschnur gegebenen Normen des Polizeirechts (§ 10 II 17 ALR. und dgl. mehr) maßgebend sind und durch offenbar sach- und pflichtwidrige Handhabung im Einzelfalle derartig verletzt werden, daß das öffentliche Interesse eine Remedur unabweisbar erheischt. Keineswegs ist dagegen jener Widerspruch mit dem bestehenden Recht da gegeben, wo in den Grenzen des durch das Polizeirecht der Behörde eingeräumten freien pflichtmäßigen Ermessens eine verschiedene Beurteilung polizeilicher Gesichtspunkte möglich ist und tatsächlich eintritt. Denn hier hat bei Erteilung des Konsenses die Behörde eben nur das bestehende Baurecht in Gemäßheit der ihr überlassenen Anwendung auf den einzelnen Fall gehandhabt. OVG. 24 350.

Eine irrtümlich gewährte Bauerlaubnis gewährt dem Bauherrn keinen Schutz, weil sie von vornherein rechtswidrig war. Das gesetzlich geschützte öffentliche Interesse muß auch da maßgebend bleiben, wo die Polizeibehörde es nicht genügend wahrgenommen hat. OVG. 20. November 1906 (VIII 932).

Die Polizeibehörde ist befugt, eine nur bedingt erteilte Baugenehmigung, und zwar auch nach Errichtung des Baues, zurückzunehmen, wenn die Erfüllung der Bedingung abgelehnt wird. OVG. 39 356.

Die Polizei kann einen erteilten Baukonsens auch nach begonnenem Bau zurücknehmen, wenn er dem positiven Baurecht widerspricht. (OVG. 25. Oktober 1900, IV 1710.)

Aus dem Irrtum des Beamten erwachsen dem Unternehmer keine Ansprüche auf Schadenersatz. (Baltz, Baupolizeirecht 1905, S. 111.) Vgl. unter p.

Die Zurücknahme der Baugenehmigung, nachdem mit dem Bau begonnen ist, aus dem Grunde, weil die Polizei sich geirrt, wird fast immer schwere wirtschaftliche Nachteile für den Unternehmer nach sich ziehen.

g) Bauerlaubnis auf Widerruf.

Der vorbehaltene „jederzeitige" Widerruf ist keineswegs gleichbedeutend mit einem willkürlichen Widerruf. Vielmehr muß einer polizeilichen Verfügung in jedem Falle ein objektiv erkennbares polizeiliches Motiv zugrunde liegen. OVG. 39 [367].

Die Polizei ist berechtigt, von dem vorbehaltenen Recht eines Widerrufs Gebrauch zu machen, auch wenn ein Eigentümerwechsel eingetreten ist. PVBl. 29 [692].

Die widerrufliche Erteilung der Bauerlaubnis kann vom Unternehmer nicht wirksam angefochten werden, wenn ihm die Erlaubnis versagt werden konnte. OVG. 39 [367].

Nach Graf Westarp kann im Falle des § 11 des Fluchtliniengesetzes vom 2. Juli 1875 eine Bauerlaubnis auf Widerruf vom Unternehmer wirksam nicht angefochten werden. Es wird vorgeschlagen, die Bauerlaubnis zu erteilen „unter Vorbehalt des Widerrufs, sobald die Gemeinde die Freilegung der Straße innerhalb der durch Fluchtlinienplan usw. festgesetzten Baufluchtlinien verlangt" oder indem dem Konsens eine Bedingung folgenden Inhalts hinzugefügt wird: „Die genehmigten baulichen Anlagen sind zu beseitigen und der frühere Zustand ist wiederherzustellen, sobald die Gemeinde die Freilegung usw. verlangt PVBl. 27 [115].

h) Erlöschen der Bauerlaubnis.

Die Bauerlaubnis erlischt, wenn nicht innerhalb des vorgeschriebenen Zeitraumes mit dem Bau begonnen wird.

Die Ausschachtung der Baugrube bildet zweifellos den Anfang der Bauausführung. Zweifelhaft könnte dies sein bei langsamem Fortschreiten des Baues und bei völligem Ruhen der Arbeiten während verhältnismäßiger Zeit. Eine Bauausführung erscheint nicht zum Schein oder zur Umgehung des Gesetzes begonnen, wenn der Bauunternehmer z. B. in der Fortführung des Baues behindert gewesen ist, weil er fremde Bauten auszuführen hatte. Es würde eine erhebliche Härte in sich schließen, wenn in allen solchen Fällen der Konsens verlieren würde. OVG. 24 [367].

Wird der Bau erst kurz vor Ablauf der gesetzten Frist in Angriff genommen, so setzt sich Unternehmer damit noch keineswegs der Vermutung einer bloßen Scheinoperation aus, da er hiermit sein gutes Recht erst in letzter Stunde wahrt. OVG. 20. März 1888 (II 317). PVBl. 9 [279].

i) Berücksichtigung grundbuchlicher Eintragungen und Privatrechte Dritter.

Die der Polizeibehörde zur Prüfung überwiesenen Baugesuche dürfen nicht dazu benutzt werden, um Privatrechte, welche einem Dritten oder auch der Behörde selbst zustehen, zur Geltung zu bringen. Die Behörde hat vielmehr bei der von ihr zu treffenden Entschließung allein das öffentliche Interesse wahrzunehmen, und selbst wo letzteres durch Privatrecht geschützt werden sollte, kann der Grund, auf welchen sich die Behörde stützt, nicht aus diesen Privatrechten, sondern lediglich aus dem öffentlichen Interesse selbst, bzw. aus den in diesem Interesse gegebenen Bestimmungen des öffentlichen Rechts entnommen werden OVG. 12 [369].

Die Polizeibehörde kann nicht verlangen, daß der Eigentümer in seinen aus dem Eigentum folgenden Befugnissen Einschränkungen erdulde, damit ein anderes, wirtschaftlich getrenntes und selbständiges Grundstück in einem polizeimäßigen Zustand bleibe. Für die Wahrung dieses Zustandes hat nur der Eigentümer des anderen Grundstückes zu sorgen, an ihn muß sich die Polizei halten. OVG. 42 [356].

Hat die Polizeibehörde den Prozeß eines Nachbars gegen einen Bau unberücksichtigt gelassen und den Baukonsens zu Unrecht erteilt, so ist dagegen ev. die Beschwerde an die Aufsichtsbehörde zu richten, keine Klage nach § 127 LVG. zulässig. Privatrechtliche Streitigkeiten hat die Polizei in der Regel nicht zu beachten. OVG. 2 [448], 5 [360], 6 [304], 45 [409].

Vgl. S. 79.

k) Aenderung des Baurechts.

Ein nach Maßgabe des bestehenden Baurechts ordnungsmäßig genehmigter Bau unterliegt nicht bei nachträglicher Aenderung des Baurechts, insoweit er noch nicht vollendet, den Vorschriften: z. B. erscheint es unzulässig, den § 12 des Gesetzes vom 2. Juli 1875 in dem Sinne auszulegen, daß durch den Erlaß eines Ortsstatutes die Ausführung und Vollendung von vorher genehmigten und schon begonnenen Bauten verhindert werden kann. OVG. 24 [362]. Vgl. § 10.

Auf nicht genehmigte und insofern nicht „zu Recht bestehende" Gebäude ist stets dasjenige Baurecht anzuwenden, welches zu der Zeit gilt, zu welcher die Polizei von dem Bau Kenntnis erhält. Handelt es sich um eine wesentliche Aenderung des ursprünglich geplanten und genehmigten Gebäudes, so ist die Polizei berechtigt, den veränderten Bau als einen neuen, bisher noch nicht genehmigten zu behandeln, demgemäß unterliegt er dem etwa inzwischen erlassenen neuen Baurecht. OVG. 41 [378].

Neue Rechtsnormen des Baurechtes können nur geschaffen werden auf dem durch die Gesetze vorgesehenen Wege; etwaige Vereinbarungen zwischen Behörden und dem einzelnen auf dem Gebiete des Polizeirechts und insbesondere auf dem Gebiete des öffentlichen Baurechts entbehren der öffentlich-rechtlichen Wirksamkeit. OVG. 24 [378].

Eine Baupolizeiordnung kann auf bereits legal bestehende Bauten nur angewendet werden, wenn in ihr diesbezügliche Angaben enthalten sind. OVG. 13 [389].

Wird eine den geforderten Baukonsens versagende Verfügung angefochten, so darf der Richter im Streitverfahren seiner Entscheidung kein anderes Bauprojekt zugrunde legen, als dasjenige, welches der Polizeibehörde zur Genehmigung vorgelegt und von dieser verworfen war OVG. 22 [372].

Auf dem Gebiet des Baupolizeirechts kann eine Observanz nicht entstehen. OVG. 29. Januar 1907 (VIII 183), PVBl. 29 [82].

l) Einschreiten gegen nicht genehmigte Bauten.

Nach allgemeinen Rechtsgrundsätzen bewirkt der Mangel einer polizeilichen Erlaubnis zu dem ausgeführten Bau noch nicht ohne weiteres einen unstatthaften, von der Polizeibehörde abzustellenden Zustand; ein solcher ist vielmehr erst dann vorhanden, wenn die Anlage gegen das bestehende, dem Schutz der Polizeibehörden anvertraute öffentliche Recht verstößt. Das ist bereits in den einschlagenden Bestimmungen des ALR. (§§ 65 ff. I 8) anerkannt. Darnach bedarf es zwar für die Errichtung von Neubauten einer vorgängigen Anzeige bei der Obrigkeit; ein ohne dieselbe vorgenommener Bau soll aber nicht unter allen Umständen beseitigt werden, sondern nach § 71 a. a. O. hat die Obrigkeit nur dann einzuschreiten, wenn sich findet, daß der Bau schädlich oder gefährlich für das Publikum ist oder zur groben Verunstaltung einer Straße oder eines Platzes gereicht. Schon hieraus folgt, daß auch bei einer Abweichung von dem genehmigten Bauplan, welche rechtlich doch nicht schärfer, als die Ausführung eines Baues ohne jeden Konsens beurteilt werden kann, ein polizeiliches Vorgehen nur statthaft erscheint, wenn die Anlage im öffentlichen Interesse nicht zu dulden ist OVG. 18. März 1886 (II 301.)

Die Polizeibehörde kann einschreiten gegen Besitznachfolger, auch wenn dieselben die konsenslose Anlage nicht errichtet haben

m) Einschreiten gegen gefahrdrohende Bauten.

Polizeiwidrige Zustände.

Der Abbruch eines Gebäudes kann gefordert werden, wenn dessen Bestehen oder Beschaffenheit gegen positive Rechtsnormen verstößt oder auf Grund des § 10 II 17 ALR., OVG. 17. Februar 1903, 24. Februar 1905.

Es ist allgemeine Bürgerpflicht eines Hausbesitzers, die aus dem baufälligen Zustand seines Hauses drohenden Gefahren zu beseitigen, deshalb ist, wenn das Haus zufolge vorheriger polizeilicher Verfügung niedergelegt wird, der Rechtsweg über den Entschädigungsanspruch unzulässig. RG. 17. Mai 1889. (Wahrscheinlich im Sinne materieller Verneinung des Ersatzanspruches. v Kamptz und Delius, S. 449.)

Die Polizeibehörde ist berechtigt das Bewohnen eines unvorschriftsmäßigen Hauses zu verbieten. Das Verbot ist an die Mieter zu richten und dem Eigentümer aufzugeben, die Räumung seitens der Mieter zu dulden. Eine Strafandrohung für jeden Tag des ferneren Bewohnens ist unstatthaft, da eine Strafandrohung nicht nach der Zeitdauer der Zuwiderhandlung, sondern nur für jede einzelne Zuwiderhandlung bestimmt werden kann. OVG. 23. Januar 1902.

Der Urheber eines polizeiwidrigen Zustandes kann sich der ihm gesetzlich obliegenden Verpflichtung, auf Erfordern der Polizei die von ihm verursachte Polizeiwidrigkeit wieder zu beseitigen, dadurch nicht entziehen, daß er sich des Eigentums der Sache durch die er jenen Zustand herbeigeführt hat, nachträglich durch eine Übertragung auf einen Dritten entledigt. OVG. 1. Oktober 1898 (III 1327).

Auch die offene Handelsgesellschaft hat für den polizeimäßigen Zustand eines ihr gehörigen Grundstücks der Polizeibehörde gegenüber ein=

zustehen. Es können demgemäß gegen sie polizeiliche Anordnungen erlassen werden. Ebensowenig ist es grundsätzlich unstatthaft, solchen Anordnungen auch Androhungen und Festsetzungen von Zwangsmitteln folgen zu lassen, soweit diese nicht durch ein anderes Gesetz oder durch die Natur des Zwangsmittels ausgeschlossen sind. OVG. 48[365]. Haftstrafe darf einer Firma als solcher nicht angedroht werden, da gegen diese nicht vollstreckt werden kann. OVG. 15. Oktober 1896 (III 1278).

Die an einen Zwangsverwalter eines Hauses gerichteten baupolizeilichen Verfügungen behalten, wenn die Zwangsverwaltung aufgehoben wird, dem Eigentümer des Hauses gegenüber ihre Geltung. OVG. 17. Mai 1897 (IV 914).

Die Polizeibehörde ist befugt, die Abstellung der Baufälligkeit eines Gebäudes wahlweise von dem, der den gefahrdrohenden Zustand herbeigeführt, oder von dem Eigentümer des Grundstücks zu fordern. OVG. 36[400].

Die Polizeibehörde ist nach § 10 II 17 berechtigt zu verbieten, daß ein schadhaft gewordenes Haus betreten wird, falls das Betreten mit Gefahr für Menschen verbunden ist. RG. VI ZS. 9. Mai 1901.

Die Polizeibehörde kann die Benutzung eines Schießstandes zum Scheibenschießen verbieten, wenn die damit verbundenen Detonationen Leben oder die Gesundheit der in der Nähe befindlichen Kranken gefährden, auch wenn die Krankenanstalt später entstanden ist als der Schießstand. OVG. 21[411]. Vgl. S 72

n) Baupolizeigebühren.

Nach § 6 des Kommunalabgabengesetzes vom 14. Juli 1893 sind die Gemeinden, Amtsbezirke usw. berechtigt, für die Genehmigung und Beaufsichtigung von Neubauten, Umbauten und anderen baulichen Herstellungen Gebühren zu erheben. Nöll—Dr. Freund.

Die Gebühr ist nicht zu erheben, wenn das Baugesuch vor Genehmigung zurückgezogen wird oder die Genehmigung unter Bedingungen erfolgt, welche Unternehmer ablehnt. OVG. 32[93]. (Siehe Münchgesang, S. 364ff.)

Die Ermittelung der Einheitspreise kann zutreffend nur in der Weise erfolgen, daß die durchschnittlichen jährlichen Kosten der Baupolizeiverwaltung durch die Zahl der im Jahresdurchschnitte vorkommenden Einheiten (Kubikmeter des umbauten Raumes, Quadratmeter der bebauten Fläche usw.) geteilt werden. Bei den Bauten des Reichs- und Landesfiskus findet vielfach nur eine beschränkte Mitwirkung der Polizeiorgane statt, infolgedessen rechtfertigt sich eine entsprechende Herabsetzung der Gebühren. Im allgemeinen werden die Berliner Sätze wenigstens für die mittleren und kleinen Städte als Höchstsätze zu gelten haben. Runderl. vom 11. September 1896.

Eine Baupolizeigebührenordnung ist ungesetzlich, wenn die Höhe der Gebühren die Absicht erkennen läßt, daß aus dem betreffenden Zweige Überschüsse erzielt werden sollen. — Die Baupolizeigebühren in den Berliner Vororten richten sich zumeist nach den Sätzen, die in Berlin erhoben werden.

o) Rechtsmittel gegen polizeiliche Verfügungen.

Gesetz über die Allgemeine Landesverwaltung.

Vom 30. Juli 1883 (GS. S. 195.)

1. Vierter Titel.

Rechtsmittel gegen polizeiliche Verfügungen.

§ 127 [1]). Gegen polizeiliche Verfügungen der Orts- und Kreispolizeibehörden findet, soweit das Gesetz nicht ausdrücklich anderes bestimmt, die Beschwerde statt, und zwar:

---

[1]) Unter einer polizeilichen Verfügung im Sinne des § 127 des LVG. ist nicht jede von einer Polizeibehörde erlassene Verfügung, sondern nur eine solche zu verstehen, welche ein polizeiliches Gebot (Forderung einer Leistung), oder ein polizeiliches Verbot (Anordnung einer Unterlassung) oder die Versagung einer erforderlichen polizeilichen Erlaubnis enthält. Erklärt nun die Polizeibehörde, die eine derartige Verfügung erlassen hat, in einer auf Vorstellung erlassenen weiteren Verfügung, daß es bei der ersten Verfügung sein Bewenden behalte, so wird die zweite Verfügung bei einem polizeilichen Gebot oder Verbot, indem sie die erste Anordnung unberührt läßt und eine neue Anordnung nicht an die Stelle der ersten setzen will, allerdings nicht ein selbständiger Gegenstand des Angriffs durch Klage sein können. Anders liegt es jedoch bei der zweiten Gattung polizeilicher Verfügungen, nämlich bei denen, welche die Versagung einer erforderlichen polizeilichen Erlaubnis aussprechen. Wie der Bauunternehmer einen abgelehnten Antrag auf Erteilung des Baukonsenses stets wiederholen und jede erneute Abweisung, auch wenn sie bloß auf die früheren Abweisungsgründe hindeutet, selbständig anfechten kann, so darf er auch jederzeit bei der Polizeibehörde beantragen, die ihm in dem Konsens auferlegten Bedingungen aufzuheben und die erneute Ablehnung derartiger Anträge ist gleichfalls als neue selbständig anfechtbare Verfügung anzusehen. OVG. 39[302]

Alles, was Gegenstand einer Polizeiverordnung sein kann, darf der Regel nach auch zum Gegenstand der polizeilichen Einzelverfügung gemacht werden. OVG. 2[482].

Polizeiliche Verfügungen baupolizeilichen Inhalts sind insbesondere auch diejenigen, durch welche eine baupolizeiliche Genehmigung unter Bedingungen erteilt oder gänzlich versagt wird OVG 8[311], 12[363], 28[343] 33[414] Gegen sie ist wahlweise die Beschwerde oder die Klage im Verwaltungsstreitverfahren gegeben OVG 43[376]

Die einstweilige Vorenthaltung (Versagung) eines polizeilichen Konsenses (z. B. eines Baukonsenses) seitens der Polizeibehörde ist eine zur Beschwerde oder Klage berechtigende polizeiliche Verfügung. OVG 12[363].

Während die bei Erteilung einer Bauerlaubnis beigefügten Baubedingungen polizeilichen Verfügungen gleichzuachten und gleich ihnen anfechtbar sind, ist eine Klage, welche die Aufhebung einzelner Gründe einer die Bauerlaubnis versagenden Verfügung beantragt, unzulässig. OVG. 40[368]

Eine polizeiliche Anordnung muß deutlich erkennbar machen, gegen wen sie gerichtet ist und was von dem, gegen den sie gerichtet ist, verlangt wird. OVG. 28[389]. Unklare, in sich widersprechende Polizeiverfügungen unterliegen der Aufhebung. OVG. 17. November 1900 (III 1962) PVBl. 22[301]

Für polizeiliche Verfügungen hat das Gesetz eine besondere Form allgemein nicht vorgeschrieben; nur sofern Ausführung durch einen Dritten oder Festsetzung einer Strafe angedroht wird, bedarf es der Schriftform. OVG. 47[393]

Die Tatsache, daß eine Polizeiverordnung von zuständiger Stelle aufgehoben ist, macht eine auf die Polizeiverordnung gegründete polizeiliche Verfügung nicht ohne weiteres ungültig; die Polizeiverordnung könne aber der Verfügung nicht mehr als Stütze dienen. OVG. 31. Januar 1893 (IV 106) PVBl. 14[210].

In einer polizeilichen Verfügung braucht nach jetziger Lage der Gesetzgebung keine Rechtsbelehrung über die zu ergreifenden Rechtsmittel enthalten sein. OVG. 5. Oktober 1898 (III 1346).

Eine polizeiliche Verfügung darf nichts Unmögliches verlangen OVG. 23. Januar 1902 (IV 156) PVBl. 23[453].

Rechtskräftig ist eine polizeiliche Verfügung, wenn das Recht zur Anfechtung derselben durch Beschwerde oder Klage verloren gegangen ist. OVG. 11[393]

Die Rechtskontrolle über polizeiliche Verfügungen durch den Verwaltungsrichter

a) gegen die Verfügungen der Ortspolizeibehörden auf dem Lande oder einer zu einem Landkreise gehörigen Stadt, deren Einwohnerzahl bis zu 10000 Einwohnern beträgt, an den Landrat und gegen dessen Bescheid an den Regierungspräsidenten;

b) gegen die Verfügungen der Ortspolizeibehörden eines Stadtkreises, mit Ausnahme von Berlin, einer zu einem Landkreise gehörigen Stadt mit mehr als 10000 Einwohnern, oder des Landrats an den Regierungspräsidenten, und gegen dessen Bescheid an den Oberpräsidenten;

c) gegen ortspolizeiliche Verfügungen in Berlin an den Oberpräsidenten.

Gegen den in letzter Instanz ergangenen Bescheid des Regierungspräsidenten bzw. des Oberpräsidenten findet die Klage bei dem Oberverwaltungsgerichte statt.

Die Klage kann nur darauf gestützt werden,

1. daß der angefochtene Bescheid durch Nichtanwendung oder unrichtige Anwendung des bestehenden Rechts, insbesondere auch der von den Behörden innerhalb ihrer Zuständigkeit erlassenen Verordnungen den Kläger in seinen Rechten verletze;
2. daß die tatsächlichen Voraussetzungen nicht vorhanden seien, welche die Polizeibehörde zum Erlasse der Verfügung berechtigt haben würden.

Die Prüfung der Gesetzmäßigkeit der angefochtenen polizeilichen Verfügung erstreckt sich auch auf diejenigen Fälle, in welchen bisher nach § 2 des Gesetzes vom 11. Mai 1842 (GS. S. 192) der ordentliche Rechtsweg zulässig war).

---

wird dadurch inhaltlich nicht beschränkt, daß die Verfügung auf Weisung der Aufsichtsbehörde erlassen ist. OVG. 22[409].

Wird eine polizeiliche Verfügung von der Ortspolizei als hierfür zuständig erlassen, so sind die Rechtsmittel gegen diese zu richten, auch wenn die Regierung als Aufsichtsbehörde dazu den Auftrag erteilt hat. OVG. 4[348].

Beruht die Verweigerung der Bauerlaubnis auf einer Verfügung des Landrats als Chausseepolizeibehörde, so sind die Rechtsmittel (Beschwerde oder Klage) gegen den Landrat und seine Verfügung zu richten. OVG. 43[374]. Vgl. Anm. 5.

Polizeiliche Verfügungen können von jedem angegriffen werden, in dessen Rechtssphäre sie positiv eingreifen, auch wenn sie nicht an ihn gerichtet sind. OVG. 1[130].

Gegen eine polizeiliche Verfügung, durch welche ein nachgesuchter Baukonsens erteilt wird, steht einem Dritten, auf die Behauptung hin, die Zulassung des Baues enthalte einen Eingriff in sein Rechtsgebiet, und zu dem Zwecke, die Behörde zur Versagung des Konsenses oder zur Beifügung einschränkender Baubedingungen veranlaßt zu sehen, der Regel nach nur die Anrufung der Aufsichtsbehörde, nicht aber der Weg der Beschwerde oder der Klage offen. OVG. 14[318].

Sind zur Abänderung eines polizeiwidrigen Zustandes verschiedene gleichberechtigte Mittel gegeben, so muß dem Verpflichteten die Wahl unter denselben freigestellt bleiben. OVG. 6. Januar 1891 (IV 18) PVBl. 12[303].

Eine polizeiliche Verfügung, welche sich inhaltlich mit einer früher erlassenen, rechtskräftig gewordenen deckt, kann im Verwaltungsstreitverfahren mit Erfolg nicht mehr angefochten werden. OVG. 25. April 1900, Selbstverw. 1901 S. 85.

) Der Verwaltungsrichter kann seinerseits den Baukonsens nicht erteilen oder die Polizeibehörde zur Erteilung des Konsenses nicht verurteilen. Die Erteilung desselben bleibt vielmehr immer Aufgabe der Polizeibehörde selbst. Der Verwaltungsrichter hat nur über die Aufrechterhaltung oder Aufhebung der bestimmten polizeilichen Verfügung zu entscheiden, die allein den Gegenstand des Streitverfahrens bilden kann. Allerdings darf die Polizei bei der erneuten Prüfung des Baugesuches auf die von

Die Entscheidung ist endgültig, unbeschadet aller privatrechtlichen Verhältnisse.

§ 128. An Stelle der Beschwerde in allen Fällen des § 127 findet die Klage statt und zwar:

a) gegen die Verfügungen der Ortspolizeibehörden auf dem Lande oder einer zu einem Landkreise gehörigen Stadt, deren Einwohnerzahl bis zu 10000 Einwohnern beträgt, bei dem Kreisausschusse;
b) gegen die Verfügungen des Landrats oder der Ortspolizeibehörden eines Stadtkreises oder einer zu einem Landkreise gehörigen Stadt mit mehr als 10000 Einwohnern bei dem Bezirksausschusse.

Die Klage kann nur auf die gleichen Behauptungen gestützt werden wie die Klage bei dem Oberverwaltungsgerichte (§ 127 Abs. 3 und 4).

§ 129. Die Beschwerde im Falle des § 127 Abs. 1 und die Klage im Falle des § 128 sind bei derjenigen Behörde anzubringen, gegen deren Verfügung sie gerichtet sind.

Die Behörde, bei welcher die Beschwerde oder Klage angebracht ist, hat dieselbe an diejenige Behörde abzugeben, welche darüber zu beschließen oder zu entscheiden hat. Der Beschwerdeführer bzw. Kläger ist hiervon in Kenntnis zu setzen.

Die Frist zur Einlegung der Beschwerde und zur Anbringung der Klage gegen die polizeiliche Verfügung, sowie gegen den auf Beschwerde ergangenen Bescheid beträgt zwei Wochen.

Die Anbringung des einen Rechtsmittels schließt das andere aus. Ist die Schrift, mittels deren das Rechtsmittel angebracht wird, nicht als Klage bezeichnet oder enthält dieselbe nicht ausdrücklich den Antrag auf Entscheidung im Verwaltungsstreitverfahren, so gilt dieselbe als Beschwerde Bei gleichzeitiger Anbringung beider Rechtsmittel ist nur der Beschwerde Fortgang zu geben. Das hiernach unzulässigerweise angebrachte Rechtsmittel ist durch Verfügung der im Abs. 1 bezeichneten Behörde zurückzuweisen. Gegen die zurückweisende Verfügung findet innerhalb zwei Wochen die Beschwerde an die zur Entscheidung auf die Klage berufene Behörde statt.

Wird die Beschwerde oder Klage der Vorschrift des ersten Absatzes zuwider innerhalb der gesetzlichen Frist bei derjenigen Behörde angebracht, welche zur Beschlußfassung oder Entscheidung darüber zuständig ist, so gilt die Frist als gewahrt. Die Beschwerde oder Klage ist in solchen Fällen von der angerufenen Behörde zur weiteren Veranlassung an diejenige Behörde abzugeben, gegen deren Beschluß sie gerichtet ist.

§ 130. Gegen polizeiliche Verfügungen des Regierungspräsidenten findet innerhalb zwei Wochen die Beschwerde an den Oberpräsidenten und gegen den vom Oberpräsidenten auf die Beschwerde erlassenen Bescheid innerhalb gleicher Frist die Klage bei dem Oberverwaltungsgerichte nach Maßgabe der Bestimmungen des § 127 Abs. 3 und 4 statt.

Gegen polizeiliche Verfügungen des Regierungspräsidenten in Sigmaringen findet innerhalb zwei Wochen unmittelbar die Klage bei dem Oberverwaltungsgerichte statt.

---

dem Verwaltungsrichter für rechts- oder sachwidrig erklärten Versagungsgründe nicht wieder zurückgreifen, aber es bleibt ihr unbenommen, das Gesuch eintretendenfalls aus anderen Gründen abzuweisen. OVG 37 318

Gegen die Landesverweisung steht Personen, welche nicht Reichsangehörige sind, die Klage nicht zu.

§ 131. Der § 6 des Gesetzes vom 11. Mai 1842 (GS. S. 192) findet auch Anwendung, wenn eine polizeiliche Verfügung im Verwaltungsstreitverfahren durch rechtskräftiges Endurteil aufgehoben worden ist.

2. Fünfter Titel.

Zwangsbefugnisse*).

§ 132. Der Regierungspräsident, der Landrat, die Ortspolizeibehörde und der Gemeinde- (Guts-) Vorsteher (-Vorstand) sind berechtigt, die von ihnen in Ausübung der obrigkeitlichen Gewalt getroffenen, durch ihre gesetzlichen Befugnisse gerechtfertigten Anordnungen durch Anwendung folgender Zwangsmittel durchzusetzen:

1. Die Behörde hat, sofern es tunlich ist, die zu erzwingende Handlung durch einen Dritten ausführen zu lassen und den vorläufig zu bestimmenden Kostenbetrag im Zwangswege von den Verpflichteten einzuziehen.

2. Kann die zu erzwingende Handlung nicht durch einen Dritten geleistet werden, — oder steht es fest, daß der Verpflichtete nicht imstande ist, die aus der Ausführung durch einen Dritten entstehenden Kosten zu tragen, — oder soll eine Unterlassung erzwungen werden, so sind die Behörden berechtigt, Geldstrafen anzudrohen und festzusetzen, und zwar:

a) die Gemeinde- (Guts-) Vorsteher bis zur Höhe von fünf Mark;
b) die Ortspolizeibehörden und die städtischen Gemeindevorsteher (-Vorstände) in einem Landkreise bis zur Höhe von sechzig Mark;
c) die Landräte, sowie die Polizeibehörden und Gemeindevorsteher (-Vorstände) in einem Stadtkreise bis zur Höhe von einhundertfünfzig Mark;
d) der Regierungspräsident bis zur Höhe von dreihundert Mark.

Gleichzeitig ist nach Maßgabe der §§ 28, 29 des Strafgesetzbuchs für das Deutsche Reich die Dauer der Haft festzusetzen, welche für den Fall des Unvermögens an die Stelle der Geldstrafe treten soll. Der Höchstbetrag dieser Haft ist

in den Fällen zu a = Ein Tag,
" " " " b = Eine Woche,
" " " " c = Zwei Wochen,
" " " " d = Vier Wochen.

Der Ausführung durch einen Dritten (Nr. 1), sowie der Festsetzung einer Strafe (Nr. 2) muß immer eine schriftliche Androhung vorhergehen;

---

*) Eine Strafe darf nicht für jeden Tag der Zuwiderhandlung, sondern nur für jeden Fall der Zuwiderhandlung angeordnet werden. OVG 42[242].

Die Anordnung einer Haftstrafe gegen eine Gesellschaft ist nicht zulässig, da letztere nicht zur Vollstreckung gelangen kann. OVG 42[242].

Die geeigneten Zwangsmittel sind schriftlich anzudrohen OVG. 16[284].

War die Anordnung und Androhung eines Zwangsmittels bereits in einer früheren nicht angefochtenen Verfügung enthalten und erfolgen darauf Verfügungen, die sich auf Festsetzung und Ausführung des Zwangsmittels bewegen, so ist das Verwaltungsstreitverfahren unzulässig und nur die Beschwerde an die Aufsichtsbehörde gegeben OVG. 9[388].

in dieser ist, sofern eine Handlung erzwungen werden soll, die Frist zu bestimmen, innerhalb welcher die Ausführung gefordert wird.

3. Unmittelbarer Zwang darf nur angewendet werden, wenn die Anordnung ohne einen solchen unausführbar ist.

§ 133. Gegen die Androhung eines Zwangsmittels finden dieselben Rechtsmittel statt, wie gegen die Anordnungen, um deren Durchsetzung es sich handelt. Die Rechtsmittel erstrecken sich zugleich auf diese Anordnungen, sofern dieselben nicht bereits Gegenstand eines besonderen Beschwerde- oder Verwaltungsstreitverfahrens geworden sind.

Gegen die Festsetzung und Ausführung eines Zwangsmittels findet in allen Fällen nur die Beschwerde im Aufsichtswege innerhalb zwei Wochen statt.

Haftstrafen, welche an Stelle einer Geldstrafe nach § 132 Nr. 2 festgesetzt sind, dürfen vor ergangener endgültiger Beschlußfassung oder rechtskräftiger Entscheidung auf das eingelegte Rechtsmittel bzw. vor Ablauf der zur Einlegung desselben bestimmten Frist nicht vollstreckt werden.

p) Zulässigkeit des Rechtsweges in Beziehung auf polizeiliche Verfügungen.

Gesetz vom 11. Mai 1842 (GS. S. 192). (Auszug.)

§ 6. Wird eine polizeiliche Verfügung im Wege der Beschwerde als gesetzwidrig oder unzulässig aufgehoben, so bleiben dem Beteiligten seine Gerechtsame nach den allgemeinen gesetzlichen Bestimmungen über die Vertretungsverbindlichkeit der Beamten vorbehalten.

Gesetz, betr. die Konflikte bei gerichtlichen Verfolgungen wegen Amts- und Diensthandlungen.

Vom 13. Februar 1854 (GS. S. 86).

§ 1. (Auszug.) Wenn gegen einen Beamten wegen einer in Ausübung oder in Veranlassung der Ausübung seines Amtes vorgenommenen Handlung oder wegen Unterlassung einer Amtshandlung eine gerichtliche Verfolgung im Wege des Zivil- oder Strafprozesses eingeleitet worden ist, so steht der vorgesetzten . . . Behörde des Beamten, falls sie glaubt, daß demselben eine zur gerichtlichen Verfolgung geeignete Überschreitung seiner Amtsbefugnisse oder Unterlassung einer ihm obliegenden Amtshandlung nicht zur Last fällt, die Befugnis zu, den Konflikt zu erheben.

§ 3. (Auszug.) Das Urteil präjudiziert dem Gerichte in seiner rechtlichen Entscheidung der Sache nicht.

Der § 6 des Gesetzes vom 11. Mai 1842 hat nicht den Sinn, daß im Falle der Aufhebung einer polizeilichen Verfügung nur eine Regreßklage gegen die Polizeibeamten stattfinde und jeder sonstige Entschädigungsanspruch ausgeschlossen sei. Denn der § 6 bezieht sich, wie aus seinem Wortlaute und seinem Zusammenhange mit den vorausgehenden Gesetzesvorschriften deutlich zu ersehen ist, ausschließlich auf die Vertretungsverbindlichkeit der Polizeibeamten und hat keine andere Bedeutung als die, daß diese Beamten wegen des durch eine polizeiliche Verfügung verursachten Schadens nur dann regreßpflichtig sind, wenn die Verfügung im Wege der Beschwerde als gesetzwidrig und unzulässig aufgehoben wird; daß sie dagegen vor Regreßansprüchen aus einer von den vorgesetzten Behörden gebilligten oder unangefochten gebliebenen Verfügung geschützt sein sollen. Die Frage aber, ob und unter welchen Voraussetzungen der Fiskus oder sonstige Korporationen oder auch Privatpersonen neben den Polizeibeamten oder allein für sich im Rechtswege zur Entschädigung wegen polizeilicher Verfügungen angehalten werden können, wird von der Bestimmung des § 6 nicht betroffen. RG. vom 8. Mai 1890 (JMBl. S. 262 ff) Koehne S. 48.

Es ist nicht notwendig, daß die Verfügung wirklich aufgehoben werde; es genügt, daß dieselbe als gesetzwidrig oder unzulässig im Beschwerdewege oder von Amts wegen gemißbilligt oder für nicht gültig erachtet werde Koehne S. 49.

Von der Befugnis, den Konflikt zu erheben, ist nur dann Gebrauch zu machen, wenn es ganz unzweifelhaft erscheint, daß eine Amtsüberschreitung nicht stattgefunden habe. Erkennt die Behörde an, daß solche oder eine pflichtwidrige Unterlassung vorliegt, und glaubt sie gleichwohl, daß der Fall zu einer gerichtlichen Verfolgung nicht geeignet sei, so ist doch von der Erhebung des Konflikts abzusehen und die Entscheidung darüber, ob unter den besonderen Umständen des Falles dem Beamten ein solches Verschulden, welches eine zivilrechtliche Verantwortlichkeit begründe, nicht zur Last falle, den Gerichten zu überlassen. MinReskr. vom 5. Juni 1860. Vgl. MinBl. S. 197.

Nicht jede objektiv unzulässige Amtshandlung stellt eine Ueberschreitung der Amtsbefugnisse dar. Vielmehr kann auch außerhalb der Fälle, in denen der Beamte nur einen ihm erteilten amtlichen Auftrag des Vorgesetzten erfüllt, eine objektiv unzulässige Verfügung erlassen werden, ohne daß der Beamte hiermit seine Amtsbefugnisse überschreitet. Eine Ueberschreitung der Amtsbefugnisse liegt nur dann vor, wenn der Beamte eine objektiv unzulässige Amtshandlung vorgenommen hat, obwohl entweder das bestehende Recht ihm die Befugnis zu einer Amtshandlung von der Art, wie er sie vorgenommen hat, überhaupt nicht verleiht oder obwohl er weiß, daß die zur Begründung einer Befugnis erforderlichen Tatsachen nicht vorliegen, oder obwohl er bei pflichtmäßiger Prüfung der obwaltenden Umstände nicht zu der Ueberzeugung gelangen durfte, daß die rechtlichen und tatsachlichen Voraussetzungen für die Zulässigkeit der Amtshandlung gegeben waren. Demgemäß ist in der Rechtsprechung des Oberverwaltungsgerichts einerseits angenommen worden, daß eine Ueberschreitung der Amtsbefugnisse nicht vorliegt in Fällen, in denen das bestehende Recht dem Beamten für die Feststellung und Beurteilung tatsachlicher Verhältnisse zum Zwecke der Anwendung des objektiven Rechtes eine pflichtmäßige Untersuchung und freies Ermessen eingeräumt, der Beamte aber hierbei trotz pflichtmäßiger Prüfung geirrt hat (vgl. Entsch. d. OVG. vom 4. Februar 1882, Bd. VIII, S. 414, und vom 16. Juni 1886, Bd. XIV, S. 425. Anderseits ist wiederholt ausgesprochen worden, ein Irrtum des Beamten über das geltende Recht und die ihm hierdurch verliehenen Befugnisse, auch wenn er entschuldbar sei, schließe die Annahme nicht aus, daß der Beamte seine Befugnisse überschritten habe (vgl. die angeführte Entsch. vom 16. Juni 1886 sowie Entsch. vom 17. Februar 1886, Bd XIV, S. 431). Eine besondere

Beurteilung erfordern aber diejenigen Fälle, in denen dem Beamten weder die gesetzliche Befugnis zu einer Amtshandlung von der Art der vorgenommenen noch die Kenntnis der gesetzlichen Vorschriften über die Voraussetzungen, von welchen die Ausübung der Befugnis abhängt, gefehlt hat, in denen er aber diese gesetzlichen Vorschriften in einem Sinne ausgelegt oder aufgefaßt hat, der von der Auslegung und Auffassung abweicht, welche bei den Behörden üblich sind oder in der wissenschaftlichen Lehre und in der Rechtsprechung herrschen. Hier fällt dem Beamten eine Ueberschreitung der Amtsbefugnisse nur dann zur Last, wenn er bei einer pflichtmäßigen Ueberlegung zu der von ihm befolgten Ansicht über das bestehende Recht nicht gelangen konnte, nicht aber schon dann, wenn seine Rechtsansicht von den höchsten Gerichtshöfen bei ihren Entscheidungen nicht geteilt worden ist. Eine gleiche Beurteilung erfordert der Fall, wo ein Beamter eine Polizeiverordnung anwendet, die später von dem zu ihrer Prüfung berufenen Richter für rechtswidrig erklärt wird, oder wo er einer statutarischen Anordnung einer Gemeinde entsprechend verfährt, die von der zu ihrer Prüfung berufenen Behörde genehmigt worden ist, später aber von dem Richter für rechtsunverbindlich erachtet wird. OVG. 46 [448].

Ein Polizeibeamter haftet, wenn er Anordnungen, welche von der vorgesetzten Behörde gemißbilligt sind, trotzdem durchführt und dadurch Privatrechte verletzt. RG. 29 Mai 1902. Gruchot 46 [1103].

Vgl. § 839 BGB. S. 4.

[5]) Vor Erlaß einer Strafverfügung ist ein Aktenbogen anzulegen. Insbesondere ist wegen des Eintritts der Verjährung darauf zu achten, daß die Strafverfügung erst bei der unterschriftlichen Vollziehung, durch welche sie den Charakter einer polizeilichen Verfügung gewinnt, mit dem Datum der Vollziehung versehen wird. Eine vorherige Ausfüllung des Datums durch den entwerfenden Beamten hat zu unterbleiben. Die Unterschrift unter dem Aktenbogen ist handschriftlich zu vollziehen. Friedel S. 57 ff.

Wird die gegen eine aktive Militärperson erlassene Strafverfügung vollstreckbar, so ist die Vollstreckung bei dem betreffenden Militärgerichte zu beantragen und in dem Requisitionsschreiben stets zu bemerken, wohin die Geldstrafe oder die eingezogene Sache abgeliefert werden soll. MinErl vom 17. Juli 1907.

In den Stadtgemeinden mit kommunaler Polizeiverwaltung der Bürgermeister, falls mit Genehmigung der Regierung die Handhabung der Ortspolizei einem anderen Magistratsmitgliede nicht übertragen ist, in Hannover der Magistrat. In einer Reihe von Städten wird die Ortspolizei von Königlichen Behörden ausgeübt.

Ortspolizeibehörde in den Landgemeinden der Provinzen Ost-, Westpreußen, Brandenburg, Pommern, Schlesien, Sachsen und Schleswig-Holstein ist der Amtsvorsteher (KO. vom 13. Dezember 1873 § 59 Ziff. 1); in Posen der Distriktkommissar; in Westfalen der Amtmann; in der Rheinprovinz der Bürgermeister; in Hessen-Nassau und Hohenzollern meistens der Bürgermeister; in Hannover der Landrat.

Nicht zustandig für die Erteilung der Bauerlaubnis zur Errichtung der in §§ 16 und 24 der RGO. bezeichneten Anlagen. Siehe Ziff. 4.

Bestehen Königliche und kommunale Polizeiverwaltungen nebeneinander, so richtet sich die Wahrnehmung der Baupolizei nach den erlassenen Bestimmungen.

Die Erteilung der Bauerlaubnis für Bauten an Chausseen und Eisenbahnen sowie für den Wiederaufbau einer Mehrheit von abgebrannten Gebäuden bleibt hinfort den Amtsvorstehern überlassen. Die Amtsvorsteher haben jedoch die Bauerlaubnisgesuche für Bauten an Chausseen und Eisenbahnen vor Erteilung des baupolizeilichen Bescheides den Landräten vorzulegen, welche in Ansehung derselben nach wie vor die ihnen von der Staatsregierung übertragenen Obliegenheiten wahrzunehmen haben und demgemaß durch Verfügung an den Amtsvorsteher über die Bedingungen befinden, welche vom Standpunkte der chaussee- und eisenbahnpolizeilichen Interessen gestellt werden müssen. Dem Baulustigen wird unter Berücksichtigung dieser Verfügung von dem Amtsvorsteher ein Bescheid erteilt, welcher keinen Zweifel darüber läßt, von welcher Stelle die der Verweigerung oder Einschränkung der Bauerlaubnis zur Unterlage dienende polizeiliche Verfügung ausgeht. MinErl. vom 4. April 1890 (MinBl. S. 64).

Zur Aufstellung von Denkmälern für Mitglieder des Königlichen Hauses ist königliche Genehmigung erforderlich. MinErl. vom 17. Juni 1897 (MinBl. 107). In Rücksicht auf § 10 des Gesetzes vom 2. Juli 1875 ist königliche Genehmigung einzuholen zur Errichtung jedes öffentlichen Denkmals in Berlin, Potsdam, Charlottenburg. Vgl. S. 71.

Die Entwürfe großer Theater, welche mehr als 800 Zuschauer aufzunehmen in der Lage sind, von Zirkusgebäuden, die mehr als 1000 Sitz- und Stehplatze erhalten sollen, und solcher Versammlungsräume, welche mehr als 1200 Personen aufzunehmen vermögen, sind vor Erteilung der Bauerlaubnis dem Ministerium der öffentlichen Arbeiten vorzulegen. MinErl. vom 12. Oktober 1889.

Nach § 50 Nr. 2 der Städteordnung vom 30. Mai 1853 und nach § 16 Abs. 1 des ZG. vom 1. August 1883 bedürfen Stadtgemeinden zu einer wesentlichen Veränderung von Sachen, die einen besonderen wissenschaftlichen, historischen oder Kunstwert haben, der Genehmigung des Regierungspräsidenten. Somit ist eine wesentliche Veränderung derartiger Sachen unzulässig, wenn die Genehmigung des Regierungspräsidenten fehlt. OVG. 47[54], OVG. 44[388].

Vgl. Rayongesetz S. 64, 115.

Vgl. Gesetz über Deichwesen.

Vgl. Gesetz über Verhütung von Hochwassergefahren S 117

Vgl. Feld- und Forstpolizeigesetz S. 119.

Vgl. Bauten in der Nähe von Eisenbahnen S. 143.

[6]) Der Begriff bauliche Anlage greift weiter als der des Gebäudes und des Bauwerks.

Der allgemeine Ausdruck bauliche Anlagen umfaßt sowohl Hoch- wie Tiefbauten. KG. 15. Januar 1891, PVBl. 13[615].

Zum Begriffe eines Bauwerks gehört es nicht, daß dasselbe mit dem Erdboden fest verbunden oder für die Dauer errichtet ist. Es genügt vielmehr, wenn dasselbe unbeweglich, d. h. zur Fortbewegung in seiner Gesamtheit nicht geeignet ist, mag es nun seiner Bestimmung nach einem dauernden oder vorübergehenden Zwecke, z. B. einer Ausstellung, dienen. Auch ein hölzernes, auf dem Boden lose aufgesetztes, aber seiner Schwere wegen nicht zu bewegendes Haus ist als ein Bauwerk zu betrachten. Ein zum Schutz einer Lokomobile dienender (auf nicht in die Erde versenkten Schwellstücken) ruhender Schuppen dann, wenn das Erfordernis der Unbeweglichkeit bei diesem Schuppen zutrifft, ist als ein Bauwerk anzusehen, dessen Errichtung ohne vorherige Erlaubnis der Ortspolizeibehörde strafbar ist. KG. Straff. 9. Juni 1890. PVBl. 12[546].

Zur Errichtung eines Bohrturmes ist baupolizeiliche Erlaubnis erforderlich. KG. Straff. 17. Dezember 1906.

Vgl. Strafgesetzbuch S. 4, 6, 14, 15 und 16.

7) Bei der Vielseitigkeit der Bauvorgänge ist eine erschöpfende Aufzählung der baulichen Anlagen und Veränderungen, die genehmigungspflichtig sein sollen, kaum möglich. Nach der Fassung vorstehender Vorschrift, die aus der Berliner Bauordnung übernommen, ist jedoch die vorliegende Frage als eine „geregelte" anzusehen in der Weise, daß die Ortspolizeibehörde nicht berechtigt erscheint, weitere nicht angeführte Bauvorgänge als genehmigungspflichtig anzusehen. Meines Erachtens liegt hier eine nicht berechtigte Beschränkung der Ortspolizeibehörde vor. Es war notwendig, die genannten Bauvorgänge als Beispiel anzuführen, dann war dem polizeilichen Ermessen äußerlich keine Schranke gezogen.

8) Scheinbar bezieht sich diese Bestimmung auf die Schauseiten der Gebäude, da die Veränderung der Wände bereits gemäß b genehmigungspflichtig ist Die Veränderung muß eine erhebliche sein. Dies gilt nur bedingungsweise, nämlich solange oder wenn die äußeren Umfassungswände von der Straße aus sichtbar sind.

9) Unter Fassade ist die freistehende Außenseite eines Gebäudes zu verstehen.

10) Gehören nicht zu den Bauten, deren Herstellung auf Grund eines Baufluchtenplanes gemäß § 11 des Gesetzes vom 2. Juli 1875 auf künftigem Straßengelände verboten werden darf. OVG. 45[415].

Vgl. § 10

Begrifflich und gesetzlich steht nichts entgegen, unter Einfriedigung auch einen Zaun und diesen als eine bauliche Anlage anzusehen. OVG. 8[312].

Ob Stacheldrahtzäune zu beseitigen sind, ist von der Polizeibehörde nach Prüfung des einzelnen Falles dahin, ob Anlaß zu polizeilichem Einschreiten vorliegt (§ 10 II 17 ALR), zu entscheiden. OVG. 22. April 1899 (I 763), PVBl. 20[80]. Bei Anlegung von Drahtzäunen wird hinter die Spitze der hölzernen Zaunpfähle zumeist ein Stacheldraht gezogen, erforderlich ist es, die Anordnung so zu treffen, daß der Stacheldraht an der der Straße abgewendeten Seite des Zaunpfahls befestigt wird, damit Verletzungen der Passanten vermieden werden.

11) Die Errichtung oder Verlegung solcher Anlagen, deren Betrieb mit ungewöhnlichem Geräusche verbunden ist, muß, sofern sie nicht schon nach den Vorschriften der §§ 16 bis 25 der Genehmigung bedarf, der Ortspolizeibehörde angezeigt werden. Letztere hat, wenn in der Nähe der gewählten Betriebsstätte Kirchen, Schulen oder andere öffentliche

Gebäude, Krankenhäuser oder Heilanstalten vorhanden sind, deren bestimmungsmäßige Benutzung durch den Gewerbebetrieb auf dieser Stelle eine erhebliche Störung erleiden würde, die Entscheidung der höheren Verwaltungsbehörde darüber einzuholen, ob die Ausübung des Gewerbes an der gewählten Betriebsstätte zu untersagen oder nur unter Bedingungen zu gestatten sei. RGO. § 27. Zu beachten ist, daß es sich um ungewöhnliches Geräusch handeln muß, nicht bloß um Belästigungen der Nachbarschaft. OVG. 43[378].

[12]) Vgl. Ansiedlungsgesetz S. 93, Anm. 3, 4 und 6.

[13]) Das Gesetz vom 10. August 1904 kennt den Begriff der „Kolonie" nicht.

[14]) Es müssen solche Nachweise vorgelegt werden, daß eine Prüfung möglich, ob der Bauerlaubnis polizeiliche Bedenken entgegenstehen oder nicht. Sind die Unterlagen zu einem Baugenehmigungsgesuch unzureichend, so ist es unzulässig, dem Mangel nachträglich im Verwaltungsstreitverfahren im Wege der Beweiserhebung abzuhelfen. OVG. 32[353]

Die Prüfung der Bauvorlagen erfordert in erster Linie eine Kraft, die die Statik vollkommen beherrscht Die Kenntnis der praktischen Formeln genügt nicht, da man ohne wissenschaftliche Kenntnisse komplizierte statische Verhältnisse nicht durchschaut. In den baupolizeilichen Mitteilungen (Nr. 1, Jahrgang 1908) ist sehr eingehend die Frage behandelt worden, ob der Prüfende verpflichtet sei, statische Berechnungen auch rechnerisch nachzuprüfen. Meines Erachtens gehört es zur Prüfung einer solchen, daß auch jede Zahl auf ihre Richtigkeit nachgeprüft wird.

Den höheren Technikern, welchen die Prüfung und Abnahme der besonders bedeutenderen Bauten vorbehalten ist, sind diejenigen technischen Kommunalbeamten gleichzuachten, welche zwar die zweite Prüfung nicht abgelegt, aber im Laufe einer längeren amtlichen Tätigkeit den Nachweis ihrer Befähigung zur Mitwirkung auch bei diesen Geschäften erbracht haben. Ob die Voraussetzung zutrifft, haben die Regierungspräsidenten zu entscheiden. Die Entscheidung der Frage, welche Gebäude als bedeutendere anzusehen sind, steht im allgemeinen im Ermessen der Polizeibehörden, indessen sind Wohngebäude mit mehr als drei vollen Wohngeschossen, gewerbliche und Fabrikanlagen, soweit bei diesen die baupolizeiliche Prüfung nicht zugleich in dem durch die Gewerbeordnung angeordneten Verfahren erfolgt, sowie Bauten, deren Konstruktion eine besondere statische Berechnung notwendig macht oder Deckenspannweiten von mehr als 6 m aufweist, stets den bedeutenderen Bauten zuzuzählen. Siehe Verfügung des Ministers der öffentlichen Arbeiten vom 16. Oktober 1899 und vom 23. Juni 1900, betreffend die Prüfung der Bauerlaubnisgesuche und die Bauabnahmen.

Runderlaß des Min. f. H. u. G. u. d. Min. d ö Arb. v. 10 August 1906, betreffend baupolizeiliche Prüfung, Genehmigung und Abnahme von Tagebauten in Bergwerksbetrieben.

Hervorgetretenen Zweifeln gegenüber weisen wir darauf hin, daß zur baupolizeilichen Prüfung, Genehmigung und Abnahme von Bohrtürmen und anderen zum Bergwerksbetriebe oder zu dessen Vorbereitung notwendigen Tagebauten allgemein die örtlichen Baupolizeibehörden zu ständig sind. Lediglich bei der Errichtung von Dampfkesselanlagen in der Aufsicht der Bergbehörden unterstehenden Betrieben nimmt hinsichtlich des Aufstellungsraumes des Kessels, des Schornsteins und des notwendigen Zubehörs zum Kesselhause die zur Erteilung der gewerbepolizeilichen Genehmigung zuständige Bergbehörde gleichzeitig die baupolizeilichen Befugnisse wahr.

Um indes für die Zukunft auch bezüglich der übrigen für den Bergwerksbetrieb bestimmten Tagebauten den beteiligten Bergbehörden eine sachdienliche Mitwirkung zu sichern, ordnen wir an, daß die Baupolizeibehörden bei der Prüfung der Entwürfe für solche Bauten und bei der Abnahme der Bauausführungen fortan die zuständigen Bergrevierbeamten als sachverständige Berater zu beteiligen haben.

[15]) Nach § 15 Ziff. 2 darf, wenn Fluchtlinien nicht vorhanden sind, die Höhe der Gebäude nicht über Straßenbreite, das ist die tatsächliche mittlere Breite des Straßendammes einschließlich des Bürgersteiges vor dem Gebäude, hinausgehen. Springt nun ein vorhandenes Gebäude in die Straße vor, so wäre dies bezüglich die Gebäudehöhe eines etwa gegenüberliegenden projektierten Baues zu berücksichtigen. Daher ist es in solchem Falle notwendig in den Lageplan die Lage der dem projektierten Neubau gegenüberliegenden Gebäude einzutragen. Vgl. hierzu OVG. 11. Oktober 1889, PVBl. 11[56].

In dem Lageplan müssen insbesondere noch die Breite der Vorgärten, der Straßen und Bürgersteige, die Frontlänge des Baugrundstückes in der Straßenfluchtlinie sowohl als in der Baufluchtlinie und die für die Festlegung der Baufluchts- bzw. Straßenfluchtlinie örtlich vorhandenen Festpunkte (Grenzsteine usw.), die darauf bezüglichen Maße und die Hausnummern der benachbarten Grundstücke angegeben sein. Er muß ferner eine Berechnung der ganzen Fläche des Grundstücks und eine Berechnung der davon zu bebauenden oder etwa bereits bebauten Fläche enthalten. Die Maße, welche diesen Berechnungen zugrunde liegen, müssen in den Lageplan eingeschrieben sein. Soweit erforderlich, ist das Baugrundstück zum Zwecke dieser Berechnungen auf dem Lageplan in größerem Maßstabe darzustellen. Die Berechnung der zu bebauenden Fläche geschieht zweckmäßig durch einen Bausachverständigen.

[16]) Ist ein Fluchtlinienplan nicht vorhanden, muß sich die Bescheinigung darauf beschränken, daß die Situation mit der Örtlichkeit übereinstimmt.

[17]) In der früheren Baupolizeiverordnung war der Lageplan durch einen vereideten Land- oder Feldmesser zu beglaubigen. Jetzt ist es in das Belieben der Polizeibehörde gestellt, ob ein derartiger Plan vorgelegt werden soll.

[18]) Die Geschosse sind zweckmäßig zu benennen, Kellergeschoß, I. usw. Geschoß, Dachgeschoß.

[19]) Bei gewöhnlichen Wohngebäuden genügt ein Längs- und ein Querschnitt. Die Höhenlage des geplanten Baues sowie der zugehörigen Hofflächen muß im Querschnitt ersichtlich gemacht werden.

[20]) Fassadenzeichnungen zurückzuweisen mit der Begründung, daß sie künstlerischen Gesichtspunkten nicht Rechnung tragen, dazu ist die Polizei nicht berechtigt. Sie hat sich bei der Beurteilung innerhalb der Grenzen zu halten, die sich aus den §§ 66, 71 I 8 ALR. ergeben.

[21]) Die Lage der Träger und der Balken muß sichtbar sein; erstere sind mit laufender Nummer und Profilnummer zu versehen. Rechnerisch nachzuweisen ist die Standfestigkeit sämtlicher Eisenkonstruktionen, starkbelasteten Mauerwerks, Pfeiler, Decken, Gesimse, Schornsteine usw. Querschnittsberechnung hölzerner Balken ist von 6,0 m Spannweite ab erforderlich. An beiden Enden eingespannte Träger werden als einfach aufliegend berechnet. Durchgehende Träger über Schaufenster und Eingangstür sind meines Erachtens zweckmäßig so zu berechnen, als ob eine Mittelstütze nicht vorhanden. Balkonträger sind in dem obersten Geschoß bis zur Mittelwand durchzuführen, in den anderen Geschossen ausreichend zu verankern. Anbauten (z. B. Treppenhäuser) von geringer Fläche an Hauptgebäude sind mit denselben zu verankern. Nietberechnungen werden fast niemals vorgenommen, jedoch ist dieses in vielen Fällen notwendig. Auf 1 qcm ist für Abscheren 600 kg zu rechnen, zulässiger Leibungsdruck in der Nietlochwandung 1500 kg/qcm.

[22]) Muß aus den Zeichnungen ersichtlich sein

[23]) Die Bauerlaubnis erstreckt sich auch auf die Benutzungsart der Räume. Dieses ist von Wichtigkeit bezüglich der Geschosse, welche z. B. nicht voll für Wohnzwecke ausgenutzt werden dürfen. Will der Besitzer hier eine Änderung in der Benutzungsart eintreten lassen, so bedarf er immer wieder der baupolizeilichen Erlaubnis.

[24]) Auch die geneigte Lage muß erkennbar sein. Gegebenenfalls ist die Höhe des Außengeländers anzugeben. (§ 15².)

[25]) In manchen Fällen ist es von Wichtigkeit, sowohl die ursprüngliche als auch die projektierte Höhenlage der Hoffläche anzugeben.

[26]) Z. B. von Hauptgesimsen, Treppen.

[27]) Z. B. von sämtlichen Eisenkonstruktionen, Decken, soweit es sich nicht um Balkendecken usw. handelt, Treppen, Gesimsen, Gewölben, Pfeilern.

[28]) Vgl. Anm. 4c.

[29]) Ist Schmutzwasserkanalisation verhanden, so muß das Kanalisationsprojekt gleichzeitig mit den übrigen Bauvorlagen eingereicht und geprüft werden. Nicht zu verstehen ist die Sorglosigkeit, die häufig auf diesem wichtigen Gebiete herrscht. Es liegt im öffentlichen Interesse, daß dort, wo die Gemeinde- und Polizeiverwaltung getrennt, die Prüfung der Kanalisationsprojekte von der Gemeinde ausgeübt wird, da in vielen Fallen eine sachgemäße Prüfung nur möglich ist bei genauer Kenntnis der gesamten Kanalisationsanlage.

Das Entwässerungsprojekt muß u. a. enthalten:

1. Lageplan des Grundstückes, aus dem die Lage sämtlicher Baulichkeiten, der bestehenden und projektierten Kanalisationsleitungen ersichtlich ist.
2. Grundriß des Kellergeschosses, Querschnitte usw. mit Angabe der Benutzungsart der Räume und genaue Lage der Entwässerungsleitungen. Es sind u. a. anzugeben Durchmesser, Gefälle der Rohre, Zahl und Lage der Klosetts und Ausgüsse nach Geschossen, die Höhenlage der Rohrsohle des Straßenrohres, des Bürgersteiges, des Fahrdammes, der beiden zunächst liegenden Abdeckungen der Revisionsschächte, der Kellersohle, des Fußbodens,

des Erdgeschosses. Besonders anzugeben ist die Zahl der Klosetts und Ausgüsse im Kellergeschoß.

Tonrohre dürfen nur außerhalb der Gebäude angewendet werden. Innerhalb derselben sind Eisenrohre, die mit Blei und Teerstrick gedichtet, zu verwenden. Die Zulassung von Mennigekitt für abfallende Hausrohre ist nicht zweckmäßig. Sämtliche Abfallrohre müssen über Dach geführt und so gelegen sein, daß die ausströmenden Gerüche nicht belästigen. Jeder Ausguß ist mit einem Sieb zu versehen, das nicht abnehmbar ist. Die Klosettspüleinrichtung muß derart beschaffen sein, daß ein Eintreten von Schmutzwasser in die Reinwasserleitung verhindert wird.

Unterhalb der Ausgüsse und Klosetts sind Wasserverschlüsse anzubringen, die zugänglich sind. Üble Gerüche in Wohngebäuden rühren häufig daher, daß die Abfallrohre zu kleine Querschnitte haben, infolgedessen bei starker Benutzung das Wasser aus den Wasserverschlüssen herausgesaugt und hierdurch der Weg für die Gerüche aus den Abfallrohren in die Klosetträume frei wird. Falls flüssige Stallabgänge in die Leitung gelangen, ist ein Jauchekasten mit Wasserverschluß und Sieb anzulegen. Der Revisionskasten muß bequem zugänglich sein und darf nicht in Wohnräumen, Fluren usw. liegen, da der Verschlußdeckel selten so dicht schließt, daß nicht üble Gase entweichen können. Von der Behörde ist eine Höhe angegeben, unterhalb derer Klosetts und Ausgüsse nur angelegt werden dürfen, wenn der Besitzer sich gegen eintretenden Rückstau schützt. In derartigen Fällen muß eine selbsttätige Sicherung und eine fest von Hand verstellbare Klappe angebracht werden.

Ein erheblicher Mißstand in einer Kanalisationsanlage besteht, wenn die Kanalgase mittels der Revisionsschächte auf die Straße gelangen und das Publikum belästigen. Dieses ist fast immer ein Zeichen ungenügender Entlüftung und liegt häufig daran, daß die Rückstauklappe im Hauskasten die Entlüftung der Straßenleitung über die Dächer der Gebäude hinaus hindert. Die Rückstauklappe hat nämlich den Nachteil, daß sie die Leitung im Hauskasten nahezu schließt. Dem Verfasser ist eine Erfindung geschützt, bei deren Anwendung sowohl eine dauernde Entlüftung der Straßenkanalisationsleitungen erfolgen kann als auch die Sicherheit gegen Rückstau verbleibt. Dieser Apparat hat an Stelle der bisher üblichen, in einer horizontalen Achse beweglichen Klappe eine Tür, die sich in einem von der vertikalen Linie etwas abweichenden Scharnier dreht, so daß sie selbsttätig zuschlägt. Sie ist jedoch durch eine Kette mit dem Gehäuse des Apparates verbunden, und auf dieser Kette befindet sich eine Schwimmkugel, die schwer genug ist, um die Tür unter normalen Verhältnissen offen zu halten, aber sofort den selbsttätigen Verschluß der Tür ermöglicht, wenn sie durch Rückstauwasser gehoben wird.

Bevor eine Ortskanalisation angelegt wird, bedarf das Projekt der Genehmigung. Diese hat nicht die Ortspolizeibehörde zu erteilen, sondern die Landespolizeibehörde. Diese ist in der Bedeutung einer Ortskanalisation begründet, deren Einfluß über den örtlichen Polizeibezirk hinausragt, oder auch wegen ihrer inhaltlichen Eigenart als Landespolizeisache. PVBl. 20[324], 18[250]. Ein weit verbreiteter Irrtum geht dahin, daß die landespolizeiliche Genehmigung eines Kanalisationsprojekts zugleich ein Beweis für die innere Güte desselben sei. Eine Prüfung auf Zweckmäßigkeit in einem derartigen Umfange vorzunehmen, ist jedoch kaum möglich, würde auch dem polizeilichen Charakter einer Baugenehmigung nicht entsprechen. Auf dem Gebiet der Projektanfertigung für die Kanalisation herrschen in den Berliner Vororten zum Teil erhebliche Mißstände. Die Landespolizeibehörde würde zweckmäßig verfahren, wenn sie sich ein Mitbestimmungsrecht vorbehielte über die Personen, denen die Anfertigung und Ausführung von Projekten anzuvertrauen ist.

Vgl. Rohrunterbrecher, S. 140. Nach von mir vorgenommenen Untersuchungen schützt der Rohrunterbrecher möglicherweise nicht in allen Fällen.

30) In manchen Bauordnungen ist die Prolongation von Bauscheinen vorgesehen Rechtlich ist dieselbe gleichbedeutend mit der Erteilung einer neuen Baugenehmigung.

31) Vgl. Anm. 4 a.

32) Vgl. Anm. 4 h.

33) Vgl. § 77².

34) Nach dieser Bestimmung darf vor Behändigung des Bauscheins mit den Arbeiten nicht begonnen werden. Es wäre demnach eine sogenannte provisorische Bauerlaubnis, wie sie häufig erteilt wird, vor Aushändigung des Bauscheins nicht statthaft.

35) Ausschachtungsarbeiten sind als zur Prüfung der Bauten gehörig zu betrachten. KG. Straff. 9. Januar 1908.

Ausschachtungsarbeiten stellen keine den Bau vorbereitende Handlung dar, sondern gehören zur Ausführung der Bauten. KG. Straff. 9. Januar 1908 Vgl. Anm. 4h und § 77².

36) Die Polizei muß demnach besondere Erlaubnis vor Ausführung dieser Arbeiten erteilen.

37) Vgl. Strafgesetzbuch S. 14, Anm. 5, 18 und 19.

38) Vgl. Strafgesetzbuch S. 14, Anm. 5 und 20.

39) Verlangt eine Baupolizeiverordnung, daß Bauschein und Bauvorlagen auf der Baustelle bereit zu halten sind, so soll hierdurch gewährleistet werden, daß stets den baupolizeilichen Anordnungen gemäß gebaut werde. Es genügt, wenn die bezeichneten Papiere während der Arbeitszeit bereitgehalten werden. Für Befolgung der Vorschrift ist der Bauherr verantwortlich. KG. 19. März 1906.

Die Verpflichtung aus dieser Vorschrift trifft den Bauherrn, wenn er eine untüchtige Person mit der Bauleitung beauftragt hat. KG. Straff. 19. März 1906.

Verordnungen zur Erleichterung der polizeilichen Kontrolle sind nach der Judikatur ungültig. Vorliegende Vorschrift ist jedoch im Interesse der Durchführung der polizeilichen Aufgaben erforderlich.

40) Die Rohbauabnahme ist ihrem Zwecke nach eine baupolizeiliche Prüfung des in den Wänden, der Decken- und Balkenanlage vollendeten rohen Baues. Diesem Zwecke entsprechend muß der Bauherr der Polizeibehörde den Bau so weit zugänglich machen und vorweisen, daß die Prüfung nach den bautechnischen Vorschriften möglich ist. Es liegt also dem Bauherrn bei der Rohbauabnahme eine Nachweisepflicht gegenüber

der Polizeibehörde ob. Kann wegen vorgefundener Mängel die Rohbauabnahme nicht vollständig zu Ende geführt werden, so dauert die Nachweisepflicht des Bauherrn insoweit fort, bis die Rohbauabnahme vollendet ist. Werden bei der Rohbauabnahme Mängel gefunden, z. B. sind die Schornsteine und Rauchrohre noch zu putzen oder glatt zu fugen, so darf die Polizei die Fortsetzung anderer Arbeiten nur hindern, soweit polizeiliche Gesichtspunkte es notwendig machen. Sie darf nur die Fortsetzung solcher baulichen Anlagen untersagen, durch die sie verhindert werden würde, davon Kenntnis zu nehmen, ob die vorhandenen Mängel beseitigt seien. Aber ganz allgemein im Vordergebäude jede Arbeit bis nach Glattputzung der Schornsteine und Rauchrohre zu verbieten, dafür ist ein polizeiliches Motiv nicht erkennbar. OVG. 38[348].

Bei der Rohbauabnahme müssen die Oeffnungen sicher eingefriedigt sein, Decken und Treppen hergestellt, Balkenlagen gestaakt, das Dach eingedeckt sein. Die Eisenkonstruktion, Verankerungen, Unterlagsplatten müssen sichtbar sein. Mit Sorgfalt ist darauf zu sehen, daß die Balken genügendes Auflager haben, die Schornsteinisolierungen an Holz in vorgeschriebener Weise hergestellt, die Balkon- und Erkerverankerungen vorhanden sind, die Brandmauer nirgends verletzt. Die Giebelmauern im Dachgeschoß. auch wenn sie nicht freistehen, sind in Rücksicht auf Feuersgefahr im Nachbarhause zu verankern. Meines Erachtens würde es zweckmäßig sein, eine Fundamentabnahme einzuführen, bei der namentlich die Tiefe, Breite der Fundamente, Güte des Mauerwerks, Tragfähigkeit des Baugrunds zu prüfen wäre. Bei der Rohbauabnahme wird in der Regel die Vorlegung eines Baufluchten- sowie Decken- und Schornsteinattestes verlangt. Das Baufluchtenattest wird von einem vereideten Landmesser ausgestellt Die Bescheinigung eines solchen sollte sich nur auf die Herstellung einer Zeichnung beschränken, aus der die Lage der Gebäude zur Baufluchtlinie hervorgeht. Als durchaus unstatthaft muß es angesehen werden, wenn Vorbauten vorhanden sind, daß der Landmesser eine Bescheinigung beibringt, in der nur gesagt wird, daß das Gebäude in der Bauflucht errichtet ist. Die Beurteilung hierüber steht einzig und allein der Polizeibehörde zu, sie muß in jedem Falle beurteilen, ob und wieviel der Bau von der Baufluchtlinie abweicht, um gemäß der Bestimmung der Bauordnung hiernach selbst zu ermessen, ob eine etwaige Ueberschreitung in den Grenzen des Zulässigen bleibt. Das Deckenattest wird häufig von der Firma ausgestellt, die dieselben hergestellt, es handelt sich meistenteils um patentierte Decken. Es ist ohne weiteres klar, daß diese Bescheinigung eine Art Notbehelf darstellt. Die Polizeibehörde würde zweckmäßig die Prüfung der Decken selbst vornehmen, trotzdem Mehrarbeit hierdurch entsteht; denn durch das übliche Verfahren ist die Polizei auf diesem Gebiete nahezu ausgeschaltet.

[41]) Der Begriff „Gebäude“ ist weitgreifend und beschränkt sich nicht auf solche, welche zu Wohnzwecken oder zum dauernden Aufenthalt von Menschen dienen. Es lassen sich sehr wohl Fälle denken, in denen eine Rohbauabnahme notwendig erscheint, auch wenn der Begriff des Gebäudes überhaupt nicht gegeben ist.

[42]) Vgl. Berechnung der Schornsteine S. 208.

43) Der Ausdruck „notwendige Treppe" ist scheinbar im Sinne des § 35 zu verstehen. Die Berliner Bauordnung spricht an ähnlicher Stelle von feuersicheren Treppen. Meines Erachtens müßte die Forderung gestellt werden, daß bei der Rohbauabnahme sämtliche Treppen begehbar sind, schon aus dem Grunde, damit der Bauherr seiner Pflicht, alle Teile des Baues zugänglich zu machen, nachkommen kann. Zudem ist noch wichtig, daß jede Treppe, sei sie notwendig oder nicht, in rohem Zustande auf ihre Beschaffenheit geprüft werden kann.

44) Es würde sich empfehlen, sobald Mängel bei der Rohbauabnahme nicht festgestellt, dem Unternehmer nach Beendigung der Rohbauabnahme sofort durch die sachverständigen Beamten erklären zu lassen, daß mit den Arbeiten fortgefahren werden darf. Auf diese Weise würden zahlreiche Bestrafungen vermieden werden, die ihren Grund darin haben, daß das Weiterarbeiten erst mit Aushändigung des Rohbauabnahmescheins gestattet wird. Dasselbe gilt für die Gebrauchsabnahme.

45) Es hängt demnach von der Polizei ab, ob sie einzelne Teile des Baues abnehmen will. Voraussetzung hierfür wird meines Erachtens sein müssen, daß es sich um in sich geschlossene Bauteile handeln muß.

46) Zweck dieser Bestimmung ist, das Austrocknen des Mauerwerks zu fördern. Man wird im Sommer dieselbe milder handhaben dürfen, während im Winter Vorsicht geboten ist, wenn nicht die Austrocknung des Baues auf künstliche Weise sicher erfolgt. Eine Berliner Strafkammer entschied im Jahre 1907, daß Rohren im baupolizeilichen Sinne unter den Begriff der Putzarbeiten falle, so daß ein Unternehmer selbst nach Erteilung des Rohbauabnahmescheines nicht eher rohren dürfe, bis die Erlaubnis zum Putzen erteilt sei. Diese Ansicht ist meines Erachtens irrtümlich. Ich hatte mich als Sachverständiger hierzu auch im entgegenstehenden Sinne geäußert. Unter Putzen im baupolizeilichen Sinne ist nur zu verstehen das Verputzen der Wände mit Mörtel Der Zeitraum, der von der Polizei vorgeschrieben, zwischen stattgefundener Rohbauabnahme und Zulässigkeit der Putzarbeiten hat den Zweck, den rohen Wänden Gelegenheit zu geben, überflüssige Feuchtigkeit an die Luft abzugeben. Das Rohren auf Holz hat hiermit nichts zu tun; dieses ist zweifellos als statthaft zu betrachten nach Erteilung des Rohbauabnahmescheins, wenn auch nicht vorher, da sonst die gerohrten Teile (Decken usw.) der Aufsicht entzogen würden.

Vgl. Strafgesetzbuch S. 14, Anm. 5.

47) Vgl. § 19.

48) Vgl. § 5 Ziff. 2.

49) Die Gebrauchsabnahme soll feststellen, ob der Bau den polizeilichen Vorschriften gemäß fertig gestellt. Die Gebrauchsabnahme der Entwässerungsanlagen ist gleichzeitig herbeizuführen. Bei der Gebrauchsabnahme ist darauf zu sehen, daß die Wände genügend ausgetrocknet sind, Kanalisation und Wasserleitung betriebsfähig, die Dachräume gegenüber dem Treppenraume feuersicher abgeschlossen, die Brandmauern im Dachgeschoß mit feuersicheren Türen versehen sind, die Rauchabzüge von Oefen, Küchen ordnungsmäßig funktionieren, die Durchfahrten nicht beschränkt sind, die Reinigungsöffnungen der Schornsteine mit eisernen, ev. selbsttätig zuschlagenden Türen versehen, die Feuerstätten gegenüber

Holzwerk genügend Abstand haben, bzw. genügend isoliert, Ofenbleche vorhanden, Eisenteile, soweit erforderlich, glutsicher ummantelt sind, genügende Belichtung der Baulichkeiten und Aborte vorhanden usw. Der Gebrauchsabnahmeschein hat für den Bauherrn eine doppelte Bedeutung, erstens können nach Behändigung desselben die Wohnungen benutzt werden, zweitens wird die Hypothekenregulierung von der Behändigung desselben in der Regel abhängig gemacht. Aus letzterem Grunde sind schwere Bedenken zu erheben, wenn der Gebrauchsabnahmeschein wegen geringfügiger Anstände nicht erteilt wird.

[50]) Die Frist von 6 Monaten beginnt demnach nicht von dem Tage der Rohbauabnahme, sondern von dem Tage der Behändigung des Rohbauabnahmescheines. Es ist demgemäß wünschenswert, daß die Polizeibehörden unverzüglich nach geschehener Rohbauabnahme auch den Rohbauabnahmeschein erteilen. Kein polizeiliches Interesse für diese Art der vorgeschriebenen Fristberechnung ist meines Erachtens nicht zu begründen.

[51]) Ev. durch Bescheinigung des Kreisarztes.

[52]) Zweckmäßig ist es, wenn die Bescheinigung des Bezirksschornsteinfegermeisters sich ebenfalls darüber ausspricht, wieviel und welche Feuerstellen an die verschiedenen Rauchrohre angeschlossen sind.

[53]) Das Hineinstellen von Möbeln stellt eine Benutzung dar.

Derjenige, welcher eine Wohnung in einem neugebauten Hause vor Ablauf der polizeilich bestimmten Frist bezogen hat, ohne sich über die Beziehbarkeit der Wohnung auf Grund amtlicher Unterlagen informiert zu haben, ist strafbar. KG. Strafs. 19. Dezember 1887.

Unter Beziehen einer Wohnung ist die persönliche Besitznahme derselben zum dauernden Aufenthalt, nicht aber das bloße Hinstellen von Möbeln in dieselbe zu verstehen. KG. 14. Dezember 1893. Joh. 14 [413].

Die Uebertretung im vorliegenden Falle findet schon dann statt, wenn Wirtschaftsgegenstände in die Wohnung gestellt werden. KG. 6. Juli 1899. Joh. 19 [264], Urt. bez. des Verbots in der Berliner Baupolizeiverordnung vom 15. August 1897, das auch hier zutrifft.

[54]) Gegenüber der Fassung der Berliner Bauordnung ist hier eine Verschärfung vorhanden, indem der Ortspolizeibehörde die Berechtigung zugestanden wird, nach ihrem Ermessen zu entscheiden, ob Bauvorlagen gemäß den §§ 2—5 einzureichen sind oder nicht.

[55]) Soweit sie überhaupt genehmigungspflichtig sind.

[56]) Die Polizeibehörde wird sich mit ganz einfachen Angaben resp. Zeichnungen begnügen müssen, um nicht Kosten zu verursachen, die im Mißverhältnis zum Bauvorgang stehen.

[57]) Es kommen in Frage verbundene Gerüste, Stangengerüste, Leitergerüste, fliegende Gerüste, Bock- und Hangegerüste usw.

Verbundene Gerüste sind solche, welche regelrecht verzimmert und aufgestellt sind. Sie müssen überall dort angewendet werden, wo Vorrichtungen zum Aufwinden und Verschieben von schweren Gegenständen vorgesehen sind. Die Knotenpunkte sind durch eiserne Schraubenbolzen zu sichern. In jedem Falle erscheint es notwendig, daß die Polizeibehörde vor Benutzung eines solchen Gerüstes die statische Berechnung sowie die Solidität desselben prüft.

Stangengerüste sind solche, welche aus unbearbeiteten senkrechten Stangen (Gerüstbäumen) und wagerecht an diesen befestigten sogenannten Streichstangen, ferner aus Netzriegeln und Bohlenbelägen bestehen. Die Streichstangen und Netzriegel dürfen nicht unter 10 cm stark sein. Die freitragende Länge der Netzriegel darf höchstens 1,50 m betragen Die Abdeckung der Gerüste muß mittels dichter Bohlen von 4 cm Stärke geschehen. Das Verlängern der Gerüstbäume durch Aufsetzen eines anderen muß in der Weise geschehen, daß der obere Baum auf einer Streichstange ruht und mit dem unteren auf mindestens 1,80 m Länge zweimal durch Stricke, Klammern oder eiserne Ziehbänder oder in anderer sicherer Weise verbunden ist. Die senkrechten Gerüstbäume sind 1 m tief in den Boden einzugraben und festzustampfen, ihre Entfernung voneinander beträgt höchstens 3 m. An jedem Stockwerk ist eine Längsverbindung anzubringen, deren Entfernung voneinander jedoch nicht über 4 m beträgt.

Leitergerüste sind solche, bei denen der Gerüstbelag von aufrecht stehenden, am Gebäude befestigten Leitern getragen wird. Die Gerüstbohlen liegen auf Leitersprossen. Sie dienen z. B. für Maler- und Anstreicherarbeiten.

Fliegende Gerüste sind solche, welche auf den den Gebäuden vorgestreckten Hölzern, Auslegern, ruhen und deren Stützen nicht zum Erdboden reichen. Die zu den Auslegern zu verwendenden Hölzer müssen Kanthölzer sein und im Innern der Gebäude derart gegen Gerüste, Balkenlager, Mauern usw. abgesteift und befestigt werden, daß ein Verschieben und eine Schwankung derselben nach keiner Richtung hin stattfinden kann.

Bockgerüste dürfen nur zu Rüstungen bis zu 5 m Höhe benutzt werden Die Böcke müssen durch Befestigung des Belages, die Füße der Böcke durch Verstrebungen gegen das Verschieben gesichert und so stark angefertigt sein, daß sie die jedesmalige Belastung sicher zu tragen vermögen.

Hängegerüste bestehen aus fest verbundenen Fußböden, die mittels eiserner Hängebügel und starker Taue an aus den oberen Gebäudeteilen hervorgestreckten Trägerbalken (Streckbäumen) hängen und mittels Flaschenzügen aufgezogen und herabgelassen werden. Die Gerüstbrücke ist an der vorderen und hinteren Seite mit Brüstungen zu versehen. Bei starkem Winde sind Hängegerüste nicht anwendbar.

Vgl. Unfallverhütungsvorschriften S. 127 d, e, f.

Die Anbringung und Benutzung von Hängegerüsten kann, wo sie nicht einer zu Recht bestehenden Polizeiverordnung zuwiderläuft, durch polizeiliche Einzelverfügung nur im Falle des Vorhandenseins der allgemeinen tatsächlichen Voraussetzungen, welche ein Einschreiten der Polizeibehörde rechtfertigen, untersagt werden. OVG. 49 [368].

[58]) Die Bauzäune müssen außen glatt gehobelt und mit einem Schutzdach versehen sein.

[59]) Befindet sich Straßenbahn neben dem Bürgersteig, so ist darauf zu achten, daß genügend Raum für den freien Verkehr zwischen Betriebsmittel und Bauzaun verbleibt.

Die Verpflichtung zur Beleuchtung eines Bauzaunes verbindet nicht nur zum rechtzeitigen Anzünden einer Laterne, sondern auch zu Sicherheits-

und Kontrollmaßregeln zur Erhaltung der Beleuchtung. KG. 2. Mai 1891. Joh. 11 [265].

[60]) Meistenteils durch Ortspolizeiverordnung geregelt.

[61]) Wichtig ist nach Herstellung der Treppe im rohen Zustande, sofort ein provisorisches Treppengeländer anzubringen, was häufig nicht geschieht. Die Polizeibehörde sollte gegen die Unterlassung in schärfster Weise einschreiten.

Vgl. Unfallverhütungsvorschriften S. 127, Arbeiterfürsorge S. 134, 136 und S. 17 d. W.

[62]) Jedem Eigentümer obliegt die öffentliche Pflicht, sein Grundstück in einem Zustande zu erhalten, daß polizeilich zu schützende öffentliche Interessen nicht gefährdet werden. Der Einwand des Eigentümers, er verschulde die unzulässig befundene Beschaffenheit seines Eigentums nicht, weil er die Baufälligkeit seines Hauses nicht herbeigeführt, vielmehr die Mängel auf rechtswidrigem Verhalten Dritter beruhten, entbindet denselben der Behörde gegenüber nicht davon, die unzulässige Beschaffenheit seines Besitztums zu vertreten. Weicht z. B. infolge Abbruchs eines Gebäudes die Kellermauer des Nachbargebäudes aus, so daß der Einsturz der Giebelwand zu befürchten ist, so kann die Polizeibehörde demgemäß gegen den Eigentümer des schadhaften Gebäudes einschreiten und die Erstattung der durch die im Zwangswege ausgeführte Abstürzung des Hauses entstandenen Kosten von letzterem verlangen. OVG. 36 [400]. Diese aus § 10, II, 17 ALR. abgeleitete Auffassung findet bei Anwendung auf Verhältnisse, für welche die öffentlich-rechtlichen Pflichten des Grundstückseigentümers als solchen durch spezialgesetzliche Bestimmungen geregelt sind, an diesen Spezialbestimmungen seine Schranke. OVG. 16 [321].

Vgl. Anm. 4 m.

[63]) Die erhebliche Anzahl von Unglücksfällen, welche beim Abbruch von Gebäuden geschehen, deutet darauf hin, daß die Genehmigung an erschwerendere Bedingungen zu knüpfen ist. Es ist in vielen Fällen wichtig, eine statische Berechnung vorzunehmen darüber, wie die Kräftewirkungen sich beim Abbruch gestalten. Z. B. werden Gewölbe in Unkenntnis der Verhältnisse beim Abbruch häufig nicht gleichmäßig, sondern einseitig entlastet, wodurch ein vorzeitiger Niederbruch erfolgt

[64]) An den Straßen, die unter § 12 des Gesetzes vom 2. Juli 1875 fallen, darf die polizeiliche Baugenehmigung für Wohngebäude, die einen Ausgang nach einer solchen Straße haben, nur erteilt werden, wenn die Gemeinde zustimmt. Die auf Grund des § 12 des genannten Gesetzes von den Gemeindebehörden erlassenen ortsstatutarischen Bestimmungen bilden einen Bestandteil des für die Gemeinde geltenden öffentlichen Baurechts. Verbietet ein Statut den Bau von Wohnhäusern mit einem Ausgange nach einer noch unfertigen Straße, so darf die Polizeibehörde einen solchen Bau nicht zulassen. OVG. 34 [409].

Erteilt die Polizeibehörde trotz Widerspruchs der Gemeinde die Bauerlaubnis zur Errichtung eines Wohnhauses mit einem Ausgang nach einer noch nicht für den Anbau fertigen Straße, so steht der Gemeinde nur die Anrufung der Aufsichtsbehörde, nicht aber der Weg der Beschwerde oder Klage zu. OVG. 27. Juni 1894 (IV 838), PVBl. 15 [509].

Die bezüglichen Bestimmungen des Ortsstatuts werden jedoch erst wirksam nach Erlaß einer Polizeiverordnung, in welcher ausgesprochen ist, unter welchen Bedingungen eine Straße als für den öffentlichen Verkehr fertiggestellt anzusehen ist. OVG. 29[378].

Die Bestimmungen des § 12 können unter Umständen auch dann zur Anwendung kommen, wenn ein bereits vorhandenes Wohnhaus erweitert, vergrößert wird oder nachträglich ein Ausgang nach der unfertigen Straße geschaffen. Anderseits darf aber nicht jede, auch noch so geringfügige Erweiterung eines Wohnhauses dem Errichten eines Wohnhauses im Sinne des § 12 gleichgestellt werden. Vielmehr ist stets nach Lage des einzelnen Falles zu prüfen, ob die Erweiterung nach ihrer Art und ihrem Umfange sowie nach ihrem Verhältnis zur Art und zum Umfange des bereits vorhandenen Gebäudes als das Errichten eines Wohnhauses aufgefaßt werden muß. OVG. 32[365].

Wohngebäude im Sinne des § 12 sind keineswegs alle diejenigen Gebäude, welche zum dauernden Aufenthalt von Menschen dienen, z. B. Schulen, Fabriken, Werkstätten, Restaurants, Bahnhöfe, Wachgebäude u. dgl., in denen es an Wohnräumen, d. h. zum Wohnen bestimmten und benutzten Räumen gänzlich fehlt. OVG. 8[317].

Ein Neubau, in dessen Plan eine Direktorwohnung aufgenommen, gilt als Wohngebäude im Sinne des § 12. OVG. 11. Mai 1895 (IV 742), PVBl. 17[9].

Die Gemeinde ist befugt, die Bauerlaubnis an Straßen, die unter § 12 fallen, an Bedingungen zu knüpfen, die vom Unternehmer zu befolgen sind. Es steht ihr frei, beliebige, auch im Statute nicht vorgesehene Vereinbarungen mit dem Unternehmer zu treffen. Derartige Abmachungen bewegen sich nicht auf öffentlich-rechtlichem, sondern auf zivilrechtlichem Gebiete. Vgl. von Kamptz und Delius S. 470.

Die für die Bewilligung der Ausnahme von Bauverboten gestellten Bedingungen unterliegen weder gegenüber den Gemeindebehörden noch gegenüber der Polizei den Rechtsmitteln aus §§ 127 ff. des LVG., OVG. 39[359].

Der Wiederaufbau eines abgebrochenen oder durch Naturereignis zerstörten Gebäudes fällt unter den Begriff der Errichtung eines Gebäudes im Sinne des § 12. Sehr häufig tritt der Fall ein daß Eckgrundstücke bebaut werden, deren eine Front an einer anbaufähigen Straße, deren andere an einer solchen liegt, die unter den § 12 fällt. Fallen in solchen Fällen Straßen- und Baufluchtlinien zusammen, so ist die Gemeinde berechtigt zu untersagen, daß ein Ausgang nach letzterer Straße führend angelegt wird, falls die Vorbedingungen hierzu im Ortsstatut usw. gegeben sind. Anders liegt der Fall, wenn an der unregulierten Straße Vorgärten vorgesehen sind, so daß der Unternehmer sein Gebäude nicht unmittelbar an der zukünftigen Straße, sondern in einem Abstande entsprechend der Tiefe des Vorgartens errichtet. Wird nun die unfertige oder zukünftige Straße durch ein Gitter abgeschlossen, so ist meines Erachtens der Ausgang in dem zukünftigen Vorgarten nicht zu verbieten. Die gegenteilige, vielfach geübte Praxis halte ich nicht für richtig.

Im Gegensatz zu den Straßen, die unter § 12 fallen, stehen diejenigen, an welchen der Anbau gestattet werden muß, ohne daß weitere

Bedingungen gestellt werden dürfen. Es sind dieses jedoch im allgemeinen nicht die Straßen, an denen der Anbau sich bereits zum Teil vollzogen hat, sondern die Judikatur hat erhebliche Einschränkungen gemacht bezüglich der Art dieser Straßen. Die sogenannte historische Straße, wie sie in einem Urteil des Oberverwaltungsgerichts genannt, ist keineswegs eine solche, die von jeher bestand, z. B. alte Heerstraßen, Chausseen, sondern eine solche, welche für den Anbau bestimmt war, dem inneren Ortsverkehr diente, zum Ortsbering gehörte, als für den Anbau fertiggestellt angesehen wurde, deren Unterhaltungspflicht geregelt, als ebenbürtiges Glied in dem gesamten Straßennetze angesehen — alles dieses vor dem Zeitpunkte, zu dem das Ortsstatut unter Bezugnahme auf das Gesetz vom 2. Juli 1875 erlassen. Die enge Auffassung der historischen Straße hat zur Folge, daß überall eine große Anzahl von Streitpunkten geschaffen ist. In den Berliner Vororten sind in der Regel nur die alten Dorfstraßen (Dorfauen) und diejenigen früheren Teile der Kreis- und Provinzialchausseen, welche im Ortskern liegen und bebaut sind, als historische Straßen anzusehen.

65) Es handelt sich um öffentliche Straßen, nicht Privatstraßen. Als öffentlicher Weg ist ein solcher zu betrachten, der ausdrücklich oder stillschweigend von allen rechtlich Beteiligten, d. h. dem Eigentümer, der Wegepolizeibehörde und dem Wegebaupflichtigen, dem allgemeinen Verkehr gewidmet ist. Eine Privatstraße ist dann vorhanden, wenn der Besitzer allein die Verfügung über sie hat, den öffentlichen Verkehr nach Belieben zulassen oder ausschließen kann.

Die Oeffentlichkeit eines Weges wird dadurch nicht ausgeschlossen, daß der Grund und Boden, über welchen ein Weg führt, sich im Privateigentume befindet und dieses im Grundbuch eingetragen ist. Vgl. Germershausen, Wegerecht und Wegeverwaltung I[6].

66) Dieser Auffassung steht der § 14 des Ansiedlungsgesetzes vom 10. August 1904 entgegen. Hiernach genügt für eine Ansiedlungsgenehmigung ein jederzeit offener und fahrbarer Weg. Der Weg braucht nur ein offener, nicht ein öffentlicher zu sein. Vgl. Ansiedlungsgesetz S. 93, Anm. 10 u. 11.

67) Im Ansiedlungsverfahren kann unter Umständen auch eine Schiffahrtsstraße als genügend angesehen werden. Vgl. Ansiedlungsgesetz S. 93, Anm. 11.

68) In Ansiedlungsangelegenheiten hat nicht die Ortspolizeibehörde zu prüfen, sondern der Kreisausschuß.

69) Vgl. Ansiedlungsgesetz S. 93 § 14.

70) Der § 11 des Gesetzes, betreffend die Anlegung und Veränderung von Straßen und Plätzen in Städten und ländlichen Ortschaften, lautet: „Mit dem Tage, an welchem die im § 8 vorgeschriebene Offenlegung beginnt, tritt die Beschränkung des Grundeigentümers, daß Neubauten, Um- und Ausbauten über die Fluchtlinie hinaus versagt werden können, endgültig ein. Gleichzeitig erhält die Gemeinde das Recht, die durch die festgesetzten Straßenfluchtlinien für Straßen und Plätze bestimmte Grundfläche dem Eigentümer zu entziehen.“ Die ältere Judikatur hat sich auf den Standpunkt gestellt, daß die Polizeibehörde für verpflichtet zu erachten ist, Neu-, Um- und Ausbauten über

die Fluchtlinie hinaus ausnahmslos zu hindern. Die neue in konstanter Rechtsprechung festgehaltene Judikatur, die ihren Ausgang in den Entscheidungen vom 9. und 22. September 1893, OVG. 25[381], nimmt, stellt sich auf den Standpunkt, daß in dem § 11 nichts weiter zu sehen ist, als die Befugnisse der Polizeibehörde, das Bebauen des künftigen Straßenterrains usw. untersagen zu können. Aus dieser Auffassung heraus sind erhebliche Nachteile für die Gemeinden entstanden, da hierdurch unter Umständen eine Fluchtliniengesetzgebung in ihrem beabsichtigten Effekt vollkommen lahm gelegt werden kann. Vgl. PVBl. 28[165].

Meines Erachtens steht die Berechtigung der Polizei, wie sie aus dem § 11 gefolgert wird, dem Sinne des Gesetzes entgegen. Zuerst werden Fluchtlinien seitens der Gemeinde unter Zustimmung der Polizeibehörde festgelegt auf Grund polizeilicher Gesichtspunkte im § 3, und nun sollte nach § 11 die Polizei, trotzdem sie sich der Gemeinde gegenüber gebunden hat, von ihrer Zustimmung wieder abweichen können?

Die Ziffer 2 trägt der geltenden Auffassung nicht Rechnung, da sie offenbar keine Ueberschreitung der Fluchtlinien zulassen will, selbstverständlich innerhalb der Ausnahmen aus § 27 Vgl. ALR S. 80, Anm. 17.

Eine Verfügung, durch die eine Bauerlaubnis auf Grund der Vorschrift in § 11 des Fluchtliniengesetzes versagt wird, ist in der Regel nicht als unrechtmäßig im Verwaltungsstreitverfahren anzufechten. Dieses gilt auch dann, wenn der Bauherr ausdrücklich für sich und seine Rechtsnachfolger darauf verzichtet, daß bei Verbreiterung der Straße der durch den Bau herbeigeführte Mehrwert des Hauses ersetzt wird; denn auch ein solcher Verzicht legt der Polizei nicht die Pflicht zur Erteilung der Genehmigung auf. Der Polizei sind nur insofern Schranken gesetzt, als sie durch die Ablehnung nicht ein Vorgehen der Gemeinde unterstützen darf, durch das sich diese widerrechtlich ihr nicht zukommende Vorteile verschaffen will. In einem solchen Falle würde die Verfügung der Polizei nicht aus objektiven polizeilichen Beweggründen hervorgegangen sein, und sie würde daher als rechtswidrig der Anfechtung im Verwaltungsstreitverfahren unterliegen. OVG. 50[421].

Die Polizeibehörde hat das Recht, ein Verbot im Sinne des § 11 zu erlassen, bereits dann erlangt, wenn die Gemeinde und Polizeibehörde sich über eine Fluchtlinie geeinigt haben.

Runderlaß des Min. d. ö. Arb. u. d. Min. d. J. v. 14. Dezember 1905, betreffend Beachtung verkehrspolizeilicher Rücksichten bei der Erörterung von Baugesuchen.

Der Runderlaß vom 15. Februar 1887 — II 234 M. d. J., III 3581 M. d. ö. A. —, betreffend den § 11 des Gesetzes über die Anlegung und Veränderung von Straßen und Plätzen in Städten und ländlichen Ortschaften vom 2. Juli 1875, ordnet an, daß die Polizeibehörden, wenn die Gemeinden die Einwilligung zu Neubauten sowie Um- und Ausbauten erteilt haben, nach Maßgabe der in Betracht zu ziehenden polizeilichen Gesichtspunkte die Erörterung des Baugesuches zu veranlassen haben. Diese Bestimmung ist, wie uns berichtet wird, dahin ausgelegt worden, daß die Polizeibehörden sich bei Erörterung des Baugesuches allein auf eine Prüfung nach der Richtung zu beschränken haben, ob den baupolizeilichen Vorschriften genügt wird.

Eine derartige einschränkende Auslegung entspricht weder dem Wortlaut noch dem Sinne des Erlasses. Er bezweckt allein, die geschäftliche Behandlung der Gesuche auf Genehmigung der vorgedachten Bauten zu regeln, und hat nicht beabsichtigen können, auf die Ausübung der den Polizeibehörden gesetzlich zustehenden Befugnisse und Verpflichtungen einzuwirken. Die Erörterung des Baugesuches „nach Maßgabe der in Betracht zu ziehenden polizeilichen Gesichtspunkte" hat sich demnach nicht auf die Prüfung der baupolizeilichen Bestimmungen zu beschränken, sondern hat sich, und zwar in erster Linie, auch auf die verkehrspolizeilichen Rücksichten zu erstrecken, denn das polizeiliche Interesse wird in der Regel darauf hinweisen, bei derartigen Bauten die Innehaltung der Fluchtlinien zu fordern, nicht aber deren Ueberschreitung zu begünstigen.

71) Umzäunungen der Grundstücke gehören nicht zu den Bauten, denen ein gesetzliches Hindernis aus dem § 11 entgegensteht. OVG. 25[379].

Eine gemauerte massive Grube ist ein Bauwerk im Sinne des § 11. OVG. 3. März 1890 (III 190).

Nachdem die Frontmauer eines Stalles eingestürzt war, wurde die Genehmigung zum Neubau an derselben Stelle nachgesucht. Da der Bau über die Fluchtlinie hinaus vorstand, wurde die Genehmigung auf Grund des § 11 versagt. Das OVG. entschied, es handele sich um einen Umbau, da eine Konstruktionsveränderung der Wände vorlag, denn: „Eine derartige Aenderung in den Konstruktionsverhältnissen einer bestehenden Wand müßte unbedingt unter den Begriff eines Umbaues gebracht werden." OVG. 30. Januar 1882, PVBl. 3[180].

Nicht jede Veränderung der Substanz eines Gebäudes stellt einen Umbau dar. Wird z. B. ein etwa 16 qm großer Teil der Giebelwand einer Scheune durch Mauerwerk ersetzt, auch wenn der Wandteil anstatt in der früheren Stärke von einem Stein anderthalb Stein stark aufgemauert wird, so liegt weder ein Umbau noch ein Ausbau vor. OVG. 25. Januar 1896 (IV 143), PVBl. 18[43].

Reparatur bedeutet den Ersatz einzelner abgängig gewordener Teile während unter Umbau eine mehr oder weniger eingreifende, das Mauerwerk teilweise umgestaltende Veränderung der Substanz im Innern oder äußern verstanden wird (OVG. 8[300], 29[375]); handelt es sich um Ersatz einer ganzen Umfassungswand, zumal wenn damit eine Erhöhung der Stabilität des Baues verbunden ist, so ist darin eine das Gebäude teilweise umgestaltende wesentliche Veränderung der Substanz zu sehen und demnach ein Umbau vorliegend. OVG. 5. Dezember 1901 (IV 2200), PVBl. 23[396].

Eine Tonrohrleitung in Verbindung mit einem Gully muß als Bauwerk angesehen werden — ein Bauwerk kann sowohl über als unter der Erde errichtet werden. OVG. 4. September 1884 (II 723), PVBl. 6[6].

72) Das Fluchtliniengesetz enthält keine Bestimmungen über das Zurückweichen hinter die Fluchtlinie. Vorliegende Vorschrift findet ihre rechtliche Begründung in der Befugnis der Polizei, einer Verunstaltung

der Städte und öffentlichen Plätze durch Bauten entgegenzutreten (§ 66 I 8 ALR.). OVG. 51[399].

[73]) Vgl. ALR. S. 71, Anm. 7.

[74]) Diese Bestimmungen in Baupolizeiverordnungen sind vielfach bezüglich ihrer Rechtsgültigkeit bezweifelt worden. Es kann jedoch keinem Zweifel unterliegen, daß die Baufreiheit dahin eingeschränkt werden kann, daß zur Wahrung polizeilicher Interessen Gebäude nicht unmittelbar, sondern nur in einem gewissen Abstande von der Straße errichtet werden dürfen. OVG. 50[427]. Als Maßstab wird meines Erachtens u. a. zu dienen haben, daß mindestens ein Abstand zwischen den an der Straße gegenüberliegenden Gebauden gesichert ist, der so groß ist, als hochgebaut werden darf. Gemäß § 15 Ziff. 2 dürfen jedoch derartige Gebäude nicht höher als Straßenbreite errichtet werden. Demgemäß würde das eben aufgeführte polizeiliche Motiv der Rechtsgültigkeit der Bestimmung nicht als Grundlage dienen können.

[75]) Der Polizei steht aus allgemeinen polizeilichen Gründen (§ 10 II 17 ALR.) nicht das Recht zu, über das Material zu bestimmen, aus welchem die Einfriedigungen eines Grundstücks hergestellt werden sollen. Eine Polizeiverordnung, die so weit ginge, würde über die Grenze der Zuständigkeit hinausgehen. OVG. 30. Januar 1895 (IV 169), PVBl. 16[412]. Eine Polizeiverordnung, die vorschreibt, daß die Gitter aus Eisen zu bestehen haben, entbehrt demnach der Rechtsgültigkeit.

Es kann nicht anerkannt werden, daß unter Gitterwerk ein Gitter aus Eisen zu verstehen wäre. Gitterwerk oder Gitter als Einfriedigungsmittel kann vielmehr sehr wohl aus Holz statt aus Metall bestehen. OVG. 48[384].

[76]) Der Charakter des Gitterwerks und die damit gewährleistete Durchsichtigkeit der Einfriedigung geht dadurch, daß an der Außenseite des Gitters ein das Gitter verdeckendes 3 m langes, 0,8 m hohes Schild angebracht wird, auf die ganze Länge dieses Schildes verloren. OVG. 1. Dezember 1905 (VIII 1882).

[77]) Die Sockelflucht der Einfriedigung muß mit der Baufluchtlinie zusammenfallen.

[78]) Die Vorgärten bilden das Mittelglied zwischen Straße und Baugrund. Dieselben sind demgemäß in der Tat nichts weiter als Zubehörungen derjenigen Bauwerke, welche auf dem Grundstück errichtet werden; sie setzen schon begrifflich eine Bebauung des Grundstücks voraus und entstehen erst mit letzterer; denn auf einem unbebauten Grundstück kann ein Vorgarten nicht wohl angelegt werden. OVG. 26. September 1889, PVBl. 11[273]. Derartige Zubehöre und Nebenanlagen der Bauwerke fallen der Regelung durch die Baupolizeibehörde anheim. OVG. 18[371]. Eine polizeiliche Vorschrift, wodurch die gartenmäßige Herstellung und die gittermäßige Einfriedigung der Vorgärten den Besitzern zur Pflicht gemacht wird, verfolgt keineswegs bloß ästhetische Zwecke oder Zwecke der sogenannten Wohlfahrtspolizei; sie hält sich vielmehr innerhalb der der Polizei gestellten Aufgaben. Eine Straßenanlage mit Vorgärten entsteht rechtsgültig und mit der Wirkung, daß die Anlage der Vorgärten erzwungen werden darf, nur auf dem Wege, der in den §§ 1 ff. des Fluchtliniengesetzes vorgezeichnet ist. Eine Polizeiverordnung kann wohl da, wo durch einen Fluchtlinienplan die An-

legung von Vorgärten vorgesehen ist, die Art und Weise, wie die Vorgärten und ihre Einfriedigung einzurichten sind, regeln, sie kann aber nicht selbständig vorschreiben, daß an gewissen Straßen Vorgärten herzustellen sind. Wohl hat das OVG. die rechtliche Zulässigkeit von Polizeiverordnungen anerkannt, nach denen da, wo Baufluchtlinien nicht bestehen, Gebäude — und zwar auch innerhalb der Ortschaften — nur in gewisser Entfernung von dem Rande öffentlicher Wege gebaut werden dürfen, aber es hat dabei auch besonders betont, daß eine Fluchtlinie in rechtlichem Sinne dadurch nicht geschaffen werden könne, da die Wirkungen, welche das Gesetz vom 2. Juli 1875 daran knüpfte, so namentlich auch die Verpflichtung des Eigentümers, das an der Straße liegende freie Terrain als Vorgarten gartenmäßig zu unterhalten, ihr nicht zukäme. OVG. 33[423]. Die Wirkung einer auf Grund des Gesetzes vom 2. Juli 1875 erfolgten Fluchtlinienfestsetzung tritt hinsichtlich der aus § 1 Abs. 4 resultierenden Anlegung von Vorgärten naturgemäß auf der einen Seite erst dann ein, wenn eine Bebauung des Grundstücks stattfindet, auf der anderen Seite erst dann, wenn die Ausführung des Fluchtlinienplanes durch Anlegung der Straßen nach Maßgabe der geschehenen Fluchtlinienfeststellung erfolgt ist. OVG. 27[398]

Alles, was mit dem Vorgarten im Zusammenhang steht und sich auf seinen Flächen befindet, gehört zum Vorgartenland.

Die Zugänge zu den Gebäuden sind nur insoweit zu gestatten, als sie entweder durch die Einrichtung des Hauses gefordert werden oder, soweit dieses nicht der Fall ist, der Gesamtanlage der Charakter als Vorgarten nicht entzogen wird. OVG. 14. Oktober 1890 (IV 1068), PVBl. 12[304].

Dem Begriff des Vorgartens wird damit völlig genügt, daß eine Villa in ihrer baulichen Ausgestaltung nicht völlig außer Beziehung zu der Straße steht, wohin der Giebel in einer Entfernung von nur 5,5 m errichtet ist. Infolgedessen kommt die Bestimmung der Bauordnung für das an dieser Straße liegende Vorgartenland, und zwar für die ganze Länge des Grundstücks, in Anwendung OVG. 50[424].

Solange eine Straße noch nicht dem Fluchtlinienplane gemäß hergestellt ist, kann die in dem Plane vorgesehene Einrichtung von Vorgärten öffentlich-rechtlich nicht erzwungen werden. Z. B. auch dann nicht, wenn dem Besitzer des Baugrundstücks noch Straßenland gehört, das einzufriedigen er berechtigt ist. OVG. 33[424].

Die Polizeibehörde ist berechtigt, zwangsweise ein Reklameschild auf Holzpfählen zu entfernen, da Vorgärten nur als Ziergärten anzulegen sind, auch wenn das Schild sich in der Einfahrt befindet. OVG. 49[373].

[79]) Soll der Vorgarten zum Betrieb einer Gastwirtschaft mitbenutzt werden, so ist hierfür außerdem gewerbepolizeiliche Genehmigung erforderlich.

[80]) Es wäre wünschenswert, wenn hierin nicht zu weit gegriffen würde.

[81]) Der Regierungspräsident ist befugt, die Ortspolizeibehörde mit Anweisungen zu versehen. Handelt letztere vorliegendenfalls ohne Genehmigung, so besteht die Aenderung der Fluchtlinie zu Recht.

[82]) Der Zweck dieser Bestimmung ist nicht klar ersichtlich. Im allgemeinen ist die Polizeibehörde zum Einschreiten berechtigt auf Grund ihrer allgemeinen Befugnisse, d. h. vorliegendenfalls, wenn Gefahr im Verzuge. Vgl. BGB. S. 7 § 909 und Anm. 21.

83) Demgemäß darf die gesamte festgestellte Teilfläche bebaut werden. Nach Ziff. 2 sind alle über die Umfassungswände vortretenden Bauteile für die Bebauung in Rechnung zu stellen, demnach auch die Vorbauten, welche über Straßenfluchtlinie oder Straßengrenze hervorragen. — In Rücksicht auf die Fassung der Ziff. 1 können meines Erachtens die über die Straßenfluchtlinie oder Straßengrenze vortretenden Bauteile nicht in Rechnung gestellt werden, denn es ist ausdrücklich gesagt, daß die ermittelte Grundstücksfläche bebaut werden darf. Die Handhabung in der Praxis ist, wie mir bekannt, allerdings eine andere.

84) Es ist keineswegs an erster Stelle entscheidend, wem das Eigentum an Grund und Boden zusteht, ob der Baugrund im Grundbuch als Einheit behandelt oder in verschiedene Grundstücke geteilt ist. OVG. 32[356].

85) Gegenüber der früheren Baupolizeiverordnung ist die Bestimmung, nach der Vorgärten mit Ausnahme von einem Streifen von 4 m nicht angerechnet werden, gefallen. Es sei bei dieser Gelegenheit darauf hingewiesen, daß bei Verbreiterungen von Straßen die Vorgartenflächen zu diesen häufig gezogen werden. Waren nun die Grundstücke vor der Abtretung der Flächen voll bebaut, so entsteht eine Ueberbauung des Grundstücks, demnach ein polizeiwidriger Zustand. Dieses Verfahren wird erleichtert durch die Ausstellung der Unschädlichkeitsatteste seitens der Generalkommission, mit Hilfe derer ohne langwierige Verhandlungen eine Abschreibung der Lasten von den projektierten, resp. vorhandenen Vorgartenflächen erfolgt. Das Sachverständigenzeugnis, auf Grund dessen das Unschädlichkeitsattest in erster Linie erteilt wird, lautet in der Regel dahin, daß das Grundstück infolge Ausbaues der Straße an Wert gewinne, auch wenn das abzutretende Trennstück ihm verloren gehe. Häufig werden die Besitzer einer Straße von der Gemeinde verpflichtet, bei Bedarf die Vorgärten zur Straße abzutreten, indem diese Verpflichtung ins Grundbuch eingetragen wird. Demnach ist der Grundbesitzer verpflichtet, auf Erfordern der Gemeinde die Vorgartenflächen jederzeit abzutreten und ev. sein Grundstück in einen polizeiwidrigen Zustand zu versetzen. Ein Einschreiten der Polizei gegen diesen Mißstand wird sich nicht begründen lassen, da sie bei Baugenehmigungen sich um grundbuchliche Eintragungen im allgemeinen nicht zu kümmern hat, außerdem ihr aus der Möglichkeit, daß in ferner Zeit polizeiwidrige Zustände geschaffen werden können, ein Recht zum Einschreiten nicht gegeben ist. Ordnungsmäßige Zustände lassen sich meines Erachtens nur schaffen, indem je nach Breite der Straße ein Teil der Vorgartenfläche für die Bebauung nicht zur Anrechnung gelangte, um bei späterer Verbreiterung der Straße auf diese Fläche zurückgreifen zu können, ohne daß das Grundstück infolge der Abtretung in einen polizeiwidrigen Zustand versetzt wird. Vgl. Baufluchtengesetz S. 84 Anm. 12.

86) D. h. jeder Vorbau, welcher über 1 m hoch geführt wird und im Zusammenhange mit dem Hauptgebäude steht.

87) Selbständige bauliche Anlagen.

88) Vor den Umfassungswänden usw.

89) Gehören dem Wortlaut offenbar zusammen. Für diese ist scheinbar nicht die Bestimmung unter Ziff. 2 maßgebend, sondern einzig und allein der Umstand, ob sie bis zum Fußboden des Erdgeschosses reichen oder darüber hinaus.

90) In der Konferenz, welche aus Anlaß des Erlasses der vorliegenden Baupolizeiverordnung vom Herrn Minister veranlaßt war, erklärte ein Vertreter der Regierung auf Anfrage, daß im Falle die Länge eines Balkens 2,50 überschreiten würde, nur das Maß zu bebauten Flächen gerechnet werden solle, welches sich nach Abzug von 2,50 ergebe.

91) Höhe über Erdoberfläche nicht beschränkt.

92) Die Lichthöfe dienen leider zum Teil dazu, in der Bauklasse D, in welcher für Vorderhäuser besondere Vergünstigungen getroffen sind, die Tiefe derselben künstlich zu vergrößern, um eine möglichst große Baufläche zu erzielen, die den Charakter des Vordergebäudes hat.

93)

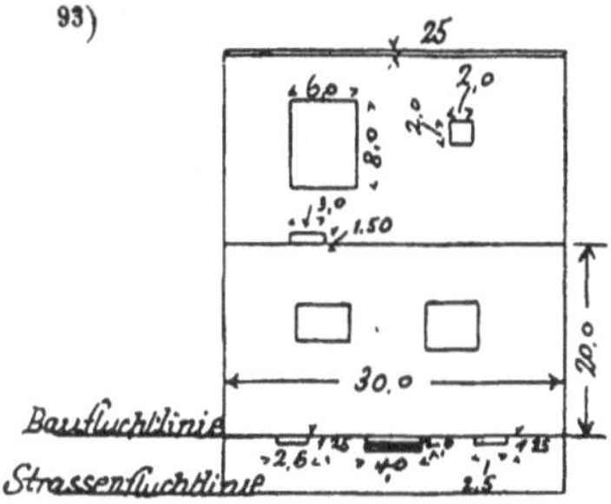

Bebaut:

30,0 · 20,0.

2,6 · 1,25—2,5 · 1,25 Balkon, § 12^{2}.

2,0 · 2,0 Laube, § 12^{2} (Ausnahme §§ 54^{13}, 55^{13}, 56^{12} u. 58^{4}).

30,0 · 0,25 Grenzmauern über 1,80 m Höhe, § 12^{2}.

Unbebaut:

2,50 · 1,25 Balkon, § 12^{2}.

4,00 · 2,0 Freitreppe, Podest in Höhe des Erdgeschosses, § 12^{2}.

3,0 · 1,50 Veranda, wie vor.

6,0 · 8,0 Hofkeller usw. innerhalb einer Höhe von nicht mehr als 1 m über Erdoberfläche, § 12^{2}.

94) Durch die vorgenommene Regelung der Abstandsverhältnisse sind befriedigende Verhältnisse nicht überall geschaffen, da z. B. kleine, einstöckige Gebäude keine Berücksichtigung gefunden haben; hier wären ev. weitgehende Dispense am Platze.

95) Nicht nur Wohngebäude.

96) Es ist statthaft, nach der Bauwichseite Fenster anzulegen, auch dort, wo nur 4 m Bauwich vorgeschrieben ist. Diesen Konsequenzen ist nicht vorgebeugt durch eine entsprechende Bestimmung, bis zu welchem Abstand von der Grenze die Giebelmauern als Brandmauern auszuführen sind, da nach § 22 Ziff. 3 nur diejenigen Wände als Brandmauern auszubilden sind, welche unmittelbar an die Nachbargrenze herantreten. Werden z. B. im Gebiet der Bauklasse D auf zwei benachbarten Grundstücken Seitenflügel errichtet, deren Rückwände einander zugekehrt sind, so haben die gegenüberliegenden Fenster voneinander nur eine Entfernung von 8 m — in der Bauklasse I würde der Abstand 12 m betragen bei einer zulässigen Gebäudehöhe von 18 m — ein wenig befriedigender Zustand.

96a) Vgl. §§ 52^{8}, 53^{8} usw.

97) Vgl. § 15 Ziff. 1.

98) Nach dem Sprachgebrauch versteht man unter einem Seitenflügel einen seitlichen Anbau an ein anderes Gebäude vornehmlich an

ein Hauptgebäude. Jeden seitlichen Anbau bezeichnet man jedoch nicht mit dem Ausdruck Seitenflügel, sondern mit Anbau oder Vorbau, je nach Größe. Vom baupolizeilichen Standpunkt ist es jedoch von Wichtigkeit festzulegen, welchen Umfang ein Anbau usw. haben muß, um unter den Begriff Seitenflügel zu fallen. Nach der Entscheidung des Oberverwaltungsgerichts ist ein Seitenflügel nicht vorhanden, wenn z. B. ein Raum des Vorderhauses über die Hinterfront vorgezogen wird, jedoch als vorhanden anzusehen sobald sich auch nur ein Klosett an einen solchen anschließt (siehe Baltz S. 232). Man wird einen Anbau als Seitenflügel immer ansehen müssen, sobald derselbe mit einem selbständigen Zugang versehen und an diesem Zugang Räume auf der dem Hauptgebäude abgewendeten Seite auch von noch so geringem Umfange belegen sind. An dieser Definition muß meines Erachtens unter allen Umständen mindestens festgehalten werden. Diese Frage ist von besonderer Wichtigkeit bezüglich der Bauklasse D, da ein Interesse vorliegt, die Seitenflügel als Vordergebäude zu klassifizieren, wegen der günstigen Ausnutzung letzterer für Wohnzwecke.

99) In einem Abstand vom Hauptgebäude errichtet.

100) Im Zusammenhange mit dem Hauptgebäude.

101) In einem Abstand vom Hauptgebäude errichtet.

102) Der Schnittpunkt der Dachfläche mit der Frontwand ist auch für die Berechnung der Höhe bei Seitenflügeln maßgebend, bzw. des Abstandes von der hinteren Nachbargrenze. Es wäre jedoch wünschenswert, wenn die Polizeibehörde durch Rat dahin wirken würde, daß dieselben abgewalmt würden, wodurch ein wesentlich besseres Aussehen herbeigeführt wird. Berechtigt dieses zu fordern (auf Grund §§ 66[71] I 8 ALR.), ist jedoch die Polizeibehörde nicht.

103)

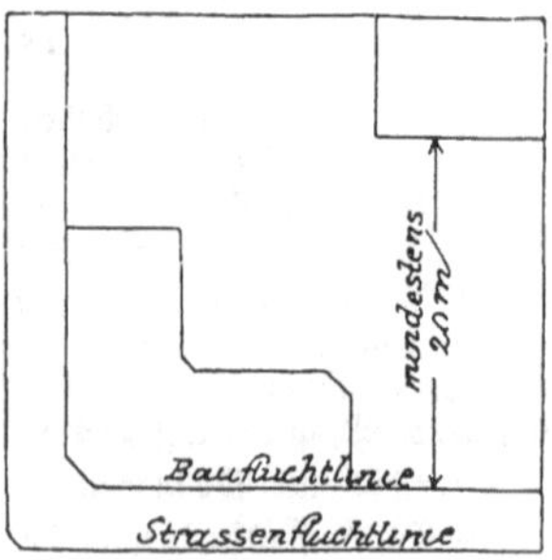

104)

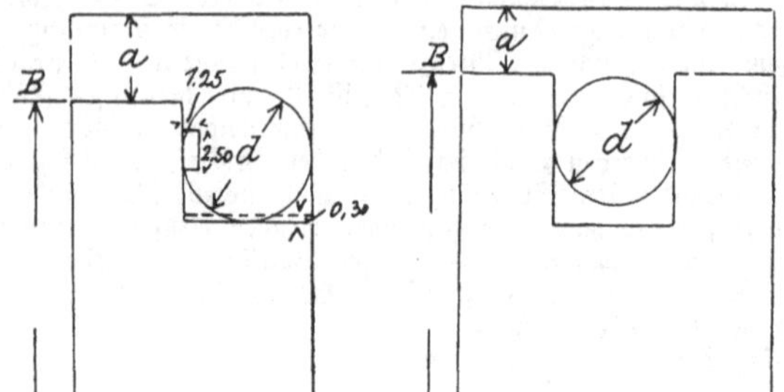

d = mindestens $^3/_4$ der größten Höhe der Gebäude, jedoch nicht weniger als 12,0 m, § 13[6].

Ist A—B gleich oder kleiner als 30 m, so genügt ein freier Kreis von 10 m Durchmesser, § 13[6].

Balkons von höchstens 2,50, 1,25, Gesimse von höchstens 0,30 m Ausladung dürfen in den Kreis hineinreichen, § 13[11].

a = der Hälfte der Höhe, jedoch mindestens 6,0 m, § 13[5].

105)

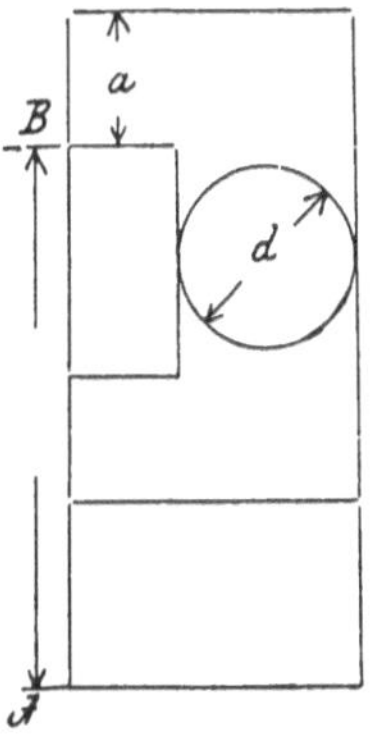

106)

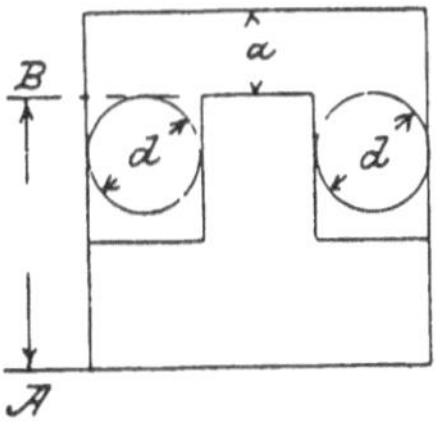

Die Darstellung im Zentralblatt der Bauverwaltung 1907 verlangt auch den Kreis zwischen Hinterfront des Mittelflügels und hinterer Nachbargrenze In dem Wortlaut der Ziffer 6 ist dies meines Erachtens nicht begründet.

107)

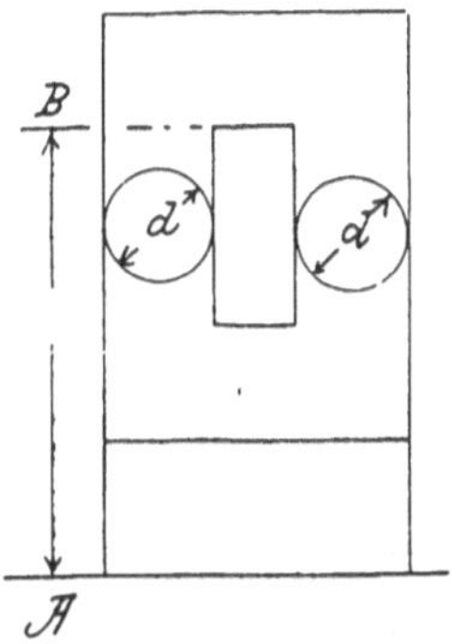

108) Der freie Kreis ist kein rollender Kreis, im Gegensatz zu der Vorschrift der Baupolizeiverordnung für die Vororte von Berlin vom 5. Dezember 1892.

109) Der Ausdruck ist nicht klar, da man von einer Straßenfront von Vordergebäuden, die z. B. im Vorgarten errichtet, nicht sprechen kann. Meines Erachtens ist der Abstand von 30 m von der Front des Vordergebäudes aus zu rechnen.

110)

d = mindstens der Hälfte der Höhe des Gebäudes, jedoch nicht weniger als 8,0 m, § 13[6].

111)

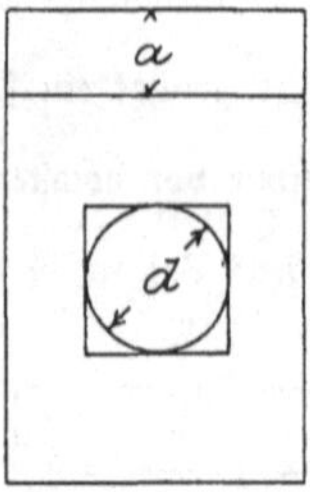

d = gleich der größten Höhe der Gebäude, jedoch mindestens 15 m, § 13^7.
a = der Hälfte der Höhe des Gebäudes, jedoch mindestens 8,0 m, § 13^5.

112)

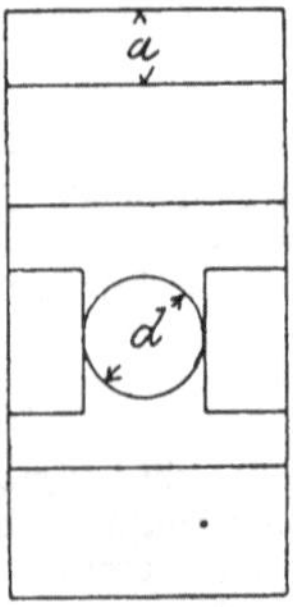

113)

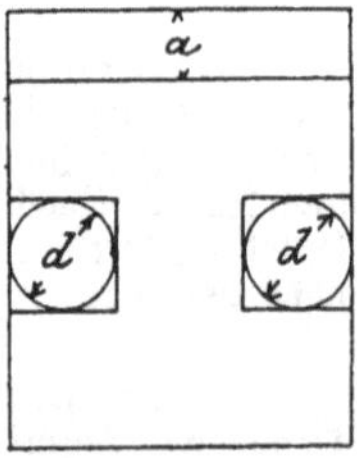

114)

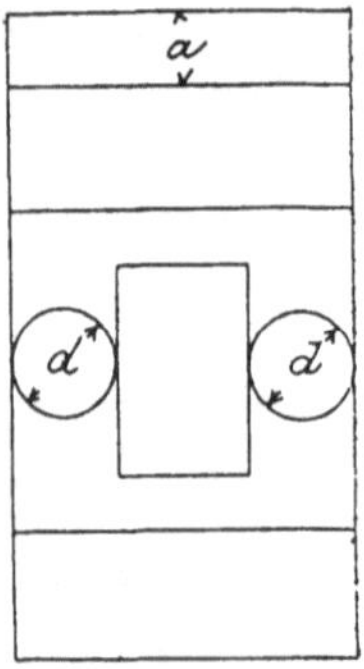

115)

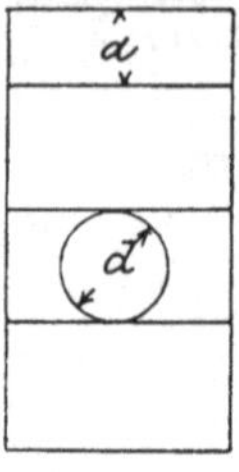

d = mindestens 12,0 m, § 13^7.

116)

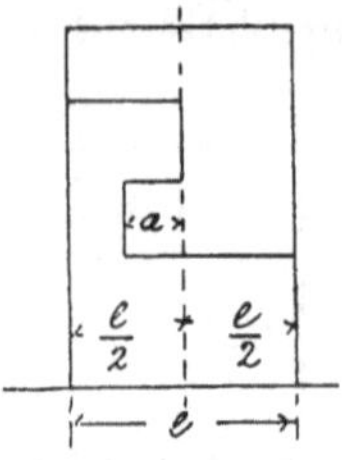

a = höchstens 6,0 m, § 13^{8a}.

117)

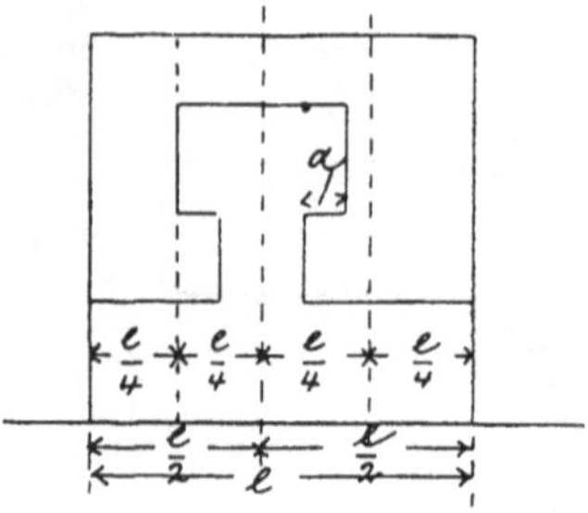

a = höchstens 6 m, § 13^{8b}

118)

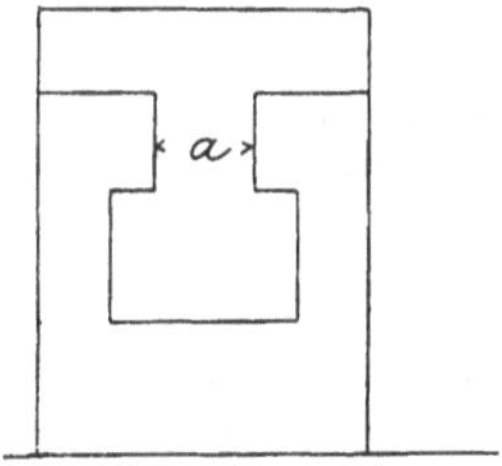

a = $^3/_4$ der Höhe des höchsten Vorsprunges, jedoch nicht unter 10,0 m, § 13^{8c}.

118a) Dem Wortlaut nach träfe dies auch auf Ziffer 6 Abs. 2 zu, wogegen erhebliche Bedenken zu erheben sind.

119)

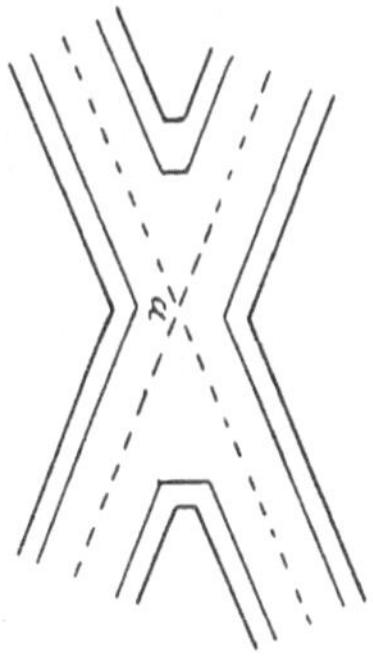

Ist ∢ a größer als 135°, so liegt kein Eckgrundstück im baupolizeilichen Sinne vor, § 14^1.

120) Unter Straßen sind im Sinne der Bauordnung nur vorhandene Straßen zu verstehen, nicht solche, die nur projektiert sind, Es läßt sich nicht annehmen, daß die Baupolizeiverordnung, wenn sie Bestimmungen für Eckhäuser oder Eckgrundstücke trifft, dabei auch solche Grundstücke und Häuser ins Auge gefaßt habe, welche infolge einer angeordneten, aber noch nicht zur Ausführung gelangten Fluchtlinienfestsetzung künftig zu einem an sich völlig unbestimmten Zeitpunkte die Eigenschaft eines Eckhauses bzw Eckgrundstückes erlangen können. OVG. 19^{385}.

Wird ein Gebäude an einem zukünftigen Eckgrundstück (an einer regulierten und einer nur im Plan festgestellten Straße liegend) errichtet, so wäre das für die Straße in Aussicht genommene Grundstück noch als Nachbargrundstück anzusehen; die bloße Feststellung von Fluchtlinien auf demselben kann ihm rechtlich einen anderen Charakter nicht verleihen; daher würde die Anlegung von Fenstern in der auf der Grenze errichteten Wand, wie sie doch bei Erbauung eines an zwei Straßen belegenen Eckhauses gestattet sein müßte, unbedingt ausgeschlossen erscheinen. OVG 19^{391}.

Folgt man diesen Entscheidungen, so ergeben sich für die Errichtung von Gebäuden auf derartigen Grundstücken sehr unangenehme Konsequenzen, da die Bebauung und Abstandsverhältnisse für Eckgrundstücke besonders geregelt sind. Demnach wären diese Grundstücke nur als Frontgrundstücke anzusehen.

121) Unter Hof wird nach dem Sprachgebrauch der zu einem Hause bzw. zu Gebäuden gehörige eingeschlossene, nach oben offene Platz — Hofraum — verstanden, weshalb auch nach dem § 138 I 8 ALR. der Hof dem Garten gleichgestellt ist. RG. II Hilfss. vom 10. Juni 1880 Vgl. S. 81.

Die freie Hoffläche wird durch Überbauung mit einem Glasdach eingeschränkt. OVG. 17. Mai 1897 (IV 914), PVBl. 18[525].

Die Ueberdachung eines Hofes an sich ist als eine Bebauung der unbedeckten Flächen anzusehen.

Polizeiliches Verlangen, den Hof so hoch anzulegen, daß das Niederschlagswasser nach der Straße abfließt, ist nicht berechtigt OVG. 6. Januar 1891 (IV. 18), PVBl. 12[303].

Ein unterkellerter Hof ist ein freier Hofraum. OVG. 27. Juni 1890 (IV. 667), PVBl. 11[587].

[122]) Von Wichtigkeit ist, daß die in Ziff. 2 und 3 verlangten Kreise nicht etwa in Grundstückzipfel eingetragen werden, die mit dem eigentlichen Baugrundstück nur mittels eines schmalen Streifens in Verbindung stehen. Man wird stets davon ausgehen müssen, daß die von der Bebauung freizulassenden Flächen dazu dienen sollen, den aufzuführenden Bauten unmittelbar Luft und Licht zu spenden

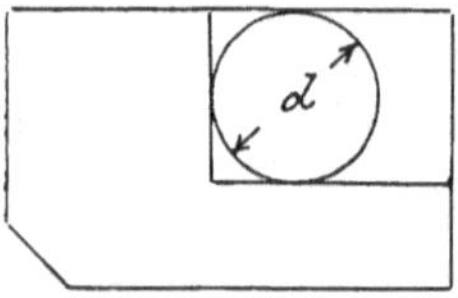

Fläche 900 qm oder weniger. d = 1/2 der größten Höhe des Gebäudes, jedoch nicht unter 8,0 m, § 14[2].

Ist die Fläche über 900 qm, so ist ein Kreis von mindestens 10,0 m erforderlich, § 14[3]

[123]) Es bleibt demnach die Vergünstigung bezüglich der Abstandsverhältnisse bestehen, d. h. es genügt die Eintragung einer unter Ziffer 2 resp. 3 geforderten Kreisfläche. Dementsprechend kann ein Eckgrundstück beliebig groß sein und bleibt dabei frei von den Beschränkungen des § 13 Ziffer 6 und 7, so daß die Abstandsverhältnisse auf den Höfen außerordentlich gering bleiben können. Ich hatte daher in der unter Anm. 90 erwähnten Konferenz beantragt, die Vergünstigungen bei Eckgrundstücken über 1200 qm Fläche bezüglich der Abstände hier wegfallen zu lassen, was meines Erachtens notwendig ist.

[124]) In der früheren Baupolizeiverordnung war die Höhe in Beziehung gesetzt zu der Höhe des Bürgersteiges, jetzt ist dieselbe auf die des Außengeländes vor den Umfassungswänden zu beziehen. Nach § 11 Ziffer 4 ist es statthaft, den Bau oberhalb resp. unterhalb der Höhe des Bürgersteiges zu errichten; demgemäß ist dieses für die Höhe der Gebäude zu berücksichtigen.

[124a]) Die frühere Definition ist nach meinem Antrage geändert, was von Einfluß auf die sachgemäße Auslegung des § 18[2] ist.

[125]) Dieses Maß darf nicht vergrößert werden, auch wenn das Gebäude hinter die Baufluchtlinie zurücktritt. Dies ist zu beachten, wenn die Gebäude gemäß § 10 Ziff. 2 in einem Abstande von der Straßengrenze errichtet werden.

Für die Höhe bleibt die Querstraße, welche gegenüber dem Baugrundstück einmündet, außer Betracht.

[126]) Wie die Durchschnittsberechnung stattfinden soll, ist nicht gesagt. Ueblich ist es bei Eckgrundstücken, das Höhenmaß mit den Frontlängen in Einklang zu bringen derart, daß die Frontlängen an jeder Straße

mit der zulässigen Höhe multipliziert und das Resultat durch die Summe der Frontlänge dividiert wird. Vgl. OVG. 19[389].

[127]) Eine Höhe bis zu höchstens 18 m (Ziffer 2) ist nur statthaft in den Bauklassen I, A, D, E, soweit nicht die Baumassenberechnung für Einfamilienhäuser und Fabrikbauten in Frage kommt — für letztere Bauten ist ein Maß bis zu 22 m Höhe zugelassen. § 69 Ziff. 1.

[128]) Die Fassung lautete in der früheren Bauordnung: „In Straßen, welche nur an einer Seite für den Anbau bestimmt, darf die Höhe der Gebäude in keinem Falle mehr als 18 m betragen. Hierdurch war dem Umstande Rechnung getragen, daß nur auf der einen Seite eine Flucht vorhanden, auf der anderen Seite das Terrain, sei es aus subjektiven oder objektiven Gründen von der Bebauung ausgeschlossen.

Das Fehlen dieser Bestimmung wird auf Bauten an Plätzen unter Umständen einschneidend wirken, denn auf der Platzseite sind wohl Straßenfluchtlinien, nicht jedoch Baufluchtlinien vorhanden. Dasselbe Sachverhältnis ist z. B. bei Uferstraßen gegeben. Eine Auslegung, daß z. B. der Abstand der Baufluchtlinien auf beiden Seiten des Platzes in Betracht gezogen, ist zweckmäßig, ist jedoch meines Erachtens mit dem Wortlaut nicht zu vereinen.

[129]) Dieses bezieht sich auch auf Seitenflügel, deren Dächer häufig zu steil angelegt werden. Ueber den zulässigen Winkel von 45° kann hinausgegangen werden bei einem vorhandenen Mindermaß gegenüber der zulässigen Höhe.

[130]) Nach der Berliner Bauordnung werden von dieser Bestimmung nicht betroffen: Dachrinnen, Brandmauern, Schornsteine, Blitzableiter, Fahnenstangen und Dachfenster, letztere, sofern sie hinter der Front liegen, nicht mehr als 1 qm Ansichtsfläche sowie einen Zwischenraum von wenigstens 2,50 m gegeneinander und von mindestens 3 m gegen die Nachbargrenze haben.

[131]) Vgl. § 14[2].

[132]) Unter Umständen wird man als Hof auch einen Raum vor dem Vordergebäude gelten lassen, z. B wenn das Vordergebäude aus irgendeinem Grunde so weit zurückgesetzt werden muß, daß z. B. die freizulassende Fläche zwischen Frontwand und Baufluchtlinie zu liegen kommt. Vgl. ALR. S. 81.

[133]) Nicht nur Wohngebäude.

[134]) Es kann aus feuerpolizeilichen Gründen verboten werden, eine Hauseinfahrt durch Aufstellen von Schaukästen zu verringern. OVG. 22. Januar 1903 (IV 155), PVBl. 25[29].

Die Durchfahrt und Hofkellergewölbe sind durchweg mindestens ein Stein stark zu wölben.

[135]) Die untere Entfernung zwischen den Radabweisern muß mindestens 2 m betragen, 0,25 m darüber mindestens 2,30 m.

[136]) Die Polizei handelt im Rahmen des § 10 II 17 ALR und des § 6 des Polizeigesetzes vom 11. März 1850, wenn sie eine öffnungslose Durchfahrtswand fordert, wenn die Durchfahrt den einzigen Zugang zu einem Fabrikgebäude bildet, in dem eine größere Anzahl von Menschen beschäftigt ist. OVG. 11. Mai 1906.

[137]) Bei der Anlage von Durchfahrten ist darauf zu sehen, daß die Feuerlöschgeräte ev. mehrere Höfe hintereinander bequem passieren können.

[138]) Für die Entscheidung, ob es sich um ein Dachgeschoß handelt, ist neben der Lage der hölzernen Konstruktionsteile des Dachverbandes auch das Verhältnis der fraglichen Räume zum Dache selbst von wesentlicher Bedeutung. OVG. 29[388].

Die zahlreichen Dachstuhlbrände in Berlin haben meines Erachtens ihren Grund zum Teil darin, daß die baupolizeilichen Bestimmungen für den Ausbau des Dachgeschosses ungenügend sind. Es müßte mindestens gefordert werden, daß die einzelnen Dachkammern durch z. B. Rabitzwände voneinander und vom Durchgang getrennt werden.

[139]) Der Anspruch auf Vergünstigung, wonach das Dachgeschoß oder Teile desselben zum dauernden Aufenthalt von Menschen eingerichtet werden dürfen, geht verloren, sobald das Dachgeschoß den Vorschriften zuwider angelegt, sodaß es als solches nicht mehr anzusehen ist.

[140]) Diese Bestimmung ist verschieden aufgefaßt worden. Meines Erachtens liegt kein Grund vor, diese Räume als solche zu betrachten, in welche die Konstruktionsteile des Dachverbandes und der geneigten Dachfläche hineinreichen müssen.

[141]) Das Vertrauen auf die Feuersicherheit mit Blech beschlagener Holztüren ist infolge Versuche angeblich stark erschüttert worden. Vgl. Zentralblatt der Bauverw. 1906, S. 190.

[142]) Als Kellergeschoß gilt das in das umgebende Erdreich eingesenkte unterste Geschoß eines mehrgeschossigen Gebäudes. Werden Kellergeschosse zum Wohnen zugelassen, so wird allgemein aus sanitären Rücksichten auf möglichst geringe Einsenkung gehalten und damit können leicht Zweifel entstehen, ob das unterste Geschoß als Keller oder als Erdgeschoß anzusehen ist. Die Ansicht, begriffsmäßig gehöre zum Kellergeschoß das Eingesenktsein unter die umgebende Erdoberfläche von allen Seiten, ist schon im Hinblick auf Bauten im hügeligen Gelände und an Bergwänden unhaltbar. OVG 7. Juli 1905 (VIII 1086), PVBl. 27[248]. Nach der Definition des Kellergeschosses in Ziffer 5 ist scheinbar verlangt, daß dasselbe an allen vier Seiten des Gebäudes in die Erdoberfläche eingesenkt sein soll.

Demnach wäre als ein Kellergeschoß ein solches, welches weniger als 0,50 m eingesenkt, nicht mehr anzusehen. Diese Bestimmung ist außerordentlich bedenklich. Erstens fällt das Terrain häufig von der Straße nach dem Grundstück ab, wenigstens im Gebiet der offenen Bauweise, in welcher wegen der weitläufigen Bebauung eine Regulierung der Oberfläche des Grundstücks, anschließend an die Höhenlage des Bürgersteiges, häufig nicht erfolgt. Fällt nun das Terrain nach dem Innern des Baublockes ab, liegt der Fußboden an der Frontwand vorschriftsmäßig 0,5 m unter Erdoberfläche, so liegt er vielleicht an der Hinterwand 0,5 m darüber. Nun kann die Polizei die Aufhöhung des Hofes verlangen, damit auch dort die Räume 0,5 m unter der Erdoberfläche liegen. Dieselben mißlichen Verhältnisse ergeben sich, wenn das Gebäude an einer im starken Gefälle liegenden Straße liegt.

[143]) Im Kellergeschoß dürfen in Schankwirtschaften Schlafräume von Gästen nicht benutzt werden.

[144]) Die Polizeibehörde würde meines Erachtens gut daran tun, sich in dieser Frage stets vor Augen zu halten, daß es sich trotz des Lichtgrabens um Schaffung ungesunder Wohnungen handelt — überhaupt

Neueinrichtung von Kellerwohnungen dem modernen Empfinden durchaus widerspricht.

[145]) Es ist notwendig, den Lichtgraben zu entwässern. Damit das Regenwasser abläuft, werden durch die Mauern des Lichtschachtes ev. Tonröhren gesteckt, deren Mündungen mit Steinschlag oder Kies zu umgeben sind, um die Versickerung des Regenwassers zu erleichtern.

[146]) Diese Anweisung stellt eine Einschränkung der Bestimmungen (§ 50 [4], 51 [4] usw.) dar, nach denen es zugelassen ist, die Hälfte (Grundfläche) des Dachgeschosses zum dauernden Aufenthalt von Menschen einzurichten.

[147]) Auch unter Höfen.

[148]) Zum dauernden Aufenthalt von Menschen dienen Räume nicht nur dann, wenn sie ständig und andauernd Tag und Nacht über von Menschen benutzt werden, sondern auch schon dann, wenn die Räume auch nur je nach Bedürfnis bald längere, bald kürzere Zeit täglich Menschen zum Aufenthalt dienen, bzw. zu dienen bestimmt sind. Eine Benutzung zum dauernden Aufenthalt von Menschen liegt nur dann nicht vor, wenn Räume nur vorübergehend und nur vereinzelt in größeren Zwischenräumen Menschen zum Aufenthalt zu dienen bestimmt sind. Hiernach sind Portierloge und Arbeitsstätten zum dauernden Aufenthalt von Menschen bestimmte Räume. Sie unterscheiden sich wesentlich von Wein-, Bierkeller und Lagerräumen, nämlich dadurch, daß in letzteren nur die mit der Lagerung usw. notwendig verbundenen Arbeiten ausgeführt werden müssen. OVG. 21. März 1905 (VIII. Senat).

Der gewöhnliche Sprachgebrauch begreift unter einem zum dauernden Aufenthalt von Menschen bestimmten Raum keineswegs bloß denjenigen, der zum Wohnen und Schlafen dienen soll. OVG. 16. September 1887 (II 807). PVBl. 9 [70].

Der Ausdruck Räume, die zum dauernden Aufenthalt von Menschen bestimmt sind, ist ein sehr unbestimmter und dehnbarer, daß eine ausreichend begriffliche Abgrenzung kaum möglich erscheint. Als entscheidend können immer nur die Beziehungen eines bestimmten Personenkreises zu einem und demselben individuellen Raume angesehen werden. OVG. 6. März 1888 (II 275). PVBl. 9 [277].

Eine Waschküche ist als ein Raum zum dauernden Aufenthalt von Menschen anzusehen, wenn eine starke Benutzung erfolgt und z. B. nur eine solche für viele kleine Wohnungen vorhanden ist. OVG. 23. März 1888 (II 338). PVBl 9 [290]. Waschküchen für den Hausbedarf gehören nach vorliegender Baupolizeiverordnung nicht zu den Räumen zum dauernden Aufenthalt von Menschen, es würde demgemäß die starke Benutzung einer Waschküche dieselbe nicht zu einem Raum z. d. A. v. M. machen, wenn sie dem Hausbedarf dient.

Ein Raum, welcher von 4 Familien zum Waschen und außerdem 10 Stunden in jeder Woche von einem Fleischer zur Wurstfabrikation benutzt wird, ist nicht als Raum zum dauernden Aufenthalt von Menschen anzusehen. OVG. 24. September 1888 (II. Senat). PVBl. 9 [477].

Eine Badeanstalt für ein Hotel mit 150 Zimmern ist nicht als ein Raum zum dauernden Aufenthalt von Menschen anzusehen, in Rücksicht darauf, daß erfahrungsgemäß nur wenige Hotelgäste baden und sich die Badezeit nur auf einige bestimmte Stunden erstreckt. OVG. 10. September 1889 (II 372). PVBl. 11 [56].

[149]) Fensterbrüstungen sollen wenigstens 75 cm hoch sein. Um Herabfallen großer Fensterscheiben beim Brande vorzubeugen, sind die Fenster der oberen Geschosse durch Sprossen angemessen zu teilen oder besonders zu sichern.

[150]) Vgl. Bäckereiverordnung S. 137.

[151]) Vgl. Holzbearbeitungsfabriken S. 139.

[152]) Vgl. Bau von Theatern usw. S. 156.

[153]) Vgl. Warenhäuser S. 145.

[154]) Weiter greifende Befugnisse der Polizei als die aus § 1 Ziff 2 folgend.

[155]) Vgl. Baumaterialien S. 208, 209.

[156]) Die Fundamentsohle von Gebäuden ist bis auf den tragfähigen Baugrund, mindestens aber 1 m tief unter die Erdoberfläche hinabzuführen. Sie muß wenigstens 0,50 m unter die Kellersohle reichen. Die Fundamente sind so breit anzulegen, daß die Standfähigkeit des Gebäudes gesichert ist. Das dem Grundwasser ausgesetzte Mauerwerk ist in hydraulischem Mörtel herzustellen.

[157]) Demnach auch Balkons.

[158]) Aus Stein, ev. auch aus Beton.

[159]) Nicht jedoch andere Art Wände.

Die Düsseldorfer Bauordnung schreibt bezüglich der eisernen Fachwerkwände folgendes vor:

a) Sie müssen in allen Teilen wenigstens 0,12 m stark sein, die das Fachwerk bildenden I- und ⊏-Eisen müssen wenigstens N. P. 12 haben;

b) ihr Fuß muß stets durch einen als Schwelle durchreichenden eisernen Träger, wenigstens durch ein flach zu verlegendes ⊏-Eisen N. P. 12 gebildet werden;

(c ihr seitlicher Anschluß an massive Mauern muß durch einen Wandstiel, ebenfalls mindestens ⊏ N. P. 12, bewirkt werden;

d) sie müssen bei einer Höhe bis 4 m wenigstens zweimal verriegelt werden;

e) sie müssen in jedem Geschoß durch einen eisernen Träger (oder mehrere nebeneinander), der die auf sie entfallenden Lasten aufnehmen kann, entlastet werden. An den Entlastungsträger sind sie mittelst Nieten oder Schrauben regelrecht anzuschließen.

[160]) D. h. unmittelbar an der Grenze errichtet. Die Straße ist nicht als Nachbargrundstück anzusehen Ist dieselbe jedoch nur im Fluchtlinienplan festgesetzt, vgl. OVG 19 [375], [386]. Eckgrundstücke S. 326.

[161]) Brandmauern haben den Zweck, die Verbreitung des Feuers zu hindern; sie dürfen mit Oeffnungen nicht versehen sein, auch keine Holzteile enthalten, das folgt schon aus der Zweckbestimmung und aus dem Begriff einer Brandmauer als solcher. OVG. 1. April 1880. PVBl. 1 [258].

Eine Brandmauer darf keinerlei Oeffnung haben, auch keine Nischen und Wandschränke enthalten, soweit nicht deren Rückwand selbst noch mindestens 25 cm stark bleibt. So ist es begriffsmäßig auch ausgeschlossen, daß in ihr ein Hohlraum — eine Luftschicht — verbleibt. Glasbausteine und Drahtglasplatten dürfen nicht verwendet werden. OVG. 5. Januar 1904 (VIII. Senat).

Als ein Neubau, auf welchen die Vorschriften für Brandmauern Anwendung finden, ist auch anzusehen, wenn ein zum großen Teil ausgebautes Gebäude unter Benutzung der alten Umfassuugsmauern, soweit dieselben stehen geblieben sind, neu aufgeführt wird. OVG. 8. November 1888 (III 896). PVBl. 10 [201].

Die Polizeibehörde kann die Beseitigung von Fenstern in Brandmauern verlangen, wenn bei ihrer Herstellung bereits baupolizeiliche Vorschriften vorhanden waren, nach denen ihre Anlegung verboten. OVG. 6 [312].

Das Schließen von Oeffnungen an der Brandmauer kann in der Regel nicht verlangt werden, wenn sie zu Recht bestehen, z. B. wenn zur Zeit ihrer Anlegung Vorschriften über Brandmauern nicht bestanden. OVG. 6 [307].

Treten bei Grundstücksanderungen Mauern auf die Grenze, so gelten für sie die Vorschriften über Brandmauern. OVG. 4 [350].

Zur Sicherung von Bränden können Mindeststärken der Giebelmauern, Verankerungen usw. verlangt werden. OVG. 31. Mai 1904. PVBl. 28.

162) Rechtwinklig zur Dachfläche gemessen.

Bei Speichern, Magazinen, welche große Mengen brennbarer Stoffe enthalten, wird die Brandmauer ungefähr 1 m über Dach geführt.

163) Die nachträgliche Vermauerung dieser Oeffnungen, welche als Lichtöffnungen anzusehen sind, erscheint zwar jederzeit statthaft, führt jedoch häufig zu Schwierigkeiten.

Der Nachbar ist berechtigt, diese Oeffnungen zu verbauen.

164) Es ist von Wichtigkeit, darauf zu achten, daß nicht dünne Wände als Scheidewände zwischen Wohnungen zugelassen werden.

165) Z. B. Rabitzwände.

166) Auf Grund Berliner Vorschrift.

Wohngebäude	Frontwand	Mittelwand	Giebelwand ohne Oeffnungen und ohne Balkenlast	Giebelwand mit Oeffnungen ohne Balkenlast	Hohe Wand ohne Oeffnungen mit Balkenlast	Treppenwand	Fabrikgebäude	Frontwand	Mittelwand	Giebelwand	Hohe Wand	Treppenwand
Dachgeschoß	25	—	25	25	25	25		25	—	25	25	25
IV. Geschoß	38	38	25	25	38	25		38	38	25	38	25
III. "	38	38	25	25	38	25		51	38	25	38	25
II. "	51	38	25	38	38	25		51	38	38	51	25
I. "	51	38	38	38	51	25		64	51	38	51	38
Kellergeschoß	64	51	38	51	51	33		77	51	51	64	38
Fundamentstärke	77	51	51	51	64	38		90	64	51	77	51

Zu der Zusammenstellung, die sich auf die Berliner Vorschrift stützt, ist hier folgendes zu beachten: Nach Ziff. 1 müssen die freistehenden Umfassungswände im Dachgeschoß 0,38 m Stärke aufweisen und zwar vor Räumen zum dauernden Aufenthalt von Menschen. Nach Ziff. 2 ist es statthaft, im IV. Geschoß für balkentragende Scheidewände 0,25 m Stärke zuzulassen, in den beiden darunter liegenden Geschossen soll die Mindeststärke 0,38 m betragen.

Für Bruchstein- und Quadermauerwerk schreibt die bayerische Bauordnung vom 17. Februar 1901 folgende Stärken vor:

a) Die Umfassungsmauern mehrstöckiger Wohngebäude müssen im obersten Stockwerke bei Anwendung von Ziegel- oder Quadersteinen eine Stärke von mindestens 0,38 m ($1^1/_2$ Stein) erhalten; bei Anwendung von Bruchsteinen ist ein Mindestmaß von 0,45 m anzuwenden und auch dieses nur unter der Voraussetzung zulässig, daß dieselben lagerhaft sind und die Herstellung eines schichtenmäßigen Gemäuers in entsprechendem Verbande ermöglichen.

Diese Vorschrift gilt auch für einstöckige Wohngebäude, deren Stockwerkshöhe 3,50 m und deren freitragende Balkenlänge 6 m überschreitet.

b) Für die Umfassungsmauern einstöckiger Wohngebäude, deren Stockwerkshöhe und freitragende Balkenlänge die vorbezeichneten Ausmaße nicht überschreitet, ist im ersten Stockwerke eine Mauerstärke von 0,25 m (1 Stein) bei Anwendung von Ziegel- oder Quadersteinen zulässig; bei Verwendung von Bruchsteinen muß auch hier die geringste Stärke von 0,45 m eingehalten werden.

Die Erdgeschoßmauern solcher Wohngebäude müssen eine Stärke von 0,38 m bei Anwendung von Ziegel- oder Quadersteinen und eine solche von 0,52 m bei Verwendung von Bruchsteinen erhalten.

c) bei Wohngebäuden, welche lediglich aus einem Erdgeschoß bestehen und welche weder die unter lit. a Abs. II bezeichneten Ausmaße überschreiten noch eine außergewöhnlich große Belastung zu erhalten bestimmt sind, darf bei Verwendung von Ziegeln oder Quadern die Mauerstärke auf 0,25 m abgemindert werden; Bruchsteinmauern müssen auch in diesem Falle 0,45 m stark ausgeführt werden.

d) Auf Gebäude, welche Wohnzwecken nicht dienen, finden im allgemeinen vorstehende Bestimmungen ebenfalls Anwendung; jedoch kann von der Baupolizeibehörde im einzelnen Falle unter Berücksichtigung der Höhe der Gebäude, des Baumaterials, der Verbindung, in welcher die Mauern zueinander stehen, der Bestimmung der Gebäude und der Konstruktion der Decken auch eine größere oder geringere Stärke der massiven Mauern festgesetzt werden.

Ebenfalls ist die Ziffer 3 bezüglich der Treppenwände zu beachten, welche gegenüber dem Berliner Schema Verschärfungen vorsieht.

167) Zu den nicht massiven Wanden gehören Rabitzwände, Monierwände, Glaswände usw.

168) Die Unsitte, im Innern der Gebäude möglichst dünne Wände anzulegen um zu sparen, ist allgemein geworden. Die Folge hiervon ist, daß die Bewohner in ihren Wohnräumen der Ruhe oft entbehren. Die Polizeibehörde hat es in der Hand, mit Hilfe der vorliegenden Bestimmung nach dieser Richtung hin einzuschreiten.

169) Dieses ist auch bei Brandmauern zu beachten.

170) Bei der Untersuchung der Knickfestigkeit von Stützen und gedrückten Stäben ist die Eulersche Formel $P = n \frac{\pi^2}{s} \frac{E J}{l^2}$ anzuwenden. n abhängig von der Befestigung der Enden, s Sicherheitsgrad.

171) Gußeiserne Säulen widerstehen dem Feuer länger als schmiedeeiserne.

Nach angestellten Versuchen widerstehen Pfeiler, welche aus Klinkern in Zement gemauert sind, dem Feuer am besten. Versuche mit Säulen aus Granit, Kalk und Sandstein lieferten ungünstigere Ergebnisse. Nach der Berliner Bauordnung sind Granitpfeiler im Innern von solchen Gebäuden, in welchen leicht brennbare Stoffe lagern, also in Speichern, Kaufhäusern usw. durch Umhüllung gegen Feuer zu schützen.

172) Demnach muß die Behörde, die glutsichere Umkleidung fordern, wenn oberhalb Räume zum dauernden Aufenthalt von Menschen dienen. Meines Erachtens sollte ausnahmslos die glutsichere Ummantelung gefordert werden.

Den besten Schutz bietet die Verkleidung mit Ziegelmauerwerk in Zementmörtel, auch Monier- oder Drahtputzmantel sind u. a. als feuersicher anzusehen. Die Unterflächen eiserner Träger über Oeffnungen sind unterhalb mit einem Drahtgewebe zu versehen und zu putzen.

173) Vgl. § 22 Ziff. 1.

174) Vgl. § 33.

175) Müssen derartig angeordnet werden, daß der Schwerpunkt mindestens innerhalb des Mauerkörpers verbleibt unter der Berücksichtigung, daß das Gesimse belastet wird, anderenfalls muß eine Verankerung erfolgen.

176) Derartige Zierteile dürfen nicht aus Holz und zwar weder an hölzernen Gesimsen noch an Knacken, Dübeln, Schalbrettern u dgl. befestigt werden, sind vielmehr behufs ihrer sicheren Verbindung mit dem Mauerwerk auf eingemauertem oder sonst in dem Mauerwerk dauerhaft befestigten geschmiedeten Eisen anzusetzen. Das Mauerwerk, mit welchem die genannten Zierteile verbunden werden, muß mindestens die Stärke von 25 cm haben. Bek. vom 1. April 1887 für den Stadtkreis Berlin zur Berliner Bauordnung.

177) Als Vorbau ist anzusehen, wenn nichts anderes bemerkt, jeder Bauteil, der über die Front des Gebäudes vorspringt.

178) Demnach ist zu messen nicht in der Baufluchtlinie, sondern in Richtung der Frontwand.

179) Nicht über Baufluchtlinie.

180)

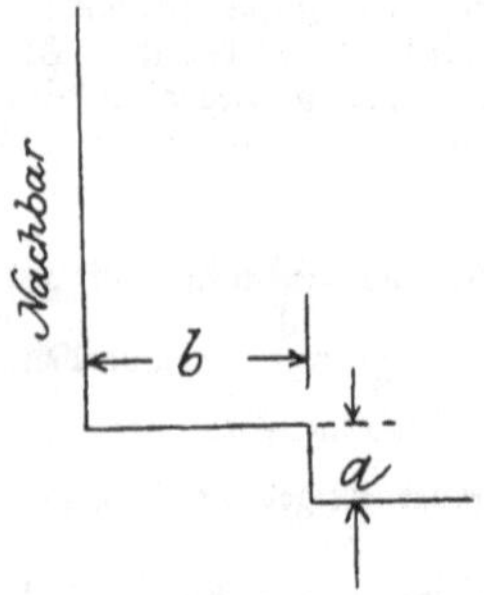

Ist a größer als 0,30 m, so muß $b = 1{,}5\,a$, jedoch mindestens 1,0 m betragen, § 27[2].

181)

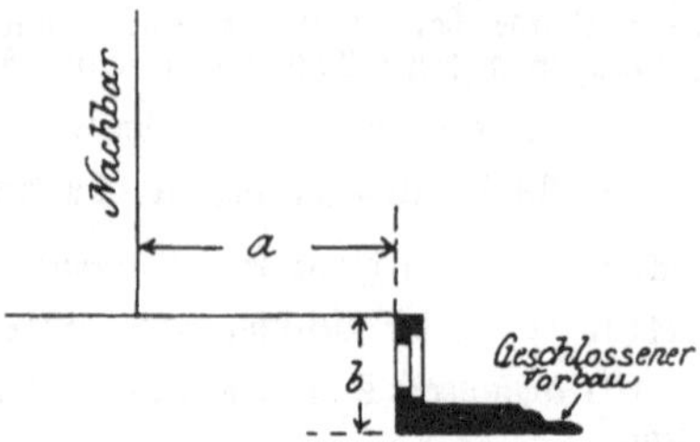

Bei Vorhandensein eines Fensters muß a mindestens 2,0 m betragen, § 27[3].

182)

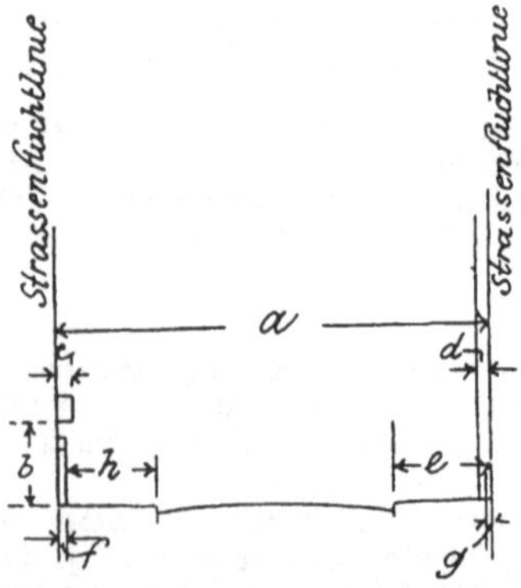

Vorbauten in den Luftraum der Bürgersteige sind nur gestattet, wenn a = mindestens 15,0 m und b = mindestens 3,0 m, § 27[4] — Vorbauten von Grund aus, wenn a mehr als 15,0 m und e mindestens 3,0 m beträgt. § 27[5].

c = 0,60 m verhältnismäßig bis 1,30 m steigend bis zu einer Straßenbreite von a = 22,0 m oder mehr, § 27[5].

d = Vorbau von Grund aus bis höchstens 0,25 m, § 27[5].

f = bis 0,30 m (kann gestattet werden), wenn h = mindestens 3,0 m, § 27[6].

g = Plinthe bis 0,13 m vortretend, § 24[7].

183) Nach dem Wortlaut ist anzunehmen, daß Vorbauten von Gebäuden, welche in der Baufluchtlinie errichtet sind, bei Vorhandensein zweier voneinander verschiedener Fluchtlinien von der voraufgegangenen Bestimmung nicht getroffen werden sollen. Demgemäß findet z. B. eine Forderung, nach der in Vorgärten Unterkante Balkon mindestens 3 m über Erdoberfläche liegen soll, in dieser Vorschrift keine Stütze.

184) Nach Berliner Vorschrift werden zugelassen

bei einer Straßenbreite von	15 m	0,60 m
„ „ „ „	16 m	0,70 m
„ „ „ „	17 m	0,80 m

bei	einer	Straßenweite	von	18 m	0,90 m
"	"	"	"	19 m	1,00 m
"	"	"	"	20 m	1,10 m
"	"	"	"	21 m	1,20 m
"	"	"	"	22 m	1,30 m
				oder mehr.	

185) Ladet dieselbe mehr als 0,13 m aus oder ist sie höher als 1 m, so wird die Grundfläche der ganzen Plinthe als bebaute Fläche gerechnet — Bestimmung für die Berliner Bauordnung, welche auch hier zutreffen dürfte, in Rücksicht § 12[2].

186) Die öffentlichen Straßen gehören zu den dem bürgerlichen Verkehr entzogenen Sachen, an denen — wie im Gebiete des preußischen ALR. (vgl. Entscheidungen des OVG., Bd. XVIII, S. 240) — so auch nach Rheinischem Recht — durch Verjährung keine die Verfügung der Polizeigewalt über dieselben einschränkenden Rechte erworben werden können. Dies folgt ohne weiteres auch daraus, daß die Polizeibehörde lediglich nach ihrem pflichtgemäßen Ermessen zu bestimmen hat, wann sie den Zeitpunkt für ihr Einschreiten als gegeben erachtet. Sie kann Freitreppen dulden, solange sie in ihnen ein Hindernis für den öffentlichen Verkehr nicht findet; sie ist aber ebenso jederzeit berechtigt, ihre Beseitigung zu verlangen, wenn sie dieselben mit der Entwickelung des Verkehrs für unvereinbar hält. Darüber, ob die Beseitigung im Interesse des Verkehrs notwendig ist, steht ihr allein das Befinden zu; der Verwaltungsrichter könnte hier nur dann angerufen werden, wenn etwa behauptet würde, daß ein polizeiliches Motiv für das Einschreiten der Behörde überhaupt nicht vorliege, mit anderen Worten, daß die Polizei nur aus Schikane die Beseitigung der Anlage verlange. OVG. vom 4. Mai 1895 (IV 714), PVBl. 17[79].

187)

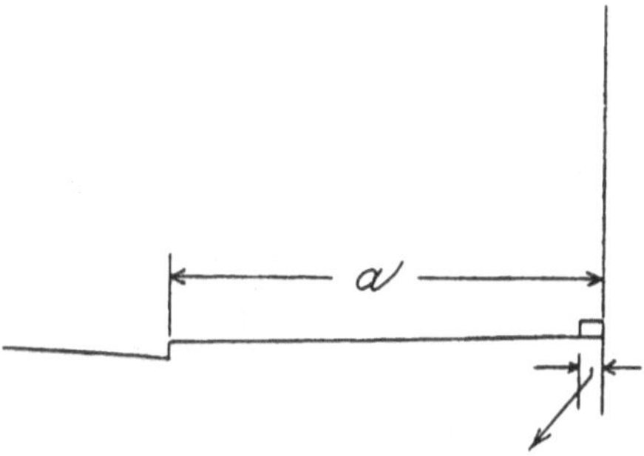

Treppenstufen dürfen bis 0,20 m vortreten, wenn a mindestens 4,0 m beträgt. § 27[8].

188)

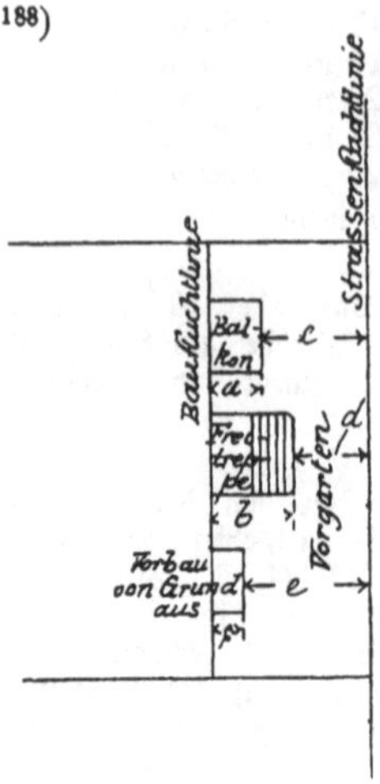

a höchstens 1,30 m, § 27[10]. b höchstens 3,0 m. c höchstens 0,80 m. d mindestens 1,50 m. e mindestens 2,50 m.

189)

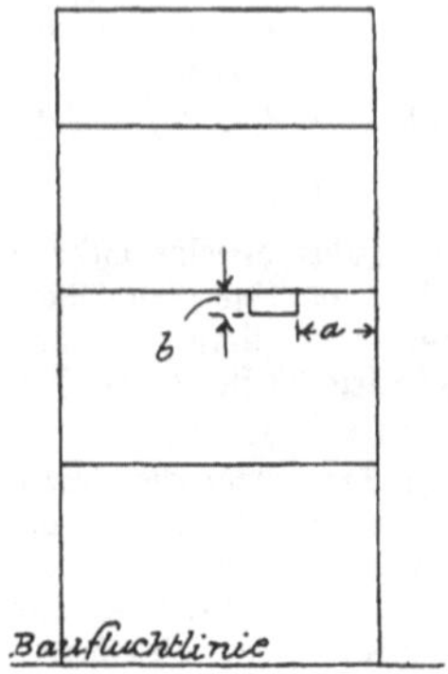

a = 2 b [jedoch mindestens 2,50 m, § 28.

190)

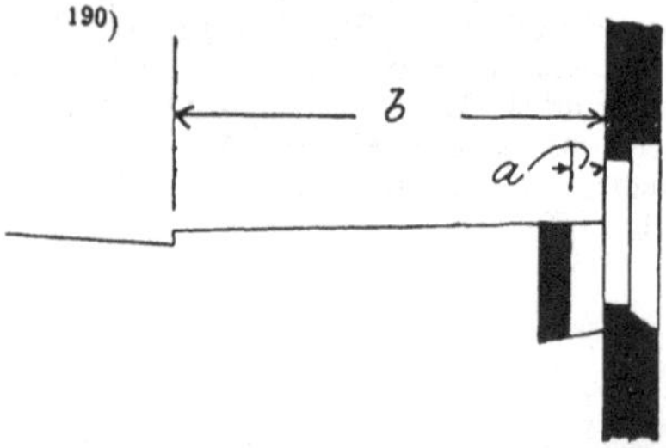

Lichtöffnungen dürfen in Bürgersteigen nur angelegt werden bis höchstens 0,30 m Tiefe, wenn b größer als 3,0 m ist, § 29[1].

191) Geschieht die Abdeckung mittelst eines Eisenrostes, so darf die lichte Weite zwischen den Stäben zweckmäßig nicht mehr als 2 cm betragen.

192) Dieselbe muß nötigenfalls so stabil sein, daß sie Sicherheit gegen Menschengedränge bietet, z. B. vor Schaufenstern.

193) Muß demnach aus Mauerwerk bestehen.

194) Dieses trifft auch auf einen Hühnerstall zu. OVG. 51[390].

Eine hölzerne Spalierwand kann an der Nachbargrenze errichtet werden. OVG. 30. Juni 1894 (IV 858), PVBl. 16[31].

195) Vgl. § 26[1].

196) Der Abstand der Balken in hohen Häusern soll nicht mehr als 0,95 bis 1,05 m betragen, von Mitte zu Mitte gemessen. Bei schwerer Belastung werden dieselben näher aneinander gerückt. Für Wohngebäude

genügt eine Stärke von 28 × 26 Sind Balken zu berechnen, so ist als Beanspruchung 75 bis 80 kg auf 1 qcm zu wählen.

Die Balkenlagen sind mit den Umfassungswänden zu verankern. Liegen die Balken nach der Tiefe des Gebäudes, so sind folgende Balken mit den Frontmauern zu verankern: von den auf die Fensterpfeiler treffenden Balken und von den neben Trennungsmauern liegenden Balken je ein Balken, jeder neben einer Giebelmauer oder neben einer Treppenmauer liegende Balken sowie jeder Binderbalken des Dachgerüstes, in allen Fällen aber wenigstens jeder vierte Balken.

Die Giebelmauern sind neben jeder Mittelmauer und neben jeder Frontmauer, bei größerer Länge auch noch zwischen diesen Mauern mit den Balken zu verankern. Die Anker müssen wenigstens über drei Balken reichen und auf jedem Balken befestigt werden. Bei Zwischenankern sind die verankerten Balken gegeneinander und gegen die Giebelmauern abzuspreizen.

Liegen die Balken parallel zu den Frontmauern, so ist die Verankerung mit diesen Mauern in ähnlicher Weise wie bei der anderen Lage der Balken mit den Giebelmauern anzuordnen. Siebert S. 66.

197) An den Decken über gewöhnlichen Treppenhäusern ist keine Staakung, wohl aber Rohrputz erforderlich.

198) Im unreinen Füllmaterial entwickeln sich Krankheitserreger, Hausschwamm. Es eignen sich u. a. auch grober, feiner Sand und Kies.

199) Gewölbte Decken haben die größte Feuersicherheit. Unter den bekannten Horizontaldecken sind zu nennen u. a. die Kleinesche, Förstersche Decke, solche von Höfchen und Peschke, Könen, Monier usw.

200) Wodurch die Feuersgefahr in etwas herabgemindert wird.

201) Steinmaterial, Teerpappe, Holzzement, Glas, Schiefer — nicht feuersicher sind Schindel, Rohr, Stroh.

202) Dieses ist erforderlich bei steilen und platten Dächern. Bei einer Neigung über 25% ist im allgemeinen ein Abrutschen von Schnee zu erwarten.

203) In Nord- und Mitteldeutschland rechnet man auf 1 qm Dachfläche 0,8 bis 1,0 qcm Rinnenquerschnitt. Breite der Rinne 15 bis 25 cm, an der Vorderkante mindestens 7 cm hoch.

204) Ist unterirdische Regenwasserkanalisation vorhanden, so sind die Abfallrohre, auch die von Balkons und Erkern an die Hauptleitung anzuschließen.

205) Es muß sich um eine grobe Verunstaltung im Sinne der §§ 66, 71 I 8 ALR. handeln. Ein Abwalmen von Gebäuden kann nur zur Verhinderung grober Verunstaltung gefordert werden, was nur in seltenen Fällen zutreffen dürfte. Vgl. ALR. S. 71, §§ 66, 71, Anm. 6 u. 7.

206) Zu einer derartigen Vorschrift ist die Polizei auf Grund ihrer Befugnisse aus dem § 10 II 17 ALR. befugt.

Dieselbe ist berechtigt, im Interesse der öffentlichen Ordnung und Sicherheit zu verlangen, daß ein von der Straße aus sichtbarer Anstrich als eine staatsfeindliche Demonstration beseitigt werde. OVG. 41[432].

Vgl. ALR. 71 Anm. 7.

207) Z. B. wenn sie nur mit einer unverbrennlichen Zwischendecke versehen sind.

[208]) Zugrunde zu legen ist scheinbar die lichte Fläche (d. h gesamte Wohnungsfläche abzüglich der Wände).

[209]) Z. B. durch fest eingemauerte, nach den Höfen führende Leitern.

[210]) Dieses lichte Maß muß an jeder Stelle vorhanden sein. Für Fabriken usw., in denen sich eine größere Anzahl von Menschen befindet, müssen entsprechend breitere Treppen vorgeschrieben werden.

[211]) Sehr häufig wird das Versehen begangen, namentlich bei Treppen in Schulhäusern, daß zwischen den Geländern ein freier Raum verbleibt, in den Kinder bei gefährlichem Gedränge hinunterstürzen können.

[212]) Die Höhe der Geländer muß wenigstens 80 cm betragen, die Öffnung zwischen Geländersprossen nicht mehr als 13 cm sein, bei Wendelstufen ist das Maß von 80 auf 90 zu erhöhen.

[213]) Sie braucht im vorliegenden Falle nicht unverbrennlich zu sein.

[214]) Granitstufen haben sich sehr schlecht bewährt, da sie unter der Einwirkung der Stichflamme und des Wassers springen. Die Unteransicht der Granitstufen in Geschäfts- und Fabrikgebäuden ist glutsicher zu ummanteln.

Die Düsseldorfer Bauordnung stellt für freitragende Treppen aus Kunststeinstufen folgende Bedingungen:

1. die Kunststeinstufen müssen Eiseneinlagen haben;
2. ihre Form, Konstruktionsart und Materialbeschaffenheit muß durch Zeichnung und Beschreibung klar verdeutlicht sein;
3. die Firma, welche die Kunststeinstufen liefert, muß angegeben sein;
4. an den Einmauerungsenden müssen die Stufen in das volle Vierkant übergehen, so daß sie wenigstens 0,25 m tief mit dem vollen Vierkant eingemauert werden;
5. die Stufen müssen mit einem wenigstens 4 cm breiten und 3 cm tiefen Falz ineinandergreifen;
6 vor Aufbau der Treppen müssen sämtliche Stufen angeliefert und einer Belastungsprobe im Beisein eines Beamten des Baupolizeiamts unterzogen sein. Für die Belastungsprobe ist wenigstens die dreifache Nutzlast zu verwenden. Der Beamte wählt einige Stufen beliebig dazu aus.

[215]) Die Haupttreibriemen größerer Fabrikanlagen, die nach oberen Geschossen führen, werden ebenfalls zweckmäßig in einen Schacht gelegt

Allgemein ist in Bauordnungen vorgeschrieben, daß Lichthöfe und Lichtschächte nur zur Beleuchtung von Räumen dienen, welche zum vorübergehenden, nicht zum dauernden Aufenthalt von Menschen bestimmt sind.

[216]) Die Grundfläche gilt als bebaute Fläche. Vgl. § 12 Ziff. 3

[217]) Demnach auch an der Grenze.

[218]) Die Umfassungswände der Lichtschächte erhalten bei kleinen Abmessungen im Dachgeschoß eine Stärke von 0,25 m. in den drei darunter liegenden Geschossen 0,38, darunter 0,51.

[219]) Feuerstätte ist die Einrichtung, welche das Feuer aufnimmt und unterhält. Hierher gehören Öfen, Kochherde, Kochmaschinen usw.

[220]) Die Rauchrohre dienen dazu, die Feuergase aus den Feuerstätten in die freie Luft zu befördern.

[221]) Erfolgt die Reinigung vom Dach aus, so müssen die nötigen Einrichtungen, bestehend in Laufbrettern, Tritten usw., getroffen werden.

[222]) Werden solche aus verschiedenen Geschossen angeschlossen, so tritt der Zustand ein, daß eine Verbindung zwischen den verschiedenen Räumen geschaffen wird, was außerdem auch für die Schallwirkung unangenehm ist.

[223]) Anderenfalls würde ein Zurückschlagen des Rauches in die Küche erfolgen.

[224]) Die Abortanlagen müssen so eingerichtet werden, daß ihre Benutzung ohne Verletzung von Anstand und Sitte erfolgen kann. Meines Erachtens würde es sich empfehlen, wenn die Polizei Abortanlagen in Treppenhäusern aus diesem Grunde nicht genehmigen würde. Für die Nichtgenehmigung würden auch sicherheitspolizeiliche Gründe sprechen.

[225]) Häufig findet sich zwischen Badezimmer, Abortanlage und Fenster eine zwischengebaute Kammer. In solchem Falle muß die Decke so eingerichtet sein, daß man in aufrechter Haltung das Fenster sehen kann. Der Begriff unmittelbar kann meines Erachtens sehr wohl dahin aufgefaßt werden, daß der Abortraum unmittelbar an die Umfassungsmauer zu legen ist Dieses entspricht einzig und allein angemessenen sanitären Forderungen.

Bezüglich der gleichlautenden Bestimmung der Berliner Bauordnung läßt sich das OVG. über den Begriff unmittelbar folgendermaßen aus: Freilich enthält sich der Paragraph jeder näheren Begriffsbestimmung in Beziehung auf den „unmittelbaren" Zutritt von Licht und Luft und es mag eine volle absolute Unmittelbarkeit — in dem weitesten Sinne etwa, daß die dem Zutritt dienende Öffnung sich gerade in einer Außenwand des Klosetts selbst befinden müsse — nicht überall gefordert werden dürfen. Anderseits schließt aber der Gegensatz von „unmittelbar" und „mittelbar" es von vornherein aus, schon auf Grund der Tatsache allein, daß Licht und Luft überhaupt noch allenfalls eindringen können, die Anforderungen des Gesetzes selbst da als erfüllt anzusehen, wo sich ihnen beispielsweise nur eine Öffnung — wenn auch eine nicht verschließbare — in einer das Klosett von der Außenwand trennenden Zwischenwand zum Eintritt darbietet. OVG. 25. Januar 1889 (II 99), PVBl. 10[338].

[226]) Diese Fassung war bereits in der früheren Bauordnung vorhanden. Ich halte es nicht für ratsam, in Gebäuden, welche vor Erlaß der vorliegenden Bauordnung errichtet sind, größere Erleichterungen eintreten zu lassen, die nur auf Kosten sanitärer Verhältnisse zu erzielen sind. Der ursprüngliche Sinn dieser Bestimmung, welcher aus der Berliner Bauordnung übernommen ist, hat seinen Grund darin, alte Gebäude, welche schon lange bestanden haben, nach Möglichkeit zu schonen.

[227]) Bretterwände gewähren keinen genügenden Abschluß.

[228]) Schlägt die Tür nach dem Abortraum hin auf, so muß die Tiefe mindestens 1,25 m betragen.

[229]) Das Abfallrohr muß einen Durchmesser von mindestens 10 cm haben, damit nicht bei starker Benutzung desselben der Wasserverschluß der Klosetts gesprengt werden kann. Geht das Abfallrohr in eine schräge Lage über oder befinden sich mehr wie fünf Klosetts an demselben, so ist Vergrößerung des Querschnitts notwendig.

[230]) Der Zwang zum Anschluß an die Kanalisation gründet sich auf die diesbezügliche Polizeiverordnung, nicht auf das Ortsstatut der Gemeinde.

Gegenüber einer Polizeiverordnung, welche die Abführung des Schmutzwassers durch Anlagen unter Tage fordert, kann sich ein Grundbesitzer nicht darauf berufen, daß er durch Ersitzung das Recht erworben habe, sein Wasser über ein Nachbargrundstück abfließen zu lassen. Erk. v. 25. Mai 1891 (Johow Bd. 11[266]). Rosin S. 147.

[231]) Dieses kann zur Gemeindeangelegenheit gemacht werden.

[232]) Die Aufstellung muß möglichst im Keller erfolgen.

[233]) Die Umfassungswände müssen mindestens anderthalb Stein stark sein, aus Klinkern in Zementmörtel bestehen. Die Innenflächen sind mit Zementmörtel zu putzen, die Decke zu wölben und mit einer Reinigungsöffnung zu versehen, welche luftdicht schließt.

[234]) Es ist unangenehm, daß in modern ausgebauten Straßen die Errichtung von Viehställen in der Front der Wohngebäude zulässig ist. Eine Hinderung wäre nur möglich auf Grund des § 66 I 8 ALR., der aber jedenfalls nur für wenige Fälle anzuwenden wäre.

[235]) Nach Berliner Vorschrift ist der Fußboden aus einer 15 cm hohen Betonschicht oder aus einem hochkantigen Klinkerpflaster in Zement herzustellen.

[236]) Es muß dafür Sorge getragen werden, daß die Stalldünste nicht in die oberhalb befindlichen Wohnungen eindringen können. Zu diesem Behufe müssen die Decken vollkommen dicht sein, außerdem muß eine genügende Entlüftung des Stalles bis über Dach erfolgen. Die Wohnungen müssen einen besonderen feuersicheren Zugang haben.

[237]) Vgl. § 2[3], Anm. 20 u. Rohrunterbrecher S. 140.

[238]) Der Straßenrinnstein dient zur Entwässerung der Straße nicht zu der der angrenzenden Grundstücke. Die Grundstücksbesitzer haben allgemein nicht das Recht, ihre Grundstücke in den Rinnstein zu entwässern. Vgl. ALR. S. 71 Anm 18.

[239]) Der Wasserbedarf pro Kopf ist mit 100—200 Liter pro Tag anzunehmen, je nach Größe, Wohlhabenheit usw. des Ortes.

[240]) Der Anschluß an die Wasserleitung kann von der Polizeibehörde erzwungen werden.

[241]) Für Spülung eines Klosetts bei Einrichtung mit Druckknopf ist eine Druckhöhe von mindestens 5—10 m erforderlich.

[242]) Über die Abdeckung wird am besten eine 30 cm starke Schicht von Ton oder Lehm gebracht.

[243]) Offene Brunnen sind meistens verboten.

[244]) Zu den Gasleitungen innerhalb der Häuser sind in der Regel Röhren aus Schmiedeeisen oder Stahl zu verwenden. Sie sind überall da, wo ihre Beschädigung durch Feuchtigkeit, Säuredämpfe u. dgl. zu befürchten steht, mit einem gegen das Rosten schützenden Überzug (Anstrich, Verzinken u. dgl.) zu versehen. Die Hähne der Gasleitungen müssen so eingerichtet sein, daß sie nur eine Viertelwendung machen können. Der Handgriff des Hahnes muß, wenn die Leitung geschlossen ist, einen rechten Winkel mit derselben bilden. Gasapparate, Gasöfen u. dgl. sowie große Kronleuchter müssen durch besondere Hähne für sich

abgeschlossen werden können. Die Gasmesser sind in leicht zugänglichen, tunlichst durch Tageslicht erhellten und lüftbaren Räumen aufzustellen und gegen äußere Beschädigungen sowie gegen Frost zu sichern. Gasöfen und Gasherde sind so einzurichten, daß ihre Verbrennungsprodukte ins Freie geleitet werden nnd nicht in den betreffenden Raum zurückschlagen können. Bei kleineren Gasherden kann von dieser Bestimmung abgesehen werden.

„Nur für kürzere Ableitungen von den eisernen Röhren sind solche aus Kupfer oder Messing ohne Naht zulässig, wenn sie frei auf den Putz der Wände und Decken verlegt werden, eine Wandstärke von mindestens 1 mm haben und solide und dicht mit den eisernen Leitungsröhren verbunden werden." PolVer. d. Reg. Präs. zu Potsdam 30. April 1907.

245) Die ursprüngliche Bauweise geht hiermit unter.

246) Nach der Rechtsprechung des OVG. steht es fest, daß die nachstehend genannten Anlagen von bestimmten Teilen eines Kommunalbezirks ausgeschlossen werden können. OVG. 35[384]. Es ist jedoch bei der Beurteilung auch der unten aufgeführten Entscheidungen maßgebend, ob Gefahren, Nachteile oder Belästigungen des Publikums herbeigeführt werden oder nicht. Für die vorliegenden Verhältnisse ist darauf Wert zu legen, daß es sich um Landhausbezirke handelt und diese örtlichen Verhältnisse bei Definition des Begriffs Gefahren und Belästigungen zu berücksichtigen sind. Nach dem Urt. d. RG. v. 6. April 1894 wird in bezug hierauf gesagt, daß stets auf die örtlichen Verhältnisse und konkreten Umstände Rücksicht zu nehmen ist, um im Einzelfalle bestimmen zu können, ob eine zur Beschwerde zugezogene Belästigung als übermäßig zu gelten hat oder als unvermeidliche und zu duldende Folge der Lebens- und Verkehrsverhältnisse des einzelnen Ortes, z. B. einer Fabrikstadt — demgemäß muß sich im allgemeinen ein Einwohner im Gebiet der Bauklasse I und II ein erheblich höheres Maß von Belästigungen gefallen lassen, als z. B. im Gebiet der Klasse C und D. Nur so sind meines Erachtens die Bestimmungen des § 48 aufzufassen. Die Ansicht auf Grund dieser Bestimmungen die Gewerbebetriebe aus den Gebieten der offenen Bauweise ausschalten zu können, ist abwegig, da dieses einen Verstoß gegen die RGO. bedeuten würde. Vgl. S 20 Anm. 2.

Eine Polizeiverordnung, welche anordnet, daß in Landhausvierteln „nur Wohnhäuser" gebaut werden dürfen, ist rechtsungültig. OVG. 41[361]. Vgl. BGB. S. 1 Anm. 18.

247) Die bloße Belästigung genügt im allgemeinen nicht zum Einschreiten.

248) Die Abwehr einer Störung derjenigen Ruhe, welche ein herz- und nervenkranker Mann während der Tageszeit bedarf, ist nicht Sache polizeilichen Schutzes. OVG. 25. Januar 1906 (III 28).

Bei der Berücksichtigung nervöser Personen handelt es sich, da sich nervöse Personen regelmäßig und beständig in fast allen Lebensaltern und Lebenslagen vorfinden, um den Schutz eines weit verbreiteten, dauernden Zustandes und um die Abwehr einer Gefahr von den Mitgliedern des Publikums, bei denen dieser Zustand besteht. OVG. 26. September 1892, PVBl. 14[269].

249) Nach ständiger Rechtsprechung des OVG. ist die Polizei nicht befugt, Einrichtungen zu fordern, durch welche jede Belästigung der Nachbarschaft durch Rauch abgestellt wird, wohl aber darf sie Einrichtungen verlangen, durch welche eine Gefährdung der menschlichen Gesundheit in der Nachbarschaft ausgeschlossen wird. OVG. 12. April 1907, PVBl 29[350].

Der Inhaber einer Bäckerei, aus deren niedrigem Schornstein Rauch und Ruß auf benachbarte Hausgrundstücke trieb, die Benutzung der Wohnräume unangenehm machte und den Mietswert herabdrückte, wurde verurteilt, solche Einrichtungen zu treffen, durch welche die Uebelstände beseitigt werden, obschon das Haus, auf welches vermöge seiner größeren Höhe der Rauch trieb, erst seit Errichtung der Bäckerei höher gebaut war. RG. 2. Dezember 1884 (II Zivilsenat), PVBl. 6[152]. Vgl. OVG. 51[383].

250) Auf Unterlassung übermäßiger Immission von Flugasche und Ruß aus der einen Dampfkessel speisenden Feuerungsanlage kann geklagt werden, auch wenn der Dampfkessel genehmigt war. § 26 RGO. bezieht sich nur auf die Genehmigung der in § 16 genannten Anlagen und eines Dampfkessels (§ 24), dagegen wird mit der Genehmigung der Dampfkesselanlage nicht auch die Feuerungsanlage genehmigt. RG. 19. November 1897 (III 186/97), Bd. 40[182], PVBl. 20[57].

251) Anlagen, welche durch Verbreitung schädlicher Dünste, durch Erregung störenden Geräusches usw., Gefahren für das Leben oder die Gesundheit des Publikums zur Folge haben oder die Sicherheit und Leichtigkeit des Verkehrs auf öffentlichen Wegen beeinträchtigen, können von bestimmten Teilen des Kommunalbezirks durch Polizeiverordnungen ausgeschlossen werden. Unzulässig ist es, den Ausschluß auch auf solche Anlagen auszudehnen, welche nicht sowohl Gefahren, als vielmehr nur Nachteile oder Belästigungen für das Publikum herbeizuführen geeignet sind. OVG. 28. Mai 1903 (III 1074), PVBl. 25[131]. Vgl. Anm. 246

252) Gegen das Behauen von eisernen T-Tragern kann nur dann eingeschritten werden, wenn eine Gefahr für das Publikum oder einzelne Mitglieder desselben damit verbunden — eine das Maß des Erträglichen erheblich übersteigende Belästigung selbst fortdauernd genügt nicht für ein Verbot. OVG. 4. Juni 1888 (III 422), PVBl. 9[374].

Die Polizeibehörde ist befugt, wegen des Betriebes eines nicht konzessionspflichtigen und demgemäß nicht konzessionierten Gewerbes einzuschreiten, wenn der Betrieb eine Gefahr für das Publikum oder einzelne Mitglieder desselben mit sich bringt. Die Voraussetzungen sind vorhanden, wenn durch den Betrieb einer Feilenhauerei Erschütterungen und Geräusch entstehen, die geeignet sind, in der Nachbarschaft wohnende gesunde Personen nervös und krank zu machen, nervöse Personen kränker. OVG. 15. Februar 1894 (III 192), PVBl. 15[585].

Ein Schießstand kann geschlossen werden wegen Gefährdung an Leben und Gesundheit, durch das Geräusch, auch mit Rücksicht auf eine nach seiner Anlage in seiner Nähe errichtete Krankenanstalt. OVG. 21[411].

Bei Feststellung der Gesundheitsschädlichkeit eines Geräusches kommen nicht bloß gesunde, sondern auch nervöse Personen in Betracht. OVG. 26. September 1899, PVBl. 23[263].

Vgl. BGB. S. 1 §§ 906, 907.

253) Im Zweifel wird man als Kanalgrenze wohl den Schnittpunkt des Geländes mit der Böschungskante annehmen müssen.

254) Siehe § 45 Ziff. 1.

255) Auch wenn der Abstand der Baufluchtlinien voneinander mehr als das zugelassene Höhenmaß beträgt.

256) Die Regelung der Geschoßzahl ist hier erfolgt in bezug auf bewohnte Gebäude. Eine Regelung bezüglich der Fabrikgebäude fehlt hier ebenso wie in den übrigen Bauklassen. Man wird hieraus schließen können, daß für diese nur das Höhenmaß maßgebend sein soll, die Polizeibehörde eine höhere Geschoßzahl zulassen darf; wenn nicht polizeiliche Motive dagegen sprechen. Auch die Sondervorschriften für Fabrikbauten regeln nur die Höhe der Gebäude, nicht die Frage der Geschoßzahl. Mir ist allerdings nicht bekannt geworden, daß bisher z. B. fünfstöckige Fabrikgebäude auf Grund vorliegender Baupolizeiverordnung errichtet sind.

257) Vgl. § 19 Ziff. 1.

258) Die Vorschriften über die landhausmäßige Bebauung gewisser Umgebungen von Berlin sind erkennbar aus der Fürsorge für die Beseitigung der Gefahren, welche aus dem gedrängten Zusammenbauen, aus dem hierdurch verursachten Mangel an Luft und Licht, sowie aus der gesundheitsschädlichen Einwirkung zahlreicher gewerblicher Einrichtungen und Betriebe für viele Bewohner sich ergeben, hervorgegangen. Die Verordnung ist für die Umgebungen von Berlin erlassen. Die beteiligten Behörden standen dabei vor der Tatsache, daß die Häusermassen vom Mittelpunkte der Stadt aus immer weiter in die Umgebungen hinaus vorgeschoben werden, und es mußte ihnen die Erwägung nahe liegen, daß bei der Freigabe der Bebauung nach den für Berlin selbst geltenden Normen in den gesamten Umgebungen immer größere Menschenmengen eng zusammengedrängt werden würden und so die mit solcher Zusammenhäufung für die Gesundheit der Bewohner verbundenen Gefahren nicht nur in der Stadt Berlin selbst, sondern auch für die Vororte wachsen müßten. OVG. 26[330].

259) Diese Klasse hat gegenüber den Bestimmungen der früheren Bauordnung eine erhebliche Abänderung erfahren, welche darin besteht, daß die Bebauung von $^{5}/_{10}$ resp. $^{6}/_{10}$, sowie die Einrichtung von 4 Geschossen nicht mehr abhängig gemacht ist von dem Vorhandensein einer geregelten unterirdischen Ableitung der Abwässer und Auswurfsstoffe und geregelter Wasserzuführung. D. h. der polizeiliche Zweck, der mit der Schaffung der Bauklasse II verfolgt worden ist, der zu einer erheblichen Beschrankung des Grundbesitzes geführt hat, ist für Bauklasse A verlassen.

In der früheren Baupolizeiverordnung war für alle Klassen der offenen Bauweise folgende Bestimmung getroffen:

„Wo in den Bebauungsplänen von den Baufluchtlinien verschiedene Straßenfluchtlinien nicht festgesetzt sind, müssen die Gebäude von der Straßenfluchtlinie 4 m entfernt errichtet werden.“ Diese Bestimmung ist in der vorliegenden Baupolizeiverordnung gefallen. Da, wo nicht zwei voneinander verschiedene Fluchtlinien festgesetzt sind, müssen die Gebäude in der mit der Baufluchtlinie zusammenfallenden Straßenfluchtlinie errichtet werden Hieraus werden Komplikationen entstehen, da gegebenenfalls in bereits angebauten Straßen sich zwei. um 4 m voneinander verschiedene Fluchten ergeben werden Ich vermute, daß die frühere Vorschrift gefallen ist, weil man dieselbe für rechtsungültig gehalten. Aus der Aufrechterhaltung der Vorschrift § 10 Ziff. 2, nach welcher ein Zurücktreten der Gebäude um 4 m von der Straßengrenze (nicht Fluchtlinie) statthaft ist, schließe ich, daß man einen Widerspruch mit dem Fluchtliniengesetz befürchtet hat. Nach dem § 3 letzteren Gesetzes hat die Festsetzung der Fluchtlinien zu erfolgen, indem Bedacht genommen wird auf Förderung des Verkehrs, der öffentlichen Gesundheit und darauf, daß eine Verunstaltung der Straßen und Plätze nicht eintritt, woraus man schließen kann, daß die Rechtsgültigkeit einer Bestimmung, nach der Gebäude 4 m hinter der Straßenfluchtlinie zu errichten sind, auf anderen polizeilichen Motiven als den hier genannten, beruhen müsse. Meines Erachtens trifft dieser Gesichtspunkt bezüglich der offenen Bauweise, innerhalb welcher gerade möglichst gesunde Verhältnisse geschaffen werden sollen, nicht zu. — Die polizeiliche Beschränkung bezüglich des Bauwichs ist z. B. viel schwerwiegender für den Besitzer als das bloße Zurücktreten der Gebäude hinter die Straßenfluchtlinie. Z. B. in Bauklasse A geht dem Besitzer unter Umständen eine Gebäudefront von 2 × 5 = 10 m verloren — eine bedeutende Entwertung, da die diesbezüglichen vorderen Wohnräume nach dem Hof zu verlegen sind — trotzdem sind Straßenbaukosten für die 10 lfdm., die nicht in der Front bebaut werden dürfen, zu entrichten. Nach der Entscheidung des OVG. handelt die Baupolizeibehörde in Wahrung öffentlicher Interessen, wenn sie einen Bauwich vorschreibt. Hieraus darf man wohl den Schluß ziehen, daß man für die Anordnung der Zurücksetzung der Gebäude hinter die Fluchtlinie dieselben Gründe mit Erfolg anführen kann.

260) Schreibt die Baupolizeibehörde einen Bauwich vor, so handelt sie in Wahrung öffentlicher Interessen. OVG. 43[352].

261)

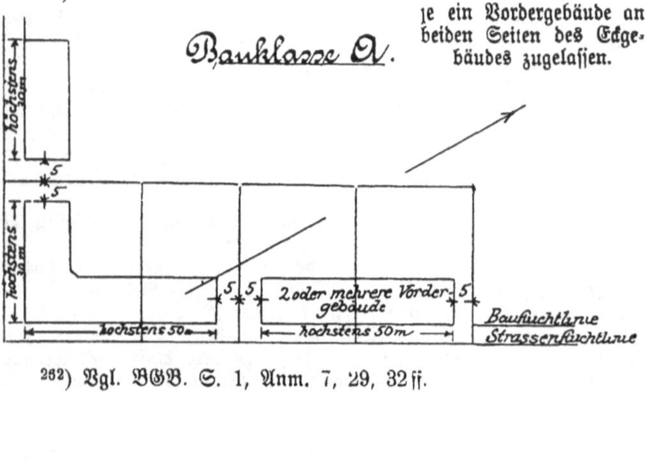

262) Vgl. BGB. S. 1, Anm. 7, 29, 32 ff.

263)

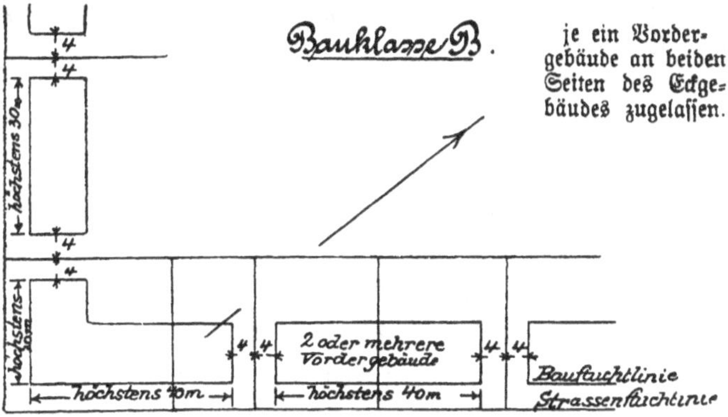

je ein Vordergebäude an beiden Seiten des Eckgebäudes zugelassen.

264) Die frühere Bauklasse D.

265)

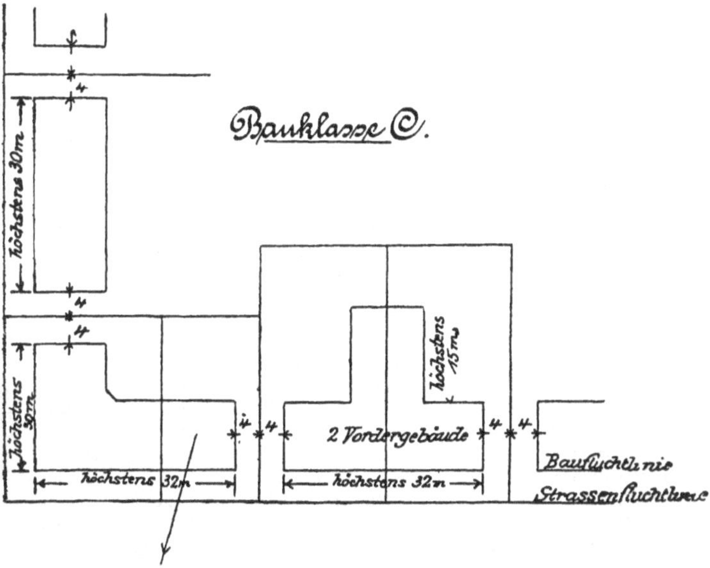

nur ein Vordergebäude an einer Seite des Eckgebäudes zugelassen.

266) Die praktische Möglichkeit wird sich nur dann ergeben, wenn die Baublocks in einer Hand sind; dann tritt jedoch die Schwierigkeit ein, daß die unter c verlangte grundbuchliche Eintragung nicht möglich ist. Vgl. S. 12.

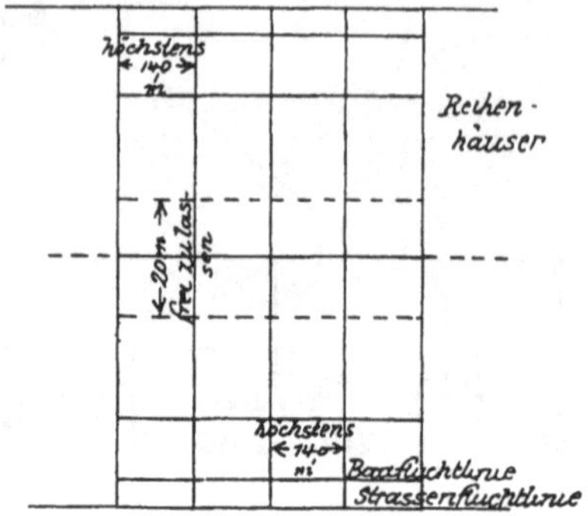

267) Die Vorschrift in Ziff. § 11³ kann sich nur auf Einfriedigungen von Vorgärten, im Rechtssinne beziehen. Dies steht hier nicht in Frage.

268) Bei der Schaffung der Bauklasse D (früher Bauklasse C) ist man scheinbar von dem Gedanken ausgegangen, daß ein großes Bedürfnis für Gebäude vorhanden ist, welche von einer Familie bewohnt in der Weise, daß zwei Geschosse als Wohnräume, das Kellergeschoß für Küchen- und Wirtschaftszwecke, Portier, außerdem mit dem Dachgeschoß zur Unterbringung des Personals dient. Nur aus diesem Umstand erscheint die Forderung, das Kellergeschoß mit dem Fußboden 50 cm unter Terrain verlegen zu müssen, erklärlich. In Wirklichkeit haben sich die Verhältnisse ganz anders entwickelt. Die Kellergeschosse der Gebäude der Bauklasse D werden zu selbständigen Wohnungen eingerichtet und nun ergibt sich die Tatsache, daß die Polizei, die berufen ist, für Gesundheitspflege in ihren Verordnungen Sorge zu tragen, darauf halten muß, daß die Wohnungen des sogenannten Kellergeschosses mindestens 50 cm in die Erde versenkt werden müssen, wodurch zweifellos ungesunde Verhältnisse geschaffen werden. Demgegenüber steht kein polizeiliches Motiv, aus dem heraus die Verordnung ihre Stütze fände.

269) Hier spielt der Begriff des Vordergebäudes eine nicht unerhebliche Rolle. Die Polizeibehörde muß sich meines Erachtens auf den Standpunkt stellen, nur im wirklichen Vordergebäude die teilweise Einrichtung des Keller- und Dachgeschosses zu Wohnzwecken zu genehmigen. Diese Bestimmungen werden nun umgangen, indem Seitenflügel an Vordergebäude angebaut werden in der Absicht, für die Seitenflügel ebenfalls dieselben Vergünstigungen zu erzielen, wie für die Vordergebäude. Es ist zweifellos, daß in Seitenflügel nur 2 Wohngeschosse eingerichtet werden dürfen. Bez. des Begriffs Seitenflügel vgl. Anm 98. Schwieriger liegen die Verhältnisse für die Beurteilung, wenn ein Grundstück schmal ist und nun das Gebäude in gleicher Breite, in langgestreckter Form tief in dasselbe hineingebaut wird. Hier kann meines Erachtens

als Vordergebäude nur eine Tiefe bis höchstens 15 m gerechnet werden, die dahinter liegenden Gebäudeteile wären nur mit 2 Wohngeschossen einzurichten. Werden mit Hilfe von Lichtschachten Vordergebäude von großer Tiefe geschaffen, so wäre auch hier sinngemäß eine Teillinie zu ziehen, über die hinaus nur die Einrichtung von 2 Wohngeschossen gestattet.

270)

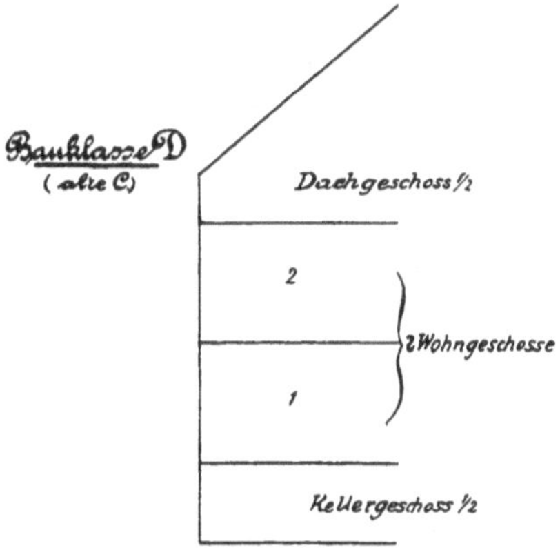

271) Bauklasse E: wie D, jedoch dürfen im Dachgeschoß die Räume nicht als selbständige Wohnungen eingerichtet werden; im Keller darf nur eine selbständige Wohnung (einschl. Läden) mit höchstens 60 qm Fläche untergebracht werden.

272) Nach dem Wortlaut würden die Bestimmungen auf sämtliche Einfamilienhäuser zutreffen. Dieses kann wohl nicht in der Absicht gelegen haben, es muß jedermann überlassen bleiben, sich ein Einfamilienhaus auch im Rahmen der Bedingung der einzelnen Bauklasse zu errichten.

273) Maßgebend ist demnach der Begriff der Familie, der unter Umständen sehr verschieden formuliert werden kann.

274) Berücksichtigt man die höchst zulässige Höhe in den einzelnen Bauklassen, so ergibt sich hier eine nicht unerhebliche Beschränkung der zu bebauenden Fläche. Z. B. sind im vierten Abschnitt

für Bauklasse	I	bis zu 9,0 cbm	für Eckgrundstücke	10,8 cbm
„ „	II	„ „ 6,0 cbm	„ „	7,5 cbm
„ „	A	„ „ 9,0 cbm	„ „	10,8 cbm
„ „	B	„ „ 6,0 cbm	„ „	7,5 cbm
„ „	C	„ „ 4,5 cbm	„ „	6,0 cbm
„ „	D	„ „ 5,4 cbm	„ „	7,2 cbm
„ „	E	„ „ 5,4 cbm	„ „	7,2 cbm

zugelassen. Auffallend ist die Beschränkung in Bauklasse D und E. Die Ausnutzung gemäß §§ 55, 56 ist im allgemeinen um 60% größer, auf Eckgrundstücken um 100%.

[275]) Im § 19 ist allgemein eine Mindesthöhe von 2,80, im Dach- und Kellergeschoß von 2,50 m vorgeschrieben.

[276]) Die Polizeibehörde hat hiernach die Berechtigung, die Bauweise in bestimmten Bezirken zu gestatten

1. wenn es sich um Errichtung gewerblicher Betriebsstätten größeren Umfanges (Fabriken) handelt;
2. muß hinzukommen, daß die Betriebsweise oder die Fabrikation der herzustellenden Gegenstände die Bauweise erforderlich erscheinen läßt — das Grundstück muß außerdem „bestimmt" sein für die Errichtung derartiger Anlagen, woraus wohl zu folgern ist, daß Wohngebäude auf solchen Grundstücken nicht errichtet werden dürfen. Vgl. Anm. 278.

[277]) Es ist hier dieselbe Berechnung vorgeschrieben, wie bei Einfamilienhäuser in § 58 unter Beschränkung auf die Bauklassen I, II u. C, sofern nicht die Vorschriften des § 48 entgegenstehen.

[278]) Hiernach scheint vorgesehen, daß auf dem Grundstück auch Wohngebäude errichtet werden dürfen. Vgl. Anm. 276.

[279]) Vgl. Anm. 256.

Die Höhe ist hier nicht in Beziehung zum Abstand zwischen den Baufluchtlinien gesetzt, sondern ist zwischen Gebäude und gegenüberliegender Baufluchtlinie zu nehmen. Beim Zurücksetzen der Fabrikgebäude hinter Baufluchtlinie kann eine größere Höhe bis zu 22,0 m erzielt werden. Bei der Prüfung derartiger Baugesuche wäre dem § 10[2] Rechnung zu tragen.

[280]) Dies ist eine sehr weitgehende Befugnis.

[281]) Wird ein Gebäudekomplex, dessen Bau polizeilich als Bau eines Hauses genehmigt ist, demnächst in mehreren räumlich und wirtschaftlich gesonderten Teilen verkauft, so ist die Polizeibehörde befugt, insoweit durch die herbeigeführte Veränderung ein den baupolizeilichen Bestimmungen widersprechender Zustand herbeigeführt ist, von den Erwerbern der einzelnen selbständigen Gebäude zu fordern, daß sie dieses in einen dem geltenden Baupolizeirecht entsprechenden Zustand versetzen. OVG. 20[389].

[282]) Die zur Dispenserteilung von baupolizeilichen Vorschriften durch § 145 ZG. berufenen Behörden können Dispens von den baupolizeilichen Vorschriften sowohl für projektierte, als auch für bestehende Bauanlagen erteilen (Dispensatia post factum) Die bezüglichen Beschlüsse können nur durch die im § 145 a. a. O. vorgesehenen Rechtsmittel angefochten werden. OVG. 27. November 1895 (IV 1662) PVBl 17[157].

[283]) Die Vorschriften müssen zwingend sein, d. h. sie dürfen nicht innerhalb des polizeilichen Ermessens liegen. Kann z. B. die Polizeibehörde die Genehmigung erteilen, sie tut es jedoch nicht, so liegt kein Dispensfall vor, sondern dem Betroffenen steht nur der Weg der Beschwerde offen.

[284]) Auf Grund des § 145 ZG. entscheidet über Dispense (vgl. Zuständigkeitsgesetz S. 126) der Kreisausschuß, in Stadtkreisen und in

den zu einem Landkreise gehörenden Städten von mehr als 10000 Einwohnern der Bezirksausschuß, soweit die Angelegenheit nicht nach diesen Ordnungen zur Zuständigkeit anderer Organe gehört.

Bei gewerblichen Anlagen (§ 16 RGO.) hat die gewerbliche Genehmigungsbehörde über Dispense zu entscheiden, wobei sie in materieller Beziehung an die landesgesetzlichen Vorschriften, insbesondere an die Bestimmungen der Baupolizeiverordnungen gebunden ist. Vgl. Reichsgewerbeordnung 3, Anm. 8.

Die Handhabung des Dispensationsrechtes haben die vorgesetzten Behörden zu prüfen, nicht der Verwaltungsrichter.

Die Dispensbehörde ist nur zuständig für die Dispense, die Erteilung der Bauerlaubnis ist Sache der Polizeibehörde.

Ein stillschweigender Dispens von einer Vorschrift der Baupolizeiverordnung kann nur angenommen werden, wo ganz besondere Umstände diese Annahme rechtfertigen. OVG. 24. November 1903, PVBl. 25[697].

Der Dispens kann an Bedingungen geknüpft werden. Außer dem Antragsteller ist auch die Ortspolizeibehörde berechtigt, Beschwerde zu erheben.

[285]) Scheinbar handelt es sich hier um Grenzveränderungen innerhalb des Geltungsbereiches der Baupolizeiverordnung. — Bezüglich Uebergreifens von Polizeiverordnungen auf neueingemeindete Gebiete, z. B. in Städten urteilt die Judikatur verschieden. Vgl. Jebens, PVBl. 22[509], OVG. 37[405].

[286]) Handelt von der Lagerung von Pulver in Pulverhäusern. Nach dem MinErl. vom 18. Oktober 1834, betreffend die Ausführung von Bauanlagen in der Nähe von Pulvermagazinen sind folgende Grundsätze aufgestellt:

1. müssen neue Bauanlagen, welche den Pulvermagazinen in irgendeiner Beziehung nachteilig werden können, 700 Schritt oder 1400 Fuß von denselben entfernt bleiben;
2. dürfen innerhalb einer Entfernung von 700 bis 1000 Schritten nur gewöhnliche Wohnhäuser, Ställe oder kleine Scheunen erbaut werden;
3. sind alle anderen, entweder durch ihre Benutzungsart oder durch ihre Bestimmung feuergefährlichen Anlagen wenigstens 1000 Schritte von den Pulvermagazinen entfernt zu halten.

[287]) Betrifft die Reinigung der Schornsteine und Anführung der Verpflichtungen der Hausbesitzer.

„Mit dem 1. April 1908 tritt die Polizeiverordnung vom 20. August 1857 — Amtsblatt Seite 332 — betreffend das Reinigen der Schornsteine und der Gewerbebetrieb der Schornsteinfegermeister außer Kraft. Die Bestimmungen über den Kehrzwang sind in Polizeiverordnungen der Anstellungsbehörden, die gleichzeitig mit der Aufhebung dieser Verordnung in Kraft treten, enthalten."

Potsdam, den 28. Februar 1908.

Der Regierungspräsident.

[288]) In russischen Schornsteinröhren darf kein sogenanntes offenes Feuer, als Kamin- oder Herdfeuer geleitet werden usw.

[289]) Die Entfernung einer neu zu errichtenden Windmühle oder eines sonstigen durch Wind bewegten Triebwerkes von Chausseen, Landstraßen, Feldwegen oder anderen öffentlichen Kommunikationswegen muß in der Regel 20 Ruten betragen. Ausnahmsweise kann jedoch eine geringere Entfernung nachgelassen werden, wenn die Mühle oder das sonstige Triebwerk an einem voraussichtlich bleibenden, tiefliegenden Hohlwege errichtet werden soll, oder ganz besondere, der Wahrscheinlichkeit nach fortdauernde Gegenstände, wie z. B. dichtes Gebüsch, Gebäude usw. den Anblick der Mühle von dem Wege aus verdecken, oder sonst besondere Umstände, wie unbedeutender Verkehr, koupiertes Terrain, das Vorhandensein anderer Mühlenwerke, durch welche das Zugvieh der dortigen Gegend bereits an die Bewegung der Mühlenflügel gewöhnt ist, für die ausnahmsweise Gewährung des Antrages sprechen.

[290]) Enthält eingehende Bestimmungen über die Lagerung von Mineralöl in Gebäuden und in der Nähe von Gebäuden.

[291]) Vgl. S. 156.

[292]) Auf jede Person müssen mindestens 2 qm Bodenraum und 7,5 cbm Luftraum entfallen. Der Fußboden der Wohn- und Schlafräume muß mit Mauersteinen gepflastert oder gedielt sein. Die Räume sind mit verschließbaren Türen zu versehen. Die Krankenzimmer müssen zementierte oder gedielte Fußböden haben und mit Heizvorrichtungen versehen sein. Auf ein Krankenbett müssen mindestens 6 qm Flächenraum und 20 cbm Luftraum entfallen.

[293]) Es handelt sich um Spirituosen von mehr als 50% Tralles. Die Lagerung von Spirituosen in Mengen über 5 hl darf außer im Freien oder im offenen Schuppen nur in Räumen mit massiven Umfassungswänden erfolgen. Die Lagerung ist der Ortspolizeibehörde vorher anzuzeigen. Die Lagerräume für mehr als 100 hl Spirituosen müssen nachfolgenden Anforderungen entsprechen:

1. Die Umfassungswände sind massiv und bis zur Höhe von 35 cm über dem Fußboden ohne Unterbrechung herzustellen.
2. Die Decken sind, sofern sie Zwischendecken sind, massiv zu wölben.
3. Der Fußboden ist aus unverbrennlichem, undurchlässigem Stoffe (z. B. Ziegelsteinpflaster mit Zement- oder Asphaltüberzug) herzustellen.
4. Unterhalb des Lagerraums dürfen nur von massiven Wänden umschlossene und überwölbte Räume liegen.
5. In Reichhöhe gelegene Oeffnungen der Umfassungs- und Trennungswände müssen so eingerichtet sein, daß von außen nichts hereingeworfen werden kann.
6. Zum inneren Ausbau dürfen keinerlei brennbare Stoffe verwendet werden. (Dachbauten nicht einbegriffen.)

In Lagerräumen für mehr als 100 hl Spirituosen ist jeder Raum mit einer besonderen, unmittelbar ins Freie führenden Lüftungsvorrichtung dicht unter der Decke zu versehen, deren Querschnitt so zu bemessen ist, daß auf 1 qm Raumfläche mindestens 15 qcm Querschnitt der Entlüftungsöffnungen entfallen. Bei Behältern, welche in Lagerräumen für mehr als 100 hl Spirituosen aufgestellt sind, müssen die Inhaltsanzeiger mit selbsttätigem, luftdichtem Verschluß und jeder Behälter mit einem Entlüftungsrohr versehen sein. Die Entlüftungsrohre von Behältern eines und desselben Lagerraums können in einem entsprechend großen Sammelrohre vereint werden.

294) Vgl. S. 143.

295) Alljährlich mindestens zweimal, und zwar jedesmal innerhalb der ersten sieben Tage der Monate Mai und September, sind alle öffentlichen Gaststallungen, Ausspannungen, Vieheinstellungen an Innenwänden und Decken mit Kalkmilch auszuweißen, oder wo dies nicht angängig ist, mit kochendem Wasser unter Zusatz von Lauge gründlich abzuwaschen.

Alle öffentlichen Gaststallungen, Ausspannungen und Vieheinstellungen sind bis zum 1. Oktober 1893 mit einem festen Fußboden zu versehen. Der Fußboden ist herzustellen aus Asphalt- oder Zementestrich, oder aus Klinker- oder Feldsteinpflaster, dessen Fugen mit Mörtel fest verstrichen sind.

Bis zu dem gleichen Zeitpunkte sind die zu den Gaststallungen, Ausspannungen oder Vieheinstellungen gehörenden Einfahrten mit einem ordnungsmäßig ausgeführten Steinpflaster zu versehen. Abweichungen von den in Absatz 1 und 2 geforderten baulichen Herstellungen können im Einzelfalle — wo ein Bedürfnis dafür vorliegt — in Stadtkreisen von der Polizeiverwaltung, in Landkreisen von dem Landrate zugelassen werden.

296) Vgl. S. 134.

297) Während nach § 3 Ziff. 3 der Bauschein seine Gültigkeit verliert, wenn nicht in Jahresfrist mit dem Bau begonnen, ist hier eine kürzere Frist vorgeschrieben.

298) Als Merkmal ist hier nicht der Baubeginn bezeichnet, sondern daß die Fundamente gelegt und die Kellermauern bis zur Erdoberfläche hergestellt sind.

299) Vgl. Strafgesetzbuch S. 14ff.

300) Vgl. S. 19, Anm. 22.

Anlage.

Geltungsbereich und Bauklassenverteilung der Baupolizeiverordnung für die Vororte von Berlin vom 28. Mai 1907.

Vergleiche hierzu die Vorschriften der §§ 47, 48 und 49.

I. Kreis Teltow.

Adlershof, Gemeinde: Geschlossene Bauweise.

Alt-Glienicke, Gemeinde: Geschlossene Bauweise mit Ausnahme des Gebietes, welches im Nordosten durch den Gestellweg zwischen den ehemaligen Jagen 83/85 der Forst Grünau—Dahme sowie durch die südöstliche Seite der Rosestraße und deren Verlängerung bis zum Plumpengraben, im Südwesten durch eine gerade Verbindungslinie vom Endpunkte der Rosestraße bis zur Kreuzung der Chaussee Grünau—Bohnsdorf mit den Wegen nach Schulzendorf und Waltersdorf, ferner durch den Weg nach Schulzendorf, im übrigen durch die Grenze gegen die Forst Grünau—Dahme und die Görlitzer Eisenbahn begrenzt wird. In diesem Gebiet finden die Vorschriften der Bauklasse C oder der Bauklasse D nach Wahl des Bauenden Anwendung

Babelsberg, Gutsbezirk: Bauklasse E.

Blankenfelde, Gemeinde und Gutsbezirk: Bauklasse C.

Bohnsdorf, Gemeinde: Bauklasse C.

Britz, Gemeinde: Geschlossene Bauweise.

Buckow, Gemeinde: 1. Bauklasse B: an den Chausseen Britz—Groß-Ziethen und Marienfelde—Rudow bis zu einem senkrecht zu den Straßenfluchtlinien gemessenen Abstande von 40 m. 2. Bauklasse C: im übrigen Gemeindegebiet.

Cöpenick*), Stadt, mit Ausnahme der von der Dahme, der Spree, dem Kietzer Graben und dem Schloßgraben umflossenen Altstadt: Geschlossene Bauweise mit Ausnahme der Jagen 1 bis 29 einschließlich, 33 und 37 der Stadtforst, in welchen die Bauklasse D Anwendung findet.

*) Geändert durch Polizeiverordnung vom 29. Januar 1908, S. 376.

Dahlem, Gutsbezirk: 1. Geschlossene Bauweise; in der zwischen der Spree und der Verbindungsbahn Charlottenburg—Ruhleben liegenden, von der Lehrter und Hamburger Eisenbahn durchschnittenen Exklave. 2. Bauklasse C: a) in dem von der Straße 40, dem Platze E der Werderstraße und der Grenze gegen Groß-Lichterfelde und Zehlendorf umschlossenen Gebiet; b) in dem von der Heiligendammerstraße, der Freiburger Straße (Straße 49) und der Grenze gegen Wilmersdorf und Schmargendorf umschlossenen Gebiet; c) an der Königin-Luise-Straße, der Hundekehlestraße, der Warnemünder Straße, der Heiligendammer Straße, der Freiburger Straße (Straße 49) und der Straße 40 von der Königin-Luise-Straße bis zum Platze E. 3. Bauklasse E: im übrigen nicht unter Ziffer 1 und 2 bezeichneten Gebiet des Gutsbezirks.

Die Anlage störender Betriebe (§ 48) ist im ganzen Gutsbezirk verboten.

Dahlewitz, Gemeinde und Gutsbezirk: Bauklasse C.

Diedersdorf, Gemeinde und Gutsbezirk: Bauklasse C.

Drewitz, Gemeinde: Bauklasse C. Die Anlage störender Betriebe (§ 48) ist im ganzen Gemeindegebiet mit Ausnahme des nordwestlich der Berlin—Wetzlarer Eisenbahn liegenden Gemeindeteils verboten.

Düppel, Gutsbezirk: Bauklasse E.

Eichwalde, Gemeinde: Bauklasse D.

Friedenau, Gemeinde: Geschlossene Bauweise mit Ausnahme des Gebietes, welches im Norden durch die Varziner Straße, im Westen durch die Gemeindegrenze gegen Deutsch-Wilmersdorf und im Süden und Osten durch eine fortlaufende Linie begrenzt wird, welche, beim Aachener Platz beginnend, die Mitte der Kreuznacher, Odenwald-, Blankenberger, Gosler- und Stubenrauchstraße hält und an der Varziner Straße endet. In diesem Gebiet findet die Bauklasse A Anwendung. Die Anlage störender Betriebe (§ 48) ist im ganzen Gemeindegebiet verboten.

Glasow, Gemeinde: Bauklasse C.

Groß-Beeren, Gemeinde und Gutsbezirk: Bauklasse C.

Groß-Lichterfelde, Gemeinde: 1. Geschlossene Bauweise: a) in den von der Gemeindegrenze gegen Steglitz, der Berlin—Magdeburger Eisenbahn, der Chausseestraße und der Roonstraße umschlossenen Baublöcken, in dem von der Chausseestraße und den Straßen D und H umschlossenen Gebiet sowie im übrigen an der Chausseestraße von der Einmündung der Ring- und Bäkestraße bis zur Berlin—Magdeburger Eisenbahn bis zu einem senkrecht zu den Straßenfluchtlinien gemessenen Abstande von 40 m; b) an der Berliner Straße von der Einmündung der Giesensdorfer Straße und der Straße 31 bis zur Straße 24 und der Lindenstraße bis zu einem senkrecht zu den Straßenfluchtlinien gemessenen Abstande von 40 m. 2. Bauklasse A: a) in dem von der Potsdamer Chaussee, der Dahlemer Straße, der Berlin—Magdeburger Eisenbahn und der Gemeindegrenze gegen Steglitz umschlossenen Gebiet; b) in dem von der Berlin-Magdeburger Eisenbahn, der Dahlemer, Steglitzer und Chausseestraße umschlossenen Gebiet mit Ausnahme des nach Ziffer 1 unter a der geschlossenen Bauweise zugewiesenen Gebietsteiles an der Chausseestraße. 3. Bauklasse C: a) in dem Gemeindegebiet, welches von der Gemeindegrenze gegen Dahlem und einer fortlaufenden Linie umschlossen wird, die am Schnittpunkte der Gemeindegrenze gegen Dahlem mit der Mittelachse der Dahlemer Straße beginnt, auf den Mittelachsen der Dahlemer, Steglitzer und Drakestraße entlang läuft, demnächst nach Westen der Berlin—Magdeburger Eisenbahn folgt und an der Gemeindegrenze gegen Dahlem endet, ferner an der Südostseite der Steglitzer Straße zwischen Dahlemer und Drakestraße; b) in dem Gemeindegebiet, welches von einer fortlaufenden Linie umschlossen wird, die am Schnittpunkte der Mittelachsen der Steglitzer und Moltkestraße beginnt, die Mittelachsen der Moltke-, Dürer-, Dahlemer Straße, der Straße 9, der Ring-, Chaussee- und Steglitzer Straße entlang läuft und an der Moltkestraße endet, mit Ausnahme des nach Ziffer 1 unter a der geschlossenen Bauweise zugewiesenen Gebietsteiles; c) in dem Gemeindegebiet, welches von einer fortlaufenden Linie umschlossen wird, die am Schnittpunkte der Gemeindegrenze gegen Steglitz und der Roonstraße (Straße C) beginnt, die Mittelachsen der Roonstraße (Straße C), der Chaussee- und Giesensdorfer Straße hält, weiterhin am Teltowkanal entlang läuft, demnächst nordwärts der Gemeindegrenze gegen Steglitz folgt und an der Roonstraße (Straße C) endet, mit Ausnahme des nach Ziffer 1 unter a der geschlossenen Bauweise zugewiesenen Gebietsteiles;

d) in dem Gemeindegebiet, welches von dem Teltowkanal, der Gemeindegrenze gegen Zehlendorf und einer fortlaufenden Linie umschlossen wird, die beim Schnittpunkte der Gemeindegrenze gegen Zehlendorf mit der Mittelachse der Teltower Straße beginnt, auf den Mittelachsen der Teltower Straße und der Straße 19a entlang läuft und am Teltowkanal endet; e) in dem Gemeindegebiet, welches von der Gemeindegrenze gegen Lankwitz, Marienfelde, Osdorf und Teltow, dem Teltowkanal und einer fortlaufenden Linie umschlossen wird, die an der Nordostecke des Hafens am Teltowkanal beginnt, die Nordostseite der Hafenanlage entlang und zur verlängerten Schillerstraße hinüberläuft, alsdann die Mittelachsen dieser Straße, der Goethe-, Bogen-, Schiller-, Bismarckstraße, des Jungfernstieges und der Bahnhofstraße hält, sodann der Eisenbahn bis zur Gemeindegrenze gegen Lankwitz und der Gemeindegrenze südwärts bis zur Langen Straße folgt und demnächst auf den Mittelachsen der Langen, Ferdinand-, Jägerstraße, der Straße 34 und der Marienfelder Straße weiterläuft und an der Gemeindegrenze gegen Lankwitz endet, mit Ausnahme des in Ziffer 1 unter b bezeichneten, der geschlossenen Bauweise zugewiesenen Gebietsteiles. 4. Bauklasse E: in dem übrigen, nicht unter Ziffer 1, 2 und 3 bezeichneten Gemeindegebiet.

Die Anlage störender Betriebe (§ 48) ist im ganzen Gemeindegebiet verboten.

Groß-Ziethen, Gemeinde und Gutsbezirk: Bauklasse C.

Grünau, Gemeinde: 1. Geschlossene Bauweise: in dem nordwestlich der Jägerstraße und ihrer Verlängerung über den Gestellweg zwischen den ehemaligen Jagen 82/84 der Forst Grünau—Dahme liegenden Gemeindeteile. 2. Bauklasse B: in dem Gebiet, welches von der Dahme, der Wilhelmstraße, der Cöpenicker Straße und der Jägerstraße umschlossen wird, sowie auf der Südseite der Cöpenicker Straße zwischen Wilhelm- und Jägerstraße bis zu einem senkrecht zu den Straßenfluchtlinien gemessenen Abstande von 40 m. 3. Bauklasse C oder Bauklasse D nach Wahl des Bauenden: in dem übrigen, nicht unter Ziffer 1 und 2 bezeichneten Gemeindegebiet.

Grünau-Dahme, Forstgutsbezirk: Bauklasse D, mit Ausnahme des Gebietes, welches im Norden von der Gemeindegrenze gegen Gosen, im Westen vom Seddinsee, im Süden vom Oder-Spree-Kanal und im Osten vom Wernsdorfer See begrenzt wird. In diesem Gebiet findet die geschlossene Bauweise Anwendung.

Grunewald, Forstgutsbezirk: Bauklasse E, mit Ausnahme des nordöstlich der Verbindungsbahn Charlottenburg—Ruhleben liegenden Gebietes. In diesem Gebiet findet die geschlossene Bauweise Anwendung, doch ist die Anlage störender Betriebe (§ 48) verboten.

Grunewald, Gemeinde: Bauklasse E.

Gütergotz, Gemeinde und Gutsbezirk: Bauklasse C.

Hoherlehme, Gemeinde: Bauklasse C.

Johannisthal, Gemeinde: Geschlossene Bauweise.

Klein-Beeren, Gemeinde und Gutsbezirk: Bauklasse C.

Klein-Glienicke, Gemeinde und Gutsbezirk: Bauklasse E.

Klein-Machnow, Gutsbezirk: Bauklasse E, mit Ausnahme des südlich der Bäke liegenden Teiles, in welchem die Bauklasse C Anwendung findet.

Königs-Wusterhausen, Gemeinde, Gutsbezirk Königs-Wusterhausen, Forst und Gutsbezirk Amt Königs-Wusterhausen mit Ausnahme der südlich bzw. südöstlich der Kleinbahn Königs-Wusterhausen—Töpchin liegenden Gebietes: 1. Geschlossene Bauweise: in dem nördlich des Nottekanals liegenden Gebiet mit Ausnahme der Miersdorfer Exklave. 2. Bauklasse C: a) in dem von der Berlin-Görlitzer Eisenbahn, der Kleinbahn Königs-Wusterhausen—Töpchin, der Gemeindegrenze gegen Schenkendorf, dem Nottekanal und der Storkower Straße umgrenzten Gebiet. Die Anlage störender Betriebe (§ 48) ist verboten in dem Teil, der nördlich bzw. westlich einer fortlaufenden Linie liegt, die an der Schenkendorfer Gemeindegrenze beginnend in einem senkrechten Abstande von 300 m von der Kleinbahn parallel mit dieser 200 m ostwärts läuft, demnächst rechtwinklig nach Norden abbiegend bis zum Westende der Straße 4 des Bebauungsplanes geht, alsdann die Mittelachsen der Straße 4 des Platzes C, der Karlstraße und der Storkower Straße hält und an der Berlin—Görlitzer Eisenbahn endet; b) in dem westlich der Berlin—Görlitzer Eisenbahn liegenden Gebiet der Miersdorfer Exklave; c) in dem westlich der Stabe liegenden Gemeindeteil. 3. Bauklasse C oder Bauklasse D nach Wahl des Bauenden: in dem von der Berlin—Görlitzer Eisenbahn, der Storkower Straße, der Kottbuser Straße (zwischen Nottekanal und der Storkower Straße) und dem Nottekanal umschlossenen Gebiet. 4. Bauklasse D: a) in dem südwestlich des Nottekanals und östlich der Berlin—Görlitzer Eisenbahn zwischen dieser und der Dahme (Stabe) liegenden Gebiet; b) in dem östlich der Berlin—Görlitzer Eisenbahn liegenden Gebiet der Miersdorfer Exklave.

Lankwitz, Gemeinde: 1. Geschlossene Bauweise: in dem Gebiete, welches von der Gemeindegrenze gegen Marienfelde und Mariendorf, dem Teltowkanal, der Berlin—Anhalter Eisenbahn und einer fortlaufenden Linie umschlossen wird, die an der Berlin — Anhalter Eisenbahn beim Schnittpunkte dieser mit der Verlängerung der Mittelachse der Straße 10 beginnt, auf die Mittelachse dieser Straße zu läuft und alsdann die Mitte der Straße 10, der Bruchwitzstraße und der Marienfelderstraße bis zur Gemeindegrenze gegen Marienfelde hält. 2. Bauklasse B: bis zu einem senkrecht zu den Straßenfluchtlinien gemessenen Abstande von 40 m an der Kaiser Wilhelm-Straße von der Gemeindegrenze gegen Groß-Lichterfelde bis zur Einmündung der Bruchwitzstraße, an der Siemensstraße, an der Westseite der Marienfelder Straße, an den Südwestseiten der Bruchwitzstraße und der Straße 10. 3. Bauklasse C oder Bauklasse D nach Wahl des Bauenden: a) in dem Gebiete, welches von der Gemeindegrenze gegen Marienfelde und Groß-Lichterfelde, der Siemensstraße, dem Teltowkanal, der Berlin—Anhalter Eisenbahn und der unter Ziffer 1 bezeichneten fortlaufenden Linie umschlossen wird, mit Ausnahme der nach Ziffer 2 der Bauklasse B zugewiesenen Gebietsteile; b) in dem nördlich des Teltowkanals liegenden Gemeindegebiet.

Lichtenrade, Gemeinde: Bauklasse C.

Mahlow, Gemeinde: Bauklasse C.

Mariendorf, Gemeinde: Geschlossene Bauweise mit Ausnahme: 1. des von der Gemeindegrenze gegen Tempelhof und Schöneberg, dem Schöneberger Wege und der Chaussee Tempelhof—Lankwitz umschlossenen Gebietes; 2. des von der Gemeindegrenze gegen Lankwitz, Steglitz und Schöneberg, der Berlin—Dresdener Eisenbahn und dem Teltowkanal umschlossenen Gebietes.

In den unter 1 und 2 bezeichneten Gebieten findet die Bauklasse C oder die Bauklasse D nach Wahl des Bauenden Anwendung.

Marienfelde, Gemeinde. 1. Geschlossene Bauweise: a) in dem südwestlich der Chaussee Lankwitz—Marienfelde und südlich der Chaussee Buckow—Marienfelde liegenden Gebiet sowie in dem von der Dresdener Eisenbahn, der Chaussee Buckow—Marienfelde und der Gemeindegrenze gegen Buckow und Mariendorf umschlossenen Gebiet; b) bis zu einem senkrecht zu den Straßenfluchtlinien gemessenen Abstande von 40 m: α) an der Nordostseite der Chaussee Lankwitz—Marienfelde von der Einmündung der Chaussee Mariendorf—Marienfelde ab bis zur Nordwestecke des Doraschen Grundstückes; β) an beiden Seiten der Chaussee Mariendorf—Marienfelde von der Einmündung der Chaussee Lankwitz—Marienfelde bis zur Nordecke des Langeschen Grundstückes; γ) an der Nordseite der Chaussee Buckow—Marienfelde von der Einmündung des von der Chaussee auslaufenden, die Dresdener Eisenbahn nordwestlich des Weges Marienfelde—Britz schneidenden Privatweges bis zur Chaussee Mariendorf—Marienfelde. 2. Bauklasse B: a) an der Nordostseite der Chaussee Lankwitz—Marienfelde von der Grenze des Gebietes der geschlossenen Bauweise (vgl. unter Ziffer 1, b, α) bis zur Gemeindegrenze gegen Lankwitz; b) an beiden Seiten der Chaussee Mariendorf—Marienfelde von der Grenze des Gebietes der geschlossenen Bauweise (vgl. unter Ziffer 1, b, β) bis zur Gemeindegrenze gegen Mariendorf. 3. Bauklasse C oder Bauklasse D nach Wahl der Bauenden in dem übrigen, nicht unter Ziffer 1 und 2 bezeichneten Gemeindeteil. Die Anlage störender Betriebe (§ 48) ist in dem nordöstlich der Chaussee Lankwitz—Marienfelde, nördlich der Chaussee Buckow—Marienfelde und westlich der Dresdener Eisenbahn liegenden Gemeindegebiet verboten.

Miersdorf, Gemeinde. Bauklasse C in dem westlich, Bauklasse D in dem östlich der Berlin—Görlitzer Eisenbahn liegenden Gebiet.

Müggelheim, Gemeinde. Bauklasse D.

Niederschöneweide, Gemeinde. Geschlossene Bauweise.

Nowawes, Gemeinde. 1. Geschlossene Bauweise: in dem Gebiet, welches von einer fortlaufenden Linie umschlossen wird, die am Schnittpunkte der Mittelachsen der Alexander- und verlängerten Priesterstraße beginnt, der Gemeindegrenze gegen den Gutsbezirk Babelsberg, die Stadt Potsdam und die Gemeinde Drewitz folgt, auf den Mittelachsen der Großbeeren-, York- und Scharnhorststraße, der Straße C und der Plantagenstraße entlang läuft, demnächst die Gemeindegrenze mit der Königlichen Potsdamer Forst innehält, weiterhin die Mittelachsen der Reuter-, Goethe-, Karl-, Viktoria- und Alexanderstraße hält und an der verlängerten Priesterstraße endet. 2. Bauklasse C: in dem Gebiet, welches südöstlich der Wetzlarer Bahn liegt. Die Anlage störender Betriebe (§ 48) ist verboten. 3. Bauklasse C oder Bauklasse D nach Wahl des Bauenden: a) in dem Gebiet, welches von einer fortlaufenden Linie umschlossen wird, die am Schnittpunkte der Mittelachsen der Stahnsdorfer Straße und der Straße C beginnt, der Gemeindegrenze gegen die Königliche Potsdamer Forst bis zur Böckmannstraße folgt, die Mittelachse der Böckmannstraße hält, demnächst die Gemeindegrenze bis zur Wetzlarer Bahn verfolgt, an der Wetzlarer Bahn entlang läuft, die Mittelachsen der Großbeeren-, York- und Scharnhorststraße und der Straße C einhält und bei der Stahnsdorfer Straße endet; b) in dem Gebiet, welches von einer fortlaufenden Linie umschlossen wird, die am Schnittpunkte der Mittelachsen der Alexanderstraße und der verlängerten Priesterstraße beginnt, auf den Mittelachsen der Alexander-, Viktoria-, Karl-, Goethe-, Reuter-, Berliner, Schiller-, verlängerten Goethestraße und der Straße J läuft, demnächst die Gemeindegrenze gegen Klein-Glienicke, die Königliche Potsdamer Forst und den Gutsbezirk Babelsberg innehält und bei der Alexanderstraße endet. 4. Bauklasse E: in dem Gebiet, welches von einer fortlaufenden Linie umschlossen wird, die am Schnittpunkte der Gemeindegrenze gegen Wannsee und der Mittelachse der Berliner Straße beginnt, die Mittelachsen der Berliner, Schiller-, verlängerten Goethestraße und der Straße J hält, demnächst der Gemeindegrenze gegen Klein-Glienicke, dem Südufer des Griebnitzsees und der Gemeindegrenze gegen die Königliche Potsdamer Forst und Wannsee folgt und an der Berliner Straße endet.

Osdorf, Gutsbezirk. Bauklasse C.

Potsdamer Forst, Gutsbezirk. 1. Bauklasse C: in den südlich des Teltowkanals und östlich der Berlin—Wetzlarer Eisenbahn liegenden Teilen des Schutzbezirkes Steinstücken und im Schutzbezirke Ahrensdorf. In diesen Gebieten ist die Anlage störender Betriebe (§ 48) verboten. 2. Bauklasse C oder D nach Wahl der Bauenden: in den Jagen 44, 55 und 57. 3. Bauklasse E: im übrigen im Kreise Teltow liegenden Gebiet.

Rangsdorf, Gemeinde und Gutsbezirk. Bauklasse C.

Rudow, Gemeinde. 1. Bauklasse B: bis zu einem senkrecht zu den Straßenfluchtlinien gemessenen Abstande von 40 m an der Kaiser-Wilhelm-Straße von der Gemeindegrenze gegen Buckow bis zur Bahnhofstraße, der Bahnhofstraße von der Kaiser-Wilhelm-Straße bis zum Bahnhof, der Straße 3 von der Einmündung der Straße 41 bis zur Einmündung der Straße 4, den Straßen 2 und 10 und der Köpenicker Straße von der Einmündung der Straße 10 bis zur Gemeindegrenze gegen Alt-Glienicke. 2. Bauklasse C: im übrigen Gemeindegebiet.

Ruhleben, Gutsbezirk. Geschlossene Bauweise mit Ausnahme des südlich der Berlin—Lehrter Eisenbahn liegenden Gebietes, in welchem die Bauklasse E Anwendung findet. Im Gebiete der geschlossenen Bauweise, soweit es südlich der Spree liegt, ist die Anlage störender Betriebe (§ 48) verboten.

Ruhlsdorf, Gemeinde und Gutsbezirk. Bauklasse C.

Schmargendorf, Gemeinde. 1. Geschlossene Bauweise in dem Gebiete, welches von der Gemeindegrenze gegen Wilmersdorf und einer fortlaufenden Linie umschlossen wird, die am Schnittpunkte der Gemeindegrenze mit der Mittelachse der Sylter Straße beginnt, die Mittelachsen der Sylter, Zoppoter, Heiligendammer, Warnemünder, Hundekehle-, Marienbader Straße, des Hohenzollerdammes, der Spandauer, Reichenhaller, Cuno- und der Forckenbeckstraße bis zu ihrem Treffpunkte mit der Mittelachse der Tölzer Straße hält, demnächst auf der nach Norden zu gedachten Verlängerung der Mittelachse dieser Straße bis zur Landecker Straße läuft, weiterhin die Mittelachsen der Landecker, Salzbrunner und Paulsborner Straße entlang führt und an der Gemeindegrenze gegen Wilmersdorf endet. — Die Anlage störender Betriebe (§ 48) ist in den nordwestlich des Hohenzollerndammes und südlich der Forckenbeckstraße liegenden Gebietsteilen verboten. 2. Bauklasse A in den Gebieten: a) umschlossen von der fortlaufenden, auf dem Platz A beginnenden Linie: Mitte der Paulsborner, Kudowe-,

Warmbrunner, Auguste-Viktoria-Straße, des Hohenzollerndammes, der Salzbrunner Straße, Platz A; b) umschlossen von der fortlaufenden, am Hohenzollerndamm beginnenden Linie: Mitte der Elgersburger, Marienbader, Eger-, Karlsbader Straße und des Hohenzollerndammes; c) umschlossen vom Hohenzollerndamm, der Marienbader und Hundekehlestraße; d) umschlossen von der fortlaufenden, am Hohenzollerndamm beginnenden Linie: Mitte der Forckenbeck-, Cuno-, Reichenhaller, Spandauer Straße, Mitte des Hohenzollerndammes; e) umschlossen von der fortlaufenden, an der Landecker Straße beginnenden Linie: Mitte des Hohenzollerndammes, der Forckenbeckstraße bis zu ihrem Schnittpunkte mit der Mittelachse der Tölzer Straße, der geradlinigen Verlängerung der Mittelachsenlinie der Tölzer Straße nach Norden zu bis zur Landecker Straße, Mitte der Landecker Straße bis zum Hohenzollerndamm. 3. Bauklasse B in den Gebieten: a) umschlossen von der Friedrichsruher, Auguste-Viktoria- und Paulsborner Straße; b) umschlossen von der Paulsborner, Auguste-Viktoria-, Warmbrunner und Kudowastraße; c) umschlossen von der Karlsbader, Reinerz-, Auguste - Viktoria-, Elgersburger, Marienbader und Egerstraße; d) umschlossen von der Borkumer, Norderney-, Sylter, Zoppoter und Heiligendammer Straße. 4. Bauklasse C in dem Gebiet, umschlossen von der Gemeindegrenze gegen Dahlem und den Mittelachsen der Heiligendammer, Borkumer und Norderneystraße. Die Anlage störender Betriebe (§ 48) ist verboten. 5. Bauklasse D in dem Gebiet, umschlossen von der Gemeindegrenze gegen Grunewald und einer fortlaufenden Linie, die beim Schnittpunkte der Gemeindegrenze mit der Mittelachse der Friedrichsruher Straße beginnt, die Mittelachsen der Friedrichsruher, Auguste-Viktoria-, Reinerz-, Karlsbader Straße und des Hohenzollerndammes hält und bei Roseneck die Gemeindegrenze gegen Grunewald trifft.

Schmöckwitz, Gemeinde. Bauklasse D.

Schulzendorf, Gemeinde und Gutsbezirk. Bauklasse C Im Gutsbezirk ist die Anlage störender Betriebe (§ 48) verboten.

Stahnsdorf, Gemeinde. Bauklasse C.

Steglitz, Gemeinde. 1. Geschlossene Bauweise: a) in dem Gebiet, welches von der Berlin—Magdeburger Eisenbahn, der Gemeindegrenze gegen Schöneberg, Friedenau, Wilmersdorf und Dahlem und einer fortlaufenden Linie umschlossen wird, die beim Schnittpunkte der Gemeindegrenze gegen Dahlem mit der Mittelachse der Straße 8 beginnt, die Mittelachsen der Straßen 8 und 16, der Fichte-, Grunewald- und Schloßstraße hält, demnächst südwärts der Gemeindegrenze gegen Groß-Lichterfelde folgt und an der Berlin—Magdeburger Eisenbahn endigt; b) an der Nordseite der Schloßstraße zwischen Grunewaldstraße und Gemeindegrenze gegen Groß-Lichterfelde bis zu einem senkrecht zu den Straßenfluchtlinien gemessenen Abstande von 40 m; c) in dem Gebiet, welches von der Gemeindegrenze gegen Mariendorf, Lankwitz und Groß-Lichterfelde, der Berlin—Magdeburger Eisenbahn und einer fortlaufenden Linie umschlossen wird, die am Schnittpunkte der Eisenbahn mit der Mittelachse der Albrechtstraße beginnt, die Mittelachsen der Albrecht-, Schützen-, Adolf-, Kurze, Birkbusch-, Belfort-, Goeben-, Sedan- und Mariendorfer Straße hält und an der Grenze gegen Mariendorf endet; d) in dem Gebiet, welches von der Berlin—Magdeburger Eisenbahn und einer fortlaufenden Linie umschlossen wird, die am Schnittpunkte der Eisenbahn mit der Mittelachse der Albrechtstraße beginnt, die Mittelachsen der Albrecht-, Plantagen-, Südend-, Heese- und Bergstraße hält und an der Eisenbahn endet; e) in dem Gebiet, welches von einer auf den Mittelachsen der Albrecht- und Mariendorfer Straße, der Straßen 58 und 53, der Moltke-, Humboldt- und Elisenstraße fortlaufenden Linie umschlossen wird; f) bis zu einem senkrecht zu den Straßenfluchtlinien gemessenen Abstande von 40 m an der Westseite der Albrechtstraße zwischen Schützen- und Sedanstraße, an der Ostseite der Albrechtstraße zwischen Plantagen- und Elisenstraße, an der Südseite der Schützenstraße zwischen Albrecht- und Adolfstraße, an der Ostseite der Adolfstraße zwischen Schützen- und Kurze Straße, an der Südseite der Kurze Straße, an der Südseite der Kurze Straße, an der Ostseite der Birkbuschstraße zwischen Kurze und Belfortstraße, an der Nordseite der Belfortstraße zwischen Birkbusch- und Albrechtstraße, an der Südseite der Belfortstraße zwischen Goeben- und Albrechtstraße und an der Nordseite der Sedanstraße zwischen Beyme- und Albrechtstraße; g) in dem Baublock, welcher von der Körnerstraße, der Straße H, der Knausstraße und der

Gemeindegrenze gegen Schöneberg umschlossen wird. Mit Ausnahme des südlich des Teltowkanals liegenden Gemeindeteiles und einer nördlich an den Teltowkanal anschließenden, senkrecht zu den Kanalgrenzen gemessenen Zone von 300 m Tiefe ist die Anlage störender Betriebe (§ 48) verboten. 2. Bauklasse A: In den Gebieten, welche a) von der Heese-, Berg-, Filanda- und Südendstraße, b) von der Körner-, Berg-, Thorwaldsen- und Feuerbachstraße umschlossen werden. 3. Bauklasse B: a) in dem Gebiet, welches von der Gemeindegrenze gegen Dahlem und einer fortlaufenden Linie umschlossen wird, die an der Gemeindegrenze beginnend die Mittelachsen der Straße 8, der Paulsen- und Rückertstraße hält und auf die Gemeindegrenze gegen Dahlem ausläuft; b) an der Südwestseite der Straße 16 bis zu einem senkrecht zu den Straßenfluchtlinien gemessenen Abstande von 40 m; c) in dem Gebiet, welches im Westen durch Althoffstraße, im Norden durch die Rothenburger Straße, im Osten durch die Grunewaldstraße und im Süden durch eine Linie begrenzt wird, die parallel zur nördlichen Straßenfluchtlinie der Schloßstraße in einem senkrecht zu dieser Fluchtlinie nach Norden gemessenen Abstande von 40 m läuft; d) an der Bismarckstraße zwischen Südend- und Bergstraße bis zu einem senkrecht zu den Baufluchtlinien gemessenen Abstande von 40 m und in dem von der Südendstraße, Straße 58, Straße 53, dem Bismarckplatze, der Moltke- und Ringstraße umschlossenen Gebiet. 4. Bauklasse D: a) in dem Gebiet, welches von der Gemeindegrenze gegen Dahlem, der Grunewaldstraße und einer fortlaufenden Linie umschlossen wird, die am Schnittpunkte der Mittelachsen der Fichte- und Grunewaldstraße beginnt, die Mittelachsen der Fichtestraße, der Straße 16, der Paulsen- und Rückertstraße hält und auf die Gemeindegrenze gegen Dahlem ausläuft, mit Ausnahme der der Bauklasse B zugewiesenen Südwestseite der Straße 16 (vgl. Ziffer 3 al. b); b) in dem Gebiet, welches von der Gemeindegrenze gegen Mariendorf und Schöneberg und einer fortlaufenden Linie umschlossen wird, die beim Schnittpunkte der Gemeindegrenze gegen Schöneberg mit der Mittelachse der Bergstraße beginnt, die Mittelachsen der Berg-, Filanda-, Südend-, Plantagen-, Albrecht-, Elisen-, Humboldt-, Ring- und Südendstraße, der Straße 58 und der Mariendorfer Straße hält und an der

Gemeindegrenze gegen Mariendorf endet, mit Ausnahme der unmittelbar an der Albrechtstraße und der Bismarckstraße liegenden Gebietsteile, welche der geschlossenen Bauweise bzw. der Bauklasse B zugewiesen sind (vgl. Ziffer 1 al. f und Ziffer 3 al. d); c) in dem Gebiet, welches von einer auf den Mittelachsen der Albrecht-, Schützen-, Adolf-, Kurze, Birkbusch- und Belfortstraße fortlaufenden Linie umschlossen wird, soweit nicht in ihm nach Ziffer 1 al. f die geschlossene Bauweise Anwendung findet; d) in dem Gebiet, welches von einer auf den Mittelachsen der Belfort-, Goeben-, Sedan- und Albrechtstraße fortlaufenden Linie umschlossen wird, soweit nicht in ihm nach Ziffer 1 al. f die geschlossene Bauweise Anwendung findet. 5. Bauklasse E: in dem von der Gemeindegrenze gegen Groß-Lichterfelde und Dahlem, der Grunewald- und Rothenburger Straße umschlossenen Gebiet.

Teltow, Stadt. Geschlossene Bauweise. Die Anlage störender Betriebe (§ 48) ist in dem Gebiet verboten, welches vom Teltowkanal, der Gemeindegrenze gegen Groß-Lichterfelde, dem Osdorfer Wege und einer Linie umschlossen wird, die am Osdorfer Wege beginnt, nach Nordwesten zu in einem Abstande von 150 m von der Gemeindegrenze gegen Groß-Lichterfelde parallel zu dieser Grenze läuft und am Teltowkanal endet.

Tempelhof, Gemeinde. Das außerhalb der Ringbahn liegende Gebiet. Geschlossene Bauweise. Das innerhalb der Ringbahn liegende Gemeindegebiet untersteht der Baupolizeiverordnung vom 24. August 1898 (Sonderbeilage zum 34. Stück des Amtsblattes).

Treptow *), Gemeinde. Das außerhalb der Ringbahn liegende Gemeindegebiet. Geschlossene Bauweise mit Ausnahme des von der Spree, der Ringbahn, der Köpenicker Landstraße und der Baumschulenstraße umschlossenen Gebietes, in welchem die Bauklasse D Anwendung findet.

Wannsee, Gemeinde. Bauklasse E, mit Ausnahme der Exklave Kolonie Steinstücken, in welcher die Bauklasse C Anwendung findet.

Zehlendorf, Gemeinde. 1. Geschlossene Bauweise: a) an der Hauptstraße von der Bahnunterführung bis zur Scharfestraße,

---

*) Geändert durch Polizeiverordnung vom 29. Januar 1909, S. 376.

der Teltower Straße von der Bahnunterführung bis zur Schönower Straße, der Machnower Straße bis zur Schönower Straße, der Berliner Straße bis zur Seehofstraße, der Potsdamer Straße bis zur Alsenstraße und der Spandauer Straße bis zur Scharfestraße; bis zu einem senkrecht zu den Straßenfluchtlinien gemessenen Abstand von 40 m. Die Anlage störender Betriebe (§ 48) ist verboten; b) in dem Gebiete, welches südlich einer fortlaufenden Linie liegt, die an der Gemeindegrenze gegen Machnow in Höhe des Buschweges beginnt, auf die Mittelachse dieses Weges hin und die Mittelachse entlang bis zum Düppel—Schönower Wege führt, demnächst die Mitte des Düppel—Schönower Weges bis zu seinem Eintritt in Chaussee Zehlendorf—Teltow verfolgt sodann die Mitte der Chaussee nach Norden zu bis zum Schönow—Dahlemer Weg hält, die Mitte des Schönow—Dahlemer Weges bis zum Eintritt des vom Teltower Schützenhause kommenden Weges entlang führt und von hier aus nach Osten in einem senkrechten nördlichen Abstande von 500 m zu dem Wege Schönow—Giesensdorf, parallel zu diesem, auf die Gemeindegrenze gegen Groß-Lichterfelde ausläuft. 2. Bauklasse C: a) an der Potsdamer Straße von der Alsenstraße bis zur Gemeindegrenze der Viktoriastraße, der Beerenstraße von der Heidestraße bis zum Bahnhof Beerenstraße, der Alsenstraße, der Spandauer Straße von der Scharfestraße bis zur Gemeindegrenze, der Hauptstraße von der Scharfestraße bis zur Grunewaldstraße, der Cäcilienstraße, der Berliner Straße von der Seehofstraße bis zur Gemeindegrenze, der Machnover Straße von der Schönower Straße bis zur Gemeindegrenze und der Teltower Straße von der Schönower Straße bis zur Einmündung des Düppel—Schönower Weges. Die Anlage störender Betriebe (§ 48) ist verboten; b) in dem von der Berlin—Magdeburger Eisenbahn, der Gemeindegrenze gegen Groß-Lichterfelde, der Lichterfelder Straße und dem Dahlem—Schönower Wege umschlossenen Gebiet. Die Anlage störender Betriebe (§ 48) ist verboten. 3. Bauklasse E: im übrigen nicht unter Ziffer 1 und 2 bezeichneten Gemeindegebiet.

Zernsdorf, Gemeinde. Der südwestlich der Dahme (Stabe) liegende Gemeindeteil. Bauklasse D.

Zeuthen, Gemeinde. Bauklasse D.

II. Kreis Niederbarnim.

Ahrensfelde. Gemeinde. Bauklasse C.

Alt-Landsberg, Gutsbezirk. Das Gebiet des Gutsbezirks, welches südlich der Chaussee Alt-Landsberg—Strausberg liegt, sowie das nördlich dieser Chaussee belegene, von ihr im Süden, von der Alt-Landsberger Stadtforst im Osten und Norden, von der westlichen Grenze der in der Grundsteuermutterrolle des Gutsbezirks Alt-Landsberg unter Artikel 66 und 56 eingetragenen Radebrücker Grundstücke im Westen begrenzte Gebiet. Bauklasse C. Die Anlage störender Betriebe (§ 48) ist verboten.

Arendsee, Gutsbezirk. Bauklasse C. Die Anlage störender Betriebe ist in dem Gebiet verboten, welches von der Kreischaussee Stolzenhagen—Arendsee, dem von Vorwerk Arendsee über Forsthaus Bernau nach Basdorf führenden Wege und von der Gemeindegrenze gegen Wandlitz umschlossen wird.

Basdorf, Gemeinde: Bauklasse C. In dem von der Chaussee Basdorf—Wandlitz, der Gemeindegrenze gegen die königliche Schönwalder Forst und dem von Basdorf über Forsthaus Bernau nach Vorwerk Arendsee führenden Wege umschlossenen Gebiete ist die Anlage störender Betriebe (§ 48) verboten.

Bergfelde, Gemeinde: Bauklasse C. Die Anlage störender Betriebe (§ 48) ist verboten.

Biesdorf, Gemeinde und Gutsbezirk. Bauklasse C.

Birkenwerder, Gemeinde: 1. Bauklasse C: a) in dem Gebiet, welches im Süden von der Dorfaue bzw. dem an dieser sich anschließenden Untermühlenwege und der Gemeindegrenze gegen die an der Havel liegende Exklave von Hohen-Neuendorf, im Westen und Norden von der Gemeindegrenze und im Osten von einer Linie umschlossen wird, die an der Gemeindegrenze gegen Borgsdorf beginnt, in einem 200 m tiefen, nach Westen zu gemessenen Abstande von der Oranienburger Chaussee und der sich von dieser nach dem Untermühlenwege abzweigenden Dorfauenstraße parallel mit der Chaussee und der Dorfauenstraße nach Süden läuft und an dem Untermühlenwege endet; b) in dem südlich des Untermühlendeiches belegenen, von dem Südufer desselben und der Gemeindegrenze gegen Hohen-Neuendorf und die Königliche Schönwalder Forst umschlossenen Gebiet. In diesem Gebiet ist die

Anlage störender Betriebe (§ 48) verboten. 2. Bauklasse D: in dem übrigen, nicht unter Ziffer 1 bezeichneten Gemeindegebiet.

Birkholz, Gemeinde: Bauklasse C.

Blankenburg, Gemeinde und Gutsbezirk: Bauklasse C.

Blankenfelde, Gemeinde und Gutsbezirk: Bauklasse C.

Blumberg, Gemeinde und Gutsbezirk: Bauklasse C.

Bollensdorf, Gemeinde und Gutsbezirk: Bauklasse C.

Borgsdorf, Gemeinde: Geschlossene Bauweise, mit Ausnahme des nordöstlich der Berlin—Oranienburger Chaussee liegenden Gemeindeteiles, in welchem die Bauklasse C Anwendung findet. In diesem Teile ist die Anlage störender Betriebe (§ 48) verboten.

Boxhagen-Rummelsburg siehe unter Rummelsburg.

Buch, Gemeinde und Gutsbezirk: Bauklasse C. In dem westlich des Weges Karow—Buch—Zepernick liegenden Gebiet ist die Anlage störender Betriebe (§ 48) verboten.

Cöpenicker Forst*), Gutsbezirk: 1. Geschlossene Bauweise: in dem von dem Gestellwege zwischen den Jagen $\frac{335,\ 336,\ 337,\ 339}{332,\ 333,\ 334}$ der Schlesischen Eisenbahn, der Cöpenicker Stadtgrenze und der Chaussee Rummelsburg—Cöpenick umschlossenen Gebiet, sowie in dem nordwestlich von Ober-Schöneweide und südlich des Güterbahnhofes Cöpenick liegenden Gebietsteile. 2. Bauklasse C: in den nordöstlich des von Vorwerk Karlshorst nach der Haltestelle Sadowa führenden Weges, nördlich der Schlesischen Bahn bis Eisenbahnbrücke in Erkner und westlich des Flakensees liegenden Gebieten. 3. Bauklasse D: a) in dem Gebiet, welches im Süden und Südwesten von der Chaussee Rummelsburg—Cöpenick, im Nordwesten von dem von dieser Chaussee nordöstlich der Hegemeisterbrücke abzweigenden, nach der Kolonie Karlshorst führenden Wege, im Norden und Nordosten von der Friedrichsfelder Gemeindegrenze, der Rummelsburger Gemeindegrenze und dem durch Jagen 335 nach der Haltestelle Sadowa gehenden Gestellwege, endlich im Osten von dem Gestellwege zwischen den Jagen $\frac{335,\ 336,\ 337,\ 339}{332,\ 333,\ 334}$ begrenzt wird; b) in den Gebieten, welche östlich der Gemeinde Friedrichshagen und südlich der Schlesischen Eisenbahn bis zur Eisenbahnbrücke in Erkner liegen.

*) Geändert durch Polizeiverordnung vom 29. Januar 1909, S. 376.

Dahlwitz, Gemeinde und Gutsbezirk: Bauklasse C, mit Ausnahme: 1. des Gebietes, welches nördlich der Berlin—Frankfurter Chaussee und östlich der Dahlwitz—Neuenhagener Chaussee belegen ist, sowie des Geländestreifens, welcher im Anschluß an dieses Gebiet auf der Südseite der Berlin—Frankfurter Chaussee und der Westseite der Dahlwitz—Neuenhagener Chaussee in einem fortlaufenden, senkrecht zur Chaussee- und Wegegrenze gemessenen Abstande von 40 m liegt; in diesen beiden Gebieten findet die Bauklasse D Anwendung; 2. des zu beiden Seiten der Berlin—Frankfurter Chaussee von der Kilometerstation 17 bis zur Dahlwitz—Neuenhagener Chaussee in einem fortlaufenden, senkrecht zu den Chausseegrenzen gemessenen Abstande von 40 m liegenden Geländes. In diesen beiden Gebieten findet die Bauklasse D Anwendung. In den zur Gemeinde gehörigen Gebietsteilen ist die Anlage störender Betriebe (§ 48) verboten.

Eggersdorf, Gemeinde: Bauklasse C. Die Anlage störender Betriebe (§ 48) ist verboten.

Eiche, Gemeinde: Bauklasse C.

Erkner, Gemeinde: Bauklasse C oder Bauklasse D nach Wahl des Bauenden.

Falkenberg, Gemeinde und Gutsbezirk: Bauklasse C.

Französisch-Buchholz, Gemeinde: Geschlossene Bauweise, mit Ausnahme des Gebietes, welches von der Gemeindegrenze gegen Rosenthal, Blankenfelde, Schönerlinde, Buch, Karow und Blankenburg und einer fortlaufenden Linie umschlossen wird, die an der Gemeindegrenze gegen Rosenthal beginnt, die Mitte des Rosenthaler Weges und der die Verlängerung dieses Weges bildenden Trift bis deren Einmündung in die Prenzlauer Chaussee hält, demnächst auf der Mitte dieser Chaussee bis zum Schnittpunkt des Bucher Weges und auf der Mitte des Bucher Weges bis zu dem etwa 600 m von der Chaussee entfernten Hauptabzugsgraben der Rieselfelder entlang führt und längs des Grabens bis zur Panke (Gemeindegrenze) läuft. In diesem Gebiete findet die Bauklasse B Anwendung.

Fredersdorf, Gemeinde und Gutsbezirk: Bauklasse C. Die Anlage störender Betriebe ist verboten.

Friedrichsfelde, Gemeinde: 1. Geschlossene Bauweise: in dem Gebiet, welches von der Gemeindegrenze gegen Biesdorf, Marzahn, Hohen-Schönhausen, Lichtenberg und Rummelsburg und einer fortlaufenden Linie umschlossen wird, die an der Gemeindegrenze gegen Rummelsburg beginnt, die Mittelachsen der Rummelsburger Straße, der Straßen 9 und 38, der Schloß-, Wilhelm-, Charlotten- und Friedrichstraße und der Chaussee Friedrichsfelde—Biesdorf hält und an der Gemeindegrenze gegen Biesdorf endet, sowie bis zu einem senkrecht zu den Straßenfluchtlinien gemessenen Abstande von 40 m an den außerhalb dieses Gebietes liegenden Seiten der vorbezeichneten Straßen und der Chaussee Friedrichsfelde—Biesdorf östlich der Friedrichstraße. — Die Anlage störender Betriebe (§ 48) ist verboten in dem Gemeindeteil, der von den Gemarkungsgrenzen gegen Lichtenberg und Rummelsburg und einer fortlaufenden Linie umschlossen wird, die an der Rummelsburger Grenze beginnt, die Mittelachsen der Straßen 9 und 38, der Treskowallee, der Wilhelm-, Charlotten- und Friedrichstraße und der Straße F (des Bebauungsplanes für das Oberfeld) hält, demnächst längs der Ostbahn entlang führt und an der Gemeindegrenze gegen Lichtenberg endet. 2. Bauklasse B: in dem Gebiet, welches von der Gemeindegrenze gegen Biesdorf und den Forstgutsbezirk Cöpenick, der Schlesischen Eisenbahn, der Gemeindegrenze gegen Rummelsburg und einer fortlaufenden Linie umschlossen wird, die an der Gemeindegrenze gegen Rummelsburg beginnt, die Mittelachsen der Rummelsburger Straße, der Straßen 9 und 38, der Schloß-, Wilhelm-, Charlotten- und Friedrichstraße sowie der Chaussee Friedrichsfelde—Biesdorf hält und an der Gemeindegrenze gegen Biesdorf endet, mit Ausnahme des an den vorbezeichneten Straßen und der Chaussee liegenden Geländes bis zu einem senkrecht zu den Straßenfluchtlinien gemessenen Abstande von 40 m, welches der geschlossenen Bauweise zugewiesen ist. (Vgl. unter Ziffer 1.) 3. Bauklasse D: in dem südlich der Schlesischen Eisenbahn liegenden Gebiet.

Friedrichshagen, Gemeinde: 1. Geschlossene Bauweise: a) an der Friedrichstraße bis zu einem senkrecht zu den Straßenfluchtlinien gemessenen Abstande von 40 m; b) an der Seestraße von den projektierten Straßen I und 38 bis zur Bellevuestraße und der Seestraße Nr. 107 einschließlich, und zwar südlich bis zur Spree, nördlich bis zu einem senkrecht zu den Straßenfluchtlinien gemessenen Abstande von 40 m. Die Anlage störender Betriebe (§ 48) in den zu a und b bezeichneten Gebieten ist verboten. 2. Bauklasse B: in den übrigen, nicht unter Ziffer 1 bezeichneten, östlich des ehemaligen Jagens 309 der Königlichen Forst Cöpenick liegenden Gemeindegebiet. 3. Bauklasse D: in dem westlich des ehemaligen Jagens 308 der Königlichen Forst Cöpenick liegenden Gemeindegebiet.

Glienicke, Gemeinde und Gutsbezirk: Bauklasse C. Die Anlage störender Betriebe ist verboten.

Heiligensee, Gemeinde: Geschlossene Bauweise, mit Ausnahme des Gebietes, welches im Südosten, Süden und Westen vom Tegeler See und der Havel, im Norden und Osten von der an der Havel beginnenden, längs der Süd- und Westgrenze des Jagens 105 und der Westgrenze der Jagen 94, 78, 79, 80 und 66 der Königlichen Tegeler Forst bis zum Tegeler See führenden Gemeindegrenze umschlossen wird. In diesem Gebiet findet die Bauklasse D Anwendung.

Heinersdorf, Gemeinde: Geschlossene Bauweise.

Hellersdorf, Gutsbezirk: Bauklasse C.

Hermsdorf, Gemeinde: Bauklasse D.

Hönow, Gemeinde: Bauklasse C.

Hohen-Neuendorf, Gemeinde: Bauklasse D, mit Ausnahme der von der Havel und der Gemeindegrenze gegen Stolpe, die Königliche Schönwalder Forst und Birkenwerder umschlossenen Exklave, in welcher die Bauklasse C Anwendung findet. Die Anlage störender Betriebe (§ 48) ist verboten.

Hohen-Schönhausen, Gemeinde- und Gutsbezirk: Geschlossene Bauweise, mit Ausnahme des Gebietes, welches im Südwesten von den Kirchhöfen der St.-Markus-, St.-Pius- und St.-Hedwigs-Gemeinden, im Nordwesten von der Gemeindegrenze gegen Weißensee und im Nordosten und Südosten von einer fortlaufenden Linie umschlossen wird, die auf den Mittelachsen der Gertrud-, Obersee- und Bahnhofstraße und des Wilhelmsberg—Hohenschönhauser Weges läuft. In diesem Gebiet findet die Bauklasse B Anwendung.

Kalkberge, Gemeinde: Geschlossene Bauweise.

Karow, Gemeinde: Bauklasse C. Die Anlage störender Betriebe (§ 48) ist in dem nordwestlich des Weges Blankenburg—Buch liegenden Gebiet verboten.

Kaulsdorf, Gemeinde: Bauklasse C. Die Anlage störender Betriebe (§ 48) ist verboten.

Klein-Schönebeck, Gemeinde: 1. Bauklasse C mit Ausnahme des unter Ziffer 2 bezeichneten Gemeindeteiles. Die Anlage störender Betriebe (§ 48) ist in dem Gebiet verboten, welches von der Gemeindegrenze gegen Schöneiche, die Königliche Cöpenicker Forst und Woltersdorf und dem von Schöneiche nach Woltersdorf führenden Weg umschlossen wird. 2. Bauklasse D: in dem Gebiet, welches im Westen vom Fredersdorfer Fließ, im Süden vom Wege Schöneiche—Woltersdorf, im Osten von der Dorfstraße und im Norden von der Südgrenze des Pfarrgrundstückes begrenzt wird.

Lehnitz, Gutsbezirk: Bauklasse D.

Lichtenberg, Gemeinde: Das außerhalb der Ringbahn liegende Gebiet. Geschlossene Bauweise. Die Anlage störender Betriebe (§ 48) ist in dem Gemeindeteil verboten, welcher im Süden von der längs der Ringbahn und des Güter- und Personenbahnhofes „Frankfurter Allee" führenden Gemeindegrenze, im übrigen von einer fortlaufenden Linie begrenzt wird, die am Schnittpunkte der Ringbahn mit der Mittelachse der Frankfurter Chaussee beginnt, die Mittelachsen der Chaussee, der Straße 27, der Gudrunstraße, der Volkerstraße, der Straße 3, der südlichen Abzweigung der Dorfstraße und der Eldenaerstraße hält und an der Ringbahn endet.

Lindenberg, Gemeinde: Bauklasse C.

Lübars, Gemeinde: Geschlossene Bauweise, mit Ausnahme des westlich der Oranienburger Chaussee liegenden Gebietes, in welchem die Bauklasse D Anwendung findet.

Mahlsdorf, Gemeinde und Gutsbezirk: Bauklasse C. Die Anlage störender Betriebe (§ 48) ist verboten.

Malchow, Gemeinde und Gutsbezirk: Bauklasse C.

Marzahn, Gemeinde: Bauklasse C.

Mehrow, Gemeinde und Gutsbezirk: Bauklasse C.

Mühlenbeck, Gemeinde und Gutsbezirk: Bauklasse C.

Münchehofe, Gemeinde: Bauklasse C.

Neuenhagen, Gemeinde und Gutsbezirk: Bauklasse C. Die Anlage störender Betriebe (§ 48) ist in dem von der Dahlwitz—Neuenhagener Chaussee, der Dorfstraße, dem Grünen Wege und seiner gradlinigen Verlängerung bis zum Neuenhagener Fließ, dem Fließe und der Gemeindegrenze gegen Dahlwitz umschlossenen Gebiet verboten.

Niederschönhausen, Gemeinde: 1. Geschlossene Bauweise: a) in dem Gebiet, welches von der Gemeindegrenze gegen Pankow,

Französisch-Buchholz und Rosenthal und einer Linie umschlossen wird, die an der Gemeindegrenze gegen Rosenthal beginnt, auf den Mittelachsen der Straßen 18 und 19 läuft und in der Verlängerung der Mittelachse der Straße 19, nach Süden an der Gemeindegrenze gegen Pankow endet; b) bis zu einem senkrecht zu den Straßengrenzen gemessenen Abstande von 40 m an der Kaiser-Wilhelm-Straße, der Bismarckstraße von der Kaiser-Wilhelm-Straße bis zum Platze C, der Lindenstraße von der Bismarckstraße bis zum Zingergraben und der Blankenburger Straße von der Kaiser-Wilhelm-Straße bis zur Straße 14. In den zu b bezeichneten Gebietsteilen ist die Anlage störender Betriebe (§ 48) verboten. 2. Bauklasse B: in dem übrigen nicht unter Ziffer 1 bezeichneten Gemeindegebiet.

Niederschönhausen, Gutsbezirk: Bauklasse D mit Ausnahme des westlichen von der Gemeindegrenze gegen Reinickendorf und dem Gebiet der Gemeinde Niederschönhausen umschlossenen Teiles, in welchem die Bauklasse B Anwendung findet.

Oberschöneweide, Gemeinde: Geschlossene Bauweise mit Ausnahme des Gemeindeteiles, welcher von der Spree und einer fortlaufenden Linie umschlossen wird, die an der Spree beginnend die Mitte der Spreestraße, der Ostend-, Slaby-Gauß-, Keppler- und Rathenaustraße hält, demnächst auf der Mitte der Chaussee Rummelsburg—Erkner bis zum verlängerten Ostendgestell geht und dann das verlängerte Ostendgestell entlang bis zur Spree läuft. In diesem Gemeindeteil findet die Bauklasse C oder die Bauklasse D nach Wahl des Bauenden Anwendung. — Innerhalb des Gebietes der geschlossenen Bauweise ist die Anlage störender Betriebe (§ 48) verboten 1. in dem Gebietsteil, welcher von einer fortlaufenden Linie umschlossen wird, die beim Treffpunkte der Mittelachse der Waldstraße und der Straße 13 beginnt, die Mittelachsen der Straßen 13, 11 und 17 hält, demnächst auf der Mittelachse der Waldstraße entlangläuft und an der Straße 13 endet; 2. an der Südostseite der Straße 17 zwischen Straße 11 und der Waldstraße bis zu einem senkrecht zu den Straßenfluchtlinien gemessenen Abstande von 40 m.

Pankow, Gemeinde: Geschlossene Bauweise. Die Anlage störender Betriebe (§ 48) ist verboten in dem Gebiet, welches nördlich einer fortlaufenden Linie liegt, die bei der Pumpstation beginnt, auf den Mittelachsen der Spandauer, Breite, Kreuz-Görsch-, Flora-, Grunow-, Schul-, Berliner, Breite und Damerowstraße und der Prenzlauer Chaussee läuft und an der Gemeindegrenze endet, sowie auch bis zu einem senkrecht zu den Straßenfluchtlinien gemessenen Abstande von 40 m an der Ostseite der Grunowstraße, der Südseite der Schulstraße, der Ostseite der Berliner Straße zwischen Schul- und Breite straße, der Südseite der Breite Straße und der Südseite der Damerowstraße von der Breite Straße bis zur Einmündung der Straße 20.

Petershagen, Gemeinde: Bauklasse C. Die Anlage störender Betriebe (§ 48) ist verboten.

Rahnsdorf, Gemeinde und Gutsbezirk: Bauklasse D.

Reinickendorf, Gemeinde: Geschlossene Bauweise. Die Anlage störender Betriebe (§ 48) ist in dem von der Hauptstraße, der Residenzstraße, den Straßen 27 und 26, der Hennigsdorfer, Holländer und Teichstraße umschlossenen Gebiet sowie an den diesem Gebiet gegenüberliegenden Seiten der Residenzstraße, der Straßen 27 und 26, der Henningsdorfer Straße und der Teichstraße bis zu einem senkrecht zu den Straßenfluchtlinien gemessenen Abstande von 40 m verboten.

Rosenthal, Gemeinde: 1. Geschlossene Bauweise: in dem westlich der Reinickendorf — Liebenwalder Eisenbahn liegenden Gemeindegebiet. 2. Bauklasse B: in dem östlich der Liebenwalder Eisenbahn liegenden Gemeindegebiet.

Rosenthal, Gutsbezirk: Bauklasse C mit Ausnahme des in der Dorflage der Gemeinde Rosenthal liegenden Gutshofes, für welchen die Bauklasse B Anwendung findet.

Rüdersdorf, Gemeinde: Geschlossene Bauweise.

Rüdersdorfer Forst, Gutsbezirk: Geschlossene Bauweise mit Ausnahme a) des Gebietes, welches im Süden durch die Schlesische Eisenbahn, im Westen von der Gemeindegrenze gegen Erkner und dem Flakensee, im Norden von der Nordgrenze des Jagens 155 und dem von der Woltersdorfer Schleuse kommenden, nach Kagel führenden Wege, im Osten von der östlichen Grenze des Forstgutsbezirkes, im Südosten von dem Gestellwege begrenzt wird, der bei der Gemeindegrenze von Kagel beginnt, die Jagen 122, 115, 116, 109 und 110 durchquert, demnächst an der südlichen Grenze der Jagen 110 bis 113 entlangführt und sodann nach Süden auf die Haltestelle

Fangschleuse zuführt; in diesem Gebiete findet die Bauklasse D Anwendung; b) des Gebietes, welches vom Nordwestufer des Stienitzsees und den Grenzen des Forstgutsbezirks gegen Tasdorf, Fredersdorf, Eggersdorf und Strausberg umschlossen wird. In diesem Gebiet findet die Bauklasse C Anwendung. Die Anlage störender Betriebe (§ 48) ist verboten.

Rummelsburg, Gemeinde: Das außerhalb der Ringbahn liegende Gebiet. Geschlossene Bauweise.

Schildow, Gemeinde: Bauklasse C.

Schöneiche, Gemeinde und Gutsbezirk: Bauklasse C mit Ausnahme des Gebietes, welches begrenzt wird im Süden von der Königlichen Cöpenicker Forst, im Osten von dem Fredersdorfer Fließ, im Norden, Westen und Südwesten von dem in das Fredersdorfer Fließ einmündenden, um die Dorflage herumfließenden Graben bis zur Chaussee nach Bollensdorf, dieser Chaussee bis zur Einmündung des Weges Münchehofe—Schöneiche und weiterhin von einer Linie, die beim Treffpunkte dieses Weges und der Chaussee nach Bollensdorf beginnt und bei geradliniger Verlängerung in südwestlicher Richtung den Punkt der Grenzlinie zwischen Schöneiche und der Königlichen Cöpenicker Forst trifft, der in einer Entfernung von 450 m von dem Schnittpunkte der Chaussee nach Friedrichshagen und der gedachten Grenzlinie liegt. In diesem Gebiet findet die Bauklasse D Anwendung. Die Anlage störender Betriebe (§ 48) ist im ganzen Gemeindebezirk und im ganzen Gutsbezirk verboten.

Schönfließ, Gemeinde und Gutsbezirk: Bauklasse C. Im Gutsbezirk ist die Anlage störender Betriebe (§ 48) verboten

Schönerlinde, Gemeinde: Bauklasse C.

Schönow, Gemeinde: Bauklasse C.

Schönwalde, Gemeinde: Bauklasse C.

Schönwalder Forst, Gutsbezirk: Bauklasse C. Die Anlage störender Betriebe (§ 48) ist in den Jagen 1 bis 7, 11 bis 13, 24 bis 28, 43 bis 48, 76 bis 81 und 218 bis 234 verboten.

Schwanebeck, Gemeinde: Bauklasse C.

Seeberg, Gemeinde: Bauklasse C.

Seefeld, Gemeinde: Bauklasse C.

Stolpe, Gemeinde und Gutsbezirk: 1. Geschlossene Bauweise in dem Gebiet, welches im Norden von der Grenze gegen Hohen-Neuendorf und die Jagen 229 und 230 der Königlichen Schönwalder Forst, im Osten bzw. Nordosten von den östlichen Grenzen der Jagen 53 bis 58 und 49 der Stolper Forst, den nördlichen Grenzen der Jagen 46 und 43 der Stolper Forst sowie dem Tegeler Wege im Süden von der Grenze gegen Heiligensee und die Königliche Tegeler Forst, endlich im Westen von der Grenze gegen Hennigsdorf und die Königliche Falkenhagener Forst umschlossen wird. 2. Bauklasse C und Bauklasse D nach Wahl des Bauenden in dem übrigen, nicht unter Ziffer 1 bezeichneten Gebiet.

Stolzenhagen, Gemeinde: Bauklasse C. Die Anlage störender Betriebe (§ 48) ist in dem Gebiet verboten, welches von dem Wege Basdorf—Stolzenhagen und einer fortlaufenden Linie umschlossen wird, die bei der Einmündung des Wensickendorf—Stolzenhagener Weges in den Weg Basdorf—Stolzenhagen beginnt, um das Nordufer des Stolzenhagener Sees herumgeht, sodann auf der Mitte der Kreischaussee nach Vorwerk Arendsee bis zur Gemeindegrenze läuft und dann südwestwärts der Gemeindegrenze — an dem Nordufer des Wandlitzer Sees und dem den Wandlitzer See und den Rahmer See verbindenden Fließ entlang — bis zum Wege Basdorf—Stolzenhagen folgt.

Stralau, Gemeinde: Das außerhalb der Ringbahn liegende Gebiet. Geschlossene Bauweise.

Summt, Gutsbezirk: Bauklasse C.

Tasdorf, Gemeinde und Gutsbezirk: Geschlossene Bauweise.

Tegel, Gemeinde: Geschlossene Bauweise mit Ausnahme des Gebietes, welches von der Berlin—Kremmener Eisenbahn, der Gemeindegrenze gegen den Gutsbezirk Tegel-Schloß, Hermsdorf und Lübars und einer fortlaufenden Linie umschlossen wird, die an der Gemeindegrenze gegen Lübars beginnt, in einem senkrecht zu den nördlichen Grenzen des Eisenbahndammes der geplanten Industriebahn Friedrichsfelde—Tegel gemessenen Abstande von 300 m parallel zu diesen Grenzen läuft und an der Berlin—Kremmener Eisenbahn endet. In diesem Gebiet findet die Bauklasse D Anwendung

Innerhalb des Gebietes der geschlossenen Bauweise ist die Anlage störender Betriebe (§ 48) in dem von der Veitstraße, der Berlin—Kremmener Eisenbahn, der Hermsdorfer und Hauptstraße, der Seegasse und dem Tegeler See umschlossenen Gebiet verboten.

Tegel-Schloß, Gutsbezirk: Bauklasse D.

Tegeler Forst*), Gutsbezirk mit Ausnahme des mit dem Namen Plötzensee bezeichneten Teiles: Geschlossene Bauweise, mit Ausnahme der Jagen 62 bis 113, sowie der im Tegeler See liegenden Insel Baumwerder, in welchen die Bauklasse D Anwendung findet.

Die Anlage störender Betriebe (§ 48) ist in dem der geschlossenen Bauweise zugewiesenen Gebiete verboten, welches von der Grenze gegen den Gutsbezirk Haselhorst, dem Berlin—Spandauer Schiffahrtskanal, der Grenze gegen Charlottenburg und die Spandauer Exklave am Nonnendamm, der bis zum Rohrdamm verlängerten Mittelachse der Siemensstraße, dem Rohrdamm und einer Linie umschlossen wird, die am Rohrdamm beginnt, nach Westen zu in einem senkrecht nach Norden gemessenen Abstande von 150 m vom Nonnendamm parallel zu diesem läuft und an der Grenze gegen Haselhorst endet.

Vogelsdorf, Gemeinde und Gutsbezirk: Bauklasse C.

Wandlitz, Gemeinde: Bauklasse C. Die Anlage störender Betriebe (§ 48) ist im ganzen Gemeindegebiet mit Ausnahme des Gebietsteiles nördlich der Kreischaussee Stolzenhagen—Vorwerk Arendsee und des Gebietsteiles südwestlich des Weges Basdorf—Stolzenhagen verboten.

Wartenberg, Gemeinde und Gutsbezirk: Bauklasse C.

Weißensee, Gemeinde: Geschlossene Bauweise mit Ausnahme des von der Königschaussee, der Berliner, Großen See-, Park- und Pistoriusstraße umschlossenen Gebietes, in welchem die Bauklasse C Anwendung findet. Doch dürfen die innerhalb dieses Gebietes liegenden Seiten der Königschaussee von der Einmündung der Lindenstraße bis zur Einmündung der Pistoriusstraße, der Pistorius-, Park- und Große Seestraße sowie der Berliner Straße von der Einmündung der Großen Seestraße bis zum Grundstücke Berliner Straße 150 einschließlich bis zu einem senkrecht zu den Straßenfluchtlinien gemessenen Abstande von 40 m in geschlossener Bauweise bebaut werden. Die Anlage störender Betriebe (§ 48) innerhalb dieses Gebietes ist jedenfalls verboten.

Werlsee, Gemeinde: Bauklasse D.

Wittenau, Gemeinde: Geschlossene Bauweise. Die Anlage stören-

*) Geändert durch Polizeiverordnung vom 29. Januar 1909, S. 376.

der Betriebe (§ 48) ist in dem Gebiet verboten, welches von einer fortlaufenden Linie umschlossen wird, die am Bahnhof Eichbornstraße beginnt, die Kremmener Eisenbahn nach Osten entlangführt, demnächst der Mittelachse der Oranienburger Straße und der Nordbahn folgt, alsdann die Mittelachsen des von der Nordbahn nach der Hermsdorfer Straße führenden Feldweges, der Hermsdorfer Straße, der Triftstraße, der Ringstraße A und der Charlottenburger Straße hält und am Bahnhof Eichbornstraße endet.

Woltersdorf, Gemeinde: Bauklasse D.

Zepernick, Gemeinde: Bauklasse C. Die Anlage störender Betriebe (§ 48) ist in dem von der Panke, der Gemeindegrenze gegen Buch und dem Wege Schönerlinde—Zepernick umschlossenen Gebiete verboten.

Zühlsdorf, Gemeinde: Bauklasse C.

III. Kreis Osthavelland.

Das von der Spandauer Stadtgrenze, der Chaussee Spandau—Groß-Glienicke—Potsdam, der Potsdamer Stadtgrenze, dem Jungfernsee und der Havel umschlossene Gebiet sowie die außerhalb dieses Gebietes ihm gegenüber an der Chaussee Spandau—Groß-Glienicke—Potsdam liegenden Grundstücke. Bauklasse E. Doch dürfen die zu beiden Seiten der genannten Chaussee auf der Strecke zwischen der Spandauer Stadtgrenze bis zur Einmündung des Weges Cladow-Crampnitz liegenden Grundstücke auch nach den Vorschriften der Bauklasse C oder der Bauklasse D nach Wahl des Bauenden bebaut werden.

Pichelsdorf, Gemeinde: 1. Geschlossene Bauweise: In dem von der Havel, der Gemeindegrenze gegen Tiefwerder und Spandau umschlossenen Gemeindeteil (Kaiser-Friedrichs-Bad und Umgebung). 2. Bauklasse E: im übrigen, nicht unter Ziffer 1 bezeichneten Gemeindegebiet. Doch darf die Dorfstraße von der Spandauer Stadtgrenze bis zum Cabanisschen Grundstücke auch nach den Vorschriften der Bauklasse C oder der Bauklasse D nach Wahl des Bauenden bebaut werden.

Pichelswerder, Gutsbezirk: Bauklasse E.

Sternfeld, Gutsbezirk: Geschlossene Bauweise.

Tiefwerder, Gemeinde: 1. Geschlossene Bauweise: a) in dem westlich der Havel liegenden Gemeindegebiet, b) in den nördlich der Spree zwischen dieser und dem Nonnendamm liegenden Exklaven. 2. Bauklasse C in dem übrigen, nicht unter Ziffer 1 bezeichneten Gemeindegebiet. In diesem Gebiet ist die Anlage störender Betriebe (§ 48) verboten.

IV. Kreis Zauch-Belzig.

Die Jagen 160 bis 168 des Gutsbezirks Potsdamer Forst. Bauklasse E.

V. Stadt Spandau.

Die nördlich der Spree an Charlottenburger Stadtgebiet westlich und an den Gutsbezirk Sternfeld östlich anschließende, am Nonnendamm liegende Exklave sowie die beiden südlich des Nonnendammes, nördlich der Spree und östlich der alten Spree in unmittelbarem Anschluß an diese liegenden beiden Exklaven.

Geschlossene Bauweise. Die Anlage störender Betriebe (§ 48) ist in dem nördlich der Siemensstraße liegenden Gebiet der Exklave am Nonnendamm verboten.

Polizeiverordnung, betreffend die Abänderung der Vorortsbauordnung vom 28. Mai 1907.

Auf Grund der §§ 6, 12 und 15 des Gesetzes über die Polizeiverwaltung vom 11. März 1850 (GS. S. 265) und des § 137 des Gesetzes über die Allgemeine Landesverwaltung vom 30. Juli 1883 (GS. S. 195) wird hiermit unter Zustimmung des Bezirksausschusses in Potsdam nachstehende Polizeiverordnung erlassen:

§ 1. Der Geltungsbereich der Baupolizeiverordnung für die Vororte von Berlin vom 28. Mai 1907 wird auf die am 1. April 1908 vom Stadtbezirk Rixdorf abgetrennten und nach Treptow eingemeindeten Gebietsteile ausgedehnt.

§ 2. Die Anlage über den Geltungsbereich und die Bauklassenverteilung der Baupolizeiverordnung für die Vororte von Berlin vom 28. Mai 1907 — Amtsblatt Seiten 227 ff. — wird wie folgt ergänzt bzw. abgeändert:

I. Kreis Teltow.

„Cöpenick": Absatz 1 erhält folgenden Zusatz:

Für diese gilt die Polizeiverordnung vom 10 Oktober 1908 — Amtsblatt Seite 517.

„Treptow" erhält folgenden Absatz 3:

Die Anlage störender Betriebe (§ 48) ist in dem der geschlossenen Bauweise zugewiesenen Gebiet verboten, welches von der Cöpenicker Landstraße, Karpfenteichstraße, Kiefholzstraße und Straße 62 einschließlich ihrer Verlängerung bis zur Cöpenicker Landstraße umschlossen, ferner in dem Gebiet, welches von der Kiefholzstraße, der Straße 62, der neuen Gemarkungsgrenze gegen Rixdorf und der Anschlußbahn Rixdorf—Niederschöneweide begrenzt wird.

II. Kreis Nieder-Barnim.

„Cöpenicker Forst": Ziffern 2 und 3b werden aufgehoben. An ihre Stelle treten folgende Bestimmungen:

2. Bauklasse C: in den Gebieten, welche nordöstlich des von Vorwerk Karlshorst nach der Haltestelle Sadowa führenden Weges, nördlich der Schlesischen Bahn bis zur neuen, auf Grund des Beschlusses des Kreisausschusses des Kreises Nieder-Barnim vom 18. März 1908 festgesetzten Grenze des Gemeindebezirks Erkner liegen;

3b. in den Gebieten, welche östlich der Gemeinde Friedrichshagen und südlich der Schlesischen Eisenbahn bis zur neuen auf Grund des Beschlusses des Kreisausschusses des Kreises Nieder-Barnim vom 18. März 1908 festgestellten Grenze des Gemeindebezirks Erkner liegen. Hinter „Erkner, Gemeinde" ist zu setzen: einschließlich der durch Beschluß des Kreisausschusses des Kreises Nieder-Barnim vom 18. März 1908 aus dem Forstgutsbezirk Cöpenick nach Erkner umgemeindeten, die ehemaligen Jagen 203, 209 und 210 sowie Teile der bisherigen Jagen 202, 206 und 208 umfassenden Grundflächen.

„Tegeler Forst": Absatz 3 wird aufgehoben. An seine Stelle tritt folgender neuer Absatz 3:

Die Anlage störender Betriebe (§ 48) ist in dem der geschlossenen Bauweise zugewiesenen Gebiete verboten, welches von der Grenze gegen den Gutsbezirk Haselhorst, einer nördlich dem Berlin—Spandauer Schiffahrtskanal in einer Entfernung von 500 m von ihm seiner bisherigen Trace parallel laufenden Linie, der Verlängerung des Tegeler Weges nördlich des Schiffahrtskanals, der Grenze gegen Charlottenburg und die Spandauer Exklave am Nonnendamm, der bis zum Rohrdamm verlängerten Mittelachse der Siemensstraße, dem Rohrdamm und einer Linie umschlossen wird, die am Rohrdamm beginnt, nach Westen zu in einen senkrecht nach Norden gemessenen Abstand von 150 m vom Nonnendamm parallel zu diesem läuft und an der Grenze gegen Haselhorst endet.

§ 3. Diese Polizeiverordnung tritt am Tage der amtlichen Veröffentlichung unter gleichzeitiger Aufhebung aller entgegenstehenden Vorschriften in Kraft. Die nach den bisher gültigen Polizeiverordnungen bereits erteilten Bauscheine verlieren ihre Gültigkeit, wenn nicht innerhalb von drei Monaten vom Tage der Veröffentlichung dieser Polizeiverordnung ab die Fundamente gelegt und die Kellermauern bis zur Erdoberfläche hergestellt sind.

Potsdam, den 29. Januar 1909.

Der Regierungspräsident.

Sachregister.

(Die Zahlen verweisen auf die Seiten.)

A.

F.

G.

H.

J.

K.

L.

M.

N.

O.

P.

W.

Druck von A. W. Hayn's Erben, Potsdam.

	Bauklassen:				
	I	II	A	B	C
Fläche des Baugrundstücks, die bebaut werden darf, § 12[1]	5/10 Eckgrundstück: 6/10 § 50[1]	4/10 5/10 § 51[1]	5/10 6/10 § 52[1]	4/10 5/10 § 53[1]	3/10 4/10 § 54[1] Ausnahmen § 54[13]*) und § 54[14]**)
Größe der zugelassenen Baumasse in cbm auf 1 qm Baugrundstück, §§ 58 und 67	—	—	—	—	—
Größte zulässige Höhe der Gebäude	18 m § 50[2]	15 m § 51[2]	18 m § 52[2]	15 m § 53[2]	15 m § 54[2]
Einschränkung der größten zulässigen Höhe gegebenenfalls durch	§ 15	§ 15	§ 15	§ 15	§ 15
Mindestbreite des vorgeschriebenen Bauwiches	—	—	5 m § 52[6] Einfamilienhäuser 4 m § 59[2]	4 m § 53[6]	4 m § 54[6]
Mindestbreite des freiwilligen Bauwiches	6 m § 13[1]	6 m § 13[1]	—	—	—
Zulässige Vorbauten in den Bauwich	—*)	—*)	Schutzdächer über Eingängen und freischwebende überhängende Teile von Hauptdächern, nicht mehr als 1,50 m über die Seitenfronten vortretend, § 13[2]*)	Wie unter Bauklasse A	Wie unter Bauklasse A, außerdem bei Vordergebäuden, Freitreppen einschließlich ihrer Bedachungen, sowie Türvorbauten, sofern zwischen ihnen und der Nachbargrenze ein Mindestabstand von 2,50 m verbleibt; außerdem sind an den Giebelwänden der Vorderhäuser bis 0,25 m von Grund aus vortretende Vorbauten nicht breiter als 1/3 der Giebelwandlänge zugelassen, § 54[6]
Zulässige Anzahl der vollen Wohngeschosse in bewohnten Gebäuden	4 § 50[3]	3 § 51[3]	4 § 52[3]	3 § 53[3]	3 § 54[3]
Zulässige Wohnräume im **Kellergeschoß** der Vordergebäude, wenn die zulässigen Wohngeschosse angelegt sind	Selbständige Wohnung von 60 qm § 50[5]	Selbständige Wohnung von 60 qm § 51[5]	Selbständige Wohnung von 60 qm § 52[5]	—	—
Zulässige Wohnräume im Dachgeschoß des Vordergebäudes, wenn die zulässigen Wohngeschosse angelegt sind	Bei einseitigem Bauwich die Hälfte der Grundfläche, bei zweiseitigem Bauwich die gesamte Grundfläche des Dachgeschosses zum dauernden Aufenthalt von Menschen, § 50[4], Flächenberechnung nach § 18[2, 8 u. 9]	Wie unter Bauklasse I, § 51[4]	—	—	—
Zulässige Frontlänge der einzelnen Gebäude, bei Eckgrundstücken Frontlänge an jeder Straße höchstens	—	—	30 m § 52[7]	30 m § 53[7]	30 m § 54[7]
Zulässige Frontlänge der aneinandergebauten Gebäude, bei Anbauten an ein Eckhaus die Frontlänge des Eckhauses und des angebauten Gebäudes	—	—	50 m*) § 52[8a]	40 m*) § 53[8a]	32 m**) § 54[8a] (es dürfen nur 2 Gebäude aneinander gebaut werden)

E	Reihenhäuser zugelassen im Gebiet der Bauklasse C	Einfamilienhäuser zugelassen im Gebiet aller Bauklassen	Fabrikbauten zugelassen im Gebiet der Bauklassen I, II u. C (Einschränkungen § 48[1])	Bemerkungen
3/10 4/10 § 56[1] Ausnahme § 56[12 *)]	3/10 4/10 § 54[1] Ausnahmen § 54[13 *)] und § 54[14 **)]	—	—	*) Die Ausnahmen in §§ 54[13], 55[13], 56[12] und 58[4b] beziehen sich darauf, daß Gartenhallen, Lauben und offene Schuppen, deren Fronthöhe nicht mehr als 3,0 m und deren Flächeninhalt nicht mehr als 25 qm beträgt, auf die bebaute Fläche nicht in Anrechnung kommen. **) Nach § 54[14] kann für Wirtschaftsgebäude auf Grundstücken, die landwirtschaftlichen oder gärtnerischen Betrieben dienen, eine Bebauung bis zu 6/10 zugelassen werden. ***) Jedoch nur in Gebieten, in welchen die Anlage störender Betriebe nicht verboten ist, § 48.
—	—	Bauklasse I 9 cbm " II 6 " " A 9 " " B 6 " " C 4,5 " " D 3,6 " " E 3,6 " § 58[2] Ausnahme § 58[4b]	In Bauklasse I = 9 cbm " " II = 6 " " " C = 4,50 " § 67[2 ***)]	
18 m § 56[4]	15 m § 54[2]	18 m § 15[2] Abs. 3	22 m *) § 69	*) Das Höhenmaß ist nicht in Beziehung gesetzt zu der Breite zwischen den Baufluchtlinien, sondern zwischen Frontwand und gegenüberliegender Baufluchtlinie, § 69.
§ 15[1–5]	§ 15	§ 15	§ 15 (jedoch nicht Ziffer 2)	
4 m § 56[5]	—	In Bauklasse A = 4 m " " B = 4 " " " C = 4 " " " D = 4 " " " E = 4 " § 59[2]	In Bauklasse C = 4 m § 68[2]	Für Nebenanlagen Ausnahmen in § 13[2] Abs. 2, § 13[5] Abs. 3, § 59[2] Abs. 2, § 68[2], wonach solche in einem Abstande von 20 m von der Baufluchtlinie oder 24 m von der Straßengrenze unmittelbar an der seitlichen Nachbargrenze errichtet werden dürfen. Außerdem sind die Fälle in § 13[3 u. 4] zu beachten.
—	—	In Bauklasse I = 6 m " " II = 6 " § 59[1]	In Bauklasse I = 6 m " " II = 6 " § 68[1]	
Wie unter Bauklasse C § 56[5]	-	Wie unter Bauklasse C, jedoch gilt nicht § 13[2] § 59[3]	Vorbauten nicht gestattet § 68[3]	*) Vorschrift in § 13[2] bezieht sich offenbar auf den Bauwich im Gebiet der offenen Bauweise. Man wird jedoch sinngemäß annehmen, daß dieselbe auch für den Bauwich in der geschlossenen Bauweise gelten soll.
2 § 56[2] in Nebenanlagen zum dauernden Aufenthalt von Menschen bis zu 60 qm zugelassen, § 56[10]	3 § 54[3]	In Bauklasse I = 4 " " II = 3 " " A = 4 " " B = 3 " " C = 3 " " D = 3 " " E = 2 § 61[1 *)]	Bezüglich der Zahl der Geschosse in Fabrikbauten ist in der Baupolizeiverordnung keine Bestimmung getroffen.	*) In Nebenanlagen Wohnung für die zur Wartung von Tieren, Pflanzen und Bedienung von Heizanlagen Bediensteten, § 57[2].
Wie unter Bauklasse D, jedoch mit der Einschränkung, daß nur eine selbständige Wohnung (einschl. Läden) mit höchstens 60 qm Fläche untergebracht werden darf, § 56[3]	—	Im Gebiet der Bauklassen I, II und A im Vordergebäude höchstens 90 qm für dauernden Aufenthalt von Menschen. Im Gebiet der Bauklasse E die Hälfte der Grundfläche für dauernden Aufenthalt von Menschen, § 60[3]		
Wie unter Bauklasse D, jedoch ist im Dachgeschoß die Einrichtung selbständiger Wohnungen, die Herstellung von Küchen sowie die Aufstellung von Feuerherden verboten, § 56[3], Flächenberechnung § 18[2, 7, 8 u. 9]	—	Im Gebiet der Bauklasse E die Hälfte der Grundfläche zum dauernden Aufenthalt von Menschen, § 60[3]	—	
30 m § 56[6]	—	— § 66	—	*) Die Fassung der §§ 52[8a], 53[8a] läßt die Deutung zu (im Gegensatz zu §§ 52[8], 53[8]), daß es statthaft ist, mehr als ein Gebäude an jede Seite eines Eckhauses anzubauen. **) Es darf nur ein Gebäude an eine Seite des Eckhauses angebaut werden.
Zusammenbauen nicht gestattet	—	A = 50 m B = 40 " C =, D =, E = } 32 m } Zusammenbauen von 2 Gebäuden gestattet § 66	—	

Nachtrag zur

Baupolizei-Verordnung

für die

Vororte von Berlin.

Vom 28. Mai 1907.

Wichtige Ergänzungen und Veränderungen,

enthaltend die Polizei-Verordnungen

vom

3. April 1909 — 21. Februar 1910 — 4. Juni 1910
11. November 1910 — 21. Januar 1911
13. Februar 1911 — 8. März 1911
und 6. September 1911.

Berlin, 1911.
Polytechnische Buchhandlung
A. Seydel, Königgrätzerstr. 31.

Preis 50 Pf.

Baupolizeiverordnung
für die
Vororte von Berlin
vom 28. Mai 1907.

Nachträge und Veränderungen in den Jahren 1909—1911.

Auf Grund der §§ 6, 12 und 15 des Gesetzes über die Polizeiverwaltung vom 11. März 1850 (G.-S. S. 265) und des § 137 des Gesetzes über die allgemeine Landesverwaltung vom 30. Juli 1883 (G.-S. S. 195) sind unter Zustimmung des Bezirksausschusses zu Potsdam nachstehenden Polizeiverordnungen erlassen worden:

Polizeiverordnung vom 3. April 1909.

§ 2.

Die Anlage über den Geltungsbereich und die Bauklassenverteilung der Baupolizeiverordnung für die Vororte von Berlin vom 28. Mai 1907 wird wie folgt ergänzt bezw. abgeändert:

I. Kreis Teltow.

Der Abschnitt „Lankwitz, Gemeinde", Ziffer 3 wird aufgehoben; (s. S. 102)*) es wird folgendes bestimmt:

---

*) In dieser wie in allen folgenden Zahlenangaben in (—) wird auf die betr. Seite der im Verlage von A. Seydel in Berlin im Jahre 1909 erschienenen Neuen Ausgabe der Baupolizeiverordnung für die Vororte von Berlin vom 28. Mai 1907 verwiesen.

3. Bauklasse C oder Bauklasse D nach Wahl des Bauenden:

a) in dem Gebiete, welches von der Gemeindegrenze gegen Marienfelde und Groß-Lichterfelde, der Franzstraße, der Beethovenstraße bis zur projektierten Straße 1, der projektierten Straße 1, der verlängerten Luisenstraße, der Kaulbachstraße bis zur Lessingstraße, der Lessingstraße bis zur Siemensstraße, der Siemensstraße bis zum Teltowkanal, dem Teltowkanal, der Berlin-Anhalter Eisenbahn und der unter Ziffer 1 bezeichneten fortlaufenden Linie umschlossen wird, mit Ausnahme der nach Ziffer 2 der Bauklasse B zugewiesenen Gebietsteile;

b) in dem nördlich des Teltowkanals liegenden Gemeindegebiet.

4. Bauklasse E:

in dem Gebiet, welches von der Gemeindegrenze gegen Groß-Lichterfelde, der Siemensstraße bis zur Lessingstraße, der Lessingstraße bis zur Kaulbachstraße, der Kaulbachstraße bis zur Luisenstraße, der verlängerten Luisenstraße bis zur projektierten Straße 1, der projektierten Straße 1 bis zur Beethovenstraße, der Beethovenstraße bis zur Franzstraße und der Franzstraße umgrenzt wird, mit Ausnahme der nach Ziffer 2 der Bauklasse B zugewiesenen Gebietsteile.

II. Kreis Niederbarnim.

„**Tegel-Schloß**, Gutsbezirk, Bauklasse D" (s. S. 129) erhält folgenden Zusatz:

mit Ausnahme der im Tegeler See belegenen Inseln Baumwerder, Scharfenberg, Hasselwerder, Lindwerder, für welche Bauklasse E gilt.

„**Tegeler Forst**": Absatz 2 (s. S. 129) wird aufgehoben. An seine Stelle tritt folgender neuer Absatz 2:

Geschlossene Bauweise, mit Ausnahme der Jagen 62 bis 113, in welchen die Bauklasse D gilt, und der im Tegeler See belegenen Inseln Marienwerder und Reißwerder, für welche die Bauklasse E Anwendung findet.

§ 3.

Diese Polizeiverordnung tritt am Tage der amtlichen Veröffentlichung unter gleichzeitiger Aufhebung aller entgegenstehenden Vorschriften in Kraft. Die nach den bisher gültigen Polizeiverordnungen bereits erteilten Bauscheine verlieren ihre Gültigkeit, wenn nicht innerhalb von 3 Monaten vom Tage der Veröffentlichung dieser Verordnung ab Fundamente gelegt und die Kellermauern bis zur Erdoberfläche hergestellt sind.

Polizeiverordnung vom 21. Februar 1910.

§ 1.

In Ziffer 3 des § 1 der Baupolizeiverordnung für die Vororte von Berlin vom 28. Mai 1907 (s. S. 7) kommen die Worte: „in Wasserläufen, sofern sie mit dem Baugrundstück in Verbindung stehen" in Fortfall.

§ 2.

Diese Polizeiverordnung tritt mit dem Tage der amtlichen Veröffentlichung in Kraft.

Polizeiverordnung vom 4. Juni 1910.

§ 1.

Die Anlage über den Geltungsbereich und die Bauklassenverteilung der Baupolizeiverordnung für die Vororte von Berlin vom 28. Mai 1907 wird wie folgt abgeändert:

I. **Kreis Teltow; Nowawes Gemeinde:** Ziffer 1 (s. S. 104) erhält folgenden Zusatz:

> Die Anlage störender Betriebe ist über den im § 48 Ziffer 2 vorgesehenen Schutzstreifen hinaus in dem nördlich der Lessingstraße, Wallstraße und Ludwigstraße belegenen Teile des vorstehend bezeichneten Gebietes verboten.

§ 2.

Diese Polizeiverordnung tritt mit dem Tage ihrer Bekanntmachung in Kraft.

Polizeiverordnung vom 11. November 1910

Artikel I.

§ 19.

Ziffer 1 Absatz 1 (s. S. 29) der Polizeiverordnung für die Vororte von Berlin vom 28. Mai 1907 erhält folgende Fassung:

1. Sie müssen trocken sein und durch Fenster von ausreichender Größe und zweckentsprechender Lage unmittelbar Luft und Licht von außen erhalten. Doch kann von der Baupolizeibehörde ein Raum auch dann zum dauernden Aufenthalte von Menschen zugelassen werden, wenn er Licht und Luft nur mittelbar durch eine einfach verglaste Loggia oder Veranda erhält. Die zum dauernden Aufenthalte von Menschen bestimmten Räume dürfen, wenn ihre Lage und Zweckbestimmung eine Beleuchtung unmittelbar von oben bedingt, durch Deckenlicht erhellt werden. Doch müssen Vorkehrungen getroffen werden, welcher einen ausreichenden Luftwechsel sicherstellen.

Artikel II.

Diese Polizeiverordnung tritt mit dem Tage ihrer Bekanntmachung in Kraft.

Polizeiverordnung vom 21. Januar 1911.

§ 1.

Die Anlage über den Geltungsbereich und die Bauklassenverteilung der Baupolizeiverordnung für die Vororte von Berlin vom 28. Mai 1907 wird wie folgt abgeändert.

I. Kreis Teltow. Hinter „Johannisthal, Gemeinde, Geschlossene Bauweise“ (s. S. 100) ist zu setzen: „mit Ausnahme der beiden in der **Gemeinde Rudow** gelegenen Exklaven, für welche die Bauklasse C. gilt.“

B) Die Worte „**Sternfeld, Gutsbezirk**, Geschlossene Bauweise“ (s. S. 132) sind zu streichen.

C. Der Abschnitt „**Tiefwerder, Gemeinde**“ (s. S. 132) wird aufgehoben und durch folgenden Wortlaut ersetzt:

„Tiefwerder, Gemeinde.

Bauklasse C. Die Anlage störender Betriebe (§ 48) ist verboten."

V. **Stadt Spandau.** (s. S. 132.) Der ganze Abschnitt wird aufgehoben und durch folgenden Wortlaut ersetzt:

„1. Geschlossene Bauweise:

in dem nördlich der Spree liegenden, an Charlottenburger Stadtgebiet westlich anschließenden, im Norden von dem Gutsbezirk Tegel, Kreis Niederbarnim, im Westen von der Havel, der alten Westgrenze des früheren Gutsbezirks Haselhorst, der Berliner Chaussee und dem Abzugsgraben der Königlichen Pulverfabrik umgrenzten Stadtgebiet sowie auf der in der Havel liegenden Insel Eiswerder. Die Anlage störender Betriebe (§ 48) ist verboten in dem Gebietsteile, welcher im Norden von dem Gutsbezirk Tegeler Forst, im Osten von der Charlottenburger Stadtkreisgrenze, im Süden von einer an der Ecke des Nonnendamms und der Siemensstraße beginnenden, auf der Mittelachse der Siemensstraße bis zum Rohrdamm, auf diesem bis zu einer nördlich in einer Entfernung von 150 m vom Nonnendamm gedachten Linie, auf dieser westlich bis zur Grenze des ehemaligen Gutsbezirks Haselhorst verlaufenden Linie und im Westen von der alten Ostgrenze des früheren Gutsbezirks Haselhorst umgrenzt wird.

2. Bauklasse E.

Insel Valentinswerder im Tegeler See".

§ 2.

Diese Polizeiverordnung tritt am Tage der amtlichen Veröffentlichung in Kraft. Die nach den bisher gültigen Polizeiverordnungen bereits erteilten Bauscheine verlieren ihre Gültigkeit, wenn nicht innerhalb 3 Monate vom Tage der Veröffentlichung dieser Verordnung ab Fundamente gelegt und die Kellermauern bis zur Erdoberfläche hergestellt sind.

Polizeiverordnung vom 13. Februar 1911.

§ 1.

In der Anlage über den Geltungsbereich und Bauklassenverteilung der Baupolizeiverordnung für die Vororte von Berlin vom 28. Mai 1907 sind unter Abschnitt II., **Kreis Niederbarnim** (s. S. 114—131), in alphabetischer Reihenfolge einzuschalten:

Erkner, Forstgutsbezirk,
Bauklasse D.
Friedrichsthal, Gemeinde,
Bauklasse C.
Hennickendorf, Gemeinde,
Bauklasse C.
Herzfelde, Gemeinde,
Bauklasse C.
Kagel, Gemeinde,
Bauklasse C.
Klosterfelde, Gemeinde,
Bauklasse C.
Lanke, Gemeinde,
Bauklasse D.
Malz, Gemeinde,
Bauklasse C.
Nassenheide, Gemeinde,
Bauklasse C.
Neuholland, Forstgutsbezirk,
Bauklasse D.
Oranienburg, Forstgutsbezirk,
Bauklasse D.
Rehfelde, Gemeinde,
Bauklasse C.
Sachsenhausen, Gemeinde,
Bauklasse C.
Schmachtenhagen, Gemeinde,
Bauklasse C. Die Anlage störender Betriebe (§ 48) ist verboten.
Schönwalde, Forstgutsbezirk,
Bauklasse D.
Wensickendorf, Gemeinde,
Bauklasse C.

Werder, Gemeinde,
Bauklasse C.
Zehlendorf, Gemeinde und Gut,
Bauklasse C.
Zinndorf, Gemeinde,
Bauklasse C.

§ 2.

Diese Polizeiverordnung tritt am Tage der amtlichen Bekanntmachung in Kraft. Die nach den bisher gültigen Polizeiverordnungen erteilten Bauscheine verlieren ihre Gültigkeit, wenn nicht innerhalb von drei Monaten, vom Tage der Veröffentlichung dieser Verordnung ab, Fundamente gelegt und die Kellermauern bis zur Erdoberfläche hergestellt sind.

Polizeiverordnung vom 8. März 1911.

§ 1.

Der Geltungsbereich der Baupolizeiverordnung für die Vororte von Berlin vom 28. Mai 1907 wird auf den Gemeindebezirk Staaken, Kreis Osthavelland, ausgedehnt.

§ 2.

Die Anlage über den Geltungsbereich und die Bauklassenverteilung der Baupolizeiverordnung für die Vororte von Berlin vom 28. Mai 1907 wird unter Abschnitt III. Osthavelland wie folgt ergänzt:

Zwischen „Pichelswerder" und „Tiefwerder" (s. S. 132) ist einzuschalten:

Staaken, Gemeinde,
Bauklasse C. in dem nördlich des Bullengrabens gelegenen Gemeindeteile,
Bauklasse D. in dem südlich des Bullengrabens gelegenen Gemeindeteile.

§ 3.

Diese Polizeiverordnung tritt am Tage der amtlichen Bekanntmachung in Kraft. Die nach der bisher gültigen Polizeiverordnung erteilten Bauscheine verlieren ihre Gültigkeit, wenn nicht innerhalb dreier Monate, vom

Tage der Veröffentlichung dieser Verordnung ab, die Fundamente gelegt und die Kellermauern bis zur Erdoberfläche hergestellt sind.

Polizei-Verordnung vom 6. September 1911.

§ 1.

In die Polizeiverordnung für die Vororte von Berlin vom 28. Mai 1907 werden folgende Bestimmungen neu eingefügt:

A. Hinter Ziffer 5 des § 11 als Absatz 2 und 3:

Haben die Vorgärten eine Breite von mindestens 5 m, kann die Ortspolizeibehörde ferner zulassen, daß an der Bauflucht linie ein Streifen von 1 m Breite von gärtnerischen Anlagen freibleibt. Sind die Vorgärten mindestens 6 m breit, kann der Streifen eine Breite von 1,25 m erhalten. Bei einer Breite der Vorgärten von mehr als 7 m ist eine Breite des Streifens bis zu 1,50 m zulässig. Haben die Vorgärten eine geringere Breite als 5 m, so kann die Ortspolizeibehörde bei solchen Fluchtlinien, die bereits vor dem 1. September 1911 endgültig festgestellt sind, ausnahmsweise zulassen, daß auch bei diesen Streifen bis zu 1 m Breite von gärtnerischen Anlagen freibleiben.

In keinem Falle darf die Gesamtfläche des nicht gärtnerisch angelegten Teils eines Vorgartens (Absatz 1 und 2) mehr als $^{3}/_{10}$ der Gesamtfläche eines Vorgartens betragen.

B. Als Ziffer 6 des § 11 unter Aufhebung der bisherigen Ziffer 6.

In Straßen und Straßenteilen, welche von der Gemeinde mit Zustimmung des Regierungspräsidenten als Geschäftsstraßen anerkannt werden, kann von der Anlage und Unterhaltung der Vorgärten als Ziergärten abgesehen werden, wenn seitens der Gemeinde mit Umwehrungen versehene, gärtnerisch ausgestaltete Schmuckstreifen von mindestens 3 m Breite und in der Regel durchschnittlich mindestens je 10 m Länge an den Bordschwellen des Straßendammes vorgesehen werden.

Abgesehen von den vorgenannten Fällen (Ziffer 5 und Ziffer 6 Absatz 1) kann die Benutzung der Vorgärten zu anderen Zwecken, als zur Einrichtung von Ziergärten, vorübergehend und für bestimmte Nutzungszwecke gestattet werden.

C. Zwischen Satz 1 und 2 der Ziffer 1 des § 13:

Wird ein Abstand gehalten, und überschreitet die Länge der freistehenden Seitenfront — von der Vorderfront an gerechnet — 18 m, so ist der Abstand von der Nachbargrenze für je 3 m größerer Länge der freistehenden Seitenfront — von der Vorderfront an gerechnet — über die 6 m hinaus um je 1 m zu verbreitern, wobei Ueberschreitungen von weniger als 3 m als volle 3 m gerechnet werden. Beträgt der Abstand 9 m, so bedingt die Länge der freistehenden Seitenfront keine weitere Verbreiterung des Abstandes.

D. Als Satz 2 hinter Absatz 1 der Ziffer 2 des § 13:

Ueberschreitet die Länge einer Seitenfront — von der Vorderfront an gerechnet — 18 m, so ist der Bauwich an dieser Seitenfront für je 3 m größerer Tiefe der Bebauung — von der Vorderfront an gerechnet — um je 1 m zu verbreitern, wobei Ueberschreitungen von weniger als 3 m als volle angerechnet werden. Beträgt der Bauwich unter Beachtung vorstehender Bestimmungen in der Bauklasse A bereits 8 m, in den Bauklassen B und C bereits 7 m, so bedingt die Länge der Seitenfront am Bauwich keine weitere Verbreiterung dieses Bauwiches. Rücksprünge der Seitenfront werden nur dann nicht bei der Berechnung der Länge dieser Seitenfront zur Anrechnung gebracht, wenn sie eine solche Tiefe erhalten, daß sich dort, wo der Rücksprung erfolgen soll, ein freier Kreis von 10 m bezw. 12 m (vgl. Ziffer 6) zwischen der Seitenfront und der Nachbargrenze eintragen läßt. Werden in den Bauklassen D und E Vordergebäude von größerer Tiefe als 18 m — von der Vorderfront an gerechnet — errichtet, so gelten auch für sie die gleichen Bestimmungen wie für die Bauklassen B und C.

E. Hinter § 56:

§ 56a.

Bauklasse F.

1. Es dürfen höchstens $^{3}/_{10}$, bei Eckgrundstücken (§ 14 Z. 5) höchstens $^{4}/_{10}$ der Baugrundstücke (§ 12 Z. 1) bebaut werden. Durch Ortspolizeiverordnungen kann die bebaubare Fläche noch weiter eingeschränkt werden.

2. Bewohnte Gebäude dürfen, abgesehen vom Dachgeschoß und vom Kellergeschoß — Nebengeschossen — nicht mehr als 2 Geschosse — Hauptgeschosse — erhalten.

3. Werden im obersten (zweiten) Hauptgeschosse Räume, die zum dauernden Aufenthalt von Menschen bestimmt sind, angelegt, so darf das Dachgeschoß zu gleichem Zwecke nicht eingerichtet werden. Ausnahmen kann die Ortspolizeibehörde für Räume bis zu einer Gesamtfläche von 40 qm zulassen, sofern diese Zubehör zu den darunterliegenden Wohnungen sind.

4. In Kellergeschossen ist die Einrichtung von Räumen zum dauernden Aufenthalt von Menschen verboten.

5. Die Höhe der Gebäude darf unbeschadet der Vorschriften in § 15 das Maß von 11 m nicht übersteigen. Aufbauten (§ 15 Z. 7 Abs. 2) unterliegen bezüglich der Höhe keiner Einschränkung.

6. Die Gebäude müssen einen Bauwich (§ 13 Z. 2 Abs. 1) von mindestens 4 m halten. Ist das Dach nach dem Bauwich zu abgewalmt, kann der Bauwich auf 3,50 m eingeschränkt werden. In den Fällen des § 13 Z. 2 Abs. 2, Z. 3 und 4 braucht der Bauwich nicht eingehalten zu werden.

Innerhalb des Bauwiches dürfen außer den in § 13 Z. 2 Abs. 3 zugelassenen Vorbauten an die Giebelwände Freitreppen einschließlich ihrer Bedachungen sowie Türvorbauten angebaut werden, sofern zwischen ihnen und der Nachbargrenze ein Abstand von mindestens 2,50 m verbleibt. Auch sind an den Giebelwänden von Grund aus aufgeführte Vorbauten, die höchstens 0,25 m vortreten und nicht mehr als ein Drittel der Giebelwandlänge einnehmen, zulässig.

7. Die Frontlänge der Gebäude an der Straße, bei Eckhäusern die Frontlänge der Gebäude an jeder Straße, darf das Maß von 30 m nicht überschreiten.

8. Auf benachbarten Grundstücken ist der unmittelbare Anbau mehrerer Gebäude aneinander sowie der unmittelbare Anbau eines Gebäudes an eine Seite eines Eckhauses — die Errichtung von Doppelhäusern (Gebäudegruppen) — unter folgenden Bedingungen gestattet:

a) Die Frontlänge der aneinander gebauten Gebäude, beim Anbau an ein Eckhaus, die Frontlänge des Eckhauses und der angebauten Gebäude, darf zusammen nicht mehr als 40 m betragen.
b) Die Doppelhäuser (Gebäudegruppen) haben im übrigen einen Bauwich von mindestens 4 m, bei nach dem Bauwich zu abgewalmten Dächern von mindestens 3,50 m zu halten.
c) Die angrenzenden Giebel der aneinander gebauten Gebäude müssen sich im wesentlichen decken.
d) Die Stirnseiten der aneinander gebauten Gebäude müssen annähernd in derselben senkrechten Ebene liegen.
e) Seitenflügel dürfen nur an der Seite, an welcher kein Bauwich gehalten wird, errichtet werden.
f) Die beteiligten Grundstückseigentümer müssen sich gegenseitig — und zwar für sich und ihre Rechtsnachfolger — verpflichten, ihre Grundstücke nach den Vorschriften dieser Ziffer zu bebauen, die Vorschriften auch bei späteren Neubauten, Um- und Ausbauten einzuhalten. Die Verpflichtung ist im Grundbuche eines jeden Grundstücks einzutragen und dabei zu vermerken, daß die in der Ziffer gewährten Bauvergünstigungen für sämtliche beteiligten Grundstücke fortfallen, sobald die Eintragung im Grundbuche auch nur eines Grundstücks gelöscht wird.

9. Die Länge von Seitenflügeln und Mittelflügeln, von der hinteren Umfassungswand der Vordergebäude ab gerechnet, darf das Maß von 10 m nicht überschreiten. Vorsprünge an den Seiten- und Mittelflügeln dürfen das Maß von 2,50 m nicht überschreiten.

10. Seiten-, Mittel-, Hinter- und Quergebäude — abgesehen von Nebenanlagen — sind verboten.

11. In Nebenanlagen ist die Einrichtung von Räumen zum dauernden Aufenthalt von Menschen mit einem Gesamtflächeninhalt von höchstens 60 qm statthaft.

12. Der Steigungswinkel der Dachfläche zu der wagerecht auf den Umfassungswänden liegend gedachten Ebene darf nicht mehr als 60°, bei Anordnung von Mansardendächern mit Aufschiebling sowie bei Herstellung von Künstlerateliers im Dachgeschosse nicht mehr als 70° betragen. Diese Vorschrift findet keine Anwendung, wenn nur ein Hauptgeschoß errichtet wird.

13. Gartenhallen, Lauben und offene Schuppen, deren Fronthöhe im einzelnen nicht mehr als 3 m und deren Flächeninhalt zusammen nicht mehr als 25 qm beträgt, kommen bei Berechnung der Baulichkeiten, die nach Ziffer 1 auf den Baugrundstücken errichtet werden dürfen, nicht in Anrechnung. Sie können auch innerhalb der nach § 13 Ziffer 5 bis 7 und 9 unbebaut zu lassenden Flächen errichtet werden.

§ 56b.

Reihenhaus- und Gruppenhausbau im Gebiete der offenen Bauweise.

Im Gebiete der offenen Bauweise (§§ 52 bis 56a) können mit Genehmigung des Regierungspräsidenten Ortspolizeiverordnungen erlassen werden, durch welche für räumlich begrenzte Teile von Gemeinden und Gutsbezirken der Reihen- oder Gruppenhausbau gestattet wird.

Als Ersatz für den Fortfall des Bauwiches gelten folgende Vorschriften:

a) Die Grundstücke dürfen im Gebiete der Bauklassen A und B nicht tiefer als 15,50 m, im Gebiete der Bauklassen C, D, E und F nicht tiefer als 14 m von der Baufluchtlinie mit Wohnhäusern, einschließlich nach hinten vorspringender Seiten- oder Mittelflügel, bebaut werden. Abgesehen von Nebenanlagen (Buchstabe d), sind Hinter- (Seiten-, Mittel- oder Quergebäude) verboten.

b) Die Höhe der Gebäude bis zum Schnittpunkt der Frontwand mit der Dachfläche darf im Gebiete der Bauklasse A das Maß von 16 m, im Gebiete der Bauklassen B und C das Maß von 13 m, im Gebiete der Bauklassen D, E und F das Maß von 10 m nicht übersteigen.

c) Die angrenzenden Giebel der aneinander gebauten Häuser müssen sich im wesentlichen decken, und die Stirnseiten der aneinander gebauten Gebäude müssen annähernd in derselben senkrechten Ebene liegen. Ungedeckte Teile müssen architektonisch ausgebildet werden.

d) Nebenanlagen sind nur bis zu einer Höhe von 4 m bis zur Schnittlinie der Umfassungswände mit der Dachfläche zulässig, in ihnen dürfen keine selbständigen Wohnungen eingerichtet werden.

e) Lichthöfe dürfen nicht angelegt werden.

§ 2.

Die Bestimmungen im § 50 Ziffer 4 Absatz 1 Satz 2, § 50 Ziffer 5 Satz 1, § 51 Ziffer 4 Absatz 1 Satz 2, § 51 Ziffer 5 Satz 1, § 52 Ziffer 5 Satz 1, § 54 Ziffer 12 werden aufgehoben.

§ 3.

§ 3, § 50 Ziffer 5, § 51 Ziffer 5 und § 52 Ziffer 5 erhalten folgende Fassung.

In Kellergeschossen ist die Einrichtung von Räumen zum dauernden Aufenthalt von Menschen verboten.

§ 4.

Aenderungen infolge Einführung der Bauklasse F.

a) § 13 Ziffer 2 Absatz 1 erhält folgenden Zusatz:

Wegen der Bauklasse F vgl. § 56a.

b) § 13 Ziffer 3 erhält folgende Fassung:

3. Im Gebiet der offenen Bauweise ist, abgesehen von dem Falle des § 56b (Reihenhaus- und Gruppenhausbau) eine Bebauung ohne Bauwich gestattet, wenn auf beiden Nachbargrundstücken bereits bei Erlaß dieser Polizeiverordnung Vordergebäude unmittelbar an der Grenze vorhanden waren.

c) In § 17 Ziffer 1 Absatz 1 ist hinter § 56 Ziffer 10 einzufügen:

§ 56a Ziffer 11.

d) In § 18 Ziffer 3, § 30 Ziffer 4, § 31 Ziffer 3, § 35 Ziffer 5 und Ziffer 7 Absatz 2, § 41 Ziffer 10 und § 47 Ziffer 1 ist zu setzen statt: „D und E"

„D, E und F"

e) § 47 Ziffer 2 Satz 1 erhält folgende Fassung:

2. Die Bauweise nach den Vorschriften der Bauklasse F ist auch in den Gebieten aller anderen Bauklassen, die Bauweise nach den Vorschriften der Bauklasse E auch im Gebiete der Bauklassen I, II, A, B, C und D, die Bauweise nach den Vorschriften der Bauklasse D auch im Gebiete der Bauklassen I, II A und B, im Gebiete der Bauklasse C nur in denjenigen Gebietsteilen zulässig, in welchen nach ausdrücklicher Bestimmung — in der Anlage — die Bauklasse C oder die Bauklasse D nach Wahl der Bauenden Anwendung findet.

f) § 48 Ziffer 1 und 2 erhalten folgende Fassung:

1. Die Herstellung von Anlagen, welche starken Rauch oder Ruß, üble Gerüche oder schädliche Ausdünstungen oder ungewöhnliches Geräusch verursachen, ist im Gebiete der Bauklassen A, B, D und E sowie in denjenigen Gebieten, in welchen die Bauklasse C oder die Bauklasse D nach Wahl des Bauenden Anwendung findet, ohne weiteres, im Gebiete der geschlossenen Bauweise, sowie im Gebiete der Bauklassen C und F in denjenigen Gebietsteilen verboten, für welche dies in der Anlage ausdrücklich bestimmt ist.

2. Grenzen Gebiete der geschlossenen Bauweise oder der Gebiete der Bauklassen C und F, in denen die Anlage störender Betriebe gestattet ist, an Gebiete der Bauklassen D oder E oder an Gebietsteile, in denen die Bauklasse C oder D nach Wahl des Bauenden Anwendung findet, so dürfen störende Betriebe in ihnen innerhalb

eines senkrecht zu den Gebietsgrenzen gemessenen Abstandes von 150 m — Schutzstreifen — nicht errichtet werden.

g) In der Einleitung zum fünften Abschnitt ist zu setzen statt 52 bis 56:
„52 bis 56b".

h) In § 58 Ziffer 2 ist vor dem Worte „Baumasse" einzufügen:
„in der Bauklasse F 3,30 cbm".

i) § 59 Ziffer 2 Absatz 1 erhält folgenden Zusatz:
Im Gebiete der Bauklasse F kann der Bauwich, wenn das Dach nach ihm zu abgewalmt ist, auf 3,50 m eingeschränkt werden.

k) In § 60 ist zu setzen statt „D und E":
„D, E und F."

l) In § 61 Ziffer 1 ist am Schlusse einzufügen:
„im Gebiete der Bauklasse F zwei".

m) In § 66 ist zu setzen statt „im Gebiete der Bauklasse E":
„im Gebiete der Bauklassen E und F".
unter b:
statt „C, D und E":
„C, D, E und F".

n) In der Einleitung zum sechsten Abschnitt ist zu setzen statt „der Bauklasse C":
„der Bauklassen C und F".

o) In § 67 erhält Ziffer 2 vor dem Worte „Baumasse" folgenden Zusatz:
„in der Bauklasse F 3,30 cbm".

p) In § 68 Ziffer 2 ist zu setzen statt „der Bauklasse C":
„der Bauklassen C und F".

§ 5.

Der Geltungsbereich der Baupolizeiverordnung für die Vororte von Berlin wird ausgedehnt

auf die Gemeindebezirke Dabendorf, Egsdorf, Großköris, Klausdorf, Kleinköris, Mellen, Nächst Neuendorf, Neuhof, Schwerin, Senzig, Wünsdorf und Zeesen, sowie den Gutsbezirk Zeesen im Kreise Teltow,

auf die Gemeinde Lichtenow

im Kreise Niederbarnim,

auf die Gemeinden Bergholz, Neu Langerwisch und Michendorf, sowie den Gutsbezirk Neu Langerwisch, im Kreise Zauch-Belzig.

§ 6.

Die Anlage über den Geltungsbereich und die Bauklassenverteilung der Baupolizeiverordnung für die Vororte von Berlin wird wie folgt ergänzt bezw. abgeändert:

I. Kreis Teltow.

A. Es ist einzuschalten:

zwischen Cöpenick und Dahlem:

Dabendorf, Gemeinde.

Bauklasse F.

zwischen Düppel und Eichwalde:

Egsdorf, Gemeinde.

Bauklasse F.

zwischen Großbeeren und Groß-Lichterfelde:

Großbesten, Gemeinde.

Bauklasse F.

Die Anlage störender Betriebe (§ 48) ist verboten.

Großköris, Gemeinde.

Bauklasse F.

zwischen Johannisthal und Kleinbeeren:

Klausdorf, Gemeinde.

Bauklasse F.

zwischen Klein-Glienicke und Klein-Machnow:

Kleinköris, Gemeinde.

Bauklasse F.

zwischen Marienfelde und Miersdorf:

Mellen, Gemeinde.

Bauklasse F.

zwischen Müggelheim und Niederschöneweide:

Nächst Neuendorf, Gemeinde.
Bauklasse F.

Neuhof, Gemeinde.
Bauklasse F.
Die Anlage störender Betriebe (§ 48) ist verboten.

zwischen Schulzendorf und Stahnsdorf:

Schwerin, Gemeinde.
Bauklasse F.
Die Anlage störender Betriebe (§ 48) ist verboten.

Senzig, Gemeinde.
Bauklasse F.

zwischen Wannsee und Zehlendorf:

Wünsdorf, Gemeinde.
Bauklasse F.
Die Anlage störender Betriebe (§ 48) ist verboten.

Zeesen, Gemeinde und Gutsbezirk.
Bauklasse F.

B. Im Abschnitt **Blankenfelde, Dahlewitz, Diedersdorf, Drewitz, Gütergotz, Kleinbeeren** und **Rangsdorf** ist zu setzen statt: „Bauklasse C“

„Bauklasse F.“

C. Im einzelnen treten noch folgende Aenderungen ein:

Der Abschnitt **Adlershof** erhält folgende Fassung:

Adlershof, Gemeinde.

Geschlossene Bauweise mit Ausnahme des Gebiets, welches im Südosten durch den südöstlichen Gestellweg der Jagen 104 und 103 bis zu ihrem Schnittpunkt mit der südlichen Umgehungsbahn, im Osten durch diese Eisenbahn bis zu ihrem Zusammentreffen mit der Spindlersfelder Eisenbahn, im Norden durch die Spindlersfelder Eisenbahn, im Nordwesten durch die Gemeindegrenze gegen Niederschöneweide, im Südwesten durch die Görlitzer Eisenbahn begrenzt wird.

In diesem Gebiete finden die Vorschriften der Bauklasse C Anwendung.

Der Abschnitt Alt Glienicke erhält folgende Fassung:

Alt Glienicke, Gemeinde.

1. Bauklasse C:

a) in dem Gebiete, welches im Süden und Westen durch die Gemeindegrenzen gegen Bohnsdorf, Schönefeld und Rudow, im Norden und Nordosten durch eine Linie begrenzt wird, welche 40 m südlich der Rudower Straße parallel mit dieser von der Rudower Gemeindegrenze bis zu ihrem Schnittpunkte mit der Straße nach Schönefeld, diese letztere Straße bis zu ihrem Schnittpunkt mit dem Bohnsdorfer Weg, den Bohnsdorfer Weg bis zu dem Schnittpunkt mit der geraden Verlängerung der Rosestraße, diese Verlängerung bis zum Endpunkt der Rosestraße, vom Endpunkt der Rosestraße bis zur Kreuzung der Chaussee Grünau—Bohnsdorf mit den Wegen nach Schulzendorf und Waltersdorf entlang läuft,

b) in dem Gebiete, welches im Norden vom Teltowkanal, im Nordosten von der Görlitzer Eisenbahn, im Südosten von dem Gestellweg zwischen den Jagen 87 und 89, im Südwesten durch die Grenze der Forst Grünau-Dahme begrenzt wird.

2. Bauklasse C oder D nach Wahl der Bauenden:

in dem Gebiet, welches im Nordosten durch den Gestellweg zwischen den Jagen 87 und 89 der Forst Grünau-Dahme durch die südwestliche Grenze dieser Jagen, durch die Rosestraße und ihre Verlängerung bis zum Plumpengraben im Südwesten durch eine gerade Verbindungslinie vom Endpunkt der Rosestraße bis zur Kreuzung der Chaussee Grünau—Bohnsdorf mit den Wegen nach Schulzendorf und Waltersdorf, ferner durch den Weg nach Schulzendorf, im übrigen durch die Grenze gegen die Forst Grünau-Dahme und die Görlitzer Eisenbahn begrenzt wird.

3. Geschlossene Bauweise:
in dem übrigen nicht unter Ziffer 1 und 2 bezeichneten Gemeindegebiet.

Der Abschnitt **Cöpenick** erhält folgende Fassung:

Cöpenick, Stadt, mit Ausnahme der von der Dahme, der Spree, dem Kietzer Graben und dem Schloßgraben umflossenen Altstadt.

1. Bauklasse D im Gebiet der Stadtforst südlich des Weges nach dem Müggelschlößchen (Jagen 1—57 einschließlich der Neuen Wiesen).

2. Bauklasse C:
   a) im Gebiet der Stadtforst, das im Süden von dem Wege nach dem Müggelschlößchen, im Westen von der Straße Amtsfeld und dem südlich und östlich am städtischen Elektrizitäts- und Klärwerk vorbeiführenden Graben, im Norden von der Spree begrenzt wird (Jagen 58—60),
   b) im Gebiet des Mühlenfließes, 300 m östlich von der Bellevuestraße beginnend bis an seine Nordostecke,
   c) im Gebiet der Dammforst nördlich einer Linie, welche die gerade Verlängerung des südlich der Jagen 316, 319, 323 der Königlichen Forst vorbeigehenden Gestellweges bis zum Wege nach Mahlsdorf bildet und sodann südlich längs der Schinderfichten bis zur Chaussee nach Kaulsdorf, auf dieser Chaussee bis zum Schnittpunkt mit der Verlängerung des südlich des Jagens 62 der Dammforst vorbeiführenden Gestellweges und auf der weiteren geraden Verlängerung dieses Gestellweges nach Westen bis zur Gemarkungsgrenze verläuft.

3. Geschlossene Bauweise.
in dem übrigen nicht unter Ziffer 1 und 2 bezeichneten Stadtgebiet.

Der Abschnitt **Großbeeren** erhält folgende Fassung:

Großbeeren, Gemeinde.

Bauklasse C in dem nördlich der Chaussee Sputendorf—Dahlewitz liegenden Gemeindegebiet.

Bauklasse F in dem südlich der Chaussee Sputendorf—Dahlewitz liegenden Gemeindegebiet.

Großbeeren, Gutsbezirk.
Bauklasse F.

Der Abschnitt **Grünau** erhält folgende Fassung:

Grünau, Gemeinde.

1. Geschlossene Bauweise:
in dem nordwestlich der Jägerstraße und Straße 18, östlich der Straße 9 (Waldstraße) liegenden Gemeindegebiete.

2. Bauklasse B:
in dem Gebiete, welches von der Dahme, der Wilhelmstraße, der Cöpenicker Straße und der Jägerstraße umschlossen wird, sowie auf der Südseite der Cöpenicker Straße zwischen Wilhelm- und Jägerstraße bis zu einem senkrecht zu den Straßenfluchtlinien gemessenen Abstande von 40 m.

3. Bauklasse C:
in dem Gebiete, welches im Süden von der Erlenschlenke (Gemeindepark) bis zu ihrem Schnittpunkt mit der Straße 8 (verlängerten Bohnsdorfer Straße), der Straße 8, der Straße 18, zwischen Straße 8 und 9, im Osten von der Straße 9 (Waldstraße), im Norden vom Teltowkanal und im Südwesten von der Görlitzer Eisenbahn begrenzt wird.

4. Bauklasse C oder Bauklasse D nach Wahl der Bauenden:
in dem übrigen, nicht unter Ziffer 1, 2 und 3 bezeichneten Gemeindegebiet.

Im Abschnitt **Grünau-Dahme**
sind die Worte „mit Ausnahme usw." bis zum Schluß zu streichen. Der Abschnitt lautet in Zukunft:

Grünau-Dahme, Forstgutsbezirk.
Bauklasse D.

Der Abschnitt **Johannisthal** erhält folgende Fassung:

Johannisthal, Gemeinde.

1. Geschlossene Bauweise:
   a) in dem südlich der Stubenrauchstraße, östlich der Bahnstraße, nördlich der Kanner-Chaussee liegenden Gemeindegebiet,
   b) bis zu einem senkrecht zu den Straßenfluchtlinien gemessenen Abstande von 40 m: an der Westseite der Bahnstraße.

2. Bauklasse C:
in dem übrigen Gemeindegebiet einschließlich der beiden in der Gemeinde Rudow gelegenen Exklaven (vgl. Polizeiverordnung vom 21. Januar 1911, Seite 6 dieses Buches).

Der Abschnitt **Marienfelde** wird, wie folgt, geändert.

1. Geschlossene Bauweise:
   a) in dem Gebiet östlich der Dresdener Eisenbahn,
   b) in dem Gebiet, welches im Süden durch die Chaussee Groß-Lichterfelde—Marienfelde bis zur Chaussee nach Großbeeren, diese letztere bis zum Schnittpunkt mit dem nach dem Gutshofe des Gutes Marienfelde führenden Wege, diesen Weg und seine gerade Verlängerung bis zum Wege nach Lichtenrade, den Weg nach Lichtenrade im Nordosten, durch die Dresdener Eisenbahn, die Chaussee Buckow—Marienfelde, die Chaussee Lankwitz—Marienfelde, die Chaussee Lankwitz—Marienfelde und im Nordwesten die Gemeindegrenze gegen Lankwitz begrenzt wird,
   c) wie früher b unverändert.

Zu 2 erhält folgenden Zusatz:

zu a) und b) bis zu einem senkrecht zu den Straßenfluchtlinien gemessenen Abstande von 40 m.

3. Bauklasse C in dem Gebiet, welches im Norden durch die Chaussee Groß-Lichterfelde—Marienfelde bis zur Chaussee nach Großbeeren, diese letztere bis zum Schnittpunkt mit dem nach dem Gutshofe des Gutes Marienfelde führenden Wege, diesen Weg und seine gerade Verlängerung bis zum Wege nach Lichtenrade, den Weg nach Lichtenrade und im Osten und Süden durch die Gemeindegrenzen gegen Lichtenrade, Osdorf und Groß-Lichterfelde begrenzt wird.

4. Bauklasse C oder D nach Wahl der Bauenden in dem übrigen nicht unter Ziffer 1, 2 und 3 bezeichneten Gemeindegebiet.

Die Anlage störender Betriebe (§ 48) ist in dem nordöstlich der Chaussee Lankwitz—Marienfelde, nördlich der Chaussee Buckow—Marienfelde und westlich der Dresdener Eisenbahn liegenden Gemeindegebiet verboten.

Der Abschnitt **Miersdorf** erhält folgende Fassung:

Miersdorf, Gemeinde.

Bauklasse F in dem westlich, Bauklasse D in dem östlich der Berlin—Görlitzer Eisenbahn liegenden Gebiet. Die Anlage störender Betriebe (§ 48) ist verboten.

Der Abschnitt **Niederschöneweide** erhält folgende Fassung:

Niederschöneweide, Gemeinde.

Geschlossene Bauweise mit Ausnahme des südlich der Spindlersfelder Eisenbahn liegenden Gemeindegebietes, in welchem die Vorschriften der Bauklasse C Anwendung finden.

Der Abschnitt **Potsdamer Forst** erhält folgende Fassung:

Potsdamer Forst, Gutsbezirk.

1. Bauklasse C in dem südlich des Teltowkanals, östlich der Berlin—Wetzlarer Eisenbahn, nördlich der Chaussee Jagdschloß Stern—Stahnsdorf liegenden Gebiet. Die Anlage störender Betriebe (§ 48) ist verboten.

2 Bauklasse C oder D nach Wahl der Bauenden in den Jagen 44, 55 und 57.

3. Bauklasse F in dem Gebiete südlich der Chaussee Drewitz—Jagdschloß Stern—Stahnsdorf. Die Anlage störender Betriebe (§ 48) ist verboten.

4. Bauklasse E in dem übrigen nicht unter 1, 2 und 3 bezeichneten Gebietsteile.

Der Abschnitt **Schulzendorf** erhält folgende Fassung:

Schulzendorf, Gemeinde.

Bauklasse F. Die Anlage störender Betriebe (§ 48) ist verboten.

Schulzendorf, Gutsbezirk.

Bauklasse C. Die Anlage störender Betriebe (§ 48) ist verboten.

Der Abschnitt **Teltow** erhält folgende Fassung:

Teltow, Stadt.

1. Bauklasse C:
   a) in dem Gebiet östlich der Anhalter Eisenbahn,
   b) in dem Gebiet, welches begrenzt wird von der Chaussee nach Ruhlsdorf, einer 40 m südlich der

Ringstraße parallel mit dieser verlaufenden Linie bis zu ihrem Schnittpunkt mit der Potsdamer Chaussee am Frankfurter Platz, der Potsdamer Chaussee und der Gemeindegrenze gegen Stahnsdorf und Ruhlsdorf.

2. Bauklasse C oder D nach Wahl der Bauenden in dem Gebiete, welches von der Groß-Lichterfelder Straße, dem Zehnrutengraben, der Anhalter Eisenbahn und der Gemeindegrenze gegen Groß-Lichterfelde begrenzt wird.

3. Geschlossene Bauweise
in dem übrigen nicht unter 1 und 2 bezeichneten Gemeindegebiet.

Der Abschnitt **Zernsdorf** erhält folgende Fassung:

Zernsdorf, Gemeinde.

Bauklasse D in dem südwestlich der Dahme (Stabe) liegenden Gemeindeteile.

Bauklasse F in dem übrigen Gemeindeteile. Die Anlage störender Betriebe (§ 48) ist in dem Gebiete nördlich der Königswusterhausen—Beeskower Eisenbahn verboten,

II. Kreis Niederbarnim.

A. Es ist einzuschalten:

zwischen Vorhagen-Rummelsburg und Buch:

Bruchmühle, Gemeinde.

Bauklasse C.

Die Anlage störender Betriebe (§ 48) ist verboten.

zwischen Lichtenberg und Lindenberg:

Lichtenow, Gemeinde.

Bauklasse F.

B. 1. Im Abschnitt **Ahrensfelde**, **Arendsee**, **Basdorf**, **Birkholz**, **Blumberg**, **Bollensdorf**, **Cöpenicker Forst** Ziffer 2, **Eggersdorf**, **Eiche**, **Falkenberg**, **Friedrichsthal**, **Hellersdorf**, **Hönow**, **Kagel**, **Klosterfelde**, **Malz**, **Mehrow**, **Münchehofe**, **Nassenheide**, **Rehfelde**, **Sachsenhausen**, **Schmachtenhagen**, **Schönfließ**, **Schönerlinde**, **Schönow**, **Schönwalde**, **Schönwalder Forst**, **Schwanebeck**, **Seeberg**,

Seefeld, Stolzenhagen, Summt, Vogelsdorf, Wandlitz, Wartenberg, Wensickendorf, Werder, Zehlendorf, Zinndorf und **Zühlsdorf** ist zu setzen statt: „Bauklasse C“

Bauklasse F.

2. Im Abschnitt Borgsdorf, Rüdersdorf und Stolpe ist zu setzen statt: „Geschlossene Bauweise“

Bauklasse C.

C. Im einzelnen treten noch folgende Aenderungen ein:

Im Abschnitt **Alt-Landsberg** sind die Worte: „Das Gebiet des Gutsbezirks“ usw. bis zum Schluß des Absatzes zu streichen. Der Abschnitt lautet in Zukunft:

Alt-Landsberg, Gutsbezirk.

Bauklasse F.

Die Anlage störender Betriebe (§ 48) ist verboten.

Der Abschnitt **Fredersdorf** erhält folgende Fassung:

Fredersdorf, Gemeinde.

Bauklasse C.

Die Anlage störender Betriebe (§ 48) ist verboten.

Fredersdorf, Gutsbezirk.

Bauklasse F.

Die Anlage störender Betriebe (§ 48) ist verboten.

Der Abschnitt **Heiligensee** erhält folgende Fassung:

Heiligensee, Gemeinde.

1. Bauklasse D in dem Gebiet, welches im Südosten, Süden und Westen vom Tegeler See und der Havel, im Norden und Osten von der an der Havel beginnenden, längs der Süd- und Westgrenze des Jagens 105 und der Westgrenze der Jagen 94, 78, 79, 80 und 66 der Königlich Tegeler Forst bis zum Tegeler See führenden Gemeindegrenze umschlossen wird.

2. Bauklasse C in dem Gebiete der alten Dorflage und des Heiligensees, welches begrenzt wird im Westen von der Havel, im Norden von einer Linie, die vom Treffpunkt des Hennigsdorfer Weges mit der Busch-Allee senkrecht zum Hennigsdorfer Wege westlich bis zur Havel gezogen wird, sowie von der Busch-Allee in einer Aus-

dehnung von 700 m von dem vorgedachten Schnittpunkt und im Osten von einer Linie, die von dem Endpunkt dieser 700 m bis zum Schnittpunkt der Havel mit der Grenze des Gutsbezirks Tegel Forst und der Heiligenseer Gemeindegrenze bei Sandhausen gezogen wird.

3. Geschlossene Bauweise, in dem übrigen nicht unter 1 und 2 bezeichneten Gemeindegebiete.

Der Abschnitt **Lehnitz** erhält folgende Fassung:

Lehnitz, Gutsbezirk.

Bauklasse D in dem östlich der Nordbahn liegenden Gebietsteile, Bauklasse F in dem westlich der Nordbahn liegenden Gebietsteile.

Der Abschnitt **Lübars** erhält folgende Fassung:

Lübars, Gemeinde.

1. Bauklasse D in dem westlich der Oranienburger Chaussee liegenden Gebiet.

2. Bauklasse C in dem Gebiet, das umschlossen wird von einer parallel zur Oranienburger Chaussee in einem östlichen Abstand von 950 m von dieser zwischen der Gemarkungsgrenze gegen Hermsdorf und dem Tegeler Wege verlaufenden Linie, von der am südlichen Endpunkte der vorgedachten Linie beginnenden Strecke des Tegeler Weges bis zur verlängerten Rosenthaler Straße, von der an dem Tegeler Wege beginnenden, sich bis auf 300 m nach Süden hinziehenden Strecke der Rosenthaler Straße demnächst von einer Linie, die am südlichen Endpunkt dieser 300 m beginnt und sich senkrecht zur Rosenthaler Straße bis zur Gemeindegrenze gegen Blankenfelde erstreckt, und weiterhin von den Gemeindegrenzen gegen Blankenfelde, Schildow und Hermsdorf.

3. Geschlossene Bauweise in dem übrigen, nicht unter Ziffer 1 und 2 bezeichneten Gemeindegebiet.

Der Abschnitt **Rüdersdorfer Forst** erhält folgende Fassung:

Rüdersdorfer Forst, Gutsbezirk.

1. Bauklasse D in dem Gebiet, welches im Süden durch die Schlesische Eisenbahn, im Westen von der Gemeindegrenze gegen Erkner und dem Flakensee, im

Norden von der Nordgrenze des Jagens 155 und dem von der Woltersdorfer Schleuse kommenden, nach Kagel führenden Wege, im Osten von der östlichen Grenze des Forstgutsbezirks, im Südosten von dem Gestellwege begrenzt wird, der bei der Gemeindegrenze von Kagel beginnt, die Jagen 122, 115, 116, 109 und 110 durchquert, demnächst an der südlichen Grenze der Jagen 110 bis 113 entlang führt und sodann nach Süden auf die Haltestelle Fangschleuse zu führt.

2. Bauklasse F in dem übrigen nicht unter 1 bezeichneten Gebiete.

Die Anlage störender Betriebe (§ 48) ist verboten in dem Gebiete, welches vom Nordwestufer des Stienitzsees und den Grenzen des Forstgutsbezirks gegen Tasdorf, Fredersdorf, Eggersdorf und Strausberg umschlossen wird.

Der Abschnitt **Stolpe** (vgl. auch B. 2) erhält unter Ziffer 1 folgenden Zusatz:

Die Anlage störender Betriebe (§ 48) ist mit Ausnahme der Jagen 74 bis 87 der Stolper Forst verboten.

Der Abschnitt **Tasdorf** erhält folgende Fassung:

Tasdorf, Gemeinde.

Bauklasse C.

Tasdorf, Gutsbezirk.

Bauklasse F.

Der Abschnitt **Tegeler Forst** erhält folgende Fassung:

Tegeler Forst, Gutsbezirk mit Ausnahme des mit dem Namen Plötzensee bezeichneten Teils.

1. Bauklasse C in dem Gebiet östlich des Tegeler Sees (Jungfernheide).

Die Anlage störender Betriebe (§ 48) ist verboten in dem Gebiet westlich des Tegeler Weges mit Ausnahme eines 250 m tiefen Streifens nördlich des Großschiffahrtsweges, beginnend im Osten bei einer im Schnittpunkt des Gestellweges zwischen den Jagen 45 und 46 mit dem Großschiffahrtswege senkrecht zu letzterem gezogenen Linie und endend im Westen bei einer im Schnittpunkt des

Großschiffahrtsweges mit dem alten Spandauer Schiffahrtskanal bei Saatwinkel senkrecht zum Großschiffahrtswege gezogenen Linie.

2. Bauklasse D in dem Gebiet westlich und nördlich des Tegelers Sees.

3. Bauklasse E auf den im Tegeler See belegenen Inseln Marienwerder und Reißwerder.

IV. Kreis Zauch-Belzig.

Dieser Abschnitt erhält folgende Fassung:

Bergholz, Gemeinde.

Bauklasse F.

Die Anlage störender Betriebe (§ 48) ist verboten.

Michendorf, Gemeinde.

Bauklasse F.

Neu-Langerwisch, Gemeinde und Gutsbezirk.

Bauklasse F.

Die Anlage störender Betriebe (§ 48) ist verboten.

Potsdamer Forst, Gutsbezirk, die Jagen 160 bis 168.

Bauklasse E.

§ 7.

Diese Polizeiverordnung tritt am Tage der amtlichen Veröffentlichung in Kraft. Die nach den bisher gültigen Polizeiverordnungen bereits erteilten Bauscheine verlieren ihre Gültigkeit, wenn nicht innerhalb 3 Monaten, vom Tage der Veröffentlichung dieser Verordnung ab, die Fundamente gelegt und die Kellermauern bis zur Erdoberfläche hergestellt sind.

Potsdam, den 6. September 1911.

Der Regierungspräsident.

„Der Reichsbote" G. m. b. H., Berlin SW. 11.

Nachtrag zum Kommentar

des

Preußischen Baupolizeirechts

von

Gemeinde-Baurat **Carl Saß**

enthaltend

die Polizeiverordnungen

vom

3. April 1909. 21. Februar, 4. Juni, 11. November 1910.
21. Januar, 13. Februar, 8. März und 6. September 1911.
Zur Baupolizeiverordnung für die Vororte von Berlin
vom 28. Mai 1907.

Berlin 1911.
J. Guttentag, Verlagsbuchhandlung,
G. m. b. H.

Baupolizeiverordnung

für die

Vororte von Berlin

vom 28. Mai 1907.

Nachträge und Veränderungen in den Jahren 1909–1911.

Auf Grund der §§ 6, 12 und 15 des Gesetzes über die Polizeiverwaltung vom 11. März 1850 (G.-S. S. 265) und des § 137 des Gesetzes über die allgemeine Landesverwaltung vom 30. Juli 1883 (G.-S. S. 195) sind unter Zustimmung des Bezirksausschusses zu Potsdam nachstehende Polizeiverordnungen erlassen worden:

Polizeiverordnung vom 3. April 1909.

§ 2.

Die Anlage über den Geltungsbereich und die Bauklassenverteilung der Baupolizeiverordnung für die Vororte von Berlin vom 28. Mai 1907 wird wie folgt ergänzt bezw. abgeändert:

I. Kreis Teltow.

Der Abschnitt „Lankwitz, Gemeinde“, Ziffer 3 wird aufgehoben; es wird folgendes bestimmt:

3. Bauklasse C oder Bauklasse D nach Wahl des Bauenden:

a) in dem Gebiete, welches von der Gemeindegrenze gegen Marienfelde und Groß-Lichterfelde, der Franzstraße, der Beethovenstraße bis zur projektierten Straße 1, der projektierten Straße 1, der verlängerten Luisenstraße, der Kaulbachstraße bis zur Lessingstraße, der Lessingstraße bis zur Siemensstraße, der Siemensstraße bis zum Teltowkanal, dem Teltowkanal, der Berlin-Anhalter Eisenbahn und der unter Ziffer 1 bezeichneten fortlaufenden Linie umschlossen wird, mit Ausnahme der nach Ziffer 2 der Bauklasse B zugewiesenen Gebietsteile;

b) in dem nördlich des Teltowkanals liegenden Gemeindegebiet.

4. Bauklasse E:

in dem Gebiet, welches von der Gemeindegrenze gegen Groß-Lichterfelde, der Siemensstraße bis zur Lessingstraße, der Lessingstraße bis zur Kaulbachstraße, der Kaulbachstraße bis zur Luisenstraße, der verlängerten Luisenstraße bis zur projektierten Straße 1, der projektierten Straße 1 bis zur Beethovenstraße, der Beethovenstraße bis zur Franzstraße und der Franzstraße umgrenzt wird, mit Ausnahme der nach Ziffer 2 der Bauklasse B zugewiesenen Gebietsteile.

II. Kreis Niederbarnim.

„Tegel-Schloß, Gutsbezirk, Bauklasse D" erhält folgenden Zusatz:

mit Ausnahme der im Tegeler See belegenen Inseln Baumwerder, Scharfenberg, Hasselwerder, Lindwerder, für welche Bauklasse E gilt.

„Tegeler Forst": Absatz 2 wird aufgehoben. An seine Stelle tritt folgender neuer Absatz 2:

Geschlossene Bauweise, mit Ausnahme der Jagen 62 bis 113, in welchen die Bauklasse D gilt, und der im Tegeler See belegenen Inseln Marienwerder und Reißwerder, für welche die Bauklasse E Anwendung findet.

§ 3.

Diese Polizeiverordnung tritt am Tage der amtlichen Veröffentlichung unter gleichzeitiger Aufhebung aller entgegenstehenden Vorschriften in Kraft. Die nach den bisher gültigen Polizeiverordnungen bereits erteilten Bauscheine verlieren ihre Gültigkeit, wenn nicht innerhalb von 3 Monaten vom Tage der Veröffentlichung dieser Verordnung ab Fundamente gelegt und die Kellermauern bis zur Erdoberfläche hergestellt sind.

Polizeiverordnung vom 21. Februar 1910.

§ 1.

In Ziffer 3 des § 1 der Baupolizeiverordnung für die Vororte von Berlin vom 28. Mai 1907 kommen die Worte: „in Wasserläufen, sofern sie mit dem Baugrundstück in Verbindung stehen" in Fortfall.

§ 2.

Diese Polizeiverordnung tritt mit dem Tage der amtlichen Veröffentlichung in Kraft.

Polizeiverordnung vom 4. Juni 1910.

§ 1.

Die Anlage über den Geltungsbereich und die Bauklassenverteilung der Baupolizeiverordnung für die Vororte von Berlin vom 28. Mai 1907 wird wie folgt abgeändert:

I. **Kreis Teltow; Nowawes Gemeinde:** Ziffer 1 erhält folgenden Zusatz:

Die Anlage störender Betriebe ist über den im § 48 Ziffer 2 vorgesehenen Schutzstreifen hinaus in dem nördlich der Lessingstraße, Wallstraße und Ludwigstraße belegenen Teile des vorstehend bezeichneten Gebietes verboten.

§ 2.

Diese Polizeiverordnung tritt mit dem Tage ihrer Bekanntmachung in Kraft.

Polizeiverordnung vom 11. November 1910.

Artikel I.

§ 19.

Ziffer 1 Absatz 1 der Polizeiverordnung für die Vororte von Berlin vom 28. Mai 1907 erhält folgende Fassung:

1. Sie müssen trocken sein und durch Fenster von ausreichender Größe und zweckentsprechender Lage unmittelbar Luft und Licht von außen erhalten. Doch kann von der Baupolizeibehörde ein Raum auch dann zum dauernden Aufenthalte von Menschen zugelassen werden, wenn er Licht und Luft nur mittelbar durch eine einfach verglaste Loggia oder Veranda erhält. Die zum dauernden Aufenthalte von Menschen bestimmten Räume dürfen, wenn ihre Lage und Zweckbestimmung eine Beleuchtung unmittelbar von oben bedingt, durch Deckenlicht erhellt werden. Doch müssen Vorkehrungen getroffen werden, welche einen ausreichenden Luftwechsel sicherstellen.

Artikel II.

Diese Polizeiverordnung tritt mit dem Tage ihrer Bekanntmachung in Kraft.

Polizeiverordnung vom 21. Januar 1911.

§ 1.

Die Anlage über den Geltungsbereich und die Bauklassenverteilung der Baupolizeiverordnung für die Vororte von Berlin vom 28. Mai 1907 wird wie folgt abgeändert.

I. Kreis Teltow. Hinter „Johannisthal, Gemeinde, Geschlossene Bauweise“ ist zu setzen: „mit Ausnahme der beiden in der **Gemeinde Rudow** gelegenen Exklaven, für welche die Bauklasse C. gilt.“

B) Die Worte „**Sternfeld, Gutsbezirk**, Geschlossene Bauweise“ sind zu streichen.

C. Der Abschnitt „**Tiefwerder, Gemeinde**“ wird aufgehoben und durch folgenden Wortlaut ersetzt:

„Tiefwerder, Gemeinde.

Bauklasse C. Die Anlage störender Betriebe (§ 48) ist verboten."

V. **Stadt Spandau.** Der ganze Abschnitt wird aufgehoben und durch folgenden Wortlaut ersetzt:

„1. Geschlossene Bauweise:

in dem nördlich der Spree liegenden, an Charlottenburger Stadtgebiet westlich anschließenden, im Norden von dem Gutsbezirk Tegel, Kreis Niederbarnim, im Westen von der Havel, der alten Westgrenze des früheren Gutsbezirks Haselhorst, der Berliner Chaussee und dem Abzugsgraben der Königlichen Pulverfabrik umgrenzten Stadtgebiet sowie auf der in der Havel liegenden Insel Eiswerder. Die Anlage störender Betriebe (§ 48) ist verboten in dem Gebietsteile, welcher im Norden von dem Gutsbezirk Tegeler Forst, im Osten von der Charlottenburger Stadtkreisgrenze, im Süden von einer an der Ecke des Nonnendamms und der Siemensstraße beginnenden, auf der Mittelachse der Siemensstraße bis zum Rohrdamm, auf diesem bis zu einer nördlich in einer Entfernung von 150 m vom Nonnendamm gedachten Linie, auf dieser westlich bis zur Grenze des ehemaligen Gutsbezirks Haselhorst verlaufenden Linie und im Westen von der alten Ostgrenze des früheren Gutsbezirks Haselhorst umgrenzt wird.

2. Bauklasse E.

Insel Valentinswerder im Tegeler See".

§ 2.

Diese Polizeiverordnung tritt am Tage der amtlichen Veröffentlichung in Kraft. Die nach den bisher gültigen Polizeiverordnungen bereits erteilten Bauscheine verlieren ihre Gültigkeit, wenn nicht innerhalb 3 Monate vom Tage der Veröffentlichung dieser Verordnung ab Fundamente gelegt und die Kellermauern bis zur Erdoberfläche hergestellt sind.

Polizeiverordnung vom 13. Februar 1911.

§ 1.

In der Anlage über den Geltungsbereich und Bauklassenverteilung der Baupolizeiverordnung für die Vororte von Berlin vom 28. Mai 1907 sind unter Abschnitt II., **Kreis Niederbarnim**, in alphabetischer Reihenfolge einzuschalten:

Erkner, Forstgutsbezirk,
Bauklasse D.

Friedrichsthal, Gemeinde,
Bauklasse C.

Hennickendorf, Gemeinde,
Bauklasse C.

Herzfelde, Gemeinde,
Bauklasse C.

Kagel, Gemeinde,
Bauklasse C.

Klosterfelde, Gemeinde,
Bauklasse C.

Lanke, Gemeinde,
Bauklasse D.

Malz, Gemeinde,
Bauklasse C.

Nassenheide, Gemeinde,
Bauklasse C.

Neuholland, Forstgutsbezirk,
Bauklasse D.

Oranienburg, Forstgutsbezirk,
Bauklasse D.

Rehfelde, Gemeinde,
Bauklasse C.

Sachsenhausen, Gemeinde,
Bauklasse C.

Schmachtenhagen, Gemeinde,
Bauklasse C. Die Anlage störender Betriebe (§ 48) ist verboten.

Schönwalde, Forstgutsbezirk,
Bauklasse D.

Wensickendorf, Gemeinde,
Bauklasse C.

Werder, Gemeinde,
Bauklasse C.
Zehlendorf, Gemeinde und Gut,
Bauklasse C.
Zinndorf, Gemeinde,
Bauklasse C.

§ 2.

Diese Polizeiverordnung tritt am Tage der amtlichen Bekanntmachung in Kraft. Die nach den bisher gültigen Polizeiverordnungen erteilten Bauscheine verlieren ihre Gültigkeit, wenn nicht innerhalb von drei Monaten, vom Tage der Veröffentlichung dieser Verordnung ab, Fundamente gelegt und die Kellermauern bis zur Erdoberfläche hergestellt sind.

Polizeiverordnung vom 8. März 1911.

§ 1.

Der Geltungsbereich der Baupolizeiverordnung für die Vororte von Berlin vom 28. Mai 1907 wird auf den Gemeindebezirk Staaken, Kreis Osthavelland, ausgedehnt.

§ 2.

Die Anlage über den Geltungsbereich und die Bauklassenverteilung der Baupolizeiverordnung für die Vororte von Berlin vom 28. Mai 1907 wird unter Abschnitt III. Osthavelland wie folgt ergänzt:

Zwischen „Pichelswerder“ und „Tiefwerder“ ist einzuschalten:

Staaken, Gemeinde,
Bauklasse C. in dem nördlich des Bullengrabens gelegenen Gemeindeteile,
Bauklasse D. in dem südlich des Bullengrabens gelegenen Gemeindeteile.

§ 3.

Diese Polizeiverordnung tritt am Tage der amtlichen Bekanntmachung in Kraft. Die nach der bisher gültigen Polizeiverordnung erteilten Bauscheine verlieren ihre Gültigkeit, wenn nicht innerhalb dreier Monate, vom

Tage der Veröffentlichung dieser Verordnung ab, die Fundamente gelegt und die Kellermauern bis zur Erdoberfläche hergestellt sind.

Polizei-Verordnung vom 6. September 1911.

§ 1.

In die Polizeiverordnung für die Vororte von Berlin vom 28. Mai 1907 werden folgende Bestimmungen neu eingefügt:

A. Hinter Ziffer 5 des § 11 als Absatz 2 und 3:

Haben die Vorgärten*) eine Breite von mindestens 5 m, kann die Ortspolizeibehörde ferner zulassen, daß an der Baufluchtlinie ein Streifen von 1 m Breite von gärtnerischen Anlagen freibleibt. Sind die Vorgärten mindestens 6 m breit, kann der Streifen eine Breite von 1,25 m erhalten. Bei einer Breite der Vorgärten von mehr als 7 m ist eine Breite des Streifens bis zu 1,50 m zulässig. Haben die Vorgärten eine geringere Breite als 5 m, so kann die Ortspolizeibehörde bei solchen Fluchtlinien, die bereits vor dem 1. September 1911 endgültig festgestellt sind, ausnahmsweise zulassen, daß auch bei diesen Streifen bis zu 1 m Breite von gärtnerischen Anlagen freibleiben.

In keinem Falle darf die Gesamtfläche des nicht gärtnerisch angelegten Teils eines Vorgartens (Absatz 1 und 2) mehr als $^{3}/_{10}$ der Gesamtfläche eines Vorgartens betragen.

B. Als Ziffer 6 des § 11 unter Aufhebung der bisherigen Ziffer 6.

In Straßen und Straßenteilen, welche von der Gemeinde mit Zustimmung des Regierungspräsidenten

---

*) Diese Bestimmung wird in manchen Fällen nicht zur Ausführung gelangen können, namentlich dort, wo neben Eingängen noch Einfahrten zu den Gebäuden vorgesehen sind, in manchen Fällen genügt dazu bereits das Vorhandensein von Einfahrten. Es ist daher in zweifelhaften Fällen eine Berechnung vorzunehmen, um nachzuweisen, daß die Anwendung der Bestimmungen des Abs. 1 keinen Widerspruch zu Abs. 2 enthält.

als Geschäftsstraßen anerkannt werden, kann von der Anlage und Unterhaltung der Vorgärten als Ziergärten abgesehen werden*), wenn seitens der Gemeinde mit Umwehrungen versehene, gärtnerisch ausgestaltete Schmuck-

*) Durch diese Bestimmung wird dem Verkehrsinteresse, als auch der Hygiene und Aesthetik Rechnung getragen. Bei Anwendung derselben ist jedoch Vorsicht geboten. Gelingt es nicht, alle Anlieger zur Hergabe der Vorgartenflächen zu veranlassen, so muß zur Enteignung des Rechts der Vorgartenbenutzung geschritten werden. Durch die Benutzung der Vorgartenflächen als Bürgersteig erlangt die Gemeinde noch nicht das unbeschränkte Recht über denselben; der Anlieger kann unter Umständen den Gebrauch desselben, soweit er über den gemeingewöhnlichen hinausgeht, hindern, z. B. die Verlegung von Kanalisationsleitungen. Zu der Pflasterung der Vorgartenflächen können die Anlieger auf Grund des Gesetzes vom 2. Juli 1875 (Fluchtliniengesetzes) nicht herangezogen werden, vielleicht auf Grund des § 9 des Kommunalabgabengesetzes, aber man darf nicht außer acht lassen, daß es sich bei einer solchen Veranstaltung nicht um Pflasterung von Straßenteilen im Rechtssinne handelt, sondern um Pflasterung von Vorgartenflächen, was angesichts der gesetzlichen Bestimmungen, Ortsstatute und Polizeiverordnungen ein Novum darstellen dürfte. Nach derselben Richtung hin dürften sich Schwierigkeiten ergeben auf dem Gebiet der Observanz für Bürgersteig-Reinigung und -Unterhaltung. Wird im Gebiet der offenen Bauweise auf Anlegung von Vorgärten verzichtet, so kann nicht gefordert werden, daß die Lücke am Bauwich nach den Bestimmungen des Fluchtliniengesetzes eingefriedigt wird (mit Sockel und durchsichtigem Gitter). Es wird sich empfehlen, im Gebiet der Bauklasse D, früher C, von der Verwendung der Vorgartenflächen für Bürgersteigzwecke abzusehen, da die Heranlegung des Fußgängerverkehrs an die tiefliegenden Fenster und Eingänge das Bewohnen des Kellergeschosses unangenehm gestaltet. Bezüglich der Vorbauten gelten die Bestimmungen in § 27 Ziffer 4 Abs. 2 und Ziffer 10. Die Auslegung ersterer Ziffer ist mindestens zweifelhaft und bedarf meines Erachtens der Aenderung in dem Sinne, daß in Vorgärten Vorbauten in den Luftraum nur dann vortreten dürfen, wenn unter ihrer Unterkante eine lichte Höhe von mindestens 3 m verbleibt, andernfalls ist die Heranziehung der Vorgärten zum Bürgersteig nur im Gebiet des Hochbaues bei einer Vorgartenbreite von 3 m anwendbar. Die geltenden Orts-

streifen von mindestens 3 m Breite und in der Regel durchschnittlich mindestens je 10 m Länge an den Bordschwellen des Straßendammes vorgesehen werden.

Abgesehen von den vorgenannten Fällen (Ziffer 5 und Ziffer 6 Absatz 1) kann die Benutzung der Vorgärten zu anderen Zwecken, als zur Einrichtung von Ziergärten, vorübergehend und für bestimmte Nutzungszwecke gestattet werden.

C. Zwischen Satz 1 und 2 der Ziffer 1 des § 13:

Wird ein Abstand gehalten, und überschreitet die Länge der freistehenden Seitenfront — von der Vorderfront an gerechnet — 18 m, so ist der Abstand von der Nachbargrenze für je 3 m größerer Länge der freistehenden Seitenfront — von der Vorderfront an gerechnet — über die 6 m hinaus um je 1 m zu verbreitern, wobei Ueberschreitungen von weniger als 3 m als volle 3 m gerechnet werden. Beträgt der Abstand 9 m, so bedingt die Länge der freistehenden Seitenfront keine weitere Verbreiterung des Abstandes.

D. Als Satz 2 hinter Absatz 1 der Ziffer 2 des § 13:

Ueberschreitet die Länge einer Seitenfront — von der Vorderfront an gerechnet — 18 m, so ist der Bauwich an dieser Seitenfront für je 3 m größerer Tiefe der Bebauung — von der Vorderfront an gerechnet — um je 1 m zu verbreitern, wobei Ueberschreitungen von weniger als 3 m als volle angerechnet werden. Beträgt der Bauwich unter Beachtung vorstehender Bestimmungen in der Bauklasse A bereits 8 m, in den Bauklassen B und C bereits 7 m, so bedingt die Länge der Seitenfront am Bauwich keine weitere Verbreiterung dieses Bauwiches. Rücksprünge der Seitenfront werden nur dann nicht bei der Berechnung der Länge dieser Seiten-

---

polizeiverordnungen müssen zum Teil geändert werden, um diesem Nachtrage zur Baupolizei-Verordnung gerecht zu werden.

front zur Anrechnung gebracht, wenn sie eine solche Tiefe erhalten, daß sich dort, wo der Rücksprung erfolgen soll, ein freier Kreis von 10 m bezw. 12 m (vgl. Ziffer 6) zwischen der Seitenfront und der Nachbargrenze eintragen läßt. Werden in den Bauklassen D und E **Vordergebäude** von größerer Tiefe als 18 m — von der Vorderfront an gerechnet — errichtet, so gelten auch für sie die gleichen Bestimmungen wie für die Bauklassen B und C.

E. Hinter § 56:

§ 56a.

Bauklasse F.

1. Es dürfen höchstens $^3/_{10}$, bei Eckgrundstücken (§ 14 Z. 5) höchstens $^4/_{10}$ der Baugrundstücke (§ 12 Z. 1) bebaut werden. Durch Ortspolizeiverordnungen kann die bebaubare Fläche noch weiter eingeschränkt werden.

2. Bewohnte Gebäude dürfen, abgesehen vom Dachgeschoß und vom Kellergeschoß — Nebengeschossen — nicht mehr als 2 Geschosse — Hauptgeschosse — erhalten.

3. Werden im obersten (zweiten) Hauptgeschosse Räume, die zum dauernden Aufenthalt von Menschen bestimmt sind, angelegt, so darf das Dachgeschoß zu gleichem Zwecke nicht eingerichtet werden. Ausnahmen kann die Ortspolizeibehörde für Räume bis zu einer Gesamtfläche von 40 qm zulassen, sofern diese Zubehör zu den darunterliegenden Wohnungen sind.

4. In Kellergeschossen ist die Einrichtung von Räumen zum dauernden Aufenthalt von Menschen verboten.

5. Die Höhe der Gebäude darf unbeschadet der Vorschriften in § 15 das Maß von 11 m nicht übersteigen. Aufbauten (§ 15 Z. 7 Abs. 2) unterliegen bezüglich der Höhe keiner Einschränkung.

6. Die Gebäude müssen einen Bauwich (§ 13 Z. 2 Abs. 1) von mindestens 4 m halten. Ist das Dach nach dem Bauwich zu abgewalmt, kann der Bauwich auf 3,50 m eingeschränkt werden. In den Fällen des § 13 Z. 2 Abs. 2, Z. 3 und 4 braucht der Bauwich nicht eingehalten zu werden.

Innerhalb des Bauwiches dürfen außer den in § 13 Z. 2 Abs. 3 zugelassenen Vorbauten an die Giebelwände Freitreppen einschließlich ihrer Bedachungen sowie Türvorbauten angebaut werden, sofern zwischen ihnen und der Nachbargrenze ein Abstand von mindestens 2,50 m verbleibt. Auch sind an den Giebelwänden von Grund aus aufgeführte Vorbauten, die höchstens 0,25 m vortreten und nicht mehr als ein Drittel der Giebelwandlänge einnehmen, zulässig.

7. Die Frontlänge der Gebäude an der Straße, bei Eckhäusern die Frontlänge der Gebäude an jeder Straße, darf das Maß von 30 m nicht überschreiten.

8. Auf benachbarten Grundstücken ist der unmittelbare Anbau mehrerer Gebäude aneinander sowie der unmittelbare Anbau eines Gebäudes an eine Seite eines Eckhauses — die Errichtung von Doppelhäusern (Gebäudegruppen) — unter folgenden Bedingungen gestattet:

a) Die Frontlänge der aneinander gebauten Gebäude, beim Anbau an ein Eckhaus, die Frontlänge des Eckhauses und der angebauten Gebäude, darf zusammen nicht mehr als 40 m betragen.
b) Die Doppelhäuser (Gebäudegruppen) haben im übrigen einen Bauwich von mindestens 4 m, bei nach dem Bauwich zu abgewalmten Dächern von mindestens 3,50 m zu halten.
c) Die angrenzenden Giebel der aneinander gebauten Gebäude müssen sich im wesentlichen decken.
d) Die Stirnseiten der aneinander gebauten Gebäude müssen annähernd in derselben senkrechten Ebene liegen.
e) Seitenflügel dürfen nur an der Seite, an welcher kein Bauwich gehalten wird, errichtet werden.
f) Die beteiligten Grundstückseigentümer müssen sich gegenseitig — und zwar für sich und ihre Rechtsnachfolger — verpflichten, ihre Grundstücke nach den Vorschriften dieser Ziffer zu bebauen, die Vorschriften auch bei späteren Neubauten, Um- und Ausbauten einzuhalten. Die Verpflichtung ist im Grundbuche eines jeden Grundstücks einzutragen und dabei zu vermerken, daß die in der Ziffer

gewährten Bauvergünstigungen für sämtliche beteiligten Grundstücke fortfallen, sobald die Eintragung im Grundbuche auch nur eines Grundstücks gelöscht wird.

9. Die Länge von Seitenflügeln und Mittelflügeln, von der hinteren Umfassungswand der Vordergebäude ab gerechnet, darf das Maß von 10 m nicht überschreiten. Vorsprünge an den Seiten- und Mittelflügeln dürfen das Maß von 2,50 m nicht überschreiten.

10. Seiten-, Mittel-, Hinter- und Quergebäude — abgesehen von Nebenanlagen — sind verboten.

11. In Nebenanlagen ist die Einrichtung von Räumen zum dauernden Aufenthalt von Menschen mit einem Gesamtflächeninhalt von höchstens 60 qm statthaft.

12. Der Steigungswinkel der Dachfläche zu der wagerecht auf den Umfassungswänden liegend gedachten Ebene darf nicht mehr als 60°, bei Anordnung von Mansardendächern mit Aufschiebling sowie bei Herstellung von Künstlerateliers im Dachgeschosse nicht mehr als 70° betragen. Diese Vorschrift findet keine Anwendung, wenn nur ein Hauptgeschoß errichtet wird.

13. Gartenhallen, Lauben und offene Schuppen, deren Fronthöhe im einzelnen nicht mehr als 3 m und deren Flächeninhalt zusammen nicht mehr als 25 qm beträgt, kommen bei Berechnung der Baulichkeiten, die nach Ziffer 1 auf den Baugrundstücken errichtet werden dürfen, nicht in Anrechnung. Sie können auch innerhalb der nach § 13 Ziffer 5 bis 7 und 9 unbebaut zu lassenden Flächen errichtet werden.

§ 56b.

Reihenhaus- und Gruppenhausbau im Gebiete der offenen Bauweise.

Im Gebiete der offenen Bauweise (§§ 52 bis 56a) können mit Genehmigung des Regierungspräsidenten Ortspolizeiverordnungen erlassen werden, durch welche für räumlich begrenzte Teile von Gemeinden und Gutsbezirken der Reihen- oder Gruppenhausbau gestattet wird.

Als Ersatz für den Fortfall des Bauwiches gelten folgende Vorschriften:

a) Die Grundstücke dürfen im Gebiete der Bauklassen A und B nicht tiefer als 15,50 m, im Gebiete der Bauklassen C, D, E und F nicht tiefer als 14 m von der Baufluchtlinie mit Wohnhäusern, einschließlich nach hinten vorspringender Seiten- oder Mittelflügel, bebaut werden. Abgesehen von Nebenanlagen (Buchstabe d), sind Hinter- (Seiten-, Mittel- oder Quergebäude) verboten.

b) Die Höhe der Gebäude bis zum Schnittpunkt der Frontwand mit der Dachfläche darf im Gebiete der Bauklasse A das Maß von 16 m, im Gebiete der Bauklassen B und C das Maß von 13 m, im Gebiete der Bauklassen D, E und F das Maß von 10 m nicht übersteigen.

c) Die angrenzenden Giebel der aneinander gebauten Häuser müssen sich im wesentlichen decken, und die Stirnseiten der aneinander gebauten Gebäude müssen annähernd in derselben senkrechten Ebene liegen. Ungedeckte Teile müssen architektonisch ausgebildet werden.

d) Nebenanlagen sind nur bis zu einer Höhe von 4 m bis zur Schnittlinie der Umfassungswände mit der Dachfläche zulässig, in ihnen dürfen keine selbständigen Wohnungen eingerichtet werden.

e) Lichthöfe dürfen nicht angelegt werden.

§ 2.

Die Bestimmungen im § 50 Ziffer 4 Absatz 1 Satz 2, § 50 Ziffer 5 Satz 1, § 51 Ziffer 4 Absatz 1 Satz 2, § 51 Ziffer 5 Satz 1, § 52 Ziffer 5 Satz 1, § 54 Ziffer 12 werden aufgehoben.

§ 3.

§ 3, § 50 Ziffer 5, § 51 Ziffer 5 und § 52 Ziffer 5 erhalten folgende Fassung.

In Kellergeschossen ist die Einrichtung von Räumen zum dauernden Aufenthalt von Menschen verboten.

§ 4.

Aenderungen infolge Einführung der Bauklasse F.

a) § 13 Ziffer 2 Absatz 1 erhält folgenden Zusatz:
Wegen der Bauklasse F vgl. § 56a.

b) § 13 Ziffer 3 erhält folgende Fassung:
3. Im Gebiet der offenen Bauweise ist, abgesehen von dem Falle des § 56b (Reihenhaus- und Gruppenhausbau) eine Bebauung ohne Bauwich gestattet, wenn auf beiden Nachbargrundstücken bereits bei Erlaß dieser Polizeiverordnung Vordergebäude unmittelbar an der Grenze vorhanden waren.

c) In § 17 Ziffer 1 Absatz 1 ist hinter § 56 Ziffer 10 einzufügen:
§ 56a Ziffer 11.

d) In § 18 Ziffer 3, § 30 Ziffer 4, § 31 Ziffer 3, § 35 Ziffer 5 und Ziffer 7 Absatz 2, § 41 Ziffer 10 und § 47 Ziffer 1 ist zu setzen statt:
„D und E"
„D, E und F"

e) § 47 Ziffer 2 Satz 1 erhält folgende Fassung:
2. Die Bauweise nach den Vorschriften der Bauklasse F ist auch in den Gebieten aller anderen Bauklassen, die Bauweise nach den Vorschriften der Bauklasse E auch im Gebiete der Bauklassen I, II, A, B, C und D, die Bauweise nach den Vorschriften der Bauklasse D auch im Gebiete der Bauklassen I, II A und B, im Gebiete der Bauklasse C nur in denjenigen Gebietsteilen zulässig, in welchen nach ausdrücklicher Bestimmung — in der Anlage — die Bauklasse C oder die Bauklasse D nach Wahl der Bauenden Anwendung findet.

f) § 48 Ziffer 1 und 2 erhalten folgende Fassung:
1. Die Herstellung von Anlagen, welche starken Rauch oder Ruß, üble Gerüche oder schädliche Ausdünstungen oder ungewöhnliches Geräusch verursachen, ist im Gebiete der Bauklassen A, B, D und E sowie in denjenigen Gebieten, in welchen

die Bauklasse C oder die Bauklasse D nach Wahl des Bauenden Anwendung findet, ohne weiteres, im Gebiete der geschlossenen Bauweise, sowie im Gebiete der Bauklassen C und F in denjenigen Gebietsteilen verboten, für welche dies in der Anlage ausdrücklich bestimmt ist.

2. Grenzen Gebiete der geschlossenen Bauweise oder der Gebiete der Bauklassen C und F, in denen die Anlage störender Betriebe gestattet ist, an Gebiete der Bauklassen D oder E oder an Gebietsteile, in denen die Bauklasse C oder D nach Wahl des Bauenden Anwendung findet, so dürfen störende Betriebe in ihnen innerhalb eines senkrecht zu den Gebietsgrenzen gemessenen Abstandes von 150 m — Schutzstreifen — nicht errichtet werden.

g) In der Einleitung zum fünften Abschnitt ist zu setzen statt 52 bis 56:

„52 bis 56b".

h) In § 58 Ziffer 2 ist vor dem Worte „Baumasse" einzufügen:

„in der Bauklasse F 3,30 cbm".

i) § 59 Ziffer 2 Absatz 1 erhält folgenden Zusatz:

Im Gebiete der Bauklasse F kann der Bauwich, wenn das Dach nach ihm zu abgewalmt ist, auf 3,50 m eingeschränkt werden.

k) In § 60 ist zu setzen statt „D und E":

„D, E und F."

l) In § 61 Ziffer 1 ist am Schlusse einzufügen:

„im Gebiete der Bauklasse F zwei".

m) In § 66 ist zu setzen statt „im Gebiete der Bauklasse E":

„im Gebiete der Bauklassen E und F".

unter b:

statt „C, D und E":

„C, D, E und F".

n) In der Einleitung zum sechsten Abschnitt ist zu setzen statt „der Bauklasse C":

„der Bauklassen C und F".

o) In § 67 erhält Ziffer 2 vor dem Worte „Baumasse" folgenden Zusatz:
„in der Bauklasse F 3,30 cbm".

p) In § 68 Ziffer 2 ist zu setzen statt „der Bauklasse C":
„der Bauklassen C und F".

§ 5.

Der Geltungsbereich der Baupolizeiverordnung für die Vororte von Berlin wird ausgedehnt

auf die Gemeindebezirke Dabendorf, Egsdorf, Groß-köris, Klausdorf, Kleinköris, Mellen, Nächst Neuendorf, Neuhof, Schwerin, Senzig, Wünsdorf und Zeesen, sowie den Gutsbezirk Zeesen im Kreise Teltow,

auf die Gemeinde Lichtenow

im Kreise Niederbarnim,

auf die Gemeinden Bergholz, Neu Langerwisch und Michendorf, sowie den Gutsbezirk Neu Langerwisch, im Kreise Zauch-Belzig.

§ 6.

Die Anlage über den Geltungsbereich und die Bauklassenverteilung der Baupolizeiverordnung für die Vororte von Berlin wird wie folgt ergänzt bezw. abgeändert:

I. Kreis Teltow.

A. Es ist einzuschalten:

zwischen Cöpenick und Dahlem:

Dabendorf, Gemeinde.
Bauklasse F.

zwischen Düppel und Eichwalde:

Egsdorf, Gemeinde.
Bauklasse F.

zwischen Großbeeren und Groß-Lichterfelde:

Großbesten, Gemeinde.
Bauklasse F.

Die Anlage störender Betriebe (§ 48) ist verboten.

Großköris, Gemeinde.
Bauklasse F.
zwischen Johannisthal und Kleinbeeren:

Klausdorf, Gemeinde.
Bauklasse F.
zwischen Klein-Glienicke und Klein-Machnow:

Kleinköris, Gemeinde.
Bauklasse F.
zwischen Marienfelde und Miersdorf:

Mellen, Gemeinde.
Bauklasse F.
zwischen Müggelheim und Niederschöneweide:

Nächst Neuendorf, Gemeinde.
Bauklasse F.

Neuhof, Gemeinde.
Bauklasse F.
Die Anlage störender Betriebe (§ 48) ist verboten.
zwischen Schulzendorf und Stahnsdorf:

Schwerin, Gemeinde.
Bauklasse F.
Die Anlage störender Betriebe (§ 48) ist verboten.

Senzig, Gemeinde.
Bauklasse F.
zwischen Wannsee und Zehlendorf:

Wünsdorf, Gemeinde.
Bauklasse F.
Die Anlage störender Betriebe (§ 48) ist verboten.

Zeesen, Gemeinde und Gutsbezirk.
Bauklasse F.

B. Im Abschnitt **Blankenfelde, Dahlewitz, Diedersdorf, Drewitz, Gütergotz, Kleinbeeren** und **Rangsdorf** ist zu setzen statt: „Bauklasse C"

„Bauklasse F."

C. Im einzelnen treten noch folgende Aenderungen ein:

Der Abschnitt **Adlershof** erhält folgende Fassung:

Adlershof, Gemeinde.

Geschlossene Bauweise mit Ausnahme des Gebiets, welches im Südosten durch den südöstlichen Gestellweg der Jagen 104 und 103 bis zu ihrem Schnittpunkt mit der südlichen Umgehungsbahn, im Osten durch diese Eisenbahn bis zu ihrem Zusammentreffen mit der Spindlersfelder Eisenbahn, im Norden durch die Spindlersfelder Eisenbahn, im Nordwesten durch die Gemeindegrenze gegen Niederschöneweide, im Südwesten durch die Görlitzer Eisenbahn begrenzt wird.

In diesem Gebiete finden die Vorschriften der Bauklasse C Anwendung.

Der Abschnitt Alt Glienicke erhält folgende Fassung:

Alt Glienicke, Gemeinde.

1. Bauklasse C:

a) in dem Gebiete, welches im Süden und Westen durch die Gemeindegrenzen gegen Bohnsdorf, Schönefeld und Rudow, im Norden und Nordosten durch eine Linie begrenzt wird, welche 40 m südlich der Rudower Straße parallel mit dieser von der Rudower Gemeindegrenze bis zu ihrem Schnittpunkte mit der Straße nach Schönefeld, diese letztere Straße bis zu ihrem Schnittpunkt mit dem Bohnsdorfer Weg, den Bohnsdorfer Weg bis zu dem Schnittpunkt mit der geraden Verlängerung der Rosestraße, diese Verlängerung bis zum Endpunkt der Rosestraße, vom Endpunkt der Rosestraße bis zur Kreuzung der Chaussee Grünau—Bohnsdorf mit den Wegen nach Schulzendorf und Waltersdorf entlang läuft,

b) in dem Gebiete, welches im Norden vom Teltowkanal, im Nordosten von der Görlitzer Eisenbahn, im Südosten von dem Gestellweg zwischen den Jagen 87 und 89, im Südwesten durch die Grenze der Forst Grünau-Dahme begrenzt wird.

2. Bauklasse C oder D nach Wahl der Bauenden:

in dem Gebiet, welches im Nordosten durch den Gestellweg zwischen den Jagen 87 und 89 der Forst Grünau-Dahme durch die südwestliche Grenze dieser Jagen, durch die Rosestraße und ihre Verlängerung bis zum Plumpengraben im Südwesten durch eine gerade Verbindungslinie vom Endpunkt der Rosestraße bis zur Kreuzung der Chaussee Grünau—Bohnsdorf mit den Wegen nach Schulzendorf und Waltersdorf, ferner durch den Weg nach Schulzendorf, im übrigen durch die Grenze gegen die Forst Grünau-Dahme und die Görlitzer Eisenbahn begrenzt wird.

3. Geschlossene Bauweise:

in dem übrigen nicht unter Ziffer 1 und 2 bezeichneten Gemeindegebiet.

Der Abschnitt **Cöpenick** erhält folgende Fassung:

Cöpenick, Stadt, mit Ausnahme der von der Dahme, der Spree, dem Kietzer Graben und dem Schloßgraben umflossenen Altstadt.

1. Bauklasse D im Gebiet der Stadtforst südlich des Weges nach dem Müggelschlößchen (Jagen 1—57 einschließlich der Neuen Wiesen).

2. Bauklasse C:

a) im Gebiet der Stadtforst, das im Süden von dem Wege nach dem Müggelschlößchen, im Westen von der Straße Amtsfeld und dem südlich und östlich am städtischen Elektrizitäts- und Klärwerk vorbeiführenden Graben, im Norden von der Spree begrenzt wird (Jagen 58—60),

b) im Gebiet des Mühlenfließes, 300 m östlich von der Bellevuestraße beginnend bis an seine Nordostecke,

c) im Gebiet der Dammforst nördlich einer Linie, welche die gerade Verlängerung des südlich der

Jagen 316, 319, 323 der Königlichen Forst vorbeigehenden Gestellweges bis zum Wege nach Mahlsdorf bildet und sodann südlich längs der Schinderfichten bis zur Chaussee nach Kaulsdorf, auf dieser Chaussee bis zum Schnittpunkt mit der Verlängerung des südlich des Jagens 62 der Dammforst vorbeiführenden Gestellweges und auf der weiteren geraden Verlängerung dieses Gestellweges nach Westen bis zur Gemarkungsgrenze verläuft.

3. Geschlossene Bauweise.
in dem übrigen nicht unter Ziffer 1 und 2 bezeichneten Stadtgebiet.

Der Abschnitt **Großbeeren** erhält folgende Fassung:

Großbeeren, Gemeinde.

Bauklasse C in dem nördlich der Chaussee Sputendorf—Dahlewitz liegenden Gemeindegebiet.

Bauklasse F in dem südlich der Chaussee Sputendorf—Dahlewitz liegenden Gemeindegebiet.

Großbeeren, Gutsbezirk.

Bauklasse F.

Der Abschnitt **Grünau** erhält folgende Fassung:

Grünau, Gemeinde.

1. Geschlossene Bauweise:

in dem nordwestlich der Jägerstraße und Straße 18, östlich der Straße 9 (Waldstraße) liegenden Gemeindegebiete.

2. Bauklasse B:

in dem Gebiete, welches von der Dahme, der Wilhelmstraße, der Cöpenicker Straße und der Jägerstraße umschlossen wird, sowie auf der Südseite der Cöpenicker Straße zwischen Wilhelm- und Jägerstraße bis zu einem senkrecht zu den Straßenfluchtlinien gemessenen Abstande von 40 m.

3. Bauklasse C:

in dem Gebiete, welches im Süden von der Erlenschlenke (Gemeindepark) bis zu ihrem Schnittpunkt mit der Straße 8 (verlängerten Bohnsdorfer Straße), der Straße 8, der Straße 18, zwischen Straße 8 und 9, im Osten von der Straße 9 (Waldstraße), im Norden vom Teltowkanal und im Südwesten von der Görlitzer Eisenbahn begrenzt wird.

4. Bauklasse C oder Bauklasse D nach Wahl der Bauenden: in dem übrigen, nicht unter Ziffer 1, 2 und 3 bezeichneten Gemeindegebiet.

Im Abschnitt **Grünau-Dahme** sind die Worte „mit Ausnahme usw." bis zum Schluß zu streichen. Der Abschnitt lautet in Zukunft:

Grünau-Dahme, Forstgutsbezirk.

Bauklasse D.

Der Abschnitt **Johannisthal** erhält folgende Fassung:

Johannisthal, Gemeinde.

1. Geschlossene Bauweise:
   a) in dem südlich der Stubenrauchstraße, östlich der Bahnstraße, nördlich der Kanner-Chaussee liegenden Gemeindegebiet,
   b) bis zu einem senkrecht zu den Straßenfluchtlinien gemessenen Abstande von 40 m: an der Westseite der Bahnstraße.
2. Bauklasse C:
   in dem übrigen Gemeindegebiet einschließlich der beiden in der Gemeinde Rudow gelegenen Exklaven (vgl. Polizeiverordnung vom 21. Januar 1911, Seite 6 dieses Buches).

Der Abschnitt **Marienfelde** wird, wie folgt, geändert.

1. Geschlossene Bauweise:
   a) in dem Gebiet östlich der Dresdener Eisenbahn,
   b) in dem Gebiet, welches im Süden durch die Chaussee Groß-Lichterfelde—Marienfelde bis zur Chaussee nach Großbeeren, diese letztere bis zum Schnittpunkt mit dem nach dem Gutshofe des Gutes Marienfelde führenden Wege, diesen Weg und seine gerade Verlängerung bis zum Wege nach Lichtenrade, den Weg nach Lichtenrade im Nordosten, durch die Dresdener Eisenbahn, die Chaussee Buckow—Marienfelde, die Chaussee Lankwitz—Marienfelde, die Chaussee Lankwitz—Marienfelde und im Nordwesten die Gemeindegrenze gegen Lankwitz begrenzt wird,

c) wie früher b unverändert.

Zu 2 erhält folgenden Zusatz:

zu a) und b) bis zu einem senkrecht zu den Straßenfluchtlinien gemessenen Abstande von 40 m.

3. Bauklasse C in dem Gebiet, welches im Norden durch die Chaussee Groß-Lichterfelde—Marienfelde bis zur Chaussee nach Großbeeren, diese letztere bis zum Schnittpunkt mit dem nach dem Gutshofe des Gutes Marienfelde führenden Wege, diesen Weg und seine gerade Verlängerung bis zum Wege nach Lichtenrade, den Weg nach Lichtenrade und im Osten und Süden durch die Gemeindegrenzen gegen Lichtenrade, Osdorf und Groß-Lichterfelde begrenzt wird.

4. Bauklasse C oder D nach Wahl der Bauenden in dem übrigen nicht unter Ziffer 1, 2 und 3 bezeichneten Gemeindegebiet.

Die Anlage störender Betriebe (§ 48) ist in dem nordöstlich der Chaussee Lankwitz—Marienfelde, nördlich der Chaussee Buckow—Marienfelde und westlich der Dresdener Eisenbahn liegenden Gemeindegebiet verboten.

Der Abschnitt **Miersdorf** erhält folgende Fassung:

Miersdorf, Gemeinde.

Bauklasse F in dem westlich, Bauklasse D in dem östlich der Berlin—Görlitzer Eisenbahn liegenden Gebiet. Die Anlage störender Betriebe (§ 48) ist verboten.

Der Abschnitt **Niederschöneweide** erhält folgende Fassung:

Niederschöneweide, Gemeinde.

Geschlossene Bauweise mit Ausnahme des südlich der Spindlersfelder Eisenbahn liegenden Gemeindegebietes, in welchem die Vorschriften der Bauklasse C Anwendung finden.

Der Abschnitt **Potsdamer Forst** erhält folgende Fassung:

Potsdamer Forst, Gutsbezirk.

1. Bauklasse C in dem südlich des Teltowkanals, östlich der Berlin—Wetzlarer Eisenbahn, nördlich der

Chaussee Jagdschloß Stern—Stahnsdorf liegenden Gebiet. Die Anlage störender Betriebe (§ 48) ist verboten.

2. Bauklasse C oder D nach Wahl der Bauenden in den Jagen 44, 55 und 57.

3. Bauklasse F in dem Gebiete südlich der Chaussee Drewitz—Jagdschloß Stern—Stahnsdorf. Die Anlage störender Betriebe (§ 48) ist verboten.

4. Bauklasse E in dem übrigen nicht unter 1, 2 und 3 bezeichneten Gebietsteile.

Der Abschnitt **Schulzendorf** erhält folgende Fassung:

Schulzendorf, Gemeinde.

Bauklasse F. Die Anlage störender Betriebe (§ 48) ist verboten.

Schulzendorf, Gutsbezirk.

Bauklasse C. Die Anlage störender Betriebe (§ 48) ist verboten.

Der Abschnitt **Teltow** erhält folgende Fassung:

Teltow, Stadt.

1. Bauklasse C:

a) in dem Gebiet östlich der Anhalter Eisenbahn,

b) in dem Gebiet, welches begrenzt wird von der Chaussee nach Ruhlsdorf, einer 40 m südlich der Ringstraße parallel mit dieser verlaufenden Linie bis zu ihrem Schnittpunkt mit der Potsdamer Chaussee am Frankfurter Platz, der Potsdamer Chaussee und der Gemeindegrenze gegen Stahnsdorf und Ruhlsdorf.

2. Bauklasse C oder D nach Wahl der Bauenden in dem Gebiete, welches von der Groß-Lichterfelder Straße, dem Zehnrutengraben, der Anhalter Eisenbahn und der Gemeindegrenze gegen Groß-Lichterfelde begrenzt wird.

3. Geschlossene Bauweise in dem übrigen nicht unter 1 und 2 bezeichneten Gemeindegebiet.

Der Abschnitt **Zernsdorf** erhält folgende Fassung:

Zernsdorf, Gemeinde.

Bauklasse D in dem südwestlich der Dahme (Stabe) liegenden Gemeindeteile.

Bauklasse F in dem übrigen Gemeindeteile. Die Anlage störender Betriebe (§ 48) ist in dem Gebiete nördlich der Königswusterhausen—Beeskower Eisenbahn verboten,

II. Kreis Niederbarnim.

A. Es ist einzuschalten:

zwischen Boxhagen-Rummelsburg und Buch:

Bruchmühle, Gemeinde.

Bauklasse C.

Die Anlage störender Betriebe (§ 48) ist verboten.

zwischen Lichtenberg und Lindenberg:

Lichtenow, Gemeinde.

Bauklasse F.

B. 1. Im Abschnitt **Ahrensfelde, Arendsee, Basdorf, Birkholz, Blumberg, Bollensdorf, Cöpenicker Forst** Ziffer 2, **Eggersdorf, Eiche, Falkenberg, Friedrichsthal, Hellersdorf, Hönow, Kagel, Klosterfelde, Malz, Mehrow, Münchehofe, Nassenheide, Rehfelde, Sachsenhausen, Schmachtenhagen, Schönfließ, Schönerlinde, Schönow, Schönwalde, Schönwalder Forst, Schwanebeck, Seeberg, Seefeld, Stolzenhagen, Summt, Vogelsdorf, Wandlitz, Wartenberg, Wensickendorf, Werder, Zehlendorf, Zinndorf** und **Zühlsdorf** ist zu setzen statt: „Bauklasse C"

Bauklasse F.

2. Im Abschnitt Borgsdorf, Rüdersdorf und Stolpe ist zu setzen statt: „Geschlossene Bauweise"

Bauklasse C.

C. Im einzelnen treten noch folgende Aenderungen ein:

Im Abschnitt **Alt-Landsberg** sind die Worte: „Das Gebiet des Gutsbezirks" usw. bis zum Schluß des Absatzes zu streichen. Der Abschnitt lautet in Zukunft:

Alt-Landsberg, Gutsbezirk.

Bauklasse F.

Die Anlage störender Betriebe (§ 48) ist verboten.

Der Abschnitt **Fredersdorf** erhält folgende Fassung:

Fredersdorf, Gemeinde.

Bauklasse C.

Die Anlage störender Betriebe (§ 48) ist verboten.

Fredersdorf, Gutsbezirk.

Bauklasse F.

Die Anlage störender Betriebe (§ 48) ist verboten.

Der Abschnitt **Heiligensee** erhält folgende Fassung:

Heiligensee, Gemeinde.

1. Bauklasse D in dem Gebiet, welches im Südosten, Süden und Westen vom Tegeler See und der Havel, im Norden und Osten von der an der Havel beginnenden, längs der Süd- und Westgrenze des Jagens 105 und der Westgrenze der Jagen 94, 78, 79, 80 und 66 der Königlich Tegeler Forst bis zum Tegeler See führenden Gemeindegrenze umschlossen wird.

2. Bauklasse C in dem Gebiete der alten Dorflage und des Heiligensees, welches begrenzt wird im Westen von der Havel, im Norden von einer Linie, die vom Treffpunkt des Hennigsdorfer Weges mit der Busch-Allee senkrecht zum Hennigsdorfer Wege westlich bis zur Havel gezogen wird, sowie von der Busch-Allee in einer Ausdehnung von 700 m von dem vorgedachten Schnittpunkt und im Osten von einer Linie, die von dem Endpunkt dieser 700 m bis zum Schnittpunkt der Havel mit der Grenze des Gutsbezirks Tegel Forst und der Heiligenseer Gemeindegrenze bei Sandhausen gezogen wird.

3. Geschlossene Bauweise, in dem übrigen nicht unter 1 und 2 bezeichneten Gemeindegebiete.

Der Abschnitt **Lehnitz** erhält folgende Fassung:

Lehnitz, Gutsbezirk.

Bauklasse D in dem östlich der Nordbahn liegenden Gebietsteile, Bauklasse F in dem westlich der Nordbahn liegenden Gebietsteile.

Der Abschnitt **Lübars** erhält folgende Fassung:

Lübars, Gemeinde.

1. Bauklasse D in dem westlich der Oranienburger Chaussee liegenden Gebiet.

2. Bauklasse C in dem Gebiet, das umschlossen wird von einer parallel zur Oranienburger Chaussee in einem östlichen Abstand von 950 m von dieser zwischen der Gemarkungsgrenze gegen Hermsdorf und dem Tegeler Wege verlaufenden Linie, von der am südlichen Endpunkte der vorgedachten Linie beginnenden Strecke des Tegeler Weges bis zur verlängerten Rosenthaler Straße, von der an dem Tegeler Wege beginnenden, sich bis auf 300 m nach Süden hinziehenden Strecke der Rosenthaler Straße demnächst von einer Linie, die am südlichen Endpunkt dieser 300 m beginnt und sich senkrecht zur Rosenthaler Straße bis zur Gemeindegrenze gegen Blankenfelde erstreckt, und weiterhin von den Gemeindegrenzen gegen Blankenfelde, Schildow und Hermsdorf.

3. Geschlossene Bauweise in dem übrigen, nicht unter Ziffer 1 und 2 bezeichneten Gemeindegebiet.

Der Abschnitt **Rüdersdorfer Forst** erhält folgende Fassung:

Rüdersdorfer Forst, Gutsbezirk.

1. Bauklasse D in dem Gebiet, welches im Süden durch die Schlesische Eisenbahn, im Westen von der Gemeindegrenze gegen Erkner und dem Flakensee, im Norden von der Nordgrenze des Jagens 155 und dem von der Woltersdorfer Schleuse kommenden, nach Kagel führenden Wege, im Osten von der östlichen Grenze des Forstgutsbezirks, im Südosten von dem Gestellwege begrenzt wird, der bei der Gemeindegrenze von Kagel beginnt, die Jagen 122, 115, 116, 109 und 110 durchquert, demnächst an der südlichen Grenze der Jagen 110 bis 113 entlang führt und sodann nach Süden auf die Haltestelle Fangschleuse zu führt.

2. Bauklasse F in dem übrigen nicht unter 1 bezeichneten Gebiete.

Die Anlage störender Betriebe (§ 48) ist verboten in dem Gebiete, welches vom Nordwestufer des Stienitzsees und den Grenzen des Forstgutsbezirks gegen Tasdorf, Fredersdorf, Eggersdorf und Strausberg umschlossen wird.

Der Abschnitt **Stolpe** (vgl. auch B. 2) erhält unter Ziffer 1 folgenden Zusatz:

Die Anlage störender Betriebe (§ 48) ist mit Ausnahme der Jagen 74 bis 87 der Stolper Forst verboten.

Der Abschnitt **Tasdorf** erhält folgende Fassung:

Tasdorf, Gemeinde.

Bauklasse C.

Tasdorf, Gutsbezirk.

Bauklasse F.

Der Abschnitt **Tegeler Forst** erhält folgende Fassung:

Tegeler Forst, Gutsbezirk mit Ausnahme des mit dem Namen Plötzensee bezeichneten Teils.

1. Bauklasse C in dem Gebiet östlich des Tegeler Sees (Jungfernheide).

Die Anlage störender Betriebe (§ 48) ist verboten in dem Gebiet westlich des Tegeler Weges mit Ausnahme eines 250 m tiefen Streifens nördlich des Großschiffahrtsweges, beginnend im Osten bei einer im Schnittpunkt des Gestellweges zwischen den Jagen 45 und 46 mit dem Großschiffahrtswege senkrecht zu letzterem gezogenen Linie und endend im Westen bei einer im Schnittpunkt des Großschiffahrtsweges mit dem alten Spandauer Schiffahrtskanal bei Saatwinkel senkrecht zum Großschiffahrtswege gezogenen Linie.

2. Bauklasse D in dem Gebiet westlich und nördlich des Tegelers Sees.

3. Bauklasse E auf den im Tegeler See belegenen Inseln Marienwerder und Reißwerder.

IV. Kreis Zauch-Belzig.

Dieser Abschnitt erhält folgende Fassung:

Bergholz, Gemeinde.

Bauklasse F.

Die Anlage störender Betriebe (§ 48) ist verboten.

Michendorf, Gemeinde.

Bauklasse F.

Neu-Langerwisch, Gemeinde und Gutsbezirk.
Bauklasse F.

Die Anlage störender Betriebe (§ 48) ist verboten.

Potsdamer Forst, Gutsbezirk, die Jagen 160 bis 168.
Bauklasse E.

§ 7.

Diese Polizeiverordnung tritt am Tage der amtlichen Veröffentlichung in Kraft. Die nach den bisher gültigen Polizeiverordnungen bereits erteilten Bauscheine verlieren ihre Gültigkeit, wenn nicht innerhalb 3 Monaten, vom Tage der Veröffentlichung dieser Verordnung ab, die Fundamente gelegt und die Kellermauern bis zur Erdoberfläche hergestellt sind.

Potsdam, den 6. September 1911.

Der Regierungspräsident.

Druck: „Der Reichsbote" G. m. b. H., Berlin SW. 11.

FSC
www.fsc.org
MIX
Papier | Fördert
gute Waldnutzung
FSC® C083411

Kolibri 360 GmbH
Ferdinand-Jühlke-Straße 7
99095 Erfurt, Deutschland
produktsicherheit@kolibri360.de